सौन्दर्यशास्त्र विज्ञानी आचार्य एस.टी. नरसिंहाचारी
ग्रन्थावली-तीन

सौन्दर्यशास्त्र विज्ञानी आचार्य एस.टी. नरसिंहाचारी ग्रन्थावली-तीन

एस.टी. नरसिंहाचारी

सम्पादक

डॉ. एस.टी. अरुणा कुमारी

वाणी प्रकाशन

वाणी प्रकाशन
4695, 21-ए, दरियागंज, नयी दिल्ली 110 002

शाखा
अशोक राजपथ, पटना 800 004

फ़ोन : +91 11 23273167 फ़ैक्स : +91 11 23275710

www.vaniprakashan.in
vaniprakashan@gmail.com
sales@vaniprakashan.in

SAUNDARYASHASTRA VIGYANI AACHARYA S.T. NARASIMHACHARI
GRANTHAWALI-3
by S.T. Narasimhachari
Edited by Dr. S.T. Aruna Kumari

ISBN : 978-93-87648-64-7
Granthawali

प्रथम संस्करण

सम्पूर्ण (सेट) मूल्य : ₹ 6000

सिटी प्रेस, दिल्ली-110 095 में मुद्रित

वाणी प्रकाशन का लोगो मक़बूल फ़िदा हुसेन की कूची से

पत्नी रंगनायकी के साथ एस.टी. नरसिंहाचारी, महाबलीपुरम् यात्रा, 1980

छात्रों के साथ एस.टी. नरसिंहाचारी, महाबलीपुरम् यात्रा, 1980

छात्रों के साथ एस.टी. नरसिंहाचारी, महाबलीपुरम् यात्रा, 1980

श्री वेंकटेश्वर विश्वविद्यालय, विद्यार्थियों व सहयोगियों के साथ एस.टी. नरसिंहाचारी, 1982

एस.टी. नरसिंहाचारी और रंगनायकी (पिताजी एवं माताजी)

एस.टी. नरसिंहाचारी और रंगनायकी बायें से दायें खड़े हुए अपनी बेटियाँ सुजाता, कल्पना, रजनी, अरुणा और रेवती तथा बैठे हुए पुत्र डॉ. लक्ष्मी कुमार और पुत्रवधू पद्मालक्ष्मी के साथ

एस.टी. नरसिंहाचारी तथा रंगनायकी नातियों के साथ

एस.टी. नरसिंहाचारी तथा रंगनायकी नातियों व नातिन के साथ

एस.टी. नरसिंहाचारी और
रंगनायकी पोतों के साथ

अनुक्रम

सूर की सौन्दर्य चेतना

आचार्य रामचन्द्र शुक्ल : साहित्यिक अभिरुचि और रस-संवेदना

प्रसाद की कहानियाँ : प्रवृत्तिमूलक विश्लेषण

सूर की सौन्दर्य चेतना

सूर सूर ही हैं,
और कोई नहीं है
जिसे अपनी भावना अर्पित करूँ

प्राक्कथन

सूर साहित्य का ऐतिहासिक, धार्मिक, दार्शनिक, सामाजिक, सांस्कृतिक, मनोवैज्ञानिक, काव्यशास्त्रीय, सौन्दर्यपरक अनेक दृष्टियों से विस्तृत अध्ययन हो चुका है। फिर भी ऐसा लगा कि मुझे भी सूर की सौन्दर्य चेतना पर कुछ अपनी ओर से कहना है। 'सौन्दर्य तत्त्व निरूपण' लिखने के बाद कई वर्षों से प्रबल इच्छा रही है कि सौन्दर्य तत्त्व निरूपक एक व्यावहारिक आलोचना प्रस्तुत करूँ। उसके लिए सूर से अधिक उपयुक्त महाकवि और कौन हो सकते हैं। सौन्दर्यशास्त्रीय दार्शनिक चिन्तन को व्यावहारिक धरातल पर ले आने में कठिनाइयों और सीमाओं को जानते हुए भी मैं इस लोभ का संवरण नहीं कर सका। इस सन्दर्भ में सबसे बड़ा खतरा सौन्दर्यदृष्टि का काव्यशास्त्रीय रूप या ढाँचे में खिसक जाने का है। सूर की सौन्दर्य चेतना पर जो आलोचनाएँ लिखी गयी हैं उनमें रस-अलंकार-निरूपण इस बात का प्रमाण है कि आलोचना में शुद्ध सौन्दर्यशास्त्रीय दृष्टि का पूरा विकास अभी नहीं हो पाया है।

भागवत में निरूपित श्रीकृष्ण की मधुर लीलाओं को सूर की कल्पना ने एक अपूर्व सौन्दर्यात्मक रूप में ढाला है। उसमें श्रीकृष्ण के लोकरक्षक रूप को भुला दिया गया है। भागवत से भिन्न सूर की इस परिकल्पना में एक ओर शुद्ध मधुर भक्ति का स्वरूप सामने आया है तो दूसरी ओर मधुर भक्ति में अन्तर्लीन सौन्दर्य चेतना की अभिव्यक्ति हुई है। आराध्य के रूप, उनकी लीलाओं और आश्रय की अनुभूति में व्याप्त यह सौन्दर्य चेतना सूर की रचनाधर्मिता की केन्द्रीय भावना है। सूर की प्रतिभा की मौलिकता केवल नवीन प्रसंगों की उद्‌भावना में नहीं है। वह समस्त रचना को सौन्दर्य की आभा में उज्ज्वल बनाकर विस्मयकारी चकाचौंध उत्पन्न करने में है। अब तक सूर का वात्सल्य और शृंगार के अद्वितीय कवि के रूप में; कोमल, मधुर और वेदनामय अनन्त भाव-जगत के सूक्ष्म पारखी कवि के रूप में मूल्यांकन होता रहा है। शुक्ल जी की आलोचना के प्रभाव के कारण काव्य-वस्तु और भाव-क्षेत्र की सीमाओं का भी उल्लेख किया जा रहा है। सूर की काव्य-वस्तु और रस-भाव-व्यंजना को मधुर भक्ति और सौन्दर्य चेतना के सन्दर्भ में देखना आवश्यक है। तभी कवि के लक्ष्य और उसकी रचनात्मक प्रवृत्ति के साथ न्याय हो सकता है। सूर ने सौन्दर्य को ईश्वरीय अलौकिक विभूति मानते हुए अवतार के रूप

में उसे मानवीय सन्दर्भ में प्रस्तुत किया है, लेकिन इस अवतरण में भी वह अद्भुत, विस्मयकारी और अलौकिक लगता है। उसी सौन्दर्य की छाया में वस्तु, भाव और अभिव्यंजना की प्राणवत्ता और आभा है।

सूर की सौन्दर्य चेतना का यह अनुशीलन प्रधानतः रचना के आधार पर हुआ है। अन्य विद्वान आलोचकों के अभिमतों को अपनी विचारधारा के अनुरूप होने पर ही कहीं-कहीं उद्धृत किया गया है। एक शुक्ल जी ही इसके अपवाद हैं। उनकी पैनी दृष्टि ने सूर के काव्य का जो आख्यान किया है, उससे मैंने लाभ उठाया है। साथ ही, उनके मूल्यांकन के विरोध में कुछ कहना आवश्यक हो गया है। इसके बिना सूर की सौन्दर्य चेतना को केन्द्र में रखकर उनकी रचनात्मक प्रतिभा और कल्पना का उद्घाटन सम्भव नहीं था।

सूर के पदों के पाठों में एकरूपता नहीं है। शब्दों के रूप में तथा पूर्ण एवं अर्द्ध-अनुनासिकों के प्रयोग में भिन्नता पायी जाती है। मैंने सूर की रचना के उद्धरण आचार्य नन्ददुलारे वाजपेयी तथा डॉ. व्रजेश्वर वर्मा दोनों के द्वारा सम्पादित सूर-सागर के संकलनों से लिए हैं।

यह रचना सूर के प्रति मेरी श्रद्धांजलि है। उनकी सौन्दर्य चेतना के आकलन और विश्लेषण का यह मेरा प्रयत्न कहाँ तक सफल हुआ है, विज्ञ पाठकों पर छोड़ देता हूँ। सूरसागर सौन्दर्य का अनन्त-अथाह सागर है। उसमें मैंने एक डुबकी लगाई है कि एकाध मोती हाथ लगे। मेरी आशा और आकांक्षा है कि सहृदय विद्वान इस सौन्दर्य-सागर का मंथन करके और अनेकानेक मोती निकालें।

विश्वविद्यालय अनुदान आयोग की परियोजना के रूप में यह कार्य सम्पन्न हुआ है। परियोजना की स्वीकृति और अनुदान के लिए हृदय से आभारी हूँ। प्रकाशनार्थ आर्थिक सहायता के लिए तिरुपति-तिरुमल देवस्थानम् के प्रति हार्दिक कृतज्ञता ज्ञापित करता हूँ।

—एस.टी. नरसिंहाचारी

सूर का सौन्दर्यबोध : प्रेरक और निर्धारक तत्त्व

1. सौन्दर्यबोध के प्रेरक और निर्धारक तत्त्व

किसी कवि का सौन्दर्यबोध युग की परिस्थितियों, जीवन और व्यक्तित्व तथा प्रतिभा या कल्पना पर निर्भर करता है। परिस्थितियों से सौन्दर्यबोध का सामान्य स्वरूप निर्धारित होता है। वे युग की काव्य-प्रवृत्ति को जन्म देती हैं और उस प्रक्रिया में प्रवृत्ति के अनुरूप कवि के सौन्दर्यबोध का सामान्य स्वरूप आकार ग्रहण करता है। जहाँ परिस्थितियाँ कवि को प्रत्यक्ष प्रभावित करते हुए उसकी सौन्दर्य-चेतना को एक विशेष दिशा में ढालती हैं, दूसरी ओर वे युग की काव्य-प्रवृत्ति के माध्यम से कवि के सौन्दर्यबोध के ढाँचे को विस्तार, विकास और विशिष्टता प्रदान करती हैं। यह विशिष्टता व्यक्तिगत न होकर प्रवृत्तिगत होती है और पूर्व-युग की प्रवृत्ति के सौन्दर्यबोध से उसे अलग करती है। सौन्दर्यबोध की निर्धारक परिस्थितियों में साहित्यिक परिस्थिति का उल्लेखनीय योगदान रहता है। युग की काव्य-प्रवृत्ति और कवि के सौन्दर्यबोध में परम्परा और नवीनता दोनों का न्यूनाधिक सामंजस्य रहता है। नवीनता को युगबोध या सामयिक बोध कह सकते हैं। इसकी अधिक प्रबलता में प्रवृत्ति और सौन्दर्यबोध परम्परा से कट जाते हैं। उसकी चरम स्थिति क्रान्तिकारी होती है। सामान्यतः काव्य-परम्परा; भावबोध, अभि-व्यंजनापद्धति एवं भाषा-शैली को प्रभावित करती हुई कवि के नवीन सौन्दर्यबोध के उन्मेष के लिए आधारभूमि प्रस्तुत करती है और एक हद तक तांत्रिक या टेकनिकल साधन जुटाती है।

परिस्थिति, प्रवृत्ति और परम्पराजन्य कवि के सामान्य सौन्दर्यबोध को विशिष्ट बनाने वाले तत्त्व व्यक्तित्व और प्रतिभा हैं। व्यक्तित्व जीवन की घटनाओं और अनुभूतियों तथा कवि की चिन्तनशीलता एवं विचारधारा से विकसित और निर्धारित होता है। जीवन कभी-कभी कवि के सौन्दर्यबोध को सीधा प्रभावित करता है तो साधारणतः व्यक्तित्व के माध्यम से। कवि की रचना और उसके सौन्दर्यबोध दोनों पर व्यक्तित्व की गहरी छाप रहती है जिसके कारण वे विशिष्ट लगते हैं। सौन्दर्यबोध के विशिष्ट स्वरूप का मूल निर्धारक तत्त्व प्रतिभा या कल्पना है। प्रतिभा नवउन्मेषशालिनी है। इस नवीन उन्मेष में तथ्यात्मक यथार्थ जगत सौन्दर्यमय हो जाता

है। अपनी-अपनी दृष्टि के अनुसार कुछ आचार्य इस सौन्दर्य को वस्तुगत मानते हैं जिसका कवि उद्घाटन करता है तो कुछ उसे प्रतिभा की देन कहते हैं। प्रतिभा की भारतीय अवधारणा अत्यन्त व्यापक है। वह नाना रूपों में सौन्दर्य को व्यक्त करने वाली संकल्पात्मक सर्जनाशक्ति है। इसके विपरीत कल्पना की पाश्चात्य अवधारणा बिम्ब प्रस्तुत करने वाली सर्जनात्मक शक्ति है। सौन्दर्य बिम्ब का धर्म है। कल्पना बिम्ब-सृष्टि में सौन्दर्य को मूर्त्त करता है। प्रतिभा या उद्भावना, कल्पना या मन की उड़ान और बिम्ब या संमूर्त्तन तीनों के योग से रचना में सौन्दर्य का भास होता है। कवि के सौन्दर्यबोध के निर्धारण में उसकी प्रतिभा और कल्पनाशीलता के साथ-साथ उसकी मानसिक चेतना, सहृदयता या भावात्मक स्पन्दनशीलता और चिन्तनशीलता का भी योग रहता है। चेतना, भावना और चिन्तन, कल्पना का अंग बनकर सौन्दर्यबोध को गहन, तरल और व्यापक बनाते हैं। कवि का सौन्दर्यबोध, उसकी मानसिकता और प्रतिभा की दिशा एवं प्रकृति के अनुरूप विशिष्ट हो जाता है।

2. युगीन परिस्थितियाँ और सूर का सौन्दर्यबोध

भारत के इतिहास में मध्ययुग की परिस्थितियाँ सभी दृष्टियों से ह्रासोन्मुख थीं। उस समय प्राचीन भारत की आस्था, स्फूर्ति, चेतना, भावना और चिन्तनशीलता का अभाव था। रूढ़िवादिता और जड़ता मध्ययुग की मानसिकता की विशेषताएँ थीं। परम्पराएँ बद्धमूल थीं। राजनीतिक, धार्मिक, सामाजिक पारिवारिक, सांस्कृतिक, साहित्यिक सभी क्षेत्रों में नवीन जागरण की आवश्यकता थी। मुस्लिम साम्राज्य ने देश को एक सूत्र में बाँधकर व्यवस्था अवश्य स्थापित की, लेकिन राष्ट्र और समाज गतिशील एवं प्रगतिशील नहीं हो सके। कारण यह था कि आम जनता शासन को विदेशी और विधर्मी समझता था। सामन्ती व्यवस्था में नयी जागृति के लिए स्थान नहीं था। समाज का एक वर्ग, प्रधानतः उच्च वर्ग शासन की ओर उन्मुख रहा। उसकी सभ्यता, संस्कृति और साहित्यिक अभिरुचि दरबारी, नागरिक और फारसी-अरबी सम्प्रदायों से प्रभावित थी। उस वातावरण में जो दरबारी काव्य की रचना होती थी, उसके सौन्दर्यबोध में नवीन उन्मेष नहीं था। बहुत करके फारसी दृष्टि को, भारतीय और इस्लामी सांस्कृतिक चेतनाओं के समन्वय में विकसित सुकुमार भावना को नये सौन्दर्य का आभास कह सकते हैं। लेकिन उसकी जड़ें आम समाज में नहीं थीं।

सूर के समय की राजनीतिक स्थिति में उल्लेखनीय बिन्दु मुस्लिम साम्राज्य की स्थापना, सामन्ती व्यवस्था और हिन्दू जाति पर आतंक थे। कुछ शासक अपेक्षाकृत उदार थे, लेकिन बहुत समय तक जनता के हृदय में शंका बनी रही। "देश में मुसलमानों का राज्य प्रतिष्ठित हो जाने पर हिन्दू-जनता के हृदय में गौरव, गर्व और उत्साह के लिए अवकाश न रह गया। ...इतनी भारी राजनीतिक उलटफेर के पीछे हिन्दू जनसमुदाय पर बहुत दिनों तक उदासी-सी छाई रही।"[1]

सामाजिक जीवन परम्परावादी और रूढ़ था। वर्ण-व्यवस्था में संकीर्णता आ गयी। उच्च वर्णों और निम्न जातियों में पार्थक्य बढ़ गया और छूत-अछूत की भावना में समाज विभक्त था। निम्न जातियों के प्रति हीनतावादी दृष्टि ने विद्रोह को भी बढ़ावा दिया। सभी वर्णों और जातियों में सामाजिक निष्ठा और कर्तव्य-भावना की अपेक्षा रस्म-रिवाजों का पालन ही प्रधान हो गया। मुसलमानी समाज में वर्ण भेद नहीं था। उनका सामाजिक जीवन सुव्यवस्थित और सुगठित था। हिन्दू समाज पर उसका कोई प्रभाव नहीं पड़ा। अपनी वर्ण-व्यवस्था को सनातन और शाश्वत मानकर हिन्दू समाज लीक पीटता रहा।

भारतीय सामाजिक जीवन और संस्कृति की नींव परिवार है। मध्ययुगीन पारिवारिक जीवन में भी कोई चेतना या स्पन्दन नहीं था। पारिवारिक जीवन और सम्बन्धों का निर्वाह परम्परागत रूप में होता रहा। उसमें विघटन की स्थिति भी आने लगी। पति-पत्नी के सम्बन्ध में पहले की स्वच्छन्दता, समता और परस्पर सम्मान के भाव समाप्त हो गये। उच्च वर्णों में भी स्त्रीशिक्षा कम हो गयी। नारी परिवार की सेवा करने वाली दासी मात्र रह गयी। दूसरी ओर अपने यौवन काल में वह भोग की वस्तु बनी। धर्म से अनुशासित भारतीय पारिवारिक जीवन में नारी कभी केवल भोग की प्रतीक नहीं थी। यह सामाजिक दृष्टि की ह्रासोन्मुखता के साथ-साथ मुसलमानी जीवन, सभ्यता और संस्कृति के प्रभाव के कारण भी था। नारी-जीवन का क्षेत्र संकुचित हो जाने के मूल में हिन्दू समाज के उच्च वर्णों में मुसलमानी प्रभाव से परदे की भावना का प्रचार था। मध्ययुग में नारी सामाजिक जीवन से तिरोहित हो गयी और परदे के पीछे चली गयी।

प्राचीन भारत में जीवन का केन्द्र धर्म था। उससे राजनीतिक, सामाजिक और पारिवारिक जीवन अनुशासित था। यह धर्म मजहबी व्यवस्था न होकर अच्छे-बुरे के विवेक और कर्तव्यनिष्ठा पर आधारित मानवीय भावना और व्यवहार की निर्धारक आध्यात्मिक चेतना था। मध्ययुग में आकर भारतीय धर्म साम्प्रदायिक, व्यर्थ के आचारों के पालन में निरर्थक, बाह्य धार्मिक विधि-विधानों में ग्रस्त, चेतनाशून्य और रूढ़ हो गया। पूजा विधान और साधना पद्धतियों के अनुसार धर्म के अनेक भेदोपभेद हो गये। राजनीतिक और सामाजिक जीवन पर भी उसका गहरा प्रभाव पड़ा। देश के हित की भावना समाप्त हो गयी और समाज विभक्त होकर द्वेष भाव प्रबल होता गया। ऐसी स्थिति में राजनीतिक, सामाजिक और पारिवारिक जीवन में अराजकता, अव्यवस्था और विघटन स्वाभाविक था। "जिस समय मुसलमान भारत में आये उस समय सच्चे धर्मभाव का बहुत कुछ ह्रास हो गया था। प्रतिवर्त्तन के लिए बहुत बड़े धक्कों की आवश्यकता थी।"[2]

जीवन के समस्त पहलुओं में अन्तर्भूत चेतना की गरिमा को संस्कृति कह सकते हैं। यह गरिमा धर्म, साहित्य, कला आदि जीवन की कुछ विशेष प्रवृत्तियों के माध्यम

से अधिक प्रस्फुट और प्रखर रूप में व्यक्त होती है। इसलिए इनको संस्कृति का पर्यायवाची समझा जाता है। वास्तव में मानवीय संवेदना और उदात्त जीवन मूल्यों के आधार पर ही सांस्कृतिक उत्थान-पतन का निर्णय किया जा सकता है। मध्ययुग में उच्चवर्गीय संस्कृति के केन्द्रबिन्दु राजसभाएँ और मुसलमानी राज दरबार थे। वहाँ अन्तर्मुखी चेतनागत संस्कृति का उन्मेष कम और बहिर्मुखी व्यवहार की संस्कारिता पर बल अधिक था। दरबारों में विद्वानों, कवियों और कलाकारों का सम्मान होता था। लेकिन उस वातावरण में आभिजात्य संस्कृति और अभिरुचि का ही प्रतिफलन होता था। दरबारी काव्य और कला में मानवीय और उदात्त जीवन मूल्यों की अभिव्यंजना कम होती थी। उस वातावरण, दृष्टि, वस्तु और भावोन्मेष में उनके लिए स्थान नहीं था। जब मजहबी आक्रमण और संघर्ष हो रहे थे, सामाजिक चेतना ह्रासोन्मुख थी, स्त्री-पुरुषों के सम्बन्ध स्वस्थ नहीं थे और धर्म का स्थान साम्प्रदायिकता, आचार और आडम्बरों ने ले लिया था, आम जीवन में सांस्कृतिक चेतना के विकास की सम्भावनाएँ कम रह गयीं।

मध्ययुग में सूरपूर्व साहित्यिक परिस्थितियाँ भी काव्योत्कर्ष और सौन्दर्यबोध की दृष्टि से प्रायः असन्तोषजनक ही थीं। संस्कृत की काव्य-परम्परा कुछ अपवादों को छोड़कर सामाजिक जीवन से कटकर दरबारी और चमत्कारवादी होती गयी। प्राकृतों में काव्य रचना एक हद तक जनपदीय, प्राकृत और मानवीय बनी रही। हिन्दी में नाथ, सिद्ध और जैन रचनाएँ साहित्यिक कम और साम्प्रदायिक एवं साधनापरक अधिक थीं। विदेशी आक्रमणों के युग में राष्ट्रीय वीर काव्य नहीं, अपने राजा-महाराजाओं के प्रशस्ति काव्य रचे गये। उनमें रूढ़ काव्य-परम्परा का निर्वाह मात्र होता रहा। प्रबल प्रेरणा सूत्रों के आभाव में नये सौन्दर्यबोध का विकास नहीं हो सका। बीच-बीच में मैथिली कोकिल की प्राकृत, मानवीय वाणी गूँजती रही। शुद्ध साहित्यिक दृष्टि से विचार करते हैं तो सूर के पूर्व या तो सौन्दर्यबोध का परम्परागत रूढ़ रूप देखते हैं या दरबारी काव्यों में उच्चवर्गीय सौन्दर्यबोध। राजभाषा फारसी होने के कारण दरबारी उच्चवर्गीय सौन्दर्यबोध पर फारसी प्रभाव भी लक्षित होता है।

प्रश्न उठता है कि इन परिस्थितियों के साथ सूर के सौन्दर्यबोध का सम्बन्ध किस तरह स्थापित करें। सूर के पूर्व मध्ययुग की उपर्युक्त परिस्थितियाँ युगान्तकारी साहित्य-सर्जना के लिए उपयुक्त नहीं हैं। उनमें संघर्ष, पराजय की निराशा, ह्रान्सोन्मुखता, जड़ता, विघटन, अवनति, रूढ़ परम्परा-निर्वाह आदि ऐसे बिन्दु हैं जो नये सौन्दर्यबोध के विकास की प्रेरणा नहीं दे सकते। वे निषेधात्मक बिन्दु हैं। इन्होंने संवेदनशील और कल्पनाशील महाकवि सूर के हृदय को झकझोर दिया होगा। उन्हें अन्तर्मुखी बनाकर जीवन और काव्य में दिशान्वेषण में प्रवृत्त किया होगा। सूर के सौन्दर्यबोध की पृष्ठभूमि के रूप में इन परिस्थितियों ने जीवन के निषेधात्मक पहलू को सामने रखकर उसके माधुर्य और आनन्द को पहचानने में अप्रत्यक्ष सहायता की।

मानवहृदय प्रतिकूल परिस्थितियों में शान्त नहीं रहता। उनका उल्लंघन करके प्रत्यक्ष जीवन में या मानसिक जगत में अभीष्ट की सिद्धि का प्रयत्न करता है। तुलसी का प्रस्थान काव्य के माध्यम से प्रत्यक्ष व्यावहारिक जगत की ओर था तो सूर का मानसिक जगत की ओर। परिस्थितियों ने सूर को अन्तर्मुखी बनाकर मानस लोक में सौन्दर्य, माधुर्य और आनन्द पाने की प्रेरणा दी। इस साधना में उनका सौन्दर्यबोध मानसिक था। स्थूल रूप से देखने पर सूर की दृष्टि लीलावर्णन के सौन्दर्य और माधुर्य में प्रवृत्त दिखाई देती है, लेकिन कवि की चेतना, वास्तव में, पारदर्शी होकर अन्तःसौन्दर्य के प्रत्यक्षीकरण में संलग्न हो गयी है।

3. भक्ति-आन्दोलन और नया सौन्दर्यबोध

भारतीय भक्ति भावना को तीन कालखण्डों में विभाजित कर सकते हैं। पहला वैदिककाल से रामायण-महाभारत काल तक है। इस समय कर्म, ज्ञान और योगमार्गों के साथ-साथ भक्ति भी एक साधनामार्ग थी। उसका लक्ष्य आध्यात्मिक आत्मोन्नति थी। दूसरा-आल्वार-पुराणकाल जब भक्ति को अन्य मार्गों से वरीयता दी गयी। अन्य मार्ग जन-साधारण के लिए सुलभ नहीं थे। भक्तिमार्ग को सुलभ ही नहीं माना गया बल्कि उसे रागात्मक धरातल पर आत्मोन्नति की पराकाष्ठा पर ले जाने का प्रयत्न भी हुआ। जब देश में अनेक विदेशी जातियों का प्रवेश और स्थिरनिवास हो गया और भारतीय समाज में वर्ण-व्यवस्था रूढ़ हो गयी तो उन भेदभावों को दूर करके अनेकता में एकता स्थापित करने के लिए भक्तिमार्ग एकमात्र साधन माना गया जो आध्यात्मिक क्षेत्र में ऊँच-नीच भेदभावों को स्वीकार नहीं करता। यह इस कालखण्ड के भक्तिमार्ग का सामाजिक पक्ष था। जब रामानुजाचार्य ने वैष्णव धर्म को व्यवस्थित साम्प्रदायिक रूप दिया उसमें सामाजिक समता की भावना को और भी बल मिला। इसी समय तमिलनाडु के शैव नयनारों ने भी भक्ति के क्षेत्र में सामाजिक भेदभावों को नकारा। लेकिन इस समय व्यावहारिक धरातल पर सामाजिक भेदभावों को अस्वीकार करने या उनका विरोध करने का प्रयत्न कम हुआ। आगे चलकर कर्नाटक के वीरशैवों और उत्तर भारत के भक्ति-आन्दोलन ने यह कार्य किया। यह दूसरी बात है कि वे भारत की बद्धमूल वर्ण-व्यवस्था को पूरा बदल नहीं पाये। तीसरा-मध्ययुग है जब भक्ति-आन्दोलन आरम्भ हुआ। पहले दोनों युगों में भक्तिमार्ग एक व्यापक आन्दोलन का रूप नहीं ले सका। आम समाज में व्यापक प्रसार, परम्परा के प्रति विद्रोह और नवीन चेतना या जागरण या जागरण का विकास आन्दोलन की संज्ञा पाने के लिए आवश्यक है जो केवल मध्ययुगीन भक्ति साधना की विशेषताएँ हैं।

मध्ययुगीन भक्ति-आन्दोलन केवल आध्यात्मिक साधना और आत्मोन्नति से सम्बद्ध धार्मिक आन्दोलन नहीं था। उसकी राजनीतिक, सामाजिक, सांस्कृतिक और साहित्यिक विशिष्ट सार्थकता थी। उसने तत्कालीन भारतीय जीवन के सभी

पहलुओं को प्रभावित किया और उसकी दिशा को बदलने की कोशिश की। ऊपर मध्ययुगीन परिस्थितियों की जड़ता और गतिहीनता की ओर संकेत किया गया है। भक्ति-आन्दोलन ने उनको परिवर्तित करके जीवन में नवीन स्पंदन और गतिशीलता भरने का प्रयत्न किया। वह व्यापक अर्थ में सच्चा सामाजिक आन्दोलन था, जिसने पूरे समाज को, उसके सभी वर्गों को प्रभावित किया। यहाँ तक कि शासक मुसलमानी वर्ग भी उससे अछूता नहीं रहा। राजनीतिक दृष्टि से पराजित जाति में आत्मशक्ति भरना, धार्मिक दृष्टि से सच्ची आध्यात्मिकता पर बल देना, सामाजिक दृष्टि से वर्गीय विषमताओं को दूर करके समता और एकता का विकास करना, पारिवारिक जीवन में, विशेषतः पति-पत्नी सम्बन्धों में पुरुष की स्वार्थपरक भोगवादी दृष्टि का निराकरण करते हुए माधुर्य और उदात्तता का संचार करना, सांस्कृतिक दृष्टि से अवनति के तत्त्वों को दूर करते हुए मानवीय और आध्यात्मिक जीवन मूल्यों की प्रतिष्ठा करना तथा रूढ़ साहित्यिक परम्परा में स्पंदन और गति ले आना भक्ति-आन्दोलन के लक्ष्य थे। धार्मिक क्षेत्र में हिन्दू और मुसलमान धर्मों और जातियों में सामंजस्य स्थापित करने के कुछ प्रयास भी हुए। संक्षेप में भक्ति-आन्दोलन जीवन और साहित्य में रूढ़ि-विद्रोही और स्वच्छन्दता का आग्रही था।

भक्ति-आन्दोलन ने जीवन में नयी चेतना भरकर भक्त कवियों की सौन्दर्य दृष्टि को नये रूप में ढाला। उस चेतना से दूर दरबारी वातावरण और जीवन में रचना करने वाले कवियों की दृष्टि में नवीन सौन्दर्य का वैसा उन्मेष नहीं हो सका। भक्ति-आन्दोलन ने आम जनता में नयी जागृति पैदा की। मुसलमानों के साथ संघर्ष और पराजय से निराश जीवन में नयी आशा और आस्था फैल गयी। उसने रूढ़ व्यवस्था में जकड़े हुए हिन्दू समाज की निम्न जातियों में नयी चेतना उत्पन्न करके उनके सामाजिक और सांस्कृतिक विकास में योगदान दिया। सामाजिक और धार्मिक दोनों क्षेत्रों में रूढ़ परम्पराओं का विरोध करते हुए और आवश्यकता के अनुसार विद्रोह करते हुए उसने भक्त कवियों के जीवनदर्शन और सौन्दर्यदृष्टि को उन्मुक्त और स्वच्छन्द रखा। भक्ति के माध्यम से समता, स्वतन्त्रता और भ्रातृत्व की भावनाएँ विकसित हुईं। अच्छे-बुरे की रूढ़ धार्मिक अवधारणाएँ बदल गयीं। सरल सात्विक जीवन बिताने वाले और जनता के सम्मुख उसी आदर्श को रखने वाले भक्त कवियों के सामने जीवन में बुराई का प्रश्न नहीं था। भक्त कवि विभिन्न दार्शनिक सिद्धान्तों, साधनामार्गों, सम्प्रदायों और पंथों से प्रभावित और बँधे अवश्य थे। लेकिन धर्म और दर्शन ने उनकी अनुभूति और काव्य साधना को किसी संकीर्ण दायरे में संकुचित नहीं बनाया। भक्त कवियों ने काव्य-रचना की परिपाटियों और काव्यशास्त्रीय नियम- सिद्धान्तों के यथातथ पालन का प्रयत्न नहीं किया। रूपगोस्वामी ने 'उज्ज्वल नीलमणि' में भक्ति और श्रृंगार में सामंजस्य स्थापित करके जो व्याख्या की, उससे भक्तिपरक स्वच्छन्द आत्मप्रकाशन का मार्ग खुल गया। लोक जीवन से

सम्बद्ध भक्त कवियों ने लोक संस्कृति, लोक भाषा और लोक साहित्य की सरल-सीधी भावाभिव्यंजना को अपनाकर शिष्ट आभिजात्य-साहित्य से भिन्न काव्य-साधना के द्वारा सौन्दर्य का नया आख्यान किया। मध्यकालीन भक्त कवियों की आध्यात्मिक, लौकिक और साहित्यिक या कलात्मक सौन्दर्य दृष्टि के मूल में भक्ति-आन्दोलन-जन्य नयी चेतना, आशा, आत्मविश्वास, रूढ़ परम्पराओं के प्रति विद्रोह, स्वच्छन्दता, आध्यात्मिक अनुभूति, लोकोन्मुखता या सामान्योन्मुखता आदि अनेक तत्त्व सक्रिय हैं। काव्य वेद और शास्त्र की मर्यादा से लोक मर्यादा की ओर उन्मुख हुआ। व्यवस्था के समर्थक और मर्यादावादी तुलसी ने भी वेद और लोक दोनों की प्रामाणिकता स्वीकार की। लोकोन्मुखता में भक्त कवियों की सौन्दर्यदृष्टि, काव्य की परम्परागत सौन्दर्यदृष्टि से बहुत कुछ भिन्न हो गयी।

भक्तिकाव्य रचना का लक्ष्य, संकीर्तन या लीला गायन के माध्यम से भगवान का साक्षात्कार और आध्यात्मिक अनुभूति की प्राप्ति है। दृष्टि, वस्तुचयन, भावव्यंजना और रूपविधान—सभी में कवियों का ध्यान इसी पर केन्द्रित था। लीला वर्णन में व्यंजित भक्ति, वात्सल्य, प्रेम आदि भावनाएँ आध्यात्मिक थीं। कवियों का सौन्दर्यबोध और काव्यसौन्दर्य अलौकिक था। उनकी दृष्टि में लौकिकता, अलौकिकता की अभिव्यक्ति का साधन, माध्यम या प्रतीक थी। लेकिन अलौकिक रूप और उसकी अनुभूति की व्यंजना में कवियों ने मानवीय संवेदना की उपेक्षा नहीं की। क्योंकि उसी धरातल पर आध्यात्मिक की अनुभूति हो सकती है और श्रोता या ग्राहक के लिए रचना स्वीकार्य होती है। विभिन्न भक्त कवियों की रचनाओं की आधारभूत मानवीय संवेदना में गुणात्मक और मात्रापरक अन्तर हो सकता है। कबीर मानवता को खण्डित करने वाले भेदभावों से ऊपर ले जाकर आध्यात्मिक अनुभूति देने का प्रयत्न करते हैं, सूर मानवीय संवेदना में ही अलौकिकता का बोध कराते हैं तो तुलसी सामाजिक मर्यादा की परिधि में मानवता का विकास करते हुए मनुष्य को आध्यात्मिक जगत की ओर ले जाने का प्रयत्न करते हैं। यहाँ यह बात भी ध्यातव्य है कि कुछ भक्त कवियों ने वैचारिक धरातल पर मानवीय संवेदना को उद्‌बुद्ध किया है तो कुछ कवियों ने शुद्ध भावात्मक धरातल पर। मानवीय संवेदना की परिधि में ही सौन्दर्य की अनुभूति सम्भव है, भक्त कवि भले ही उसका उदात्तीकरण करते हुए उसे आध्यात्मिक या अलौकिक होने का आभास दें।

यहाँ ध्यान देने योग्य दूसरी बात यह है कि साधनावस्था का भक्त कवि लौकिकता की ओर अधिक झुका हुआ होता है जबकि सिद्धावस्था का कवि सूक्ष्म भावना लोक में पहुँच जाता है। पहला भक्ति, ज्ञान और कर्म को महत्त्व देता है और दूसरा अपनी अनुभूति को। लौकिक कर्मजगत की ओर उन्मुख, वस्तुवादी शुक्ल जी साधनावस्था का समर्थन करते हुए उसे काव्य का श्रेय मानते हैं। लेकिन भाववादी साधना को नहीं, सिद्धि को ही जीवन का लक्ष्य मानते हैं। सिद्धि के आनन्द में

तन्मय होकर भक्त लौकिक जगत से ऊपर उठकर अलौकिक का गुणगान करता है। यही सच्ची भारतीय परम्परा है जो स्थूल भौतिक जगत से सूक्ष्म मानसिक जगत की ओर प्रस्थान का आदर्श सामने रखती है। कर्म जगत का सौन्दर्य, मानसिक धरातल पर पहुँचकर भावात्मक रूप धारण करता है। सूक्ष्म मानसिक सौन्दर्य की अनुभूति, स्थूल ऐन्द्रिय सौन्दर्यानुभूति की परिणति है। भक्त कवियों को साधनावस्था और सिद्धावस्था के कवियों के रूप में विभाजित करना उचित नहीं है। तुलसी जैसे सामाजिक मर्यादावादी कवि की दृष्टि भी अन्ततः सिद्धि की अलौकिक छटा और आनन्दानुभूति की ओर उन्मुख है।

आध्यात्मिक साधना में भक्त कवियों का ध्येय भगवान का साक्षात्कार और उनके साथ अद्वैत सिद्धि है। दूसरे शब्दों में रूप-सौन्दर्य को प्रत्यक्ष कर लेना और उसके साथ तदाकार परिणति है। भक्त का आत्मनिवेदन लक्ष्य तक पहुँचने का साधन है। भगवान का गुणगाान या लीलाकीर्तन रूप के जीवन्त दर्शन का प्रयत्न है। साक्षात्कार के प्रयत्न में निर्गुण-सगुण का अन्तर करना व्यर्थ है। सगुण भगवान को साकार देखना चाहते हैं। उनके अनन्त सौन्दर्य को रूप की सीमा में बाँधना चाहते हैं। इस रूप सौन्दर्य की अनुभूति, सौन्दर्य के असीम आकार में बँधने का कारण अत्यन्त सजीव और मधुर होती है! निर्गुण भगवान का अनन्त और असीम रूप-दर्शन कमनीय होने के साथ-साथ श्रद्धा, विस्मय, आतंक आदि भावनाओं को भी जगाता है। भक्त कवियों ने करुणा, शक्ति, शील आदि अन्य विभूतियों से कहीं अधिक भगवान के साक्षात्कार में अनुभूत सौन्दर्य, माधुर्य और आनन्द पर अधिक बल दिया है! मध्यकालीन भक्ति-भावना मधुर साधना या मधुर-दर्शन के रूप में परिणत हुई। दास्यभक्ति के उपासक भी अन्ततः भगवान के साक्षात्कार में या अपने मन में लीलादर्शन करते हुए आनन्द में भावविभोर हो गये। व्यापक अर्थ में यह माधुर्यानुभूति ही है।

शुक्ल जी ने कृष्ण भक्तिकाव्य पर यह आक्षेप किया है कि उसमें कृष्णचरित के केवल मधुर पक्ष को ही ग्रहण किया गया है, दुष्टसंहारक भगवान के अवतार रूप का नहीं। कुछ समीक्षकों का विचार है कि शुक्ल जी के सामने तुलसी और तुलसी के राम का ही आदर्श है। वास्तव में अवतारवादी पुराण काव्य और भक्तिकाव्य के अन्तर को भुलाने का यह परिणाम है। दोनों के जीवन-दर्शन और काव्यदृष्टि में बहुत अन्तर है। पुराणों की तरह भक्त कवियों के सामने अच्छे-बुरे का द्वन्द्व नहीं था। तुलसी ने भी बुराई की गहराई में जाने का प्रयत्न नहीं किया। उनके राम ने दुष्टसंहार अवश्य किया, लेकिन कवि की रचना का लक्ष्य जीवन के द्वन्द्वों का निरूपण नहीं, सात्विक भक्ति का प्रतिपादन है। भक्तिकाव्य कवियों की आत्माभिव्यक्ति है, चाहे दास्य रूप में हो या चाहे वात्सल्य, सख्य और मधुर रूप में। आत्माभिव्यक्ति कभी प्रत्यक्ष रूप में है तो कभी लीलागायन के माध्यम से। श्रीसम्प्रदाय और वैष्णव

धर्म के प्रचार के बाद, विशेषतः रूपगोस्वामी के द्वारा भक्ति की सैद्धान्तिक व्याख्या के बाद, समस्त भक्त कवि अनेक रूपों में भगवान के गुणगाान में तन्मय रहे। उनके काव्य में पाप-पुण्य, लौकिक-सामाजिक जीवन और नैतिक व्यवहार के प्रश्न, आध्यात्मिक साधना की भूमिका से सम्बद्ध प्रश्न थे। क्या दास्यभक्ति के आत्मनिवेदन में भावतल्लीनता, माधुर्य और आनन्द नहीं था? भक्त कवियों का जीवनदर्शन द्वन्द्वों के परे मानसिक या आध्यात्मिक धरातल पर जीवन के माधुर्य और आनन्द का व्यंजक है। उनका जीवनदर्शन ऐसा है कि उनकी काव्य-सर्जना में कुरूपता के लिए स्थान नहीं है। तुलसी के काव्य में, विशेषतः मानस और कवितावली में कुरूपता के जो सशक्त और विराट चित्र मिलते हैं, वे या तो रूपसौन्दर्य के विरोधात्मक पहलू के रूप में प्रस्तुत किये गये हैं या भगवान की अनन्तशक्ति के व्यंजक रूप में भक्त को आनन्दातिरेक के धरातल पर ले जाने की दृष्टि से। भक्त कवियों का जीवन दर्शन ऐसा है कि उनकी सर्जना सौन्दर्यलोक में ले जाकर उसकी चरमसीमा पर समाप्त हो जाने वाली नहीं है। वह सौन्दर्य की सीमाओं का अतिक्रमण करके उदात्त जगत में पहुँचा देती है। यह उदात्तता भक्तिकाव्य में अनेक रूपों में अभिव्यक्त है। सन्तकवियों ने सूक्ष्म आध्यात्मिक अनुभूति में, सूफी कवियों ने प्रकृति के अनन्त सौन्दर्य में, कृष्णभक्त कवियों ने लीलामाधुर्य में और रामभक्त कवियों ने शील की चरम सात्विकता एवं शक्ति की अनन्तता में इस उदात्तता का अनुभव किया। वस्तु या माध्यम भिन्न हैं, लेकिन भाव या विचार-आश्रित अनन्त और उदात्त सौन्दर्यबोध और उसकी अनुभूति तत्त्वतः एक ही है। भक्त कवियों की जीवनदृष्टि और काव्यचेतना स्थूल से सूक्ष्म, ऐन्द्रिय से मानसिक और लौकिक से आध्यात्मिक सौन्दर्यबोध की ओर अग्रसर होने वाली है।

भक्त कवियों की आध्यात्मिक चेतना की तरह उनकी काव्य-चेतना भी सौन्दर्य दृष्टि से परिचालित है। काव्यवस्तु, भावानुभूति और अभिव्यंजना तीनों में यह सौन्दर्यदृष्टि प्रतिफलित है। इस सौन्दर्य की अपूर्व छटा के दर्शन में तन्मय होकर कवि आध्यात्मिक साधना करते हैं। यह सौन्दर्य और उसकी अनुभूति शब्दातीत होकर रहस्य और प्रतीकात्मक हो जाती है। वह रस-निरूपण और रस-संवेदना की लौकिक व्यवस्था में नहीं समाती। भक्त कवियों की यह सौन्दर्य-चेतना व्यक्तिनिष्ठ है तथा निर्गुण और सगुण दोनों सन्दर्भों में वह अनुभव वेद्य है।

भक्ति काव्य में समस्त भावों और रसों को भक्ति के ही अन्तर्गत और उसी से सम्बद्ध मान लेते हैं तो उसका भावात्मक वैविध्य निमित्त मात्र हैं। आस्था और विश्वास के कारण सम्पूर्ण भाव-जगत में रागात्मिकता, एकनिष्ठता, अनन्यता और तन्मयता, मन या आत्मा को हर्षातिरेक पर ले जाकर भक्त के अस्तित्व और जीवन को माधुर्य से भर देती हैं। उस भाव-जगत में प्रतिशोध, कठोरता, उद्दण्डता, उग्रता आदि के लिए कोई स्थान नहीं है। वह जीवन के प्रति द्वन्द्वातीत दृष्टिकोण है। जान-बूझकर

भक्तकवियों में बुराई और कुरूपता की उपेक्षा करके आराध्य के सौन्दर्यात्मक और मधुर पक्ष को ग्रहण नहीं किया। अनन्तव्यापी भगवान के अस्तित्व के बोध में या उसकी लौकिक लीलाओं के गायन में सौन्दर्येतर और माधुर्येतर अनुभूति की गुंजाइश नहीं है। सच्चाई के साथ जीवन के द्वन्द्वातीत सौन्दर्य और माधुर्य की अनुभूति के कारण ही सौन्दर्यशास्त्रीय दृष्टि से हिन्दी काव्य की अन्य प्रवृत्तियाँ भक्तिकाव्य के सामने आभाहीन हो जाती हैं। सौन्दर्य का व्यक्त रूप आलोक या उज्ज्वलता है और उस रूप की अनुभूति माधुर्य या कमनीयता है।

लौकिकता की ओर झुके हुए राम भक्ति काव्य की दृष्टि सदा द्वन्द्वातीत नहीं है। साधना की अन्तिम स्थिति में ही वह द्वन्द्वातीत आत्मिक स्तर पर पहुँच जाता है। ऐसी स्थिति में श्रद्धा पर आधारित रामकाव्य में जीवन के अच्छे-बुरे, रूप-कुरूप और शुभ-अशुभ व द्वन्द्वों के अस्तित्व को किसी न किसी रूप में स्वीकार करना ही पड़ता है। भक्त श्रद्धा के द्वारा महनीयता को पहचानकर आध्यामिक उदात्त पर पहुँच जाता है अथवा उसकी काव्य चेतना लौकिक निम्न धरातल पर खिसक जाती है। सौन्दर्यशास्त्रीय दृष्टि से रामभक्ति काव्य में उदात्तता की अनेक सम्भावनाएँ हैं तो दूसरी और सौन्दर्यरहित होने की गुंजाइश भी कम नहीं है। तुलसी को छोड़कर अन्य रामभक्त कवियों की रचना की उपेक्षा का यही कारण है। उनमें भक्ति को लौकिक से सौन्दर्यशास्त्रीय धरातल पर ले जाने का प्रयत्न नहीं हुआ है।

भक्त कवियों ने अपने आराध्य के रूप, लीला और कथा का निरूपण करने में उसके सौन्दर्य और महिमा से अभिभूत होकर हर्षातिरेक, अद्‌भुतपन आदि अपनी सौन्दर्य की अनुभूति सम्बन्धी विशेषताओं को व्यक्त किया है। यह सौन्दर्यानुभूति या तो लौकिक के माध्यम से प्रतीकात्मक रूप में व्यंजित अलौकिक अनुभूति है या लौकिकता में ही अलौकिकता का दर्शन करने वाली अनुभूति है अथवा लौकिकता से अलौकिकता की ओर ले जाने वाली अनुभूति है। ससीम में असीम की यह सौन्दर्यानुभूति है। इस अलौकिक सौन्दर्यानुभूति की अभिव्यंजना-पद्धतियाँ भिन्न-भिन्न प्रकार की हैं। कबीर कहते हैं—"कबीर देख्या एक अंग, महिमा कहि न जाइ"। सूफी कवियों की सौन्दर्यानुभूति में सारी सृष्टि डोल उठती है—"जग डोलै डोलत नैनाहाँ।" तुलसी के लिए सौन्दर्यानुभूति सात्विक ही नहीं है, कवि सीताराम की ऐन्द्रिय छवि पर उतने ही मुग्ध हैं जितने सूर। कृष्ण भक्त कवि अपने आराध्य के जीवन की हर एक लीला में पग-पग पर सौन्दर्य का अनुभव करते हैं। यह अनुभूति लौकिक और ऐन्द्रिय है, पर अपने अद्‌भुतपन में अलौकिकता की अनुभूति देती है।

भक्त कवियों की सौन्दर्यदृष्टि व्यक्तिनिष्ठ और अनुभूतिमूलक है। उन्होंने अपनी भावना और कल्पना में अपने आराध्य और उनकी लीलाओं का सौन्दर्य प्रत्यक्ष कर लिया है। क्लासिकल प्रवृत्ति के कारण केवल तुलसी के काव्य में, विशेषतः मानस में सौन्दर्य की वस्तुनिष्ठ अवधारणा की कुछ झाँकियाँ मिल जाती हैं। भक्ति-आन्दोलन

में रूढ़ सामाजिक परम्पराओं के विरुद्ध विद्रोह ने सौन्दर्य-भावना को स्वच्छन्द बनाया है। जीवन के नवीन स्पंदन में सौन्दर्य का नया उन्मेष हुआ है। आध्यात्मिक दृष्टि और वस्तु ने सौन्दर्य-भावना को स्वस्थ और उदात्त रखा है। लोकजीवन के साथ सम्बन्ध ने दरबारी नागरिक सौन्दर्यदृष्टि से भिन्न नैसर्गिक सौन्दर्य चेतना का विकास किया है। इस तरह भक्ति-आन्दोलन में कवियों की सौन्दर्यदृष्टि रहस्यमय, नैसर्गिक, स्वच्छन्द, स्पन्दनशील, स्वस्थ और उदात्त है। वह मध्ययुगीन कृत्रिमता, विलासिता और असामाजिकता से मुक्त है। भक्त कवियों की सौन्दर्यदृष्टि की कुछ अपनी सीमाएँ भी हैं—1. उसमें प्रकृति-साहचर्यजन्य सहजता नहीं है। 2. दूसरी ओर आध्यात्मिक दृष्टिकोण के कारण उसमें सामाजिक यथार्थता का स्पर्श कम है।

काव्य-प्रवृत्ति की दृष्टि से भक्तिकाव्य को व्यापक अर्थ में स्वच्छन्तावादी काव्य कह सकते हैं। उसमें स्वच्छन्तावाद की दोनों मूलभूत विशेषताएँ—विद्रोह की भावना और स्वच्छन्दता का आग्रह, स्पष्ट परिलक्षित होती हैं। सन्तकाव्य में पहले की और कृष्णभक्तिकाव्य में दूसरे की प्रधानता है। अन्तःप्रेरित संवेगात्मकता, रहस्यमयता, कल्पनाशीलता, सौन्दर्यमयता, आत्मकेन्द्रित अभिव्यंजना आदि अन्य स्वच्छन्दतावादी या रोमांटिक प्रवृत्तियाँ भी भक्तिकाव्य में मिल जाती हैं। काव्य में स्वच्छन्दता का यह नया प्रसार, भक्ति-आन्दोलन की नयी चेतना का ऋणी है। इससे नये सौन्दर्यबोध के विकास के साथ भावोन्मेष और अभिव्यंजना की जो नयी प्रक्रिया विकसित हुई वह परम्परागत रस-व्यवस्था में समाने वाली नहीं थी।

भक्ति-आन्दोलन और भक्तिकाव्य की सौन्दर्य-भावना के परिप्रेक्ष्य में सूर के सौन्दर्यबोध के विकास पर विचार करने पर स्पष्ट होता है कि उसमें दोनों की कैसी भूमिका रही है। भक्ति की चरम सीमा भावतन्मयता है तो सूर उन इने-गिने भक्त कवियों में हैं, जिन्होंने भक्ति-आन्दोलन की नयी चेतना में उसकी चरम सीमा पर पहुँचकर भक्ति की आत्मा में प्रविष्ट हो सके। यह भक्तिभाव-तन्मयता उनकी रचना की मूल प्रेरणा है और उसी में उन्हें आध्यात्मिक सौन्दर्य का साक्षात्कार हुआ है। भक्ति के भाव-तादात्म्य में विरोध, संघर्ष या खंडन-मंडन के लिए स्थान नहीं है। सूर के अमरगीत में निर्गुण का विरोध और योग एवं ज्ञान मार्गों का खंडन अवश्य मिलता है। लेकिन वह गोपिकाओं के हृदयोद्गारों के रूप में भावमूलक है। वह विकल्पात्मक न होकर संकल्पात्मक है। "सूरदास आदि भक्त कवियों में कहीं विरोध की ध्वनि नहीं है, वे अगर किसी बात को अनुचित समझेंगे तो अत्यन्त मृदु भाषा में उसकी उपेक्षा पर जोर देंगे। यह उपेक्षा भी वे सीधे नहीं कहेंगे।"[3] संकल्पात्मक अनुभूति और कोमल भावना सूर के सौन्दर्यबोध की दिशा को सूचित करती है। सूर के पूर्व नाथ-सिद्धों की वाणी में विरोध की उग्रता थी। उसका प्रभाव कबीर पर भी पड़ा जिसके कारण उनके सौन्दर्यबोध में प्रखरता और तीक्ष्णता आ गयी। भक्ति-आन्दोलन ने उनकी वाणी को सात्विकता दी तो दूसरी ओर सूफी प्रेमभावना

ने कोमलता प्रदान की। इन सब प्रभावों में उनके सौन्दर्यबोध की सूफी कवियों की तरह एक ही निश्चित दिशा नहीं थी। सूर के पूर्व भक्तिकाव्य और उसके सौन्दर्यबोध का एक ढाँचा तैयार हो रहा था। सूर ने अपने ढंग से भक्तिपरक प्रेमसाधना का स्वरूप सामने रखा। वह भारतीय परम्परा से जुड़ते हुए भी अपने लालित्य, माधुर्य और सौन्दर्य में विशिष्ट है।

भक्ति-आन्दोलन में राजनीतिक चेतना का प्रभाव तुलसी की तरह सूर पर बिल्कुल नहीं है। तुलसी ने जहाँ युगीन राजनीतिक परिस्थितियों की तुलना में आदर्श रामराज्य की कल्पना की, सूर ने उनकी उपेक्षा की। आध्यात्मिक विभूति और सौन्दर्य के कवि की दृष्टि में लौकिक राजनीति के दाँव-पेंच तुच्छ थे। भक्ति-आन्दोलन धर्म के क्षेत्र में रूढ़ि और आचार के विरुद्ध सात्विक भावना का विद्रोह था। लेकिन धीरे-धीरे उसमें अनेक सम्प्रदाय हो गये और कुछ साम्प्रदायिकता भी आ गयी। सूर का काव्य शुद्ध भावना का काव्य है, यद्यपि उसे पुष्टिमार्गीय साम्प्रदायिक साधना में फिट करने के प्रयत्न भी हो रहे हैं। इस सन्दर्भ में हमें स्मरण रखना चाहिए कि उन्होंने अपने गुरु पर एक ही पद रचा है जबकि भक्ति-मार्ग में गुरु का बहुत ऊँचा-स्थान है। साम्प्रदायिकता से मुक्त रहने के कारण सूर के सौन्दर्यबोध का स्वच्छन्द विकास हो सका। भक्ति-आन्दोलन के सामाजिक पक्ष पर भी सूर का ध्यान नहीं था। सामाजिक मर्यादा और व्यवहार के औचित्य का सम्बन्ध लौकिक मूल्यों से है। आध्यात्मिक और स्वच्छन्द प्रेम भावना में उनके लिए कोई स्थान नहीं है, बल्कि वे साधनामार्ग में बाधक हैं। सामाजिक बन्धनों से मुक्ति सूर के सौन्दर्यबोध के स्वच्छन्द प्रसार में सहायक सिद्ध हुआ।

लौकिक जीवन में सूर ने नैसर्गिक तत्त्वों को ही ग्रहण किया। वे मधुर पारिवारिक सम्बन्ध, ग्रामीण समष्टि जीवन एवं स्नेह, चरवाहा जीवन पद्धति और लोक संस्कृति एवं त्योहार हैं। इस परिवेश में प्रेम और सौन्दर्य दोनों नैसर्गिक एवं स्वच्छन्द होते हैं। उस वातावरण में उच्चवर्गीय सांस्कृतिक मूल्यों के स्थान पर लोकोन्मुख सांस्कृतिक मूल्यों के प्रतिपादन का अवसर भी सूर को प्राप्त हुआ। उस संस्कृति में जीवन का सच्चा स्पन्दन था और सजीव सौन्दर्य के उद्घाटन की अनेक सम्भावनाएँ थीं। तुलसी से तुलना करते हैं तो सूर का सांस्कृतिक परिवेश बिल्कुल भिन्न लगता है, आध्यात्मिक दृष्टि और भक्ति-भावना की समानता के बावजूद दोनों द्वारा प्रतिपादित जीवन मूल्यों में अन्तर दिखाई देता है। लोकोन्मुखता तुलसी के काव्य में भी है, लेकिन आदर्शों, मान्यताओं और जीवनमूल्यों के स्तर पर नहीं। इसलिए दोनों के सौन्दर्यबोध में अन्तर हो गया है। सूर के सौन्दर्यबोध की नैसर्गिकता और स्वच्छन्दता तुलसी में नहीं है।

युग की निराश परिस्थितियों में भक्ति-आन्दोलन ने सूर को अन्तर्मुखी बनाकर मानसिक सौन्दर्यजगत में पहुँचा दिया क्योंकि सूर की दृष्टि भक्ति-आन्दोलन के बहिर्मुखी पहलुओं पर न होकर शुद्ध भक्ति-साधना पर थी। इसके विपरीत तुसली

की दृष्टि उन बहिर्मुखी पक्षों पर थी। इसलिए सूर का सौन्दर्यबोध मानसिक और कल्पनाशील था जबकि तुलसी का लौकिक और जीवनसापेक्ष। मूलतः दोनों का सौन्दर्यबोध भक्ति-भावना पर आधारित था। लेकिन भक्ति, उसके प्रसार और प्रकार्य की अवधारणाएँ भिन्न-भिन्न थीं। दोनों के सौन्दर्यबोध के अनुरूप काव्यप्रवृत्ति में भी भेद हो गया। सूर शुद्ध सौन्दर्यवादी कवि बने। उनकी अनन्य भक्ति में राजनीतिक, धार्मिक और सामाजिक पहलुओं का, तुलसी की तरह, विशेष महत्त्व नहीं था। काव्यदृष्टि से सूर अधिक स्वच्छन्दतावादी थे। उनकी रचना जीवन और काव्य की परम्पराओं से अधिक मुक्त थी। सूर के पूर्व गीतिकाव्य रचना की पुष्ट और प्रौढ़ परम्परा नहीं थी। "इन पदों के सम्बन्ध में सबसे पहली बात ध्यान देने की यह है कि चलती हुई ब्रजभाषा में सबसे पहली साहित्यिक रचना होने पर भी ये इतने सुडौल और परिमार्जित हैं।"[4] सूर के काव्य ने भारतीय काव्याभिव्यंजना की पद्धति और परम्परा को नया रूप दिया, काव्यशास्त्रीय परिधि का उल्लंघन करके रस-संवेदना को गहराई दी और नये सौन्दर्यबोध का विकास किया। यह भक्ति-आन्दोलन की स्वच्छन्दता के प्रभाव का परिणाम था। उसने सूर के सौन्दर्यबोध को अन्तर्मुखी, स्वच्छन्द और नैसर्गिक रूप प्रदान किया है।

4. प्रतिभा, कल्पना और सौन्दर्यबोध

प्रतिभा सर्जनात्मक शक्ति है जो रचना को रसमय बनाकर काव्यत्व प्रदान करता है। उसके अभाव में जैसा कुन्तल ने कहा है, रचना सामान्य वार्ता या सूचना मात्र है। क्रोचे के अनुसार जीवन के भाव-विचार और क्रियाकलाप अपने में स्वयं सुन्दर नहीं है, कवि की कल्पना उन्हें सुन्दर बनाती है। जीवन में मनुष्य उनमें सौन्दर्य की अनुभूति तभी करता है जब वह कल्पनाशील होता है। विवाद में न पड़कर हम इतना कह सकते हैं कि कवि की प्रतिभा जीवन में अन्तर्भूत सौन्दर्य को पहचान कर उसका निरूपण करता है या अपनी रचनात्मक प्रतिभा के द्वारा जीवन के विविध प्रसंगों में रसत्व का अपादन करता है। काव्य-परम्परा में बाल-चेष्टाएँ, क्रीड़ाएँ और मनोभाव स्वभावोक्ति के रूप में संक्षेप में प्रस्तुत होते आये हैं। कुछ आलंकारिकों ने उन्हें स्वभावोक्ति अलंकार की संज्ञा दी। सूर ने पहली बार पारिवारिक परिवेश, सम्बन्धों, विभिन्न सम्बद्ध व्यक्तियों की मानसिकता और बालक कृष्ण की भावात्मक एवं वैचारिक प्रतिक्रिया का निरूपण करते हुए वात्सल्य को रसत्व प्रदान किया है। काव्य के रस नौ से दस हो गये हैं। यहाँ यह बात भी ध्यान देने की है कि संसार की विभिन्न संस्कृतियों में भारतीय संस्कृति सर्वाधिक पारिवारिक है जिसमें वात्सल्य भाव को ज्यादा महत्त्व मिलता है और मातृभाव पूजनीय है। रति, हास, दुख आदि के साथ वात्सल्य भाव को भी स्थायी भाव मानना उचित ही है। इस भाव के रस निरूपण में कोई भारतीय कवि सूर की समता नहीं कर सकता। वात्सल्य की व्यंजना

में सूर के सांस्कृतिक सौन्दर्य-बोध का एक नया आयाम सामने आता है।

सूर की भक्ति-भावना का दूसरा महत्त्वपूर्ण पहलू प्रेम या श्रृंगार है। काव्य-परम्परा के लम्बे इतिहास में प्रेम अनेक भाव-भंगिमाओं के साथ व्यक्त हुआ है। सूर ने उसे एक नये माधुर्य और मानसिक गहराई देने का प्रयत्न किया है। इसका श्रेय मधुर भक्ति के प्रसार को है तो सूर की प्रतिभा ने माधुर्य और प्रेम की तल-स्पर्शी व्यंजना करते हुए अपूर्व और सूक्ष्म सौन्दर्यबोध का परिचय दिया है।

सूर की मौलिक प्रतिभा रससिद्ध नवीन प्रसंगों की उद्‌भावना में भी दिखाई देती है। "प्रसंगोद्‌भावना करने वाली ऐसी प्रतिभा हम तुलसी में नहीं पाते। बाललीला और प्रेमलीला दोनों के अन्तर्गत कुछ दूर तक चलने वाले न जाने कितने छोटे-छोटे मनोरंजक वृत्तों की कल्पना सूर ने की है। जीवन के एक क्षेत्र के भीतर कथावस्तु की यह रमणीय कल्पना ध्यान देने योग्य है।"[5] कथ्य को रसमय बनाना और नवीन उद्‌भावना, प्रतिभा के इन दो कार्यों में कवि का सौन्दर्यबोध अभिव्यक्त होता है। प्रतिभा के अनुसार सौन्दर्यबोध का गुणात्मक और मात्रापरक अन्तर होता है। सूर की प्रतिभा ने सारे जगत को सौन्दर्यमय और रसमय बनाया है।

काव्य-रचना में सूर की कल्पना का कार्य बहुमुखी है। प्रतिभा ने जिस वस्तु और भाव का सौन्दर्यमय उन्मेष किया है, कल्पना ने उसमें रंग भरा है। कवि का सौन्दर्यबोध उसकी कल्पना की प्रकृति और प्रसार पर निर्भर करता है। सूर की कल्पना ने काव्य परम्परा से भिन्न, भावना और अभिव्यंजना में नवीन सौन्दर्य भरा है। इलियट वैयक्तिक प्रतिभा को परम्परा का ऋणी मानते हैं। लेकिन प्रस्तुत और अप्रस्तुत दोनों क्षेत्रों में नवीन कल्पना के बिना नये सौन्दर्य का उन्मेष नहीं हो सकता। कल्पना की ऊँची उड़ान में, अप्रस्तुतों की लड़ियाँ गूँथने में तथा एक ही विषय या बात को लेकर भिन्न-भिन्न प्रकार की कल्पनाओं में सूर के सौन्दर्यबोध का परिचय मिलता है। प्रस्तुत के निरूपण में भी स्मरण, अनुमान, प्रत्यभिज्ञा, सादृश्य, विरोध आदि अनेक प्रक्रियाओं के द्वारा कल्पना ने सौन्दर्य को मूर्त्त किया है! सर्वत्र अनूठापन अद्‌भुतपन, या चमत्कार की अनुभूति होती है जो सूर की कल्पना और सौन्दर्यबोध की विशेषता है। सूर की रचनाशक्ति सिद्ध करती है कि अद्‌भुतपन ही रस का सारतत्त्व है। नारायण पंडित के शब्दों में-'रसे सारश्चमत्कारः' सार्थक होता है। लेकिन यह चमत्कार अभिव्यंजना शैली की विशेषता न होकर वस्तु, भाव और रूप पर आधारित अनुभूति का विषय है। रचना में जब भावना और कल्पना सहवर्त्तिनी होती है और एक दूसरे को उत्तेजित करती है तब सौन्दर्यबोध में अद्‌भुत तरलता आ जाती है। सूर के सौन्दर्यबोध के मूल में भावना और कल्पना दोनों सक्रिय हैं। दोनों ने मिलकर अद्‌भुतपन की सृष्टि की है। कथ्य के अलौकिक या आध्यात्मिक होने के कारण यह अपूर्व सौन्दर्य स्वाभाविक लगता है।

5. जीवन, व्यक्तित्व और सौन्दर्यबोध

वंश, जन्म, मृत्यु आदि कुछ स्थूल तथ्यों को छोड़कर सूर के जीवन की प्रमाणिक जानकारी नहीं के बराबर है। अकबर और तुलसी से भेंट की न पुष्टि हुई है और न उसका विवरण ही प्राप्त है। उनके गार्हस्थ्य जीवन के बारे में उनकी रचना में कुछ संकेत मात्र मिलते हैं। ऐसी स्थिति में उनकी जीवनी का साहित्य से सम्बन्ध स्थापित करना या जीवन में रचना के प्रेरणासूत्रों को ढूँढना सम्भव नहीं है। सहज ही यह प्रश्न उठता है कि उनकी रचना के माधुर्य और सौन्दर्य का मूल स्रोत क्या है? समसामयिक मधुर भक्ति को उसका आधार और रचना का सामान्य ढाँचा मानते हैं तो कवि की कल्पना उसको विशिष्ट रूप देने वाला तत्त्व है। सूर की रचनात्मक प्रवृत्ति को देखते हुए कहना यही उचित लगता है कि सूर ने अपने मानसिक कल्पना लोक में ही यह माधुर्य और सौन्दर्य पाया है।

सूर के जीवन की दो बातें ऐसी हैं जिनका उनके सौन्दर्यबोध से प्रत्यक्ष सम्बन्ध है। सूर पहले गऊघाट पर विनय के पद गाते थे और बल्लभाचार्य से भेंट के बाद उनके प्रभाव से श्रीनाथ मन्दिर में लीलाकीर्तन करने लगे। इस घटना ने रचना में सूर को लीला माधुर्य की ओर प्रवृत्त किया और उसमें तन्मय कवि ने अपूर्व सौन्दर्य का दर्शन किया। दूसरी बात, सूर के अन्धत्व के सम्बन्ध में मतभेद है। उनके पदों में अन्धत्व का उल्लेख है। उसके आधार पर सूर को जन्मान्ध भी माना गया। उनका जन्मान्धत्व तथ्यात्मक कथन न होकर जीवन में बाद को अन्धे होने का संकेत भी हो सकता है। दीर्घकाल तक अन्धा होने के कारण सूर को शायद जन्मान्ध ही माना गया होगा। अन्यथा उनके रूपवर्णन, रंगों की पहचान, प्रकृति-चित्रण आदि को देखते हुए आधुनिक मानस उन्हें जन्मान्ध कैसे स्वीकार कर सकता है? सिद्ध महात्मा के लिए यह असम्भव न मानने वाले समीक्षक भी हैं। इस वाद-विवाद में मतलब की बात यह है कि सूर का सौन्दर्यबोध अन्तर्मुखी और अत्यन्त सूक्ष्म है। उन्होंने अपनी बन्द आँखों से—जन्मान्ध, बाद को अन्धे या ध्यानमग्न—अपने मन में सौन्दर्य को प्रत्यक्ष कर लिया है।

जीवनी के अभाव में सूर के व्यक्तित्व का निर्धारण और रचना एवं सौन्दर्य-बोध के साथ उसका सम्बन्ध स्थापन सम्भव नहीं है। रचना के आधार पर उनके लौकिक व्यक्तित्व का कुछ अनुमान किया जा सकता है। वे अन्तर्मुखी, संवेदनशील, भावात्मक, कल्पनाशील, स्वभाव से मृदु या कोमल और वाद-विवाद से दूर, सरल, सात्विक सन्त लगते हैं। काव्य प्रवृत्ति और सौन्दर्यबोध की—उनके कलात्मक व्यक्तित्व की ये विशेषताएँ लौकिक व्यक्तित्व से रचना में प्रविष्ट हो सकती हैं। आधुनिक काल में हम साहित्यकारों के जीवन और व्यक्तित्व को समग्र रूप में जानते हैं। मनोविज्ञान के आधार पर व्यक्तित्व और कृतित्व का सम्बन्ध जोड़ते हैं। मध्यकालीन सन्तों के सन्दर्भ में इसकी गुँजाइश नहीं है। न जीवनियाँ लिखी गयी हैं और न कवियों

ने अपने सम्बन्ध में कुछ कहा है। सन्त कवियों में अहं नहीं है। अहं का विसर्जन उनकी साधना का प्रथम लक्ष्य है। उस साधना में उन्होंने अपने को सब दृष्टियों से हीन, पापी और दीन माना है। स्वयं सूर कहते हैं—"मौ सम कौन कुटिल खल कामी"। यह उनके जीवन और व्यक्तित्व की यथार्थता नहीं है। भक्त कवियों के व्यक्तित्व का, उनकी भक्ति-भावना और रचना में विलयन हो गया है। आधुनिक समाजशास्त्रीय और मनोवैज्ञानिक दृष्टि से हम भक्त कवियों की रचना पर उनके व्यक्तित्व की छाप की चर्चा करते हैं। रचना में तुलसी की दृष्टि को देखते हुए हम उनके व्यक्तित्व को प्रखर, चिन्तनशील और समाजोन्मुख कहते हैं और सूर के व्यक्तित्व को मृदु, भावनाशील और आत्मस्थ।

6. विचारधारा और सौन्दर्यबोध

सूर सगुण कृष्णभक्ति शाखा के भक्त कवि थे। वेद-उपनिषद् काल के बाद भारत में धीरे-धीरे सगुण-साकार की उपासना का आरम्भ हुआ। जहाँ अन्य धर्म बहु-देवोपासना और मूर्तिपूजा का विरोध करते हुए निराकार-निर्गुण एकेश्वरवाद की ओर बढ़े, भारतीय धर्म में ब्रह्म तत्त्व का आरम्भ में ही निरूपण हुआ, लेकिन बाद को सगुण-साकार की परिकल्पना हुई। एकेश्वरवाद दार्शनिक और साधनापरक सत्यान्वेषण पर नहीं, पैगम्बर की वाणी के विश्वास पर आधारित था। इसलिए आम समाज के सामने अस्तित्व-अनस्तित्व का संकट नहीं था। ब्रह्मज्ञान दार्शनिक चिन्तन ज्ञान और योग-साधना के बिना सम्भव नहीं था। वैदिक कर्मकाण्ड और कर्ममार्ग भी जटिल था। ऐसी स्थिति में लौकिकेतर पर विश्वास उत्पन्न करने तथा आध्यात्मिक ब्रह्म तत्त्व को आम जनता के लिए सुगम बनाने के लिए भक्ति मार्ग का प्रचलन हुआ। सगुण-साकार के माध्यम से निर्गुण-निराकार की ओर जाने की भक्ति-साधना को शंकर ने अविद्या या माया के अन्तर्गत ही रखा। निर्गुण निराकार की उपासना में धीरे-धीरे अवतारवाद का जन्म हुआ। अवतार आध्यात्मिक शक्ति के प्रतीक थे। कालक्रम में वे शील और सौन्दर्य के भी प्रतीक हो गये। शक्ति और शील के योग में सौन्दर्य की विभिन्न घटाएँ निरूपित हुईं। कहीं सौन्दर्य प्रचण्ड तेजस्वी था तो कहीं सात्विक-मर्यादावादी। शेष अवतार जहाँ भगवान की आंशिक कलाओं के अभिव्यंजक थे, श्रीकृष्ण को सोलह कलाओं का पूर्ण अवतार माना गया। इसलिए उसमें शक्ति और शील से सौन्दर्य को अधिक महत्त्व मिला। श्रीकृष्ण पूर्ण सौन्दर्य के अवतार माने गये। इसलिए शील और शक्ति की व्यंजना की दृष्टि से श्रीराम आदि अन्य अवतारों की लीलाओं के साथ श्रीकृष्ण की लीलाओं की तुलना में दूसरे के सौन्दर्यात्मक पहलू के साथ न्याय नहीं हो सकता। श्रीकृष्ण की अवतारणा द्वन्द्वों से परे सौन्दर्य की व्यंजना है। श्रीकृष्ण का दुष्टसंहारक और शक्ति-प्रतीक रूप भी अन्य अवतारों की तरह उग्र न होकर लीला रूप में अद्भुतपन काव्यव्यंजक है। जो

हो, अवतारवाद में भगवान को मूर्त्तरूप दिया गया है और यही मूर्त्तता कला का धर्म, और सौन्दर्य का रूप है। अवतार का सौन्दर्य उसके इन्द्रिय गोचर रूप में है। कला और काव्य के क्षेत्र में अवतारवाद ने सौन्दर्य के मूर्त्त प्रत्यक्षीकरण के अनेक अवसर प्रदान किये जिनसे कृष्णभक्ति काव्य ने सर्वाधिक लाभ उठाया और श्रेष्ठ काव्य रचना की।

यदि अवतार की अवधारणा में मूर्त्तता का सौन्दर्य है तो श्रीकृण सौन्दर्य के अवतार हैं। सूर के शब्दों में "सूर स्याम संग सब सुख सुन्दर, सुन्दर भक्त हेत अवतार।" श्रीकृष्ण की लीलाओं में सौन्दर्य और प्रेम की व्यंजना की अनन्त सम्भावनाएँ हैं। इसलिए जयदेव ने कहा है कि श्रीकृष्ण के स्मरण मात्र से मन सरस हो जाता है—"स्मरणे सरसं यदि मनः।" इसी माधुर्य के कारण मध्ययुग में कुछ मुसलमान कृष्णभक्त कवि हो गये। यह सौन्दर्य, प्रेम और रसमाधुर्य आत्मविस्मृत करने वाला नहीं है। उसमें अद्वैत भावना का आत्मचैतन्य भी है जिसकी ओर आधुनिक काल में पाश्चात्य आकृष्ट हो रहे हैं। कृष्णभक्त कवियों के द्वारा श्रीकृष्ण का रूप-सौन्दर्य-वर्णन और लीला-निरूपण पूर्णतः सौन्दर्य के विविधि रूपों, छवियों, भंगिमाओं और उसकी अनुभूति की विभिन्न स्थितियों को प्रत्यक्ष कर लेने के लिए है। कृष्णभक्त कवियों के आराध्य का सम्पूर्ण जीवन सौन्दर्यमय है। वही सौन्दर्य लीलाओं का सारतत्त्व है। जीवन का सारा भाव-जगत और कर्म-जगत प्रत्यक्ष-अप्रत्यक्ष उसी सौन्दर्य से सम्बद्ध है। सूर-सागर में सौन्दर्य का समुद्र उमड़ पड़ा है।

सूर की विचारधारा अवतारवादी सौन्दर्यात्मक विचारधारा है। आध्यात्मिक और भावात्मक होने के कारण उसने सूर के सौन्दर्यबोध में लालित्य भर दिया है। उसमें अनास्था, अविश्वास और विरोध के लिए कोई स्थान नहीं है। भ्रमरगीत में गोपिकाओं की प्रेम-भावना में यह बात सिद्ध होती है। सूर के पूर्व धर्म के क्षेत्र में निर्गुण ब्रह्म की उपासना और ज्ञान-योग मार्गों का प्रचलन था। जिनसे हिन्दी के निर्गुण सन्त और सूफी भी प्रभावित थे। अवतारवाद उनको भावशून्य और निरर्थक मानता है। सगुण भक्ति में उनका जोरदार खंडन भी हुआ। लेकिन सूर खंडन के वाग्जाल में न फँसकर भावात्मक स्तर पर प्रेम के द्वारा उनका विरोध करते हैं। भ्रमरगीत में गोपिकाओं के हास-परिहास में ज्ञान और योग के सारे तर्क उड़ जाते हैं। गोपिकाओं की अपार गहरी वेदना में परिहास की यह मनोवृत्ति अपने आप उनकी व्यर्थता प्रकट करती है। भ्रमरगीत सूर के भावप्रवण सौन्दर्यबोध का परिचायक है जिसमें गम्भीर चिन्तन और विचार ढह जाते हैं। सूर का दृढ़ विश्वास है—

रूपरेख गुन जाति जुगुति बिन निरालम्ब मन धावै।
सब विधि अगम विचारहि ताते सूर सगुन लीला पद गावै।।

सूर की धार्मिक-आध्यात्मिक विचारधारा का दूसरा पहलू शुद्धाद्वैत और पुष्टि मार्ग है जिनके प्रवर्तक आचार्य वल्लभ हैं। शंकराचार्य के निरूपाधि निर्गुण ब्रह्म और

माया के सिद्धान्तों का विरोध करते हुए वल्लभ ने शुद्धाद्वैत का प्रतिपादन किया। "वल्लभ ने ब्रह्म में सब धर्म माने। सारी सृष्टि को उन्होंने लीला के लिए ब्रह्म की आत्मकृति कहा। अपने को अंश-रूप जीवों में बिखराना ब्रह्म की लीला मात्र है। अक्षर ब्रह्म अपनी आविर्भाव-तिरोभाव की अचिंत्य शक्ति से जगत के रूप में परिणत भी होता है और उसके परे भी रहता है।"[6] "श्रीकृष्ण ही परब्रह्म हैं जो सब दिव्यगुणों से सम्पन्न होकर 'पुरुषोत्तम' कहलाते हैं। आनन्द का पूर्ण आविर्भाव इसी पुरुषोत्तम रूप में रहता है, अतः यही श्रेष्ठ रूप है। पुरुषोत्तम कृष्ण की सब लीलाएँ नित्य हैं।...भगवान की इस नित्यलीला-सृष्टि में प्रवेश करना ही जीवन की सबसे उत्तम गति है।"[7] "भक्ति की साधना के लिए वल्लभ ने उसके 'श्रद्धा' के अवयव को छोड़कर जो महत्त्व की भावना में मग्न करता है, केवल 'प्रेम' लिया। प्रेमलक्षणा भक्ति ही उन्होंने ग्रहण किया।... प्रेम-साधना में वल्लभ ने लोकमर्यादा और वेदमर्यादा दोनों का त्याग विधेय ठहराया। इस प्रेमलक्षणा भक्ति की ओर जीवन की प्रवृत्ति तभी होती है जब भगवान का अनुग्रह होता है जिसे 'पोषण' या 'पुष्टि' कहते हैं।"[8] इस तरह आनन्द और प्रेम वल्लभ-सम्प्रदाय के दार्शनिक चिन्तन के प्रधान पक्ष हैं जिन्होंने जीवन और काव्य-रचना में सौन्दर्य के पहलू को उभारने के लिए अनुकूल वातावरण की सृष्टि की। वैसे लीला वर्णन में सौन्दर्य के आकर्षण की प्रधानता है ही, उसकी नित्यता सौन्दर्य को शाश्वतता प्रदान करती है। कृष्णभक्त कवियों का, विशेषतः सूर का सौन्दर्यबोध आनन्द और प्रेम-भावना के आधार पर आध्यात्मिक नित्यतावादी दृष्टि से परिचालित है।

सूर के काव्य में नवधा भक्ति के सभी रूप मिल जाते हैं। आरम्भिक रचना में दास्यभक्ति की अभिव्यक्ति है। लेकिन मुख्य रूप से सूर की भक्ति पुष्टि मार्ग से प्रभावित प्रेम-प्रधान भक्ति है। व्यापक अर्थ में प्रेम में वात्सल्य, सख्य और दांपत्य भाव तीनों समाहित हो जाते हैं। तीनों के मूल में रतिभाव है। लेकिन व्यवहार में प्रेम स्त्री-पुरुष विषयक आकर्षण माना जाता है। सूर के काव्य में वात्सल्य, सख्य और प्रेम तीनों प्रकार की भक्ति में माधुर्य भावना की प्रधानता है। इसलिए सूर की भक्ति-भावना को माधुर्यभक्ति कहना अधिक समीचीन लगता है। यह माधुर्य भाव सूर की सौन्दर्य चेतना का भी आधारभूत तत्त्व है।

सूर की काव्य-प्रवृत्ति और सौन्दर्यबोध को प्रत्यक्ष प्रभावित और निर्धारित करने वाली भक्ति-भावना है तो उन पर जीवन-सम्बन्धी अन्य दृष्टियों और विचार धाराओं का भी अप्रत्यक्ष प्रभाव लक्षित होता है। वल्लभ-सम्प्रदाय में लोक-मर्यादा और वेद-मर्यादा के पालन का निषेध है। तभी भक्ति-भवना लौकिक बन्धनों से मुक्त हो सकती है। दूसरे शब्दों में सूर के काव्य में जान-बूझकर लौकिक सामाजिक दृष्टि की उपेक्षा की गयी है। श्रीकृष्ण की लीलाओं का सामाजिक पक्ष ही न हो, ऐसी बात नहीं है। तथाकथित मध्यवर्गीय सामाजिक जीवन और उसके सम्बन्धों का, जो

स्थूल धार्मिक और मर्यादावादी मूल्यों से अनुशासित हैं, उनका मूल्य स्वीकार नहीं किया गया है। अन्ततः भक्ति वैयक्तिक साधना का विषय है। कृष्ण-भक्ति काव्य की चेतना सामाजिक न होकर व्यक्ति केन्द्रित है। वह वैयक्तिक साधना के मूल्यों को ही जीवन में महत्त्वपूर्ण मानती है। सामाजिक क्षेत्र में सूर ने केवल पारिवारिक सम्बन्धों का ही निरूपण किया है—माता-पिता और पुत्र का सम्बन्ध, भाई-भाई का सम्बन्ध तथा मित्रता का स्नेह-सम्बन्ध। ये भी सामाजिक मर्यादा पर आधारित न होकर, छोटे-बड़े का अन्तर न करके सहज स्नेह या प्रेम के सम्बन्ध हैं जो किसी प्रतिबन्ध या मान्यता को स्वीकार नहीं करते। ग्रामीण जीवन के चित्रण में सूर के काव्य में सामाजिक जीवन की कुछ झलकें मिल जाती हैं। लेकिन यह नागरिक सामाजिक जीवन न होकर तथाकथित सभ्यता से दूर स्वच्छन्द समष्टि जीवन है जो नियमों से बँधा नहीं है। ग्राम के प्रधान नन्द और लोगों के सम्बन्ध में, यशोदा और अन्य ग्रामीण स्त्रियों के सम्बन्ध में या स्त्रियों के पारस्परिक सम्बन्ध में नियम-मर्यादा रहित स्वच्छन्द व्यवहार लक्षित होता है। यह ग्रामीण जीवन भारतीय सभ्यता के इतिहास में परवर्ती व्यवस्थित ग्रामीण जीवन नहीं है जिसमें कृषि, पेशे, जाति और वर्ण के आधार पर व्यवस्था स्थापित हुई है।

पारिवारिक पक्ष के अन्तर्गत सूर ने धार्मिक पति-पत्नी सम्बन्ध का नहीं, स्वच्छन्द प्रेम का निरूपण किया है। यहाँ भी सामाजिक मर्यादावादी दृष्टि का निराकरण है। गोपिकाएँ लोकमर्यादा और लोक-लाज को छोड़कर श्रीकृष्ण से प्रेम करती हैं। कहीं-कहीं राधा और गोपिकाओं का प्रेम परकीया भाव का भी लगता है। कृष्णभक्ति में यह स्वच्छन्द प्रेम एकनिष्ठता या अनन्यता को व्यक्त करता है। शुद्ध लौकिक दृष्टि से देखने पर यह अनैतिक लग सकता है। लेकिन सौन्दर्य और प्रेम की आध्यात्मिक पराकाष्ठा पर अनुभूति लौकिक सम्बन्धों से परे हो जाती है।

सूर ने स्वच्छन्द जीवन, सौन्दर्य और प्रेम की अभिव्यक्ति के लिए चरवाहा जीवन और लोकसंस्कृति को माध्यम बनाया है। दोनों में जीवन की गतिविधि सभ्य समाज के नियम-निषेधों से परे है। पहले में प्रकृति के साथ धनिष्ठ सम्बन्ध के कारण नैसर्गिकता है। वह सरल, गतिशील और उन्मुक्त भी है। उसमें मन की भावनाएँ छिपाव-दुराव से रहित प्रकट की जाती हैं और उनकी पूर्ति का प्रयत्न होता है। लोक-संस्कृति प्रचलित रस्म-रिवाजों, पर्व-त्योहारों, और आम जनता को व्यवहार-विधि के द्वारा व्यक्त होती है। उनमें धार्मिक या शास्त्रीय नियमों का पालन नहीं होता। सभी अवसरों पर सामूहिक रूप में मिल-जुलकर क्रिया-कलाप होते हैं और आनन्दोत्साह के साथ पर्व मनाये जाते हैं। इन सामूहिक प्रयत्नों में भी हर एक व्यक्ति अपने को समभागी समझकर आनन्द पाता है। इस परिवेश में स्वच्छन्दता है और सौन्दर्य एवं प्रेम के खुलकर व्यक्त होने की सम्भावनाएँ हैं। सूर के सौन्दर्यबोध में चरवाहा जीवन और लोक संस्कृति की स्वच्छन्दता की महत्त्वपूर्ण भूमिका है।

सूर ने पारिवारिक जीवन, प्रेम, चरवाहा जीवन और लोक-संस्कृति में उन प्रसंगों को चुना है जो उनकी मानवीय संवेदना को उभारते हैं। उस संवेदना में ही उनकी आध्यात्मिक चेतना और भक्ति-भावना प्रकट हुई है। इसे आध्यात्मिक मानवतावाद कह सकते हैं जो लौकिक मानवतावाद से भिन्न है। सूर के काव्य का परिवेश, उसके प्रसंग और उनमें अभिव्यक्त भाव-विचार इतने सहज मानवीय हैं कि पद के अन्त में ही उनके अद्‌भुतपन के माध्यम से अलौकिकता की ओर संकेत मिलता है।

सूर का सौन्दर्यबोध वैयक्तिक, पारिवारिक, प्रेमपरक, ग्रामीण, लोक-सांस्कृतिक और मानवीय बिन्दुओं का स्पर्श करते हुए अपने स्वच्छन्द प्रसार में भक्तिपरक आध्यात्मिक ऊँचाई पर पहुँचता है। सूर ने अपनी रचना में किसी पूर्व निर्धारित और निश्चित विचारधारा का अनुसरण नहीं किया है। उनकी रचनात्मक चेतना किसी लौकिक, आध्यात्मिक या दार्शनिक चिन्तन से प्रत्यक्ष प्रभावित नहीं है। इसीलिए वह स्वच्छन्द है और उस स्वच्छन्दता में नवीन सौन्दर्यबोध का उन्मेष हो सका। किसी सामाजिक या दार्शनिक सिद्धान्त से बँधी हुई रचना काव्योत्कर्ष के ऊँचे धरातल का स्पर्श नहीं कर सकती। सूर के काव्य पर शुद्धाद्वैत और पुष्टिमार्ग का प्रभाव प्रेरणा के रूप में सामान्य है। वे सूर की काव्यदृष्टि में अंगमात्र हैं, उनकी रचना पर हावी नहीं हैं। सूर का काव्य पुष्टिमार्गीय साधना का निरूपक काव्य नहीं है। सूर ने अपने युग के परिवेश में मानवीय धरातल पर स्वच्छन्द रचना करते हुए अपूर्व सौन्दर्यबोध का परिचय दिया।

सन्दर्भ

1. हिन्दी साहित्य का इतिहास, आचार्य रामचन्द्र शुक्ल, पृ. 68
2. वही, पृ. 70
3. सूर-साहित्य, आचार्य हजारीप्रसाद द्विवेदी, पृ. 49-50
4. हिन्दी साहित्य का इतिहास, आचार्य रामचन्द्र शुक्ल, पृ. 185
5. वही, पृ. 192-193
6. वही, पृ. 174
7. वही, पृ. 174-175
8. वही, पृ. 175

काव्यवस्तु और सौन्दर्य

1. काव्यवस्तु, कथ्य और सौन्दर्य

काव्यवस्तु ऐतिहासिक, पौराणिक या आधुनिक जीवन से सम्बन्धित होती है। तीनों स्थितियों में वह कवि-कल्पना-जन्य है। ऐतिहासिक वस्तु भी यथार्थ न होकर कवि की कल्पना के अनुसार परिवर्तित और नये रूप में उद्भासित होती है। ऐतिहासिक रचना में परिवेश, पात्र, घटनाएँ और तिथियाँ अवश्य यथार्थ होती हैं। लेकिन पात्रों का व्यक्तित्व, वस्तु के द्वारा व्यंजित जीवनमूल्य और अनुभूति, कवि के व्यक्तित्व, कल्पना और भावना के अनुसार प्रस्तुत होती हैं। इसलिए ऐतिहासिक रचना इतिहास की तरह यथार्थ न होकर यथार्थाभास मात्र है। उसमें कवि की कल्पना, सौन्दर्य और इसकी सृष्टि करती है। रवीन्द्रनाथ ठाकुर ने ऐतिहासिक साहित्य में इतिहास नहीं, 'ऐतिहासिक रस' की अनुभूति को महत्त्वपूर्ण माना है। पुराणों में इतिहास और कल्पना के योग से एक ओर किसी जाति की प्राचीन मिथकीय परम्पराओं का निरूपण किया जाता है तो दूसरी ओर उन मिथकों के माध्यम से जीवन के शाश्वत सत्यों का प्रतिपादन किया जाता है। जब किसी युग में पौराणिक वस्तु का ग्रहण किया जाता है तो उस पर युग-चिन्तन का भी प्रभाव अवश्य रहता है। अर्थात् पौराणिक वस्तु युगानुरूप कुछ न कुछ बदल जाती है। उसमें युग की संस्कृति, जीवनमूल्य और विचारधारा का प्रवेश हो जाता है। उनके कारण पौराणिक वस्तु और उसके प्रतिपादन का लक्ष्य आमूल बदल जाते हैं जैसे आधुनिक काल में छायावादोत्तर नयी कविता के काव्यों में देखते हैं। आधुनिक वस्तु, रचना के युग में पूर्णरूप से कल्पित है। रचना में वातावरण और परिवेश यथार्थ होकर उनके द्वारा रचना के यथार्थ होने का भ्रम उत्पन्न किया जाता है। वस्तु ऐतिहासिक हो, पौराणिक हो या आधुनिक हो, यथार्थता का यह विभ्रम (Illusion) सौन्दर्यानुभूति या रसानुभूति के लिए आवश्यक है।

काव्यवस्तु (Matter) जब कवि की कल्पना में मूर्त्त रूप धारण करता है, उसमें कुछ न कुछ परिवर्तन हो जाता है और कल्पना में नवीन रूप में प्रस्तुत वस्तु को कथ्य (Content) कहते हैं। वस्तु और काव्य का मूल्य एक-सा नहीं होता। रूपधारण में कथ्य सौन्दर्यात्मक मूल्य से युक्त होता हो, यही बात नहीं है। वस्तुगत जीवन मूल्य

कथ्य के रूप में बदल भी सकते हैं। क्रोचे के अनुसार वस्तुगत जीवन मूल्यों से रचना के कलात्मक या सौन्दर्यात्मक मूल्यों का कोई सम्बन्ध नहीं है। वे सौन्दर्यात्मक मूल्य को रूपाश्रित मानते हैं। रचनागत जीवन मूल्यों को सौन्दर्य-शास्त्रियों की तरह कला की अनुभूति में आनुषंगिक न मानकर सौन्दर्यानुभूति या रसानुभूति का आधारभूत तत्त्व मान लें, तब भी वस्तु और कथ्य के मूल्यों को समान नहीं कह सकते। एक, वस्तुगत जीवन मूल्यों की अनुभूति तभी होती है जब मूर्त्तरूप में उनका प्रस्तुतीकरण हो। राम या कृष्ण की कथा में सौन्दर्य या रस नहीं है, वह उसकी प्रस्तुति में है। दो, इस प्रस्तुति में कवि के उद्देश्य के अनुसार मूल्य न्यूनाधिक बदल सकते हैं। वाल्मीकि रामायण और रामचरितमानस में प्रतिपादित जीवन मूल्यों में काफी अन्तर है। कभी-कभी वस्तुगत जीवन मूल्य कला में आमूल परिवर्तित हो सकते हैं। किसी वेश्या के जीवन में निषेधात्मक मूल्यों के स्थान पर विधायक मानवीय मूल्यों का प्रतिपादन किया जा सकता है। वस्तुगत मूल्यों का कथ्य में संक्रमण के सम्बन्ध में सूक्ष्म अनुशीलन की आवश्यकता है।

सौन्दर्य वस्तुगत है, कथ्यगत है या रूपगत है, इस बात को लेकर आलोचना के क्षेत्र में काफी वाद-विवाद है। समन्वित विचारधारा को अपनाकर सौन्दर्य का तीनों से किसी न किसी रूप में सम्बन्ध स्वीकार कर सकते हैं। वस्तुगत मूल्य प्रायः कथ्य में संक्रमित हो जाते हैं। इसलिए समीक्षक कथ्य और रूप की समष्टि में कला का सौन्दर्य मानते हैं। दोनों को अलग करके सौन्दर्य या रस का निर्धारण करना सम्भव नहीं है। सौन्दर्य या रस कथ्य या भाव की विशेषता मात्र नहीं है। विश्लेषणात्मक दृष्टि के कारण शुक्ल जी ने रस का सम्बन्ध भाव से और सौन्दर्य का सम्बन्ध रूप से माना है जो सही नहीं है। हिन्दी में बहुत से समीक्षक इसी दृष्टि और विचारधारा से प्रभावित हैं। पाश्चात्य आलोचना में शुद्ध कलावादी और सौन्दर्यशास्त्री सौन्दर्य को केवल रूपगत मानते हैं। इसके विपरीत कालोरिज कथ्य और रूप को अभिन्न समझते हैं और सौन्दर्य को 'सार्थक रूप' (Significant Form) का धर्म कहते हैं।

2. सूर की पौराणिक काव्यवस्तु और सौन्दर्य

सूर की रचना का प्रधान आधार भागवत है। इसके अतिरिक्त हरिवंश, विष्णुपुराण, पद्मपुराण, वायुपुराण, देवी भागवत आदि से भी सूर की काव्यवस्तु के कुछ अंश मिलते-जुलते हैं। तुलसी की तरह सूर निगमागम पुराण के अध्येता और ज्ञाता नहीं थे। अपने समय के विद्वानों और भक्तों से सुनी पौराणिक कथाओं के आधार पर उन्होंने काव्य-रचना की। उस रचना में श्रीकृष्ण से सम्बन्धित लीलाओं का पौराणिक या मिथकीय अर्थ अव्यक्त बना रहा जिसकी ओर आधुनिक समीक्षक ध्यान आकृष्ट कर रहे हैं। मिथकीय अर्थ न करने पर चीरहरण, गोवर्धनधारण, कालियमर्दन, रासक्रीड़ा आदि प्रसंग वर्तमान भारतीय संस्कृति के पूर्व उन्मुक्त समाज की विशेषताएँ रह जाती

हैं। पुराणों के रचनाकाल तक अवतारवाद की प्रतिष्ठा हो जाने पर इन मिथकीय प्रसंगों का आध्यात्मिक-दार्शनिक अर्थ भी किया जाने लगा। इस दृष्टि से भी सूर के लीलावर्णन का आख्यान हो रहा है। सूर के समय तक भक्ति-आन्दोलन में ये लीलाएँ भक्ति-साधना के अंग हो गयीं। भगवान पर भक्तों की आस्था में विकल्प की कोई गुंजाइश नहीं थी। लीलाएँ लीलाएँ ही थीं, उन पर अविश्वास का कोई प्रश्न ही नहीं था। कुछ समीक्षक आधुनिक सन्दर्भ में सूर की काव्य-रचना में शाश्वत सौन्दर्यवादी और मानवतावादी मूल्यों को ढूँढने का प्रयत्न कर रहे हैं। सूर की काव्यवस्तु को मिथकीय, आध्यात्मिक, शाश्वत मूल्यवादी या मानवीय दृष्टियों से देखते हुए उसके सौन्दर्य का स्रोत उन पहलुओं में देखा जा सकता है, लेकिन ऐतिहासिक सन्दर्भ में भक्तिपरक दृष्टि से सूर की काव्यवस्तु का सौन्दर्य निरूपण अधिक उचित लगता है।

वस्तु के ऐतिहासिक या पौराणिक होने पर उस पर युगधर्म का प्रभाव स्वाभाविक है। बहिर्मुखी सामाजिक जीवन से विमुख सूर की काव्य-साधना में वस्तु पर युग की धार्मिक स्थिति का प्रभाव दो रूपों में मिलता है—एक ज्ञान-योग मार्गों के तिरस्कार और विरोध में तथा दूसरा पुष्टिमार्गीय प्रेममूलक भक्ति के ग्रहण के रूप में। "सूर से पहले की पाँच-छः शताब्दियाँ देश के धार्मिक क्षेत्र में उथल-पुथल की शताब्दियाँ थीं। सिद्धों और नाथों के नाना सम्प्रदाय, कबीर आदि सन्तों के पंथ तथा अनेक वैष्णव सम्प्रदाय अपने-अपने सिद्धान्तों का प्रचार कर रहे थे। सूरदास यद्यपि एक विशेष सम्प्रदाय में दीक्षित थे, परन्तु अपने युग के धार्मिक आन्दोलनों को सहृदय व्यक्ति तमाशबीन की तरह नहीं देख सकता। इसलिए सूर के साहित्य में सम्प्रदाय के सिद्धान्तों का प्रतिपादन है, वहाँ सतत सामयिक परिस्थितियों की ओर भी संकेत है।"[1]

युगीन परिस्थितियों ने जब परम्परागत भारतीय धर्म और संस्कृति की मूल्यव्यवस्था को छिन्न-भिन्न और पतनोन्मुख बना दिया, भक्ति-आन्दोलन में नये मूल्यों की प्रतिष्ठा का प्रश्न उठा। कुछ भक्त कवियों ने मानवीय मूल्यों को ग्रहण किया तो कुछ ने सामाजिक मूल्यों को और अन्य ने अन्तर्मुखी उदात्त सांस्कृतिक मूल्यों को। कबीर, तुलसी और सूर को क्रमशः उनके प्रतिनिधि भक्त कवि कह सकते हैं। सूर के काव्य पर भक्ति-आन्दोलन के आध्यात्मिक-सांस्कृतिक मूल्यों का गहरा प्रभाव पड़ा। उनकी काव्यवस्तु में युगीन विधायक सांस्कृतिक मूल्य अन्तर्लीन हैं। उसी दृष्टि से काव्यवस्तु का ग्रहण और पल्लवन हुआ।

रामभक्ति काव्य और कृष्णभक्ति काव्य के दृष्टि भेद पर ध्यान न देकर सामाजिक दृष्टि से दोनों की तुलना करते हुए शुक्ल जी ने कृष्णभक्ति काव्य और सूर की रचना पर आक्षेप किया है। शुक्ल जी के अनुसार वेदमार्ग या मर्यादामार्ग के अनुसरण की कठिनाई, देश में मुसलमानी साम्राज्य की स्थापना, इस्लामी संस्कारों का समाज में प्रबल होना, सूफी धर्म का प्रचार, निर्गुण पंथियों के द्वारा वैदिक विधियों से

जनता की आस्था को हटाने का प्रयत्न—इन परिस्थितियों में वल्लभाचार्य ने प्रेममूला पुष्टिमार्ग का प्रवर्त्तन किया है। शुक्ल जी स्वीकार करते हैं कि "वल्लभाचार्य ने अपने 'पुष्टिमार्ग' का प्रवर्त्तन बहुत कुछ देश-काल देखकर किया।"[2] शुक्ल जी का दृष्टिकोण निषेधात्मक है। वे कृष्ण काव्य के मूल्य को प्रतिक्रिया के रूप में ही स्वीकार करना चाहते हैं। उसकी प्रगाढ़ आस्था और सांस्कृतिक चेतना उनके लिए स्वीकार्य नहीं है क्योंकि वह सामाजिक धर्म का पोषक नहीं है। आगे पुष्टिमार्ग से प्रभावित कृष्णभक्ति काव्य पर उसी दृष्टि से आक्षेप करते हैं। "कृष्णभक्त भागवत में वर्णित कृष्ण की ब्रजलीला को ही लेकर चले क्योंकि उन्होंने अपनी प्रेमलक्षणा भक्ति के लिए कृष्ण का मधुर रूप ही पर्याप्त समझा। महत्त्व की भावना से उत्पन्न श्रद्धा या पूज्य बुद्धि का अवयव छोड़ देने के कारण कृष्ण के लोकरक्षक और धर्मसंस्थापक स्वरूप को सामने रखने की आवश्यकता उन्होंने न समझी। भगवान के धर्मस्वरूप को इस प्रकार किनारे रख देने से उसकी ओर आकर्षित होने और आकर्षित करने की प्रवृत्ति का विकास कृष्णभक्तों में न हो पाया।"[3] दुष्टसंहार को ही अवतार का लक्ष्य मानना, उसी में धर्म देखना और श्रद्धा को ही भक्ति-साधना का आधारभूत प्रधान तत्त्व समझना भारतीय आध्यात्मिक-दार्शनिक चिन्तन, धर्म के स्वरूप और भक्ति-भावना का स्थूल आख्यान हैं। आधुनिक काल में आध्यात्मिक-सांस्कृतिक नव जागरण के पूर्व ब्राह्मण परिवार में इस तरह की विचारधारा प्रचलित थी जिससे शुक्ल जी के संस्कार प्रभावित थे। स्वयं पुराणों में अध्यात्म, धर्म और भक्ति की इस तरह की स्थूल अवधारणा मिल जाती है। कृष्णकाव्य की भक्ति-भावना इससे ऊँचे आत्मिक धरातल पर आध्यात्मिक अनुभूति की व्यंजना करती है। काव्य-साहित्य को स्थूल प्रयोजनवादी दृष्टि से देखते हुए शुक्ल जी कहते हैं—"कृष्ण के जिस मधुर रूप को लेकर ये भक्त कवि चले हैं वह हास-विलास की तरंगों से परिपूर्ण अनन्त सौन्दर्य का समुद्र है। उस सार्वभौम प्रेमालम्बन के सम्मुख मनुष्य का हृदय निराले प्रेमलोक में फूला-फूला फिरता है। अतः इन कृष्णभक्त कवियों के सम्बन्ध में यह कह देना आवश्यक है कि ये अपने रंग में मस्त रहने वाले जीव थे, तुलसीदास जी के समान लोकसंग्रह का भाव इनमें न था।"[4] कृष्णभक्ति काव्य के सम्बन्ध में शुक्ल जी ठीक ही कहते हैं कि उसमें अनन्त सौन्दर्य और प्रेम का समुद्र लहरा रहा है। भक्ति में माधुर्यभाव की प्रधानता का यह सहज परिणाम है। अवतार की तरह काव्य का प्रयोजन लोकहित मानना एक विशेष दृष्टिकोण मात्र है। इससे भिन्न दृष्टियों को नकारना काव्य-साहित्य के समग्र स्वरूप की अवहेलना है। जीवन और काव्य का लक्ष्य क्या है, इसका निर्धारण शताब्दियों के चिन्तन के बावजूद आज तक न हो पाया और न होने की सम्भावना है। उसमें मतभेद स्वाभाविक है। यदि स्वीकार कर लें कि कृष्णभक्ति काव्य में कहीं-कहीं उद्दाम वासना की अभिव्यक्ति हुई है और बाद को रीतिकाव्य में राधाकृष्ण के बहाने वासनामय शृंगार को प्रश्रय मिला

है, इससे सात्विक धरातल पर कृष्णभक्ति की अन्तर्मुखी साधना और काव्य-रचना की महानता में कोई अन्तर नहीं पड़ता। प्रश्न केवल श्रद्धा-प्रेम के पारस्परिक महत्त्व का, भावना और कर्म के तुलनात्मक महत्त्व का है। कृष्णभक्ति में श्रद्धा और कर्म को महत्त्व न मिला हो, लेकिन भगवान की महानता और विभूति का विस्मरण नहीं हुआ है। कृष्णभक्ति काव्य की दृष्टि और वस्तु को शुद्ध लौकिक दृष्टिकोण से नहीं देखना चाहिए। उसमें सौन्दर्य और प्रेम लौकिक नहीं है।

'सूरसागर' भागवत पुराण का न अनुवाद है और न उसका अनुसरण किया गया है। वह सूर की स्वतन्त्र रचना है जिसमें उनकी प्रतिभा और कल्पना का पूर्ण उन्मेष हुआ है। 'सूरसागर' के अनेक प्रसंग सूर की मौलिक उद्भावनाएँ हैं। जो अंश या प्रसंग भागवत से लिए गये हैं उनमें भी सूर की प्रतिभा और कल्पना का परिचय मिलता है। उनको गोचर दृश्य रूप में प्रस्तुत किया गया है, उनमें वस्तुगत भाव का पल्लवन हुआ है, वस्तु और भाव को सौन्दर्यात्मक नवीन रूप दिया गया है तथा पद रचना के रूप में भागवत से भिन्न आत्माभिव्यंजक गीति शैली अपनाई गयी है। सूरसागर का वस्तुगत सौन्दर्य भागवत की नहीं, कवि की अपनी देन है। वस्तु-चयन और पल्लवन दोनों में यह सौन्दर्य देख सकते हैं। भागवत के श्लोकों और सूरसागर के पदों की संख्या की तुलना दोनों की दृष्टि और वस्तु में अन्तर को स्पष्ट करती है। बारह स्कन्धों में संख्याएँ इस प्रकार हैं–(1) 1692-343, (2) 392-38, (3) 1502-13, (4) 1407-13, (5) 666-4, (6) 851-8, (7) 750-8, (8) 931-17, (9) 963-174, (10) पूर्वार्द्ध 1935-4160, (11) उत्तरार्द्ध 1516-148, (12) 1374-4 और (13) 566-5। प्रथम संख्या भागवत के श्लोकों की है और द्वितीय सूरसागर की। कहा जाता है कि सूर ने सवा लाख पदों की रचना की। उनमें आज उपलब्ध 4936 हैं। इनमें कुछ पदों की प्रामाणिकता के सम्बन्ध में विद्वानों में मतभेद है। उपर्युक्त तालिका में दो बातें ध्यान देने की हैं। एक, सूरसागर के प्रथम स्कन्ध में केवल विनय के पद हैं जो पुष्टिमार्ग में दीक्षित होने के पहले लिखे गये हैं और कुछ परवर्ती स्तोत्र या नामसंकीर्तन हैं। दशम स्कन्ध के पूर्वार्द्ध को छोड़कर शेष स्कन्धों में पद-रचना नाममात्र की है। दशम स्कन्ध के पूर्वार्द्ध में श्रीकृष्ण की बाल एवं यौवन की लीलाओं का निरूपण है जिस पर सूर की दृष्टि केन्द्रित है। सूर की काव्यवस्तु केवल श्रीकृष्ण की मधुर लीलाओं से ही सम्बन्धित है। ऐसा लगता है कि भागवत का अनुसरण करते हुए सूरसागर का स्कन्धों में विभाजन सूर के समय का न होकर परवर्ती है। डॉ. ब्रजेश्वर वर्मा का विचार है कि सूर ने दशम स्कन्ध पूर्वार्द्ध के अतिरिक्त अन्य स्कन्धों की रचना भागवत की कथा की पूर्ति की दृष्टि से की है–"अनुमान तो यह होता है कि भागवत की कथा को सुनकर कवि ने दशम स्कन्ध पूर्वार्द्ध के अतिरिक्त अन्य स्कन्धों पर अपने भाव के अनुकूल कभी प्रबन्धात्मक और कभी स्फुट रीति में पद रचना की। इस पद रचना

को स्कन्धों के कथाक्रम से संग्रह करके देखने से जहाँ कथा-सूत्र छूटे हुए पाये गये वहीं वे पूर्तिमात्र के विचार से वर्णनात्मक शैली में रख दिये गये। यह भी सन्देह हो सकता है कि ये वर्णनात्मक अंश स्वयं हमारे कवि सूरदास जी की रचना भी है या अन्य किसी ने सूरसागर को भागवत का बाह्य रूप दे दिया।"[5] जो हो, सूर की भावात्मक और सौन्दर्यात्मक दृष्टि दशम स्कन्ध के पूर्वार्द्ध के लीला प्रसंगों में ही उन्मुक्त अभिव्यक्त हुई है।

3. वस्तु-विश्लेषण

सूर के काव्य के आधारभूत तत्त्व सौन्दर्य, माधुर्य और प्रेम के आधार पर ही उनकी काव्यवस्तु का विश्लेषण समीचीन है। इस दृष्टि से सूरसागर के पदों को छः वर्गों में विभाजित कर सकते हैं।

(1) **लीला के पद :** लीलाओं में व्यंजित प्रधान भाव माधुर्य है जो वात्सल्य, सख्य और प्रेमपरक तीन रूपों में है। तीनों अन्ततः सूर की भक्ति को प्रकट करते हैं। लीला-संकीर्तन भक्ति का एक प्रकार माना गया है। लीलाओं के निरूपण में रचना वस्तुनिष्ठ न होकर आत्माभिव्यंजक है। कवि लीलाओं के गायन से सन्तुष्ट न होकर पद की अन्तिम पंक्ति में अपनी भक्ति-भावना प्रकट करता है—कभी लीला वर्णन से भिन्न प्रत्यक्ष रूप में और कभी 'सूर-स्याम' कहकर। लीलाओं के माधुर्य में कवि की सहृदयता, भाव-प्रवणता, कल्पनाशीलता, रचना की विदग्धता और सौन्दर्य भावना प्रकट होती है। यह माधुर्य कवि की आत्माभिव्यक्ति है, उसका कलात्मक व्यक्तित्व है। इस माधुर्य में उन्मुक्त भाव-प्रसार हुआ है जो सूर की भक्ति-भावना के अनुरूप काव्य-प्रवृत्ति है।

सूरसागर में वर्णित लीलाएँ दो प्रकार की हैं—दुष्टसंहारक और मधुर। पहले प्रकार की लीलाएँ दूसरे प्रकार की लीलाओं में रसविघ्न प्रस्तुत करने वाली, बाधक हैं। इस बाधा में सौन्दर्य और रस का आकर्षण बढ़ जाता है। दोनों में समान तत्त्व सूर के द्वारा अद्‌भुतपन की सृष्टि है। जहाँ भागवत में दुष्ट संहार की लीलाओं में श्रीकृष्ण के देवत्व की प्रतीति का प्रयत्न हुआ है, सूर के काव्य में वे केवल विस्मयकारी हैं और विस्मयकारिता के माध्यम से सौन्दर्य का बोध कराती हैं। हम यह भी कह सकते हैं कि दुष्ट संहार की लीला अपने अद्‌भुतपन में निषेधात्मक रूप में माधुर्य की अनुभूति देती है। भागवत और सूरसागर की अलौकिकता में अन्तर है। पहला देवत्व की अलौकिक अनुभूति देती है तो दूसरा सौन्दर्य की अलौकिक अनुभूति में तन्मय कर देती है। भागवत और सूरसागर की मधुर लीलाओं के निरूपण में भी यह अन्तर देखा जा सकता है। दूसरे की आधारभूमि मानवीय संवेदना है। परिवेश में अन्तर भी सूरसागर की वस्तु को—मुरली लीलाओं को भागवत से अलग कर देता है। ग्रामीण जीवन की नैसर्गिकता, गोचारण जीवन की स्वच्छन्दता, पारिवारिक

सम्बन्धों का माधुर्य और प्रेम की उन्मुक्तता, श्रीकृष्ण की मधुर लीलाओं का परिवेश ही नही, उनकी अनुभूति के अभिन्न अंग हो गये हैं।

सूर का लीला वर्णन समग्र, व्यापक और विशद है। श्रीकृष्ण का सोना-जागना, उठना-बैठना, खाना-पीना, रूठना-मिलना, हँसना-रोना आदि दैनिक जीवन के समस्त भाव-विचार और क्रियाकलाप उनमें समाविष्ट हैं। भागवत की अनेकानेक लीलाओं के अतिरिक्त गोचारण और राधाकृष्ण सम्बन्धी अनेक लीलाएँ जोड़ी गयी हैं, जो सूर की मौलिक कल्पनाएँ हैं। लोक-जीवन, रस्म-रिवाज, पर्व-त्योहार और लोक-संस्कृति के आधार पर भी नवीन लीला वर्णन हुआ है, जैसे अन्नप्राशन, वर्षगाँठ, कर्ण-छेदन, फाग-होली मनाना आदि। नेत्र और मुरली को लेकर अद्भुत सौन्दर्यात्मक प्रसंगों की उद्भावनाएँ हैं। प्रत्येक लीला का अनेक रूपों में, अनेक कोणों से वर्णन हुआ है। इस तरह का विशद वर्णन प्रत्येक लीला का है ही, प्रत्येक पद में प्रसंग का विशद पल्लवन भी हुआ है। लीला-वर्णन में सूर की तन्मयता, उनकी भक्ति की सच्चाई, तीव्रता, गहराई और अनन्यता को व्यक्त करती है। उसमें पात्रों की ही नहीं, कवि की भी माधुर्यानुभूति, भाव-विह्वलता और हर्षातिरेक प्रकट होते हैं।

काव्यशास्त्रीय दृष्टि से इन लीलाओं को वात्सल्यपरक और शृंगारपरक या बाललीला और यौवनलीला के रूप में विभाजित किया जाता है। इन दोनों क्षेत्रों में भाव का जो विस्तार है वह काव्यवस्तु के समग्र निरूपण के कारण है। वात्सल्य में माता-पिता के भाव-विचार एवं क्रियाकलाप, बालस्वभाव, मनोभाव एवं चेष्टाएँ, भ्रातृभाव और स्पर्धा तथा सहचरों के साथ स्नेह एवं क्रीड़ाएँ ही नहीं, ग्रामीण स्त्रियों और अड़ोस-पड़ोस की प्रतिक्रियाएँ भी सम्मिलित हैं। शृंगार का प्रेम-भावनाएँ एकान्तिक अवश्य हैं। इस अर्थ में कि वह सभ्य सामाजिक मर्यादा की परिधि में नहीं है। लेकिन प्रकृति-परिवेश और साहचर्य उसे नैसर्गिकता और सहजता प्रदान करते हैं। दूसरी ओर यह शृंगार और प्रेम व्यापक अर्थ में पूरे समाज का है। यह राधा-कृष्ण का ही प्रेम और शृंगार लीला नही है, एक पुरुष और सोलह हजार गोपिकाओं का प्रेम है। ऐसा लगता है कि पूरा समाज प्रेम-भावना में विभोर है। इसे आध्यात्मिक दृष्टि से आत्मा-परमात्मा का प्रेम कहें, सामाजिक नैतिकवादी दृष्टि से अवैध मुक्तप्रेम कहें, लेकिन संसार के इतिहास में, प्रेमप्रधान काव्य-साहित्य में अपूर्व है। भावना की यह एकनिष्ठता भी अन्यत्र दुर्लभ है। सूर के संयोग-शृंगार वर्णन पर ऐन्द्रिक और कामुक होने के आक्षेप भी किये गये हैं। लेकिन सूर की भक्ति-भावना में औचित्य-अनौचित्य, नैतिक-अनैतिक और मर्यादा-नग्नता के प्रश्न नहीं उठते। वह अन्तर्मुखी वैयक्तिक साधना है, बहिर्मुखी और सामाजिक चेतना की अभिव्यक्ति नहीं है। सूर ने वात्सल्य और शृंगार दोनों के सुख-दुखात्मक संयोग-वियोग पक्षों का विस्तार से वर्णन किया है। उसमें विप्रलम्भ शृंगार के अन्तर्गत भ्रमरगीत-प्रसंग वैविध्यपूर्ण और अपूर्व है। स्थूल दृष्टि से उस प्रसंग की वस्तु का उद्देश्य निर्गुण-निराकार ब्रह्मवाद एवं ज्ञान-योग मार्गों

का खण्डन और सगुण साकार अवतार एवं प्रेमप्रधान भक्ति का मण्डन है। लेकिन उस प्रसंग में अनन्त वेदना, उपालम्भ, ईर्ष्या, हास-परिहास और वचन-विदग्धता के ऐसे अनेक उपप्रसंग समाविष्ट हो गये हैं कि समष्टि रूप में "एक आँख से रोना और एक आँख से हँसना" वाली उक्ति चरितार्थ हो जाती है।

(2) **लीलेतर भावात्मक पद :** सूर सागर में अनेक ऐसे पद हैं जो श्रीकृष्ण की मधुर लीलाओं से भिन्न, भागवत के कुछ प्रसंगों को लेकर रचे गये हैं। लीला के पदों की तरह इन्हें कवि की आत्माभिव्यक्ति नहीं कह सकते। इनमें पुष्टिमार्गीय मधुर भक्ति की भावना नहीं है। लेकिन ये पद भी भावात्मक हैं और काव्य दृष्टि से श्रेष्ठ जैसे गजमोचन, भीष्म-प्रतिज्ञा आदि।

(3) **श्रीकृष्णावतार से सम्बन्धित कथात्मक और वर्णनात्मक प्रसंग :** इनमें कुछ अंश पदरूप में हैं और कुछ छन्दोबद्ध काव्य रूप में। इनमें भागवत की कथा के अनेक प्रसंग मिल जाते हैं। कुछ प्रसंगों की पुनरावृत्ति भी है। इनके आधार पर ही सूरसागर को भागवत की तरह स्कन्धों में विभाजित किया जा सकता है और कथा के कुछ सूत्र भी मिल जाते हैं। इनमें श्रीकृष्ण के ब्रज जीवन का ही नहीं, मथुरा और द्वारिका के जीवन का भी वर्णन है। श्रीकृष्ण की वृन्दावन की लीलाओं को भी कथात्मक और वर्णनात्मक रूप में प्रस्तुत किया गया है। गेय पदात्मक मधुर लीलावर्णन के साथ इन वर्णनात्मक मुक्तकों की तुलना ही नहीं की जा सकती। ये कथात्मक-वर्णनात्मक अंश कथावाचन, पठन-श्रवण के लिए रचे गये हैं। इनमें दूसरे विभाग के पदों का काव्योत्कर्ष भी नहीं है। दोनों में कवि की सौन्दर्य दृष्टि और माधुर्य भावना की व्यंजना नहीं है। लेकिन दूसरे विभाग के पदों में भावात्मक और रूपात्मक विशेषताएँ सौन्दर्यव्यंजक नहीं हैं तो सूर के सौन्दर्य-बोध को अवश्य व्यक्त करते हैं।

(4) **विनय के पद :** विनय के पदों को दो वर्गों में बाँटा जा सकता है–(1) वल्लभाचार्य से भेंट के पहले लिखे गये दास्यभक्ति के पद और (2) पुष्टिमार्ग में दीक्षित होने के बाद रचे गये पद। दोनों में कोई तात्त्विक अन्तर नहीं है। दास्यभक्ति की सभी विशेषताएँ-आत्म-ग्लानि, भगवान की महिमा का गायन, आत्मनिवेदन और संसार के बन्धनों से मुक्त होने की भावना–उन पदों में पायी जाती हैं। ये काव्यदृष्टि से श्रेष्ठ पद-रचना के उदाहरण अवश्य हैं, लेकिन तुलसी की 'विनयपत्रिका' का वैविध्य और गहराई इनमें नहीं है। दूसरे वर्ग के पदों में कहीं-कहीं पुष्टिमार्गीय भक्ति-भावना की झलक भी मिल जाती है। इसी वर्ग के अन्तर्गत प्रह्लाद उद्धार, गजमोचन आदि भागवत के प्रसंग आते हैं। सूर ने तुलसी की तरह दर्शन और भक्ति का सैद्धान्तिक विवेचन नहीं किया। लीला-संकीर्तन और विनय के पदों के आधार पर सूर की दार्शनिक और भक्तिपरक विचारधारा का कुछ अनुमान लगाया जा सकता है। वे सहृदय कवि थे जिनके लिए भक्ति विवेच्य विषय न होकर काव्यवस्तु थी। इसलिए

लीला-संकीर्तन की तरह विनय के पदों को भी कवि की आत्माभिव्यक्ति मानना ही उचित है। विनय के पदों में आत्माभिव्यक्ति प्रधानतः भावात्मक है। काव्योत्कर्ष की दृष्टि से मधुर लीला-संकीर्तन के बाद उनका स्थान है। लीलेतर भावात्मक पदों और भागवत के कथात्मक वर्णनात्मक पदों से उनका काव्यत्व अधिक श्रेष्ठ है। इन पदों का भी केन्द्रबिन्दु सौन्दर्य नहीं है। कवि का सौन्दर्यबोध आत्माभिव्यंजक और भाव केन्द्रित है।

अधिकांश समीक्षक सूर के विनय के पदों को सौन्दर्य, माधुर्य और प्रेम प्रधान पुष्टिमार्गीय भक्ति-भावना से बिल्कुल भिन्न मानते हैं। पुष्टिमार्गीय भक्ति में भगवान की अनन्त महिमा और आत्मा के दैन्यभाव के लिए स्थान ही न हो, ऐसी बात नहीं है। दैन्यभाव के द्वारा आत्मसंस्कार, मधुरभक्ति के सात्विक विकास के लिए प्रथम सोपान है। डॉ. विष्णुकान्त शास्त्री ने वल्लभ-सम्प्रदाय के शास्त्र ग्रन्थों से उद्धरण देकर सिद्ध किया है कि पुष्टिमार्गीय साधना में दैन्यभाव का उल्लेख है। वे लीलागान और दैन्यभाव को परस्पर विरोधी नहीं मानते। "केवल इतनी सावधानी बरतनी चाहिए कि दैन्य नैराश्य में न बदल जाये और दैन्य के अतिशय कथन के कारण अन्तःशुद्धि की अमोघ औषधि, भगवत्लीला का गान छूट न जाये। इस सीमा के भीतर रहकर वल्लभ सम्प्रदाय में दीक्षित होने के अनन्तर भी सूरदास विनय के पद लिखते रहे होंगे, वल्लभ सिद्धान्त के अनुकूल रहकर ही, उसके प्रतिकूल जाकर नहीं।"[6] "सच तो यह है कि सूर के विनय के पदों के भाववत, भंगिमागत चारूत्व का सम्यक उद्घाटन अभी होना बाकी है।"[7]

(5) **रामायण-प्रसंग :** भागवत की तरह सूरसागर में भी राम की कथा का संक्षेप में निरूपण है। मर्यादा पुरुषोत्तम की कथा में सहज ही दैन्यभाव और दास्य भक्ति की प्रधानता है। तुलसी की तरह उत्तर रामचरित छोड़ दिया गया है जो राम की आदर्शवादी परिकल्पना के अनुरूप नहीं है। कवि ने रामकथा के मार्मिक प्रसंगों को चुनकर उन्हें भावात्मक गेय पदरूप दिया है। यह सूर की भावात्मक काव्य-प्रवृत्ति में रचा हुआ लघुकाव्य है। सूरसागर के इस महत्त्वपूर्ण अंश से सिद्ध होता है कि सूर हिन्दी में रामकाव्य के प्रथम मौलिक कवि हैं। इस श्रेष्ठ काव्य रचना में सूर का सौन्दर्यबोध वस्तु के अनुरूप सामाजिक मर्यादावादी है, लीला गायन की तरह अन्तर्मुखी, वैयक्तिक और भावनाशील नहीं। रचना की भावात्मकता केवल काव्य प्रवृत्ति की विशेषता है, अर्थात् रचना वस्तून्मुख और वर्णनात्मक न होकर भावात्मक है। रामायण प्रसंग के अन्तिम पद "बिनती किहिं बिधि प्रभुहिं सुनाऊँ" में सूर की दास्यभक्ति, काव्य प्रवृत्ति और मर्यादावादी दृष्टि की प्रौढ़ व्यंजना है। सूर के राम प्रभु हैं, महाराज हैं, नित्य जीवन में नियमपालक हैं, प्रतिदिन प्रातःकाल ब्रह्म, रुद्र, अमर और मुनिगण उनका स्तवन करते हैं, वे राजसभा में सेनापतियों से घिरे हुए महान शासक हैं, नारद तुम्बुर आदि उनका गुणगान करते रहते हैं। उस 'साहिब'

को प्रसन्न करने में उन सबके सामने सूर किस गिनती में हैं। इसलिए कहते हैं कि "पतित-उधारन नाम सूर प्रभु यह रुक्का पहुँचाऊँ।" इस पद से प्रकट होता है कि सूर के राम और कृष्ण की परिकल्पना में कितना अन्तर है। एक प्रभु हैं, दूर से ही विनती करनी है। दूसरे, अपने हैं—पुत्र, सखा और प्रेमी जिनके साथ आत्मीयता का सम्बन्ध है और सहज जिनके समीप पहुँच सकते हैं। डॉ. उदयभानुसिंह के शब्दों में सूर के रामचरित वर्णन की "अनुपेक्षणीय विशेषता यह है कि वह गोपी-कृष्ण की मधुर विलास-लीला के अप्रतिम गायक कवि की कृति होते हुए भी शृंगारपरक रसिक भावना से मुक्त है और मर्यादावादी रामकाव्य-धारा की बहुमूल्य निधि है।"[8]

(6) **सुदामा चरित** : सूरसागर में वर्णित भागवत के उपाख्यानों में केवल सुदामा चरित का कुछ विस्तार से वर्णन है। कारण स्पष्ट है। यह आख्यान सूर की भक्ति-भावना के अनुरूप है। श्रीकृष्ण के आने पर सुदामा का हर्षोल्लास, अपनी स्थिति को देखते हुए स्वागत करने में दीनता का भाव, सुदामा के प्रति सहपाठी सखा के रूप में श्रीकृष्ण का स्नेह और अन्त में उनका अनुग्रह—सब मिलकर सख्यभाव को एक अद्‌भुत रूप में प्रस्तुत करते हैं। गोप सखाओं के साथ सख्यभाव से यह भिन्न है। यहाँ सखाओं में स्तर का अन्तर है और इस कारण भक्ति में दीनता की भावना भी है। श्रीकृष्ण की ओर से स्तर-भेद से ऊपर उठी हुई शुद्ध सख्य-भावना है। काव्य-दृष्टि से सुदामा चरित सूर की काव्य-प्रवृत्ति के अनुरूप भावात्मक रचना है।

(7) **सूरसारावली और साहित्य-लहरी** : इन रचनाओं के सम्बन्ध में मतभेद है। डॉ. ब्रजेश्वर वर्मा इनको सूर की रचना नहीं मानते। दोनों ग्रन्थ सूरसागर की रचना के बाद लिखे गये हैं और दोनों शृंगार रस प्रधान हैं। शृंगार लीलाओं में काम क्रीड़ाओं का भी विस्तृत वर्णन है। प्रामाणिक मानने पर भी सौन्दर्य और माधुर्य के गायक सूर की रचनात्मक प्रवृत्ति के साथ इनका मेल नहीं होता। सूरसारावली में श्रीकृष्ण के कुरुक्षेत्र से लौटने के बाद की लीलाओं का—संयोगलीला, वसन्त, होली आदि का वर्णन है। ऐसा लगता कि सूरसारावली में परवर्ती लीलाओं का निरूपण करते हुए राधाकृष्ण की लीला को नित्य और शाश्वत सिद्ध करने का प्रयत्न किया गया है—"वृन्दावन हरि यहि बिधि क्रीड़त सदा राधिका संग।" मुंशीराम शर्मा का कथन है कि यह सारा ग्रन्थ एक बृहद् होली गीत में रचा गया है जिसकी टेक है—"खेलत यह बिधि हरि होरी हो, हरि होरी हो बेद बिदित यह बात।" सूरसारावली में माधुर्य भाव की प्रकृति और स्वरूप, सूरसागर से भिन्न है। उसमें सूरसागर की भावनाशीलता, कल्पनाशीलता और सौन्दर्य नहीं है।

साहित्य-लहरी के एक पद के अनुसार सूर चन्दबरदाई के वंशज हैं। इस रचना को प्रामाणिक मानने वाले समीक्षक भी इस पद को प्रक्षिप्त कहते हैं। शैली की दृष्टि से साहित्य-लहरी दृष्टिकूट पदों का लघु संग्रह है। सूरसागर और सूरसारावली में भी कुछ दृष्टिकूट पद मिलते हैं। साहित्य-लहरी में रस, अलंकार और नायिका-भेद

का निरूपण किया गया है। इस काव्यशास्त्रीय प्रतिपादन में कवि का लक्ष्य दृष्टकूट शैली में शृंगार की ही व्यंजना है। इसी दृष्टि से साहित्य-लहरी रीतिकाव्य रचना का प्रथम ग्रन्थ है जिसमें रीति निरूपण और शृंगारी प्रवृत्ति दोनों विशेषताएँ मिल जाती हैं। उसमें आध्यात्मिक विषयों की ओर भी गूढ़ संकेत है। दृष्टिकूट रचना पद्धति में सहज ही प्रतीकों का सहारा लिया जाता है, लेकिन वे अनुभूतिमूलक और सौन्दर्यवर्धक न होकर रूढ़ हैं। साहित्य-लहरी की सौन्दर्यदृष्टि की भी सूरसागर से तुलना नहीं की जा सकती।

प्रश्न उठता है कि सूर ने इस तरह की रचना क्यों की है? इसके चार कारणों का अनुमान किया जा सकता है—(1) सूर तत्कालीन साहित्यिक परम्परा और परिस्थिति से प्रभावित होकर काव्यशास्त्र, काम-शृंगार और दृष्टिकूट शैली की ओर प्रवृत्त हुए। सूर के समय में संस्कृत में नायक-नायिका भेद और अलंकार-निरूपण काव्यशास्त्रीय विवेचन के प्रधान अंग थे। हिन्दी में लक्षण ग्रन्थों की रचना आरम्भ न होने पर भी दरबारी काव्य पर शृंगार रस और आलंकारिक चमत्कार का प्रभाव था। (2) मुस्लिम प्रशासन में मध्ययुगीन मानसिकता क्रमशः भोगवादी और शृंगारिक होती जा रही थी। (3) नाथ-सिद्धों के युग से ही हिन्दी में प्रतीकात्मक, उलटबाँसी और दृष्टिकूट शैली में रचना हो रही थी। (4) धीरे-धीरे मथुरा-वृन्दावन में मधुर भक्ति के नाम पर भोग-विलास की प्रवृत्ति बढ़ गयी। इस सम्बन्ध में डॉ. गणपति चन्द्रगुप्त लिखते हैं-"महाप्रभु वल्लभाचार्य जी के तिरोधान के अनन्तर अधिकारी कृष्णदास जी की प्रभाव-वृद्धि के साथ-साथ उनकी कलुषित वृत्तियाँ मन्दिर पर इस प्रकार छा गयी थीं कि उनका उल्लेख करना भी यहाँ जुगुप्साजनक होगा। ठाकुर जी के नाम पर आगरे से सुन्दर वेश्या को बुलाना, महिला गंगाबाई से उनका गुप्त सम्बन्ध, विरोधियों की निर्ममतापूर्वक—लाठी के जोर से—भगा देना आदि तथ्य उनकी भोग-वृत्तियों पर प्रकाश डालते हैं। हमारा विश्वास है कि ठाकुर जी को काव्यशास्त्र, कामशास्त्र आदि का ज्ञान कराने का उद्देश्य प्रकट करके एक ओर तो इन्होंने सूरदास जी को 'साहित्य-लहरी' में प्रवृत्त किया तथा दूसरी ओर नन्ददास जी को कुछ वर्षों पश्चात् 'रस-मंजरी' लिखने को कहा।"[9]

शुक्ल जी सूर की काव्यवस्तु को सीमित कहते हैं। वह भक्ति, वात्सल्य और प्रेम तक सीमित अवश्य है। उसका कारण सूर की अन्तर्मुखी भक्ति-भावना और सौन्दर्य चेतना है। अन्तर्मुखी भक्ति-भावना की चरम स्थिति पर, सूक्ष्म मानसिक धरातल पर सौन्दर्य का उद्‍घाटन करने वाले कवि की चेतना बहुर्मुखी जीवन के वैविध्य की ओर उन्मुख नहीं हो सकती। तुलसी और सूर के सौन्दर्य-भावना के अन्तर को समझे बिना सूर की रचना के साथ न्याय नहीं हो सकता। उसे भुलाकर सूर की वस्तु की सीमाओं पर आक्षेप व्यर्थ है।

सन्दर्भ

1. सूर और उनका साहित्य, डॉ. हरवंशलाल शर्मा, पृ. 156-157
2. हिन्दी साहित्य का इतिहास, आचार्य रामचन्द्र शुक्ल, पृ. 176
3. वही, पृ. 177
4. वही, पृ. 184
5. सूरदास, डॉ. व्रजेश्वर वर्मा, पृ. 79-80
6. सूर : सौन्दर्य और समीक्षा, सं. डॉ. त्रिभुवन सिंह, प्रो. विष्णुकान्त शास्त्री का आलेख, वल्लभ सम्प्रदाय में दैन्य तत्त्व : सूरदास के सन्दर्भ में, पृ. 57
7. वही, पृ. 57
8. वही, डॉ. उदयभानु सिंह का आलेख, सूर का रामकाव्य, पृ. 93
9. हिन्दी साहित्य का वैज्ञानिक इतिहास, डॉ. गणपतिचन्द्र गुप्त, पृ. 295

रूप सौन्दर्य

1. रूप सौन्दर्य का तात्पर्य

सौन्दर्य रूपाश्रित है। रूप रहित उसकी अभिव्यक्ति नहीं हो सकती। ईश्वरीय सृष्टि और कलाकृति दोनों में सौन्दर्य का प्रकाशन रूप के माध्यम से ही सम्भव है। दार्शनिक दृष्टि से सृष्टि की सर्जनात्मक प्रक्रिया ही रूप धारण की प्रक्रिया है। कलाकृति की रचना में भी अनुभूति, भाव या विचार रूपात्मक ही व्यक्त होता है। प्रेरणात्मक मूलभाव और उसकी, किसी माध्यम में रूपात्मक अभिव्यंजना को अलग मानने पर भी रचना के सौन्दर्य को व्यंजित करने वाला उसका रूप ही है। क्रोचे के अनुसार कला में अभिव्यंजना रूपात्मक होती है और उसी मूर्त्तता में सौन्दर्य साकार होता है। रूप नयन का अभिराम इन्द्रजाल है जो इन्द्रियों और मन में अनुकूल स्पन्दन उत्पन्न करता है। अर्थात् रूप सौन्दर्य और उसकी अनुभूति मूलतः ऐन्द्रिय हैं, विशेषतः नेत्रेन्द्रिय के विषय हैं और भावन की गहराई में वस्तुगत सौन्दर्य और उसकी अनुभूति मानसिक हो जाती है।

रूप के दो पहलू हैं—बाह्य और आन्तरिक। इसके आधार पर सौन्दर्य का भी बाह्यसौन्दर्य और अन्तःसौन्दर्य कहकर वर्गीकरण किया जा सकता है। यह वर्गीकरण सौन्दर्य के पूर्ण स्वरूप को समझने के लिए है, समीक्षा की सुविधा के लिए है। वास्तव में रूप और उसका सौन्दर्य एक ही इकाई है और सौन्दर्य की अनुभूति रूप के बाह्य और अभ्यन्तर समग्र तथा समन्वित स्वरूप की है। जीवन और साहित्य में रूप की बाह्य या आन्तरिक कुछ विशेषताएँ प्रमुख रूप से ग्राहक की इन्द्रियों और उसके मन को आकृष्ट कर सकती हैं। उस आधार पर बाह्य और अन्तःसौन्दर्य की चर्चा होती है। लेकिन अन्ततोगत्वा सौन्दर्य का मूल्य अनुभूति की इकाई है।

साहित्य के क्षेत्र में बाह्यसौन्दर्य और अन्तःसौन्दर्य को लेकर अनेक प्रकार की भ्रान्तियाँ फैली हुई हैं। व्यापक अर्थ में इन शब्दों का शिथिल प्रयोग करने से उनकी कोई विशेष सार्थकता ही नहीं रह जाती। बाह्यसौन्दर्य को रूप सम्बन्धी और अन्तःसौन्दर्य को चरित्र या भाव सम्बन्धी मानना ठीक नहीं है। चरित्र, भाव या कर्म अमूर्त्त है, इसलिए वहाँ सौन्दर्य का प्रश्न नहीं उठता। रूप में प्रकट होने पर या रूप

से सम्बद्ध होने पर उनकी सौन्दर्यशास्त्रीय सार्थकता पर आगे विचार किया जायेगा।

साहित्य के क्षेत्र में सौन्दर्य शब्द का भिन्न-भिन्न अर्थों में प्रयोग हो रहा है। जीवन की तरह काव्य-साहित्य में भी वह वस्तु के रूप का धर्म है। जब सौन्दर्य शब्द को एक विशिष्ट आनन्दानुभूति के रूप में लेते हैं तो मूर्त्त वस्तुओं से ही नहीं, अमूर्त्त भाव-विचारों और क्रिया-कलापों से भी उस तरह की आनन्दानुभूति उत्पन्न होने पर उनको सौन्दर्यमय मानते हैं। सौन्दर्यशास्त्री कला या साहित्य के क्षेत्र में मूर्त्त अभिव्यंजना में ही सौन्दर्य मानते हैं। तब वह कलात्मक रूप का धर्म हो जाता है। यहाँ प्रश्न उठता है कि आकर्षक नारीत्व में सौन्दर्य है या काव्य में उस रूप की मूर्त्त रमणीय अभिव्यक्ति में। इसी तरह प्रश्न कर सकते हैं कि मनुष्य के भाव-विचारों और क्रिया-कलापों के माधुर्य में सौन्दर्य है या उनकी काव्य या कलागत मूर्त्त अभिव्यंजना में? कुछ आलोचक जीवन के सौन्दर्यात्मक मूल्यों को भी साहित्य की वस्तु में संक्रमित मानते हैं जबकि क्रोचे आदि जीवन से गृहीत साहित्य की वस्तु में सौन्दर्य स्वीकार नहीं करते। उनकी दृष्टि में वह कविकल्पना की देन है और रूप विधान का धर्म। कभी-कभी सौन्दर्य शब्द को प्रशंसात्मक रूप में रचना के मूल्यवान होने के अर्थ में प्रयोग करते हैं, जैसे सूर के काव्य में सौन्दर्य भरा हुआ है। प्रस्तुत विवेचन में सौन्दर्य की मूर्त्त वस्तु के रूप और उसकी सफल अभिव्यंजना दोनों में माना गया है। वह जीवनगत भी है और कलागत भी।

जीवन में सौन्दर्य-दर्शन देशकाल, परिस्थिति, व्यक्ति की भावना-कल्पना आदि अनेक कारकों पर आधारित होता है। साहित्य में जब सौन्दर्यसृष्टि का प्रयत्न होता है, इन सब कारकों का अनुकूल होना आवश्यक है। उनको ध्यान में रखकर नैसर्गिकता, स्वच्छन्दता, रहस्यमयता, असाधारणता, कल्पनाशीलता सौन्दर्य-सृष्टि के लिए अनुकूल परिस्थितियाँ मानी गयी हैं और रचना में ये सौन्दर्य की प्रकृति की विशेषताएँ हो जाती हैं। इस सन्दर्भ में इस बात पर भी ध्यान देना है कि जीवन की यथार्थता का आधार ग्रहण किये बिना सच्चे सौन्दर्य की सृष्टि नहीं हो सकती। यह यथार्थता व्यक्तिमन की, शिष्ट सामाजिक सन्दर्भ की, या लोक जीवन की—किसी न किसी प्रकार की होती है। सूर को केवल भावनाशील-कल्पनाशील कहने वाले समीक्षक एक विशेष सामाजिक सन्दर्भ में ही (वैयक्तिक दृष्टि से) सूर के काव्य और सौन्दर्य-चेतना को देखकर मूल्यांकन कर रहे हैं।

वस्तु या आलम्बन के आधार पर रूप सौन्दर्य को दो वर्गों में बाँटा जा सकता है—सृष्टिगत और मानवनिर्मित रूपगत। पहले का सौन्दर्य नैसर्गिक है। मानवनिर्मित वस्तु समुदाय किसी न किसी मानसिक या भौतिक आवश्यकता की पूर्ति के लिए होता है। वह सृष्टि से भिन्न सोद्देश्य, स्पष्ट और पूर्ण होता है। सृष्टि के साथ तुलना में वह अपेक्षाकृत अधिक कृत्रिम भी होता है। सृष्टिगत रूप सौन्दर्य के मानवीय और मानवेतर या प्राकृतिक दो उपवर्ग हैं। दोनों में पर्याप्त अन्तर हैं। (1) मानव

सौन्दर्य देशकाल और व्यक्ति-मन-सापेक्ष है जबकि प्रकृति का सौन्दर्य सार्वभौमिक और सार्वजनीन अनुभूति का विषय है। (2) वयोवृद्धि या अन्य कारणों से क्रमशः मानव जीवन की परिवर्तनशीलता उसके सौन्दर्य को समाप्त कर देती है। दूसरी ओर प्रकृति के परिवर्तन में एक ओर ह्रास होता है तो दूसरी ओर नया विकास। (3) प्रकृति में परस्पर विरोधी रूपों के आकर्षण का वैविध्य है। कोयल प्रकृति के साथ उग्र और विराट प्रकृति का भी अपना आकर्षण है। मानवरूप में वैविध्य व्यक्तित्व को लेकर है और रूप की विराटता, स्पन्दनशीलता एवं क्रियाशीलता पर निर्भर करता है। मानव के उग्र रूप में सौन्दर्य की प्रतीति नहीं हो सकती। (4) इसका कारण उपयोगिता, काम और प्रेम के साथ मानवीय सौन्दर्य का सम्बन्ध है। मानवीय रूप कामना और प्रेम को जन्म देता है, उग्र रूप काम्य नहीं है। इससे भिन्न प्रकृति सौन्दर्य की अनुभूति सूक्ष्म, निष्काम, निर्लिप्त और सात्विक है। (5) कामना या प्रेम की सापेक्षता में मानवीय सौन्दर्य विस्मयकारी, रोमांचक और रहस्यमय हो जाता है। प्रकृति की रहस्यमयता, मानसिक अनुभूतिजन्य न होकर वस्तुनिष्ठ और आध्यात्मिक है। (6) मानवीय रूप-सौन्दर्य और प्रकृति सौन्दर्य दोनों मानवमन को क्रियाशील बनाकर स्वच्छन्दता, स्वतन्त्रता और आत्मोन्नति का मार्ग खोल देते हैं। लेकिन इस कार्य में प्रकृति निरपेक्ष और तटस्थ है जबकि मानवीय रूप की क्रियाशीलता जीवन-सापेक्ष और सोद्देश्य है।

मानवीय रूप की सजीवता और प्रकृति की नैसर्गिकता एवं स्वच्छन्दता दोनों का अपना-अपना आकर्षण है। रूप-सौन्दर्य की पूर्णता दोनों के समन्वय में है। इसी दृष्टि से कवि नैसर्गिक और स्वच्छन्द प्रकृति पर मानवीय भावनाओं और क्रियाओं का आरोप करते हुए उसका मानवीकरण करता है। दूसरी ओर सजीव मानवीय रूप में प्राकृतिक अप्रस्तुतों के द्वारा नैसर्गिकता और स्वच्छन्दता ले आने का प्रयत्न करता है।

मानव निर्मित वस्तुगत सौन्दर्य के भी दो उपवर्ग हैं : ललित कलाओं का सौन्दर्य और उपयोगी वस्तुओं का सौन्दर्य। दोनों की प्रकृति में बड़ा अन्तर है। ललित कलाओं का लक्ष्य मानसिक आवश्यकता की पूर्ति है तो दूसरे का लक्ष्य भौतिक आवश्यकताओं की पूर्ति है। उनका रूपविधान इन लक्ष्यों की पूर्ति को ध्यान में रखकर होता है। एक का सौन्दर्य सर्जनात्मक कल्पना की देन है जबकि दूसरे का सौन्दर्य यांत्रिक और योजनाबद्ध रूप-रचना में भौतिक और आनुषंगिक तत्त्व है। ललित कला का सौन्दर्य भौतिक न होकर मानसिक है।

सृष्टिगत और ललित कला के सौन्दर्य में भी सूक्ष्म अन्तर है। दोनों सूक्ष्म और मानसिक हैं, पर सृष्टि सौन्दर्य सहज है और ललित कला का सौन्दर्य मानवीय सर्जना का परिणाम होने के कारण एक हद तक कृत्रिम है। कलाकार इस कृत्रिम रूप सौन्दर्य को यथासम्भव सृष्टि के समान सहज रचना बनाने का प्रयत्न करता है। दूसरी ओर सृष्टिगत स्त्री-पुरुष रूप सभ्यता और संस्कृति के नाम पर अधिकाधिक

संस्कारित होकर कृत्रिम होता जाता है। अलंकरण के द्वारा भी मानवीय रूप सौन्दर्य के परिवर्धन का प्रयत्न होता है। इसके विरोध में नैसर्गिकतावादियों का कहना है कि सहज सुन्दर अलंकरण की अपेक्षा नहीं रखता। मानवीय रूप सौन्दर्य के साथ तुलना में प्रकृति का रूप सौन्दर्य अधिक सहज और स्वाभाविक है। उस पर सभ्यता और संस्कृति का कोई असर नहीं पड़ता और न अलंकरण की आवश्यकता है। वह स्वयं मानवीय रूप की अलंकरण-सामग्री है। जब प्रकृति को उपवनों के रूप में व्यवस्थित, नियंत्रित और सुसज्जित किया जाता है तो उसका रूप सौन्दर्य न्यूनाधिक मात्रा में कृत्रिम हो जाता है।

मानवीय रूप सौन्दर्य को पुरुष और नारी सौन्दर्य के रूप में विभक्त किया जा सकता है। पुरुष और नारी की प्रकृति और व्यक्तित्व में बहुत अन्तर है। उस कारण नारी का रूप सौन्दर्य कोमलता और माधुर्य में है तो पुरुष का ओजस्विता और गाम्भीर्य में। स्त्री का रूप सुन्दर (Beautiful) है तो पुरुष का सुगठित (Handsome) है। कभी-कभी नारी में पुरुष की ओजस्विता और पुरुष में नारी के लालित्य की भी झलक मिल जाती है। वीर नारी और ललित नायक इसके उदाहरण हैं। आधुनिक सभ्यता के कारण भी स्त्री-पुरुषों की प्रकृति, उनके स्वभाव और व्यक्तित्व में काफी परिवर्तन होता जा रहा है और सौन्दर्य की अवधारणा बदलती जा रही है।

रूप सौन्दर्य के स्वरूप और उसके तात्त्विक भेदों को ध्यान में रखकर विचार करने पर सूर के रूप सौन्दर्य वर्णन की विशिष्टता और महानता का बोध होता है।

2. मानवीय रूप सौन्दर्य

मध्ययुग तक आते-आते सभ्यता के विकास में मनुष्य प्रकृति से दूर होता गया और प्रकृति की अपेक्षा मनुष्य के रूप-रंग में ही अधिक सौन्दर्य देखने लगा। मनुष्य की सापेक्षता में प्रकृति के सौन्दर्य की सार्थकता देखी गयी। सूर का भी यही दृष्टिकोण है। लेकिन कृष्णलीलाओं की वस्तु ही ऐसी है कि प्रकृति-सौन्दर्य से कटकर लीला-सौन्दर्य की व्यंजना नहीं हो सकती। सूर ने यौवन की लीलाओं में, विशेषतः रासक्रीड़ा में प्रकृति सौन्दर्य और मानवीय सौन्दर्य का अपूर्व सम्मिलित, स्पन्दनशील रूप प्रस्तुत किया है। सतही दृष्टि से देखने पर ऐसा लगता है कि सूर ने ऐन्द्रिय बाह्यसौन्दर्य का ही अधिक वर्णन किया है, अन्तःसौन्दर्य का कम। बाल-लीलाओं और संयोग-शृंगार-लीलाओं में ऐसा दिखाई पड़ता है। शुक्ल जी का कथन है—''राधा-कृष्ण के प्रेम को लेकर कृष्णभक्ति की जो काव्यधारा चली उसमें लीलापक्ष अर्थात बाह्यार्थ-विधान की प्रधानता रही है। उसमें केलि, विलास, रास, छेड़छाड़, मिलन की युक्तियों आदि बाहरी बातों का ही विशेष वर्णन है। प्रेमलीन हृदय की नाना अनुभूतियों की व्यंजना कम है। वियोगवर्णन में कुछ संचारियों का समावेश मिलता है, पर वे रूढ़ और परम्परागत हैं, उनमें नूतन उद्भावना बहुत थोड़ी

पायी जाती है। भ्रमरगीत के अन्तर्गत अलबत्ते सूर ने अभ्यन्तर पक्ष का भी विस्तृत उद्घाटन किया है।"[1] इस स्थूल दृष्टि से काव्य का मूल्यांकन करते हैं तो सामाजिक दृष्टि से परिचालित सारा काव्य बाह्यार्थ निरूपक है। उसमें जीवन के बाहरी पक्ष का वैविध्य है, मानसिक पक्ष का नहीं। जीवन के विविध सन्निवेशों में दिखाई देने वाली विविध भावनाओं की व्यंजना भी स्थूल और बहिर्मुखी है। इसके विपरीत वस्तु का बाहरी वैविध्य न होने पर भी सूर के लीलावर्णन में अन्तर्मुखी अनुभूति की तरलता और तीव्रता है। इस कारण सूर का लीला-सौन्दर्य-वर्णन कवि और पात्रों की अनुभूति की व्यंजना में ग्राहक को ऐन्द्रिय सौन्दर्य जगत से मानसिक जगत की ओर ले जाती है। सूर ने बाह्य रूप और उसकी मानसिक प्रतिक्रिया को इस तरह मिला दिया है कि सौन्दर्य के बाह्य और आभ्यन्तर दोनों पक्षों का उद्घाटन हो जाता है। वस्तुनिष्ठ दृष्टि से देखते हैं तब भी सूर ने कृष्ण के बाह्य सौन्दर्य के अतिरिक्त स्थान-स्थान पर, प्रत्येक पद में अन्तःसौन्दर्य या चेतनागत सौन्दर्य की ओर संकेत किया है। जहाँ तक भ्रमरगीत का सम्बन्ध है वह प्रधानतः अन्तर्मुखी काव्य है जिसमें भाव-वैविध्य और गहराई दोनों मिल जाती हैं और उनके माध्यम से सौन्दर्य की विभिन्न छवियों का अंकन हुआ है।

श्रीकृष्ण सौन्दर्य के अवतार हैं तो सूर के लीलावर्णन में वह सौन्दर्य मूर्तिमान हो उठा है। कृष्णभक्त अन्य कवियों ने भी लीलाओं को ही काव्यवस्तु के रूप में स्वीकार करके रचना की। लेकिन उनके काव्य में सौन्दर्य और माधुर्य का वह रूप उद्घाटित नहीं हो सका। कारण स्पष्ट है। सूर की भावना और कल्पना लीलाओं के तात्त्विक अन्तरदर्शन में सफल हुआ। श्रीकृष्ण की लीलाएँ लौकिक-सामाजिक क्रिया-व्यापारों से भिन्न अपने में एक रहस्यमय सौन्दर्य को ली हुई हैं। सूर ने उस सौन्दर्य को पहचानकर उसे भाववादी या आदर्शवादी चरम सीमा पर पहुँचा दिया है। अपने कल्पना लोक में पूर्ण सौन्दर्य की एक यूटोपिया की सृष्टि की है।

भारतीय काव्य में मानवीय रूप सौन्दर्य को नख-शिख के रूप में वर्णन की सुदीर्घ परम्परा है। लेकिन उसमें रूप सौन्दर्य के समष्टि प्रभाव की कभी-कभी उपेक्षा हो जाती है। वर्णन की परम्परा के रूढ़ हो जाने पर प्रयुक्त अप्रस्तुतों के द्वारा सौन्दर्य का उन्मेष नहीं हो पाता था। सूर ने नख-सिख परम्परा को अपनाया। उनके द्वारा प्रयुक्त अप्रस्तुतों में अधिकांश रूढ़ थे। लेकिन रूप सौन्दर्य के उद्घाटन में सूर की सफलता के अनेक कारण हैं। (1) रूप सौन्दर्य के समष्टि प्रभाव पर उनका ध्यान था। (2) अंगांग वर्णन में अनुभूति की तरलता थी। (3) अप्रस्तुतों को दृश्य रूप में अंकित करते हुए उनमें नया सौन्दर्य भरने का प्रयत्न किया गया। (4) सूर की कल्पना में प्रस्तुत और अप्रस्तुत दोनों में सौन्दर्य के नये पहलुओं और नयी छायाओं का निरूपण किया।

रूप वर्णन में बाह्य सौन्दर्य के अन्तर्गत निम्नलिखित पहलू आ जाते हैं—समष्टि

रूप या आकृति, अंगांग सौष्ठव, पृथक अवयवों का आकर्षण, रंग, गति की शोभा आदि। अन्तःसौन्दर्य व्यक्त रूप के माध्यम से अभिव्यक्त चेतना का सौन्दर्य है। रूप सौन्दर्य केवल भौतिक ऐन्द्रिय सौन्दर्य नहीं है। सजीवता, स्पन्दनशीलता, मन की आन्तरिक प्रकृति और धर्म, व्यक्तित्व आदि अन्तःसौन्दर्य के निर्धारक तत्त्व हैं। यह अन्तःसौन्दर्य व्यक्त रूप के माध्यम से प्रकट होता है, वस्तु का रूप आलोक मंडल या दीप्ति (Glow) से परिवेष्टित होता है। कुछ आचार्यों ने अन्तःसौन्दर्य को लावण्य की संज्ञा दी है, लेकिन व्यावहारिक अर्थ में लावण्य रूप या अंगों से प्रकट होने वाली तरल आभा मात्र है। बाह्य और आन्तरिक रूप सौन्दर्य को एक-दूसरे से अलग करना और काव्य में उनका पृथक-पृथक वर्णन सम्भव नहीं है। रूप सौन्दर्य-वर्णन का स्थितिशील और गतिशील वर्गीकरण भी किया जाता है। ये क्रमशः बाह्यसौन्दर्य और अन्तःसौन्दर्य के व्यंजक शब्द नहीं हैं। सौन्दर्य के इन दोनों पहलुओं को स्थितिशील और गतिशील प्रस्तुत किया जा सकता है। सूर के मानवीय रूप सौन्दर्य निरूपण में उसकी सभी स्थितियों और दशाओं का सजीव अंकन हुआ है।

2.1 बालकृष्ण

वल्लभ सम्प्रदाय में बालकृष्ण की उपासना होती है जबकि अन्य सम्प्रदायों में राधा-कृष्ण की युगल मूर्ति की या केवल राधा की। पहले में वात्सल्य और सख्य भाव और बाकी में प्रेमभाव की प्रधानता है। सूर की भक्ति में तीनों भावों की व्यंजना हुई है। सूरसागर के आधे भाग में बालकृष्ण का वर्णन है। दूसरे आधे भाग में श्रीकृष्ण की किशोरावस्था और यौवन की लीलाओं का निरूपण है। शुक्ल जी के अनुसार, "शृंगार और वात्सल्य के क्षेत्र में जहाँ तक इनकी दृष्टि पहुँची वहाँ तक और किसी कवि का नहीं। इन दोनों क्षेत्रों में तो इस महाकवि ने मानो औरों के लिए कुछ छोड़ा ही नहीं।"[2] सूरसागर में वात्सल्य और सख्य के आलम्बन बालकृष्ण के सौन्दर्य की अनन्त छवियाँ भरी पड़ी हैं। प्रत्येक की अपनी विशिष्टता है। उन सब का निरूपण सम्भव नहीं है। उनकी विशेषताओं का दिग्दर्शन मात्र कराया जा सकता है। जिन पदों में बालकृष्ण के रूप का वर्णन नहीं हुआ है, उनके भावों, चेष्टाओं और क्रिया-कलापों की व्यंजना है। काव्यशास्त्रीय दृष्टि से यह वात्सल्य और सख्य का भाव पक्ष है। लेकिन सूर ने उनको इस रूप में प्रस्तुत किया है कि वे समष्टि रूप में बालकृष्ण की एक छवि को अंकित करते हैं और उनके सौन्दर्य के समग्र रूप को साकार बनाते हैं। वास्तव में प्रत्येक पद में बालकृष्ण के सौन्दर्य की ओर संकेत है और विभाव पक्ष एवं भाव पक्ष के सम्मिलित सौन्दर्य का दृश्य उपस्थित होता है। श्रीकृष्ण की बाललीलाओं में जन्म, विविध संस्कार, पर्व-त्योहार, शिशु से बालक के विकास की विभिन्न अवस्थाएँ, चेष्टाएँ, बालक के मनोभाव, सखाओं के साथ विहार एवं क्रीड़ाएँ—सभी का विशद वर्णन सूरसागर में मिलता है। माता-पिता का वात्सल्य,

उनके मनोभाव, ग्रामीण स्त्रियों का संस्कारों, पर्वों और लीलाओं में सम्मिलित होना, उनकी भावात्मक प्रतिक्रियाएँ, भाइयों की स्पर्धा, सखाओं के साथ वाद-विवाद आदि लीलाओं के परिवेश को लोकजीवन सापेक्ष और सजीव बनाते हैं। इनसे बालकृष्ण की सौन्दर्यात्मक छवियों में मनोवैज्ञानिक, मानवीय, पारिवारिक, ग्रामीण तथा गोचारण जीवन सम्बन्धी आयाम जुड़कर सौन्दर्यभावन में वैविध्य, स्वाभाविकता, सजीवता, गहराई आदि का समावेश होता है। विस्मय, उल्लास और हर्ष उस सौन्दर्यभावन के अभिन्न अंग हैं। वे पात्रों के मनोभाव और प्रतिक्रियाएँ ही नहीं, कवि के भी हैं, जो बालकृष्ण के अनन्त सौन्दर्य वर्णन को कवि की आत्माभिव्यक्ति बना देता है। वियोग की वेदना में भी सौन्दर्य और माधुर्य की अनुभूतियाँ सक्रिय रहती हैं। वे एक ओर वेदना को तीव्र और गहरी बनाती हैं तो दूसरी ओर उसमें सरसता का संचार करती हैं।

सूर ने बालकृष्ण के बाह्यसौन्दर्य और अन्तःसौन्दर्य को उसकी स्थितिशील और गतिशील छवियों को मिलाकर प्रस्तुत किया है। उनके साथ भावना और कल्पना की क्रियाशीलता भी जुड़ी रहती है। सूर के बालकृष्ण का अपूर्व सौन्दर्य ऐसा है कि उसे किसी एक कोण से समझना और अंकित करना सम्भव नहीं है। कवि की भावना में कभी श्रीकृष्ण के सहज रूप का चित्र खींचा गया है तो कभी, अलंकृत रूप का। कभी वह निरलंकृत मधुर वाणी में निरूपित है तो कभी कल्पना में सालंकार अप्रस्तुत योजना के द्वारा। रूप सौन्दर्य की व्यंजक वाणी कभी सीधी और ऋजु है तो कभी वैदग्ध्यपूर्ण।

श्रीकृष्ण का बालरूप प्रत्येक दृष्टि से सुन्दर है–

हरि को बालरूप अनूप।
निरखि रहि ब्रज नारि इकटक अंग-अंग प्रतिरूप।।

समष्टि रूप में ही नहीं, हर अंग सुन्दर है–

सोभित कर नवनीत लिए।
घुटुरुनि चलत रेनु तन मंडित मुख दधि लेप किये।
चारु कपोल लोल लोचन गोरोचन तिलक दिये।
लट लटकनि मनु मत्त मधुरगन मारक मधुहिं पिए।
कठुला कंठ ब्रज के हरिनख राजत रुचिर हिए।
धन्य सूर एकौ पल इहिं सुख का सत कल्प जिए।।

अंग ही नहीं, उनका अलंकरण भी सुन्दर है। इस सौन्दर्य दर्शन के एक क्षण में जीवन सार्थक हो जाता है। सूर ने प्रत्येक अंग के सौन्दर्य का अनेक रूपों में वर्णन किया है। यह स्थितिशील रूप का सौन्दर्य है।

श्रीकृष्ण ही नहीं, उनका सारा परिसर सौन्दर्यमय है–

सुन्दर स्याम सखा सब सुन्दर, सुन्दर वेष धरे गोपाल।
सुन्दर पथ, सुन्दर गति आवत सुन्दर मुरली सबद रसाल।

सुन्दर लोग सकल ब्रज सुन्दर सुन्दर हलधर सुन्दर चाल।
सुन्दर बचन विलोकनि सुन्दर सुन्दर गुन सुन्दर बनमाल।
सुन्दर गोप गाइ अति सुन्दर सुन्दरिगन सब करति बिचार।
सूर स्याम संग सब सुख सुन्दर सुन्दर भक्त हेत अवतार।

सौन्दर्य अपना प्रभाव सब पर डालता है। वह अपने संग-साथियों को सुन्दर बनाता है, उसके सम्पर्क में आने वाली सभी वस्तुओं को सुन्दर बनाता है तथा अपने परिसर को, प्रकृति को सौन्दर्य से भर देता है।

इस सौन्दर्यमय परिवेश में श्रीकृष्ण की बाललीलाओं का वर्णन हुआ है। लीलाएँ स्थितिशील रूप को गतिशील सौन्दर्य प्रदान करती हैं। रूपसौन्दर्य को गतिशील बनाने वाले तत्त्व, चेष्टा-व्यापार, चलने-घूमने की क्रियाशीलता और भाव-विचारों की स्पन्दनशीलता है। भावात्मक प्रतिक्रिया श्रीकृष्ण के मन की और उनसे सम्बन्धित पात्रों की है। कभी-कभी दोनों के स्पन्दन में क्रिया-प्रतिक्रिया का पारस्परिक सम्बन्ध भी है। शिशु-क्रीड़ा और बाललीला से माता यशोदा के मन में अनन्त अभिलाषाएँ जाग उठती हैं। यहाँ पर सूर की सौन्दर्य-भावना ने मानवीय ही नहीं, जीवन-सापेक्ष सामाजिक रूप भी धारण किया है। वात्सल्य के आलम्बन का सारा सौन्दर्य पारिवारिक और सामाजिक सम्बन्ध सूत्रों और भावनाओं पर आधारित है। शिशु-सुलभ चेष्टाओं ने श्रीकृष्ण के रूप सौन्दर्य को जो गतिशीलता प्रदान की है, उसके कारण रूप का आकर्षण अत्यन्त बढ़ गया है। दूसरी ओर भावात्मक स्पन्दनशीलता ने रूप सौन्दर्य को सजीव बना दिया है। श्रीकृष्ण के भोले स्वभाव का सौन्दर्य उसके वचनों और शिकायतों में प्रकट होता है तो रागद्वेष और भय-क्रोध की भावात्मक प्रतिक्रिया में बालरूप और भी प्यारा हो जाता है।

बालकृष्ण के धीरे-धीरे चलने के अभ्यास के ये चित्र हैं—

सिखवति चलन जसोदा मैया।
अरबराइ कर पानि गहावत डगमगाई धरनी धरै पैया।।
चलत देखि जसुमति सुख पावै।
ठुमकि ठुमकि धरनी पर रेंगत जननहिं खेल दिखावै।

चलना सीखने की इस प्रक्रिया में ही पता नहीं कितने गतिशील चित्र भरे पड़े हैं—रेंगना, घुटनों के बल चलना, उठना-गिरना आदि। इसमें माता यशोदा चलने की शिक्षा देती हुई श्रीकृष्ण के साथ स्वयं आलम्बन बन जाती हैं तो कभी द्रष्टा के रूप में आश्रय बनकर आनन्द पाती हैं—

घुटरुनि चलत स्याम मनि-आंगन, मातु-पिता दोउ देखत री।
कबहुँक किलक तात-मुख हेरत, कबहुँ मात-मुख देखत री।

× × ×

कबहुँक दोरि घुटुरुवनि लपकत, गिरत उठत पुनि धावै री।
इततै नन्द बुलाइ लेत हैं उततै जननि बुलावै री।
दम्पति हौड़ करत आपस मैं स्याम खिलौना कीन्हौं री।।

श्रीकृष्ण के लिए यह माता-पिता को अपनी ओर आकृष्ट करने की क्रीड़ा है तो माता-पिता के लिए शिशु, एक खिलौना है। सूर ने इस क्रीड़ा में श्रीकृष्ण की भावनाओं को भी अंकित करते हुए सौन्दर्य को सजीव बनाया है–

खीजत जात माखन खात।
अरुन लोचन भौंह टेढ़ी, बार-बार जाँभात।
कवहुँ रुनझुन चलत घुटुरुनि धूरिधूसर गात।
कबहुँ झुकिकै अलक खैंचत कबहुँ बोलत तात।
सूर हरि की निरखि शोभा निमिष तजत न मात।।

इसमें खीझने के साथ नटखट अनेक क्रीड़ाओं का एक साथ गुंफन हुआ है–माखन खाना, जँभाना, चलना, अलक खींचना और बोलना। शिशु से बालक होने पर मन में विविध भावनाओं के संचार के साथ बाल छवि के दूसरे प्रकार के चित्र सामने आते हैं। स्पर्धा, झुंझलाहट, क्षोभ, क्रोध आदि भावनाओं में बालकृष्ण का स्पन्दनशील रूप अंकित हुआ है–

चंचल अधर, चरन-कर चंचल, मचल अंचल गहत बकोटनि।
लेति छुड़ाइ महरि कर सौं कर, दूरि भई देखति दुरि ओटनि।।
(बालहठ)

मैया कबहि बढ़ैगी चोटी।
किती बार मोहि दूध पिवत भई यह अजहूँ है छोटी।
तू जो कहति बल की बेनी ज्यों ह्वै है लाँबी मोटी।। (स्पधा)
खेलन अब मेरी जाई बलैया।
जबहिं मोहि देखत लरिकन संग तबहि खिझत बलभैया।।
मैया मोहिं दाऊ बहुत खिझायौ। (झुंझलाहट)
मोसों कहत मोल को लीन्हौ, तोहि जसुमति कब जायौ।। (क्षोभ)
यह ले अपनी लकुटि कमरिया बहुतहि नाच नचायो। (क्रोध)

भावनाओं के साथ-साथ बालकृष्ण का कपट, ढिठाई, वाक्चातुर्य आदि भी लीला-सौन्दर्य का वर्धन करते हैं। बालकृष्ण एक ओर भोला-भाला है तो दूसरी ओर नटखट–

मैया मैं नहिं माखन खायौ।
ख्याल परै ये सब सखा सबै मिलि, मेरै मुख लपटायौ।
देख तुही छीकें पर भाजन, ऊँचै धरि लटकायौ।
हौं जु कहत नान्हें कर अपने, मैं कैसे करि पायौ।

मुख दधि पोछि, बुद्धि इक कीन्हीं, दोना पीठि दुरायौ।
डारि साँटि, मुसुकाई जसोदा, स्यामहि कण्ठ लगायौ।

बालकृष्ण के रूप में, उनकी लीलाओं में अनन्त सौन्दर्य और माधुर्य भरा हुआ है तो माता-पिता ही नहीं, पूरा ग्रामीण समाज उस पर मुग्ध है, उसे देखकर अपने को भूल जाते हैं और उनके मन में हर्षोल्लास छा जाता है—

सूर हरि की निरखि सोभा निमिष तजत न मात।।
अति आनन्द बढ़्यो गोकुल में उपमा कही न जाइ।
सूरदास धनि नन्द की धरनी देखत नैन सिराई।।
सूरदास छबि निहारि चकित रहीं धोषनारि।।

बालकृष्ण के रूप सौन्दर्य वर्णन में कुछ मनोवैज्ञानिक विशेषताएँ ध्यान देने योग्य हैं।

(1) शिशुरूप में अन्तर्मुखी अन्तस्थ भावलोक में तल्लीन बालकृष्ण का यह रूप है—

कर पग गहि अँगुठा मुख मेलत।
प्रभु पौढ़े पालने अकेले, हरषि हरषि अपने रंग खेलत।।
हरि अपनैं आँगन कछु गावत।
तनक तनक चरननि सौं नाचत मनहीं मनहिं रिझावत।।

(2) फ्रायड का कहना है कि बाल्यावस्था में ही काम भाव अचेतन में छिपा रहता है और बीच-बीच में संकेतात्मक या प्रतीकात्मक रूप में प्रकट होता रहता है। गोपिकाएँ बालकृष्ण में ही यौवन की छवि देखती हैं—

लरिकाई में जोवन की छवि देखी लोचन सुन्दर भरिभरि।
× × ×
आँगन डोलत मत गयन्द मनु राखति सखि नर भुज लतिका भरि।
सूरस्याम सब समय महासुख देत लाल पावति सब नागरि।।

सूर के बालकृष्ण तीनों लोकों के सौन्दर्य को अपने में समेटे हुए हैं—

सुन्दरता तिहुँ लोक की, जसुमति ब्रज आनी।

इस सौन्दर्य के समिष्ट प्रभाव को कवि ने यशोदा और गोपिकाओं की चेष्टाओं और क्रिया-कलापों के माध्यम से व्यक्त किया है। आलम्बन का सौन्दर्य अनुभूति और प्रभाव के द्वारा ही सजीव रूप धारण करता है—

बलि गयी बालरूप मुरारि।
पाइ पैंजनि रटत रुनझुन नचावति नन्दनारि।
कबहुँ हरि कों लाई अँगुरि चलन सिखावत ग्वारि।
कबहुँ हृदय लगाइ हित करि लेति अंचल डारि।
कबहुँ हरि कौंचितै चूमति कबहुँ गावति गारि।

कबहुँ लै पाछें दुरावति ह्यां नहिं बनवारि।
कबहुँ अँग भूषन बनावति राइ लोन उतारि।
सूर सूर नर सबै मोहे निरखि यह अनुहारि।।

यह हर्ष केवल यशोदा का नहीं, पूरे गोकुल का है–

माई आजु तौ बधाइ बाजै मन्दिर महर के।
फूले फिरैं गोपी ग्वाल ठहर ठहर के।।

2.2 किशोर छवि

कहा जाता है कि यौवन में सौन्दर्य का पूर्ण उन्मेष होता है। वल्लभ सम्प्रदाय में दीक्षित सूर ने बालकृष्ण के सौन्दर्य का विशद निरूपण किया है तो यौवन के सौन्दर्य का भी उतना ही विस्तार किया है। दोनों अवस्थाओं के सौन्दर्य-भावन में एक तात्त्विक अन्तर है। बाल छवि में शुद्ध सात्विक, सौन्दर्यानुभूति होती है। बालक के प्रति माता-पिता और अड़ोस-पड़ोस का आकर्षण, अपनी सन्तान के प्रति माता की विभिन्न अभिलाषाएँ, उसके मन की कल्पनाएँ, सन्तान के प्रति शुभकामनाएँ, सामीप्य और संयोग की इच्छा आदि लौकिक-इन्द्रिय होने पर भी निष्काम हैं। इसके विपरीत यौवन के सौन्दर्य का आकर्षण सकाम है। सौन्दर्यशास्त्री भल ही रूप के निष्काम सौन्दर्य-भावन की चर्चा करें, लेकिन जीवन में ऐसा नहीं होता। सभ्यता, संस्कृति और सामाजिक मर्यादा की भावना, कामना को दबा देती है, वह गोपनीय होकर अचेतन मन में अन्तर्लीन रह जाती है। अन्यथा यौवन का सौन्दर्य मन में अभिलाषा, समीप होने की इच्छा, काम और संयोग की भावनाओं को अवश्य जन्म देता है। वियोग में यह ऐन्द्रिय अनुभूति स्मृति के रूप में या संयोग की अभिलाषा के रूप में रह जाती है। इसलिए काव्यशास्त्र के आचार्य और समीक्षक वियोग में सच्ची-प्रेम-भावना का विकास मानते हैं, उस प्रेम की अनुभूति को सात्विक कहते हैं और वियोग-वेदना के गीतों को सबसे मधुर। लेकिन वियोगवेदना में सौन्दर्य का आकर्षण और काम के परितोष की भावना मन में अव्यक्त न रहती तो वेदना में माधुर्य कहाँ से आता है? प्रेम का उदात्तीकरण में माधुर्य मान लें तब भी उदात्तीकरण या आदर्शीकरण की प्रक्रिया आस्था और आशा पर ही आधारित है जो संयोग की स्थिति के आधारभूत तत्त्व हैं। यौवन के सौन्दर्य में किशोरावस्था को अधिक आकर्षक माना जाता है। यह यौवन का प्रथम चरण है, जब शरीर में सौन्दर्य का विस्फोट होने लगता है। प्रथम स्थिति होने के कारण उस सौन्दर्य में ताज़गी और नवीनता है और बाल्यावस्था के विरोध में वह विलक्षण और अद्‌भुत लगता है। सूर की संयोग लीलाओं में ऐन्द्रियता, काम की प्रधानता और विलासिता को देखकर आक्षेप करने वाले समीक्षकों को समझना चाहिए कि ये यौवन के सौन्दर्य के अभिन्न अंग हैं। शिष्ट-समाज में उन पर मर्यादा का आवरण डाल दिया जाता है जब स्वच्छन्द लोक-जीवन में उनके प्रति

निषेध की भावना (inhibition) नहीं रहती। श्रीकृष्ण की किशोर लीलाएँ स्वच्छन्द जीवन की पृष्ठभूमि में घटती हैं।

सूर ने राधा-कृष्ण के किशोर रूप के सौन्दर्य का ही प्रधानतः वर्णन किया है। सूरसागर में श्रीकृष्ण की यौवन लीलाओं के निरूपण में उनकी किशोरावस्था की ओर कई बार संकेत हुआ है–

नवल किशोर नवल नागरिया।।
आज बन राजत जुगल किशोर।।

किशोरावस्था के सौन्दर्य और प्रेम में अपूर्व माधुर्य भरा होता है। कामभावना के प्रादुर्भाव के बाद सौन्दर्य का प्रथम आकर्षण रहस्यमय और तीव्र आवेगमय होता है। नव, नवल शब्दों के द्वारा सूर ने श्रीकृष्ण, राधा और गोपिकाओं में अपूर्व सौन्दर्य और माधुर्य की अनुभूति की व्यंजना की है–

नवल गिरिधर, नवल राधिका, नवल-ब्रज-नारि-मण्डली।।

राधा-कृष्ण की जुगल-भावना में (जो कृष्णभक्ति के कुछ विशेष सम्प्रदायों में प्रचलित है) सौन्दर्य और प्रेम उभयनिष्ठ होकर एक-दूसरे को प्रभावित करते हुए अद्‌भुत माधुर्य की सृष्टि करते हैं। राधा-कृष्ण भाव-विभोर स्थिति में एक-दूसरे के भावन में लीन हो जाते हैं, एक-दूसरे में परिणत हो जाते हैं और सौन्दर्य एवं प्रेम की अद्वैत स्थिति पर पहुँच जाते हैं–

राधा माधव भेंट भई।
राधा माधव, माधव राधा, कीट भृंग गति ह्वै जु गयी।
माधव राधा के रंग राचे, राधा माधव रंग रई।।

राधा-कृष्ण को 'नागरि-नागर' कहना भी विशेष सार्थक है। उन शब्दों के द्वारा सुसंस्कृत नागरिक शोभा, कोमलता और सुकुमारता, अलंकरण-शोभा, लीलाचातुर्य आदि की व्यंजना होती है।

किशोर श्रीकृष्ण की मुद्रा ललित त्रिभंगी है। रूपगोस्वामी ने 'भक्ति रसामृत सिन्धु' में कहा है कि ललित का अर्थ शृंगार प्रधान चेष्टा है–"शृंगार प्रचुरा चेष्टा यत्र तंलजितं विदुः।" शृंगार का गुण माधुर्य है। ललित का भाव लालित्य है जिसका व्यावहारिक अर्थ लावण्य या अन्तःसौन्दर्य है। अर्थात श्रीकृष्ण के ललित रूप में माधुर्य और लावण्य भरे हुए हैं। सूरसागर में त्रिभंगी मुद्रा की ओर बार-बार संकेत हुआ है। राधा और गोपिकाएँ उस मुद्रा के सौन्दर्य से विशेष प्रभावित हैं। त्रिभंगी मुद्रा में शरीर तीन स्थानों पर झुका होता है। उस मुद्रा में खड़े होने पर गरदन, कमर और दाहिने पाँव में बल पड़ता है। इस मुद्रा से शोभा, विलास आदि प्रकट होते हैं। मुरली वादन के समय श्रीकृष्ण की यही मुद्रा है जिसमें सौन्दर्य की सीमा है–

निरखि सखि सुन्दरता की सींवा।
अधर अनूप मुरलिका राजति, लहकि रहति अध ग्रीवा।।

वह रूप गोपिकाओं के मन में इस तरह चुभ गया है कि कोशिश करने पर भी वह हृदय से नहीं निकलता–

अब कैसहु निकसित नहिं, ऊधो! तिरछे है जो अड़े।

काँटे की तरह त्रिभंगी रूप टेढ़ा होकर चुभ गया तो कैसे निकलता?

विष्णु के दस अवतारों में कृष्णावतार ही सोलह कलाओं का अवतार है, सौन्दर्य का पूर्ण अवतार है। वह सौन्दर्य श्रीकृष्ण के सहज और अलंकृत रूपों में, चेष्टाओं में, भाव-भंगिमाओं में व्यक्त हुआ है। उसकी सजीवता की व्यंजना के लिए सूर ने श्रीकृष्ण को नटवर की संज्ञा दी है जिसका सूरसागर में अनेक बार उल्लेख हुआ है। नृत्य का सौन्दर्य शारीरिक मुद्राओं या भंगिमाओं में नहीं है, बल्कि उनको सजीव बनाने वाली भावना में है। रास क्रीड़ा में नटवर की भावमय भंगिमाओं का अंकन हुआ है–

नृत्यत स्याम नाना रंग।
मुकुट लटकनि, भृकुटि मटकनि धरे नटवर अंग।
चलत गति कटि कुनित किंकनि घुँघरू झनकार।
मनों हँस रसाल बानी अरत परत बिहार।
लसति कर पहुँची उपाजै मुद्रिका अति जोति।
भाव सों भुज फिरत जब हीं तबहिं सोभा होति।
कबहुँ नृत्यत नारि गति पर कबहुँ नृत्यत आपु।
सूर के प्रभु रसिक के मनि रच्यो रास प्रतापु।।
नृत्यत स्याम स्यामा हेत।
मुकुट लटकनि, भृकुटि भटकनि, नारिमन सुखदेत।।

बालकृष्ण की तरह किशोर कृष्ण के अंग-प्रत्यंग में मोहक सौन्दर्य भरा है। 'लोको भिन्न रुचिः' के अनुसार गोपिकाएँ उनके विभिन्न अंगों में सौन्दर्य देखती हैं और उस पर अपना तन-मन न्योछावर करने के लिए तैयार हो जाती हैं–

तरुनि तिरखि हरि प्रति अंग।
कोउ निरखि नख इन्दुभूलि, कोउ चरन जुग रंग।
कोउ निरखि नुपूर रही थकि, कोउ निरखि जुग जानु।
कोउ निरखि जुग जंघ शोभा करति मन अनुमानु।
कोउ निरखि कटि पीत कछनी मेखला रुचिकारि।
कोउ निरखि हृदय नाभि की छवि डार्यौ तनमन वारि।।

यह सौन्दर्य असीम है तो उसका प्रभाव व्यापक है। पूरे ब्रज समाज में उसकी चर्चा है। उस सौन्दर्य को देखने के लिए दो आँखें पर्याप्त नहीं हैं–

बड़ौ निठुर विधना यह देख्यौ।
जब तै आजु नन्दनन्दन छवि, बार-बार करि पेख्यौ।

× × ×

सूर रोम, प्रति लोचन देत्यो देखत बनत गुपाल।।

कृष्ण के अंगांग में माधुर्य की ऐसी मादकता है कि गोपियाँ मदमस्त होकर धर्म-कर्म भूल जाती हैं—

तरुनी स्याम रस मतवारि।
प्रथम जौवन-रस चढ़ायो, अतिहिं भई खुमारि।
दूध नहिं, दधि नहीं, माखन नहीं, रीतौ माट।
महारस अंग-अंग पूरन, कहाँ घर कह बाट।
मातु-पितु गुरुजन कहाँ के, कौन पति, को नारि।
सूर प्रभु कैं प्रेम पूरन छकि रही ब्रजनारि।।

सूर ने नवल किशोर सौन्दर्य का वस्तुनिष्ठ और अनुभूतिनिष्ठ दोनों रूपों में वर्णन किया है। रूप की स्थितिशील और गतिशील अनेक छवियों से सूरसागर भर पड़ा है। बाह्य रूप सौन्दर्य और भावमय अन्तःसौन्दर्य दोनों पर कवि की दृष्टि गयी है। वैसे सहज ही श्रीकृष्ण के रूप में रंगों के विरोध का विलक्षण चमत्कार है—श्याम शरीर, उस पर पीताम्बर और सर पर बहुरंगी मोर पंख। यह विरोध विकर्षण पैदा करने वाला नहीं है। श्याम शरीर में एक आभा है, प्रत्येक अंग से ज्योति का प्रकाश उसमें मिल रहा हैं और अलंकरण में भी एक विचित्र शोभा और उज्ज्वलता है जो उस आभा और प्रकाश से मिलकर अभूतपूर्व सौन्दर्य की सृष्टि करती है। यह ज्योति में ज्योति मिलने की अद्‌भुत दीप्ति है। सूर ने रंग और रंग-सम्मेलन की छटा की ओर अनेक संकेत किये हैं—

मेरे हिय लागै मनमोहन, ले गये री चित चोरि।
अब ही इह मारग से निकसे, छवि निरखत तृन तोरि।
मोर मुकुट स्रवननि मनिकुंडल उर बनमाल पिछौरि।
दसन चमक अधरन अरुनाई देखत परी ठगौरि।।

यहाँ मोर मुकुट की बहुवर्णीय शोभा, मणिकुंडल की एकवर्णीय चमक, विभिन्न रंगों की बनमाला, दाँतों की श्वेत आभा और अधरों की लालिमा, विरोध में एक-दूसरे को उज्ज्वल बनाते हुए सब मिलकर सम्मिलित रूप में एक विलक्षण सौन्दर्य की सृष्टि करती है। श्रीकृष्ण एक क्षण के लिए दिखाई देकर चले गये। उस एक झलक में रंगीन आभा गतिशील बनती है और उसके प्रभाव में गोपिका ठगी-सी रह जाती है।

श्रीकृष्ण की यौवन लीलाओं में विभिन्न प्रकार की भावात्मक छवियाँ अंकित हैं। उनमें रूप सौन्दर्य के साथ उसकी अनुभूति और उसका प्रभाव जुड़ा है। उदाहरण के लिए लीलाओं में सर्वाधिक माधुर्यपूर्ण रासलीला को ले सकते हैं।

हरिमुख देखि भूले नैन।
हृदय हरषित, प्रेम गदगद, मुख न आवत बैन।

× × ×

परसपर मिलि हँसत रहसत, हरषि करत बिलास।
उमंगि आनन्द-सिन्धु उछल्यौ, स्याम कै अभिलाष।
मिलति इक-इक सुजनि भरि-भरि, रास-रुचि जिय आनि।।
यह छवि तिहूँ भुवन कहूँ नाहिं, जो बृंदावन धाम।
सुन्दरता रस गुन की सीवाँ, सूर राधिका स्याम।।

इस सौन्दर्य में समभागी सब धन्य हैं—ब्रजलोग, ब्रजबाला, वंशीवट, जमुना-तट, लतातमाल—

सब तैं धन्य-धन्य वृंदावन, जहाँ कृष्ण कौ बास।
धनि-धनि सूरदास के स्वामी, अद्‌भुत राच्यौ रास।।

सौन्दर्य दर्शन में यह भाव-विह्वलता सभी लीलाओं में देखी जा सकती है।

रूप सौन्दर्य का वस्तुनिष्ठ वर्णन उतना सरल काम नहीं है। सौन्दर्य अनिर्वचनीय है जो केवल अनुभूति की पकड़ में आती है। गोचर रूप नेत्रेन्द्रिय का विषय है, श्रव्य वाणी के द्वारा उसकी अभिव्यंजना में कठिनाई होती है। इसलिए कवियों ने रूप सौन्दर्य की अभिव्यक्ति के लिए कुछ विशेष पद्धतियों को अपनाया है। (1) आलंकारिक अप्रस्तुतों के द्वारा प्रस्तुत के सौन्दर्य का निरूपण है जिस पर आगे विचार होगा। भाव-व्यंजना के प्रसंगों की तुलना में सूर ने रूप सौन्दर्य वर्णन में अप्रस्तुतों का बहुल मूर्त्त प्रयोग किया है। (2) प्रस्तुत-अप्रस्तुत दोनों सन्दर्भों में कल्पना का सहारा लेकर सौन्दर्य की ओर संकेत करना है। (3) सौन्दर्य की अपूर्वता, अद्‌भुतपन, विलक्षणता, अनिर्वचनीयता का बार-बार उल्लेख करना है। श्रीकृष्ण का रूप सौन्दर्य ही ऐसा है कि सूर जैसे महाकवि ने भी कल्पना में उसका साक्षात्कार करते हुए उसका विस्मयकारी विधान किया है। (4) संसार में सौन्दर्य के सर्वस्वीकृत प्रतिमानों से वर्ण्य प्रस्तुत की श्रेष्ठता का प्रतिपादन करना है, जैसे काम, रति, लक्ष्मी से कृष्ण-राधा के सौन्दर्य के आधिक्य का वर्णन है। श्रीकृष्ण का यह रूप सौन्दर्य है—

प्रति प्रति अंग अनंग कोटि छवि, सुनि सखि परम प्रवीन।
अधर मधुर मुस्क्यानि मनोहर, करति मदन मन हीन।
सूरदास जहँ दृष्टि परत है, होति तही लवलीन।।

व्यतिरेक, प्रतीम आदि अलंकारों में भी संसार में प्रसिद्ध अप्रस्तुतों से प्रस्तुत के सौन्दर्य की महानता प्रकट की जाती है। (5) सृष्टि के सारे सौन्दर्य को प्रस्तुत में देखना है। सूर के राधाकृष्ण अपने में सारा सौन्दर्य समेटे हुए हैं, उनका सौन्दर्य त्रिभुवन विजयी है, देवगण भी उस सौन्दर्य और माधुर्य की अनुभूति से जीवन धन्य घोषित करते हैं। (6) सौन्दर्य की सर्वाधिकं सफल अभिव्यंजना पात्रों की अनुभूति और उनके मन पर प्रभाव के माध्यम से होती है। यहाँ गोचर रूप गतिशील अनुभूति हो जाती है। ऐन्द्रिक सौन्दर्य मानसिक भावना में परिणत हो जाती है।

किशोर श्रीकृष्ण के सौन्दर्य को देखकर गोपिकाएँ सुध-बुध भूल जाती हैं—

कहौ कहा अंगनि की सुधि बिसर गयी।

× × ×

जो जैसें सो तैसें रहि गयी सुखदुख कह्यो न जाइ।।
मेरौ मन गोपाल हरयौ री।
चितवत हीं उर पैठि नैन मग, न जानौं धौं कहा कर्‌यौ री।
बुधिविवेक बल सहित सँच्यौ पचि सुधन अटल कबहूँ न टर्‌यो री।
लियो चुराइ चितै चित सजनी सूर सोच तनु जात जर्‌यो री।।

उस सौन्दर्य पर सूर, राधा और गोपिकाएँ बलिहारी हो जाती हैं। उससे वे इतने अभिभूत हैं कि वृन्दावन की धूल बन जाना चाहती हैं जिन पर प्रियतम के पैर पड़ते हैं—

मैं बलि जाउँ स्याम मुख छबि पर।

× × ×

बलि बलि जाउँ नासिका सुललित, बलिहारी वा छविको।।
हम न भई बृंदावन रेनु।
जहाँ चरननि डोलत नन्दनन्दन नितप्रति चारत धेनु।
हम तें परम धन्य ये बन द्रुम बालक बच्छ रू बेनु।
सूर सकल खेलत हँसि बोलत संग मथि पीवत फेनु।।

इस भक्ति-माधुर्य, भावना-कल्पना और सौन्दर्य के सामने धर्म, मर्यादा और विनय की सीमित परिधि में सौन्दर्य का उन्मेष कहाँ टिक पाता है?

सूरसागर में ललित नायक श्रीकृष्ण के सौन्दर्य वर्णन की ही प्रधानता है। आध्यात्मिक दृष्टि से परम पुरुष में ही सौन्दर्य की पराकाष्ठा है। काव्यदृष्टि से सूर-सागर नायक प्रधान काव्य है जो लीलाओं का केन्द्र है और जिसकी ओर सारा ब्रजमंडल आकृष्ट है। सूर की मधुर प्रेम प्रधान भक्ति जुगल भाव की है, राधा भाव की नहीं, जैसे निम्बार्क सम्प्रदाय में। जुगल भाव के अन्तर्गत सूरसागर में किशोरी राधा के सौन्दर्य की भी अनेक झाँकियाँ मिल जाती हैं, यद्यपि श्रीकृष्ण के सौन्दर्य के समान उसका विस्तार नहीं हुआ है। राधा का रूप सौन्दर्य भी अपूर्व और अनन्त वैभवशाली है—

मोहिनी मोहन की प्यारी।
रूप उदधि मथि के विधि, हठि पचि रची जुवती यह न्यारी।

× × ×

जहँ तहँ दृष्टि परति रहि उरझति, भरि नहिं जाति निहारी।
सूरदास प्रभु-रस-बस कीन्हें अंग-अंग सुकुमारी।।
राधे तेरे रूप की अधिकाइ।
जो उपमा दीजै तेरैं तनु, तामैं छबि न समाइ।।

सुनि राधे तेरे अंगनि ऊपर सुन्दरता न बची।
लोक चतुर्दश नीरस लागत, तू रसरासि साँची।।

इन पदों में राधा के अंगांग सौन्दर्य और उसके प्रभाव की व्यंजना है। इस स्थितिशील रूप वर्णन की तुलना में राधा-कृष्ण की लीलाओं और प्रेम-प्रसंगों में भावमय सौन्दर्य की अभिव्यक्ति है। मुस्कुराहट, लज्जा, प्रेम आदि भावों से दीप्त राधा के सौन्दर्य का यह रूप है–

कनक बदन मुढ़ार सुन्दरि सकुचि मुख मुसकाइ।
स्याम प्यारी नैने राचे अति विशाल चलाइ।
सूर प्रभु के वचन सुनि सुनि रही कुँवरि लजाइ।।
तब राधा इक भाव बतावति।
मुख मुसुकाइ सकुचि पुनि सहज ही, चली अलक सुरझावति।।

इन पदों में भाव संचार के साथ अनुरूप चेष्टा व्यापार का भी वर्णन है। रूप-सौन्दर्य का यह गतिशील निरूपण अत्यन्त सहज है। उसमें किशोरावस्था के आकर्षण और अनुभूति की ओर भी संकेत है।

गोपिकाओं के वर्णन में वस्तुनिष्ठ रूप सौन्दर्य की अपेक्षा सौन्दर्य और प्रेम की अनुभूति को अधिक महत्त्व दिया गया है। फिर भी बीच-बीच में उनके सौन्दर्य और साज-सज्जा की झाँकियाँ मिल जाती हैं–

बनी ब्रजनारि सोभा भारि।
पगन जेहरि, लाल लहँगा, अंग पंचरंग सारि।
× × ×
सूर प्रभु बस इतिभए हैं, निरखि लोल कपोल।।
मुख स्याम पूरन चन्द्र कौ, मनु उमंगि उदधि तरंग।।
निरखि ब्रजनारि छबि स्याम लाजै।
× × ×
सूर की स्वामिनी, नारि-ब्रज-भामिनी,
निरखि प्रिय, प्रेम सोभा सुलाजै।।

इन पदों में सूर ने गोपिकाओं के रूप सौन्दर्य और अलंकरण को ही नहीं, प्रियतम के दर्शन में उनके मन की उमंग, प्रेम, लज्जा आदि भावनाओं के संचार को भी व्यंजित किया है।

3. नेत्र-सौन्दर्य

सूर सागर में नेत्रों के सौन्दर्य पर पता नहीं कितनी उक्तियाँ हैं। कुछ नखशिख वर्णन के सन्दर्भ में हैं तो कुछ स्वतन्त्र पदों के रूप में। सौन्दर्य दृष्टि से उनके महत्त्व को लक्ष्य करके शुक्ल जी ने अपने इतिहास में उनका अलग उल्लेख किया

है। नेत्रों की सजीवता में सौन्दर्य मूर्तिमान हो उठता है, इसलिए उनकी अलग चर्चा हो रही है। "आलम्बन की रूप-प्रतिष्ठा के लिए कृष्ण के अंग-प्रत्यंग का सूर ने जो सैकड़ों पदों में वर्णन किया है, वह तो किया ही है, आश्रय-पक्ष में नेत्र-व्यापार और उसके अद्‌भुत प्रभाव पर एक दूसरी ही पद्धति पर बड़ी ही रम्य उक्तियाँ और बहुत अधिक हैं। रूप को हृदय तक पहुँचाने वाले नेत्र ही हैं। इससे हृदय की सारी आकुलता, अभिलाषा और उत्कंठा का दोष इन्हीं रूपवाहकों के सिर मढ़कर सूर ने इनके प्रभाव-प्रदर्शन के लिए बड़े अनूठे ढंग निकाले हैं। कहीं इनकी न बुझने वाली प्यास की परेशानी दिखाई है, कहीं इनकी चपलता और निरंकुशता पर कोसा है।"[3] आश्रय गोपिकाओं की आँखों की प्रतिक्रिया और उनकी स्थिति-गति अप्रत्यक्ष रूप से आलम्बन के सौन्दर्य की ओर संकेत करती हैं तो दूसरी ओर गोपिकाओं की आँखें पाठक के लिए स्वयं आलम्बन भी बन जाती हैं।

गोपिकाएँ अपनी अनुभूति को व्यक्त करती हैं कि अंबुज का सौन्दर्य, खंजरीट-मृग-मीन की चपलता श्रीकृष्ण के नेत्रों की छवि से समता नहीं कर सकती और वे दुखी हैं, वनवास करते हैं या जल लीन हो जाते हैं–

देखि हरिजु के नैनन की छबि।

× × ×

इनसे येई, पचि हारि रही हौं, आवे नहीं कहत कछु वह फबि।।

उस सौन्दर्य को साकार रूप देनें के लिए सूर ने कल्पना का सहारा लिया है। उन नेत्रों की चंचलता, उनका विकास-प्रकाश और अरुण असित-सित झलक की यह कल्पना है–

देखिरी! हरि के चंचल नैन।
खंज मीन मृगज चपलाई नहिं पटतर एक सैन।।
राजिवदल, इन्दीवर, शतदल कमल कुशेशय जाति।
निसि मुद्रित, प्रातहि वै बिगसत, ये विगसत दिन राति।।
अरुन असित सित झलक पलक प्रति को बरनै उपमाय।
मनौ सरस्वति गंग जमुन मिलि आगम कीन्हो आय।।

कमलों की विभिन्न जातियाँ हैं, उनका अपना विशिष्ट रूप-सौन्दर्य है, लेकिन रूपरंग में वे कृष्ण की आँखों की समता नहीं कर सकतीं। एक ही पलक या कटाक्ष में लाल श्याम और श्वेत रंगों की कौंध अपूर्व है। गतिशीलता में ही नहीं, नेत्रों की स्थितिशील आकृति भी कम आकर्षक नहीं है। विशाल नेत्र और उनके चंचल कटाक्ष को देखकर गोपियाँ उनके बस हो जाती हैं–

बने विशाल अति लोचन लोल।
चितै-चितै हरि चारु विलोकनि, मानौं माँगत है मन ओल।

× × ×

सूरदास प्रभु कैं बस ऐसे, दासी सकल भई बिनु मोल।।

कृष्ण के नेत्रों के सौन्दर्य से अधिक सूर ने गोपिकाओं की अनुभूति और उनके तन-मन पर प्रभाव का विस्तार से वर्णन किया है। उनमें सौन्दर्यानुभूति, मन की भावना और वाग्वैदग्ध्य का अपूर्व सामंजस्य है। गोपिकाएँ कृष्ण के सौन्दर्य को लूट लेना चाहती हैं, आखिर नेत्र उनके अपने हैं, क्यों मना करें—

नैन आपने घर के री।
लूटन देह स्याम-अंग-सोभा, जो हम पर वै तरके री।
यह जानी तीकै करि सजनी, नहीं हमारे डर के री।।

बचपन से ही ये नेत्र श्रीकृष्ण की ओर आकृष्ट हैं। उनकी और अपनी परवशता पर खीझकर गोपिकाएँ नेत्रों के ओछेपन को कोसती हैं—

जाकी जैसी बानि परी री।
कोऊ कोटि करै नहीं छूटै, जो जिहिं घरनी घरी री।
बारे ही तैं इनके ये ढंग, चंचल चपल अनेरे।
बरजत हीं बरजत उठि दौरे, भये स्याम के चेरे।
ये उपजे ओछे नक्षत्र के, लंपट भरे बजाइ।
सूर कहा तिनकी संगति, जे रहे पराएँ जाइ।।

इन नेत्रों का जन्म, पालन-पोषण, स्वभाव, चरित्र, संगति सब खोटे हैं, इसीलिए इनका ऐसा व्यवहार है। यह नहीं भूलना चाहिए कि इन कटु वचनों के मूल में कृष्ण के सौन्दर्य के प्रति आकर्षण और सौन्दर्यानुभूति में अपनी परवशता है। इस विरोधाभास में चमत्कार का अद्‌भुतपन है।

गोपिकाएँ अपनी परवशता के लिए कृष्ण के नेत्र सौन्दर्य को नहीं, अपनी ही आँखों को दोष देती हैं—

देखि सखि, लोचन फिरत न फेर।।
मेरे नैननि हीं सब दोस।।

कभी-कभी क्षोभ के साथ अपने ही नेत्रों का उपालम्भ करती हैं। सौन्दर्य-दर्शन की वेदना बढ़ती ही जाती है तो गोपिकाएँ कहती हैं—

मेरे नैना बिरह की बेल बई।
सींचत नैन नीर के, सजनी! मूल पतार गयी।।
बिगसति लता सुभाय आपने छाया सघन भई।
अब कैसे निरूवारौं, सजनी! सब तन पसरि छई।।

यहाँ सौन्दर्य-दर्शन में वेदना की गहरी अनुभूति की उपालम्भ के रूप में चमत्कारी अभिव्यंजना है। संयोग की स्थिति में सौन्दर्य के गहरे प्रभाव में व्याकुलता और वेदना की अनुभूति अन्ततः सौन्दर्य का ही बोध कराती है। भावना-कल्पना का अद्‌भुत चमत्कार और अभिव्यंजना का वैदग्ध्य रचना को हृदय बनाते हैं। वियोग में वेदना

के आँसू संवेद्य होने पर भी सौन्दर्य की अनुभूति नहीं देती बल्कि ग्राहक हृदय को झकझोर देती हैं–

निसि दिन बरसत नैन हमारे।
सदा रहति बरषारितु हम पर, जब ते स्याम सिधारे।।
सखी इन नैननि तैं घन हारे।
बिनहीं रितु बरसत निसि बासर, सदा मलिन दोउ तारे।

यहाँ मलिन नेत्रों में सौन्दर्य की चमक नहीं है, यद्यपि वे वास्तव में तारे हैं। सौन्दर्य शास्त्रीय दृष्टि से भाव का मूल्य-परिवर्तन और अभिव्यंजना-शिल्प वेदना को संवेद्य बनाते हैं।

4. मुरली-माधुरी

सूरसागर का एक दूसरा महत्त्वपूर्ण प्रसंग मुरली-माधुरी है। त्रिभंगी और नटवर रूपों के साथ श्रीकृष्ण का मुरलीधर रूप भी विशिष्ट और अत्यन्त मनमोहक है। कृष्ण के मुरलीवादन का प्रभाव राधा, गोपिकाओं और गोप सखाओं पर ही नहीं, जड़-चेतन समस्त सृष्टि पर है। नेत्र पर सूर की उक्तियों में सौन्दर्य की सजीवता है तो मुरली-माधुरी में अनुभूति की अपूर्वता है। दोनों में भ्रमरगीत की तरह वचन विदग्धता है। शुक्ल जी का इस सन्दर्भ में कहना है कि "मुरली पर कही हुई उक्तियाँ भी ध्यान देने योग्य हैं, क्योंकि उनसे प्रेम की सजीवता टपकती है। यह वह सजीवता है, जो भरे हुए हृदय से छलककर निर्जीव वस्तुओं पर भी अपना रंग चढ़ाती है। गोपियों की छेड़छाड़ कृष्ण ही तक नहीं रहती, उनकी मुरली तक भी जो जड़ और निर्जीव है—पहुँचती है। उन्हें वह मुरली कृष्ण के सम्बन्ध में कभी इठलाती, कभी चिढ़ाती और कभी प्रेमगर्व दिखाती जान पड़ती हैं। उसी सम्बन्ध-भावना से वे उसे कभी फटकारती हैं, कभी उसका भाग्य सराहती हैं और कभी उससे ईर्ष्या प्रकट करती हैं।"[4] इस सम्बन्ध-भावना का विश्लेषण करते हुए शुक्ल जी कहते हैं–"हृदय के पारखी सूर ने सम्बन्ध-भावना की शक्ति का अच्छा प्रसार दिखाया है। कृष्ण के प्रेम ने गोपियों में इतनी सजीवता भर दी है कि कृष्ण क्या, कृष्ण की मुरली तक से छेड़छाड़ करने को उनका जी चाहता है। ...मुरली के सम्बन्ध में कहे हुए गोपियों के वचन से दो मानसिक तथ्य उपलब्ध होते हैं–आलम्बन के साथ किसी वस्तु की सम्बन्ध-भावना का प्रभाव तथा अत्यन्त अधिक या फालतू उमंग के स्वरूप। मुरली-सम्बधिनी उक्तियों में प्रधानता पहली बात की है, यद्यपि दूसरे तत्त्व का भी मिश्रण है।"[5]

मुरली प्रसंग में सौन्दर्य और सौन्दर्याश्रित प्रेम दोनों की समन्वित व्यंजना है। सौन्दर्य मुरलीधर और मुरली-माधुर्य का है तो गोपिकाओं का प्रेम मुरलीधर के सौन्दर्य और मुरली-माधुरी पर आधारित है। गोपियाँ बार-बार मुरलीधर की शोभा का उल्लेख करते हुए मुरली के सुर पर मुग्ध होती हैं–

निरखि सखि सुन्दरता की सींवा।
अधर अनूप मुरलिका, लटकि रहत अध ग्रीवा।
मन्द मन्द सुर पूरत मोहन, राग मलार बजावत।
कब हुँक रीझि मुरलि पर गिरिधर, आपुहिं रस चरि गावत।
हँसत लसति दसनावलि पंगति, ब्रज-बनिता-मन-मोहत।।

मुरलीवादन के माधुर्य और उसकी अनिर्वचनीय अनुभूति की व्यंजना इन शब्दों में है—

बंसी री बन कान्ह बजावत।
आनि सुनौ स्रवननि मधुरे सुर, रास मध्य लै नाम बुलावत।
सुर सुनि तान बँधान अमित अति, सप्त अनीत अनागत-आवत।
× × ×
महा मनोहर नाद सुर, थिर भर मोहे, कोउ मरम न पावत।
मनाहुँ मूक मिठाई के गुन, कहि न सकत मुख सीस डुलावत।।

मुरली का सुर सुनकर जब गोपिकाएँ तत्क्षण दौड़ पड़ती हैं तो उनके मन में आतुरता, विभ्रम, सुध-बुध खो जाना, आनन्द-उमंग, मादकता-मस्ती आदि का संचार होता है। वे कभी भावमय प्रतिमा बनती हैं और कभी चित्रवत भंगिमा में दिखाई देती हैं। कवि के शब्दों में—

पद रिपु पट अँटक्यों न संहारति उलट न पलट खरी।।
मन चित बुद्धि हरी।।
आनन्द-उमंग भरी।।
विह्वल भए नहीं सुधि काहूँ।।
सूरदास सब चकित जहाँ तहँ, ब्रज जुवतिनि सुखकारि।।

जब गोपिकाएँ मुरली का उपालम्भ करती हैं, तब भाव की दिशा बदल जाती है। उलहने के माध्यम से निषेधात्मक रूप में मुरली का माधुर्य और कृष्ण के करों में विराजित उसका सौन्दर्य व्यक्त होता है। यह निन्दास्तुति है। दूसरी ओर गोपिकाओं के मन में विविध भावनाओं का संचार, सौन्दर्य एवं माधुर्य के प्रति उनके आकर्षण और रागरंग का अप्रत्यक्ष व्यंजक है। गोपिकाओं की दृष्टि में मुरली स्वयं कृष्ण से प्रेम करती है, उस प्रेम में कृष्ण को नचाती है और अन्यों के प्रेम-सम्बन्ध को तोड़ दिया है—

सखी री मुरली लीजै चोरि।
जिन गोपाल कीन्हें अपने बस, प्रीति सबन की तोरि।
कतहूँ कर, कहबहूँ अधरन, कटि कबहूँ खोंसति जोरि।
ना जानौ कछु मेलि मोहिनी, राखे अंग अंग मोरि।
सूरदास प्रभु कौ मन सजनी, बाँध्यौ राग की डोरि।।

यहाँ सौन्दर्य की विलक्षण स्थिति है—कृष्ण का रूप सौन्दर्य, मुरली का जादू और गोपिकाओं की भावना तीनों का सम्मिलित प्रभाव है। मुरली की मोहिनी में कृष्ण त्रिभंगी हो गये हैं। उनको वश में करने पर मुरली का रूप-रंग, भंगिमाएँ, चेष्टाएँ और राग चमक उठते हैं। उस राग में गर्व का अनुभव करती है, कृष्ण को पूरा अपना बनाकर औरों से सम्बन्ध तोड़ देती है। मुरलीवादन में कृष्ण तन्मय हैं। गोपिकाएँ जलती हैं—मुरलीधर से, मुरली की स्थिति से। मुरली चुराने के अलावा और कोई चारा नहीं है। यहाँ भावात्मक स्थिति में मुरली का मानवीकरण मात्र नहीं है। गोपिकाओं की कल्पना में कृष्ण, मुरली और गोपिकाओं के सम्बन्धों को लेकर एक नवीन सौन्दर्य की सृष्टि होती है। इस स्थिति में गोपिकाओं के मन में अनेक भावनाओं का उदय होता है। ये भावनाएँ सम्बन्धों की कल्पना के सौन्दर्य में अस्वाभाविक नहीं लगतीं। यह कल्पना का सौन्दर्य लोक है। बड़ी प्रगल्भता के साथ गोपिकाएँ मुरली को उलहना देती हैं—

माई री! मुरली अति गर्व काहू बदति नहिं आज।
हरि के मुख-कमल देखु पायो सुखराज।।

वे एक ओर मुरली की प्रशंसा करती हैं तो दूसरी ओर उसके व्यवहार की निन्दा—

मुरली तऊ गोपालहिं भावति।
सुन री सखी! जदपि नन्दनन्दनि नाना भाँति नचावति।
× × ×
भृकुटी कुटिल, कोप नासाँपुट, हम पर कोपि कुपावति।।

गोपिकाएँ मुरली की शोभा स्वीकार करती हैं, लेकिन उसके गर्व और व्यवहार को देखकर ईर्ष्या, क्रोध और क्षोभ में उसके जन्म-कुल को लेकर कोसने लगती हैं—

जिहिं तन अनल दह्यौ अपनौ कुल, तासों कैसें होत भलाई।
अब सुनि सूर कौन विधि कीजै, बनकी व्याधि-माँझ घर आयी।।

गोपिकाओं पर मुरलीवादन का प्रभाव ऐन्द्रिय माधुर्यानुभूति से अत्यन्त व्यापक और गहरा है। वह उन्हें लौकिक धरातल से भावात्मक तथा आत्मिक धरातल पर पहुँचा देता है। मुरली-ध्वनि कानों में पड़ते ही गोपिकाएँ अपना तन-मन, व्यवहार-कुशलता, सुध-बुध, सयानापन सब कुछ भूल गयी—

जब ते बंसी स्रवन परी।
तबहीं तें मन और भयो सखि मो तन सुधि बिसरी।।
तब लगि सबै सयान रहै।
जब लगि नवल किशोर न मुरली बदन समीर बहै।।

गोपिकाएँ इतने अधिक भाव-विभोर हैं कि उन्हें धर्म-कर्म, लोक-लाज, कुल-मर्यादा, सुत-पति की परवाह नहीं है—

जबहिं बन मुरली स्रवन परी।
चकित भई गोपकन्या सब, काम-धाम बिसरी।

कुल मर्जाद, बेद की आज्ञा, नैंकुहूँ नहीं डरी।
स्याम-सिन्धु, सरिता-ललना-गन, जल की ढ़रनि ढ़री।
अंग-मरदन करिबे कौं लागीं, उबटन तेल धरी।
जोजिहिं भाँति चली सौ तैसेहिं, दिसि बन कौं सुख री।
सुत-पति-नेह भवन-जन-संका, लज्जा नाहिं करी।
सूरदास प्रभु मन हरि लीन्हौं, नागर नवल हरी।।

गोपिकाओं के मन की कैसी आतुरता और विह्वलता है! मधुर भक्ति, सौन्दर्य और प्रेम में मन स्थूल लौकिक बन्धनों से मुक्त होकर आध्यात्मिक, कल्पनाशील, मानसिक जगत में विहार करने लगता है।

मुरली-माधुरी का प्रभाव गोपिकाओं पर ही नहीं, समस्त मानव प्राणियों और देवी-देवताओं पर ही नहीं, त्यागी-विरागी ऋषियों-मुनियों पर ही नहीं, जल-स्थल के सभी प्राणियों तथा स्थावर-जंगम पर भी पड़ा। सारी सृष्टि स्तब्ध और चकित हो गयी–

स्याम तुम्हारी मदन मुरलिका नेंसुक सी जग मोह्यो।।
जे ते जीव जन्तु जल थल के नाद स्वाद सब पोह्यो।।

सृष्टि में वस्तुओं की प्रकृति बदल गयी–

जब हरि मुरली-नाद प्रकास्यौ।
जंगम जड़, थावर चर कीन्हें, पाहन जलज विकास्यौ।
स्वर्ग-पतल दसौं दिसि पूरन, ध्वनि-आच्छादित कीन्हौ।।

मुरली के स्वर माधुर्य के प्रभाव से सृष्टि में जड़-चेतन, स्थावर-जंगम सभी का प्रकृति में परिवर्तन हो गया, सभी का स्वभाव विपरीत हुआ–

मुरली गति विपरीत कराई।
तिहुँ भुवन भरि नाद समान्यौ, राधा रमन बजाई।
बछरा थन नाहीं मुख परसत, चरित नहीं तृन धेनु।
जमुना उलटी धार चलीं बहि, पवन चकित सुनि बेनु।
विह्वल भए नहीं सुधि काहूँ, सुर-गन्ध्रब नर-नारि।
सूरदास सब चकित जहाँ-तह, ब्रज जुवतिनि सुखकारि।।

माधुर्य, सौन्दर्य का प्रमुख धर्म है। सूरसागर के मुरली-माधुर्य में नये सौन्दर्य का उन्मेष हुआ है।

5. अलंकरण-सौन्दर्य

कुसुमदेव ने 'दृष्टांत कलिका शतक' में कहा है कि जो सुन्दर है वह संस्कार की अपेक्षा नहीं रखता–'स्वभाव सुन्दरं वस्तु न संस्कारमपेक्षते।' शकुन्तला के सहज सौन्दर्य का वर्णन करते हुए कालिदास कहते हैं कि सुन्दर रूप के लिए मंडन की आवश्यकता नहीं है–'किमिवहि मधुराणां मंडनं नाकृतिनाम्।' लेकिन सभ्यता और संस्कृति के

विकास में अलंकरण-प्रवृत्ति मानव-स्वभाव का अंग बन गयी है। इतिहास से पता चलता है कि बनवासी प्रागैतिहासिक मनुष्य, स्त्री-पुरुष दोनों विभिन्न वस्तुओं से अपना अलंकार कर लेते थे। ज्ञात इतिहास में, सभ्यता के विकास के प्राचीन युग में फूल, पत्ते आदि प्राकृतिक वस्तुओं से मनुष्य अपना अलंकार करते थे। कामशास्त्र में विविध प्रकार के स्त्रियों के प्रसाधनों की चर्चा है। प्राकृतिक परिवेश में जीवन बिताते समय प्रकृति के उपादानों से अलंकरण स्वाभाविक था। कालक्रम में अलंकरण की यह प्रवृत्ति पुरुषों में कम होती गयी, स्त्रियों और बालकों में ही यह विशेष दिखाई देने लगी। मध्यकाल में अलंकरण की प्रवृत्ति बहुत बढ़ गयी। विशेषकर स्त्रियों ने पुरुष को अपनी ओर आकृष्ट करने के लिए, संयोग और सामाजिक पर्वों के अवसर पर अपना श्रृंगार करने लगी। कुमारसम्भव में कालिदास कहते हैं कि पुरुषों के द्वारा पहचान में ही स्त्रियों की वेशभूषा की सार्थकता है—'प्रियालोक फलो हि वेषः।' मध्ययुग में मनुष्य प्रकृति से दूर होता गया। नागरिक सभ्यता के साथ कृत्रिम संस्कारिता का विकास हुआ। अलंकरण की सामग्री भोग-विलास और ऐश्वर्य-प्रदर्शन की प्रतीक हो गयी। सहज ही अलंकरण में प्राकृतिक वस्तुओं के स्थान पर अमूल्य धातुओं से बने आभूषणों का उपयोग होने लगा। वेशभूषा और प्रसाधनों का प्रयोग बढ़ता गया। आधुनिक युग में काल की जटिलता के अनुरूप निरलंकृत-अलंकृत, प्राकृतिक-अप्राकृतिक अलंकरण की अनेक प्रवृत्तियाँ चल रही हैं। वेशभूषा क्षणिक परिवर्तनशील फैशनों का रूप ले रही है। इस सन्दर्भ में कुछ मौलिक प्रश्न उठते हैं। क्या अलंकरण, सौन्दर्य का प्राकृतिक धर्म है? उसमें कितना सौन्दर्य होता है? मध्ययुग के कवि सूर का अलंकरण के प्रति क्या दृष्टिकोण है? सूर के अलंकार-वर्णन की क्या विशेषताएँ हैं?

प्रथम दो प्रश्न सौन्दर्यशास्त्रीय हैं जिनके उत्तर के सम्बन्ध में मतभेद हो सकता है। सौन्दर्य आन्तरिक है तो अलंकरण के साथ उसका कोई प्रत्यक्ष सम्बन्ध नहीं हो सकता। गोचर रूप और उसके आकर्षण से सौन्दर्य का जितना सम्बन्ध है, उस मात्रा में अलंकरण सौन्दर्यवर्धक माना जा सकता है। दार्शनिक दृष्टि से क्रोचे के साथ यह भी कहा जा सकता है कि यदि सौन्दर्य पूर्ण इकाई है तो सालंकृत वस्तु में सौन्दर्य मानने पर उसकी निरलंकृत स्थिति में सौन्दर्य पूर्ण नहीं है। उसमें सौन्दर्य की कोई कमी हो जाती है। लेकिन व्यवहार में हम निरलंकृत रूप में भी सौन्दर्य देखते हैं और उसके अलंकृत होने पर अधिक सौन्दर्य मानते हैं। अर्थात अलंकरण सौन्दर्य का अतिरिक्त धर्म है जो रूप सौन्दर्य को बढ़ा देता है। लेकिन व्यावहारिक दृष्टि से भी अलंकरण में सौन्दर्य तभी होता है जब वह कृत्रिमता की सीमा का स्पर्श न करें, आरोपित न हो, उसकी अति न हो जावे या उसमें अनौचित्य न हो।

मध्ययुग के सूर अपने समय की अलंकरण-वृत्ति से प्रभावित हैं। राधा-कृष्ण के सहज सौन्दर्य की प्रशंसा करते हुए भी उन्होंने कृष्ण, राधा और गोपिकाओं की

अलंकार-शोभा का विस्तार से वर्णन किया है। स्त्रियों और बालकों का ही नहीं, पुरुषों के अलंकार का सूरसागर में उल्लेख मिलता है। रासक्रीड़ा में नटवर के रूप में ही नहीं, अन्य लीलाओं में भी कृष्ण की वेशभूषा की अपूर्वता की ओर संकेत मिल जाते हैं। हो सकता है कि सूर ने भागवत का अनुसरण करते हुए प्राचीन मूलकथा में श्रीकृष्ण की अलंकार-प्रियता का ग्रहण किया हो। सूरसागर में वर्णित अलंकरण को स्थूल रूप से तीन वर्गों में विभाजित कर सकते हैं–(1) स्त्री-पुरुषों के लिए समान, वस्त्रों और आभूषणों से शरीर को अलंकृत करना, (2) स्त्रियों के अंगों में लगाए जाने वाले प्रसाधन और (3) स्त्रियों का केशविन्यास, पान आदि सौन्दर्यवर्धक उपकरण। इन तीनों में प्रसिद्ध और प्रचलित अलंकरण-प्रवृत्तियाँ मध्ययुग में 'सोलह श्रृंगार' नाम से अभिहित हैं। यह उच्चवर्गीय नागरिक अलंकरण प्रवृत्ति है और संयोग श्रृंगार के सन्दर्भ में उनका प्रयोग होता था। सोलह श्रृंगार की संज्ञा न देने पर भी प्राचीन काल में इनमें से कुछ का प्रचलन था, जैसा कामशास्त्र से विदित होता है। भारतीय काव्यशास्त्र में श्रृंगार की चर्चा में इन बाह्य अलंकारों का नहीं, नायिका के सात्विक अलंकारों का विवेचन है। वे स्वभावजन्य हैं और सहजसौन्दर्य को प्रकट करते हैं।

सूर ने विभिन्न प्रकार के अलंकरण के प्रसंगों में अलंकार-सामग्री को ही प्रस्तुत नहीं किया है, बल्कि उसकी शोभा की व्यंजना करते हुए अपनी सौन्दर्य दृष्टि का भी परिचय दिया है। माता यशोदा बालकृष्ण का अलंकार ही नहीं करती, उस अलंकृत शोभा पर मुग्ध भी हो जाती है। उस शोभा का चित्रांकन भी सौन्दर्यमय है–

ललित आँगन खेलै, ठुमकि ठुमकि डोलै,
झुनुकु झुनुकु बोलै पैंजनी मृदु सुखद।
किंकिनी कलित कटि हाटक रतन जटि,
मृदु कर कमलिनि पहुँची रुचिर बर।।

श्रीकृष्ण के अलंकरण में वस्त्र, आभूषण और प्राकृतिक-उपादान तीनों का योग है। सूर ने उपमा, उत्प्रेक्षा, रूपक आदि का सहारा लेकर अलंकृत शरीर के अनेक रम्य चित्र प्रस्तुत किये हैं और सहज रूपरंग और अलंकरण में विरोध दिखाते हुए उस सौन्दर्य को अपूर्व सिद्ध किया है। किशोरावस्था में अलंकृत रूप के ये दो उदाहरण हैं–

श्याम सुभग तनु, पीतबसन जनु, नील जलद पर तड़ित सुछन्दन।।
बनी मोतिन की माल मनोहर।
सोभित स्याम सुभग उर ऊपर, मनु गिरि ते सुरसरि धँसी धार।।

नटवर वेशधारण में सौन्दर्य मूर्तिमान हो उठा है–

राजत री बनमाल गरे हरि आवत बन तें।
फूलनि सौ लाल पाग, लटिक रही बाम भाग,
सो छबि लखि सानुराग, टरति न मन तें।

मोर मुकुट सिर स्रीखंड, गोरज मुख मंजु मंड
नटवर बर वेष धरै आवत छबि तैं।

सूर ने कृष्ण के रजरंजित बाल और किशोर रूपों में भी सौन्दर्य देखा है। वात्सल्य और प्रेम में सब कुछ मधुर लगता है। मधुर कल्पना में ही नहीं जीवन की यथार्थता में भी (रूप के मलिन और कटु होने पर भी) सौन्दर्य है, बस देखने की आँख चाहिए।

दूसरी नायिका के साथ रति के बाद विपरीत रूपरंग और अलंकरण में भी गोपिका को लालित्य दिखाई देता है। ईर्ष्या के स्थान पर प्रेम का रंग चढ़ने पर अनौचित्य भरा सौन्दर्य हो जाता है—

आये लाल ललित भेष किये।
पीक कपोल, अधर पर काजर, जाबक भाल दिये।
चन्दन खौरि मेटि अब आये, कुंकुम रंग हिए।
पीत बर कहँ डारि कौन की, नील बरहि लिए।
लाली दै पीरी ले आये, देखत पुलक जिये।
सूरदास प्रभु नवल रसीले, बेऊ नवल त्रिये।।

स्त्री होने के कारण राधा में सहज ही अलंकरण की प्रवृत्ति ज्यादा है। वह सोलह शृंगार मंडित है। राधा और गोपिकाओं का शृंगार काम-प्रेम मूलक है, कृष्ण को अपनी ओर आकृष्ट करने के लिए है, संयोग की तैयारी है। सूर ने उस शृंगार के सौन्दर्य और शोभा का तथा श्रीकृष्ण पर उसके प्रभाव का भी निरुपण किया है। गोरे शरीर पर नील वस्त्रधारण के साथ राधा—

नीलाम्बर पहिरे तुनु भामिनी, जनु घन दमकति दामिनी।।

वस्त्रालंकार में रंग विरोध के साथ रंगीन आभा—

सबै सरत सिंगार कीनै रूप बरनि न जाई।
लाल सारी नील लँहगा स्वेत अंगिया अंग।।

सिन्दूर की शोभा—

भोरहिं शोभा सिर सिन्दर।
जुगल पाटि घन घटा, बीच मनु उदय कियो नव सूर।

सबेरे उठते ही सिन्दूर लगाना सुहागिन की स्वाभाविक क्रिया है। सिन्दूर की शोभा से मुख दीप्त है। उस दीप्त सौन्दर्य की सूर्योदय के दृश्य के साथ तुलना औचित्यपूर्ण और सौन्दर्य को प्रोज्वल और मूर्त्त करने वाली है। काले केशपाश में सफेद मोतियों की माला के शृंगार की शोभा—

स्याम अलकनि सुबीच मोती दुति मंगा।
मानहुँ झलमलति संभु के सीस गंगा।।

राधा बार-बार अपना शृंगार करती है, उसे देखकर सँवारती रहती है—

बहुरि फिरि राधा साजति सिंगार।।
बेंदी भाल, नैन नित आँजनि, निरखि रहति तनु गोरी।।

साज-सज्जा में राधा की यह निपुणता, उसकी सौन्दर्य दृष्टि और निरन्तर सौन्दर्यमय रहने की प्रवृत्ति को द्योतित करती है। इस अलंकरण के बाद राधा में जो सौन्दर्य प्रकट होता है वह अनिर्वचनीय है, कवि उसका वर्णन नहीं कर पाता। राधा मानो सौन्दर्य में ही नहाकर आयी है—

आज राधिका रूप अन्हायो।
देखत बनै, नहि आवै मुख-छबि उपमा अन्त न पायौ।।
भुवन चतुर्दश की सुन्दरता, राधे मुखहि रचाई।
नखसिख की सोभा मो पै बरनि न जाइ।।

इस अलंकरण-सौन्दर्य की सार्थकता प्रिय को आकृष्ट करके उसे प्रभावित करने में है—

करति शृंगार वृषभानुकुमारी।
रहे इकटक जाल रंध्र मग हेरिकै, स्याम मन भावती परम प्यारी।।

राधा की तरह गोपिकाएँ भी सोलह शृंगार करके कृष्ण से मिलने जाती हैं—

षट-दस सहित सिंगार करति हैं, अंग अंग निरखि सँवारित।।

देख-देखकर अपने प्रत्येक अंग को सँवारकर आकर्षक और सुन्दर बनाने का प्रयत्न करती हैं—

पगनि जैहरि लाल लहँगा, अंग पँच-रंग सारी।
किंकिनी कटि, कनित कंकन, करचुरी झनकार।
हृदय चौकी चमकि बैठी, सुभगि मोतिन हार।
कंठश्री दुलारी विराजति, चिबुक स्यामल बिन्दु।।

इस शृंगार की शोभा का वर्णन नहीं किया जा सकता—

सबै सरस सिंगार कीने रूप बरनि न जाइ।।

सूर कहते हैं कि इस अलंकरण से गोपिकाओं की शोभा भारी हो गयी है—

सीस धरि धरि माट मटुकी, बड़ी शोभा भारि।

अलंकार वर्णन के सन्दर्भ में सूर ने कुछ नयी और अपूर्व सौन्दर्य की झाँकियाँ भी प्रस्तुत की हैं। फूलों से भरे प्राकृतिक वातावरण में राधा-कृष्ण के सभी अंग फूलों से अलंकृत और शोभित हैं—

फूलनि के महल फूलनि सेज फूले कुंजबिहारी फूली राधा प्यारी।
फूले वै दम्पति नवल मगन फूले फूले करैं केलि न्यारी ए न्यारी।
फूलि लता बेलि विविध सुमन फूले फूले आनन दोउ है सुखकारी।
सूरदास प्रभु प्यारी पर डारत हरषि फूल फूल चंपक बेल निबारी।।
फूलनि के हिए हैं हार, सुरसरि मनु धरे धार,

सन्तनि हित फूल डोल।
माथे मुकुट रचित फूल, फूलनि के सीस फूल,
सरस रस ही फूल डोल।
फूलन की बेंदी लिलार, फूलनि नखसिख सिंगार,
सन्तनि हित फूल डोल।।

ललित नायक के रूप में कृष्ण ने गोपिकाओं का स्वयं शृंगार किया है—

एक दिवस हरि अपने हाथन कर्णफूल पहिराए।

× × ×

बेनी सुभग गुही कर आपने हाथन चरनन जावक दीनों।।

यह केवल शृंगारी चेष्टा नहीं, मन की कोमल भावनाओं से युक्त अलंकरण है। अलंकरण में यह कोमल भावना तब चरम सीमा पर पहुँचती है जब राधा कृष्ण के आभूषणों को और कृष्ण राधा के आभूषणों को पहनते हैं। यहाँ अलंकरण-प्रवृत्ति बाहरी साज-सज्जा की बात नहीं रह जाती, उसमें रमणीयता के तत्त्व का प्रवेश हो जाता है। कृष्ण राधा के आभूषणों से सजे हैं—

निरखि स्याम प्यारी अंग शोभा मन अभिलाष बढ़ावत हैं।
प्रिया आभूषन माँगत पुनि-पुनि अपने अंग बनावत हैं।
कुंडल तट तरिवन ले साजत नासा बेसरि धारत है।

× × ×

सूर स्याम लालच तिय तनुपर, करिसिंगार सुख पावत हैं।

राधा कृष्ण का वेष धारण करती है—

स्याम तनु प्रिया भूषन विराजै।
कनक-मनि-मुकुट कुंडल स्रवन माल उर अधर
मुरली धरै अधिक छाजै।।

स्त्री-पुरुषों की एक-दूसरे की वेषभूषा धारण करने की मनोवृत्ति के पीछे अनेक मनोभावों की सम्मिलित क्रियाशीलता है—प्रेम की तीव्र अनुभूति में समीपता और अद्वैत की इच्छा, प्रिय से सम्बन्धित वस्तुओं के प्रति भी समान अनुराग, प्रियतम के रूप को अपने में देखने की अभिलाषा, हृदय की कोमल स्पन्दनशीलता आदि। इनके कारण विपरीत अलंकरण में अनौचित्य और रसाभास नहीं, नये सौन्दर्य का अनुभव होता है। ऐसा नया सौन्दर्य गोपिका के उन वचनों में है जब वह किसी दूसरे के साथ रति के बाद कृष्ण के अस्त-व्यस्त रूप और साज-सज्जा पर आक्षेप करती है। इस रूप में ईर्ष्याजन्य व्यंग्य ही नहीं है, कवि उस अनोखी सजावट में सौन्दर्य भी देखता है—

देखियत लाल उनींदे भए।
राजत हैं रतनारे नयना मानहुँ नलिन भए।

× × ×

सूरस्याम बिथुरै कच मुख पर नख नाराच हए।
ताऊ पर आनन्द इन्दु जनु मानहुँ समर जए।।

सूर अलंकरण के महत्त्व को स्वीकार करते हैं, यद्यपि यह नहीं कह सकते कि उन्होंने सहज सौन्दर्य की उपेक्षा करके अलंकरण पर ज्यादा बल दिया है। राधा-कृष्ण मूर्तिमान सौन्दर्य हैं, अलंकरण उनके आकर्षण को बढ़ाता है–

सहज रूप की रासि राधिका भूषण अधिक बिराजै।।

मनुष्य अपने सहज सौन्दर्य से तृप्त नहीं होता, अलंकारों से उसे बार-बार सँवारता रहता है। स्त्री में यह मनोवृत्ति अधिक मानी जाती है। अलंकरण से रूप सौन्दर्य इतना बदल जाता है कि उस तथ्य को लेकर सूर ने अत्यन्त मनोहर कल्पना की है। ऐसा लगता है कि अलंकरण के बाद राधा का रूप ही बदल गया है और दर्पण में अपने प्रतिबिम्ब को देखकर उसे अपने से सुन्दर दूसरी स्त्री समझकर कुपित हो जाती है–

यह सुंदरि कहाँ तें आयी।
बार-बार प्रतिबिम्ब निहारति, नागरि मन-मन रही लुभाई।
करतें मुकुट दूर नहिं डरति, हृदय माँझ कछु रिस उपजाई।।

सूर के द्वारा अलंकरण के उपकरणों के प्रयोग के सम्बन्ध में डॉ. परेश कहते हैं–"प्रसंग के अनुकूल ये मंडनादि द्रव्य और वस्त्राभूषण अनेक काव्य बिम्बों का निर्माण कर भाव को संवेद्य और सम्प्रेषणीय बनाते हैं। जहाँ तक स्थूल रूप वर्णन का सम्बन्ध है उनमें भी ये रंग भरते हैं, ध्वनि भरते हैं, गन्ध भरते हैं और स्वाद भी देते हैं। इस प्रकार समस्त इन्द्रियों के द्वारों से प्रवेश करके मन के भीतर छिपे हुए प्राण तत्त्व और चैतन्य को झकझोरते हैं। इसी में इनकी योजना की सफलता है।"[6] इस अभिमत के अनुसार अलंकरण बाह्यसौन्दर्य का वर्धन ही नहीं करते बल्कि रूप सौन्दर्य को सजीव भी बना सकते हैं।

6. प्रकृति-सौन्दर्य

मानव-जीवन के साथ प्रकृति का घनिष्ट सम्बन्ध है। मनुष्य की सौन्दर्यात्मक चेतना, भावात्मक स्पन्दनशीलता, दार्शनिक-चिन्तन और सांस्कृतिक विकास में प्रकृति की महत्त्वपूर्ण भूमिका है। आदिकाल में प्रकृति मनुष्य की सहचरी थी। मध्यकाल में आकर सभ्यता के नाम पर, नागरिक जीवन के विकास में वह प्रकृति से दूर हो गया। सभ्यता की अन्य वस्तुओं की तरह प्रकृति भी मनुष्य के भोग की साधन रह गयी। आधुनिक वैज्ञानिक एवं यान्त्रिक काल में मनुष्य फिर से नये रूप में प्रकृति के साथ सम्बन्ध स्थापित कर लेने का प्रयत्न कर रहा है। आदिकाल की तरह प्रकृति की गोद में जाने की, प्रकृति की ओर पुनः प्रस्थान की प्रवृत्ति दिखाई दे रही है। आदि, मध्य और आधुनिक इन तीनों कालों या युगों की प्रकृतिपरक अवधारणा, सौन्दर्य-दृष्टि, भावना और चिन्तनधारा, उन युगों के काव्य में भी प्रतिबिम्बित है। सूर मध्ययुग

के कवि थे जब काव्य में या तो प्रकृति की उपेक्षा हुई या कुछ विशेष दिशाओं में ही उसका उपयोग हुआ। "मनुष्य शेष प्रकृति के साथ अपने रागात्मक सम्बन्ध का विच्छेद करने से अपने आनन्द की व्यापकता को नष्ट करता है।"[7] मध्ययुग की काव्य-साधना में प्रायः यही हुआ। प्रकृति युग की भोगवादी दृष्टि के अनुरूप शृंगार की उद्दीपक मानी गयी या आलंकारिक वस्तु। प्रकृति के साहचर्य में मनुष्य का भावात्मक, बौद्धिक या सांस्कृतिक विकास ही नहीं होता, बल्कि सौन्दर्य-चेतना का भी नया उन्मेष होता है। यह सौन्दर्य-चेतना, काव्यगत प्रकृति वर्णन में ही नहीं, काव्य-रचना के मूलभूत सौन्दर्यबोध को भी प्रत्यक्ष-अप्रत्यक्ष प्रभावित करता है। प्रकृति काव्य में सौन्दर्य का एक मुख्य स्रोत है।

मध्ययुग के सन्दर्भ में सूर की काव्य-रचना पर विचार करते हैं तो ऐसा लगता है कि उन्होंने उस युग के अन्य कवियों की तरह प्रकृति-साहचर्य, प्रकृति-प्रेम, प्रकृति-सौन्दर्य तथा जीवन के साथ प्रकृति के सम्बन्ध की पूर्ण उपेक्षा नहीं की। रूढ़ परम्परावादी दृष्टि से देखकर आलोचक भले ही कहें कि उनके काव्य में प्रकृति का विविध पद्धतियों में वर्णन नहीं हुआ। आलम्बन के रूप में वस्तुनिष्ठ अंकन नहीं किया गया है, मध्ययुगीन उद्दीपक और आलंकारिक विधान ही मिलता है तथा कहीं-कहीं प्रकृति का संवेदनशील रूप। लेकिन काव्य में प्रकृति-वर्णन के जो लक्ष्य या प्रयोजन हैं, उनमें से कुछ लक्ष्यों की पूर्ति सूर के काव्य के द्वारा हुई है, इसमें कोई सन्देह नहीं है। अर्थात् उनकी रचना में प्रकृतिपरक साहचर्य, प्रेम, संवेदनशीलता, सौन्दर्य और आनन्द की भावनाओं की न्यूनाधिक अभिव्यक्ति लक्षित होती है। सूर की काव्यवस्तु और काव्यदृष्टि ऐसी है कि उनके पदों में प्रकृति सम्बन्धी दार्शनिक-बौद्धिक चेतना, आध्यात्मिक-रहस्यात्मक अनुभूति, सांस्कृतिक उन्नयन आदि भूमिकाओं का अन्वेषण व्यर्थ है।

सूर के काव्य में प्रकृति को विशेष महत्त्व मिलने के कई कारण हैं। (1) प्रकृति के साथ सूर की काव्यवस्तु का सम्बन्ध है। सूरसागर में काव्य के नायक श्रीकृष्ण की उन लीलाओं को लिया गया है जिनका प्रकृति के साथ घनिष्ठ सम्बन्ध है। वे भागवत के कृष्ण हैं, महाभारत के राजनीतिज्ञ श्रीकृष्ण नहीं हैं। भागवत में वर्णित श्रीकृष्ण के भी दुष्ट संहारक रूप पर कोई बल नहीं है। मथुरा के नागरिक जीवन को छोड़कर गोकुल वृंदावन के ग्रामीण परिवेश में बसने वाले कृष्ण का नित्य जीवन प्रकृति-साहचर्य में बीतता है। छोटी अवस्था की बाललीलाएँ ग्रामीण प्राकृतिक परिवेश में सम्पन्न होती हैं तो कुछ बढ़ जाने के बाद उनका गोचारण जीवन आरम्भ होता है। वहाँ प्रकृति का उन्मुक्त और स्वच्छन्द रूप मिलता है। उस वातावरण में दूसरे प्रकार की लीलाएँ होती हैं। तीसरी मधुर लीलाओं के साथ भी प्रकृति जुड़ी हुई है। ग्रामीण जीवन में राधा और गोपिकाओं के साथ बचपन में प्रेम का आरम्भ होता है और किशोरावस्था में पहुँचने पर यमुना के तट पर मधुवन में विहार होने लगते हैं।

वहाँ की प्रकृति के कण-कण पर श्रीकृष्ण की मधुर लीलाओं की छाप है। प्रकृति की गोद में क्रमशः वात्सल्य, सख्य और प्रेम का विकास होता है। यहाँ दो और बातें ध्यान देने योग्य हैं। श्रीकृष्ण की कथा अत्यन्त प्राचीन उस युग की है जब मनुष्य नागरिक सभ्यता के मोह में प्रकृति से पूरा कटा नहीं था। दूसरी बात, मिथकीय और प्रतीकात्मक दृष्टि से कृष्ण की ये लीलाएँ वैदिक कर्मकाण्ड और दार्शनिक ब्रह्मवाद के विरुद्ध विद्रोह थीं। उनमें मानव जीवन को अपने प्राकृतिक या नैसर्गिक पथ पर ले आने का प्रयत्न है। (2) श्रीकृष्ण की इन लीलाओं को वल्लभाचार्य ने पुष्टिमार्गीय एक नयी सार्थकता प्रदान की जिसका सूर ने अनुसरण किया। सृष्टि या प्रकृति शुद्धाद्वैत में माया न होकर भगवान की लीलाभूमि है और आनन्दमय। गोकुल, वृन्दावन और उनमें श्रीकृष्ण की लीलाएँ नित्य हैं। उन लीलाओं में तन्मय होना ही जीव का लक्ष्य है। अपने आराध्य श्रीकृष्ण की लीलाभूमि होने के कारण कृष्णभक्तों के लिए, सूर के लिए वृन्दावन परम रमणीय और आनन्दमय है। (3) सारा ब्रजमण्डल यमुना की निरन्तर धारा से श्यामल और हरा-भरा है। वहाँ प्रकृति के अनन्त सौन्दर्य का दर्शन होता है। सूर का सारा जीवन प्रकृति-सुषमा से पूर्ण उसी प्रदेश में बीता। सहज ही उस प्रकृति-सौन्दर्य के प्रति सूर के मन में विशेष अनुराग था। वल्लभ-सम्प्रदाय में दीक्षित होने के बाद ब्रज का प्राकृतिक सौन्दर्य सूर की दृष्टि में केवल भौतिक-ऐन्द्रिय-मानसिक नहीं रह गयी, उसने आध्यात्मिक सार्थकता प्राप्त की। इस तरह ब्रज-प्रकृति और उसका सौन्दर्य सूर के काव्य में पात्रों के जीवन का, उनके व्यक्तित्व का और उनके भाव-प्रसार का केन्द्र हो गया और सूर की दृष्टि में आध्यात्मिक भक्ति-साधना का भी अंग बन गया। कवि ने उस प्रकृति के आनन्द का तन्मय होकर यशोगान किया है—

कहाँ सुख ब्रज की सौं संसार।
कहाँ सुखद वंशीवट जमुना, यह मन सदा विचार।
कहाँ वन धाम कहाँ राधा संग, कहाँ संग ब्रजबाम।
कहाँ रस रास बीच अन्तरसुख, कहाँ नारि तन ताम।
कहाँ लता तरु-तरु प्रति बूझनि, कुंज-कुंज नवधाम।
कहाँ बिरह सुख बिन गोपिन संग सूरस्याम मन काम।।

सूर ने आलम्बन, उद्दीपन, संवेदनशील और आलंकारिक चार रूपों या पद्धतियों में प्रकृति का वर्णन किया है। सभी रूपों में उनकी दृष्टि सौन्दर्य और आनन्द पर है। मधुर लीलाओं के गायन के सन्दर्भ में यह दृष्टि उपयुक्त, औचित्य-पूर्ण और मानवीय एवं प्राकृतिक तत्त्वों में सामंजस्य स्थापित करने वाली है। शैली की दृष्टि से गीतात्मक पदों में प्रकृति का भावात्मक और स्पन्दनशील स्वरूप प्रस्तुत किया गया है। ये दोनों विशेषताएँ प्रकृति सौन्दर्य को तरल और सजीव बनाती हैं।

शुद्ध आलम्बन के रूप में प्रकृति का वर्णन बहुत कम है। जो कुछ है वह

वस्तून्मुख न होकर भावात्मक है और पात्रों के मन में हर्ष, उल्लास, आनन्द आदि भावनाओं को उत्पन्न करने वाला है। उस वर्णन में पृष्ठभूमि आलम्बन, उद्दीपन और संवेदन के तत्त्व मिल गये हैं–

सरद चाँदिनी रजनी सोहै, बृंदावन श्रीकुंज।
प्रफुल्लित सुमन विविध-रंग जहँ-तहँ, कूजत कोकिल पुंज।
जमना पुलिन स्याम घन सुन्दर, अद्‌भुत रास उपायौ।।
शरद निशि देखि हरि हरषि पायो।
विपिन बृंदावन सुभग फूले सुमन रस रुचि स्याम के मनहिं आयो।
नयौ कुंज, अति पुंज नये द्रुम, सुभग जमुन जल पवन हिलोरी।
सूरदास प्रभु नवरस विलसत, नवल राधिका जोवन भारी।।

इन पदों में जमुना के किनारे के कुंजों की पृष्ठभूमि में शरत का रंगीन रूप आलम्बन है तो चाँदनी, रंगीन खिले फूल आदि उद्दीपन भी हैं। सब मिलकर नये रस, नये हर्ष का संचार करते हैं। कभी-कभी स्मृति रूप में प्रकृति-सौन्दर्य आलम्बन बनकर सुख-दुख की मिश्रित अनुभूति देता है–

ऊधौ मोहिं ब्रज बिसरत नाही,
हंससुता की सुन्दर कगरी, अरू कुंजन की छाँहीं।।
रुकमिनी चलौ जन्मभूमि जाहिं।

× × ×

कुंज केलि अरू भुजा कन्ध धरि, सीतल द्रुम की छाँहि।
सरस सुगन्ध मन्द मलयानिल, विहरत कुंजन माँहि।
जो क्रीड़ा श्री बृंदावन मैं, तिहूँ लोक मैं नाहिं।।

शुद्ध उद्दीपन के रूप में भी प्रकृति वर्णन हुआ है। षट्ऋतु वर्णन इसी रूप में हैं। शरत, वसन्त आदि कामोद्दीपन के द्वारा सुख देते हैं तो पावस, वर्षा आदि वियोग-वेदना या दुख को बढ़ा देते हैं। रूढ़ परम्परागत इस प्रकृति-वर्णन में कोई विशेष नया सौन्दर्य नहीं है। लेकिन जहाँ मानवीय भावनाओं और प्राकृतिक स्थिति में सामन्जस्य स्थापित होता है प्रकृति का भाव-तरल रूप प्रस्तुत हुआ है–

देखियत कालिंदी कारी।

× × ×

सूरदास प्रभु जो जमुना गति, सो गति भई हमारी।।
निसि दिन बरसत नैन हमारे।।
पिया बिनु साँपिनि कारी राति।
कबहुँ जामिनी होत जुन्हैया डसि उलटी ह्वै जाति।।

कभी-कभी मन की वेदना में प्रकृति का सौन्दर्य असह्य हो उठता है और मन में क्रोध-क्षोभ पैदा होते हैं–

मधुवन! तुम कत रहत हरे?
विरह वियोग स्याम सुन्दर के ठाढे क्यों न जरे।

"अपनी अन्तर्दशा को ऋतु-सुलभ व्यापारों के बीच बिम्ब-प्रतिबिम्ब रूप में देखना भावमग्न अन्तःकरण की एक विशेषता है। इसके वर्णन में प्रस्तुत-अप्रस्तुत का भेद मिट-सा जाता है। ऐसे वर्णन पावस के प्रसंग में सूर ने बहुत अच्छे किये हैं।"[8]

षट्ऋतु वर्णन में सूर ने उद्दीपन के रूप में प्रकृति का वर्णन करते हुए भी बीच-बीच में सूक्ष्म मनोभावों की रमणीय व्यंजना की है। ये सब ऋतु की वस्तुएँ और क्रियाएँ कृष्ण जहाँ जा बसे हैं वहाँ न पहुँचकर वृन्दावन में ही आ-आकर गोपिकाओं को ही प्रभावित करने का प्रयत्न करती हैं—

मानौ, भाई! सबन्ह इतै ही भावत।
अब वहि देत नन्दनन्दन को कोउ न समौ जनावत।।
धरत नवल नव पत्र, फूल फल, पिक बसन्त नहिं गावत।
मुदित न सर सरोज अलि गुँजत, पवन पराग उड़ावत।।
पास विविध बरन बर बादर उठि नहिं अम्बर छावत।
चातक मोर चकोर सोर करें, दामिनी रूप दुरावत।।

यहाँ एक स्थान पर ऋतुओं के प्रभाव के अभाव को सूचित करते हुए दूसरे स्थान, वृन्दावन पर उनके सौन्दर्य और प्रभाव की व्यंजना की गयी है। इस अप्रत्यक्ष सांकेतिक अभिव्यक्ति में कथ्य और रूप विधान दोनों में अपूर्व सौन्दर्य आ गया है।

चाहे जिस रूप में हो, सूर का प्रकृति वर्णन मानव-भाव सापेक्ष है और उसी भाव सापेक्षता में प्रकृति के सौर्न्य का उन्मेष होता है। संवेदनशील रूप में प्रकृति वर्णन इसका प्रमाण है। प्रकृति राधा, कृष्ण और गोपिकाओं की लीलाओं में भाग लेती है, उनके जीवन की सुख-दुखात्मक स्थितियों में स्पंदित होती है, परिस्थितियों के अनुसार उसमें आनन्द या वेदना छा जाती है तथा कृष्ण के सौन्दर्य एवं मुरली वादन पर मुग्ध हो जाती है। प्रकृति पर मुरलीवादन का यह प्रभाव है—

विहरत कुंजनि कुंज-बिहारी।
पिक सुक विहँग, पवन थकि थिर रहे तान अलापत जब गिरधारी।

राधा और गापिकाएँ ही नहीं, पशु-पक्षी और वृक्ष लताएँ भी कृष्ण के मोहन रूप के दर्शन के लिए आकुल हैं—

मोहन जा दिन बनहिं न जात।
तादिन पसु-पच्छी, द्रुम-बेली, बिनु देखे अकुलात।
देखत रूपनिधान नैन भरि, तातै नहिं आघात।।

ऐसा लगता है कि मानवीय सौन्दर्य और प्राकृतिक सौन्दर्य में होड़ लग गयी है। एक ओर राधा-कृष्ण के रूप की विशेषताएँ हैं और दूसरी ओर प्रकृति के उपादान—

अद्भुत कौतुक देखि सखी री बृन्दावन नभ होड़ परी।
उत घन उदित सहित सौदामिनी, इतहिं मुदित राधिका हरी।
उत बग पाँति सु इतहिं स्वाति सुत दाम बिसाल सुदेश खरी।
ह्वाँ घन गरज इहाँ मुरली धुनि जलधर उत इत अमृत भरी।
उतहिं इन्द्रधनु इत बनमाला अति बिचित्र हरि कंठ धरी।
सूरदास प्रभु कुँवरि राधिका गगन की सोभा दूरि करी।।

कृष्ण के छिप जाने पर गोपिकाएँ लताओं और फूलों से उनका पता पूछती हैं–

कहि धौं री बन बेलि कहूँ तुम देखे हैं नन्दनन्दन।
बूझहूँ धौ मालती कहूँ तैं पाये हैं तन चन्दन।
कहि धौं कुंद, कदम, बाकुल, बट, चंपकलता, तमाल।
कहि धौं कमल कहाँ कमलपति सुन्दर नयन विशाल।।

काव्य में प्रकृति को चेतन मानना या उसका मानवीकरण तीन रूपों में होता है–(1) आध्यात्मिक-दार्शनिक दृष्टि से सृष्टि या प्रकृति को जड़ नहीं चेतना मानना, (2) भावातिरेक में प्रकृति को चेतन मानकर उसके साथ वार्तालाप और (3) आलंकारिक रूप में प्रकृति पर मानवीय भावनाओं और क्रियाकलापों का आरोप। तीनों बातें सूर की रचना में मिल जाती हैं। वृन्दावन श्रीकृष्ण की लीलाभूमि ही नहीं, उन लीलाओं में भाग लेने वाली, उन लीलाओं में स्पंदित होने वाली और आलंकारिक शोभायमान रूप में हँसने-झूमने वाली भी हैं। प्रकृति के इन चेतन रूपों में सौन्दर्य की सजीवता है।

आलंकारिक रूप में प्रकृति के प्रयोग के सम्बन्ध में दो-तीन बातें विशेष द्रष्टव्य हैं–(1) रूप-सौन्दर्य और लीला-माधुर्य के प्रसंगों में रमणीय, कोमल और मधुर प्राकृतिक वस्तुओं एवं व्यापारों का चयन किया गया है। (2) उनका दृश्यांकन करते हुए प्रस्तुत और अप्रस्तुत दोनों के सौन्दर्य की व्यंजना हुई है–

मन्द-मन्द मुसक्यानि मानौ घन दामिनी दुरि-दुरि देति दिखाई।।

दृश्य को गतिशील बनाने के लिए मन्द-मन्द और दुरि-दुरि का प्रयोग ध्यान देने योग्य है। (3) ग्रामीण और गोचारण प्रकृति के वर्णन में प्रस्तुत और अप्रस्तुत दोनों में नित्य परिचित और हार्दिक रूपों का प्रयोग है–

मिलि नाचत करत कलोल छिरकत हरद दही।
मानों बर्षत भादों मास नदी घृत दूध बही।।

कोमल और मधुर प्रकृति का ही प्रधान रूप से वर्णन करने वाले कवि सूर ने षट्ऋतु निरूपण और दृष्टिकूट रचना में प्रकृति के उग्र और रहस्यात्मक रूपों का भी चित्रण किया है। लेकिन ये उनकी काव्यदृष्टि और काव्य-वस्तु से मेल नहीं खाते, यद्यपि उनमें प्रकृति-सौन्दर्य की कुछ भिन्न झाँकियाँ मिल जाती हैं। वर्षा ऋतु में बादलों का गर्जन और दावानल की ज्वालाओं का प्रचार व्यापक और भयानक है जिन्हें सौन्दर्यशास्त्रीय परिभाषा में सशक्त उदात्त के उदाहरण कह सकते हैं–

वर्षाः बादर घुमड़ि घुमड़ि आये ब्रज पर,
बरषत कारे धूमरे घटा अति ही जल।
चपला अति चमचमाति ब्रज जन सब डरडरात,
टेरत शिशु पिता मात ब्रज गल बल।
गर्जत ध्वनि प्रलयकाल गोकुल भयो अंधकार,
चकृत ग्वाल बाल घहरत नभ करत चहल।।

दावानल

भहरात झहारत दावानल आयौ।
घेरि चहुँ ओर, करि सोर अन्दोर बन, धरनि आकास चहुँ पास छायौ।
बरत बनबाँस, धरहरत कुस काँस, जरि उड़त है भाँस, अति प्रबल धायौ।
झपटि झपटति लपट फूल-फल चट-चटकि कटत,
लट लटकि द्रुम-द्रुम नवायौ।
अति अगिनि-झार भँमारघुँघार करि, उचटि अंगार झंझार छायौ।।

दृष्टिकूट पदों में प्रकृति-चित्रण रहस्यात्मक सौन्दर्यानुभूति की दृष्टि से नहीं, प्रतीकात्मक रूप में है—

चेलि सखि, तेहि सरोवर जाहि।
जिहिं सरोवर कमल कमाल, रवि बिना बिकसाहिं।
× × ×
सघन गुंजत बैठि उन पर, भौंरहू बिरमाहिं।।

सूर मानवीय रूप सौन्दर्य की तरह प्रकृति-सौन्दर्य की व्यंजना में बहुत दूर तक नहीं पहुँचे। यह युग की काव्य परम्परा की सीमा थी! इनकी दृष्टि में सौन्दर्य परम पुरुष की ही विभूति है, जीव और दृष्टि में जो आंशिक सौन्दर्य है वह भगवान के सौन्दर्य की सापेक्षता में उनके साथ सम्बन्ध और सम्पर्क के कारण है। प्रकृति सौन्दर्य का विस्तार न होने पर भी सूर के काव्य में मानव जीवन के साथ उसके सम्बन्ध और जीवन में उसकी भूमिका की ओर संकेत मिल जाते हैं। प्रकृति का यह आख्यान आध्यात्मिक-दार्शनिक न होकर लौकिक है। श्रीकृष्ण की लीलाओं की पृष्ठभूमि वृन्दावन की प्रकृति है। वनविहार, रासक्रीड़ा आदि प्रसंगों में पात्रों के साथ प्रकृति भी हर्षोल्लास में स्पंदित होती है। सौन्दर्यात्मक और भावात्मक दोनों प्रसंगों में मनुष्य (पात्र) और प्रकृति बिम्ब-प्रतिबिम्ब लगते हैं। मनुष्य प्रकृति के उपादानों से अलंकृत होकर अधिक सुन्दर लगता है तो प्रकृति में मनुष्य के भावों का प्रतिबिम्ब पड़ने से वह अधिक आकर्षक लगती है। प्राकृतिक परिवेश में मनुष्य का—पात्रों का जीवन नैसर्गिक और स्वच्छन्द है। यह बात गोकुल-वृन्दावन के ग्रामीण जीवन और गोचारण जीवन-दोनों पर लागू होती है। पहले में शिष्ट समुदाय के सामाजिक मर्यादावादी बन्धन बहुत कम हैं। जीवन में जिन नियमों का पालन होता है वे

प्राकृतिक और नैसर्गिक हैं। ग्रामीण और चरवाहा दोनों प्रकार के जीवन में प्रकृति के साथ निकटतम सम्बन्ध है। "बाल लीला के आगे फिर उस गोचारण का मनोरम दृश्य सामने आता है जो मनुष्य जाति को अत्यन्त प्राचीन वृत्ति होने के कारण अनेक देशों में काव्य का प्रिय विषय रहा है। ...कवियों को आकर्षित करने वाली गोप-जीवन की सबसे बड़ी विशेषता है प्रकृति के विस्तृत क्षेत्र में विचरने के लिए सबसे अधिक अवकाश। कृषि, वाणिज्य आदि और व्यवसाय जो आगे चलकर निकले, वे अधिक जटिल हुए—उनमें उतनी स्वच्छन्दता न रही। ...सूरदास जी ने जमुना के कछारों के बीच गोचारण के बड़े सुन्दर-सुन्दर दृश्य का विधान किया है, यथा—

मैया री! मोहिं दाऊ टेरत।
मोकौं वनफल तोरि देत हैं, आपुन गैयन घेरत।।

यमुना तट पर किसी बड़े पेड़ की शीतल छाया में बैठकर कभी सब सखा कलेऊ बाँटकर खाते हैं, कभी इधर-उधर दौड़ते हैं। कभी कोई चिल्लाता है—

द्रुम चढ़ि काहे न टेरत, कान्हा, गैयाँ दूर गयी।
धाई जाति अबन के आगे जे वृषभान दई।।"[9]

ग्रामीण और गोचारण जीवन में प्रकृति साहचर्य का पात्रों के स्वभाव और व्यक्तित्व पर गहरा प्रभाव पड़ा है। यशोदा-नन्द, गोपी-गोप, राधा-कृष्ण सभी के स्वभाव में एक भोलापन है, कोमलता है, माधुर्य है, भाव-विचारों की ईमानदारी है, सीधी और तीव्र भावानुभूति है। उनमें कृत्रिम सभ्यता की मानसिक-वैचारिक गुत्थियाँ नहीं हैं, दुराव-छिपाव नहीं हैं, निषेध-प्रतिषेध नही हैं। सभी पात्र हास-परिहास और छेड़-छाड़ में लग जाते हैं, लेकिन किसी के मन में ईर्ष्या-जलन, व्यंग्य की कटुता नहीं है। शिकायतें होती हैं, उलहना दी जाती है, पर वे सब गम्भीर न होकर मनोविनोद के लिए लगते हैं। क्योंकि शिकायत-उपालम्भ करते समय भी मन में प्रेम होता है। अन्त में शिकायती और शिकायत का पात्र दोनों हँस देते हैं और गले मिलते हैं। कभी-कभी ऐसा लगता है कि ग्वालिन जान-बूझकर कन्हैया को मौका देती है जिससे बाद को उसकी शिकायत हो सके। विभिन्न परिस्थितियों और प्रसंगों में स्वभाव के अनुरूप पात्रों का व्यक्तित्व उन्मुक्त और विकासशील है। उसमें चरित्र की दृढ़ता से उत्पन्न होने वाले निषेध, नियमों के विरुद्ध व्यवहार का संकोच, मर्यादाबद्धता, गोपन, लोकलाज या सामाजिक दृष्टि से अनैतिकता का भय नहीं है। दुष्ट संहारक श्रीकृष्ण का व्यक्तित्व और चरित्र बँधा हुआ है, अच्छे-बुरे के निश्चित द्वन्द्व से परिचालित है जबकि सूर के कन्हैया का व्यक्तित्व खुला हुआ है, लौकिकता के द्वन्द्वों से अनुशासित नहीं है। पात्रों का—मनुष्य का ऐसा स्वभाव और व्यक्तित्व प्रकृति-साहचर्य से ही विकसित हो सकता है।

मध्ययुगीन काव्य-परम्परा में, प्रकृति-वर्णन की सीमित रूढ़ परिपाटी से व्यापक और संवेदनशील सूर की अवधारणा है। "सूरदास जी का विहार-स्थल जिस प्रकार घर की चारदीवारी के भीतर तक ही न रहकर यमुना के हरे-भरे कछारों, कन्दील के

कुंजों और वनस्थलियों तक फैला है, उसी प्रकार उनका विरह वर्णन भी 'बैरिन भई रतियाँ' और 'साँपिन भइ सेजिया' तक ही न रहकर प्रकृति के खुले क्षेत्र के बीच दूर-दूर तक पहुँचता है।''[10] सूर ने मनुष्य के सुख-दुख और संयोग-वियोग की सहचरी वृन्दावन की प्रकृति का अनेक रूपों में व्यापक वर्णन किया है।

कृष्ण भक्त सूर के लिए ब्रज की शोभा हर्षोल्लासकारी उद्दीपक और संवेदनशील ही नहीं, अलौकिक और दिव्य भी है। प्रकृति के लौकिक सौन्दर्य में उनकी मधुर भक्ति ने चिरंतन आध्यात्मिक सौन्दर्य भर दिया है। सच्चिदानन्द के साहचर्य में प्रकृति भी चेतन आनन्ददायी हो गयी है। ब्रज की लीलाएँ और प्रकृति शाश्वत सौन्दर्य और आनन्द से भरी हैं—

नित्य धाम बृन्दावन स्याम। नित्य रूप राधा ब्रजबाम।।
नित्य रास जल नित्य बिहार। नित्य मान खण्डिता अभिसार।।
नित्य कुंज सुख नित्य हिंडोर। नित्यहिं त्रिविध समीर झकोर।।
सदा बसन्त रहत जहँ बास। सदा हर्ष जहँ नहीं उदास।।
कोकिल कीर सदा तहँ रोर। सदा रूप मन्मथ चित चोर।।
विविध सुमन बन फूले डार। उन्मत्त मधुकर भ्रमत अपार।।

भगवान के साथ उनकी लीलाभूमि वृन्दावन भी परम पवित्र है। दोनों को एक दूसरे से अलग नहीं किया जा सकता। ब्रज की प्रकृति लीला का अभिन्न अंग है। इसीलिए भक्त कहता है—''दुर्लभ जन्म, दुर्लभ बृन्दावन, दुर्लभ प्रेम तरंग।'' गोपिकाओं की अभिलाषा है—''हम न भई बृन्दावन रेनु।'' वृन्दावन की प्रकृति कोमल, मधुर, सुन्दर और आनन्दमय होने के साथ-साथ नित्य भी है। अपूर्व सौन्दर्य से पूर्ण वह धन्य है।

7. ललित कलाओं का सौन्दर्य

सूरसागर में ललितकलाओं का—विशेषतः वास्तु, चित्र, संगीत और नृत्य कलाओं का प्रस्तुत और अप्रस्तुत दोनों रूपों में वर्णन हुआ है। लेकिन उनके सौन्दर्य, लालित्य, माधुर्य आदि के रहस्योद्घाटन का प्रयत्न बहुत कम किया गया है। कृष्ण की लीलाओं की पृष्ठभूमि के रूप में वे उनके सौन्दर्य और माधुर्य को बढ़ाती हैं। प्रकृति-सौन्दर्य, मानवीय-सौन्दर्य और कलागत-सौन्दर्य तीनों के सामंजस्य में सौन्दर्य अलौकिक लगता है या अलौकिक आध्यात्मिक सौन्दर्य की सृष्टि होती है। कलाओं के वर्णन में उनके प्रभाव के माध्यम से सौन्दर्य की व्यंजना हुई है।

मथुरा का वर्णन वास्तुकला का उदाहरण है। उसके सौन्दर्य की बात कृष्ण सुनते रहे, आज उसे देखकर नेत्र सफल हो गये हैं—

स्रवननि सुनत रहत है, जाको सो दरसन भए नैन।
कंचन कोट कँगूरनि की छबि मानो बैठे मैन।
उपवन बन्यौ चहुधा पुर के, अति ही मोकौं भावत।।

स्थापत्य का सौन्दर्य कहने-सुनने की वस्तु नहीं है, देखकर ही उसका अनुमान होता है। वह सौन्दर्य देखने वाले को चकित कर देता है। मन भ्रान्ति और सत्य के बीच डोलता रहता है–

विद्रुम फटिक पची कंचल खचि, मनिमय मन्दिर बने बनावत।
जितै तितै नर नारि मीन खग, सबहिन के प्रतिबिम्ब दिखावत।
जलथल रंग विचित्र बहुत बिधि, अवलोकत आनन्द बढ़ावत।
चितै रहे चित चकित चतुरचित, कौन सत्य कछु मरम न पावत।।

कला के सौन्दर्य की सजीवता का रहस्य जानना कठिन है। वह सौन्दर्य अनुभववेद्य है, उसके सामने इन्द्रिय, मन और बुद्धि हार जाते हैं। जब राधा कृष्ण का चित्र बनाती है उसमें भी सजीवता या यथार्थता का भ्रम उत्पन्न होता है–

मैं सब लिखि सोभा जु बनाई।
सजल जलद तन, बसन कनक रुचि, उर बहु दाम रूराई।
× × ×
जानत ही यह लोल लेख करि, ऐसहि दिन बिरमाई।
सूरदास मृदुबचन स्रवन कौं, अति आतुर अकुलाई।।

कला का सौन्दर्य यथार्थता में नहीं, यथार्थ का भ्रम और विभ्रम उत्पन्न करने में है। दूसरी बात, ललित कलाओं का सौन्दर्य जितना भी सजीव क्यों न हो, वह सजीव मानवीय सौन्दर्य की समता नहीं कर सकता। राधा कृष्ण की वाणी सुनना चाहती है, रूप का यह विभ्रम कलात्मक सौन्दर्य के चरम उत्कर्ष को अवश्य व्यक्त करता है लेकिन चित्र मुखर नहीं हो सकता, यह उसकी सजीवता की सीमा है। सौन्दर्यानुभूति और माधुर्यानुभूति की व्यंजना में भी अप्रस्तुत विधान के अन्तर्गत चित्रकला का बार-बार उल्लेख हुआ है। कृष्ण के सौन्दर्य को देखकर, उसके मुरलीवादन को सुनकर गोपिकाएँ चित्रवत खड़ी हो जाती हैं–

सुन्दर बोलत आवत बैन।
× × ×
तब तकि जकि है रही चित्र सी, पल न लगत चित चैन।।
कृष्ण की वाणी में भी कला का सौन्दर्य है!

सूर संगीत कला के मर्मज्ञ कलाकार हैं जिन्होंने विभिन्न राग-रगिनियों में पद-रचना की है और संगीत कला के विकास में उनका महत्त्वपूर्ण योगदान रहा है। सूरसागर में गीतिगायन और उसके सूर-लय-ताल के माधुर्य की अनेक बार चर्चा हुई है। उसके आगे संगीत के माधुर्य पर विचार कम हुआ है। संगीतकला के अन्तर्गत कृष्ण के मुरली माधुर्य और उनके गहन एवं व्यापक प्रभाव का विशद निरूपण हुआ है। मुरलीवादन श्रीकृष्ण की लीलाओं का अभिन्न अंग है। मुरली का स्वर सुनते ही गोपिकाएँ सुध-बुध भूल जाती हैं–

जब तें बंसी स्रवन परी।
तब ही तें मन और भयो सखि मो तन सुधि बिसरी।।
मुरली अधर सजी बलबीर।
नाद सुनि बनिता विमोही तन बिसारें धीर।।

उसके प्रभाव की व्यापकता जड़-चेतन, स्थावर-जंगम सब पर है—

जब हरि मुरली अधर धरत।
थिर चर, चर थिर, पवन चकित रहै, जमुना जल न बहत।
खग मोहैं, मृग-जूथ भुलाही, निरखि मदन छबि छरत।
पसु मोहैं, सुरभी बिथकित, तृन दन्तन टेकि रहत।।

मुरली वादन से समतुल्य महत्त्वपूर्ण नृत्यकला है। रासक्रीड़ा उसका एक लोक या जनपदीय रूप है। यह सामूहिक नृत्यकला है। श्रीकृष्ण की लीलाओं में रासक्रीड़ा का एक विशिष्ट स्थान है, माधुर्य की दृष्टि से भी और आध्यात्मिक दृष्टि से भी। सूर ने रासक्रीड़ा के सौन्दर्य-माधुर्य और उसके प्रभाव का रसपूर्ण वर्णन किया है—

नृत्यत स्याम नाना रंग।
मुकुट लटकनि, भृकुटि मटकनि, धरे नटवर अंग।
चलत गति कटि कुनित किंकिनी, घुँघुरू झनकार।
मनौहंस रसाल बानी, अरस-परस बिहार।।

गोपिकाओं के नृत्य में हाव-भावों की प्रधानता है—

गति सुगन्ध नृत्यति ब्रजनारि—
हावभाव नैननि सैननि दै, रिझवति गिरिवर-धारि।।

रासक्रीड़ा में वेशभूषा, अलंकरण, गति, लय, गीतिगायन, वाद्यवादन, हाव-भाव, चेष्टा-व्यापार, भंगिमाएँ, भाव-व्यंजना—सभी का अपूर्व सामंजस्य है। उसमें नेत्रानन्द और श्रवणानन्द का समन्वय है। रासक्रीड़ा में सौन्दर्य और रस का सागर उमड़ पड़ा है—

रस समुद्र मानौ उछलित भयो सुन्दरता की खानि।।

उस सामूहिक नृत्य में गोपिकाएँ भाव-विभोर हैं—

परसपर मिलि हँसत रहत हरषि करत बिलास।
उमँगि आनन्द सिन्धु उछल्यो स्याम कें अभिलाष।
मिलति इक इक सुजनि भरि भरि रस रुचि जिय आनि।।

रासक्रीड़ा का सौन्दर्य, माधुर्य और आनन्द वाणी से परे हैं—

रास रस रीति नहिं बरनि आवै।
कहाँ वैसी बुद्धि कहाँ वह मन लहौं कहाँ यह चित जिय भ्रम भुलावै।।

8. उपयोगी वस्तु-सौन्दर्य

जहाँ ललितकलाओं का लक्ष्य सौन्दर्य-सृष्टि और मानसिक आनन्द प्रदान करना है, उपयोगी कलाओं के द्वारा वस्तुनिर्माण भौतिक-ऐन्द्रिय सुख-सुविधा और मनोरंजन के लिए है। सभ्यता और संस्कृति के विकास के साथ मनुष्य उपयोगी वस्तु को भी अधिकाधिक सुन्दर रूप देने का प्रयत्न करने लगा है। सृष्टिगत सौन्दर्य से प्रभावित उसका मन, वस्तु के निर्माण में भी उसकी एक झलक देखना चाहता है। उसके प्राकृतिक सौन्दर्यबोध के संस्कारों का अनजाने ही वस्तु की रचना पर गहरा प्रभाव पड़ता है। उपयोगी वस्तु के सौन्दर्य में रूप के साथ प्रयुक्त द्रव्य का भी महत्त्वपूर्ण योगदान रहता है। उपयोगी कलाओं को तीन वर्गों में बाँट सकते हैं—(1) केवल मनोरंजन के लिए कलात्मक वस्तुओं का निर्माण जिनका उपयोग केवल अलंकरण है और जिनका प्रत्यक्ष भौतिक उपयोग कम है। (2) नारी-पुरुष के सौन्दर्यवर्धक प्रसाधन के लिए निर्मित वस्तु समुदाय (कामशास्त्र में इन दोनों की चर्चा है)। (3) सौन्दर्य दृष्टि से भी परिचालित उपयोगी वस्तुनिर्माण। इसमें उपयोगिता का विशेष ध्यान रखना पड़ता है। घर, मन्दिर, पर्णकुटीर, झूले आदि केवल सुन्दर हो तो काम नहीं चलता, जिस कार्य के लिए उनकी रचना हुई है, उसकी पूर्ति भी होनी चाहिए।

सूरसागर में प्राचीन एवं मध्ययुगीन मानवनिर्मित वस्तु समुदाय के सौन्दर्य की ओर अनेक संकेत मिलते हैं। कुछ वस्तुएँ प्राकृतिक उपादानों से अलंकृत और सुन्दर हैं तो कुछ सभ्यता के अन्य साधनों से। सूर ने गोप-समाज के मनोरंजन के साधनों का वर्णन किया है जैसे गीतगायन, मुरलीवादन, लोकनृत्य आदि। रंगीन वस्त्र, आभूषण, विविध प्रकार के प्रसाधन आदि की चर्चा है। सोलह शृंगार में प्राकृतिक और कृत्रिम दोनों तरह की वस्तुओं का उपयोग होता है। उपवन, झूले और पालने के सौन्दर्य का भी वर्णन है। घर-बार और घर की वस्तुओं का फूल-पत्तों और रंगों से अलंकरण होता था। पर्व-त्योहारों में यह प्रवृत्ति अधिक होती थी। यशोदा अपने शिशु के लिए सुन्दर पालना बनवाना चाहती है—

पालनौ अति सुन्दर गढ़ि ल्याउ रे बढ़ैया।
सीतल चन्दन कराउ, धरि खराद रंग लाउ।
बिविध चौकरी बनाउ, धार रे बनैया।
पंच रंग रेसम लगाउ, हीरा मोतिनि मढ़ाउ।
बहु बिधि जरि करि जराउ, ल्याउ रे जरैया।।

सूर जिस सौन्दर्यलोक की सृष्टि करना चाहता है उसमें प्रकृति और मनुष्य ही नहीं, समस्त वस्तु समुदाय अपने सुन्दरतम रूप में प्रस्तुत किया गया है।

9. रूप सौन्दर्य की अवधारणा के कुछ विशिष्ट बिन्दु

सूर के रूपवर्णन में सौन्दर्य सम्बन्धी कुछ विशिष्ट पहलू ज्यादा उभरकर सामने आये हैं, जबकि कुछ तत्त्वों की उपेक्षा की गयी है। इनके आकलन से सूर के सौन्दर्य की अवधारणा, उसकी विशेषताएँ, परिभाषा और स्वरूप स्पष्ट होंगे।

(1) सौन्दर्य सगुण साकार रूप का ही धर्म है। निर्गुण निराकार में, न सौन्दर्य होता है, न उससे आकर्षण एवं आनन्द की अनुभूति होती है। सगुण धर्म रूप को स्पन्दनशील और सजीव बनाकर बाह्य रूप से ही नहीं, आंतरिक चेतना से सौन्दर्य का सम्बन्ध स्थापित करता है। रूपाश्रित सौन्दर्य आश्रय में प्रेम का विकास करता है। सूर की अवतारवादी दृष्टि से इन बातों की पुष्टि होती है। सूर कहते हैं–

गोविन्द तेरो सरूप निगम नेति गावै।
भक्ति के बस स्याम सुन्दर देह धरे आवै।
जोगी जन ध्यान धरैं, सपेनेहुँ नहिं पावै।

रूपरहित सौन्दर्य का अवगाहन स्वप्न में भी सम्भव नहीं है। निर्गुण निराकार की उपासना करने वाले सन्त कवियों ने ईश्वर के अनन्त सौन्दर्य का उल्लेख किया है। लेकिन सूर की दृष्टि में रूप रहित वह अनन्त सौन्दर्य सौन्दर्याभास मात्र ही है। वे ससीम रूप में सौन्दर्य की अनन्तता का वर्णन करते हैं। रूप में इतना सौन्दर्य समाया हुआ है कि उसकी कोई सीमा नहीं है। रूप सौन्दर्य के दर्शन से ही प्रेम उत्पन्न होता है। शुक्ल जी की तरह सूर सगुण-साकार से ही प्रेम सम्भव मानते हैं।

सूर की गोपिकाएँ कहती हैं–

अति अगाध स्तुति बचन अगोचर, मनसा तहाँ न जाई।
जाकै रूप न रेख बरन बपु संग न सखा सहाई।
ता निरगुन सौं नेह निरतर, क्यों निबहै री माई।।
ऊधो निरगुनहिं कहत, तुम हीं सो लेहु।
सगुन मूरति नन्दनन्दन, हमहिं आनिदेहु।।

लौकिक सम्बन्धों में ही रूप सौन्दर्य का उन्मेष और उसका अवगाहन होता है। यह सौन्दर्य ऐन्द्रिय-भौतिक हो सकता है। ऐन्द्रियता-भौतिकता सौन्दर्य की आधार भूमि है। उसी को पकड़कर मन सौन्दर्य लोक में प्रविष्ट हो सकता है। प्रश्न उठता है कि ऐसे सौन्दर्य के प्रति प्रेम सकाम नहीं होता? सूर उसे स्वीकार करते हैं। कृष्ण के सौन्दर्य को देखकर राधा और गोपिकाओं के मन में अनन्त अभिलाषाएँ उठती हैं, वे संयोग-लीलाओं के माधुर्य में तन्मय हो जाती हैं और वियोग की अनन्त वेदना में भी संयोग की अभिलाषा के साथ कृष्ण को 'हमहिं आनि देहु' कहती हैं।

सूर ससीम रूप में ही सौन्दर्य की अनन्तता देखते हैं तो दूसरी ओर सृष्टि के कण-कण में भी सौन्दर्य और माधुर्य का अनुभव करते हैं। मानवीय और प्राकृतिक

हर वस्तु-व्यक्ति के रूप में, उसके भावन में, उसके चेष्टा-व्यापार में, उसके धर्म-कर्म में सौन्दर्य का दर्शन होता है। पहला रूपगत सौन्दर्य की अनन्तता है और दूसरा अनन्त रूपों और भंगिमाओं में सौन्दर्य का दर्शन है। इस तरह अन्दर और बाहर, सर्वत्र सौन्दर्य की झलक मिलती है। सूर ने भगवान के रूप में कृष्ण के अनन्त रूप और अनन्त सौन्दर्य की ओर संकेत किया है—

नैनन निरखि स्याम-स्वरूप।
रहयौ घट-घट व्यापि सोई, जोति रूप अनूप।
चरत सप्त पाताल जाके, सीस है आकास।
सूर-चन्द, नक्षत्र, पावक, सर्व तासु प्रकास।।

सूरसागर में इस अनन्त रूप-सौन्दर्य का वर्णन कम मिलता है। कवि ने इतना ही कहकर सन्तोष कर लिया है कि श्रीकृष्ण के रूप-सौन्दर्य और लीला माधुर्य पर तीनों लोक, देवी-देवता, सारी सृष्टि मुग्ध होकर वृन्दावन और उसके निवासियों का आनन्द अपूर्व और उनका जन्म सफल घोषित करते हैं। सौन्दर्यशास्त्र के अनुसार रूप की अनन्तता या अनन्त शक्तिमत्ता के अंकन में सौन्दर्य उदात्त बनता है। ऐसी उदात्तता का निरूपण सूरसागर में नहीं है। सौन्दर्य की अनन्तता और भावप्रसार एवं भावोत्कर्ष की अनुभूति में उदात्त की जो एक झलक मिल जाती है, उस पर आगे विचार होगा। सारांश यह है कि सूर ऐन्द्रिय रूप-सौन्दर्य की अनन्तता के ही गायक हैं।

(2) सौन्दर्य प्रायः रूप की नैसर्गिकता, स्वच्छदन्ता, रहस्यमयता और असाधारणता में माना जाता है। ये विशेषताएँ रूप से प्रकाश्य सौन्दर्य के भी धर्म हो जाते हैं। सूर ने राधाकृष्ण को सहज सुन्दर कहा है, लेकिन उस रूप-सौन्दर्य की नैसर्गिकता का विस्तार कम हुआ है। राधाकृष्ण और गोपिकाओं की अलंकृत छवि का ही बार-बार वर्णन हुआ है। इस अलंकृत रूप के वर्णन का लक्ष्य सौन्दर्य की अतिशयता का द्योतन है। सौन्दर्य की अपूर्वता और अद्भुतपन नैसर्गिकता से अधिक अलंकरण से शोभायमान रूप में माना गया है। यह मध्ययुगीन प्रवृत्ति है। इस अतिशयता की अभिव्यक्ति रूपवर्णन के प्रत्येक पद में अप्रस्तुतों की लड़ी से सूचित की गयी है। अप्रस्तुत प्राकृतिक हैं। जहाँ वे रूढ़ परम्परा के निर्वाह के रूप में हैं, सौन्दर्य की कोई विशेष अनुभूति ही नहीं होती। जहाँ उनमें भावना और कल्पना का योग हुआ है, प्राकृतिक अप्रस्तुतों की नैसर्गिक शोभा के माध्यम से रूप सौन्दर्य की नैसर्गिक छवि की व्यंजना हुई है। जहाँ प्रस्तुत योजना प्राकृतिक दृश्यरूप में हैं, सौन्दर्य सहज ज्योतिर्मय है—

मुख छवि कहौं कहा लगि माई।
भानु उदै ज्यों कमल प्रकाशित, रवि ससि दोऊ जोति छपाई।।

त्रिभंगी रूप में अरुण चरणकमल पर सुषमा ही मँडरा रही है—

सूरदास मनु अरूनकमल पर सुषमा करति विहार।।

सूरसागर में नैसर्गिक सौन्दर्य की अभिव्यक्ति प्रस्तुत रूप की अपेक्षा अप्रस्तुत के माध्यम से अधिक हुई है।

सामाजिक मर्यादा के परिपार्श्व में प्रस्तुत रामकाव्य की सौन्दर्य-भावना की तुलना में कृष्णकाव्य का सौन्दर्य-भावन उन्मुक्त और स्वच्छन्द है। पारिवारिक, ग्रामीण, गोचारण और लोकसंस्कृति के सन्दर्भों से रूप सौन्दर्य का स्वच्छन्द चित्रण सम्भव हो सका है। सूर ने स्वयं राधाकृष्ण के सौन्दर्य का वर्णन कम किया है। चलते-फिरते, कामकाज करते, परिस्थितियों में राग-द्वेष प्रकट करते, लीलाओं के बीच रूप के जो चित्र प्रस्तुत किये गये हैं, उनमें सहज ही सौन्दर्य का गतिशील उन्मुक्त स्वरूप सामने आता है। अनुभूति की अभिव्यक्ति के साथ भावमय रूपांकन बँधा नहीं होता। इन सबके साथ किशोरावस्था की चंचलता और तीव्र भावात्मक संवेदना रूप सौन्दर्य की स्वच्छन्दता का प्रधान कारण है—

नवल किशोर लवन नागरिया।
अपनी भुजा स्याम भुज ऊपर, स्याम भुजा अपनै उर धरिया।
क्रीडा करत तमाल-तरुन-तर, स्यामा स्याम उभँगि रस भरिया।
यों लपटाइ रहे उर-उर ज्यों, मकरत मनि कंचन मैं जरिया।।

इस वनविहार में युगल मूर्ति के स्वच्छन्द रूप सौन्दर्य की सभी विशेषताएँ समाविष्ट हैं। शुक्ल जी ने कृष्णकाव्य की जिन सीमाओं की आलोचना की है, उन्हीं सीमाओं में, उन्हीं सीमाओं के कारण सौन्दर्य का मुक्त उन्मेष हो सका है। सूर के काव्य में सौन्दर्य और प्रेम ऐकान्तिक हैं तो सामाजिक प्रतिबन्ध से मुक्त उस एकान्त में वे पूरे खिल सके हैं।

सूर के काव्य में रूप सौन्दर्य की रहस्यमयता और असाधारणता को सामान्य से भिन्न अर्थों में ग्रहण करना चाहिए। व्यक्त रूप सौन्दर्य के कवि की रचना में रहस्यात्मक सौन्दर्य के लिए कोई स्थान नहीं है। सूर इतना ही कहते हैं कि उस सौन्दर्य के रहस्य को निगमागम, देवी-देवता कोई समझ नहीं सकता। उनमें रूप की असाधारणता नहीं है। वे सहज मानवीय हैं। उनमें कोई विलक्षणता नहीं। सौन्दर्य में रहस्यमयता और असाधारण की प्रतीति उसकी अपूर्वता, विस्मयकारी अद्‌भुतपन के कारण है। कवि बार-बार अपूर्व और अद्‌भुत विशेषणों का प्रयोग करते हुए सौन्दर्य को गूँगे को गुड़ के समान अनिर्वचनीय घोषित करता है। कल्पना, अतिशयता और अत्युक्ति अद्‌भुतपन को बढ़ा देती है। अतिशयता वस्तुनिष्ठ है और कल्पना एवं अत्युक्ति प्रस्तुति की विशेषताएँ हैं।

अद्‌भुतपन सामान्यतः रूप सौन्दर्य की विशेषता है। सभी लीलाओं में सौन्दर्य के अद्‌भुतपन का अनेक कोणों से चित्रण हुआ है। भगवान के अवतार के रूप में माटी-भक्षण आदि कुछ प्रसंगों में वह भावात्मक न होकर वस्तुगत है। माटी खाने की शिकायत पर कृष्ण मुँह खोलकर दिखाते हैं तो उसमें अखिल ब्रह्माण्ड देखकर यशोदा अवाक् रह जाती है। यहाँ अद्‌भुतपन है और उसका प्रभाव भी—

अखिल ब्रह्मांड खंड की महिमा दिखराई मुख माहिं।
सिन्धु सुमेरू नदी बन पर्वत चकित भई मन चाहि।
कर तें साँटि गिरत नहिं जानी भुजा छाँडि अकुलानी।।

× × ×

सूर तिरखि नन्दरानि भ्रमित भई कहति न मीठी खाटी।।

सौन्दर्य का अद्‌भुतपन मन को चकित-भ्रमित कर देता है। शैलीगत अद्‌भुतपन के दो रूप हैं। एक, प्राकृतिक अप्रस्तुतों को कल्पना के द्वारा जोड़कर सौन्दर्य के अद्‌भुतपन की पुष्टि की गयी है। दो, दृष्टिकूट पदों में प्रतीक शैली के द्वारा अद्‌भुतपन की सूचना दी गयी है। इस अद्‌भुतपन में सौन्दर्य की व्यंजना नाममात्र की है, जैसे–

अद्‌भुत एक अनुपम बाग।
जुगल कमल पर गजबर क्रीडत ता पर सिंह करत अनुराग।

× × ×

अंग अंग प्रति और और छवि उपमा ताकों करत न त्याग।
सूरदास प्रभु पियौ सुधारस मानौ अधरनि के बड़ भाग।।

(3) सौन्दर्य यथार्थ के किसी न किसी रूप में आधार के बिना वायवी और काल्पनिक हो जाता है। कवि सौन्दर्य के नाम पर अप्रस्तुतों की झड़ी लगाकर उहापोह में लग जाता है। सामाजिक यथार्थ से दूर ऐकान्तिक सौन्दर्य और प्रेम-भावना में तन्मय सूर ने जीवन के और पहलुओं और तत्त्वों का आधार लेकर सौन्दर्य-भावन को जीवन सापेक्ष रूप दिया है। वस्तु विवेचन में उसके पारिवारिक, ग्रामीण गोचारण और लोक सांस्कृतिक परिवेश की चर्चा हो चुकी है। नवयौवन का सौन्दर्य और प्रेम, कवि के सौन्दर्य-भावन को वायवी नहीं होने देते। ऐन्द्रिय धरातल सौन्दर्य को ठोस आधारभूमि देती है। कृष्ण की लीलाओं में सौन्दर्य-दर्शन और प्रेम एक अर्थ में ऐकान्तिक हैं तो दूसरे अर्थ में सामूहिक हैं। श्रीकृष्ण समस्त भावों के केन्द्र हैं। उनके प्रति वात्सल्य और प्रेम समष्टिगत है। उस वात्सल्य और प्रेम में दूसरों के भाग्य के प्रति कुछ ईर्ष्या की भी अभिव्यक्ति होती है। लेकिन वह असह्य जलन की सीमा पर नहीं पहुँचती। उस वात्सल्य और प्रेम में स्वार्थ की भावना नहीं है, स्वत्व जमाने का प्रयत्न नहीं है। वह सौन्दर्य और प्रेम सार्वजनीन अनुभूति के विषय हैं। कृष्ण के जन्म की बात सुनकर आनन्दविभोर होकर सब गोपियाँ चल पड़ती हैं–

आजु नन्द के द्वारैं भीर।
इक आवत इक जात बिदा है इक ठाढे मन्दिर कैं तीर।।

कृष्ण का मुरलीवादन सुनकर सब गोपियाँ अपने-अपने काम को बीच में ही छोड़कर निकल पड़ती हैं–

हरि मुख सुनत बेनु रसाल।
बिरह व्याकुल भई बाला चलीं जहँ गोपाल।

एक दुहावत तजि चलीं कोउ रह्यों धीरज नाहिं।
एक दोहनि दूध जाबन कों सिरावत जाहिं।।

रासक्रीड़ा में सब एक साथ हैं ही–

मानौं भई घन घन अन्तर दामिनि।
घन दामिन दामिन घन अन्तर सोभित हरि ब्रजभामिनि।।

गोचारण के सन्दर्भ में भी रूप सौन्दर्य की स्वच्छन्द और यथार्थ झाँकियाँ प्रस्तुत की गयी हैं। वहाँ रूप सौन्दर्य कल्पना के रंग में रँगा नहीं है। भावना और वाग्वैदग्ध्य, रूप और चेष्टा-व्यापार में सौन्दर्य भर देते हैं। गोपालक कृष्ण की गतिशील स्वाभाविक भंगिमा का यह स्वरूप है–

लकुटि लपेटि लटकि भए ठाढ़े, एक चरन धर धारै।
मनहुँ नील-मनि खंभ काम रचि, एक लपेटि सुधारै।
कबहुँ लकुट तैं जान फेरि लै, अपने सहज चलावत।
सूरदास मानहुँ करभा, कर बारंबार डुलावत।।

चेष्टा-व्यापार के साथ सौन्दर्य की ये झाँकियाँ हैं। राधा के लिए कृष्ण गाय का दोहन कर रहे हैं तो–

हाथ धेनु-थन, बदन तिया-तन, छीर छाँटि छल छोरे।।
राधा शिकायत करती है–
तुम पै कौन दुहावै गैयाँ,
इत चितवत उत धार चलावत, यहै सिखायौ मैया।।

यह चेष्टा व्यापार भावमय है और रूप एवं सन्निवेश को सहज सौन्दर्य से भर देता है।

(4) नेत्र-गोचर रूप सौन्दर्य को वाणी में मूर्त्त करना सरल काम नहीं है। इस कार्य में चित्रकार की तरह कवि सफल नहीं हो सकता। बिम्ब, अप्रस्तुत आदि अनेक साधनों का सहारा लेकर, अभिव्यंजना की अनेक प्रविधियों का प्रयोग करते हुए कल्पना के द्वारा कवि रूप के सम्मूर्त्तन का प्रयत्न करता है। रूप सौन्दर्य की व्यंजना में इन सबसे अधिक सशक्त, अनुभूति और प्रभाव के माध्यम से उसका निरूपण है। आखिर रूप का सौन्दर्य देखने वाली आँखों में, उन आँखों के द्वारा मन की अनुभूति में प्रत्यक्ष होता है। सौन्दर्य वाणी में कहने की नहीं, अनुभूति में ग्रहण करने की वस्तु है। इसलिए सूर ने बार-बार कृष्ण के सौन्दर्य को अनिर्वचनीय और अनुभववेद्य कहा है–

कहाँ लौं बरनौ सुन्दरताई।
खेलत कुँवर कनक-आँगन हैं नैन निरखि छबि पायी।।
सोभा सिन्धु अंग अंगनि प्रति, बरनन नाहिन और री।
जित देखौं मन भयौ तितहिं कौ मनौ भेउ भरै कौ चोर री।।

यह गोपिकाओं की अनुभूति है। उस सौन्दर्य-दर्शन में नेत्र और मन दोनों विवश हैं। पता नहीं वह सौन्दर्य कहाँ है—

ऐसी दशा भई री इनकी स्याम रूप में मगन रये री।
सूरदास प्रभु अगनित सोभा ना जानौं केहि अंग छये री।।

आश्रय की अनुभूति में ही सौन्दर्य की सजीवता व्यक्त होती है। उसे प्रकट करने में असमर्थ गोपियाँ कृष्ण के रूप में तीनों लोकों का सौन्दर्य एकत्रित देखती हैं, कभी सौन्दर्य के प्रतिमान प्राकृतिक वस्तुओं को कृष्ण के सौन्दर्य से हीन-पराजित समझती हैं, कभी सौन्दर्य के दैवी प्रतीक कामदेव पर भी कृष्ण के सौन्दर्य को विजयी घोषित करती हैं और अन्त में उस सौन्दर्य के प्रभाव को व्यक्त करने में असफल होकर बार-बार उस पर बलि हो जाती हैं—

अधर मधुर मुसक्यानि मनोहर करति मदन मन हीन।।
मैं बलि जाउँ स्याम मुख छबि पर।
बलि बलि जाउँ कुटिल कच बिथुरे बलि भृकुटी लिलाट पर।
सूर निरखि तन मन बलिहारी बलि बलि जसुमति लाल।।
एक ही पद में अठारह बार बलि शब्द का प्रयोग हुआ है।

कृष्ण के सौन्दर्य का प्रभाव ऐन्द्रिय और मानसिक दोनों प्रकार का है। सबसे अधिक नेत्र पर प्रभाव का वर्णन है। नेत्र पर उक्तियों में कृष्ण के नेत्र-सौन्दर्य का जितना वस्तुनिष्ठ निरुपण है उससे कहीं अधिक नेत्र-सौन्दर्य-दर्शन में गोपिकाओं की आशा-आकांक्षा, अनुराग और चिर अतृप्ति की व्यंजना है। दूसरे के वाग्वैदग्ध्य का अपना अलग सौन्दर्य है। कृष्ण की सभी लीलाओं में गोपिकाओं की आँखें ही अधिक क्रियाशील हैं और आँखों की भावनाओं का मन पर गहरा और व्यापक प्रभाव पड़ता है। कृष्ण के अनन्त-सौन्दर्य-सिन्धु के सामने नेत्र और मन एक बूँद मात्र हैं। उस बूँद में-नेत्र और मन में कितना सौन्दर्य समा सकता है—

सूर सिन्धु की बूँद भई मिलि मति गति दृष्टि हमारी।।

आश्रय के नेत्रों की चिर अतृप्ति में ही आलम्बन के सौन्दर्य की अनन्तता है—

नैना घूँघट में न समात।
सुन्दर बदन नन्दनन्दन को निरखि निरखि न अघात।
स्याम अंग निरखि नैन कबहूँ न अघाहीं।
एकहिटक रहे जोरि पलक नाहिं सकत तोरि।।

नेत्रों की इस लालसा और अतृप्ति में मन पंगु हो जाता है—

सूर हरि की निरखि सोभा भई मनसा पंग।।

(5) रूप सौन्दर्य वर्णन में सम्पूर्णता, अनन्तता और नवीनता—ये तीन विशेषताएँ सूर की सौन्दर्य सम्बन्धी अवधारणा, उसके स्वरूप और उसकी प्रकृति को स्पष्ट करती हैं। अवतारवाद की चर्चा में यह कहा जा चुका है कि श्रीकृष्णावतार ही एक मात्र

सौन्दर्य का अवतार है। भगवान की अनन्त विभूतियों में सौन्दर्य एक प्रधान विभूति है। भगवान मूर्तिमान समग्र सौन्दर्य है। सृष्टि के अनन्त सौन्दर्य में उसका आभास मात्र मिलता है। आदर्शवादी दार्शनिक दृष्टिकोण के अनुसार परिपूर्णता (Perfection) में ही सौन्दर्य है या सौन्दर्य परिपूर्ण इकाई है, जो पूर्ण रूपेण सुन्दर है, उसमें कोई कमी नहीं हो सकती, उसमें कोई दोष नहीं हो सकता या उसकी कोई सीमा नहीं हो सकती। सूर ने श्रीकृष्ण में ऐसा आदर्शपूर्ण सौन्दर्य देखा है। यह सौन्दर्य देखने वालों के नेत्रों में स्थिर रह जाता है–

कमल नैन कान्हर की सोभा नैननि तैं न टरे।।

कृष्ण का समग्र रूप सुन्दर है–"सूर स्याम संग सुख सुन्दर।" श्रीकृष्ण का रूप, प्रत्येक अंग, अलंकरण, चेष्टा व्यापार और लीलाएँ–सब कुछ सुन्दर है–

सुन्दर स्याम, सुन्दर बर लीला, सुन्दर बोलत बचन रसाल।
सुन्दर चारु कपोल बिराजत, सुन्दर उरजू बनी बनमाल।
सुन्दर चरन सुन्दर है नख मनि, सुन्दर कुंडल हेम जराल।
सुन्दर मोहन नैन चपल किये, सुन्दर ग्रीवा बाहु बिशाल।
सुन्दर मुरली मधुर बजावत, सुन्दर है मोहन गोपाल।
सूरदास जोरी अति राजति ब्रज कौं आवत सुन्दर चाल।।

जब सब कुछ सुन्दर है, यह कहना कठिन है कि सौन्दर्य किस अंग में है। प्रत्येक अंग मोहित करने वाला है। अपनी-अपनी दृष्टि के अनुसार गोपियाँ कृष्ण के विभिन्न अंगों में सौन्दर्य देखकर उसे अपूर्व मानती हैं–

स्याम अंग जुवनी तिरखि भुलानीं।
कोउ निरखति कुंडल की आभा इतनेहिं माँझ बिकानी।
ललित कपोल निरखि कोउ अटकी सिथिल भई ज्यौं परनी।
देह गेह की सुधि-नहि काहूँ हरषति कोउ पछितानी।
कोउ निरखति रही ललित नासिका यह काहू नहिं जानी।
कोउ निरखति अधरनि की सोभा फुरति नहीं मुख बानी।
कोउ चक्रित भई दसन चमक पर चकचौंधी अकुलानी।
कोउ निरखति दुति चिबुक चारु की सूर तरुनि बिततानी।

सौन्दर्य और उसका प्रभाव दोनों मिलकर ही पूर्ण सौन्दर्य को प्रकट करते हैं। गोपिकाओं की विभिन्न प्रतिक्रियाएँ अनुभूति की विविध दशाओं को व्यक्त करने के साथ-साथ द्रवणशीलता, चकाचौंध, विभ्रम, विस्मय आदि सौन्दर्य के धर्मों की ओर भी संकेत करती हैं। रूप सौन्दर्य के प्रभाव की चरम सीमा अपने परिसर को सुन्दर बनाने में है। श्रीकृष्ण के साथ साहचर्य में गोप-गोपिकाएँ, पशु-पक्षी, प्रकृति, सारा ब्रजमण्डल सुन्दर हो जाता है–

सुन्दर स्याम, सखा सब सुन्दर, सुन्दर वेष धरे गोपाल।

× × ×

सूर स्याम संग सब सुखसुन्दर, सुन्दर भक्त हेतु अवतार।।

सूर की सौन्दर्य सम्बन्धी अवधारणा की दूसरी विशेषता उसकी अनन्तता है। कृष्ण के असीम रूप में अनन्त सौन्दर्य भरा है जो रूप की सीमाओं का उल्लंघन करके बाहर छलकता है। सच्चा सौन्दर्य वही होता है जहाँ लावण्य की आभा शरीर से झलकती रहती है। अंगांग सौन्दर्य वर्णन में सूर ने अप्रस्तुत-योजना के द्वारा उस कान्ति, द्युति, आभा आदि की ओर संकेत किया है। मुख, अधर, दाँत आदि सभी अंगों में उज्ज्वलता आँखों में चकाचौंध पैदा करने वाली है। अंग का रूप स्थिर है, पर आलोकमयता में वह चंचल है। कवि ने अनन्त शोभा की अनन्त समुद्र से तुलना की है जो तरल है, उज्ज्वल है और उमड़कर सारे जगत को प्लावित कर देता है। कृष्ण का सौन्दर्य केवल बाह्य रूप का नहीं है, वह लावण्य या अन्तःसौन्दर्य की निधि है—

सुन्दर मुख की बलि बलि जाउँ।
लावनि-निधि गुण-निधि सोभा-निधि
निरखि निरखि जीवन सब गाउँ।
अंग अंग प्रति अमित माधुरी प्रगटति रस रुचि ठावहिं ठाउँ।
तामें मृदु मुसुक्यानि मनोहर न्याइ कहत कवि मोहन नाउँ।
नैन सैन दै दै जब हेरत ता छबि पर बिनु मोल बिकाउँ।
सूरदास प्रभु मदनमोहन छबि शोभा की उपमा नहिं पाउँ।।

कृष्ण सौन्दर्य की अनन्त निधि हैं। उसकी प्रत्येक झाँकी में, ठाँव-ठाँव में सौन्दर्य भरा है। लावण्य, शोभा, माधुर्य और छवि उस सौन्दर्य की वस्तुनिष्ठ विशेषताएँ हैं जो बाह्यसौन्दर्य और अन्तःसौन्दर्य दोनों को प्रकट करती हैं। रस और रुचि, अनुभूति के धर्म हैं जो सौन्दर्य में तन्मयता और अभिनिवेश के द्योतक हैं। कवि ने सौन्दर्य की इस निधि को अनन्त सागर के रूप में देखा है—

देखौं माई सुन्दरता को सागर।
बुधि बिबेक बल पार न पावत मगन होत मन नागर।
तनु अति स्याम अगाध अंबु निधि करि पट पीत तरंग।
चितवत चलत अधिक रुचि उपजति भँवर परति सब अंग।
नैन मीन मकराकृत कुंडल भुज सरि सुभग भुजंग।
मुंक्तामाल मिलीं मानौं द्वै सुरसरि एकै संग।
कनक खचित मनिमय आभूषण मुख स्रम कन सुख देत।
जनु जलनिधि मथि प्रगट कियो ससि श्री अरु सुधा समेत।
देखि सरूप सकल गोपी जन रहीं बिचारि बिचारि।
तदपि सूर तर सकी न पार सोभा रहीं प्रेम पचि हारि।।

इस पद में भी सौन्दर्य वस्तुनिष्ठ और अनुभूतिनिष्ठ दोनों रूपों में व्यंजित है। सौन्दर्य बुद्धि-बोधगम्य नहीं है। अनुभूति के द्वारा ही वह जाना जा सकता है। सांग रूपक में विविध अंगों के सौन्दर्य-निरूपण के साथ कवि ने सौन्दर्य की अनन्तता से सम्बन्धित कुछ विशेषताओं की ओर भी ध्यान आकृष्ट किया है। सागर की तरह सौन्दर्य अगाध है, लहरीले रूप में तरल है, अनेक रमणीय तत्त्वों का संगम है, उज्ज्वल आलोकमय है, श्री और माधुर्य का आगार है। सोच-सोचकर भी उस सौन्दर्य का पार पाना सम्भव नहीं है। उसके प्रति प्रेम में पचकर मनुष्य हार मान लेता है।

जब ऐसा सौन्दर्य का सागर उमड़ पड़ता है, सारा संसार उसमें डूब जाता है–

सोभा सिन्धु न अन्त रही री।
नन्दभवन भरि पूरि उमंगि चलि ब्रज की बीथिनि फिरत बही री।
देखी जाइ आज गोकुल में घर घर बेंचति फिरति दही री।
कहाँ लगि कहौं बनाइ बहुत बिधि कहत न मुख सहसहुँ निबही री।
जसुमति उदर अगाध उदधि तें उपजी ऐसी सबन कही री।
सूर स्याम प्रभु इन्द्रनीलमणि बजबनिता उर लाई गही री।।

शोभा का समुद्र उमड़कर सारे ब्रज में प्रवाहित है। उसमें ब्रजवनिताएँ बहती जा रही हैं। उस सौन्दर्य का वर्णन सहस्र मुखों से भी नहीं किया जा सकता। उस सौन्दर्य का मूल स्रोत कहाँ है? यशोदा के उदर अगाध से ही ऐसा इन्द्रनीलमणि उत्पन्न हो सकता है। एक समुद्र का स्रोत दूसरा समुद्र है। सौन्दर्य से ही सौन्दर्य उत्पन्न हो सकता है। इस तरह जन्य सौन्दर्य इन्द्रनीलमणि के समान सहज, शाश्वत और अनन्त आभा से युक्त होता है।

सूर की सौन्दर्य विषयक अवधारणा की तीसरी विशेषता नवीनता है। महाकवि माघ ने शिशुपालवध में कहा है कि जो क्षण नवीन लगता है वही सौन्दर्य है–''क्षणे क्षणे यन्नवतामुपैति तदेवरूपं रमणीयतायाः।'' नवता ही सौन्दर्य का रूप है। वस्तु का रूप तो बदलता नहीं है, लेकिन उसमें निहित सौन्दर्य के कारण वह क्षण-क्षण नया लगता है। सूर ने भी रूप सौन्दर्य वर्णन में बार-बार नव-नव या नवीन शब्द का प्रयोग किया है। गोपिकाएँ नित्य कृष्ण के रूप सौन्दर्य को देखती रहती हैं, लेकिन उनकी आँखें अघाती नहीं हैं। और-और देखना चाहती हैं, और देखने में हर बार कृष्ण का रूप नया लगता है। उस नवता को कवि ने एक ही अंग के लिए विभिन्न अप्रस्तुतों के प्रयोग के द्वारा सूचित किया है। अंग-संचालन में उसका रूप कुछ नया लगता ही है, नेत्र, मुस्कुराहट, मुरली-वादन आदि में जो सहज चंचलता, परिवर्तनशीलता और स्वर-भेद है उनके कारण सौन्दर्य में सजीवता की अनुभूति होती है तथा वह नवीन लगता है। सौन्दर्य की इस अवधारणा में ध्यान देने की बात है कि रूप की परिवर्तनशीलता में सौन्दर्य नहीं, नयेपन की अनुभूति में सौन्दर्य है।

अर्थात सौन्दर्य शाश्वत है, संसार की परिवर्तनशीलता में वस्तुजगत के बदलने और नया रूप धारण करने पर सौन्दर्य निर्भर नहीं करता। सौन्दर्य के प्रति यह दृष्टिकोण, माया को स्वीकार न करने वाली, ब्रह्म को शाश्वत सत्य और आनन्दमय मानने वाली तथा गोलोक में श्रीकृष्ण की लीलाओं एव उनके सौन्दर्य को नित्य स्वीकार करनने वाली वल्लभाचार्य की शुद्धाद्वैतवादी दृष्टि के अनुरूप है, जिससे प्रभावित होकर सूर ने पद-रचना की है।

गोपिकाएँ कृष्ण के सौन्दर्य को देखकर कहती हैं—

सखी री सुन्दरता को रंग।
छिन छिन माँहि परति छबि औरै कमल नैन के अंग।
परिमिति करि राख्यो चाहति है लागी डोलत संग।
चलत निमेष बिसेष जानियत भूलि भई मति भंग।
स्याम सुभग के ऊपर बारौं आली कोटि अनंग।
सूरदास कछु कहत न आवै भई गिरा गति पंग।

सौन्दर्य इतना रंगीन है या उसकी आभा क्षण-क्षण अंगों की ऐसी झाँकी प्रस्तुत करती है कि रूप और हो जाता है। उसकी कोई परिमिति या सीमा नहीं है। नेत्र सदा रूप या अंगों के साथ लगा रहता है। किसी भी स्थिति में वह रूप सौन्दर्य रहित या आभाहीन नहीं है। वह सौन्दर्य शाश्वत है। देखने के क्षण विशेष में उस अद्‌भुत सौन्दर्य की अनुभूति होती है। उसी क्षण में वह जाना जा सकता है। उसके बाद मतिभ्रष्ट हो जाती है—बुद्धि उसे समझ नहीं पाती। उस अंगांग सौष्ठव के सौभाग्य पर कामदेव भी न्योछावर है। सूर उसे सौन्दर्य को वाणी में व्यक्त नहीं कर पाते, उनकी वाणी कुंठित हो गयी है।

नेत्र ही क्षण-क्षण नवीन इस सौन्दर्य को पकड़ने का प्रयत्न करते हैं, पर पकड़ नहीं पाते। हठ करके बार-बार रूप सौन्दर्य की ओर दौड़ते हैं, दूसरी-दूसरी छवि देखकर हार बैठते हैं। लेकिन मन मानता नहीं है और प्रयत्न बराबर जारी रहता है—

मोहन माई री हठ करि मनहि हारत।
अंग अंग प्रति और और गति छिनु छिनु अति हीं छबि जु धरत।
× × ×
सूरदास प्रभु तनु अवलोकन नैन थके इत उत न टरत।।

यह नित्य नूतन सौन्दर्य अंग-विशेष का नहीं, सभी अंगों का है। यह अंग का नहीं अंगी तनु का है।

क्षण-क्षण परिवर्तनशील सौन्दर्य को पहचान पाना कठिन है। बार-बार देखने पर मनुष्य का रूप या शकल-सूरत को पहचान सकते हैं। लेकिन उसके सौन्दर्य को समझ नहीं पाते। रात-दिन देखकर भी गोपियाँ कृष्ण के वास्तविक रूप सौन्दर्य के मर्म तक पहुँच नहीं पातीं—

स्याम सों काहे की पहचानि।
निमिष निमिष बहुरूप न वह छवि रति कीजै जिय जानि।
इकटक रहति निरन्तर निसिदिन मन बुधि-साँचित सानि।
एकौ पल सोभा की सीवाँ सकति न उर महँ आनि।
समुझि न परै प्रगट हीं निरखत आनन्द की निधि खानि।
सखि यह बिरह संजोग कि सम रस सुख दुख लाभ कि हानि।
मिटति न घृत तें होम अग्नि रुचि सूर सु लोचन बानि।
इत लोभी उत रूप परम निधि कोउ न रहत मिति मानि।।

एकटक देखने पर भी, उस सौन्दर्य में मन के सनने पर भी कृष्ण का सौन्दर्य अपरिचित सा रह जाता है, मानो पहली बार उसे देख रही हैं। एक क्षण की झाँकी में ही सौन्दर्य चरम सीमा पर पहुँच जाता है और उसकी अनन्तता सीमित हृदय में नहीं समाती। सौन्दर्य को प्रत्यक्ष देख रही है, पर अनदेखा-सा लगता है। इस सौन्दर्यदर्शन में आनन्द है तो अतृप्ति की वेदना भी है। यह सुख है या दुख, कहा नहीं जा सकता। दर्शन की आग कभी बुझती नहीं है। सूर की दृष्टि में श्रीकृष्ण का सौन्दर्य चरमसीमा पर पहुँचा है—वह पूर्ण है, वह अनन्त है, वह क्षण-क्षण नवीन है।

(6) सूर ने रूप-वर्णन में सौन्दर्य की व्यंजना करने वाले अनेक शब्दों का प्रयोग किया है। ये शब्द सामान्य अर्थ में सौन्दर्य के पर्यायवाची लगते हैं, लेकिन वास्तव में वे सौन्दर्य सम्बन्धी कुछ विशेष पहलुओं को द्योतित करते हैं। सुन्दरता का व्युत्पत्ति-अर्थ नेत्रों को सुख देने वाला है। सूरसागर में इस शब्द का बहुत प्रयोग हुआ है। नेत्र-माधुरी में गोपिकाओं की आँखों में सौन्दर्य के प्रतिफलन का—आनन्दानुभूति, भावसंचार और लालसा का विस्तार से वर्णन किया गया है। अन्य शब्दों में 'रूप', 'सुरूप' और 'रंग' शब्द सौन्दर्य की वस्तुनिष्ठता को प्रकट करते हैं। वे बाह्य आकृति के सौन्दर्य को व्यक्त करते हैं। 'सुभग' और 'सुषमा' व्यक्त बाह्य रूप में किसी अंग में या विभिन्न अंगों में अनुपातपूर्ण सौष्ठव के व्यंजक हैं। व्यक्त बाह्य रूप के अन्य धर्म 'सोभा', 'आभा', 'दुति' और 'लोल' शब्दों के द्वारा अभिव्यंजित हैं। शोभा (ग्रेस) का सम्बन्ध अलंकरण, अंगसंचालन और गति से है। आभा और दुति शरीर की कान्ति है। कभी-कभी ये शब्द अन्तःसौन्दर्य या लावण्य की बाहरी अभिव्यक्ति के लिए भी प्रयुक्त हैं। लोल में आभूषणों और अंगों की चंचलता का सौन्दर्य है। 'छवि' समष्टि रूप या अंगविशेष का एक सुन्दर दृश्य या उसकी एक झाँकी है। 'लावण्य' और 'ललित' अन्तःसौन्दर्य की अभिव्यक्ति करते हैं। पहला उज्ज्वलता या कान्ति को और दूसरा कोमलता को सूचित करते हैं। सौन्दर्यानुभूति को ध्वनित करने वाले शब्द 'कमनीय', 'माधुरी', 'चारु' और 'रुचि' हैं। पहले में सौन्दर्य की कामना, दूसरे में अनुभूति का माधुर्य या रसमयता, तीसरे में आकर्षण और चौथे में रूप की ओर उन्मुखता अन्तर्निहित है। 'माधुर्य' सौन्दर्य का वस्तुनिष्ठ धर्म भी हो

सकता है। 'मनमोहन', 'मनोहर', 'मोहक', 'सलोना', 'सुघराई' और 'मंजुल' रूप सौन्दर्य के प्रशंसात्मक शब्द हैं। प्रथम तीन मन पर सौन्दर्य के प्रभाव को द्योतित करते हैं। मंजुल का अर्थ मनोहर या आकर्षक है। सलोना और सुघराई सुन्दरता के बाकी संस्कृत तत्सम शब्दों से भिन्न हिन्दी के शब्द हैं जो मूल लवण और घर शब्दों में उपसर्ग और प्रत्यय के योग से सौन्दर्यवाची बने हैं। सलोना का वाच्यार्थ नमकिन है जो लाक्षणिक अर्थ में रुचिकर हो जाता है और सौन्दर्य के सन्दर्भ में आकर्षक या अभिनिवेश उत्पन्न करने वाला है। सुघराई का अर्थ सुडौल, सौष्ठवपूर्ण और अलंकृत है। प्रशंसा के अतिरिक्त उसके द्वारा अंगसौष्ठव और सुसज्जा का भाव भी सन्दर्भ के अनुसार व्यंजित होता है। सूर ने विशेषणों और क्रियाओं के द्वारा भी सुन्दरता को व्यक्त किया है। मोहन, नवल, छबोला आदि ऐसे विशेषण हैं और राजत, विराजत, लसत आदि ऐसे क्रिया रूप हैं। इनसे मोहकता, ताजगी, रंग, आलोक, शोभा आदि गुणों की अभिव्यक्ति हुई है।

10. मूल्यांकन

आचार्य रामचन्द्र शुक्ल ने सूर के रूप सौन्दर्य और लीला माधुर्य वर्णन पर 'रूप-लिप्सा' और 'बाह्यार्थ निरूपण'—दो आक्षेप किये हैं। (1) "सूर के प्रेम की उत्पत्ति में रूप-लिप्सा और साहचर्य दोनों का योग है।"[11] गोपिकाओं की उक्ति 'लरिकाई को प्रेम कहौ, अलि कैसे छूटै" और बाललीलाओं में बचपन से ही साहचर्य के आधार पर कृष्ण, राधा एवं गोपिकाओं के प्रेम का विकास मानना सत्य से बहुत दूर है। सूरसागर में इस साहचर्य से उत्पन्न आकर्षण और प्रेम की ओर संकेत मात्र मिलता है। पूरा सूरसागर कृष्ण के रूप सौन्दर्य वर्णन से भरा पड़ा है और उसका गोपिकाओं के मन पर प्रभाव का विस्तार से निरूपण है। यही प्रेम का मूल आधार है और सूरसागर की प्रधान प्रवृत्ति है। प्रथम वीक्षण में ही राधा-कृष्ण एक दूसरे के सौन्दर्य से आकृष्ट हैं—

सूर स्याम देखत ही रीझे, नैन नैन मिलि परी ठगोरी।।

रूप-लिप्सा के प्रति विकर्षण के बावजूद शुक्ल जी स्वीकार करते हैं कि "राधा और कृष्ण के विशेष प्रेम की उत्पत्ति सूर ने रूप के आकर्षण द्वारा ही कही है।"[12] शुक्ल जी काव्य में रूप सौन्दर्य की ऐन्द्रिय छटा से मानसिक भाव-प्रसार को अधिक महत्त्व देते हैं। लेकिन रूपरंग के सौन्दर्य का जीवन और काव्य में अपना विशिष्ट महत्त्व है। ऐन्द्रिय आकर्षण ही जीवन और काव्य को रंगीन बनाता है।

(2) ऐन्द्रिय रूप सौन्दर्य के प्रति विमुखता के कारण ही लीलामाधुर्य के बाह्यार्थ निरूपण पर आक्षेप हुआ है। यह सही है कि सूर के वियोग वर्णन में, विशेषतः भ्रमरगीत में अन्तर्मुखी भावप्रसार का व्यापक और गहरा निरूपण हुआ है और उसके काव्योत्कर्ष के सम्बन्ध में दो मत नहीं हो सकते। लेकिन संयोग के माधुर्य और आनन्द भी उपेक्षणीय नहीं है। सहज ही संयोग में बहिर्मुखी ऐन्द्रिय वृत्तियों की प्रधानता रहती

है। सूर ने हर्षोल्लास की विभिन्न प्रकार की अनुभूतियों, भावनाओं और स्थितियों या दशाओं के साथ संयोग का भावतरल वर्णन किया है। जैसे पहले कहा जा चुका है, लीलावर्णन में आलम्बन के सौन्दर्य और आश्रय की भावानुभूति का सामंजस्य सौन्दर्य-भावना को सजीव समग्र रूप प्रदान करता है। फिर भी शुक्ल जी अपनी अभिरुचि के अनुरूप आक्षेप करते हैं कि "राधाकृष्ण के प्रेम को लेकर कृष्णभक्ति की जो काव्यधारा चली उसमें लीला पक्ष अर्थात बाह्यर्थ-विधान की प्रधानता रही है। उसमें केलि, विलास, रास, छेड़-छाड़, मिलन की युक्तियों आदि बाहरी बातों का ही विशेष वर्णन है। प्रेमलीन हृदय की नाना अनुभूतियों की व्यंजना कम है।"[13] यह आक्षेप राधाकृष्ण का बहाना बनाकर काव्य रचना करने वाले रीतिकालीन कवियों पर लागू हो सकता है, भक्ति, सौन्दर्य और प्रेम में भावतन्मय कृष्णभक्त कवियों पर नहीं। सूर ने तो वात्सल्य और प्रेम दोनों में भावतन्मयता को पराकाष्ठा पर पहुँचा दिया है। अपनी अभिरुचि, सामाजिक दृष्टि और काव्य संस्कारों को भुलाकर शुक्ल जी जब सूर-सागर में विभोर हो जाते हैं तो स्वयं कहते हैं—"सूर का संयोग-वर्णन एक क्षणिक घटना नहीं है, प्रेम-संगीत-मय जीवन की एक गहरी चलती धारा है, जिसमें अवगाहन करने वाले को दिव्य माधुर्य के अतिरिक्त और कहीं कुछ नहीं दिखाई पड़ता। राधाकृष्ण के रंग-रहस्य के इतने प्रकार के चित्र सामने आते हैं कि सूर का हृदय प्रेम की नाना उमंगों का अक्षय भंडार प्रतीत होता है। प्रेमोदय काल की विनोदवृत्ति और हृदय प्रेरित हावों की छटा चारों ओर छलकी पड़ती है।"[14] आँख और मुरली पर उक्तियों की सजीवता और प्रगल्भता की चर्चा के बाद शुक्ल जी कहते हैं—"कालिंदी के कूल पर शरत की चाँदिनी में होने वाले रस की शोभा का क्या कहना है, जिसे देखने के लिए सारे देवता आकर इकट्ठे हो जाते हैं। सूर ने एक न्यारे प्रेमलोक की आनन्द-छटा अपने बन्द नेत्रों से देखी है।"[15]

अपने पूर्वग्रहों के बावजूद शुक्ल जी ने सूर के काव्य की दो महान विभूतियों की ओर हमारा ध्यान आकृष्ट किया है। "वात्सल्य और शृंगार के क्षेत्रों का जितना अधिक उद्घाटन सूर ने अपनी बन्द आँखों से किया, उतना किसी और कवि ने नहीं। इन क्षेत्रों का कोना-कोना वे झाँक आये। उक्त दोनों रसों के प्रवर्तक रति-भाव के भीतर की जितनी मानसिक वृत्तियों और दशाओं का अनुभव और प्रत्यक्षीकरण सूर कर सके उतनी की और कोई नहीं। हिन्दी साहित्य में शृंगार का रसराजत्व यदि किसी ने पूर्ण रूप से दिखाया तो सूर ने।"[16] ये हुए सूर की भावव्यंजना के दो प्रमुख आयाम। कुछ समीक्षक भक्ति को भी सूर के काव्य के तीसरे आयाम के रूप में जोड़ना चाहते हैं। यह तो सूर की समस्त काव्य-रचना की अन्तर्वाहिनी है। वात्सल्य और शृंगार की भी वही मूल आधारभूमि है। हम यह कभी नहीं भूल सकते कि सूर का वात्सल्य और शृंगार जितना भी स्वाभाविक, मनोवैज्ञानिक और रसपूर्ण क्यों न हों, अन्ततः वे भगवान की लीलाओं से सम्बन्धित हैं। अन्यथा कभी-कभी

उनकी उदात्तता में बाधा पड़ सकती है। कभी-कभी उनके औचित्य पर भी सन्देह हो सकता है। यदि सूर की भक्ति का तात्पर्य उनके आत्मनिवेदन सम्बन्धी पदों से है तो उनके काव्योत्कर्ष के बावजूद उन्हें वात्सल्य और शृंगार के समकक्ष नहीं मान सकते। यदि सूर के काव्य का कोई तीसरा आयाम है तो वह सौन्दर्य का है, जो किसी भी अर्थ में वात्सल्य और शृंगारपरक भाव-व्यंजना से कम उत्कृष्ट नहीं है। सौन्दर्य का आयाम केवल आलम्बन से सम्बन्धित नहीं है। भाव, चेष्टा-व्यापार और परिवेश की समष्टि में—पूरे विभाव पक्ष में वह व्याप्त है। वात्सल्य और शृंगार या प्रेम सम्बन्धी भाव-व्यंजना को भी संयोग और वियोग की दोनों स्थितियों में—संवेद्य, रमणीय, प्रेषणीय और ग्राह्य बनाने वाला तत्त्व सौन्दर्य ही है। शुक्ल जी की आलोचना में ही इस ओर संकेत मिल जाता है—''बाल्यकाल और यौवनकाल कितने मनोहर हैं! उनके बीच की नाना मनोरम परिस्थितियों के विशद चित्रण द्वारा सूरदास जी ने जीवन की जो रमणीयता सामने रखी, उससे गिरे हुए हृदय नाच उठे।''[17] इस सौन्दर्य के आयाम में मनुष्य के जीवन की पूरी रमणीयता और मधुरिमा का उद्घाटन हुआ है।

सूर का सौन्दर्य-भावन सौन्दर्य-शास्त्रीय या एस्थेटिक अर्थ में पूरे काव्य में अभिव्यक्त है। उसका गोचर व्यक्त रूप वात्सल्य और प्रेम के सन्दर्भों में देखते हैं। बाल्यावस्था के वर्णन में कृष्ण के शप, मनोभाव और चेष्टा व्यापार के ही दृश्य सामने नहीं आते हैं, उनसे सम्बन्धित सारा परिवेश और परिजन, विशेषतः यशोदा की झाँकियाँ भी मनोरम रूप में चित्रित हैं। ये कृष्ण के आलम्बन रूप में वर्णन के समय, भावानुभूति के आश्रय हैं तो कभी-कभी पाठक के लिए आलम्बन रूप में भी प्रस्तुत होकर भावमय प्रतिमा बनकर सौन्दर्यानुभूति के विषय बन जाते हैं। प्रेम के सम्बन्ध में भी यह बात लागू होती है। नायक और नायिकाएँ दोनों कभी आलम्बन हैं तो कभी आश्रय हैं। सूरसागर नायक प्रधान काव्य है, इसलिए उसके सौन्दर्य वर्णन की ही प्रधानता है। लेकिन राधा और गोपिकाओं के सौन्दर्य का महत्त्व कम नहीं है। इस तरह आलम्बन और आश्रय के सौन्दर्य की समष्टि में ही काव्य सौन्दर्य की पूर्णता है। इस रूप सौन्दर्य के साथ मनोभावों और चेष्टा-व्यापारों के योग में सौन्दर्य-दृश्य रूप ग्रहण करके पाठक के सौन्दर्य-भावन के लिए स्वयं आलम्बन बन जाता है। इस समष्टि रूप सौन्दर्य को दूसरे शब्दों में इस तरह कह सकते हैं कि आलम्बन और आश्रय दोनों पक्षों में सौन्दर्य और उसकी अनुभूति मिल-जुलकर प्रस्तुत होते हैं। सूर का यह अनुभूतिमूलक सौन्दर्य निरूपण प्रभावोत्पादक है। ''कृष्ण कितने सुन्दर हैं—इसका आख्यान वे स्वयं नहीं करते, अपितु उस अगाध सौन्दर्य की अनुभूति की व्यंजना गोपियों के शब्दों में प्रस्तुत करते हैं।''[18]

रूप-महिमा ही सगुण भक्ति का प्रधान पहलू है। कवियों ने सगुण-साकार का अनेक रूपों में आख्यान किया है। शुक्ल जी ने रामभक्ति को दृष्टि में रखकर अवतार की शक्तिमत्ता को ही महत्त्व दिया है। लेकिन वह निराकार की भी विशेषता है।

रूप के साथ सौन्दर्य और प्रेम का सन्दर्भ अविभाज्य रूप में जुड़ा हुआ है। भ्रमरगीत के प्रसंग से यह बात स्पष्ट हो जाती है—

रेख न रूप, वरन जाके नहिं ताको हमैं बतावत।
अपनी कहौ, दरस ऐसे कौ तुम कबहूँ हौ पावत।।

साकार-दर्शन ही अवतार का प्रयोजन या लक्ष्य है। इस दर्शन में रूप सौन्दर्य की महिमा अनुभूत होती है। सगुण रूप का केन्द्रबिन्दु, सौन्दर्य का माध्यम से आकर्षण और आनन्द की अनुभूति है। "ब्रजभाषा का कवि, तत्रापि सूरदास, ठोस रूप के उपासक हैं, इस रूपावरण के पीछे कहीं भी तुरीय-अरूप-सत्ता की ओर इशारा नहीं किया गया है, तथापि भक्त कवि की व्याकुलता उसके पीछे किसी न किसी रूप में रह गयी है।"[19] सौन्दर्य-दर्शन और प्रेम की यह व्याकुलता नेत्र और मुरली के प्रसंगों में मूर्त्त हो उठी है। "नैन गये री अति अकुलात" और उस व्याकुलता में गोपियाँ कहती हैं—"छबीले, मुरली नैंकु बजाउ" तो सौन्दर्य और प्रेम का एक अपूर्व संसार प्रत्यक्ष हो जाता है। सूर उसमें तन्मय होकर कह उठते हैं—

दुर्लभ जन्म, दुर्लभ बृन्दावन, दुर्लभ प्रेम-तरंग।
ना जानिये बहुरि कब ह्वै है स्याम तुम्हारो संग।।

सन्दर्भ

1. हिन्दी साहित्य का इतिहास, आचार्य रामचन्द्र शुक्ल, पृ. 193
2. वही, पृ. 190
3. सूरदास, आचार्य रामचन्द्र शुक्ल, पृ. 177
4. वही, पृ. 178-179
5. वही, पृ. 179-180
6. सूरदास की लालित्य चेतना, पृ. 123, डॉ. परेश
7. चिन्तामणि-2, आचार्य रामचन्द्र शुक्ल, पृ. 5
8. सूरदास, आचार्य रामचन्द्र शुक्ल, पृ. 187
9. वही, पृ. 171-172
10. वहीं, पृ. 186
11. वही, पृ. 173
12. वही, पृ. 174
13. हिन्दी साहित्य का इतिहास, आचार्य रामचन्द्र शुक्ल, पृ. 193
14. सूरदास, आचार्य रामचन्द्र शुक्ल, पृ. 175-176
15. हिन्दी साहित्य का इतिहास, आचार्य रामचन्द्र शुक्ल, पृ. 192
16. सूरदास, आचार्य रामचन्द्र शुक्ल, पृ. 158
17. वही, पृ. 158
18. हिन्दी साहित्य का वैज्ञानिक इतिहास, डॉ. गणपति चन्द्र गुप्त, पृ. 298
19. सूर-साहित्य, आचार्य हजारीप्रसाद द्विवेदी, पृ. 126

भाव-सौन्दर्य और कर्म-सौन्दर्य

1. रूपतत्त्व, भावतत्त्व, कर्मतत्त्व तथा सौन्दर्य

काव्यवस्तु जीवन-जगत के तीन प्रधान पहलू हैं—रूप, भाव और कर्म। वस्तुनिष्ठ दृष्टि से सौन्दर्य रूपगत विशेषता है। व्यक्तिनिष्ठ दृष्टि से वह एक विशेष प्रकार का आनन्द देने वाला धर्म है। यह विशेषता अनुभूति की निर्लिप्तता, व्यावहारिक उद्देश्यहीनता, मानसिक सार्थकता, सार्वभौमिकता और अलौकिकता में है। इस व्यापक अर्थ में सौन्दर्य को भावगत और कर्मगत भी मान सकते हैं, जब भाव और कर्म-निरूपण में अनुभूति उपर्युक्त विशेषताओं से युक्त होती है। अर्थात भाव या कर्म में सौन्दर्य नहीं होता, इनकी काव्याभिव्यक्ति में सौन्दर्यशास्त्रीय धर्मों का समावेश होने पर उनको सौन्दर्यात्मक माना जा सकता है। जब छायावादी युग में काव्य के सन्दर्भ में सौन्दर्य शब्द का बहुत प्रयोग होने लगा, उसे काव्य के मूल्यांकन का प्रतिमान मानकर काव्य के प्रत्येक पहलू के साथ सौन्दर्य शब्द जोड़ा जाने लगा जैसे वस्तु-सौन्दर्य, भाषा-सौन्दर्य आदि। इस प्रयोग में रूप के साथ सौन्दर्य का सम्बन्ध भुला दिया गया। रसवादी समीक्षकों ने भी सौन्दर्य की चर्चा आरम्भ की। काव्य के कथ्य में रूप के अतिरिक्त भाव और कर्म के सम्बन्ध में सौन्दर्य की चर्चा करने वाले प्रथम आचार्य-समीक्षक शुक्ल जी थे। उन्होंने प्रधानतः धार्मिक, सामाजिक और नैतिक मान्यताओं के आधार पर भाव-सौन्दर्य और कर्म-सौन्दर्य का मूल्यांकन किया, यद्यपि वे भाव और कर्म को सौन्दर्यमय बनाने वाले सौन्दर्यशास्त्रीय तत्त्वों से अभिज्ञ थे और अपनी व्यावहारिक आलोचनाओं में उनकी ओर संकेत भी किया है। शुक्ल जी के अनुसार "कविता केवल वस्तुओं के ही रूप-रंग के सौन्दर्य की छटा ही नहीं दिखाती, प्रत्युत कर्म और मनोवृत्ति के सौन्दर्य के भी अत्यन्त मार्मिक दृश्य सामने रखती है। वह जिस प्रकार विकसित कमल, रमणी के मुखमण्डल आदि का सौन्दर्य मन में लाती है, उसी प्रकार उदारता, वीरता, त्याग, दया प्रेमोत्कर्ष इत्यादि कर्मों तथा मनोवृत्तियों का सौन्दर्य भी मन में जमाती है।"[1] यहाँ दो बातें ध्यान देने योग्य हैं। एक, भाव या कर्म को 'दृश्य' या बिम्ब रूप में प्रस्तुत करना है। दो, उनका विधान मन में जमाने वाला या रमणीय होना आवश्यक है। ये काव्य में भाव और कर्म के सौन्दर्य निरूपण के वस्तुनिष्ठ और अनुभूतिनिष्ठ पहलू हैं।

जीवन में सुन्दर-असुन्दर का प्रश्न वस्तु-जगत के मूर्त्त रूप के सन्दर्भ में ही उठता है। भाव और कर्म रूपाश्रय के अभाव में अमूर्त्त हैं। जीवन में भाव और कर्म को सुन्दर या असुन्दर नहीं कहते। राम का प्रेम सुन्दर है—भाषा में इस तरह का प्रयोग नहीं होता। सच्चाई, तीव्रता, गहराई आदि के आधार पर भाव का मनोवैज्ञानिक मूल्यांकन होता है। सामाजिक मान्यताओं के अनुसार भाव के उचित या अनुचित होने का भी निर्णय होता है। कर्म का मूल्यांकन सामाजिक-नैतिक दृष्टि से होता है जैसे अच्छा-बुरा, उचित-अनुचित, उदात्त-अनुदात्त आदि। अर्थात् जीवन में भावना सच्ची या झूठी होती है और कर्म अच्छा या बुरा। जब काव्य में भाव और कर्म की रूपात्मक अभिव्यंजना होती है तभी उनके साथ सौन्दर्य का प्रश्न आता है। काव्य-साहित्य के रूप, भाव और कर्म के विधायक और निषेधात्मक दोनों पहलुओं की अभिव्यक्ति होती है। उसमें रूप-कुरूप, सत्य-असत्य, अच्छा-बुरा या शुभ-अशुभ-द्वन्द्वात्मक दोनों स्थितियों का निरूपण होता है। तब प्रश्न उठता है कि जीवन के निषेधात्मक पहलुओं का मूल्यांकन जीवन-सापेक्ष दृष्टि से करें या उनकी सफल अभिव्यंजना के सौन्दर्य के आधार पर? क्या जीवन के सौन्दर्य के निरूपण में ही सौन्दर्यानुभूति होती है, कुरूपता की मूर्त्त व्यंजना में नहीं? सूक्ष्म दृष्टि से विचार करने पर स्पष्ट हो जाता है कि जीवन की कुरूपता, असत्य और बुराई या अशुभ काव्य-साहित्य में मूल्य-परिवर्तन के साथ, नये मूल्यों के आपादान से मानवीय संवेदना का विषय होकर संवेद्य अनुकूल प्रतिक्रिया उत्पन्न कर सकते हैं। उनके सम्मूर्त्तन की सौन्दर्यानुभूति निषेधात्मक पहलू की अनुभूति या प्रतिक्रिया का अंग बन जाती है।

काव्य-साहित्य में रूप, भाव और कर्म के सम्मूर्त्तन के सम्बन्ध में एक और प्रश्न भी उठता है कि क्या जीवन की मूल्यानुभूति और काव्य में उनके सम्मूर्त्तन की अनुभूति एक ही है? जीवन-मूल्यों और काव्य-मूल्यों को एक ही मनाने वाले आचार्य सौन्दर्य को संवेद्य बनाने का साधन मात्र मानते हैं। दूसरी ओर सौन्दर्यशास्त्री जीवन-मूल्यों और कलात्मक-मूल्यों में अन्तर करते हैं। काँट के अनुसार मूर्त्त रूप के सौन्दर्य की अनुभूति ही शुद्ध सौन्दर्यानुभूति है, जीवन सापेक्ष मूल्यानुभूति या भावानुभूति आनुषंगिक अनुभूति है। क्रोचे इस विचारधारा को चरम सीमा पर ले जाकर कहते हैं कि सृष्टि-सौन्दर्य और जीवन-मूल्यों के साथ कवि कल्पना-जन्य बिम्बात्मक रूप के सौन्दर्य का कोई सम्बन्ध ही नहीं है।

इस सन्दर्भ में रूप के साथ भाव और कर्म के सम्बन्ध पर भी विचार करना आवश्यक है। जीवन और काव्य में सामान्यतः वस्तु का रूप प्रेरक तत्त्व है और भाव एवं कर्म उस प्रेरणा से उत्पन्न मानसिक तथा शारीरिक प्रतिक्रियाएँ हैं। पहला उद्दीपक है और दूसरा उद्दीपक स्थितियाँ हैं। समष्टि रूप में ही उन पर विचार होना चाहिए। पिछले अध्याय में रूप-सौन्दर्य की चर्चा में यही दृष्टि अपनाई गयी है। जहाँ भाव और कर्म का जीवन में अपना स्वतन्त्र मूल्य होता है, वे परिस्थिति के

अनुसार रूप का उत्कर्ष भी करते हैं। क्रियाशीलता में स्थितिशील रूप गतिशील होकर विभिन्न भंगिमाओं में सौन्दर्य का वर्धन करता है। भावात्मक स्पन्दनशीलता में रूप की प्रतिमा सजीव होकर अधिक आकर्षक बनती है। भाव की अनुभूति की दशा में उसकी अभिव्यक्ति इन्द्रियों के माध्यम से ही होती है। इस ऐन्द्रिय अभिव्यक्ति में रूप का बाहरी आकार-प्रकार एवं रंग अधिक दीप्त हो उठता है।

भावों की प्रकृति के अनुसार रूप-सौन्दर्य का वर्णन या विघटन होता है। भावों की सुखात्मक अनुकूल अनुभूति में रूप अधिक आकर्षक बनता है तो दुखात्मक प्रतिकूल अनुभूति में रूप-सौन्दर्य मलीन हो जाता है। शृंगार रस में संयोग और वियोग की स्थितियों में आलम्बन का रूप इस तरह परिवर्तित होता है। मन में आशा, कामना, लज्जा, उत्साह, करुणा, श्रद्धा, आदि कोमल भावनाओं के संचार से रूप उज्ज्वल बन चमक उठता है। मुख, नेत्र आदि अवयवों में सौन्दर्य की यह दीप्ति अधिक प्रतिफलित होती है। इसके विपरीत वासना, ईर्ष्या, वेदना, भय, क्रोध आदि तामसी भावनाओं के प्रभाव से रूप का सौन्दर्य घट जाता है। मुख, नेत्र और शरीर अपनी स्वाभाविक कान्ति को खोकर पीले या काले पड़ जाते हैं। इसी तरह मनुष्य के क्रियाकलाप भी रूप में परिवर्तन लाकर कभी सौन्दर्य का वर्धन करते हैं तो कभी उसका विघटन। किसी की चाल, काम करने का रंग-ढंग आदि शोभामय है तो किसी का बेढंगी या कुरूप। उससे रूप का प्रभाव बढ़ता या घटता है। यहाँ भाव या कर्म को रूप-सापेक्ष दृष्टि से देख रहे हैं। जीवन में उनके मूल्य, महत्त्व और जीवन के विकास या प्रगति में उनके योगदान पर विचार नहीं हो रहा है।

रूप-सौन्दर्य को बढ़ाना भाव का कर्म की सात्विकता पर निर्भर करता है। रावण पर क्रुद्ध राम का रूप सुन्दर लगता है। भावनाओं की कोमलता या उग्रता से रूप-सौन्दर्य को सदा जोड़ा नहीं जा सकता। उग्र भावना से प्रेरित होने पर भी शिव के तांडव में उदात्त सौन्दर्य का आभास मिलता है। इसी तरह भावना की सुखात्मकता या दुखात्मकता को लेकर हमेशा रूप की सुन्दरता या कुरूपता का निर्धारण नहीं किया जा सकता। मानिनी नायिका का रूप और आकर्षक माना जाता है। क्रोध से भरा बच्चे का मुँह माँ को प्यारा-प्यारा लगता है।

भाव और कर्म के सौन्दर्य पर विचार दो कोणों से किया जा सकता है। एक, भाव और कर्म को रूप से सम्बन्ध करके सहायक या विरोधी तत्त्वों के रूप में, जैसा ऊपर संकेत किया गया है। दूसरा, भाव और कर्म की अपनी मूल्यवत्ता के आधार पर। मानव-जीवन में रूप-सौन्दर्य से कहीं अधिक महत्त्वपूर्ण भूमिका भाव-विचारों और कर्म की है। उनसे मानवीय सभ्यता और संस्कृति का विकास, उत्थान-पतन होता है। वैयक्तिक धरातल पर मनुष्य के स्वभाव, व्यक्तित्व और चरित्र के साथ उनका घनिष्ठ सम्बन्ध है। व्यक्ति की संस्कारिता और आत्मोन्नति के सूचक और निर्धारक भाव-विचार और कर्म ही हैं। सामाजिक दृष्टि से उनका औचित्य-अनौचित्य,

शिष्टता-अशिष्टता, नैतिकता-अनैतिकता, उदात्तता-अनुदात्तता भाव और कर्म के मूल्य के व्यंजक हैं। दोनों के मूल में मनोवैज्ञानिक तत्त्व भी क्रियाशील होकर उनके स्वरूप और परिणामों को निर्धारित करते हुए वैयक्तिक, सामाजिक और मानवीय धरातलों पर उनकी मूल्यवत्ता या मूल्यहीनता प्रकट करते हैं। प्रधानतः भावों का मूल्य मनोवैज्ञानिक, विचारों का दार्शनिक या चिन्तनपरक और कर्म का सामाजिक है।

जब काव्य में भाव और कर्म का निरूपण होता है कवि उसे संवेद्य और ग्राह्य बनाने का प्रयत्न करता है। इस प्रयत्न में भाव-विचार और कर्म के मनोवैज्ञानिक, दार्शनिक और सामाजिक आयामों के साथ—सौन्दर्यशास्त्रीय आयाम भी जुड़ता है। उसके बिना काव्य, काव्य नहीं होता। सौन्दर्यात्मक मूल्य के साथ जुड़कर संवेद्य बनने की प्रक्रिया में भाव और कर्म के मूल्य, जीवन के मूल्यों के रूप में ही स्वीकृत हो सकते हैं या परिवर्तित होकर नयी मूल्य-व्यवस्था का द्योतन कर सकते हैं। यह जीवन और उसकी मूल्य व्यवस्था के प्रति कवि के दृष्टिकोण पर निर्भर करता है। काव्य की आलोचना करते समय जीवन मूल्यों और काव्य मूल्यों के अन्तर का ध्यान रखना आवश्यक है। जीवन में मूल्य व्यवस्था के साथ संवेद्य और सौन्दर्य का प्रश्न नहीं उठता, स्वीकृति या अस्वीकृति का ही प्रश्न उठता है। दूसरी स्थिति में उसके विरुद्ध व्यक्ति का विद्रोह होता है। काव्य में जीवन मूल्य मम्मट के शब्दों में 'कान्तासम्मित' है। परिवर्तित-अपरिवर्तित वे सौन्दर्यात्मक हैं। सौन्दर्य दृष्टि मनुष्य के गुण-धर्मों को संवेद्य ही नहीं बनाती, उन्हें नया रूप देती है, अनुभूति का नया स्पर्श देती है। जीवन में आज्ञा और अनुशासन मानवीय संवेदना के विषय बनते हैं। कवि के दृष्टिकोण का तात्पर्य उसके वैचारिक जीवन दर्शन मात्र से नहीं है, बल्कि जीवन की सौन्दर्यात्मक चेतना से है।

प्रतिभाशाली कवि जीवन की सौन्दर्यात्मक चेतना को अपने ढंग से व्यंजित करता है। इसलिए यह कहना कठिन है कि भाव-जगत और कर्म-जगत की सौन्दर्यात्मक आधारभूमि क्या है और उनकी अभिव्यंजना की सौन्दर्यशास्त्रीय विशेषताएँ क्या हैं? व्यापक अर्थ में आधारभूमि मानवीय संवेदना या मानवीयता कह सकते हैं जो दार्शनिक चेतना एवं दृष्टि के बल पर सौन्दर्य की सूक्ष्म, गहरी और गम्भीर छायाओं का उद्घाटन करती हैं। सौन्दर्यात्मक अभिव्यंजना की प्रक्रिया और पद्धतियाँ काव्य के इतिहास में अनेकरूपा हैं। अमूर्त्त सौन्दर्य को मूर्त्त बनाने के नये-नये प्रयत्न होते ही रहेंगे। कोमलता, सुकुमारता, माधुर्य, सरलता, सहजता या नैसर्गिकता, स्वच्छन्दता, सात्विकता, संस्कारिता, उदात्तता आदि भाव और कर्म को सौन्दर्यात्मक बनाने वाले युग-धर्म हैं। बिम्ब, प्रतीक, अप्रस्तुत, लय आदि सौन्दर्यात्मक अभिव्यंजना पद्धतियाँ हैं। दोनों में सौन्दर्यशास्त्रीय दृष्टि से दो तत्त्व क्रियाशील हैं—आदर्शीकरण और कल्पना। कलावादी या सौन्दर्यवादी प्रेषणीयता को रूपात्मक अभिव्यक्ति का अनिवार्य अंग और सौन्दर्यशास्त्रीय धर्म स्वीकार नहीं करते। लेकिन सम्मूर्त्तन में बोधगम्य तरलता

या प्रसाद गुण सम्प्रेषण का अंग और सौन्दर्यशास्त्रीय धर्म है। काव्य में शब्द रूप और शाब्दिक संरचना से भाव का तरल प्रकाशन सौन्दर्य की आभा ही है। यह भाव-सम्प्रेषण का एक पहलू है।

सूर के भावजगत और कर्मजगत के सौन्दर्य के अनुशीलन की भूमिका के रूप में ये सैद्धान्तिक विचार प्रस्तुत किये गये हैं। उनके आलोक में सूर के भाव-सौन्दर्य और कर्म-सौन्दर्य का अनुशीलन करने पर तत्सम्बन्धी उत्कर्ष का पता ही नहीं चलता, बल्कि भावव्यंजना तथा क्रिया-व्यापारों के वैविध्य के अभाव को लेकर उत्पन्न गलत-फहमियाँ भी दूर हो जाती हैं।

2. भाव-सौन्दर्य, कर्म-सौन्दर्य और मूल्य-व्यवस्था

क्लासिकल और रोमांटिक प्रवृत्तियों का एक प्रमुख अन्तर यह माना जाता है कि पहले में जीवन-मूल्यों की व्यवस्था सन्तुलित होती है जबकि दूसरे में एकांगी होकर कुछ विशेष मूल्यों का आग्रह किया जाता है। क्लासिकल प्रवृत्ति के कवि का दृष्टिकोण सामाजिक और रोमांटिक कवि का दृष्टिकोण अन्तर्मुखी, वैयक्तिक, भावात्मक तथा कल्पनाशील होने के कारण प्रायः ऐसा होता है। मध्ययुग में तुलसी पहली प्रवृत्ति के और सूर दूसरी प्रवृत्ति के उदाहरण हैं। सौन्दर्य, वात्सल्य, सख्य और प्रेम के कवि ने जीवन में उन्हीं के मूल्यों को स्वीकार किया है और काव्य-रचना में उन्हीं को उभारा है। शेष मूल्यों की उपेक्षा की गयी है या उनका निराकरण किया गया है, विशेषतः जब वे उपर्युक्त मूल्यों की सफलता में बाधक हैं। पारिवारिक सम्बन्धों के माधुर्य के, वात्सल्य के कवि ने पारिवारिक-सामाजिक मर्यादा के मूल्यों को भी नकारा है जब वे प्रेम के मार्ग में कंटक बने हैं। उन चार मूल्यों के साथ भक्ति को भी एक मूल्य मानते हैं तो विनय के पदों को छोड़कर अन्यत्र उसकी स्वतन्त्र सत्ता का आभास कम मिलता है। वह सौन्दर्य, वात्सल्य, सख्य और प्रेम में अन्तर्भुक्त होकर मानवीय संवेदना के परिवेश में व्यंजित हुई है। आध्यात्मिक मूल्य के रूप में भक्ति का प्रतिपादन लीला-कीर्तन के पदों का कम स्थानों पर हुआ है। सूर ने जिन मूल्यों का प्रतिपादन किया है उनका चित्रण या ट्रीटमेंट अन्य कवियों से भिन्न है। वे मानवीय परिवेश में अवश्य प्रस्तुत किये गये हैं, लेकिन यथार्थ और सामाजिक धरातल पर नहीं। कवि की दृष्टि भाववादी है, वस्तुवादी नहीं। इसीलिए उनके चित्रण में भावनाओं और कल्पना को अधिक प्रश्रय मिला है। सौन्दर्य निरूपण ऐन्द्रिय अवश्य है, पर भौतिकतावादी नहीं। प्रश्न उठता है कि क्या यह एकांगी मूल्य दृष्टि काव्य के मूल्य को घटा नहीं देता। प्रकारांतर से शुक्ल जी ने यही आक्षेप किया है कि सूर के काव्य में जीवन की गतिविधि और भाव-व्यंजना का वैविध्य नहीं है। इस सन्दर्भ में हमें सूर के आनन्दवादी जीवनदर्शन, उसके अत्युन्नत धरातल और उसकी साधना भूमि को ध्यान में रखकर मूल्य-व्यवस्था का अनुशीलन करना चाहिए। जब

कवि की दृष्टि लौकिक-सामाजिक मूल्यों से परे उच्चतम मूल्यों की प्राप्ति और उसके लिए अन्तर्मुखी साधना पर है तो उसकी रचना में मूल्य-व्यवस्था को शुद्ध लौकिक दृष्टि से एकांगी नहीं कहा जा सकता। सौन्दर्य, प्रेम और आनन्द के उदात्त बिन्दु पर सभी मूल्य एकोन्मुख हो जाते हैं। साधारण रोमांटिक कवि सौन्दर्य, प्रेम और आनन्द को लौकिक धरातल पर महत्त्व देकर मूल्य-व्यवस्था को एकांगी और असन्तुलित कर देता है। उस तरह की स्थिति सूर की काव्य-रचना की नहीं है।

कृष्ण भक्ति में वात्सल्य, सख्य और मधुर तीनों प्रकार की भक्ति-भावना अन्ततः प्रेममूला है। सूर ने जीवन और काव्य में प्रेम-साधना को ही एकमात्र लक्ष्य माना है। उस प्रेम-साधना का आधार सौन्दर्य है और सिद्धि आनन्द है। इस तरह सभी मूल्य प्रेम से सम्बद्ध हो जाते हैं। दृष्टि, साधना और सिद्धि सभी को एक ही प्रेम के मूल्य में केन्द्रित करके सूर ने अपना एक लक्ष्य निर्धारित कर लिया और उसकी सिद्धि में अद्वैत-भावना प्राप्त की। अद्वैत में द्वन्द्व के लिए, विभिन्न मूल्यों के लिए स्थान नहीं है। सूर लौकिक मूल्य-व्यवस्था और उसमें सामंजस्य के कवि नहीं अमूल्य-व्यवस्था के कवि हैं, जहाँ एकाग्र साधना के द्वारा सब कुछ एकोन्मुख हो जाता है।

इस सन्दर्भ में उस प्रेम-साधना के स्वरूप और मूल्य को समझना आवश्यक है। आचार्य हजारीप्रसाद द्विवेदी का कहना है भगवान को प्रेम-स्वरूप समझकर साधना करना जीवन का पूर्ण आध्यात्मिक सत्य है—"जो उसे ज्ञानमय समझते हैं, ब्रह्म समझते हैं, उसके एक अंश को जानते हैं, पर जो प्रेममय समझते हैं, वे उसके सम्पूर्ण अंश को जानते हैं।"[2] भ्रमरगीत प्रसंग में गोपिकाओं के प्रेम के द्वारा सूर ने प्रेम-साधना के स्वरूप और महत्त्व को स्पष्ट किया है—

प्रेम प्रेम तें होइ प्रेम तें पारहि जाइयै।
प्रेम बंध्यौ संसार प्रेम परमारथ लहियै।
साँचौ निहचै प्रेम कौ जीवन्मुक्ति रसाल।
एकै रिहचै प्रेम को जनै मिलै गोपाल।।

यह प्रेम तत्त्व शाश्वत है। भगवान गोपिकाओं के वश में हो जाते हैं और उनके साथ वृन्दावन में नित्य लीला करते हैं—

तुम तै दूरि होत नहिं कबहूँ, तुम राख्यौ मोहिं घेरि।
तुम कारन वैकुंठ तजत हौं, जनम लेत ब्रज आइ।।

यह तो हुआ प्रेम का आध्यात्मिक रूप जिसे सूर जीवन का चरमलक्ष्य मानते हैं। काव्य के सन्दर्भ में यह प्रेम सहज मानवीय रूप में प्रस्तुत हुआ है। गोपिकाओं के नेत्र उस अनन्त सौन्दर्य को देखकर प्रेम में बँधे हैं—

खंजन नैन सुरंग रसमाते।
अतिसय चारू बिमल चंचल ये पल पिंजरा न समाते।
× × ×

चलि चलि जात निकट स्रवननि के सकि तांटक फंदा तें।
सूरदास अंजन गुन अटके नतरू कबै उड़ि जाते।।

प्रेम का आधार सौन्दर्य है जो गोपिकाओं के तन-मन को उस ओर खींच लेता है। उस आकर्षण में वे प्रेमवश हो जाती हैं–"प्रेम विवश सब ग्वालि भई।" उस प्रेम में यशोदा से कृष्ण के अत्याचारों की झूठी शिकायतें करती हैं। उनके अन्तरमन की अभिलाषाएँ इस रूप में प्रकट होती हैं। उन शिकायतों में काम-प्रेमजन्य रसानुभूति भी निहित है। कृष्ण छेड़-छाड़ करते हुए स्वयं उस प्रेम के वश में हो जाते हैं–

प्रीति के बस्य में हैं मुरारी।
प्रीति के बस्य नटवर सुभेषहिं धरयों, प्रीति बस करज गिरिराज धारी।
प्रीति के बस्य ब्रज भए माखनचोर, प्रीति के बस्य दाँवरि बँधाई।
× × ×
प्रीति के बस्य प्रभु सूर त्रिभुवन बिदित, प्रीति बस सदा राधिका स्वामी।।

प्रेम के कारण ही कृष्ण गोपी रमण कहलाते हैं। यहाँ ध्यान देने की बात है कि एक ओर प्रेम में मधुर लीलाओं का उल्लेख है तो दूसरी ओर प्रेम में प्रेमी की रक्षा की भावना भी सूचित है। गोवर्धन धारण और दावानल निवारण के प्रसंगों से स्पष्ट है कि सूर की दृष्टि में कर्म प्रेमप्रेरित है। सूर ने कृष्ण के दुष्ट संहार और रक्षा को–कर्म को लोक-समाज-कल्याण के रूप में नहीं, प्रेम लीला में बाधक या साधक तत्त्व के रूप में स्वीकार किया है। अर्थात साध्य कर्म नहीं, प्रेम है।

जीवन में यह प्रेम सदा के लिए नहीं होता। संयोग वियोग में बदल जाने के लिए कोई न कोई लौकिक कारण (या कर्म) उपस्थित हो जाता है। उस स्थिति में गोपिकाओं की अपार वेदना गूँज उठती है–

प्रीति करि काहू सुख न लह्यो।
× × ×
हम जौ प्रीति करी माधव सों चलत न कछु कह्यो।
सूरदास प्रभु बिनु दुख पावत नैननि नीर बह्यो।।

संयोग शाश्वत न होने पर भी प्रेम की अनुभूति में एक अपूर्व माधुर्य है जो संयोग-वियोग की स्थितियों को पार कर जाती है। आनन्द और वेदना उसके व्यक्त रूप मात्र हैं।

गोपिकाओं के इस सहज प्रेम-निरूपण में अन्य मूल्यों का निराकरण हो गया है। पुष्टिमार्गीय प्रेम लौकिक बन्धनों को स्वीकार नहीं करता। चीरहरण प्रसंग लोकलज्जा को छोड़कर प्रेम में आत्मसमर्पण का प्रतीक है। कृष्ण का मुरलीवादन सुनकर रासक्रीड़ा के लिए दौड़ पड़ने वाली गोपिकाओं की प्रेम-विह्वलता सामाजिक मूल्य-व्यवस्था को छिन्न-भिन्न कर देती है–

कुल मर्जादा बेद की आज्ञा नेकहुं नहीं डरी।।
गृह गुरू लाज सूत सों तोर्‌यों डरी नहीं व्यवहार।

इक पय पियत चली तजि बालक छोभ नहीं किछु कीन्हों।।
इक पति सेवा करत चली उठि व्याकुल तनु सुधि नाहीं।।

सूर की रचना में जीवन-मूल्यों और कलात्मक-मूल्यों में कोई ज्यादा अन्तर नहीं है। कृष्णभक्त कवि के रूप में सूर ने सौन्दर्य और प्रेम के जिन मूल्यों और आदर्शों को जीवन की साधना में स्वीकार किया है, उन्हीं का सौन्दर्यात्मक निरूपण काव्य-रचना में हुआ है। सूर की सौन्दर्य चेतना, कल्पना और भावना में जीवन का सौन्दर्य, प्रेम और आनन्द मूर्त्त हो उठे हैं। बहुत करके हम यह कह सकते हैं कि सुर ने उन्हें जीवन से अधिक गहरे रंग में रँगा है, मूल्यों का उन्नयन और आदर्शीकरण किया गया है। उनकी रचना में जीवन के निषेधात्मक पहलुओं के लिए—कुरूपता, असत्य और बुराई या अशुभ के लिए कोई स्थान ही नहीं है। प्रेम की सुख-दुखात्मक अनुभूतियों के माध्यम से अभिव्यक्त होने पर भी सूर की सौन्दर्य-चेतना और प्रेम-भावना अन्ततः द्वन्द्वात्मक दृष्टि से परे है। इसलिए वह आनन्दात्मक है। उस आनन्द की स्थिति में जिस तरह अन्य लौकिक-सामाजिक मूल्यों का निराकरण हुआ है, उसी तरह जीवन के निषेधात्मक मूल्यों के अस्तित्व को भी स्वीकृति नहीं मिली है। इन दोनों तथ्यों को ध्यान में रखकर न देखने पर सूर की रचनाधर्मिता संकुचित और कहीं-कहीं कामवासना ग्रस्त लग सकती है।

सूर के सौन्दर्यमय प्रेम जगत में भाव-सौन्दर्य और कर्म-सौन्दर्य की चर्चा, उनकी काव्य प्रवृत्ति की प्रकृति और उसके स्वरूप के सन्दर्भ में ही की जा सकती है। अधिकांश भाव-व्यंजना सौन्दर्य और प्रेम से प्रत्यक्ष-अप्रत्यक्ष-सम्बंद्ध है। उस प्रेम-भाव-व्यंजना में कोमलता और वेदना को छोड़कर उग्र पुरुष भावनाओं के लिए कोई गुंजाइश नहीं है। सौन्दर्य और प्रेम की वह रंगीन छटा पाठक को कल्पना लोक में ले जाकर यूटोपिया की सृष्टि करती है। आप आक्षेप कर सकते हैं कि वह जीवन का यथार्थ भाव-जगत नहीं है। लेकिन वह मानव जाति का सुन्दर और मधुर स्वप्न है। सूर के काव्य में कर्म-सौन्दर्य की भी वही स्थिति है। कर्म, वात्सल्य, सख्य और प्रेम सम्बन्धी चेष्टा व्यापार मात्र है जो सौन्दर्य से दीप्त हो उठता है। राजनीतिक, धार्मिक, सामाजिक, सांस्कृतिक किसी भी दृष्टि से मनुष्य के महत्त्वपूर्ण कार्य-व्यापारों का निरूपण सूरसागर में नहीं है, और न वह सूर की रचना के उद्देश्य के अन्तर्गत आता है। उपर्युक्त दिशाओं में कृष्ण के कार्य की महानता की (शुक्ल जी के शब्दों में कृष्ण के दुष्ट-संहारक रूप की) जान-बूझकर उपेक्षा की गयी है। जीवन की यथार्थता में ही कर्म के महत्त्व का प्रतिपादन हो सकता है। उसकी रचनात्मक शैली वस्तून्मुख होती है। वस्तु और यथार्थ से भाव और कल्पना को प्रधानता देने वाले कलाकार की दृष्टि में कर्म का सौन्दर्य निम्न सामाजिक धरातल का है, सच्चा सौन्दर्य भाव (Idea) का होता है जिसका उन्मेष मानसिक और आध्यात्मिक धरातलों पर ही सम्भव है। भावनाओं और कर्म के वैविध्य और जीवन-सापेक्ष महत्त्व की उपेक्षा करके सूर ने

लौकिक-सामाजिक मूल्य-व्यवस्था को नकारा अवश्य है, साथ ही उन्होंने उससे ऊँची एक दूसरी व्यवस्था की ओर ले जाने का प्रयत्न किया है। जीवन के सौन्दर्य, प्रेम और आनन्द पर आधारित वह व्यवस्था अधिक उन्मुक्त और स्फूर्तिदायी है। वह जीवन का प्रेय तो है, श्रेय भी है या नहीं, इसके सम्बन्ध में मतभेद हो सकता है।

3. भाव-व्यंजना से सौन्दर्य का उत्कर्ष

पता नहीं सूर ने कितने बाल-मनोभावों का चित्रण किया है। उनका प्रतिफलन आलम्बन में बहुत कम दिखाया गया है। कृष्ण का रूप उनके मातृप्रेम और गोपिका प्रेम में उद्दीप्त और उज्ज्वल नहीं होता। बाल्यावस्था में उनकी भावनाओं की प्रतिक्रिया आश्रय माता यशोदा और गोपिकाओं में दिखाई गयी है। आलम्बन के रूप, मनोभाव और चेष्टा व्यापार तीनों से आश्रय के मन में आकर्षण, अनुराग और हर्ष बढ़ जाते हैं। आलम्बन कृष्ण उनकी दृष्टि में और अधिक आकर्षक और सौन्दर्यमय लगते हैं। सूरसागर में भाव व्यंजना के द्वारा सौन्दर्य का उत्कर्ष इसी रूप में हुआ है। सौन्दर्य की यह छटा आलम्बन और आश्रय के रूपगत उतना नहीं है जितना परिस्थिति और दृश्यगत है। यौवन की प्रेम भावना में भी सौन्दर्य पूरे सन्निवेश में निहित है। इसलिए भाव और चेष्टा-व्यापारगत सौन्दर्य को लीला-सौन्दर्य कहना ही ज्यादा उचित है।

माखन चोरी का प्रसंग है—

चोरी करत कान्ह धरि पाये।
निसि बासर मोहिं बहुत सतायो अब हरि हाथहिं आये।
माखन दधि मेरो सब खायो बहुत अचगरी कीन्ही।
अब तौ घात परे हौ लालन तुम्हैं भले मैं चीन्हीं।
दोउ भुजि पकरि कह्यों कहँ जैहौ माखन लेउ मँगाइ।
तेरी सौं मैं नेंकु न खायो सखा गये सब खाई।
मुख तन चितै बहँसि हरि दीन्हो रिस तब गयी बुझाइ।
लियो स्याम उर लाइ ग्वालिनी सूरदास बलि जाइ।।

यहाँ चोरी करते पकड़ने का हर्ष, अत्याचार पर रोष, कृष्ण का भोलेपन का बहाना, मजबूरी में उसका हँस देना, गोपिका के अव्यक्त प्रेम का प्रकाशन—भावों का यह गुंफन सन्निवेश को अपूर्व सौन्दर्य और माधुर्य से भर देता है।

यौवन लीलाओं में भी राधा और गोपिकाओं के अनुराग की विभिन्न मनोभावनाएँ और स्थितियाँ प्रसंग को अपूर्व माधुर्य से भर देती हैं। पनघट पर कृष्ण के रूप-सौन्दर्य और मधुर मुस्कुराहट को देखकर भाव-विह्वल गोपी की यह स्थिति है—

सूर स्याम मुरि मुसुकयानी, छबि अँखियनि रही।
हौं न जान्यौ री कहाँ ही और को ही।।

आलम्बन की कोमल भावनाएँ ही नहीं, कभी-कभी क्रोध, खीझ आदि उग्र या

अननुरंजनकारी भावनाएँ भी आश्रय के लिए आकर्षक और आनन्ददायी बन जाती हैं। क्रोध में आकर कृष्ण कहते हैं—

यह ले अपनी लकुटि कमरिया बहुतहिं नाच नचायौ।।

तो क्रोध भरा वह मुँह यशोदा को प्यारा-प्यारा ही लगता है—

मोहन को मुख रिस समेत लखि, जसुमति सुनि-सुनि रीझै।।

कृष्ण की शिकायतें यशोदा को मधुर लगती हैं तो उनके छेड़छाड़ में प्रकट रूप से क्रोध करते हुए भी गोपिकाएँ मन ही मन आनंदित होती हैं। जीवन में क्रोध उग्र भावना है जो आलम्बन को विचलित कर देता है और आश्रय में भय का भाव उत्पन्न करता है। धर्मबद्ध सात्विक क्रोध विरोधी के लिए भयभीत करने वाला होने पर भी पाठक के लिए आनन्ददायी हो सकता है। जहाँ क्रोध दिखावा या बहाना है, जहाँ वह हानिकारक नहीं है, जैसे माता-पिता को बालकों का क्रोध मधुर और आकर्षक ही लगता है। ऐसे सन्निवेश सूरसागर की बाललीलाओं में अनेक हैं। उन प्रसंगों में कृष्ण का सौन्दर्य केवल रूपाश्रित नहीं रह जाता, वह विरोध और तीखेपन में भावाश्रित होकर और अधिक हृदय हो जाता है।

कृष्ण के खीजने का यह दृश्य है—

खीजत जात माखन खात।
अरुन लोचन भौंह टेढ़ी बार बार जँभात।
कबहुँ रुनझुन चलत घुटुरुनि धूरि धूसर गात।
कबहुँ झुकि कै अलक खैंचत नैन जल भरि जात।
कबहुँ तोतर बोल बोलत कबहुँ बोलत तात।
सूर हरि की निरखि सोभा निमिष तजत न मात।।

खीजकर भी कृष्ण माखन खाता जा रहा है। उसके चेष्टा-व्यापार में सौन्दर्य और विकृति का सम्मिश्रण है। लेकिन माता के लिए उस रूप का आकर्षण बढ़ जाता है।

बचपन में भय की मनःस्थिति विलक्षण सौन्दर्य से भरी होती है। माता हाऊ की बात करके बच्चे को डराने की कोशिश करती है। बच्चा कभी सचमुच डरकर वर्जित काम छोड़ देता है तो कभी फिर प्रश्न करने लगता है। यशोदा कहती है—

खेलत दूरि जात कत कान्हा।
आजु सुन्यो मैं हाऊ आयो तुम नहिं जानत नान्हा।
इक लरिका अबहीं भजि आयो रोवत देख्यो ताहि।
कान तोरि वह लेत सबनि के लरिका जानत जाहि।।

कृष्ण प्रश्न करता है—

तब हँसि बोले कान्हर मैया कौन पठाए हाऊ।।

भय आस्वाद्य भाव नहीं है। लेकिन भय का कारण कल्पित होने से वह मधुर हो जाता है। यहाँ सौन्दर्य न आलम्बनगत है और न आश्रयगत, बल्कि पाठक के भावन

में है। सूर ने कहीं-कहीं भाव प्रसार में उज्ज्वल कृष्ण और गोपिकाओं की झलक प्रस्तुत की है तो सामान्यतः परिस्थिति, सन्निवेश और मनःस्थिति के कारण प्रसंग या लीला में सौन्दर्य का उत्कर्ष दिखाया है। उस उत्कर्ष में कोमल और अनुरंजक दोनों प्रकार के भावों का योग है।

4. सौन्दर्यात्मक भाव-निरूपण

भारतीय आचार्यों ने भावों के आस्वाद्य रूप को रस की संज्ञा दी है। पाश्चात्य सौन्दर्यशास्त्री भावों की आस्वाद्यता को सौन्दर्यात्मक मूल्यों के कारण मानते हैं। उनके मतानुसार भाव का सौन्दर्य उसके रूप-सम्मूर्त्तन में है। लेकिन भाव के रूप-सम्मूर्त्तन में यथातथ या परिवर्तित रूप में जीवन-मूल्यों की अवस्थिति अनिवार्य है। उनकी उपेक्षा करके केवल रूप-विधान के आधार पर भाव-सौन्दर्य का आकलन और मूल्यांकन सम्भव नहीं है। सूर ने केवल सौन्दर्यवर्धक रूप में ही नहीं, सौन्दर्यात्मक संवेद्य स्वतन्त्र रूप में भी भावों का उन्मेष किया है। वास्तव में दूसरा ही महत्त्वपूर्ण और सूर के काव्योत्कर्ष का प्रधान कारण है।

सूर के द्वारा वर्णित भावनाओं को कोमल, वेदनामय और उग्र तीन रूपों में बाँट सकते हैं। प्रथम स्वयं संवेद्य और सुखात्मक हैं। दूसरे दुखात्मक हैं, पर प्रेम सम्बन्धी होने के कारण पूर्ण रूप से विकर्षणात्मक नहीं हैं। तीसरे दुखात्मक और मन में तीव्र प्रकम्पन उत्पन्न करने वाले हैं। कोमल भावनाएँ अपनी प्रकृति के कारण सौन्दर्यात्मक हैं। वेदना और उग्र भावनाओं में सौन्दर्य की अनुभूति कवि की दृष्टि और भावगत मूल्य-व्यवस्था पर निर्भर करता है। कवि ने तीनों प्रकार के भावों की अभिव्यंजना को सौन्दर्यात्मक रूप प्रदान किया है। भाव को सौन्दर्यमय बनाने वाली पहली विशेषता दृश्यांकन है। परिस्थिति, आलम्बन के रूप, आलम्बन की भावना, आश्रय की भावात्मक प्रतिक्रिया, आलम्बन की भावना का आश्रय के तन-मन पर प्रभाव तथा इन सभी विशेषताओं को पात्रों के संवाद के माध्यम से व्यंजना—सब मिलकर भाव का एक सजीव दृश्य प्रस्तुत करते हैं। जहाँ पात्र संवाद में स्वयं भाग नहीं लेता वहाँ भी गोपिकाओं के बीच या माता यशोदा और गोपिकाओं के बीच या 'माई री' कहकर सम्बोधन-शैली में संवाद प्रस्तुत किया गया है। सूर ने रूप वर्णन में कल्पना के अप्रस्तुतों और बिम्बों के द्वारा उसे मूर्त्तता प्रदान की है तो भाव-निरूपण में कल्पना का कार्य चुने हुए सार्थक शब्दों के द्वारा, कभी-कभी मुहावरों और लोकोक्तियों के द्वारा, कभी उक्ति या कथन की विदग्धता के द्वारा भाव की प्रतिमा को खड़ा करना है। इस कार्य में अप्रस्तुतों का प्रयोग कम और बिम्बांकन अधिक हुआ है। सूर के अधिकांश प्रतीक धार्मिक या आध्यात्मिक हैं और प्रायः रूढ़ हैं। इसलिए उनमें सौन्दर्य का आभास कम मिलता है। लेकिन जहाँ भाव की अनुभूति की व्यंजना के लिए कुछ अप्रस्तुतों का बार-बार प्रयोग हुआ है और वे रूढ़ न होकर

भावात्मक एवं काव्यात्मक हैं, उनमें प्रतीकत्व की व्यंजकता आ गयी है। विशेषतः नेत्र वर्णन, मुरलीवादन, रासक्रीड़ा आदि विशेष भावात्मक प्रसंगां में। नेत्र के लिए मीन, खंजन आदि प्राकृतिक अप्रस्तुतों के प्रयोग में ही नहीं, लोभी, ठग आदि सामाजिक अप्रस्तुतों की योजना के द्वारा भी प्रतीक-रूप में अनुभूति की व्यंजकता बढ़ा दी गयी है। काव्य में कल्पना का प्रकार्य केवल अप्रस्तुत विधान और उसके द्वारा रूप या भाव का सम्मूर्त्तन ही नहीं है। कवि की कल्पना प्रत्यक्ष भाव-प्रतिमा की संरचना भी करती है। भाव के विविध पहलुओं को शब्दरूप देते हुए सूर की कल्पना ने उसकी अनुभूति और ऐन्द्रिय अभिव्यक्ति का समन्वित सजीव अंकन किया है। सूर के सैकड़ों पदों में यह विशेषता द्रष्टव्य है। सूर की रचना में काव्यात्मक शब्द-व्यवस्था के द्वारा भाव का प्रकाशन तथा भाव के चढ़ाव-उतार, गम्भीरता, परिवर्तन आदि का लय-विधान भी भाव-व्यंजना की कुछ अन्य सौन्दर्यशास्त्रीय विशेषताएँ हैं।

सूर के भाव-सौन्दर्य की इस सामान्य चर्चा के बाद भावों के अन्तस्थ और बाह्य रूपविधान के सौन्दर्यशास्त्रीय गुण-धर्मों पर सोदाहरण विचार करके रचना में कवि के वैशिष्ट्य को देखेंगे। रूप, भाव और चेष्टा-व्यापार तीनों में अद्‌भुतपन सौन्दर्य का प्राथमिक धर्म है। कृष्ण के बाल मनोभाव मानवीय और नैसर्गिक हैं। लेकिन मातृहृदय उनमें एक अद्‌भुतपन देखता है और उसे देखने के लिए माता बार-बार बाबा को बुलाती है। बार-बार देखने और अनुभव करने पर भी वे मनोभाव नये और अद्‌भुत लगते हैं। गोपिकाओं की भी यही मनःस्थिति और अनुभूति है। प्रेम की भावना संवेगात्मक है, संयोग में जिसका परितोष होता है। गोपिकाएँ और राधा कृष्ण के प्रेम-भाव में विस्मय-विमुग्ध हो जाती हैं। प्रेम में स्वयं उनकी अनुभूति कम विलक्षण नहीं है। ऐसा लगता है कि सूर के लिए कृष्ण की ये लीलाएँ, मनोभाव और चेष्टा-व्यापार अद्‌भुत कौतुक हैं। विविध प्रसंगों में आश्रय की अनुभूतिगत अद्‌भुतपन द्रष्टव्य है।

चाँद के लिए बालकृष्ण का हठ–

मेरो माई ऐसो हठी बाल गोविन्दा।
अपने कर गहि गगन बतावत खेलन कों माँगै चन्दा।
बासन में जल धर्‌यो जसोदा हरि कों आनि दिखावै।
रुदन करत ढूँढ़त नहीं पावत चन्द धरनि क्यों आवै।।

बाल मनोभावों को देखकर यशोदा और गोप-गोपिकाओं की प्रतिक्रिया–

बाल दसा सुख निरखि जसोदा पुनि पुनि नन्द बुलावति।।
गोपि ग्वाल करत कौतूहल घर घर बजति बधैया।।

राधा-कृष्ण का प्रेम–

सुन्दर स्याम पिया की जोरी।
सखी गाँठ दै मुदित राधिका रसिक हँसी मुख मोरी।।

प्रेम में उनकी अद्वैत स्थिति—

राधा स्याम सनेहिनी हरि राधा नेही।
राधा हरि कें तन बसै हरि राधा देही।
राधा हरि के नैन में हरि राधा नैननि।।

गोपिका की प्रेमानुभूति—

जौं देखौं तो प्रीति करौं री।
संगहिं रहौं फिरौं निसि बासर चित तें नेंकु नहीं बिसरौं री।
कैसें दुरत दुराए मेरें उन बिन धीरज नहीं धरौं री।
जाउं तहीं जहं रहैं स्याम घन निरखत इकटक तें न टरौं री।
सुनि री सखी दसा यह मेरी सो कहिधौं अब कहा करौं री।
सूर स्याम लोचन भरि देखौं कैसें इतनी साध भरौं री।।

मनोभावों की अभिव्यंजना में अद्भुत विलक्षणता है। यह केवल शैलीगत न होकर भावगत भी है। छेड़-छाड़, हास-परिहास और व्यंग्य-विनोद में यह अद्भुतपन कोमल भावनाओं के साथ मिलकर अभिव्यक्त हुआ है। माखनचोरी के प्रसंग में कृष्ण भोलेपन के साथ अद्भुत सफाइयाँ देता है—

मैया मैं नहिं माखन खायौ।
ख्याल पर ये सखा सबै मिलि, मेरै मुख लपटायौ।
देख तुही, सींके पर भाजन ऊँचे धरि लटकायो।
हौं जन कहत नान्हें कर अपनैं मैं कैसे करि पायो।
मुख दधि पोंछि बुद्धि इक कीन्हीं दोना पीठि दुरायो।
डारि साँटि मुसुकाइ जसोदा स्यामहिं कंठ लगायो।।

बहाने में क्या सौन्दर्य होता है, उसका एक और उदाहरण देखें। साफ झूठ बोलकर भी, भोलेपन के दिखावे से भाव-विह्वल किया जा सकता है—

मैं जान्यौ वह मेरौ घर है, तो धोखे में आयौ।
देखत ही गोरस में चींटी काढ़न कौ करि नायौ।।

पनघट के छेड़-छाड़ और भ्रमरगीत में हास-परिहास प्रेमभावमूलक और अधिक गम्भीर है। पहले में कुल मर्यादा का प्रश्न उठता है और दूसरे में ज्ञान-योग से प्रेम की महानता का। उद्धव के ज्ञानोपदेश को गोपिकाएँ मज़ाक समझती हैं। वेदना में यह अच्छा मनोविनोद है—

ऊधो भली करी तुम आये।
ये बातें कहि कहि दुख में ब्रज के लोग हँसाए।।

ज्ञान-योग का यह सन्देश कहीं उद्धव के साथ श्रीकृष्ण का परिहास तो नहीं है—

साँच कहौ तुमको अपनी सौं, बूझति बात निदाने।
सूर स्याम जब तुम्हैं पठाए तब नेकहु मुसकाने!

परिहास करते-करते गोपियाँ उद्धव को बेवकूफ बनाने का प्रयत्न करती हैं। गोपिकाओं को समझाने में असफल होकर उद्धव जब वापस जाने को तैयार हो जाते हैं तो कहती हैं—

ऊधो! जोग बिसरि जनि जाहु।
बाँधहु गाँठ, कहूँ जनि छूटै, फिरि पाछे पछिताहु।।

जब उनका क्रोध बढ़ जाता है तो उद्धव को धूर्त और ठग भी घोषित करती हैं।

अद्भुत लीलाओं, सन्निवेशों और मनोभावों के बीच हृदय की कोमलता, आशा-आकांक्षा और मधुर स्वप्नों का उन्मेष होता रहता है। वात्सल्य और प्रेम के दोनों सन्दर्भों में कोमल भावनाओं का यह प्रसार देखा जा सकता है। आलम्बन की आशा-आकांक्षाएँ भी व्यंजित हैं, लेकिन उनसे अधिक विस्तार आश्रय की भावनाओं का है। गोपिकाएँ बालभाव और प्रेम भाव दोनों के केन्द्र में हैं तो यशोदा में मातृ-हृदय की अत्यन्त कोमल व्यंजना है—

जसुमति मन अभिलाष करै।
कब मेरो लाल घुटुरुवनि रेगैं, कब धरनी पग द्वैक धरै।
कब द्वै दांत दूध के देखौं कब तोतरे मुख बचन झरै।
कब नन्दहिं बाबा कहि बोलै कब जननी कहि मोहिं ररै।
कब मेरो अंचरा गहि मोहन जोइ सोइ कहि मोसों झगरै।
कब धौं तनक तनक कछु खैहै अपने कर सों मुखहिं मरै।
कब हँसि बात कहैगो मोसों जा छबि तें दुख दूरि हरै।।

माता की इस अभिलाषा में मानवीय सहज भाव-व्यंजना है। प्रसंग के अनुसार अन्य कोमल भावनाओं में नैसर्गिकता, स्वच्छन्दता, उदात्तता आदि का समावेश हुआ है जिससे भाव सौन्दर्यात्मक और ग्राह्य हो सका है। ऊपर बिम्बों के योग से बालकृष्ण के बड़े होने की एक झाँकी प्रस्तुत है जो अभिव्यंजना को मूर्त्त रूप प्रदान करता है। इस पद में ही नहीं, उपर्युक्त कोमल-भाव-निरूपक सभी उदाहरणों में अप्रस्तुतों का प्रयोग नहीं है। हृदय में घुस जाने वाली सीधी व्यंजना भी ध्यान देने योग्य है।

वेदना दुखात्मक अनुभूति है। संयोग के हर्षोल्लास की सम्भावनाओं के कारण मान में दुख की अनुभूति आस्वाद्य हो सकती है। उसमें वेदना की अनुभूति हल्की भी होती है। लेकिन संयोग की सम्भावना कम होने पर या न होने पर अपार दुख में 'रस' की अनुभूति कैसे सम्भव है? सूरसागर में मान के प्रसंगों में मिलन की आशा बनी रहती है। श्रीकृष्ण के मथुरा जाने के बाद प्रवासजन्य वेदना में आशा कम हो जाती है। सूर के भ्रमरगीत प्रसंग की स्थिति दूसरी है—उसमें मिलन की आशा बिल्कुल नहीं है। सूर के संवेदनशील हृदय ने माता यशोदा, राधा और गोपिकाओं की वेदना को पराकाष्ठा पर पहुँचा दिया है। सूरसागर में अन्यत्र सौन्दर्य और प्रेम का सागर उमड़ता है तो भ्रमरगीत प्रसंग में वेदना का सागर सारे वृन्दावन को डुबा

देता है। उस वेदना के प्रसंग में 'सौन्दर्य' की चर्चा करना विरोधाभास है। स्थूल अर्थ में वहाँ सौन्दर्य नहीं है, लेकिन हृदय को झंकृत करने वाली मानवीय सम्वेदना का मूल्य उसमें अन्तर्निहित है। वह मानव-मन को वेदना से विमुख नहीं होने देता। उस वेदना में सहभागी बनाकर, मानव-मन को द्रवीभूत करके मानवता का विकास करता है। तब भी वेदना की इतनी अधिक विवृति को पाठक का मन कैसे सँभाले? इसके समाधान में सूर की सहृदयता और कलात्मक चेतना ऐसे परिवेश की सृष्टि करती है जो वेदना को ग्राह्य बना देती है। वेदना की विवृति में, बीच-बीच में पाठक के मन को कुछ सांत्वना (Relief) देने वाले इन तत्त्वों को सौन्दर्यात्मक और आस्वाद्य तो नहीं कह सकते, लेकिन व्यवधान के तत्त्व कह सकते हैं। गोपिकाओं की वेदना के प्रवाह में सम्मूर्त्तन का सौन्दर्य बह जाता है, उस पर ध्यान ही नहीं जाता। उन आँसुओं की धारा में गोपिकाएँ स्वयं सँभल जाती हैं—वस्तुस्थिति या परिस्थिति की यथार्थता को पहचानती हैं, कभी अभिलाषाभरी पुरानी स्मृतियों का स्मरण करती हैं, प्रेम की अनुभूति में विह्वल हो जाती हैं, अपने प्रियतम के प्रति शुभकामना प्रकट करती हैं तथा उद्धव के साथ हास-परिहास एवं उस पर व्यंग्य करती हुई अपनी स्थिति को भूल जाती है। यहाँ भावगत और अभिव्यंजनागत सहृदयता तथा विदग्धता है।

वेदना के बीच इस हास-परिहास, विनोद और व्यंग्य के सम्बन्ध में और गहराई में जाना आवश्यक है। वेदना और हास विरोधी भावों के रूप में एक दूसरे को प्रभावित करते हुए एक दूसरे की जड़ काटने का प्रयत्न करते हैं। एक आँख से रोना और एक आँख से हँसना, काव्य में दोनों भावों को एक दूसरे के परिपार्श्व में रखना, पात्र और पाठक दोनों को कुछ सांत्वना देता है। जब वेदना असह्य हो जाती है, मन का भाव बदलकर मनुष्य विनोदमय हो जाता है। एक निस्पृहता का विकास होकर मनुष्य अपने को भूल जाता है और वेदना परिहास में अन्तर्निहित हो जाती है। गोपिकाएँ जब उद्धव पर वाग्वैदग्ध्य के बाण पर बाण छोड़ती हैं और व्यंग्य करती हैं, बीच-बीच में कृष्ण पर भी छीटें पड़ती हैं तो उनका अपना जलन कम होता है और मन को कुछ सन्तोष भी होता है। यह भी सम्भव है कि गोपिकाएँ अपनी अपार वेदना को वाणी में अभिव्यक्त न कर पाने के कारण वाग्वैदग्ध्य का सहारा ले रही हैं या उस वाग्वैदग्ध्य में अपनी वेदन को छिपा रही हैं। ये सारे तत्त्व वेदना पर एक हलका आवरण डालने वाले हैं। इन शब्दों में वेदना कहीं प्रत्यक्ष नहीं है—

हम सों कहत कौन की बातें?
सुनि ऊधो, हम समुझति नाहीं, फिर बूझति हैं तातें।।
निर्गुन कौन देस को वासी?
मधुकर! हँसि समुझाइ, सौंह दै बूझति साँच ने हाँसी।।

रूप-सौन्दर्य और लीला-माधुर्य में सारा वृन्दावन आनन्द-विभोर होकर थिरक उठा है तो वियोग में उसकी वेदना कहीं नहीं जा सकती—

कही न परत हरि ब्रज की बात।
नर नारी पंछी द्रुम बेली दरसन को अकुलात।।

माता यशोदा की वेदना, उनके मन की आशंकाओं और स्मृतियों, दीनता और क्षोभ, सहृदयता और उदारता आदि पता नहीं कितनी भावनाओं से मिलकर व्यक्ताव्यक्त रूप में पाठक की संवेदना का रूप धारण करती है–

सन्देशो देवकी सों कहियौ।
हौं तो धाइ तिहारे सुत की मया करत ही रह्यौ।
जदपि टेव तुम जानतिं उनकी तऊ मोहिं कहि आवै।
प्रात होत मेरे लाल लडैतैं माखन रोटी भावै।
तेल उबटनों अरू तातो जल ताहि देखि भजि जाते।
जोइ जोइ माँगत सोइ सोइ देती क्रमक्रम करिकै न्हाते।
सूर पूथिक सुनि मोंहि रैन दिन बढयों रहत उर सोच।
मेरो अलक लड़ैतो मोहन ह्वै है करत संकोच।।

वेदना में गोपिकाओं के अनुनय, विनय, मन की कोमलता-उदारता, हृदय की आशा-आकांक्षा का यह संवेद्य रूप है–

फिरि ब्रज बसहु गोकुलनाथ!
बहुरि तुमहिं न जगाय पठवौं गोधनन के साथ।।
बरजौं न माखन खात कबहूँ, देहुँ देत लुटाय।
कबहुँ न दैहौं उराहनो जसुमति के आगे जाय।।

× × ×

देहु दरसन, नन्दनन्दन! मिलन हीं की आस।
सूर प्रभु की कुँवर-छबि को मरत लोचन प्यास।।

यह तो वेदना की पहली दशा है। आगे चलकर उनकी वेदना इस तरह उमड़ पड़ती है कि सारी प्रकृति और पशु-पक्षी भी उसके अंग बन जाते हैं–

निसि दिन बरसत नैन हमारे।
सदा रहति वर्षा रितु हम पर, जब तें स्याम सिधारे।।

इस वेदना के आगे उद्धव की तरह पाठक भी मौन होकर स्तब्ध रह जाता है–आस्वाद्यता और सौन्दर्य के प्रश्नों को कौन उठावें!

जैसे कहा जा चुका है, उग्र भावनाओं में सूर की कोई रुचि नहीं है। 'बादर बहु उमड़ि उमड़ि बरसात ब्रज' में क्रोध और भय तथा 'दसहुँ दिसा तैं बरत दवानल आवत है ब्रज जन पर धायो' में भय को रक्षा, माहात्म्य और अद्भुतपन के सन्दर्भों में देखना चाहिए। गोवर्धन धारण और दावानल के प्रसंग, मधुर लीलाओं के साथ प्रत्यक्ष सम्बद्ध हैं। सौन्दर्य, वात्सल्य और प्रेम के प्रसंगों की तरह उनमें उग्र भावना का संचार अन्त में विस्मय और अद्भुतपन की अनुभूति में समाप्त होता है। काली

मर्दन का प्रसंग भी ऐसा ही है। इसीलिए इन प्रसंगों का सूरसागर में कुछ विस्तार हुआ है। क्रोध और भय के प्रसंग प्रायः जुगुप्साजनक दृश्यों में परिणत हो जाते हैं। कवि की सौन्दर्यदृष्टि उस विरोधी तत्त्व से पूर्णतः विमुख है। 'आज जो हरिहिं न सस्त्र गहाऊँ' आदि कुछ पदों में वीरता की झलक मिल जाती है। ये प्रसंग युद्धोत्साह से अधिक भक्तिपरक हैं। सूर न प्रेम और वीरता को जोड़कर 'रोमांस' की सृष्टि करना चाहते हैं और न वीरता क्रोध, भय आदि उग्र भावनाओं का निरूपण करते हुए कर्म जगत की ओर ले जाना चाहते हैं।

5. भावगत उदात्त सौन्दर्य

सौन्दर्यशास्त्र के अनुसार रूप, शक्ति और स्फूर्ति की अनन्तता के शाब्दिक विधान में 'उदात्त' होता है। सूर शक्तिमत्ता और कर्म की उदात्तता के कवि नहीं हैं। रूप निरूपण में भी अवतारवादी चर्चा में रूप की अनन्तता और रूपगत अनन्त आलोकमयता की ओर केवल एकाध संकेत हुआ है—

नैननि निरखि स्याम स्वरूप।
रह्यो घट घट व्यापि सोई जोति रूप अनूप।
चरन सप्त पाताल जाके सीस है आकास।
सूर चन्द्र नछत्र पावक सर्व तासु प्रकास।।

घट-घट व्याप्त प्रकाशमय रूप की अवधारणा में भी सावयव सीमित रूप का विस्मरण नहीं हुआ है। सूर साकार रूप के ऐन्द्रिय सौन्दर्य और उससे उत्पन्न मानसिक हर्षोल्लास के ही कवि हैं। वही रूप मन को रमाने वाला है, रमणीय है। रूप-सौन्दर्य के वर्णन में कवि ने 'अनन्त' 'अपरूब' (अपूर्व) शब्दों का बार-बार प्रयोग किया है, दर्शक आश्रय उसे अद्‌भुत अवश्य कहते हैं तथा उसकी अनुभूति एवं तन-मन पर उसके व्यापक प्रभाव का वर्णन अवश्य किया गया है, लेकिन उस अनन्तता और अपूर्वता का अनुरूप शब्दविधान नहीं हुआ है। अनन्त और अपूर्व कहने के बाद आगे की पंक्तियों में सीमित रूप की, विभिन्न अवयवों के सौन्दर्य की व्यंजना है।

भक्त कवि को अपने आराध्य के सौन्दर्य की अनन्त छवियों को दिखाने के अनेक अवसर सहज ही मिल जाते हैं। उन्होंने उनसे लाभ नहीं उठाया। सगुण-साकार के भक्त कवियों ने ही नहीं, निर्गुण निराकार के भक्त कवियों ने भी उदात्त के विविध रूपों की ओर संकेत करके सन्तुष्ट रह गये। सम्भवतः काव्य-रचना से आध्यात्मिकता और भक्ति उनकी दृष्टि में अधिक महत्त्वपूर्ण थी। इसलिए उदात्त का शब्दांतन नहीं हो सका।

कुछ पौराणिक-मिथकीय प्रसंगों तथा माटी-भक्षण उलूखल-बन्धन, गोवर्धन-धारण आदि श्रीकृष्ण की कुछ अलौकिक लीलाओं के इने-गिने पदों में विराट बिम्बों के द्वारा उदात्त सृष्टि का प्रयत्न हुआ है। यहाँ रूप की अनन्तता, भाव की ओजस्विता

एवं तीव्रता तथा क्रियाशीलता के वेग की झलक मिल जाती है। श्रीकृष्ण के अंगूठा चूसते समय–

उछरत सिन्धु, धराधर काँपत, कमठ पीठ अकुलाइ।

× × ×

महाप्रलय के मेघ उठे करि जहाँ तहाँ आघात।।

माटी खाने की शिकायत पर जब श्रीकृष्ण मुँह खोलते हैं तो–

अखिल ब्रह्मंड खंड की महिमा दिखराई मुख माहिं।

× × ×

करतें साँट गिरत नहिं जानी भुजा छांडि अकुलानी।।

उलूखल-बन्धन के प्रसंग में यमलार्जुन-निपात का दृश्य–

तरु दोउ धरनि गिरे भहराइ।
जर सहित अरराइ कै आघात सब्द सुनाइ।

गोवर्धन-धारण के समय उमड़ते बादलों का चित्र–

बादर बहु उमड़ि घुमड़ि बरसत ब्रज आये चढ़ि कारे
धौरे धूमरे धारे अति ही जल।।

दावानल की व्याप्ति–

भहरात झहरात दवानल आयौ।
घेरि चहुँ ओर करि सोर अंदोर बन, धरनि
आकास चहुँ पास छायौ।।

इस उदात्त सृष्टि में सूर ने आश्रय या दर्शक के भय, व्याकुलता, विस्मय, आतंक आदि भावात्मक प्रतिक्रियाओं को भी व्यक्त किया है।

रूप-सौन्दर्य वर्णन के अतिरिक्त सूर के काव्य का दूसरा प्रधान पहलू भाव-निरूपण है। भ्रमरगीत में भावानुभूति की तीव्रता चरम सीमा पर पहुँच गयी है। उस अनन्त वेदना में भी कवि ने उदात्त का बिम्बात्मक निरूपण नहीं किया है। उसकी अभिव्यंजना में सहृदयता है, उदारता है, संवेदना है, मार्मिकता है, और पता नहीं हृदय का स्पर्श करने वाली और कितनी विशेषताएँ हैं? उस वेदना के स्वर को उदात्त कह सकते हैं, पर शाब्दिक अभिव्यंजना में वेदना की अनन्तता का बिम्ब या चित्र नहीं उतरा है। सूर के काव्य में माता की वात्सल्य-भावना में, विशेषतः वियोग में मानवीय भावना की उदात्तता का आभास मिल जाता है–

मेरे कुँवर कान्ह बिनु सब कुछ वैसेहि धर्‍या रहै।
को उठि प्रात होत लै माखन को कर नेति गहै।
सूने भवन जसोदा सुत के गुन गुनि सूल सहै।
दिन उठि घर घेरत ही ग्वारिनि उरहन कोई न कहै।।

इसी तरह गोपियों की विरह वेदना में भी कहीं-कहीं एकनिष्ठता, अनन्यता,

तन्मयता, तीव्रता, गम्भीरता और सार्वभौमिकता के कारण भावव्यंजना उदात्त का स्पर्श करने लगती है। यह उदात्तता मानवीय-मनोवैज्ञानिक तत्त्वों पर आधारित है, रचना-विधान का धर्म नहीं।

6. चेष्टा-व्यापारगत सौन्दर्य

सूर ने मनुष्य की सामाजिक चेतना से वैयक्तिक-मानवीय चेतना को अधिक महत्त्व देने के कारण उसके बहिर्मुखी महान क्रिया-कलापों के स्थान पर सहज चेष्टा-व्यापारों को प्रमुखता देकर अपने काव्य में वर्णन किया है। उन्हीं में उनका मन रमा है और उन्हीं का रमणीय चित्रांकन हुआ है। जैसे पहले कहा जा चुका है इन चेष्टा-व्यापारों से रूप गतिशील और उसका सौन्दर्य सजीव बना है। भाव-जगत की तरह इन चेष्टा-व्यापारों का स्वतन्त्र निरूपण भी किया गया है विशेषतः बाल्य-जीवन का। ये चेष्टा-व्यापार नित्यकर्मों से, शिशु-बालक की प्रकृति से या उसकी भावनाओं से सम्बन्धित हैं। अनेक शिशु-बाल्य चेष्टाओं का एक साथ गुंफन करके उनके मनोहर दृश्य की प्रस्तुति भी की गयी है जो माता-पिता के मन को हर्ष से भर देते हैं। कुछ बड़ा होने पर कृष्ण के अन्य बालकों के साथ विहार और क्रीड़ाओं का सहज वर्णन है। स्पर्धा, क्षोभ, क्रोध आदि भावों से प्रेरित चेष्टा-व्यापारों का वर्णन, भाव और चेष्टा के योग में अधिक जीवन्त है। कृष्ण की यौवन-लीलाओं में चेष्टा-व्यापार प्रेमपरक हैं। ये भी भाव-प्रेरित हैं, लेकिन उनमें वैविध्य नहीं है। कहीं अनुभावों की योजना है तो कहीं प्रेमियों की चेष्टाओं की। बहिर्मुखी क्रियाशीलता संयोग के विविध-प्रयत्नों में है। चीरहरण, पनघट पर छेड़छाड़, यमुना के कुंजों में विहार, पर्व-त्योहारों को मनाना, रासक्रीड़ा आदि को सीमित प्रेमपरक अर्थ में ही क्रियाशीलता कह सकते हैं। यह प्रेम में व्यवहार निरूपण है।

"बाल वर्णन के समय सूरदास अपने आराध्य को अलौकिक समझते हुए भी उन्हें इतने सहज स्वाभाविक रूप में अवतरित करते हैं कि वे हमारे नेत्रों के समक्ष हँसते-मुस्कराते हुए, घुटनों के बल चलते हुए, उठ-उठकर गिरते हुए, इधर-उधर दौड़ते हुए, साथियों से झगड़ते हुए, माँ से झूठी शिकायत करते हुए किसी चंचल बालक की छवि सजीव रूप में उपस्थित हो जाती है।"[3] शैशव से लेकर कौमार्यावस्था तक के समस्त चेष्टा-व्यापारों, क्रीड़ाओं और मनोवृत्तियों का वयोक्रम से सूर ने बड़ा सूक्ष्म वर्णन किया है। शुक्ल जी के शब्दों में "बालचेष्टा के स्वाभाविक मनोहर चित्रों का इतना बड़ा भंडार और कहीं नहीं है जितना बड़ा सूरसागर में है।"[4] दो-तीन उदाहरण देखें।

अपने ही प्रतिबिम्ब को पकड़ने की चेष्टा का चित्र–

किलकत कान्ह घुटुरुवनि आवत।
मनिमय कनक नन्द कैं आँगन मुख प्रतिबिम्ब पकरिबै धावत।।

माँ की मथनी के साथ नाच उठने वाले बालकृष्ण की छवि–

आनन्द सौ दधि-मथति जसोदा, धमकि मथनियां घूमै।
निरतत लाल ललित मोहन, पग परत अटपटे भू में।।

गोचारण के प्रसंग में क्रीड़ा का दृश्यांकन—

चरावत बृंदावन हरि धेनु।
ग्वाल सखा सब संग लगाए, खेलत हैं करि चैनु।
कोउ गावत, कोउ मुरलि बजावत, कोउ विषान, कोउ बेनु।
कोउ निरतत, कोउ उघटि तार दै, जुरी ब्रज-बालक-सेतु।
त्रिविध पवन जहँ निसादिन सुभग कुंज धन ऐनु।
सूर स्याम निज धाम बिसारत, आवत यह सुख लैनु।

बाल-चेष्टाओं को सौन्दर्यमय बनाने वाले तत्त्व सहजता, स्वाभाविकता, स्वच्छन्दता और मानवीय सन्दर्भ हैं। उनमें मानवीय प्रकृति, स्वभाव, मनोभाव और हार्दिक अनुभूति के योग से चेष्टागत सौन्दर्य की सजीवता बढ़ जाती है। शैलीपरक विशेषता चित्रांकन है जो चेष्टा को मूर्त्त रूप देता है।

बाल-चेष्टाओं के चित्रों के साथ तुलना में प्रेम-चेष्टा-व्यापार का निरूपण उतना स्वाभाविक और सजीव न होने पर भी उसमें सौन्दर्य और माधुर्य की कमी नहीं है। राधा-कृष्ण और कृष्ण-गोपिकाओं का प्रेम साधारण से कुछ भिन्न मिथकीय और आध्यात्मिक है। उसे सहज मानवीय रूप में प्रस्तुत करने का सूर ने पूरा-पूरा प्रयत्न किया है। सौन्दर्य का आकर्षण और प्रेम स्वाभाविक अवश्य है, लेकिन लीला-प्रसंग जो पौराणिक हैं, कुछ असाधारण हैं। पर उस असाधारणता में प्रेम-व्यापार के सभी पहलू अपूर्व सौन्दर्य और माधुर्य से भरे हुए लगते हैं। चीरहरण, पनघटलीला, कुंज-विहार, रासक्रीड़ा आदि प्रसंग एक ओर प्रेम की स्वच्छन्दता और उन्मुक्तता के द्योतक हैं तो दूसरी ओर ऐकान्तिक ही नहीं विलक्षण भी लगते हैं। वे वर्तमान भारतीय संस्कृति के विकास के पूर्व लोक-सांस्कृतिक-जीवन के हो सकते हैं और बाद को उन पर आध्यात्मिक प्रतीकत्व का आरोप हुआ होगा। जो हो, उस प्रेम-चेष्टा-व्यापार के माधुर्य को अस्वीकार नहीं किया जा सकता।

पनघट में कृष्ण के व्यवहार में छेड़छाड़ के बीच प्रेम की भी व्यंजना है। गोपिकाएँ कृष्ण के अत्याचार का विरोध करती हैं—

जमुना तल कोउ भरन न पावै।
आपुन बैठ्यो कदम डारि चढ़ि गारी दै दै सबनि बुलावै।
काहू की गगरी गहि फोरै काहू सिर तें नीर ढरावै।
काहू सो करि प्रीति मिलत है नैन सैन दै चितहिं चुरावै।
बनबस ही अंकवारि भरत धरि काहू सों अपनो मन लावै।
सूर स्याम अति करत अचगरी कैसेहुँ काहू हाथ न आवै।।

इस विपरीत व्यवहार और अत्याचार में भी कृष्ण के प्रति गोपिकाओं के मन

में प्रेम-भावना ही है—"मन बच कम स्याम सुन्दर तजि और न जानतिं आना।" विलक्षण व्यवहार और विलक्षण मनःस्थिति है।

सोलह हजार गोपिकाओं से परिवेष्टित होकर रासक्रीड़ा करने वाले श्रीकृष्ण की लीला कम विलक्षण नहीं है। लेकिन नृत्यरत गोपिकाओं के हाव-भावों, चेष्टा-व्यापारों, अनुभावों में आत्मविस्मृत करने वाला माधुर्य भरा है—

गति सुधंग नृत्यति ब्रज नारि।
हावभाव नैननि सैननि दै रिझवति गिरिवर धारि।
पग-पग पटकि भुजनि लटकावति फूँदा करनि अनूप।
चंचल चलत झूमका अंचल अद्भुत है वह रूप।
ढूरि निरखत अंग रूप परस्पर दोउ मन हीं मन रीझत।
हँसि हँसि बदन बचन रस बरषत अंग स्वेद जल भीजत।
बेनी छूटि लटैं बगरानी मुकुट लटकि लटकानो।
फूल खसत सिर तें भए न्यारे सुभग स्वाति सुत मानो।।

प्रेम सम्बन्धी चेष्टा-व्यापारों में माधुर्य भाव की प्रधानता है। चित्रांकन में सौन्दर्य मूर्त्त होता है। चेष्टा-व्यापार, वात्सल्य और प्रेम दोनों क्षेत्रों में, संयोगकालीन होने के कारण मधुर और आस्वाद्य है। वियोग दशा में यह क्रियाशीलता स्तब्धता में परिणत हो जाती है और रूप, भाव एवं स्थिति के दूसरे प्रकार के चित्र सामने आते हैं।

7. सौन्दर्य और प्रेम

सामान्य व्यवहार में सौन्दर्य प्रेम का उत्पादक माना जाता है। जब व्यक्ति-मन सौन्दर्य से आकृष्ट होकर उससे प्रभावित होता है, सुन्दर वस्तु या प्राणी के प्रति व्यक्ति के मन में काम और प्रेम का उदय होता है जो बार-बार दर्शन, आकर्षण और प्रभाव से विकसित और पुष्ट होता है। सौन्दर्य के प्रति प्राथमिक आकर्षण को काम कहना ही उचित है। कामना रहित मानसिक प्रेम असम्भव नहीं तो असामान्य है। आलम्बन के सौन्दर्य, स्वभाव, व्यक्तित्व और चरित्र के प्रति आकर्षण बढ़कर प्राथमिक काम-भावना प्रेम के रूप में परिणत हो जाती है।

सौन्दर्य और प्रेम के इस सम्बन्ध पर व्यावहारिक दृष्टि से ऊपर उठकर मनोवैज्ञानिक और दार्शनिक दृष्टि से गहराई में जाकर विचार करते हैं तो सौन्दर्य और प्रेम दोनों का मूल स्रोत कामभाव सिद्ध होता है। मन में काम के प्रादुर्भाव से ही वस्तु जगत सुन्दर प्रतीत होता है। काम बाल्यावस्था में बीज रूप में रहता है और परिवेश एवं परिवार में आकर्षण का केन्द्र होता है। यौवनावस्था में उसका विकास होता है। परिवेश और परिवार के प्रति आकर्षण, रूप बदलकर विशिष्ट नारी या पुरुष के प्रति आकर्षण बन जाता है। जब हम किसी वस्तु या व्यक्ति को देखते हैं, हमारे मन की चेतना का आलम्बन पर प्रक्षेपण होता है, हमारी दृष्टि आलम्बन

को चेतना की उज्ज्वलता प्रदान करती है और हम उस वस्तु या व्यक्ति को सुन्दर कहते हैं। उसके बाद की स्थिति प्रेम है। हम मन की चेतना के प्रक्षेपण के द्वारा जिसे उज्ज्वल सौन्दर्यमय मानते हैं, उससे प्रेम करने लगते हैं। यह प्रेम भी काम का उन्नयन या उदात्तीकृत रूप है।

दार्शनिकों का कहना है कि काममूलक प्रेम ही किसी वस्तु का व्यक्ति के आकर्षक और सुन्दर लगने का कारणभूत तत्त्व है। जार्ज सानतायन के अनुसार, "प्रेम वस्तु के भावन को वह उज्ज्वलता प्रदान करता है जिसके बिना वस्तु का सौन्दर्य अभिव्यक्त नहीं होता। हमारा सौन्दर्य-बोध जो वस्तु के आकार-प्रकार के अतिरिक्त उसमें सौन्दर्य का आभास पाता है, वह हमारी काम-भावना के उद्दीप्त होने के कारण है।" विल डुरंट कहते हैं कि "मन में अभिलाषा के जगने के कारण ही कोई वस्तु सुन्दर है। सुन्दर होने के कारण हम किसी वस्तु की अभिलाषा नहीं करते, बल्कि अभिलाषा उत्पन्न होने के कारण उसे सुन्दर मानते हैं। इसलिए प्रेम सौन्दर्य की जननी है, उसकी सन्तान नहीं है। व्यक्तियों के प्राथमिक सौन्दर्य का यही स्रोत है, जड़ वस्तु-जगत का नहीं।" लेकिन डॉ. आत्रेय व्यक्तियों, वस्तुओं, प्रकृति और कला सभी के सौन्दर्य की जननी प्रेम को मानते हैं और प्रेम का मूल स्रोत काम या यौन आकर्षण।

काव्य के क्षेत्र में प्रायः व्यावहारिक दृष्टि से ही सौन्दर्य और प्रेम का सम्बन्ध-निरूपण होता आया है। दोनों का सम्बन्ध अन्योन्याश्रय माना गया है। आलम्बन के सौन्दर्य का आकर्षण प्रेम में परिणत होता है तो दूसरी ओर आश्रय के प्रेम के रंग में रंगकर रूप-सौन्दर्य और भी आकर्षक लगता है। इसीलिए कहा जाता है कि लैला के सौन्दर्य को देखने के लिए मजनू की आँखें चाहिए। जायसी ग्रन्थावली की भूमिका में शुक्ल जी कहते हैं कि "प्रेम की अनुभूति में आलम्बन का सौन्दर्य कुछ दूसरा ही हो जाता है। प्रेम में सौन्दर्य के ऐसे नये पहलू दिखाई देते हैं जो उसके अभाव में कभी अनुभूत नहीं हो सकते। प्रेम की प्राप्ति से दृष्टि आनन्दमयी और निर्मल हो जाती है, जो बातें पहले नहीं सूझती थीं वे सूझने लगती हैं। चारों ओर सौन्दर्य का विकास दिखाई पड़ने लगता है।"[5]

सौन्दर्य के तीन पहलू हैं—ऐन्द्रिय, मानसिक और आध्यात्मिक। सौन्दर्य के साथ सम्बन्ध में प्रेम के भी वे ही तीन पहलू माने जा सकते हैं। प्रेम के ऐन्द्रिय और कामपरक पहलू को स्वीकार न करना जीवन का सत्य नहीं है। यह सही है कि यौवन के आरम्भ में प्रेम ऐन्द्रिय और वासनामूलक लगता है और कालक्रम में उसकी अनुभूति मानसिक हो जाती है। उसी तरह संयोग में ऐन्द्रियता अधिक होती है और वियोग में सात्विक मानसिक अनुभूति होती है। प्रेम के प्रधान आधार बिन्दु आलम्बन के सौन्दर्य का आकर्षण, उसके प्रति विस्मय की भावना, आलम्बन के साथ आश्रय का रागात्मक सम्बन्ध और आनन्द की अनुभूति है। कवियों ने अपनी

दृष्टि और रुचि के अनुसार सौन्दर्य और प्रेम के ऐन्द्रिय, मानसिक और आध्यात्मिक पहलुओं का निरूपण किया है।

सौन्दर्य और प्रेम सूर की भक्ति और रचनाधर्मिता के केन्द्र बिन्दु हैं। दोनों मानवीय धरातल पर ऐन्द्रिय और मानसिक हैं तो भक्तिपरक धरातल पर आध्यात्मिक हैं। लेकिन आध्यात्मिक धरातल की ओर संकेत मात्र मिलते हैं, प्रधानतः सौन्दर्य और प्रेम की प्रकृति एवं उसका स्वरूप ऐन्द्रिय और मानसिक है। निर्गुण-निराकार की साधना को कठिन मानने वाले कवि ने सहज ही अपनी भक्ति-भावना और प्रेम का, मानवीय सन्दर्भ में मूर्त्त और अनुभववेद्य, ऐन्द्रिय एवं मानसिक रूप में निरूपण किया है।

सूर की दृष्टि में प्रेम सौन्दर्य पर निर्भर करता है। इसीलिए कवि ने कृष्ण के सौन्दर्य का इतने विस्तार के साथ वर्णन किया है। उस सौन्दर्य पर सारी प्रकृति मुग्ध है—"वन, उपवन, सरिता सब मोहे।" गोपिकाएँ उस सौन्दर्य को देखकर इस स्थिति पर पहुँच गयी हैं कि "सूर स्याम बिनु और न भाव, कोउ कितनौ समुझावै।" राधा और गोपिकाओं की भावना कृष्ण के सौन्दर्य में केन्द्रित हो जाती है। गोपिकाएँ कहती हैं—

जब तैं सुन्दर बदन निहार्‌यौ।
तादिन तैं मधुकर मन अटक्यौ, बहुत करी निकरै न निकार्‌यौ।

इस आकर्षण का कारण कृष्ण के सौन्दर्य का वैशिष्ट्य है, उसकी अनन्तता और अपूर्वता है तो दूसरी ओर वह दर्शक की वैयक्तिक रुचि का विषय भी है। गोपिकाएँ उद्धव से कहती हैं—

ऊधो मन माने की बात।
× × ×
सूरदास जाको मन जासों सोई ताहि सुहात।।

सूर ने राधा, गोपिकाओं और कृष्ण के बीच प्रेम-निरूपण के सन्दर्भ में प्रेम सम्बन्धी अपनी अवधारणा और उसके स्वरूप को स्पष्ट किया है। प्रेम सौन्दर्य दर्शन से उत्पन्न है—"मोहन बदन विलोकत अँखियन उपजत है अनुराग।" आँखों का यह आकर्षण ऐन्द्रिय प्रेम है। नेत्रों पर प्रभाव का अनेक रूपों में वर्णन किया गया है, आँखें रूप से हटती नहीं है, बालक की तरह इकटक देखने का हठ करती हैं, देखे बिना क्षण भर के लिए चैन नहीं है और देखकर भी पहचान नहीं पातीं—

कमल नैन कान्हर की शोभा नैननि तैं न टर्‌यौ।
ज्यों बालक जननी खौं अटकत, भोजन कौं कछु माँगे।
त्योहीं ये अतिही हठ ठानत, इकटक पलक न त्यागे।।
द्वै लोचन साबित नहिं तेऊ।
बिनु देखे कल परति नहीं छिनु, एते पर कीन्हीं यह टेऊ।।

कब री मिले स्याम नहिं जानौ।
तेरी सौं करि कहति सखी री, अजहूँ नहिं पहचानौ।
× × ×
नैननि अन्तर होत न कबहूँ, कहति कहाँ री आलि।

सौन्दर्य का आकर्षण बढ़ता जाता है तो तन-मन पंगु हो जाता है—

राधा निरखि भूली अंग।
नन्दनन्दन रूप पर गति मति भई तनु पंग।।

इस सौन्दर्यानुभूति में प्रेम अंकुरित होकर बद्धमूल हो जाती है—

यह कछु भोरेंहि भाइ भई।
निरखत बदन नन्दनन्दन को और हुती सु गयी।
हिरदै जामि प्रेम अंकुर जड़ सप्त पाताल गयी।
सो द्रुम पसरि सिखर अंबर लौं सब जग छाइ लई।

सौन्दर्य प्रेम का उत्पादक है तो प्रेम सौन्दर्य को उज्ज्वल बनाता है। प्रेम में राधा का अंग-प्रत्यंग दीप्त हो उठता है। उसे देखकर स्वयं उसकी माँ विस्मित हो जाती है—

जब प्यारी मन ध्यान धर्‌यो है।
पुलकित उर, रोमोंच प्रगट भये, अंचल टरि मुख उघरि पर्‌यो है।
जननि निरखि रही ता छबि को कहन चहै कछु कहि नहिं आवै।
चकित भई अंग-अंग बिलोकति, दुख-सुख दोऊ मन उपजै।
पुनि मन कहति सुता काह की, कैधों यह मेरी ही जाई।
राधा हरि कै रंगहि राँची, जननि रही जिय मैं भरमाई।।

प्रेम में राधा का रूप इतना बदल गया है कि माँ को ही शंका हो जाती है, क्या यह मेरी ही पुत्री है। प्रेम की अनुभूति में आश्रय का रूप इतना चमक उठता है कि कुरूप भी सुन्दर लगता है।

नारी अपने रूप-सौन्दर्य की सार्थकता प्रियतम को प्रसन्न करने में मानती है। राधा और गोपिकाएँ अपना शृंगार करके कृष्ण को अपनी ओर आकृष्ट करने का प्रयत्न करती हैं। उनका प्रेम पाकर अपने को धन्य मानती हैं। जो रूप-सौन्दर्य प्रियतम को रिझा नहीं सकता, वह व्यर्थ है—

मोइ अति सुलच्छनि नारी, रीझै जाहि भावतौ जी को।।

प्रियतम कृष्ण रूठ जाते हैं तो राधा अलंकार-शृंगार की उपेक्षा करती है क्योंकि प्रियतम को प्रसन्न कर लेने में असफल सौन्दर्य और शृंगार का क्या मूल्य है?

सूर ने प्रेम में ऐन्द्रिय मधुर अनुभूति, मानसिक विह्वलता और आनन्दानुभूति के अतिरिक्त उसके स्वरूप, महत्त्व और आदर्श की ओर भी संकेत किया है। प्रेम में जीवन रसमय हो जाता है। उसके बिना जीवन नीरस और शुष्क है। भ्रमरगीत का पूरा प्रसंग प्रेम की रसमयता और ज्ञान, योग आदि जीवन के अन्य लक्ष्यों और

साधनों की निरर्थकता का प्रतिपादक है। रूप-सौन्दर्य और प्रेम में पगी हुई आँखें और बातों का रस कैसे लें–

अँखियाँ हरि दरसन की भूखीं।
कैसें रहें रूप-रस-राँची ये बतिया सुनि रूखी।।

प्रेम की पराकाष्ठा तन-मन की विवशता है–

प्रेम न रुकत हमारे बूतैं।
किहिं गयंद बाँध्यौ मुनि मधुकर, पद्‌मनाल के कांचे सूतैं?

ऐसा प्रेम कभी पुराना नहीं पड़ता, नित्य नवीन रहता है–

नेह न होइ पुरानो रे अलि।
दिल दिन बढ़त नीर नलिनी ज्यौं, स्याम रंग मैं नैन रहे अलि।।

प्रेम अनन्य और एकनिष्ठ होता है। प्रेम के रंग में रंगने पर मनुष्य शेष संसार से विमुख हो जाता है। राधा और गोपिकाएँ सदा कृष्ण के प्रेम में ही तन्मय रहती हैं–

स्याम रंग राँची ब्रजनारी, और रंग सब दीने डारी।।

पूर्ण आत्मसमर्पण में ही प्रेम चरितार्थ होता है। राधा और गोपिकाएँ कृष्ण के प्रेम में पारिवारिक-सामाजिक बन्धनों को, कुलमर्यादा को, अपयश के डर को छोड़ देती हैं। कृष्ण को जो भाता है, वे जो चाहते हैं, वहीं करती हैं। कुरुक्षेत्र में अन्तिम भेंट के समय राधा पूर्ण आत्मसमर्पण के बावजूद अनुभव करती है कि वह कुछ नहीं कर पायी है–

करत कछु नाहीं आजु बनी।
हरि आये हौं रही ठगी सी जैसे चित्र घनी।
आसन हरषि हृदय नहिं दीन्हों कमल कुटी अपनी।

× × ×

मुख देखत न्यारी सी रहि गयी बिनु बुधि-मति सजनी।
तदपि सूर मेरी यह जड़ता मंगल माहिं गनी।।

इस जड़ता में भी प्रियतम के प्रति मंगल की भावना है। प्रेम में मनुष्य का हृदय कितना उदार बनता है, किस तरह प्रियतम की शुभकामना होती है और प्रेम करने में ही मनुष्य अपने को धन्य समझता है–इसका भव्य निरूपण भ्रमरगीत प्रसंग में हुआ है। राधा और गोपिकाओं की सहिष्णुता, सहृदयता, उदारता आदि प्रेम की मंगलमयता को व्यक्त करती हैं। सत्य और शिव के साथ जुड़कर ही सौन्दर्य और प्रेम आदर्श रूप ग्रहण करते हैं। गोपियों की सहृदयता और उदारता ऐसी है कि कृष्ण का दर्शन करके आये हुए उद्धव को देखकर अपने को धन्य मानती हैं–

ऊधो हम आजु भईं बड़ भागी।
जिन अँख्यिन तुम स्याम बिलोके, ते अखियाँ हम लागीं।

× × ×

ज्यों दरपन में दरस देखियत दृष्टि परम रुचि-लागी।
वैसे सूर मिले हरि हमकौ, बिरह बिथा तन त्यागी।।
कितनी अल्पसन्तोषी हैं गोपिकाएँ!

उभयनिष्ठ, समतुल्य और एक प्राण होने में ही प्रेम की चरम परिणति है। राधा और गोपिकाएँ प्रेम में अपने को कृष्ण से अभिन्न मानती हैं। राधा-कृष्ण के प्रेम के सम्बन्ध में गोपिका कहती है–

मैं इनको घटि बढि नहिं जानति भेद करै सौ को है।
सूर स्याम नागर इह नागरि एक प्रान तनु दो हैं।।

विद्यापति की तरह सूर ने प्रेम को अद्वैत स्थिति पर पहुँचा दिया है। उस स्थिति में राधा कृष्ण और कृष्ण राधा बन जाते हैं–

राधा माधव भेंट भई।
राधा माधव माधव राधा कीट भृंग गति ह्वै जु गयी।।
माधव राधा के रंग रांचे राधा माधव रंग रई।
राधा माधव प्रीति निरन्तर रसना करि सो कहि न गयी।
विहँसि कह्यो हम तुम नहिं अन्तर कहिकै उन ब्रज पठई।
सूरदास प्रभु राधा माधव ब्रज बिहार, नित नयी नयी।।

राधा-माधव का यह प्रेम अनिर्वचनीय है। कुरुक्षेत्र में अन्तिम भेंट के बाद कृष्ण राधा और गोपिकाओं से विदा हो गये। लेकिन कवि कहते हैं कि राधा-माधव का यह प्रेम नित्य है और ब्रज में उनका सदा विहार होता रहता है। लौकिक दृष्टि से इतना ही कहा जा सकता है कि अलग होने पर भी उनका प्रेम बना रहा और उस प्रेम का यश अमर रहेगा। लेकिन पुष्टिमार्गीय भक्ति में श्रीकृष्ण की लीलाएँ नित्य हैं, वृंदावन में प्रेमलीला सदा चलती रहेगी। प्रेम की नित्य नूतनता और शाश्वतता का यह आध्यात्मिक रूप है। राधा-कृष्ण और कृष्ण-गोपिकाओं का प्रेम आत्मिक और आध्यात्मिक होने के कारण ही गोपिकाएँ जन्म-जन्मांतर में कृष्ण प्रेमी ही बना रहने की इच्छा प्रकट करती हैं–

जो कोउ यह तन फेरि बनावै।
तौऊ नन्दनन्दन तजि मधुकर, और न मन में आवै।।

राधा-कृष्ण का प्रेम भी नित्य और शाश्वत है। गोपिकाओं के शब्दों में–

सखी री नाहिन नयी सगाई।
सुनि राधिके तोहि माधव सौं प्रीति सदा चलि आयी।।

प्रेम रूप-आकर्षण-जन्य है या साहचर्य-जन्य, यह विवाद का विषय है। लेकिन सूर की दृष्टि में प्रेम रूप-सौन्दर्य के आकर्षण का ही परिणाम है। गोपिकाओं की आँखों पर सौन्दर्य के प्रभाव को लेकर जो सैकड़ों पद रचे गये हैं, वह इस बात को सिद्ध करता है। हरएक लीला में सौन्दर्य के आकर्षण का निरूपण किया गया

है। राधा और गोपियाँ बार-बार कृष्ण के सौन्दर्य की नित्य नवीनता, अपूर्वता और अनन्तता का उल्लेख करती हैं। लेकिन रूप के आकर्षण पर आधारित प्रेम को निम्न कोटि का मानते हुए शुक्ल जी ने राधा, गोपिकाओं और कृष्ण के प्रेम को साहचर्य-जन्य सिद्ध करने का प्रयत्न किया है। "वृंदावन के उसी सुखमय जीवन के हास-परिहास के बीच गोपियों के प्रेम का उदय होता है। गोपियाँ कृष्ण के दिन-दिन खिलते हुए सौन्दर्य और मनोहर चेष्टाओं को देख मुग्ध होती चली जाती हैं, और कृष्ण कौमार अवस्था की स्वाभाविक चपलतावश उनसे छेड़-छाड़ करना आरम्भ करते हैं। हास-परिहास और छेड़-छाड़ के साथ प्रेम-व्यापार का अत्यन्त स्वाभाविक आरम्भ सूर ने दिखाया है। किसी की रूप-चर्चा सुन या अकस्मात किसी की एक झलक पाकर हाय-हाय करते हुए इस प्रेम का आरम्भ नहीं हुआ है। नित्य अपने बीच चलते-फिरते, हँसते-बोलते, वन में गाय चराते देखते-देखते गोपियाँ कृष्ण में अनुरक्त होती हैं और कृष्ण गोपियों में। इस प्रेम को हम जीवनोत्सव के रूप में पाते हैं; सहसा उठ खड़े हुए तूफान या मानसिक विप्लव के रूप में नहीं, जिसमें अनेक प्रकार के प्रतिबन्धों और विघ्न-बाधाओं को पार करने की लम्बी-चौड़ी कथा खड़ी होती है। कृष्ण और गोपियाँ पक्षियों के समान स्वच्छन्द हैं। वे लोक-बन्धनों से जकड़े हुए नहीं दिखाए गये हैं।"[6] सूर के प्रेम की उत्पत्ति में रूप-लिप्सा और साहचर्य दोनों का योग है। बालक्रीड़ा के सखा-सखी आगे चलकर यौवन-क्रीड़ा के सखा-सखी हो जाते हैं। गोपियों ने उद्धव से साफ कहा है—"लरिकाई को प्रेम कहौ, अलि, कैसे छूटे?" केवल एक साथ रहते-रहते भी दो प्राणियों में स्वभावतः प्रेम हो जाता है। कृष्ण एक तो बाल्यावस्था से ही गोपियों के बीच रहे, दूसरे सुन्दरता में भी अद्वितीय थे। अतः गोपियों के प्रेम का क्रमशः विकास दो प्राकृतिक शक्तियों के प्रभाव से होने के कारण बहुत ही स्वाभाविक प्रतीत होता है। बालक्रीड़ा इस प्रकार क्रमशः यौवन-क्रीड़ा के रूप में परिणत होती गयी है कि संधि का पता ही नहीं चलता।"[7]

सूरसागर में कहीं भी गोपिकाओं और कृष्ण का प्रेम साहचर्य-जन्य होने की सूचना नहीं है। भागवत की कथा और लीलाओं के आधार पर शुक्ल जी ने उनके प्रेम को साहचर्य-जन्य घोषित किया है। सूर के आध्यात्मिक भक्तिपरक और सौन्दर्य-सम्बन्धी दृष्टि से इसकी पुष्टि नहीं होती। शुक्ल जी ने सूर की प्रेम भावना की स्वाभाविकता और स्वच्छन्दता को सजीव शब्दों में प्रस्तुत किया है। यह सही है, लेकिन उसका कारण प्रेम का साहचर्य-जन्य होना नहीं है, बल्कि उसका कारण जीवन-परिवेश तथा लोकजीवन एवं संस्कृति है जो उच्च वर्गीय सामाजिक मान्यताओं के प्रतिबन्धों को स्वीकार नहीं करता। ऊपर के प्रथम उद्धरण से ऐसा लगता है कि शुक्ल जी का विरोध फारसी-उर्दू की प्रेमाभिव्यंजना और उसकी शैली से है। सहज मानवीय सन्दर्भों में प्रस्तुत सूर की प्रेम-भावना से उसकी तुलना ही असंगत है। शुक्ल जी ने अपने

मंतव्य के अन्त में सूर को उद्धृत करते हुए स्वीकार किया है कि राधा-कृष्ण के प्रेम की उत्पत्ति रूप के आकर्षण द्वारा दी हुई है—

खेलन हरि निकसे ब्रज खोरी।
गये श्याम रवि तनया के तट, अंग लसनि चन्दन की खौरी।
औचक ही देखी तहँ राधा, नैन बिसाल भाल दिये रोरी।
सूर श्याम देखत ही रीझै, नैन नैन मिलि परी ठगोरी।।

यह प्रथम दर्शन में ही प्रेम की उत्पत्ति है। यमुना के तट पर देखना भी अचानक (औचक) हो गया है और तत्क्षण प्रेम का विकास हुआ है। उसके बाद ही दोनों में वार्तालाप और परिचय होता है तथा हास-परिवेश के बीच कृष्ण बातों में भोली राधिका का मन भुला देते हैं—

बूझत श्याम, कौन तू, गोरी?
"कहाँ रहति, काकी तू बेटी? देखी नाहिं कहूँ ब्रज-खोरी।।"
"काहे को हम ब्रज तन आवति? खेलति रहति अपनी पौरी।
सुनति रहति श्रवनन नन्द ढोटा करत रहत माखन दधि चोरी।"
"तुम्हारी कहा चोरि हम लै हैं? खेलन चलौ संग मिलि जोरी।"
सूरदास प्रभु रसिक-सिरोमनि बातन भुरइ राधिका भोरी।।

सूर की प्रेम-भावना के सम्बन्ध में दूसरा प्रश्न प्रेम और विवाह का है। सूरसागर में गन्धर्व विवाह, पाणिग्रहण, दूल्हा-दुलहिन, दम्पत्ति-भाव आदि की ओर कुछ संकेत अवश्य मिलते हैं। उसके आधार पर कुछ समीक्षकों ने राधा को स्वकीया नायिका भी कहा है। लेकिन राधा-कृष्ण का विवाह वैदिक विधि से सम्पन्न नहीं है। इसलिए पति-पत्नी के रूप में धर्मबद्ध प्रेम का प्रश्न ही नहीं उठता। गन्धर्व विवाह सामाजिक अनुमोदन के बिना स्वच्छन्द वरण है। वह, सूर जिस स्वच्छन्द प्रेम का आदर्श सामने रखना चाहते हैं उसमें ज्यादा बाधक नहीं है। हमें यह भी इस सन्दर्भ में स्मरण रखना है कि गोपिकाएँ मुरलीवादन सुनकर पति-पुत्र को छोड़कर रासक्रीड़ा के लिए तुरन्त चल पड़ती हैं। वास्तव में कृष्ण-भक्ति में स्वच्छन्द भाव से और कहीं-कहीं परकीया भाव से प्रेम-साधना का आदर्श स्वीकार किया गया है और सूर ने उसी का अनुसरण किया है। परकीया भाव में लौकिक-पारिवारिक-सामाजिक बन्धनों से मुक्ति और प्रेमानुभूति की तीव्रता को लक्ष्य करके मधुर भक्ति-भावना में उसे स्वीकृति मिली है। सूर के काव्य में परकीया भाव से अधिक प्रेम की बन्धन रहित स्वच्छन्दता का आग्रह ज्यादा दिखाई देता है।

सूर की प्रेम-भावना पर विचार करते समय उनकी रचना में काम, प्रेम और भक्ति को लेकर जो आक्षेप किये जाते हैं, उन पर भी ध्यान देना आवश्यक है। उनके काव्य में शृंगारी भावना, नायिका-भेद, काम क्रीड़ा आदि में रीतिकालीन प्रवृत्तियों का पूर्वाभास माना जाता है। काम भाव का वर्णन करने में सूर ने किसी प्रकार का संकोच नहीं किया—

हम चाहति मृदु-हँसनि-माधुरी जातैं उपज्यौ काम।।
भुजनि धरौं भरि सुदृढ़ मनोहर, बहुदिन का फल पावैं।
लै राखौं कुछ बीच चाँपि करि, तन कौ ताप बिसारौं।।
सूर प्रभु सुख दियो निसि रमि काम कौतुक हार।।
रति बाढ़ी गोपाल सौं।।

जैसे पहले देखा गया है, काम को सौन्दर्य और प्रेम से अलग नहीं कर सकते। काम के बिना दोनों का अस्तित्व ही सम्भव नहीं है। दूसरे, कृष्ण भक्ति में काम और शृंगार को माधुर्योपासना का अंग माना गया है। सूर की रचना पर परम्परा और सम्प्रदाय का अनिवार्य प्रभाव पड़ा है। तीसरे, ध्यान से देखने पर सूर के अनेक संयोग शृंगार सम्बन्धी पदों में आरम्भ सौन्दर्य या शोभा के वर्णन से होता है और अन्त ऐन्द्रिय संयोग पर। यह जीवन में आकर्षण की सहज परिणति है। आधुनिक दृष्टि से देखने पर उसमें वासना या कामुकता की गन्ध अवश्य मिलती है। चौथे, वियोग की स्थिति में संयोगकालीन काम का अंश छूट जाता है और प्रेम भावना-रूप में परिणत हो जाता है।

सूर के काव्य पर ऐन्द्रिय और कामपरक शृंगार का आक्षेप एक हद तक स्वीकार करना ही पड़ता है। लेकिन उसके दूसरे पक्ष के प्रमाण भी सूरसागर में मिल जाते हैं। काम के कारण सौन्दर्य दीप्त हो उठता है—

उलटि काम तनु काम प्रकास्यो अद्भुत रूप धर्‌यो।।

काममूलक होने पर भी प्रेम में अपूर्व माधुर्य और मादकता है—

तरुनी स्याम रस मतवारि।
प्रथम जोबन रस चढ़ायौ, अतिहि भई खुमारि।
दूध नहिं, दधि नहिं, माखन नहीं, रीतौ माट।
महारस अंग-अंग पूरन, कहाँ घर कहँ बाट।।

संयोग का काम वियोग में प्रेम होकर मन में बस गया है—

कमल नैन चित के चैन, निरखि मैन वारौं।
प्रेम अंस उरझि रह्यौ, उर तैं न टारौं।।

शुक्ल जी ने सूर की प्रेम-भावना पर आक्षेप किया है कि वह एकान्तिक है और लोकधर्म का प्रतिपादक नहीं है—"वह भक्ति की एकान्त साधना का आदर्श प्रतिष्ठित करती हुई जान पड़ती है, लोक धर्म के किसी अंग का नहीं।"[8] शुक्ल जी की दृष्टि में ऐकान्तिक प्रेम से धर्मबद्ध वैवाहिक जीवन का प्रेम अधिक सात्विक और श्रेष्ठ है। अन्तर्मुखी प्रेम साधना पर आधारित मधुरभक्ति से शील और शक्ति के प्रति श्रद्धा पर आधारित दास्यभक्ति लोकधर्म की ओर उन्मुख होने के कारण महान है। सूर और तुलसी की भक्ति-भावना के इस अन्तर को स्वीकार कर सकते हैं, लेकिन श्रेष्ठता का निर्णय करना कठिन है। कवि और समीक्षक की जीवन-दृष्टि और रुचि

के अनुसार यह निर्णय किया जाता है। स्वयं शुक्ल जी की परिभाषा है—"श्रद्धा और प्रेम के योग का नाम भक्ति है।"[9] इस परिभाषा के बाद शुक्ल जी ने भक्ति की जो व्याख्या की है, उसमें महत्त्व पर श्रद्धा की ओर ही उनकी उन्मुखता दिखाई देती है। क्योंकि लोकधर्म और कर्म-सौन्दर्य उसी महत्त्व पर श्रद्धा से जुड़े हुए हैं। वास्तव में श्रद्धा और प्रेम भक्ति के दो महत्त्वपूर्ण पहलू हैं। दोनों भक्ति में मिले अवश्य रहते हैं, लेकिन पहले की ओर झुके हुए भक्त या भक्त कवि में दूसरे की सीमित अनुभूति ही होती है। दूसरे की ओर झुकने पर श्रद्धा अन्तर्लीन भावना मात्र रह जाती है। सूर की भक्ति-भावना प्रेम प्रधान है, उसमें लोकधर्म और कर्म-सौन्दर्य का अभाव भक्ति की प्रकृति का स्वाभाविक परिणाम है।

प्रेम-भावना का चरम उत्कर्ष मधुर भक्ति में है। लौकिक और आध्यात्मिक दोनों दृष्टियों से सूर ने प्रेम को जीवन का सार तत्त्व माना है—

प्रेम प्रेम तें होइ प्रेम तें पारहि पाइयै।
प्रेम बंध्यो संसार प्रेम परमारथ लहियै।
साँचौ निहचै प्रेम कौ जीवनन्मुक्ति रसाल।
एकै निहचै प्रेम को जनै मिलै गोपाल।।

इस प्रेम को मूर्त्त रूप देने वाले पात्र श्रीकृष्ण, राधा और गोपिकाएँ हैं। सूर ने उनकी प्रेम-भावना में कुछ अन्तर दिखाया है। आध्यात्मिक दृष्टि से श्रीकृष्ण परमात्मा हैं और राधा एवं गोपिकाएँ आत्मा की प्रतीक हैं। लौकिक दृष्टि से उनमें पुरुष-स्त्री की प्रकृति का अन्तर है। काव्य दृष्टि से श्रीकृष्ण नायक हैं, काव्य में जिसकी भूमिका अधिक महत्त्वपूर्ण होती है। नायिका होने के कारण कवि ने राधा के व्यक्तित्व और प्रेम को अन्य गोपिकाओं के समीष्ट रूप और प्रेम से कुछ भिन्न साँचे में ढाला है।

ब्रज, राधा और गोपिकाओं के प्रति श्रीकृष्ण के मन में जो अनुराग है वह विशिष्टोन्मुख न होकर परम पुरुष का सामान्य प्रेम लगता है। वे उद्धव से कहते हैं—

सुनहु ऊधो मोंहि ब्रज की सुधि नहीं बिसराइ।
रैनि सोवत, दिवस जागत, नाहिने मन आन।
नन्द, जसुमति, नारि नर, ब्रज तहाँ मेरो प्राण।
कहत हरि, सुनि उपंग सुत यह, कहत हौं रस रीति।
सूर चित तें टरति नाहीं, राधिका की प्रीति।।

कुरुक्षेत्र में राधा के मुख से ब्रज की चर्चा सुनकर श्रीकृष्ण की आँखों में आँसू भर आते हैं—

इतनी सुनत नैन भरि आये प्रेम विवस नन्दलालहिं।।

वे राधा और गोपिकाओं के साथ विविध लीलाओं में भाग लेते हैं, संयोग के लिए व्याकुल रहते हैं और भाव-विह्वल भी हो जाते हैं। लेकिन उनके पीछे परम पुरुष की कुछ तटस्थता-निरीहता और पुरुष-प्रकृति की गम्भीरता छिपी रहती है। गोपियाँ

जब छिप जाने की, दूर रहने की, समान आतुरता न दिखाने की शिकायत करती हैं, उनको आश्वस्त करके अपने मन की बात कहते हैं—

तब हँसि बोले कृष्ण मुरारी, मैं पति तुम मेरी सब प्यारी।।

सूर ने मथुरा जाने के बाद श्रीकृष्ण को राधा और गोपिकाओं के लिए तड़पते हुए नहीं दिखाया है। पुरुष अपने कर्तव्य कर्म में प्रवृत्त होता है। गोपिकाएँ शिकायत करती हैं कि ''हरि हैं राजनीति पढ़ि आये।'' सचमुच वे भागवत के प्रेमी श्रीकृष्ण नहीं, महाभारत के राजनीतिज्ञ और भगवद्गीता के परम पुरुष हो जाते हैं। मथुरा जाकर श्रीकृष्ण के विमुख हो जाने के सम्बन्ध में गोपिकाओं की विभिन्न शिकायतों को देखकर शुक्ल जी ने भी उनकी अनुभूति की तीव्रता पर शंका प्रकट की है—''कृष्ण यद्यपि गोपियों को भूले नहीं हैं, उद्धव के मुख से उनका वृत्तान्त सुनकर वे आँखों से आँसू भर लाते हैं, पर गोपियों ने जैसा वेदनापूर्ण उपालम्भ दिया है, उससे अनुराग की कमी ही व्यंजित होती है।''[10]

प्रेम से अधिक विविध लीलाओं के द्वारा गोपिकाओं को प्रसन्न करना ही उनका लक्ष्य प्रतीत होता है। परम पुरुष और काव्य के ललित नायक दोनों रूपों में वे सौन्दर्य-मूर्तिमान, राधा और गोपिकाओं के भावों के आलम्बन हैं, उनके सौन्दर्य और प्रेम के आश्रय कम हैं। उनका राग व्यंजित है, अनुराग उससे कुछ कम।

राधा आत्मा की प्रतीक, भारतीय कोमलता की नारी और प्रियतम के लिए प्रेम में भाव-विह्वल नायिका है। वह सहज सुन्दर है और प्रियतम को रिझाने और प्रसन्न करने के लिए अपना शृंगार करती है। वह गोपिकाओं के ही समान श्रीकृष्ण के सौन्दर्य पर आसक्त और मुग्ध है, लेकिन उनसे अधिक भाव-कातर होकर अपने प्रेम में, भावलोक में तल्लीन रहती है। उसका व्यक्तित्व और प्रेम अन्तर्मुखी और आत्मलीन है। वह गोपिकाओं की तरह श्रीकृष्ण के सौन्दर्य को विविध कोणों से देखकर उसके प्रत्येक अंग और छवि पर मोहित होकर उस सौन्दर्य का विस्तार से वर्णन और चर्चा नहीं करती। अपनी भाव-कातरता में राधा श्रीकृष्ण को पूरा देख भी नहीं पाती, दोनों आँखों से सात्विक आँसू बहते रहते हैं। राधा गोपिकाओं से कहती है—

जो तुम अंग अंग अवलोक्यो, धन्य धन्य मुख अस्तुति गानी।
मैं तो एक अंग अवलोकति, दोऊ नैन गये भरि पानी।।

श्रीकृष्ण का रूप क्षण-क्षण नयी शोभा और नयी भाव-भंगिमा के साथ राधा के मन को भाव-विह्वल कर देती है—

औरै भाव, औरै कछु सोभा, कहौ सखि, कैसें उर आनौं।।

वियोग में उसकी वेदना की सीमा नहीं रह जाती। लेकिन वह गोपिकाओं की तरह मुखर न होकर मौन, अपने प्रेम भाव में लीन रह जाती है। यह वेदना परमात्मा के प्रेम में आत्मा की तड़पन है। इस वेदना की विवृति पर मध्ययुगीन प्रेम-भावना का भी प्रभाव हो सकता है जो नारी की विरह-व्याकुलता में 'रस' पाती थी। विद्यापति की तरह सूर ने भी राधा की वेदना को द्विगुणित कहा है—

जब राधा तब ही मुख माधौ माधौ रटत रहै।
जब माधौ ह्वै जात सकल तन, राधा बिरह दहै।।

राधा के माधव होने और राधा के लिए तड़पने में प्रेम की पराकाष्ठा है। आत्मा-परमात्मा की अद्वैत स्थिति की भी व्यंजना है। गोपिकाओं के शब्दों में राधा के सौन्दर्य, प्रेम और राधा-कृष्ण के समतुल्य होने का पता चलता है–

सुनहु सखी राधा सरि को है।
जै हरि हैं रतिपति मनमोहन, याको मुख सो जोहै।
जैसे स्याम नारि यह वैसी सुन्दर जोरी सैहै।
तैं ही स्याम भले पहिचाने।
साँची प्रीति जानि मनमोहन तेरे ही हाथ बिकाने।।

राधा की तुलना में गोपियाँ अपने को अबोध-अज्ञानी मानती हैं–

धिक-धिक हम, धिक बुद्धि हमारी, धन्य राधिका नारि।
सूर स्याम कौं इहिं पहिचान्यौ, हम भई अन्त गँवारि।।

राधा शुद्ध प्रेम-रूपा आत्मा है जिसने परम तत्त्व को पहचाना है। लौकिक धरातल पर रह जाने पर प्रेम उस परम-प्रेम-तत्त्व को पहचान नहीं सकता। राधा में आलम्बन के रूप में सौन्दर्य तत्त्व की अपेक्षा आश्रय के रूप में श्रीकृष्ण के प्रति सूक्ष्म और गम्भीर प्रेम तत्त्व की अधिक विस्तृत व्यंजना है।

गोपिकाएँ जीव की प्रतीक हैं जो प्रेम-साधना के द्वारा उस परम तत्त्व को प्राप्त करने का प्रयत्न करती हैं। वे प्रेम में पारिवारिक-सामाजिक बन्धनों को तोड़ कर शुद्ध आत्म तत्त्व या चैतन्य रूपा होने की ओर अग्रसर साधिकाएँ हैं। वे लक्ष्य या सिद्धि पर पहुँची नहीं है। नारी के रूप में वे राधा से श्रीकृष्ण के रूप-सौन्दर्य पर अधिक आसक्त हैं। उनके नेत्रों पर सूर की उक्तियों में पता नहीं सौन्दर्यानुभूति की कितनी विशेषताएँ व्यंजित हैं? उनके प्रेम में ऐन्द्रिय काम-तत्त्व और प्रेम-तत्त्व का समन्वय है। नारी के रूप में उनका व्यक्तित्व अबोध है, स्वभाव भोला-भाला है, मन चंचल है। लेकिन वे ही अबोध नारियाँ विरह-वेदना की सीमा पर पहुँचकर अपनी वाणी से उद्धव को अवाक् कर देती हैं। वाणी की यह विदग्धता तर्क-वितर्क के वाग्जाल में अपनी प्रेम-भावना की अभिव्यक्ति मात्र है। वह ज्ञान और योग-मार्गों का कोई शास्त्रीय खण्डन नहीं है। ये भाव-प्रतिमाएँ ऐन्द्रिय अनुभूति के धरातल पर क्रियाशील हैं। गोपिकाओं और राधा की प्रेम-भावना की तुलना में क्रमशः प्रेम के बाह्य और आभ्यन्तर पक्षों का उद्घाटन हो जाता है। गोपिकाओं के आभ्यन्तर प्रेम पक्ष की व्यंजना अवश्य हुई, विशेषतः भ्रमरगीत प्रसंग में, लीलाओं में बहिर्वृत्ति की ही प्रधानता है। गोपिकाओं के प्रेम या गोपी भाव की दूसरी विशेषता उसकी सार्वभौमिकता है। परम पुरुष एक ही है, शेष सब गोपी या नारी मात्र हैं। गोपिकाओं का प्रेम समष्टि का प्रेम है। एक से ही प्रेम करने पर भी उस प्रेम में प्रतियोगिता या ईर्ष्या की भावना

नहीं है। एक के प्रेम की सफलता पर दूसरी प्रसन्न हैं। गोपी-भाव में सौन्दर्य की तरह प्रेम भी सार्वजनीन अनुभूति का विषय हो जाता है। काव्य-दृष्टि से गोपिकाएँ नायिका राधा की सखियाँ मात्र हैं, उपनायिकाएँ भी नहीं हैं। उनका अलग नाम और रूप भी नहीं है। लेकिन समष्टि में वे राधा-कृष्ण के प्रेम को, उसके अभिन्न अंग के रूप में पूर्णता प्रदान करती हैं। गोपिकाओं के प्रेम के बिना राधा-कृष्ण का प्रेम अधूरा है, सूर की प्रेम-भावना का पूर्ण रूप प्रकट नहीं होता। इसीलिए सूरसागर में उनके प्रेम का, राधा के प्रेम से बहुत अधिक विस्तार किया गया है। राधा विशिष्ट प्रेम की और गोपिकाएँ सामान्य प्रेम की प्रतीक हैं।

आलम्बन के रूप में गोपिकाओं के सौन्दर्य का विस्तार के साथ वर्णन कम है। आश्रय के रूप में उनकी प्रेम-भावना की व्यंजना ही अधिक महत्त्वपूर्ण है। वे सुन्दर अवश्य हैं, अलंकरण-शृंगार से उस सौन्दर्य को अधिक आकर्षक बना लेने का प्रयत्न करती हैं। लेकिन यह सौन्दर्य और अलंकरण श्रीकृष्ण को आकृष्ट करने के लिए है, उन्हें प्रसन्न करके उनके प्रेम में आनन्दित होने के लिए है। सौन्दर्य के प्रति गोपियों का चाक्षुष आकर्षण क्रमशः प्रेम की एकनिष्ठता में परिणत हो जाता है। उनके मन में औरों के लिए कोई स्थान ही नहीं है—

मन में रह्यौ नाहिंन ठौर।
नन्दनन्दन अछत कैसैं, आनिये उर और।
चलत चितवत दिवस जागत, स्वप्न, सोवति राति।
हृदय तैं वह मदन मूरति, छिन न इत उत जाति।।

उस प्रेम में गोपिकाएँ कुलमर्यादा और लोक लज्जा को छोड़ देती हैं। गोपियों के प्रेम की अनन्यता को देखकर उद्धव अपने ज्ञानयोग को भूलकर स्तब्ध और मौन रह जाता है—

पूरन प्रेम देखि गौपिन को मधुकर मौन गही।।

गोपिकाओं के प्रेम की उद्धव और स्वयं श्रीकृष्ण दोनों मुक्तकंठ से प्रशंसा करते हैं। उद्धव के वचन—

सब तें परम मनोहर गोपी।
नन्दनन्दन के नेह-मेह जिन लोक लीक लोपी।

श्रीकृष्ण का कथन—

हरष बानी कहत पुनि-पुनि, धन्य-धनि ब्रजबाल।।

8. मूल्यांकन

सूरसागर में रूप वर्णन की अपेक्षा भाव-व्यंजना का ही विशेष विस्तार है। ऐसी स्थिति में सूर की सौन्दर्य-चेतना के अनुशीलन में भाव-व्यंजना का सौन्दर्य-शास्त्रीय विश्लेषण और मूल्यांकन बहुत महत्त्वपूर्ण हो जाता है। सूर ने जीवन को सौन्दर्यमय,

प्रेममय और आनन्दमय माना है। उनकी पुष्टिमार्गीय भक्ति-भावना के आध्यात्मिक दृष्टिकोण से भी इसी का समर्थन होता है। इस दृष्टि के कारण सूर के काव्य में सौन्दर्य और प्रेम सम्बन्धी कोमल भावनाओं का ही निरूपण हुआ है। इनसे भिन्न उग्र-पुरुष भावनाओं के लिए सूर की रचना में कोई स्थान नहीं है। इस कारण भाव-क्षेत्र सीमित हो गया है तो दूसरी ओर सूर की अन्तर्मुखी दृष्टि सौन्दर्य और प्रेम सम्बन्धी भावों की गहराई में जाकर उनका कोना-कोना झाँक आयी है। भाव-क्षेत्र के विस्तार के आधार पर ही काव्य का मूल्यांकन कहना भ्रामक है। भाव के तीन आयाम हैं—सामाजिक, मनोवैज्ञानिक और सौन्दर्यपरक। भाव-विस्तार, वस्तुगत भाव के सामाजिक आयाम का ही द्योतक है। काव्य का, भाव-व्यंजना का उत्कर्ष मनोवैज्ञानिक और सौन्दर्यात्मक आयामों पर निर्भर करता है। सामाजिक आयाम भाव के औचित्य यथार्थता और शिवत्व के मूल्यों की रक्षा के द्वारा अन्य दोनों आयामों के उत्कर्ष की आधारभूमि प्रस्तुत करता है। सूर ने अपनी रचना में संकीर्ण अर्थ में सामाजिक आयाम की उपेक्षा की है। लेकिन निषेधात्मक रूप में अनौचित्य, काल्पनिकता और अनैतिकता से बचते हुए विधायक रूप में जीवन के पारिवारिक, मानवीय और लोक-सांस्कृतिक आयामों के द्वारा अपनी काव्य-रचना को जीवन की सुदृढ़ आधारभूमि देकर भाव-व्यंजना का मनोवैज्ञानिक और सौन्दर्यात्मक उन्नयन किया है। भाव-विस्तार की प्राथमिकता (Primary) भूमि पर तुलसी क्या हिन्दी के अनेक कवि सूर से बहुत आगे निकल जायेंगे लकिन काव्योत्कर्ष के सच्चे निष्कर्ष पर कोई भी कवि उनके पास फटक नहीं पाता। सामाजिक दृष्टि से भी उनकी भाव-व्यंजना पर आक्षेप सार्वभौमिक मानवीय प्रकृति पर आधारित वात्सल्य भाव या प्रेम पर नहीं, यौवन काल के स्त्री-पुरुष आकर्षण और प्रेम-भाव पर है। उसमें भी सूर ने कितना माधुर्य भरा है और उसे मानवीय प्रकृति और स्वभाव के अनुरूप किस तरह ढाला है, यह द्रष्टव्य है। रही बात धार्मिक दाम्पत्य प्रेम और स्वच्छन्द (कुछ समीक्षकों के शब्दों में एकान्तिक) प्रेम के पारस्परिक मूल्य और महत्त्व की। पहले का मूल्याधार सामाजिक है और दूसरे का मनोवैज्ञानिक। प्रेम के दो रूप दो भिन्न जीवन दृष्टियें के द्योतक हैं।

स्वाभाविकता (मानवीय), गहराई (मनोवैज्ञानिक) और माधुर्य (सौन्दर्यपरक) सूर के भाव-निरूपण के तीन कोण हैं जो तीन भिन्न-भिन्न प्रकार की भावगत मूल्य-चेतना को व्यक्त करते हैं। रूप और भाव का, आलम्बन के सौन्दर्य और आश्रय की भावानुभूति का समष्टि रूप में सामंजस्यपूर्ण प्रस्तुति सूर की भाव-व्यंजना की पूर्णता को प्रकट करती है। भारतीय आचार्यों ने रस-व्यवस्था में विभाव और भाव पक्षों में औचित्यपूर्ण सन्तुलन की आवश्यकता की ओर संकेत किया है। सौन्दर्यशास्त्रीय दृष्टि से भी रूप और भाव का मनोवैज्ञानिक सम्बन्ध-स्थापन आवश्यक है।

सूर के काव्य में भाव-जगत की तरह मानवीय व्यवहार क्षेत्र या कर्म-जगत भी

सीमित है। यह भी सूर की भक्ति-भावना और जीवनदृष्टि से उत्पन्न स्थिति है। वात्सल्य और प्रेम सम्बन्धी चेष्टा-व्यापारों का ही सूरसागर में निरूपण हुआ है। वे सौन्दर्य और प्रेम के भाव-जगत से सम्बद्ध हैं और स्वाभाविकता तथा माधुर्य उनके गुण-धर्म हैं जिससे सारा चेष्टा-व्यापार मनोहर और मादक हो गया है। वात्सल्य के सन्दर्भ में वह रमणीय है और प्रेम के सन्दर्भ में रमणीयता मादकता की स्थिति पर पहुँच जाती है। सूर की समन्वित समष्टि भावना में रूप और भाव के साथ चेष्टा-व्यापार को भी जोड़ना चाहिए। ये चेष्टा-व्यापार या तो भाव के अन्तर्गत अनुभाव हैं या भावोदय और भावानुभूति के सहज परिणाम के रूप में उत्पन्न क्रिया-कलाप हैं। वास्तव में सूर अन्तर्जगत या भावजगत के कवि हैं, बहिर्जगत या कर्मजगत के नहीं। उनका रूप-सौन्दर्य-निरूपण ऐन्द्रिय होते हुए भी भाव या अनुभूति सापेक्ष है।

इसमें कोई सन्देह नहीं है कि सूर के काव्य में मनुष्य के कर्म-जगत को कोई महत्त्व नहीं मिला है, वह प्रायः छूट गया है। इससे उनके काव्योत्कर्ष में कोई कमी नहीं आती, लेकिन कवि और काव्य का महत्त्व घट जाता है। उत्कर्ष या प्रतिभा सौन्दर्यशास्त्रीय धर्म या मूल्य है जबकि महत्त्व सामाजिक मूल्य है। रचना के सौन्दर्यशास्त्रीय मूल्य और सामाजिक सार्थकता या उपादेयता के मूल्य में अन्तर करना चाहिए। तब सूर और तुलसी की श्रेष्ठता को लेकर शुक्ल जी ने जो विवाद खड़ा किया है, उसका अपने आप समाधान हो जाता है।

सूर के भाव-सौन्दर्य के अनुशील और मूल्यांकन में उसके धरातल पर भी ध्यान देना चाहिए। उसके ऐन्द्रिय, मानसिक और आध्यात्मिक आयाम हैं ही, उसकी मूलभूत चेतना द्वन्द्वातीत है। इसी द्वन्द्वातीत धरातल पर उन्होंने सौन्दर्य और प्रेम की व्यंजना की है। काव्य-रचना में सूर के सामने सुन्दर-कुरूप, सत्य-असत्य और अच्छे-बुरे के लौकिक द्वन्द्व नहीं हैं। द्वन्द्वों से परे की स्थिति शुद्ध आनन्दात्मक है। सारा जगत द्वन्द्वातीत सौन्दर्य और प्रेम से भरा है। उसमें विकल्पात्मक-सन्देहात्मक दुखदायी परिस्थितियाँ और मनोभावनाएँ अवश्य उठती हैं। उनको पार करके सौन्दर्य और प्रेम में भाव विह्वल हो जाना ही आनन्दात्मक स्थिति है। सौन्दर्यशास्त्र भी सौन्दर्य और सौन्दर्यानुभूति को निरपेक्ष और अपने में पूर्ण मानता है और उसकी परिणति आनन्दानुभूति है। यह भाववादी और आदर्शवादी सौन्दर्यशास्त्रीय दृष्टि सौन्दर्य और कुरूपता के विरोधी संघर्षात्मक द्वन्द्व को स्वीकार नहीं करती। सूर की सौन्दर्य-चेतना इस प्रकार निरपेक्ष और परिपूर्णतावादी है।

सूरसागर में कुब्जा-प्रसंग इस बात का प्रमाण है कि भाववादी धरातल पर कुरूपता समाप्त हो जाती है और वह सौन्दर्य में परिणत हो जाती है। श्रीकृष्ण का कुब्जा को सौन्दर्य प्रदान करना एक आध्यात्मिक प्रतीक है। सूर के सौन्दर्यजगत में कुरूप कुछ नहीं है। बाह्य रूप की कुरूपता द्वन्द्वातीत भाव-जगत में रमणीय प्रतीत होती है। कुब्जा की भक्ति एवं सेवाभाव तथा गोपिकाओं की ईर्ष्या प्रेरित व्यंग्य

के अतिरिक्त इस प्रसंग में कुरूप का सौन्दर्य में परिवर्तन भी एक मुख्य बिन्दु है–

कूबरी नारि सुन्दरी कीन्ही।
भाव मैं बास बिनु भाव नहिं पाइऐ जानि हिरदै हेत मानि लीन्हीं।।
हौं तो दासी कंसराइ की, देखो मनहिं बिचारी।
फलन माँझ ज्यों करूइ तोमरी, रहत घुरे पर डारी।
अब तो हाथ परी जंत्री के, बाजत राग दुलारी।
तनु तैं टेढ़ी सब कोइ जानत, परस भई अधिकारी।
सूरदास स्वामी करुनामय, अपने हाथ सँवारी।।
छुवत अटपट चाल गयी मिटि।।

भक्त यह प्रभु की महिमा मानेंगे कि स्पर्श मात्र से रूप बदल गया है। कुब्जा का बाह्य रूप सँवर कर सुन्दर हो गया है। लेकिन भावमय होना, माधुर्य और हृदय वीणा का बज उठना–कुब्जा के अन्तःसौन्दर्य को प्रकट करते हैं और उसी रूप में कुरूप भावात्मक सौन्दर्य प्राप्त करता है।

सूर की भाव-व्यंजना को सौन्दर्यमय बनाने वाले अनेक अभिव्यंजना एवं शैलीगत तत्त्व हैं जिन पर आगे विचार होगा। ये तत्त्व भाव को आस्वाद्य, संवेद्य और सम्प्रेष्य भी बनाते हैं।

सन्दर्भ

1. चिन्तामणि-1, आचार्य रामचन्द्र शुक्ल, पृ. 166
2. मध्यकालीन धर्मसाधना, आचार्य हजारीप्रसाद द्विवेदी, पृ. 249
3. हिन्दी साहित्य का वैज्ञानिक इतिहास, डॉ. गणपतिचन्द्र गुप्त, पृ. 298
4. सूरदास, आचार्य रामचन्द्र शुक्ल, पृ. 170
5. जायसी ग्रन्थावली की भूमिका, आचार्य रामचन्द्र शुक्ल, पृ. 87
6. सूरदास, आचार्य रामचन्द्र शुक्ल, पृ. 172-173
7. वही, पृ. 173-174
8. वही, पृ. 166
9. चिन्तामणि-1, आचार्य रामचन्द्र शुक्ल, पृ. 32
10. सूरदास, आचार्य रामचन्द्र शुक्ल, पृ. 174-175

कलात्मक अभिव्यंजना

1. सौन्दर्य-बोध

जीवन-जगत के रूपगत, भावगत और कर्मगत सौन्दर्यात्मक मूल्य की अनुभूति तब तक नहीं होती जब तक कवि अपने काव्य को मूर्त्त रूप प्रदान नहीं करता। सौन्दर्यात्मक मूल्य कहाँ तक कथ्य (Content) पर आधारित है और कहाँ तक रूप (Form) पर, यह विवादास्पद प्रश्न है। लेकिन काव्य में कथ्य की और रूप की दो भिन्न-भिन्न मूल्यानुभूतियाँ नहीं होतीं। समष्टि की एक ही सौन्दर्यात्मक मूल्यानुभूति होती है। समीक्षा की सुविधा के लिए भावपक्ष और कलापक्ष के रूप में विभाजन करके सौन्दर्य का अनुशीलन और विश्लेषण किया जाता है। काव्य में कथ्य का अर्थात् वस्तु-रूप, भाव और कर्म का जितना महत्त्व है, उससे कम उनके रूपायन का नहीं। दूसरे के महत्त्व को व्यापक अर्थ में अधिक भी कहा जा सकता है क्योंकि वस्तु-रूप, भाव और कर्म की सौन्दर्यात्मक प्रकृति एवं उसके स्वरूप का निर्धारक तत्त्व रूपात्मक अभिव्यंजना है और उसके बिना काव्य काव्य नहीं, केवल तथ्य है। प्रस्तुत अध्याय में पहले के अध्यायों में प्रतिपादित विषयों की मूर्त्त रूप-कल्पना पर विचार होगा। कवि के सौन्दर्य-बोध से लेकर उसकी शाब्दिक अभिव्यंजना तक रूपायन के अनेकानेक पहलू हैं। प्रतिभाशाली कवि परिस्थिति, परम्परा और युगीन काव्य-प्रवृत्ति से कुछ आधार-बिन्दुओं को ग्रहण करके विशिष्ट, नवीन और मौलिक रूप-विधान करता है।

सौन्दर्य-बोध (Aesthetic Sense) कलात्मक अभिव्यंजना का आधारभूत तत्त्व है। वह सौन्दर्याभिरुचि है। भारतीय काव्यशास्त्र में उसे सहृदयता और भावयित्री प्रतिभा की संज्ञाएँ दी गयी हैं। काव्यानुशीलन में ग्राहक को इनकी आवश्यकता है तो जीवन-जगत के अनुशीलन में प्राथमिक कल्पना के रूप में कवि के लिए भी उनकी आवश्यकता पड़ती है। इसके आधार पर कवि के मन में जीवन-जगत के ऐन्द्रिय और मानसिक बिम्बों का संचयन होता है। उसके बाद सर्जनात्मक कल्पना के द्वारा काव्य-बिम्ब की संरचना होती है।

जीवन में कवि के सौन्दर्यात्मक संस्कारों के विकास के तीन स्रोत हैं—प्रकृति-सौन्दर्य, सामाजिक जीवन में अनुभवों से प्राप्त सौन्दर्य-चेतना और व्यक्ति की

मानसिक अनुभूति एवं भावना से विकसित सौन्दर्य-दृष्टि। काव्य में रूप-संरचना की प्रौढ़ता कवि के विकसित सौन्दर्य-बोध के अनुरूप होती है। उपर्युक्त स्रोतों के आधार पर कवि के सौन्दर्य-बोध के तीन आयाम निर्धारित होते हैं—प्राकृतिक या नैसर्गिक, सामाजिक या यथार्थोन्मुख और वैयक्तिक। कवि का वैयक्तिक सौन्दर्य-बोध व्यक्तित्व की अन्तर्मुखता और बहिर्मुखता के अनुसार व्यक्तिनिष्ठ और वस्तुनिष्ठ रूप लेता है।

कवि का सौन्दर्य-बोध माध्यम भाषा में अभिव्यक्त होता है। कथ्य और रूप की अनुभूति और अभिव्यक्ति की, अर्थ और शब्द की संगति बिठाकर, दोनों में सेतु-बन्धन करने वाला कवि का सौन्दर्य-बोध है। "काव्य में जो मौलिक अनुभूति की प्रेरणा है, वही सौन्दर्यमयी और संकल्पात्मक होने के कारण अपनी श्रेय स्थिति में रमणीय आकार में प्रकट होती है। वह आकार वर्णनात्मक रचना-विन्यास में कौशलपूर्ण होने के कारण प्रेम भी होता है।"[1] कवि का सौन्दर्य-बोध अनुभूति या भावना के अनुरूप उचित शाब्दिक रूप-विधान करता है। भावना या अनुभूति की नवीनता और सूक्ष्मता के अनुरूप माध्यम का स्वरूप भी बदल जाता है। अन्यथा सफल अभिव्यंजना नहीं हो पाती। आभ्यंतर सूक्ष्म भावों की प्रेरणा बाह्य स्थूल आकार में भी कुछ विचित्रता उत्पन्न करती है। उसकी अभिव्यंजना में प्रचलित पद-योजना असफल रह जाती है। उसके लिए नवीन शैली, नया वाक्य-विन्यास आवश्यक है। उसी में कवि का सच्चा सौन्दर्य-बोध प्रकट होता है। "अपने भीतर से मोती के पानी की तरह आन्तर स्पर्श करके भाव समर्पण करने वाली अभिव्यक्ति कांतिमयी होती है।"[2]

सूर का सौन्दर्य-बोध अत्यन्त नैसर्गिक है। उन्होंने अपनी रचना में प्रत्यक्ष प्रकृति-सौन्दर्य का उद्‌घाटन बहुत कम किया है। लेकिन अप्रस्तुत विधान में उसकी अतिशयता की भरपूर व्यंजना की गयी है। उसके द्वारा मानवीय रूप-सौन्दर्य की अनन्तता और रंगीन छटा का द्योतन हुआ है। कवि का नैसर्गिक सौन्दर्य-बोध प्राकृतिक शोभा की परिधि तक सीमित नहीं है। कल्पना ने उसमें रंग भरा है और आदर्शीकरण ने उसे असीम कर दिया है। कवि ने ऐसे-ऐसे प्राकृतिक अप्रस्तुतों को चुना है जिनसे अगाधता, अनन्तता, तीव्रता, ऊँचाई, अतिशयता आदि धर्म जुड़े हैं। नैसर्गिक परिवेश में ये धर्म सौन्दर्य-बोध को कृत्रिम या काल्पनिक नहीं होने देते। रचना में कल्पना और आदर्शीकरण के आधिक्य से ये दुष्परिणाम रीति-काव्य और छायावाद दोनों में देख सकते हैं।

प्रचलित अर्थ में सूर का सौन्दर्य-बोध सामाजिक और यथार्थोन्मुख नहीं है। उसका एक कारण कल्पनाशीलता और आदर्शीकरण है। दूसरा कारण कवि की जीवनदृष्टि है जो वैयक्तिक और अन्तर्मुखी है। तथ्यात्मक वस्तुस्थिति में या उसके व्यस्त सामाजिक रूप में सौन्दर्यदर्शन करने वाली मानसिकता सूर की नहीं है। न वे सामाजिक जीवन के आदर्शीकरण में सौन्दर्य देखते हैं। वे जिस आदर्शीकरण में सौन्दर्य देखते हैं वह मन का है, मनोगत भाव का है। जीवन की सापेक्षता में सूर

का सौन्दर्य-बोध सामाजिकता और यथार्थता से नहीं, मानवीय प्रकृति, स्वभाव और सम्बन्धों की स्वाभाविकता से सम्बद्ध है। उस स्रोत से विकसित और प्रभावित सूर का सौन्दर्य-बोध स्वाभाविकता में है।

सूर के सौन्दर्यबोध का तीसरा पहलू वैयक्तिक और व्यक्तिनिष्ठ है। वे वस्तु की तथ्यात्मक भौतिक सत्ता में सौन्दर्य नहीं मानते, बल्कि उसकी मानसिक अवधारणा में सौन्दर्य देखते हैं। इस कारण उनकी रचना वस्तुनिष्ठ न होकर अनुभूति-मूलक और मनोभाव (Idea) केन्द्रित है। रूप-सौन्दर्य को इतना अधिक महत्त्व देने वाले कवि ने भी रूप के अस्तित्व की अपेक्षा रूप के भावन पर बल दिया है। लौकिक व्यक्तित्व की तरह कवि का कलात्मक व्यक्तित्व भी दो प्रकार का होता है-अन्तर्मुखी और बहिर्मुखी। बहिर्मुखी व्यक्तित्व वस्तु के अस्तित्व, उसके रूप और उसकी यथार्थता पर केन्द्रित रहता है जबकि अन्तर्मुखी व्यक्तित्व अधिक भावनाशील और कल्पनाशील होकर वस्तु से सम्बन्धित अपनी अनुभूति में तन्मय रहता है। सूर अन्तर्मुखी कवि हैं जो आलम्बन के रूप-सौन्दर्य में आश्रय की तरह तन्मय रहे और आलम्बन के रूप से उत्पन्न आश्रय की भावात्मक प्रतिक्रिया के साथ भाव-तादात्म्य का अनुभव किया है। कवि की कल्पनाशीलता, आश्रय की रंगीन सौन्दर्यानुभूति और भावानुभूति के रूप में व्यक्त हुई है। कवि का अन्तर्मुखी व्यक्ति-मन, उसके सौन्दर्य-बोध का केन्द्र है। प्राकृतिक और मानवीय स्रोतों से अर्जित सौन्दर्य के संस्कार सूर के सौन्दर्य-बोध की आधारभूमि है तो उसे विशिष्ट रूप में ढालने वाले व्यक्ति-मन के भावात्मक-कल्पनाशील संस्कार हैं। शुक्ल जी ने सूर की आलोचना में उनकी सहृदयता की ओर ध्यान आकृष्ट करके उनकी भाव-व्यंजना की संवेद्यता और आस्वादनीयता को रेखांकित किया है। सौन्दर्यशास्त्रीय शब्दों में यह सूर के अन्तर्मुखी सौन्दर्य-बोध का प्रमाण है जो भाव की व्यंजना को तरल बनाता है।

सूर की अनुभूति और अभिव्यक्ति का सम्बन्ध-सूत्र उनका सौन्दर्य-बोध ही है। श्रीकृष्ण के सौन्दर्य और लीला-माधुर्य तथा गोपिकाओं की सौन्दर्यानुभूति एवं प्रेमभावना को शाब्दिक अभिव्यक्ति देने में सूर का सौन्दर्य-बोध दो रूपों में क्रियाशील दिखाई देता है—(1) जहाँ वस्तु और उसकी अनुभूति में आकर्षण एवं भाव-विह्वलता की व्यंजना करनी है वहाँ अभिव्यक्ति प्रत्यक्ष, ऋजु और सीधी है, जो उचित ही है। यहाँ सौन्दर्य का बोध प्रवाहशील है। (2) जहाँ वस्तु और उसकी अनुभूति में अधिक गहराई और सघनता है, अभिव्यक्ति में चुस्ती (Precision), गठन, केन्द्रीकरण, अन्तर्मुखी गहराई और गम्भीरता है। नेत्र-प्रसंग में अनुभूति चिर अतृप्त व्याकुलता में परिणत हो गयी है और भ्रमरगीत में वेदना व्याकुलता से बहुत आगे बढ़कर आर्त कातरता में परिवर्तित हो गयी है। दोनों प्रसंगों में सूर का सौन्दर्य-बोध पहले के प्रसंगों से अधिक गहन है। उनमें जो वचनवक्रता है वह अनुभूति को उचित शाब्दिक अभिव्यक्ति देने के प्रयत्न में विकसित प्रौढ़ सौन्दर्य-बोध का द्योतक है। नेत्र प्रसंग से

भ्रमरगीत में अधिक वाग्वैदग्ध्य है तो वह अनुभूति की अधिक तीव्रता और अनुरूप गहन सौन्दर्य बोधात्मक अभिव्यंजना के कारण है।

2. कलात्मक चेतना

काव्य में कथ्य की अभिव्यंजना कलात्मक होनी चाहिए। कलात्मकता के तीन बिन्दु हैं—सर्जनाशीलता, सौन्दर्य और विशिष्टता। जब अभिव्यंजना में सौन्दर्य पर बल दिया जाता है, यह मानकर चलते हैं कि कवि में रचनात्मक प्रतिभा या कल्पना का अभाव नहीं है, रचना व्यक्ति-सापेक्ष है तथा कथ्य का विशिष्ट रूप में प्रतिपादन हुआ है। काव्य या कला की विज्ञान के साथ तुलना करते हैं तो दूसरा तथ्यात्मक व्यक्ति-निरपेक्ष और सामान्योन्मुख है। उसकी प्रतिपादन-पद्धति मूर्त्त और सौन्दर्यात्मक नहीं है। उच्चतम स्तर पर विज्ञान भी कला की तरह सर्जनाशील है। लेकिन विज्ञान की सर्जनाशीलता नवीन भौतिक-वस्तु-सत्य का उद्घाटन करने वाली है जबकि कला या काव्य की सर्जनाशीलता भौतिक वस्तु का मानसिक भावपरक मूर्त्त रूप की सृष्टि में है।

भारतीय रस-सिद्धान्त काव्य में भाव को महत्त्व देता है, लेकिन अलंकार, रीति और वक्रोक्ति सम्प्रदाय (एक हद तक ध्वनि सम्प्रदाय भी) रूप या अभिव्यक्ति के सौन्दर्य को। अलंकार सम्प्रदाय ने शोभा, अतिशयोक्ति, वक्रोक्ति और औपम्य में सौन्दर्य ढूँढ़ने का प्रयत्न किया है। वामन ने भावनानुरूप पद-संघटना या रीति का आग्रह करते हुए "सौन्दर्यमलंकारः" कहकर वस्तु के रचनाविधान या अलंकार में सौन्दर्य माना है। कुन्तक ने वार्ता और स्वाभावोक्ति से भिन्न "विदग्ध भंगी भणति" या वचनवक्रता में सौन्दर्य देखा है। "बन्ध सौन्दर्य सम्पदा" कहकर उन्होंने उक्ति गठन के महत्त्व का भी प्रतिपादन किया है। व्यापक सामान्य अर्थ में ध्वनि सिद्धान्त अभिव्यक्ति की प्रौढ़ता में काव्य का मूल्य स्वीकार करता है। पाश्चात्य विद्वानों में भी सौन्दर्य कथ्यगत है या रूपात्मक अभिव्यंजनागत है, इस बात को लेकर विवाद है।

इस सम्बन्ध में और एक विवाद काव्य और कला की समान और भिन्न प्रकृतियों को लेकर है। पहले में भाव की और दूसरे में रूप-सौन्दर्य की प्रधानता तथा पहले को प्रतिभाजन्य और दूसरे को कौशलजन्य मानने वाले आचार्य भी हैं। काव्य सहित समस्त ललित कलाएँ सर्ज़नाशील हैं। उनमें अन्तर माध्यम की भिन्नता और उससे उत्पन्न सीमाओं के कारण हैं। भाषा सामाजिक सम्प्रेषण का साधन होने के कारण काव्य-साहित्य में अभिव्यक्ति की अनन्त सम्भावनाएँ हैं। फिर उसी भाषा को लेकर काव्य में रूप-सौन्दर्यांकन की अपनी सीमाएँ भी हैं। जो हो, जब काव्य के सन्दर्भ में कलात्मक चेतना की चर्चा करते हैं, ज्ञान-विज्ञान से भिन्न उसकी विशिष्ट प्रकृति के आकलन का प्रयत्न कर रहे हैं।

काव्य का उत्कर्ष उसकी कलात्मक चेतना के धरातल पर निर्भर करता है।

अर्थात् वह कितना सर्जनाशील है, सौन्दर्यमय है और विशिष्ट है। कलात्मक चेतना की प्रकृतिगत विशेषताएँ रचना की प्रकृति और उसके सौन्दर्य के स्वरूप को निर्धारित करती हैं।

रूप वर्णन में कल्पना की अतिशयता और प्रेम भावना में रंगीन छटा के बावजूद सूर की कलात्मक चेतना की प्रकृति सामान्यतः नैसर्गिक है। यह नैसर्गिकता कथ्य और अभिव्यक्ति के विविध पहलुओं में अन्तर्लीन दिखाई देती है। तुलसी की भाव-व्यंजना की गम्भीरता और शाब्दिक अभिव्यक्ति के सुगठित प्रौढ़ रूप के साथ तुलना में सूर की भाव-व्यंजना एवं शाब्दिक संरचना नैसर्गिक और सीधी लगती है। वाल्मीकि और कालिदास की कलात्मक चेतना में सहजता और सुसंस्कृत प्रौढ़ता का जो अन्तर है वही अन्तर सूर और तुलसी की कलात्मक चेतना में है।

सूर की कलात्मक सर्जनाशीलता प्रसंगों की मौलिक उद्‌भावना और नवीन भावोन्मेष में दिखाई देती है। वस्तु-विवेचन में पहले पर विचार हो चुका है। संयोग लीलाओं में नवीन भावोन्मेष अपूर्व रूप-सौन्दर्य के उद्‌घाटन, अनुभूति की तन्मयता तथा उसके अनुरूप शाब्दिक विधान तक सीमित है। लेकिन भ्रमरगीत में वेदना की विवृत्ति में भावोन्मेष अत्यन्त व्यापक और मनोवैज्ञानिक है। शुक्ल जी के शब्दों में "वियोग की जितनी अन्तर्दशाएँ हो सकती हैं, जितने ढंगों से उन दशाओं का साहित्य में वर्णन हुआ है और सामान्यतः हो सकता है, वे सब उसके भीतर मौजूद हैं।"[3] "यदि हम केवल विप्रलम्भ शृंगार को ही लें, अथवा इस भ्रमरगीत को ही देखें, तो न जाने कितने प्रकार की मानसिक दशाएँ ऐसी मिलेंगी जिनके नामकरण तक नहीं हुए हैं।"[4]

सूर की कलात्मक चेतना का प्रधान धर्म सौन्दर्य है जो उनकी रचनाधर्मिता की मूल प्रेरणा है। उनकी प्रेम-भावना भी सौन्दर्याश्रित है। रूपवर्णनगत और भावगत सौन्दर्य पर पहले विचार किया गया है। कलात्मक अभिव्यंजना के सौन्दर्य का विश्लेषण आगे प्रस्तुत किया जायेगा।

सूर की कलात्मक चेतना की विशिष्टता को कवि की सृजनशीलता और काव्य-स्वरूप के दोनों सन्दर्भों में देखना चाहिए। अन्य भक्तकवियों की तरह काव्य-रचना में सूर के लौकिक व्यक्तित्व का प्रतिफलन दिखाई नहीं देता। भगवान के प्रति भक्तकवि के आत्मसमर्पण में पहली शर्त लौकिकता के बन्धनों से मुक्त होना है। सूर की भक्ति भावना में आराध्य और भक्तकवि का पूर्ण भावयोग है। पूरी तन्मयता के साथ सूर श्रीकृष्ण की मधुर लीलाओं का गायन करते हैं और आश्रय के साथ यशोदा, राधा या गोपिकाओं के साथ भाव-तादात्म्य का अनुभव करते हैं। उनकी कलात्मक चेतना में इस तन्मयता के साथ द्रष्टा का एक-दूसरा पहलू भी लक्षित होता है। कवि गाता है कि स्वर्ग के देवी-देवता कुतूहल और विस्मय के साथ श्रीकृष्ण की लीलाओं को देख रहे हैं। स्वयं कवि के मन में भी अद्‌भुत-लीला-दर्शन

का विस्मय है। एक ओर कवि अपने मन में लीलाओं को प्रत्यक्ष कर रहा है और दूसरी ओर उनमें तन्मय हो रहा है। इन दोनों क्रियाओं में सौन्दर्य और माधुर्य की अनुभूति सूर के कलात्मक व्यक्तित्व और कलात्मक चेतना का वैशिष्ट्य है। सूर की कलात्मक चेतना में उनके आत्मानन्द का उन्मुक्त प्रकाशन हुआ है।

जिस रूप में सूर ने श्रीकृष्ण की लीलाओं को ढाला है, पात्रों के स्वभाव और व्यक्तित्व में सहृदयता, कोमलता, माधुर्य और भोलापन भरा है या उनके भावों की व्यंजना में एकनिष्ठता, एकाग्रता, तीव्रता और तन्मयता दिखाई है, वह एक ओर भागवत से सूर की रचना को अलग कर देता है तो दूसरी ओर मधुरभक्ति से प्रेरित अन्य कृष्णभक्त कवियों के लीलागायन से भी सूर के कृतित्व की भिन्नता को घोषित करता है। सूर की रचनाधर्मिता और रचनात्मक धरातल उनका अपना है।

सूर की कलात्मक चेतना में अनुभूति की तीव्रता, वस्तु, भावोन्मेष और अभिव्यंजना—तीनों में चरम सीमा पर पहुँचकर प्रकट हुई है। इस तीव्रता का एक मात्र कारण लीला गायन में उनका मनोनिवेश है। आध्यात्मिक दृष्टि से यह कह सकते हैं कि सूर ने साधनावस्था से सिद्धावस्था पर पहुँचकर लीलाओं की प्रत्यक्ष अनुभूति प्राप्त की है। या लौकिक दृष्टि से यह स्वीकार कर सकते हैं कि लीलाओं में उनका पूर्ण मनोनिवेश तादात्म्य (Empathy) की स्थिति पर पहुँच गया है। इसी कारण वात्सल्य और प्रेम की अभिव्यंजना में सूर को ऐसी अभूतपूर्व सफलता मिली है। प्रसाद जी ने अपने निबन्ध "काव्य और कला" में रचना के उत्कर्ष के लिए अनुभूति की तीव्रता और अनुरूप अभिव्यक्ति का प्रश्न उठाते हुए तुलसी और सूर के वात्सल्य वर्णन पर विचार किया है। क्या कारण है कि तुलसी के द्वारा वात्सल्य-रस की अभिव्यंजना उतनी प्रभावशाली नहीं है जितना सूर का? यह तो नहीं कह सकते कि तुलसी जैसे प्रतिभाशाली कवि में वात्सल्य निरूपण की क्षमता और कौशल नहीं था। तुलसी और सूर में दृष्टि-भेद और लक्ष्य-भेद के कारण तुलसी की वास्तविक अनुभूति रामचन्द्र की भक्त-रक्षण-समर्थ दयालुता और न्यायपूर्ण ईश्वरता में है, वात्सल्य के आलम्बन में नहीं है। दूसरी ओर सूर की अनुभूति पाप-पुण्य-रहित शुद्धाद्वैत अवस्था में वात्सल्य और प्रेम की ओर उन्मुख है, लोकरक्षक रूप की ओर नहीं। अनुभूति की तीव्रता कवि के मनोनिवेश पर निर्भर करती है और कलात्मक चेतना की प्रकृति, दिशा तथा धरातल को निर्धारित करती है। सूर के वात्सल्य और प्रेम निरूपण में आत्मानुभूति की तीव्रता है।

3. शाब्दिक अभिव्यंजना

अभिव्यंजना के अन्तर्गत माध्यम में कवि के भाव को मूर्त्त करने वाली सभी विशेषताएँ आ जाती हैं। शुक्ल जी के शब्दों में वह काव्य का कलापक्ष है। शुक्ल जी कलापक्ष को भावपक्ष से बिल्कुल अलग मानते हैं और उसे भाव-व्यंजना का साधन

मात्र स्वीकार करते हैं, जबकि सौन्दर्यशास्त्र में भावपक्ष और कलापक्ष अभिन्न हैं। अभिव्यंजना में भाव अन्तर्भुक्त है। काव्य या कला के आन्तरिक और बाह्य पक्षों को अलग नहीं किया जा सकता। माध्यम में कलात्मक भावना की अभिव्यक्ति भी सौन्दर्यशास्त्रीय अर्थ में अभिव्यंजना नहीं है। माध्यम केवल साधन है। उसका कार्य कलात्मक अभिव्यंजना को स्थूल रूप देकर उसे संक्रमित करना या सम्प्रेषण है। काव्य के सन्दर्भ में भाषिक रूप अभिव्यंजना का एक पहलू मात्र है। प्रस्तुत अध्याय में कलात्मक अभिव्यंजना के विभिन्न तत्त्वों का अलग-अलग शीर्षकों में विचार किया गया है। इस शीर्षक में अभिव्यंजना के अन्तर्गत केवल शाब्दिक रूप और संरचना में व्यंजित सौन्दर्य चेतना का अनुशीलन होगा।

अभिव्यंजना के दो प्रकार्य हैं—सौन्दर्य को मूर्त्त करना और उसका सम्प्रेषण। शुद्ध कलावादी और सौन्दर्यशास्त्री दूसरे प्रकार्य को स्वीकार नहीं करते। कलाकार सम्प्रेषण का सचेत प्रयत्न नहीं करता, उस स्थिति में कला किसी-न-किसी बात का प्रचार हो जाने की सम्भावना है। लेकिन कलाकार की आत्माभिव्यंजना को अन्ततः प्रसाद गुण युक्त, स्पष्ट और ग्राह्य होना है और उस रूप में अभिव्यंजना अपने आप सम्प्रेष्य हो जाती है। सौन्दर्यात्मक अभिव्यंजना के सम्बन्ध में दूसरा जटिल प्रश्न माध्यम के उपयोग और प्रयोग को लेकर है। काव्य की लम्बी परम्परा में शाब्दिक-विधान का एक ढाँचा तैयार हो जाता है जिससे कवि लाभ उठाता है। उस सामान्य ढाँचे में अपनी विशिष्ट भावना की अभिव्यंजना का प्रयत्न करता है। काव्य में भाषिक सामान्य ढाँचे का मूल्य तकनीकी होता है जो विशिष्ट मूर्त्त अभिव्यंजना के सौन्दर्यात्मक मूल्य से भिन्न है। तकनीकी मूल्यों और सौन्दर्यात्मक मूल्यों का अन्तर रीतिबद्ध काव्य में स्पष्ट देख सकते हैं जहाँ अनेक कवियों ने काव्य रीति या ढाँचे का आधार लेकर सामान्योन्मुख रचनाएँ की हैं।

सूर के पूर्व काव्य के क्षेत्र में शुद्ध ब्रजभाषा का प्रयोग बहुत कम था। सूर ने ब्रजभाषा को काव्य भाषा का रूप ही नहीं दिया, बल्कि काव्य भाषा में प्रौढ़ता के नाम पर कृत्रिमता से भाषा को बचाने का पूरा प्रयत्न भी किया है। उनकी भाषिक अभिव्यंजना लोक भाषा और प्रौढ़ काव्य भाषा के बीच सहज और स्वाभाविक रूप में है। उनके पूर्व गीतात्मक कृष्णकाव्य की रचना में जयदेव और विद्यापति ने कोमलकान्त-पदावली के प्रति विशेष आग्रह दिखाया। काव्य में कोमलता या लालित्य कलात्मक भावना का धर्म है, शब्द-रूप की कोमलता से सौन्दर्य का कोई सम्बन्ध नहीं है। बहुत करके शब्दों की कोमलता आस्वादन की भूमिका तैयार करती है। सूर की काव्य भाषा के सम्बन्ध में शुक्ल जी के ये विचार ध्यान देने योग्य हैं—"सूर में चलती भाषा की कोमलता है, वृत्ति-विधान और अनुप्रास की ओर झुकाव कम है। इससे भाषा की स्वाभाविकता में बाधा नहीं पड़ने पायी है। भावुक सूर ने अपना 'शब्द-शोधन' दूसरी ओर दिखाया है। उन्होंने चलते हुए वाक्यों, मुहावरों और

कहीं-कहीं कहावतों का बहुत अच्छा प्रयोग किया है। कहने का तात्पर्य यह है कि सूर की भाषा बहुत चलती हुई और स्वाभाविक है।"[5] इसी स्वाभाविकता में भावना और भाषा की संगति बैठकर काव्य में स्वाभाविक सौन्दर्य का उन्मेष हो सका है।

सहजता या स्वाभाविकता के अतिरिक्त सूर की भाषा के अन्य गुण हैं, प्रवाह माधुर्य, प्रसाद और गाम्भीर्य। ये शब्द रूप पर आश्रित धर्म नहीं हैं। वे भावना की तीव्रता, आस्वाद्यता, स्पष्टता और गरिमा को व्यक्त करते हुए प्रसंग के अनुसार भाव और भाषा का, अर्थ और शब्द का सामंजस्य स्थापित करते हैं। ये गुणधर्म शब्द-चयन, शब्द के स्वरूप और शब्दों के विन्यास पर निर्भर करते हैं। दो उदाहरण लें—

मधुकर काके मीत भये।
दिवस चारि की प्रीति सगाई रस ले अनत गये।
प्रेम बिनस सब ग्वालि भई।
उरहन देन चलीं जसुमति कों मनमोहन के रूप रई।।

वाक्य-विन्यास गद्य का-सा है। लेकिन दोनों उदाहरणों में भाव का प्रवाह "अनत गये" और "रूप रई" तक तीव्र रूप धारण करता है। उस प्रवाह में विरोध का रंग भी भरा है—इसे लेकर छोड़ देने में और मन में प्रेम-तन्मय होकर प्रकट रूप में उलहना देने में। वियोग में "प्रीति" मानसिक है और संयोग में "प्रेम" रंगीन है। एक में कोमलता है, दूसरे में माधुर्य।

सूर की भावाभिव्यंजना में कहीं भी दुरूहता नहीं है—न भावगत, न शब्द और शब्द-विन्यासगत। रचना में प्रसाद गुण के कारण भावों की स्पष्ट व्यंजना है। रूपवर्णन में कल्पना की अधिक क्रियाशीलता है और उपालम्भ के प्रसंगों में वचनवक्रता है। लेकिन उन सन्दर्भों में भी भाषा-शैली की क्लिष्टता नहीं है। प्रसाद गुण भाव को स्पष्ट ही नहीं, तरल भी बनाकर उसके सम्प्रेषण में सहायक है। संयोग वर्णन में भाषा का प्रधान गुण माधुर्य है और वियोग वर्णन में गांभीर्य। दूसरा प्रसंग प्रेमपरक होने के कारण गांभीर्य के साथ माधुर्य भी अन्तर्लीन है। अमरगीत में शब्द-चयन, शब्द-विन्यास और उचित-गठन इतना गम्भीर है कि भाषा की प्रौढ़ता, प्रेम-भाव की तन्मयता के अनुरूप गहरी अनुभूति देने वाली है। कोमलता या लालित्य की तरह सूर के काव्य में माधुर्य शब्दगत न होकर भाव का धर्म है जो उचित शब्द विधान के द्वारा मधुर अनुभूति का कारण है। प्रसाद, माधुर्य और गांभीर्य सूर की भाषा में कवि की भावना को व्यंजित करने वाला सौन्दर्यशास्त्रीय धर्म हैं।

सूर की भाषा सर्जनात्मक है जो विभिन्न प्रकार की शाब्दिक अभिव्यंजना में सौन्दर्य की सृष्टि करती है। भाषा का सौन्दर्य भावानुरूप गुणात्मक संरचना के अतिरिक्त उक्ति-गठन, वचनवक्रता और व्यंजकता में भी दर्शनीय है। यहाँ रचना की प्रौढ़ता में सूर की भाषिक सर्जनात्मक प्रतिभा प्रकट होती है। (1) सूर के सैकड़ों पदों की टेक में ही उक्ति-गठन की चुस्ती देखी जा सकती है जैसे "अपने स्वारथ

के सब कोऊ'', ''काहे को गोपीनाथ कहावत'', ''ऊधो मन माने की बात'' आदि में उक्ति-गठन में कसावट के अतिरिक्त अर्थ-गांभीर्य, व्यापक अनुभव और भाव-व्यंजना की प्रौढ़ता भी द्रष्टव्य है। सूर ने भाषा की स्वाभाविकता की रक्षा के लिए ही मुहावरों और लोकोक्तियों का प्रयोग नहीं किया है, उनके द्वारा प्रस्तुत भाव-व्यंजना को सजीव और सशक्त बनाया है। सूर की अनेक पंक्तियाँ लोकोक्तियों के समान व्यापक अनुभव से भरी हुई और भाषिक दृष्टि से कसी हुई हैं, जैसे ''प्रीति करि दीन्हीं गरे छुरी'', ''काहे को रोकत मारग सूधो'', ''ऊधो मन न भए दस बीस'' आदि में। कभी-कभी एक ही सार्थक शब्द के प्रयोग से उक्ति में अपूर्व सौन्दर्य आ गया है, जैसे ''लोचन जल कागद मिल के ह्वै गयी स्याम स्याम की पाति'', ''हरि काहे के अन्तर्यामी?'' आदि में।

(2) सूर की वचनवक्रता के विविध रूपों, उसमें अनुभूति की गहराई और अर्थवत्ता पर आगे अलग से विस्तार में विचार होगा। यहाँ इतना ही कहना पर्याप्त है कि भ्रमरगीत-प्रसंग को लेकर पता नहीं कितने कवियों ने रचना की है, लेकिन उनमें सूर की सी विदग्धता नहीं है। सर्जनाशील प्रतिभा के बिना भाषा को उस तरह ढाला और मोड़ा नहीं जा सकता।

(3) सूर की भाषा की व्यंजकता भी अत्यंत प्रौढ़ हैं। काव्यशास्त्रीय शब्दों में इसे लक्षणा और व्यंजना कह सकते हैं। लेकिन सूर की भाषा की व्यंजकता इससे बहुत व्यापक है। मन के आकर्षण और प्रेम को छिपाकर गोपिकाएँ जो उलहना देती हैं या व्यंग्य करती हैं, तब अर्थ का दूसरा ही अर्थ हो जाता है। भाषा के लाक्षणिक और व्यंजक प्रयोगों में चित्रात्मकता भी दर्शनीय होती है, जैसे ''अँखियाँ हरि दरसन की भूखी'', ''नैना नैननि माँझ समाने'' आदि में। ''कवि की भाषा का उत्कर्ष देखना है तो देखना चाहिए कि वह कितने कम शब्दों में, कितनी छोटी सीमा में बैठकर, किस असीम की ओर इशारा कर सकता है।''[6] सूर की भाषा की व्यंजकता व्यक्त में ही अव्यक्त की ओर, ससीम में ही असीम की ओर संकेत करने में है। रूप-सौन्दर्य-वर्णन और प्रेमलीला-निरूपण दोनों में यह बात देखी जा सकती है। यह शुद्ध काव्यशास्त्रीय व्यंजना न होकर भाव-संकेत मात्र है। गोपिकाओं के उलहनों को व्यंजना गर्भित मान सकते हैं, विपरीत लक्षणा के आधार पर। लेकिन अनेक अवसरों पर शाब्दिक-संरचना में व्यंजना बिल्कुल व्यक्त नहीं है। दूसरी बात, यहाँ सौन्दर्य व्यक्त उपालम्भ और अव्यक्त प्रेम के विरोध के अनुमान में है। दो उदाहरण लीजिए—पहला माखनचोरी का है और दूसरा, पनघट पर छेड़छाड़ का है।

दिन प्रति हानि होत गोरस की यह ढोटा, कौनैं ढ़ंग ढ़ायौ।
सूर स्याम कौं हटकि न राखै, तूं ही पूत अनोखौ जायौ।।
ब्रज घर घर यत बात चलावत।
जसुमत कौ सुत करत अचगरी जमुना जल कोउ भरन न पावत।

× × ×

मानत काहु न करत अचगरी, गागर धरि जल भुँइ ढरकावत।

सूर स्याम कौं मात-पिता दोउ ऐसे ढ़ंग आपुनहिं पढ़ावत।।

दोनों कथन विरोधात्मक हैं। प्रेम कहीं व्यक्त नहीं है। दूसरी ओर शिकायत तीव्रतम शब्दों में, सहज और सीधी भाषिक अभिव्यंजना के साथ चित्रवत रूप में भी है।

सूर ने ध्वनि-चित्रों में भी भाव को मूर्त्तता प्रदान की है। ध्वन्यर्थक व्यंजना में भाव की अनुभूति सजीव हो उठती है। भाव के अनुरूप शब्दों का प्रयोग करते हुए शब्द-रूप को ध्वनित करने के कुछ उदाहरण प्रस्तुत हैं। आँसुओं के ढलकने का चित्र–

आज स्याम सपने मैं देखे, भरि आये नैन ढ़रकि गयौ कजरा।।

मेघों का गर्जन और चपला की चमक–

गगन मेघ घहरात थहरात गाता।

चपला चमचमाती चमकि नभ भहरात... ।।

माता यशोदा के द्वारा श्रीकृष्ण को चलना सिखाने का ध्वनिचित्र–

सिखवति चलन जसोदा मैया।

अरबराइ कर पानि गहावत, उगमगाइ धरनी धरै पैया।।

ध्वनिचित्रों में अनुकरणात्मक या अनुरणनात्मक शब्दों का भी सजीव प्रयोग हुआ है–

ललित आँगन खेलै, ठुमकि ठुमकि डोलै,

झुनक झुनक बोलै पैंजनी मृदु मुखर।।

भहरात झहरात दवानल आयौ।।

"कृष्णभक्त कवियों की भाषा की सबसे मूल्यवान सम्पत्ति है उनके द्वारा प्रयुक्त अनुकरणात्मक शब्द, जिनके द्वारा उन्होंने लीला पुरुष कृष्ण की मनोरम लीलाओं में प्राण भर दिये हैं, उन्हें साकार बना दिया है।"[7] सूरसागर में सार्थक शब्दों के द्वारा और अनुरणनात्मक शब्दों के द्वारा ध्वनिचित्रों के अनेकानेक उदाहरण मिल जाते हैं।

शैली की दृष्टि से सूरसागर को चार वर्गों में बाँटा जा सकता है। पहली, लीला निरूपण में प्रयुक्त भावात्मक शैली है जो भावानुरूप तरल, मधुर और लयात्मक है। दूसरी भाव प्रेरित वैचारिक शैली है जो गम्भीर है। इसका प्रयोग दास्य भक्ति के आत्मनिवेदन के पदों में है। तीसरी कथावाचन शैली है जिनमें भागवत के कुछ कथा-प्रसंगों की रचना की गयी है। चौथी दृष्टिकूट शैली है जो प्रतीक-प्रयोग और श्लेष पर आधारित है। साहित्य-लहरी के अतिरिक्त सूरसागर के कुछ पदों में भी दृष्टिकूट शैली का प्रयोग दिखाई देता है। प्रथम दोनों शैलियाँ भाव के अनुरूप प्रौढ़ हैं। उनमें प्रवाह, तरलता, माधुर्य, चैतन्य और गम्भीरता सौन्दर्यानुभूति को जीवंत बनाते हैं। अन्तिम दो प्रकार की शैलियों में भाषिक संरचना की कोई उल्लेखनीय सौन्दर्य-चेतना दिखाई नहीं देती।

सूर की भाषा के ऐतिहासिक और काव्य-सौन्दर्यात्मक महत्त्व को द्विवेदी जी के इन शब्दों में अभिव्यक्त कर सकते हैं-"सबसे बड़ी विशेषता सूरदास की यह है कि उन्होंने एक इतःपूर्व काव्य में अप्रयुक्त भाषा को इतना सुन्दर, मधुर और आकर्षक बना दिया कि लगभग चार सौ वर्षों तक उत्तर-पश्चिम भारत की कविता का सारा राग-विराग, प्रेम-प्रतीति, भजन-भाव उसी भाषा के द्वारा अभिव्यक्त हुआ।"[8]

4. वचनवक्रता

कुंतक के अनुसार वक्रोक्ति "विदग्धभंगी भणति" है। सामान्य से भिन्न कथन में यह विदग्धता या वक्रता होती है। (कुंतक के शब्दों में वक्रोक्ति वार्ता या स्वभावोक्ति का विरोधी या विपरीत तत्त्व है।) विदग्धता भावगत और रचना-विधानगत दोनों प्रकार की हो सकती है। संकीर्ण अर्थ में उसे केवल रचना-विधानगत मानकर शुक्ल जी ने क्रोचे के अभिव्यंजनावाद और कुंतक के वक्रोक्ति-सिद्धान्त का विरोध किया है। काव्य की विदग्धता भावगत हो या रूपगत, अन्ततः वह शाब्दिक कथन या वाणी-विन्यास के द्वारा ही प्रकट होती है। वह सौन्दर्य का पर्यायवाची नहीं तो, उसे मूर्त्तरूप देने वाला आधार है। प्रश्न उठता है कि कलाकार की वह क्या मानसिकता है जो भाव और रूप को विदग्ध बनाने का प्रयत्न करता है? सौन्दर्य के प्रति आकर्षण, भाव-रूप में अधिकाधिक सौन्दर्य भरने का प्रयत्न, जीवन में वस्तु-भावगत सौन्दर्य से सन्तुष्ट न होकर उसे और अधिक आकर्षक और दीप्त बनाने की इच्छा आदि में से एक या अधिक रचना में विदग्धता के प्रेरक हो सकते हैं। संयोग और वियोग, सुख और दुख दोनों स्थितियों में वचन विदग्ध हो सकता है। पहले में वह हर्षातिरेक को प्रकट करने का साधन है और दूसरे में वेदना को भूल जाने या वेदना में कुछ सांत्वना और शांति (Relief) पाने का प्रयत्न है। प्रस्तुत शीर्षक में वचन-विदग्धता के लिए काव्य की आलोचना में प्रचलित वचन-वक्रता शब्द को ग्रहण किया गया है।

सूरसागर में माखनचोरी, पनघट पर छेड़छाड़, मुरली-माधुरी, गोपिका-नेत्रवर्णन और भ्रमरगीत प्रधान प्रसंग हैं जिनमें वचन-विदग्धता अधिक खुलकर सामने आयी है। माखनचोरी में श्रीकृष्ण का नटखटपन और भोलेपन के बहाने, यशोदा से गोपिकाओं की शिकायत और उलहना, श्रीकृष्ण की सफाइयाँ, वाणी की विदग्धता को प्रकट करती हैं। पनघट पर श्रीकृष्ण की ढिठाई और गोपिकाओं के द्वारा खरी-खोटी सुनाना, यशोदा को उलहना देना, माता यशोदा का श्रीकृष्ण को अभी अबोध बालक समझकर गोपिकाओं की बातों पर विश्वास न करना—वाणी-विन्यास में अपूर्व चमत्कार भर देते हैं। दोनों प्रसंगों में गोपिकाओं के मन में श्रीकृष्ण के प्रति प्रेम, प्रसंग को विलक्षण रूप देता है। मुरली-माधुरी में गोपिकाएँ मुरली को श्रीकृष्ण के अधर-रस पान करने वाली सौत मानकर ताना देती हैं। लेकिन उनके मन में ईर्ष्या नहीं, कुतूहल और विनोद की भावनाएँ हैं। श्रीकृष्ण के सौन्दर्य के प्रति मोह के लिए जब गोपिकाएँ

अपने ही नेत्रों का उपालम्भ और व्यंग्य करती हैं, डांटती-डपटती हैं, समझाती-बुझाती हैं और अन्त में खीझकर निन्दा करती हैं, उनकी वाणी में अद्‌भुत वचनवक्रता दिखाई देती है। इन सब प्रसंगों में वचनवक्रता वस्तु-भावगत अधिक और शब्द-विन्यासगत कम है। भ्रमरगीत में भाव और रूप दोनों मे वचन-विदग्धता है। उपर्युक्त प्रसंगों की तुलना में भ्रमरगीत-प्रसंग में भावगत तीव्रता, गहराई और गम्भीरता के कारण अनुरूप वाणी-विन्यास में वचनवक्रता अधिक वैविध्यपूर्ण और हृदयस्पर्शी है।

भ्रमरगीत की वचनवक्रता भावगत और भाषिक संरचनागत दोनों प्रकार की है। भाषिक संरचना में उक्तिगठन विदग्धतापूर्ण है। जैसे पहले कहा जा चुका है उक्तिगठन लोकोक्ति के समान भावपूर्ण होकर अनुभूति को विलक्षण मूर्त्त रूप देता है। पद की टेक में यह बात देखी जा सकती है। आगे की पंक्तियों में टेक का भाव धीरे-धीरे खुलकर सामने आता है। कभी-कभी कवि ने मुहावरों और लोकोक्तियों को वाणी की विदग्धता का अंग बना दिया है। गोपिकाएँ उद्धव के वचनों की व्यर्थता को इन शब्दों में घोषित करती हैं—

कमश्रम करत, सुनत कों ह्याँ है? होत ज्यों बन को रोयो।
सूर इते पै समझत नाहीं, निपट दई को खोयो।।

अपनी स्थिति से समझौता करती हुई गोपिकाओं की यह उक्ति है—

अब हमरे जिय बैठ्यो यह पद "होनी होउ सो होऊ"।
मिटि गयो मान परेखो, ऊधो! हिरदय हतो सो होऊ।।

भ्रमरगीत में वाग्वैदग्ध्य (Wit) शब्दार्थ पर ही नहीं, शाब्दिक उक्ति-गठन पर भी निर्भर है। उचित शब्द-प्रयोग और सुगठित रूप के बिना वाग्वैदग्ध्य चुभने वाला नहीं होता, जैसे—

उर में माखनचोर गढ़े।
अब कैसहु निकसत नहिं ऊधो! तिरछे ह्वै जो अड़े।।

कृष्णांकित पदों की सार्थकता और उनके समष्टि रूप में उक्ति-गठन ध्यान देने की है। शब्द-विन्यास में एक और विशेषता टेक की पंक्ति का प्रश्नवाचक, निषेधात्मक, आश्चर्यार्थक या दृढ़ विधायक रूप है जो विशेष सार्थक और भावव्यंजक है।

भाव की दृष्टि से भ्रमरगीत की वचनवक्रता को वाग्वैदग्ध्य, हास-परिहास, उपालम्भ और व्यंग्य—चार वर्गों में बाँट सकते हैं। (1) वाग्वैदग्ध्य शब्द-प्रयोग और उसके अर्थ पर आश्रित, शुद्ध आह्लादकारी है। वह हास-परिहास से अधिक तीखा और चुभने वाला है। गोपिकाएँ राधा से कहती हैं—

मोहन माँग्यो अपनो रूप।
या ब्रज बसत अँचै तुम बैठी, ता बिनु तहाँ निरूप।।

निरन्तर ध्यान से श्रीकृष्ण का रूप हृदयंगम हो गया, इसलिए वे निराकार हो गये! राधा की भावना, निर्गुण-निराकार का परिहास भी वचन बिदग्धता में व्यंजित है।

(2) किसी विशेष परिस्थिति में समाज, वर्ग या व्यक्ति के रूप, गुण-धर्म, भाव-विचार आदि को लेकर हास-परिहास किया जाता है। परिस्थिति में कुरूपता, असंगति या विरोध उसका आधार होता है। हास-परिहास के पात्र के प्रति उपालम्भ और व्यंग्य की तरह मन में ईर्ष्या, कटुता, प्रतियोगिता, विरोध आदि भावनाएँ नहीं रहतीं। वाग्वैदग्ध्य की तरह हास-परिहास भी आनन्ददायी भावना है। हास-परिहास में मज़ाक करने वाला कभी हँस देता है और कभी तटस्थ रह जाता है। पाठक या श्रोता के लिए प्रसंग मनोविनोद का विषय होता है। भ्रमरगीत में परिहास के पात्र उद्धव और उनकी निर्गुण-निराकार विचारधारा एवं ज्ञान-योग मार्ग हैं। गोपिकाएँ उपदेश की परिस्थिति को ही हास्यास्पद समझती हैं, या हास्य की बातें। नहीं तो, कल तक सौन्दर्य और प्रेम की मूर्ति आज निर्गुण-साधना की बातें क्यों करते? गोपिकाएँ उद्धव से पूछती हैं कि "स्याम जब तुम्हैं पठाए तब नेकहु मुसकाने?" या उद्धव को टालने के लिए ही श्रीकृष्ण ने उन्हें नहीं भेजा?—"या ही तें तुम्हैं नन्दनन्दन जूँ यहाँ पठाए टारि।" गोपिकाएँ स्वयं अबोध-अज्ञानी होने का बहाना करती हुई उद्धव के ज्ञानोपदेश का परिहास करती हैं कि वह उनकी समझ में नहीं आ रहा है—

हम सों कहत कौन की बातें।
सुनि, ऊधो! हम समझति नाहि, फिर बूझति हैं तातें।।
ऊधो! जो तुम हमहिं सुनायो।
सो हम निपट कठिनाई करकै या मन कों समझायो।।
जुगति जतन करि हमहुँ ताहि गहि सुपथ-पंथ लौं लायो।
भटकि फिर्‌यो बोहित के खग ज्यों, पुनि फिरि हरि पै आयो।।

स्वयं अबोध बनकर आगे गोपिकाएँ उद्धव और उनके विचारों का प्रत्यक्ष परिहास करती हैं। उद्धव का परिहास—

ऊधो! भली करी तुम आये।
ये बातें कहि कहि या दुख में ब्रज के लोग हँसाए।।

उद्धव को व्यापारी कहकर उसे बेवकूफ बनाने का प्रयत्न—

ऊद्धव! जोग बिसरि जनि जाहु।
बाँधहु गाँठ, कहूँ जनि छूटै, फिरि पाछे पछिताहु।।

ज्ञानोपदेश का विरोध करती हुई परिहास करती हैं—

अटपटि बात तिहारी ऊधो सुनै सो ऐसी को है?
काहे को रोंकत मारग सूधो?
हम तौ निपट अहीरि बावरी जोग दीजिए ज्ञानिन।।

श्रीकृष्ण और कुब्जा के प्रेम को लेकर भी एकाध स्थान पर गोपिकाएँ शान्तचित्त होकर परिहास करती हैं—

बरू वै कुबजा भलो कियो।
सुनि सुनि समाचार, ऊधो! मो कछुक सिरात हियो।
जाको गुन, गति, नाम, रूप हरि हर्यों फिरि न दियो।
तिन अपनो मन हरत न जान्यो, हँसि हँसि लोग जियो।।

कुब्जा के प्रसंग में गोपिकाओं ने हास-परिहास नहीं, प्रायः व्यंग्य ही किया है।

(3) अनुचित गुण-धर्म और व्यवहार को लेकर उपालम्भ होता है। गोपिकाएँ विमुखता और लंपटता के लिए श्रीकृष्ण को, श्रीकृष्ण को अपने वश में करके मथुरा में बाँध रखने के लिए कुब्जा को और युवतियों को ज्ञान और योग का उपदेश देने के लिए उद्धव को उलाहना देती हैं। गोपिकाएँ श्रीकृष्ण को सन्देश भेज-भेज कर परेशान हैं, लेकिन कोई उत्तर नहीं है। श्रीकृष्ण की ऐसी उपेक्षा है—

सन्देशनि मधुबन कूप भरे।
जो कोउ पथिक गये हैं ह्याँ तें फिरि नहिं गवन करे।।

श्रीकृष्ण और उद्धव दोनों के गुण सब जानते हैं—

मधुकर! जानत है सब कोऊ।
जैसे तुम औ मीत तुम्हारे, गुननि निपुन हौ दोऊ।
पाके चोर, हृदय के कपटी, तुम कारे ओ बोऊ।।

श्रीकृष्ण में मधुकर का कालापन और कपट प्रेम है ही, मित्र होने के नाते उद्धव को भी वे दोष लग गये। उद्धव और कुब्जा को लेकर उपालम्भ—

ऊधो! जान्यो ज्ञान तिहारो।
× × ×
हम सबै अयानी, एक सयानी कुबजा सों मन मान्यो।।

कृष्ण को "लोग कहत कुब्जा-रस माते" और उनका दूत उद्धव युवतियों को योग का उपदेश दे रहे हैं—

ऐसेई जन दूत कहावत।
ऐसी परकृति परति छाँह की, जुबतिन जोग बुझावत।।

(4) उपालम्भ में व्यंग्य अन्तर्निहित रहता है। लेकिन जब वह स्पष्ट सामने आ जाता है, व्यंग्य करने वाले के मन की कटुता और वाणी का तीखापन खुलकर व्यक्त होता है। उपालम्भ और व्यंग्य दोनों अनुचित व्यवहार की प्रतिक्रिया को प्रगट करते हैं। लेकिन व्यंग्य में विरोध की भावना के साथ खरी-खोटीन सुनाने की नौबत आ जाती है। गोपिकाएँ पूरे मथुरा नगर को ही काला बना देती हैं—

वह मथुरा काजर की कोठरि जे आवहिं ते कारे।
तुम कारे, सफलक सुत कारे, कारे धूप भँवारे।।

कृष्ण की कृष्णता पूरे नगर में छा गयी! उद्धव और उपदेश पर व्यंग्य—

आयो घोष बड़ो व्यापारी।
लादि खेप यह ज्ञान-जोग की ब्रज में आय उतारी।
फाटक दै कर हाटक माँगत भोरी निपट सुधारी।।
× × ×
नफा जानिकै ह्याँ लै आये सबै वस्तु अकरी।।
कुब्जा-प्रसंग में श्रीकृष्ण और कुब्जा पर व्यंग्य—
ऊधो जानी रे मैं जानी।
राजा भए तिहारे ठाकुर अरु कुबिजा पटरानी।।
ऊधो उनकी बात हम जानी।
कोऊ हुती कंस की दासी कृपा करी भई रानी।
कुबिजा नाउँ मधुपुरी बैठी लै सुबास मनमानी।
कुटिल कुचील जन्म की टेढ़ी सुंदरि करि घर आनी।
अब वह नवल वधू ह्वै बैठी ब्रज की कहति कहानी।
सूर स्याम अब कैसें पैऐं जिनसों मिली सयानी।।

गोपिकाओं के व्यंग्य में वेदना है, आक्षेप है, निन्दा है, ईर्ष्या है और आक्रोश है। 'कोऊ हुती' में अनादर की पराकाष्ठा है।

शुक्ल जी का कहना है कि "वचन की जो वक्रता भाव प्रेरित होती है, वही काव्य होती है।"[9] वचन की वक्रता को भाव से अलग अभिव्यक्ति की एक पद्धति मानना ठीक नहीं है। वह भावना का अभिन्न अंग है। परिस्थिति और पात्र की मनःस्थिति के कारण कभी-कभी वाणी विदग्ध रूप धारण करती है। वह विदग्धता केवल बाह्य रूप की विशेषता न होकर भावगत है, भावभंगिमा है। कुंतक तो विदग्धता को काव्यत्व या काव्यसौन्दर्य का आधारभूत तत्त्व मानते हैं। काव्य की तथाकथित सीधी अभिव्यंजना भी सामान्य व्यवहार के कथन से भिन्न विदग्ध रूप में ही होती है। यहाँ भावाभिव्यंजना की मनःस्थिति दूसरे प्रकार की है। हमें काव्य में अभिव्यक्ति की विभिन्न शैलियों के विश्लेषण से सन्तुष्ट न होकर भाव-प्रेरक मनःस्थितियों को समझने का प्रयत्न करना चाहिए। जहाँ वचनवक्रता परिस्थितिजन्य और भावात्मक मनःस्थिति का अनिवार्य परिणाम न होकर ऊहात्मक है वहीं वह आरोपित और केवल वाणी-विन्यास की विशेषता है। ऐसी स्थितियों में काव्य का सौन्दर्य अवश्य ही निम्न कोटि का है। यहाँ कल्पना नहीं, ललित कल्पना या फैंसी क्रियाशील है। सूरसागर में भ्रमरगीत ही नहीं, और भी ऐसे प्रसंग हैं जहाँ परिस्थिति में पात्र की अनुभूति विलक्षण है और पाठक की सौन्दर्यानुभूति अपूर्व है। इस बात की ओर सूर ने गोपिकाओं की वाणी में स्वयं संकेत किया है—

ऊधो! कोकिल कूजत कानन।
तुम हम को उपदेश रत कहौ भस्म लगावत आनन।।

यह सूर का सौन्दर्य जगत है जिसमें विरोधी तत्त्वों के लिए कोई स्थान नहीं है। यह ज्ञान और योग पर सौन्दर्य और प्रेम की विजय है। सूर का वाग्वैदग्ध्य उसी सौन्दर्य की शाब्दिक आभा है।

5. सौन्दर्य-निरूपक पद्धतियाँ

काव्य में सौन्दर्य को मूर्त्त करने के लिए भाषिक संरचना साधन है तो उसकी अभिव्यंजना की विशेष पद्धतियाँ भी हैं, जिनमें उल्लेखनीय सादृश्य, साहचर्य और विरोध है। इनसे सौन्दर्य मूर्त्त ही नहीं होता, अधिक उज्ज्वल या दीप्त भी होता है। इनका सम्बन्ध कथ्य या भाव और अभिव्यक्ति दोनों से है।

सादृश्य : श्रीकृष्ण के अपूर्व रूप-सौन्दर्य के साथ और किसी की समता का कोई प्रश्न ही नहीं उठता। उनसे अभिन्न राधा को ही कवि ने वह सम्मान दिया है—

सुनहु सखी राधा सरि को है।
जै हरि हैं रति पति मनमोहन, याको मुख सो जोहै।
जैसे स्याम नारि यह तैसी सुन्दर जोरी सोहै।।

इस समता में ही राधा-कृष्ण की जोड़ी का सौन्दर्य अपूर्व है। माता यशोदा अवश्य कहती हैं कि "त्रिभुवन मन-मोहन हरि हलधर की जोटी" और "जीवहु जुग हरि हलधर की जोटी", लेकिन दोनों भाइयों में कोई तुलना ही नहीं है। श्रीकृष्ण के सौन्दर्य की व्यंजना में सूर ने प्रकृति सौन्दर्य के साथ सादृश्य के आधार पर अच्छी संगति बिठाई है—

सोभा सिन्धु न अन्त रही री।
नन्द भवन भर पूरि उमंग चलि ब्रज की वीथिनि फिरत बही री।।
मुख छबि कहौं कहाँ लगि माई।
भानु उदै ज्यौं कमल प्रकासित, रवि ससि दोऊ जोति छपाई।।

गोपिकाएँ अपनी सारी बुद्धि लगाकर श्रीकृष्ण के सौन्दर्य के सदृश अप्रस्तुतों की कल्पना करती हैं—

करति बिचार परस्पर जुबती, उपमा आनतिं बुद्धि बनाई।

लेकिन कवि अन्ततः श्रीकृष्ण के सौन्दर्य के साथ प्रकृति की समता स्वीकार नहीं करता और सादृश्य विषमता में परिणत हो जाता है—

उपमा नैन न एक रही।।
उपमा हरि तनु देखि लजानी।।

आलम्बन और आश्रय में भावात्मक संगति और भावों का सादृश्य सौन्दर्यानुभूति को प्रोज्ज्वल करता है। बालकृष्ण का अद्भुत रूप यशोदा और गोपिकाओं में अनुरूप विस्मय और हर्ष के भावों का संचार करता है। उनके मनोभाव और चेष्टाएँ भी आनन्द उत्पन्न करती हैं। यहाँ भाव और भाव का नहीं, रूप और भाव या चेष्टा

और भाव की अनुरूपता है जो सच्चे अर्थ में सादृश्य के अन्तर्गत नहीं आती। लेकिन यह पाठक की सौन्दर्यानुभूति को सजीव बना देती है—

चलत देखि जसुमति सुख पावै।
ठुमुकि ठुमुकि पग धरनी रेंगत जननी देखि दिखावै।।
मोह्यो बाल विनोद मोद अति नैननि नृत्य दिखाई।
चितवनि चलनि हर्‌यो चित चंचल चितै रही चित लाई।।

बाल मनोभाव और प्रौढ़ के भावों में सादृश्य सम्भव नहीं है। लेकिन दोनों के मन में एक भावात्मक सम्बन्ध सूत्र स्थापित होने पर वात्सल्य-भावना अत्यन्त मधुर हो जाती है।

बाल्यावस्था के विपरीत यौवनावस्था में प्रेम का मनोभाव परस्पर आकर्षण में उभयनिष्ठ और समान होती है। प्रेम की पराकाष्ठा पर मनोभावों में सादृश्य ही नहीं, बिल्कुल एकरूपता आ जाती है। संयोग में श्रीकृष्ण के साथ राधा और गोपिकाओं का ऐसा ही भाव-तादात्म्य स्थापित हुआ है। दोनों भावविभोर और तन्मय हो जाते हैं। इस भावानुभूति में सौन्दर्य और रस की पूर्णता है—

राधा स्याम सनेहिनी हरि राधा नेही।
राधा हरि कें तन बसैं हरि राधा देही।
राधा हरि कें नैन में हरि राधा नैननि।।
राधा स्याम स्याम राधा रंग।
पिव प्यारी कों हृदय राखत प्यारी रहति सदा हरि कें संग।।

और वियोग में "साची प्रीति जानि हरि आये, पूरन नेह प्रगट दरसाए"। कहा जाता है कि सौन्दर्य सौन्दर्य के साथ चमकता है और भाव अनुरूप भाव के साथ। सादृश्य-योजना में सौन्दर्य और सौन्दर्यानुभूति की दीप्ति का यही रहस्य है। शाब्दिक रूप में बार-बार न दुहराने पर भी सूरसागर में संयोगकालीन सौन्दर्य और प्रेम निरूपण में यह सादृश्य भावना अन्तर्निहित है।

साहचर्य—मानवीय रूप-सौन्दर्य अपने परिसर को सुन्दर बनाता है और परिसर का सौन्दर्य मानवीय रूप को दीप्त करता है। उसी तरह मानवीय भावों के प्रक्षेपण के द्वारा प्रकृति सजीव सौन्दर्य से भर जाती है और प्रकृति सौन्दर्य में मानवीय भाव उद्दीप्त हो उठते हैं। साहचर्य में सौन्दर्य के उत्कर्ष का श्रेष्ठ उदाहरण रासक्रीड़ा का प्रसंग है जिसमें प्रकृति और मनुष्य समान रूप से स्पन्दित होते हुए पूरे वातावरण को सौन्दर्यमय और रसमय बनाते हैं। रास में सोलह हजार गोपिकाओं के साथ श्रीकृष्ण की शोभा का वर्णन—

रास मंडल मध्य स्याम स्यामा।
मानौं घन बीच दामिनी कौंधति सुभग एक है रूप, द्वै नाहिं बाधा।
नायिका अष्ट अष्टहु दिसा सोहहीं, बनी चहु पास सब गोपकन्या।

मिले सब संग नहिं लखत कोउ परसपर, बने षट-दस सहज कृष्न सेन्या।
सजे सिंगार नव सात जगमगि रहे अंग भूषन, रैनि बनी तैसी।
सूर प्रभु नवल गिरिधर, नवल राधिका, नवल ब्रज-नारि मंडली जैसी।।

रास में सब सुन्दर है—रास की योजना, राधा-कृष्ण, अष्ट नायिकाएँ, सोलह हजार गोपिकाएँ और वैसी रात। फिर साज-सज्जा की चमक। सब मिलकर साहचर्य में मानवीय शोभा अपूर्व हो जाती है। उसमें प्रकृति का योग और मन का हर्षोल्लास भी मिल गया तो रूप, प्रकृति और भाव के सामंजस्यपूर्ण साहचर्य में सौन्दर्य का पूर्ण प्रकाशन हो जाता है—

मानौ माई घन घन अन्तह दामिनी।
घन दामिनि दामिनी घन अन्तर, सोभित हरि ब्रज-भामिनी।
जमुन पुलिन मल्लिका मनोहर, सरद सुहाई जामिनी।
सुन्दर ससि गुन रूप-राग-निधि, अंग अंग अभिरामिनी।
रच्यौ रास मिलि रसिक राइ सौं, मुदित भई गुन ग्रामिनी।
रूप-निधान स्याम सुन्दर घन, आनन्द मन बिस्रामिनी।
खंजन-मीन-मयूर-हंस-पिक, भइ-भेद गज-गामिनी।
को गति गने सूर मोहन संग, काम विमोह्यो कामिनी।।

रास के आयोजन में जहाँ प्रकृति अंग-अंग को अभिराम बना रही है, कवि ने शेष सृष्टि पर रास के प्रभाव को भी सूचित किया है। उस वातावरण में सारी सृष्टि की गतिविधि बदल गयी है—

उलटी जमुनाधार बहायो, सुनि धुनि चंचल पवन थकायो।।
तिहँ भुवन भरि नाद प्रकास्यौ गगन धरनि पाताल।
थकित थये तारागन सुनिकै, चन्द भयौ बेहाल।।
मुरली सुनत अचल चले।।

सूर ने सादृश्य और साहचर्य के आधार पर सौन्दर्य निरूपण में जो अप्रस्तुत योजना की है वह प्रायः रूप-वर्णन के सन्दर्भ में है। रासक्रीड़ा में सौन्दर्य और सौन्दर्य के साहचर्य में अप्रस्तुत विधान बिजली की तरह चकाचौंध उत्पन्न करने वाली है।

विरोध—यह कहना कठिन है कि सौन्दर्य सादृश्य और साहचर्य में ज्यादा चमकता है या विरोध में। इतना अवश्य है विरोध मन को चमत्कृत कर देता है, चाहे वह सुन्दरता और कुरूपता का हो, चाहे एक दूसरे से भिन्न प्रकृति के भावों का हो या उन दोनों की अभिव्यक्ति में अप्रस्तुत योजना एवं रचना-विधानगत हो। लेकिन जब विरोध ईर्ष्या प्रेरित है और तीव्र संघर्ष में परिणत हो जाता है तो प्रसंग का सौन्दर्य समाप्त हो जाता है। इसलिए विरोध में ईर्ष्या, क्रोध, संघर्ष आदि या तो बहाने होते हैं या वेदना और हानि न करने वाले।

सूर सागर में कुरूपता के विरोध में रूप-सौन्दर्य को अधिक आकर्षणमय

सिद्ध करने का प्रयत्न कहीं नहीं हुआ है। उमड़ते हुए पूर्ण रूप-सौन्दर्य के प्रवाह में कुरूप-विरूप बह गया है या ढँक गया है। कुब्जा-प्रसंग में कुरूपता सौन्दर्य में परिणत हो गयी है, दोनों की विरोधात्मक स्थिति की ओर संकेत भी नहीं है। भ्रमरगीत में गोपिकाओं के वचनों में कुब्जा की कुरूपता की जो एक झलक मिलती है वह केवल उलाहना देने के लिए है। लेकिन सूरसागर में भागवत विरोध की कुछ झाँकियाँ मिल जाती हैं। वे सौन्दर्य और प्रेम के सागर में हलकी हलचल की लहरें पैदा करके भावानुभूति की एकतानता को दूर करती हैं। भारतीय जीवन-दर्शन और साहित्य आनन्दवादी हैं, पाश्चात्य दृष्टि और साहित्य-रचना की तरह यथार्थोन्मुख संघर्षमय नहीं हैं। इसलिए सूरसागर में विरोध और संघर्ष को आनन्द की साधना में व्यवधान के रूप में या आनन्द को अधिक क्रियाशील, रसमय और सौन्दर्यमय बनाने वाले रूप में ही ग्रहण करना चाहिए। मुरली प्रसंग में उसके प्रति गोपिकाओं की ईर्ष्या और उपालम्भ तथा गोपिकाओं के नेत्रों के व्यवहार का स्वयं उन्हीं के द्वारा विरोध, उपालम्भ और निन्दा-नाद-माधुर्य और सौन्दर्य-दर्शन में आनन्द के प्रकाशन की भंगिमाएँ मात्र हैं। विरोध आनन्द प्रकाशन का आवरण मात्र है। माखनचोरी और पनघट-लीला में गोपिकाओं का विरोध—इससे कुछ अधिक तीव्र लगता है, लेकिन वह भी दिखावा ही है। गोपिकाओं के मन में प्रेम है जो व्यवहार के विरोध में कभी प्रकट हो जाता है और कभी अव्यक्त रह जाता है।

माखन चोरी—

मुख तन चितै, विहँसि हरि दीन्हीं, रिस तब गयी बुझाइ।
लियौ स्याम उर लाइ ग्वालिनी, सूरदास बलि जाइ।।
बात विनोद बिलोकि सूर प्रभु सिथिल भई ब्रजनारि।
फुरै न बचन बरजिवे कारन, रहीं बिचारि बिचारि।।

पनघट लीला—

करत अचगरी नन्द महर को।

× × ×

कोउ खीझौ कोऊ किन बरजौ जुबतिनि कें मन ध्यान।
मनर्बच कम स्याम सुन्दर तजि और न जानतिं आन।
मोहन मन मोहिनी लगाई सखिनि संग पहुँची घर जाइ।
सूरदास प्रभु सौं मन अँटक्यौ देह नेह की सुधि बिसराइ।।

यहाँ विरोध मन के क्रोध और प्रेम का है, एक व्यक्त है दूसरा अव्यक्त है। गोपिकाओं के मन में दोनों को लेकर बीच-बीच में कुछ संघर्ष रहा हो तो भी वह दूसरे ही क्षण में समाप्त हो जाता है। यशोदा से पनघट पर अत्याचार का उलाहना भी अन्ततः गोपिकाओं के लिए विनोद का विषय हो जाता है। दोनों प्रसंगों का सारा सौन्दर्य मन के बाहर-भीतर के विरोध में हैं। चोरी की कला और छेड़छाड़ का

माधुर्य, गोपिकाओं के विरोध और उस समय उनकी मानसिक स्थिति के सन्दर्भ में ही अधिक आकर्षक और सजीव हो उठते हैं।

भ्रमरगीत में विरोध तीव्र और गम्भीर है। प्रेमविवश गोपिकाएँ सगुण-साकार के बदले निर्गुण निराकार और प्रेम के स्थान पर ज्ञान-योग स्वीकार करने के लिए तैयार नहीं हैं। गोपिकाओं के मन में कोई संघर्ष नहीं है, वे अपने विश्वास पर दृढ़ हैं। विरोध और संघर्ष बाहरी हैं—गोपिकाओं और उद्धव के भाव-विचारों में। गोपिकाएँ हास-परिहास और व्यंग्य में उद्धव की बातों को उड़ा देती हैं। लेकिन उनके मन की वेदना में श्रीकृष्ण का सन्देश और उद्धव के वचन कुढ़न उत्पन्न करके एक विरोधी मनःस्थिति उत्पन्न करते हैं, जो उनके वचनों में प्रकट होती है। भ्रमरगीत में भावात्मक स्तर पर साकार-निराकार और प्रेम-योग का विरोध, सौन्दर्य एवं प्रेम की अनेक भाव-भंगिमाओं को व्यक्त करता है, जो वेदना के आँसुओं से गीली हैं।

साकार और निराकार में सौन्दर्यात्मक अन्तर—

रेख न रूप, बरन जाके नहिं ताको हमें बतावत।
अपनी कहौ, दरस वैसे को तुम कबहुँ हौ पावत?
रसना बारि फेरि नव खण्ड कै दैं निरगुन के साथ।
इतनी तनक बिलग जनि मानहु, अँखियाँ नाहीं हाथ।।

गोपियों की दृष्टि में योग और प्रेम का अन्तर—

आयें हैं ब्रज के हित ऊधौ जुवतिनि कौ लै जोग।
आसन ध्यान नैन मूँदि सखि, कैसे कढ़ै वियोग।
हमरे कौन जोग व्रत साधै?
मृगत्वच, भस्म, अधारि, जटाको को इतनो अवराधै?
ऊधौ मन नाहीं दस बीस।
एक हुतौ सो गयौ स्याम संग, को अवराधै ईस।।

गोपिकाओं को अपना प्रेमी कृष्ण ही चाहिए, मोहन यह अमूल्य ज्ञान-योग कुब्जा को दें—

पा लागौं कहियौं मोहन सों जोग कूबरी दीजै।
सूरदास प्रभु रूप निहारैं, हमरे सम्मुख कीजै।।

रूप-सौन्दर्य की भूखी गोपिकाओं के लिए ज्ञान-योग की बातें असह्य हो जाती हैं—

अँखियाँ हरि दरसन की भूखी।
कैसे रहैं रूपरस राँची ये बतियाँ सुनि रूखी।
अवधि गनत हकटक मग जोवत तब एती नहीं झूखी।
अब इन जोग सन्देसन ऊधौ अति अकुलानी दूखी।।

मन की भावना के विरुद्ध व्यवहार और उपदेश से गोपिकाएँ दीन होकर उद्धव से प्रार्थना करती हैं—

ऊधो! हम हैं तुम्हारी दासी।
काहे को कटु बचन कहत हौ, करत आपनी हाँसी।।

क्रोध, उपालम्भ और व्यंग्य की उग्रता अन्त में दीनता में परिणत हो जाती है। प्रेम और योग को लेकर उद्धव का मजाक करने वाली गोपिकाएँ हार मानकर अपनी स्थिति से समझौता कर लेती हैं। लेकिन इसी हार में उनके प्रेम की जीत है। भ्रमरगीत में विरोधी तत्त्वों को सामने रखकर सूर ने सौन्दर्य और प्रेम की महानता को ही प्रकट नहीं किया, ज्ञान योग के विरोध में सौन्दर्य-प्रेम को अपूर्व आभामय भी बनाया है।

भ्रमरगीत में ब्रज के लोक जीवन और मथुरा के नागरिक जीवन तथा रागात्मक सम्बन्धों में अन्तर की ओर भी कुछ संकेत मिलते हैं। यहाँ विरोध भावमूलक है। गोपिकाओं की दृष्टि में "वह मथुरा काजर की कोठरि जे आवहिं ते कारे" हैं और वहाँ का प्रेम भी कपटी व्यवहार है। इसीलिए वे श्रीकृष्ण और कुब्जा पर व्यंग्य करती हैं। श्रीकृष्ण मथुरा पहुँचकर वहाँ के ऐश्वर्य से ब्रज के स्नेहमय जीवन में अधिक सुख देखते हैं—

यह मथुरा कंचन की नगरी मनि-मुक्ताहल जाहीं।
जबहिं सुरति आवति वा सुख की जिय उमगत, तनु नाहीं।
× × ×
सूरदास प्रभु रहे मौन है, यह कहि कहि पछिताहीं।।

जहाँ तक विरोधमूलक अभिव्यंजना का प्रश्न है, उसके तीन रूप मिलते हैं। एक, रूप-सौन्दर्य वर्णन के सन्दर्भ में प्रस्तुत से अप्रस्तुत प्राकृतिक उपमानों को व्यतिरेक, प्रतीप आदि अलंकारों के रूप में हीन या अनुपयुक्त घोषित करना है। इस विरोध के द्वारा सौन्दर्य की अपूर्वता को व्यंजित करने का प्रयत्न हुआ है—

राधे तेरे रूप की अधिकाई।
जो उपमा दीजै तेरे तनु ता मैं छबि न समाइ।।

दो, श्रीकृष्ण की ओर आकृष्ट और विवश गोपिकाओं के नेत्रों के लिए लोभी, लंपट, चोर, ठग आदि नीच उपमाएँ देकर उनका अवमूल्यन हुआ है तो उसी के द्वारा श्रीकृष्ण के रूप-सौन्दर्य का अपूर्व आकर्षण व्यक्त हुआ है। तीन, भाव की व्यंजना में विरोधी विधान भ्रमरगीत के प्रसंग में है। गोपिकाओं की वियोग-वेदना के विरोध में बसन्त और शरद ऋतुओं के सौन्दर्य की व्यंजना है। विरह-वेदना के उद्दीपन से खीझकर गोपिकाएँ कहती हैं कि प्रकृति का यह सौन्दर्य वृन्दावन वालों को व्यथित करने के बदले मथुरा में क्यों न खिल उठता, जहाँ श्रीकृष्ण आनन्द मंगल मना रहे हैं—

मानौ, माई, सबन्ह इतै ही भावत।
अब वहि देस नन्दनन्दन को कोउ न समौ जनावत।।

वियोग वेदना में प्रकृति की सार्थकता केवल उद्दीपन रूप में नहीं है। सूर ने भ्रमरगीत में प्रकृति को तीव्र भावानुभूति का व्यंजक रूप दिया है। प्रकृति की

गतिविधि कभी सादृश्य के द्वारा और कभी विरोधी रूप में भाव का उत्कर्ष करती है। गोपिकाओं की यह विरोधमूलक तीव्र भावाभिव्यंजना है–

हम ते भली जलचरी बापुरी अपनो नेम निबाहै।
जल तें बिछुरत ही तन त्यागे जल ही जल को चाहै।
अचरज एक भयो सुनो ऊधो! जल बिन मीन जियो।
सूरदास प्रभु आवन कहि गये मन विस्वास कियो।।

6. कल्पना

कल्पना कलाकार की सर्जनात्मक शक्ति है जो उसके भाव को, काव्य के कथ्य को मूर्त्त रूप देता है। वह भौतिक यथार्थ का मानसिक बिम्ब-रूप प्रस्तुत करता है। हीगल के अनुसार, काव्य वस्तु मूर्ति और चित्रकला की तरह भौतिक जगत का दृष्टिगोचर सम्मूर्त्तन नहीं कर सकता, इसलिए काव्य का रचना-विधान मनोगोचर और भावोद्बोधक रूप में होता है। कल्पना के काव्यबिम्ब में यथार्थ का आधार ग्रहण, एकता और अन्विति होती है, जो अभीष्ट प्रभाव सृष्टि करती है। इसके विपरीत ललित कल्पना या फैंसी साहचर्य (Association) के आधार पर जो रूप सृष्टि करती है वह ऊहात्मक है, उसके रूप-विधान या सम्मूर्त्तन में काव्यबिम्ब की तरह यथार्थ के आभास, एकता और अन्विति का बोध न होकर प्रभाव बिखरा होता है। शुक्ल जी ने इसे अपनी आलोचना में दूरारूढ़ कल्पना कहा है। जहाँ कल्पना अपनी रूपात्मक सर्जना के द्वारा सौन्दर्यानुभूति देती है, ललित कल्पना का रूप-विधान केवल कुतूहल या विस्मय को जगाता है। कालरिज ने इन दोनों के अन्तर पर विस्तार से विचार करते हुए काव्य-कल्पना के द्वारा ही उत्कृष्ट काव्य रचना सम्भव माना है।

काव्य में कल्पना का प्रकार्य बहुमुखी है। वह नवीन उद्भावना शक्ति है। जीवन-जगत के अन्तर्दर्शन में वह उसके भौतिक व्यक्त रूप में निहित तात्त्विक भाव का प्रकाशन करती है। वह अगोचर-अमूर्त्त को गोचर-मूर्त्त रूप में प्रत्यक्ष करती है। इस प्रक्रिया में वह कभी-कभी भौतिक यथार्थता के आधार पर अतीन्द्रिय कल्पित वस्तुभाव-समुदाय को सामने रखती है जैसे ईश्वर, स्वर्ग-नरक आदि। काव्य में कल्पना का मुख्य कार्य सम्मूर्त्तन या गोचर रूप या दृश्य की सृष्टि है। काव्य के शब्द-विन्यास के द्वारा वस्तु-रूप, भाव, चेष्टा या कर्म का रूप विधानक भी प्रत्यक्ष होता है तो कभी अप्रस्तुतों की सहायता लेकर। शुक्ल जी ने कल्पना के वास्तविक स्वरूप से अभिज्ञ होते हुए भी अपनी व्यावहारिक आलोचना में उसे अप्रस्तुत, बिम्ब, प्रतीक आदि के द्वारा रूपविधायिनी माना है और हिन्दी आलोचना में वही परम्परा चली आ रही है। कल्पना शब्द के व्यवहार में कल्पित का भाव निहित होने के कारण कल्पना के रूप विधान को प्रस्तुत से भिन्न कल्पित अप्रस्तुत समुदाय से जोड़ा जा रहा है। अंग्रेजी एमैजिनेशन शब्द के लिए कल्पना की अपेक्षा संस्कृत का भावन या भावना शब्द अधिक समीचीन है।

कल्पना के आधारभूत तत्त्व प्रत्यक्ष अनुभव के ऐन्द्रिय संवेदन, उनके आधार पर मन में संचित स्मृति बिम्ब और दोनों को गलाकर-मिलाकर नूतन रूप में ढालने वाली मन की चेतना की क्रियाशीलता है। सार्वे के अनुसार इस चेतना के बिना कल्पना का आविर्भाव नहीं हो सकता। कल्पना और चेतना सहवर्तिनी है। कल्पना की क्रियाशीलता में अन्य तत्त्वों का केवल अप्रत्यक्ष योग रहता है। संवेगात्मक अनुभूति की तीव्रता, कल्पना को उत्तेजित करती है। जीवन-जगत के अनुशीलन में कल्पना भावयिनी प्रतिभा और स्पंदनशील सहृदयता पर आधारित होती है। रूप-विधान में वह कभी-कभी सन्दर्भ के अनुसार अनुमान, प्रत्यभिज्ञा, अचेतन के भाव-विचार आदि का सहयोग लेती है। यहाँ तक कि स्वप्न के साथ भी उसका सम्बन्ध जोड़ा गया है। आखिर कल्पना-जगत एक प्रकार का स्वप्नलोक है जिसमें प्रत्यक्ष जीवन और मानसिक शक्तियों का एक अपूर्व सम्मेलन हो जाता है और उनके सम्बन्ध में यह कहना कठिन है कि कितना यथार्थ है और कितना मनगढ़न्त।

कल्पना को लेकर तीन महत्त्वपूर्ण प्रश्न उठ गये हैं। (1) पाश्चात्य आलोचना में काव्य में कल्पना और यथार्थ के पारस्परिक महत्त्व को लेकर विवाद है। जब कल्पना यथार्थ का आधार छोड़कर ऊहापोह पर उतर आती है और काल्पनिकता (Fictiousness) का रूप लेती है तो काव्य प्रभावोत्पादक नहीं रह जाता। (2) सौन्दर्यशास्त्री कल्पना की रूप-सृष्टि में सौन्दर्यानुभूति और भावानुभूति का प्रश्न उठाकर दूसरे को लौकिक और आनुषंगिक मानते हैं। काव्य में वस्तु, भाव और कर्म की भावात्मक प्रतिक्रिया भी अनिवार्य रूप से होती है। इसे अस्वीकार नहीं किया जा सकता। फिर काव्य-सौन्दर्य-भावन में भी अनेक भावनाएँ जगकर सौन्दर्यानुभूति के अंग बन जाती हैं। "कल्पना एक ऐसी मानसिक सृष्टि है, जिसमें सौन्दर्यबोध के साथ सम्मूर्त्तन की क्षमता और भावोद्‌बोधन का गुण रहता है।"[10] तीसरा प्रश्न शुक्ल जी ने उठाया है जो काव्य में कल्पना को साधन और भाव को साध्य मानते हैं। "जब भाव की उमंग ही कल्पना को प्रेरित करती है, तब कवि का मुलगुण भावुकता, अर्थात् अनुभूति की तीव्रता है। कल्पना उसकी सहयोगिनी है। पर ऐसी सहयोगिनी है जिसके बिना कवि अपनी अनुभूति को दूसरे तक पहुँचा ही नहीं सकता।"[11] "कल्पना काव्य का बोध पक्ष है। कल्पना में आयी हुई रूप-व्यापार-योजना का कवि या श्रोता को अन्तःसाक्षात्कार या बोध होता है। पर इस बोध पक्ष के अतिरिक्त काव्य का भावपक्ष भी है। कल्पना को रूप-योजना के लिए प्रेरित करने वाले और कल्पना में आयी हुई वस्तुओं में श्रोता या पाठक को रमाने वाले रति, करुणा, क्रोध, उत्साह, आश्चर्य इत्यादि भाव या मनोविकार होते हैं। इसी से भारतीय दृष्टि ने भावपक्ष को प्रधानता दी और रस के सिद्धान्त की प्रतिष्ठा की।"[12] स्पष्ट ही शुक्ल जी कल्पना को सर्जनाशील शक्ति के रूप में नहीं, सीमित अर्थ में भाव की रूपविधायिनी मानते हैं। काव्य में कल्पना और भाव के पारस्परिक महत्त्व की समस्या सौन्दर्य और भाव

के सम्बन्ध का है। कल्पना और सौन्दर्य के बिना काव्य का काव्यत्व ही नहीं है। दूसरी बात काव्य की अनुभूति से सम्बद्ध है कि वह संवेगात्मक है या सौन्दर्य का भावन मात्र।

सूर की सर्जनात्मक कल्पना ने पता नहीं कितने नवीन और मौलिक प्रसंगों और सन्निवेशों की कल्पना की है और उनमें सौन्दर्य और रस भर दिया है। प्रेमलीला की अपेक्षा बाललीला में ऐसे प्रसंग अधिक हैं। शायद इसलिए कि वात्सल्य का क्षेत्र काव्य परम्परा में अधिक अछूता है। लेकिन वात्सल्य और प्रेम दोनों क्षेत्र में कल्पना ने भावों में रंग भरकर नवीनता और अपूर्वता का परिचय दिया है। ज्ञात भाव-क्षेत्र को इस तरह विदग्ध रूप देने में कवि की कल्पना की महानता है। स्वप्न-मिलन के आनन्द और वेदना का यह नया रूपांकन है—

हम को सपने हूँ में सोच।
जा दिन तें बिछुरे नन्दनन्दन ता दिन तें यह पोच।।
मनौ आये गोपाल मेरे घर, हँसि करि भुजा गही।
कहा करौं वैरिनि भइ निंदिया, निमिष न और रही।।
ज्यों चकई प्रतिबिम्ब देखि कै आनन्दी पिय जानी।
सूर पवन मिलि निठुर बिधाता चपल कियो जल आनि।।

सूर ने स्वप्न और स्वप्न-विघ्न की आशा-निराशा के सौन्दर्य को मूर्त्त कर दिया है। सूर की कल्पना में काल्पनिक प्रसंग बहुत कम हैं। बीच-बीच में अवतारवादी दृष्टि से देवी-देवताओं के आनन्द-विभोर हो जाने के प्रसंग को छोड़कर। मानव-जीवन की सहज प्रवृत्तियों की सापेक्षता में मानव-मन का अनावरण भाव-जगत के अद्‌भुत होने का भ्रम पैदा करता है। ऐसा लगता है कि रचना में कवि और पात्र के मन की चेतना सौन्दर्य और प्रेम के सन्दर्भ में अनायास आविष्कृत और प्रवाहित होती जा रही है।

सूर जितने भावनाशील कवि हैं उतने ही कल्पनाशील। भ्रमरगीत के प्रसंग को छोड़कर कवि की कल्पना ने ऐन्द्रिय संवेदना में सौन्दर्य और माधुर्य की सृष्टि की है। यह ऐन्द्रियता रूपगत ही नहीं भावगत भी है। भ्रमरगीत में ऐन्द्रिय कल्पनाओं का अभाव नहीं है, पर अनुभूति की तीव्रता में कल्पना की व्यंजना अधिक सूक्ष्म और मानसिक है। ऐन्द्रियता के अतिरिक्त सूर की कल्पना की अन्य विशेषताएँ अतिशयता, रंगीन छटा और अपूर्वता या अद्‌भुतन हैं। कल्पना की ऐन्द्रियता से ही ये विशेषताएँ सम्बद्ध हैं। रूपवर्णन और भावव्यंजना दोनों की अभिव्यक्ति के ये गुणधर्म हैं। रूप-सौन्दर्य अगाध सागर है, शोभा राशि है, रूप की खान है और उसमें अनन्त आभा और रंग भरा है। इसी कारण वह अपूर्व या अद्‌भुत है। गोचर रूप की इन विशेषताओं की व्यंजना प्रायः अप्रस्तुतों के माध्यम से हुई है। सौन्दर्य की अनुभूति और प्रेम-भावना के भी ये ही धर्म हैं। लेकिन भावगत इन विशेषताओं को अप्रस्तुतों के द्वारा नहीं, तन-मन पर गहरे प्रभाव के माध्यम से, तन-मन की

विभिन्न गतिविधियों के द्वारा साकार किया गया है। सूर की कल्पना ने अनुभूति की गहराई और प्रभाव की व्यापकता में सौन्दर्य-सृष्टि का प्रयत्न किया है। कुछ स्थानों पर कल्पना ने चमत्कारी रूप लिया है—

अद्‌भुत कौतुक देख सखी री बृंदावन नभ होड़ परी।
उत घन उदित सहित सौदामिनी, इतहिं मुदित राधिका हरी।
उत बग पाँति सु इतहिं स्वाति-सुत-दाम, बिलास सुदेश खरी।

सूर की कल्पना का व्यापक प्रसार मुरली-माधुरी, नेत्र वर्णन और भ्रमरगीत में दिखाई देता है। मुरली-माधुरी में कल्पना का प्रसार भावमय और मधुर है। श्रीकृष्ण के सौन्दर्य के प्रति गोपिकाओं के नेत्रों के आकर्षण पर उक्तियों में प्रस्तुत के पक्ष में नवीन भावोन्मेष है तो अप्रस्तुत विधान में अनेकानेक प्राकृतिक एवं सामाजिक उपमानों के द्वारा उसकी व्यंजना है। दोनों प्रसंगों की उक्तियों में कल्पना बहिर्मुखी है, भाव और अभिव्यंजना का समान महत्त्व है और कथन का चमत्कार है। भ्रमरगीत में कल्पना अन्तर्मुखी है। वेदना की तीव्रता में यह पता नहीं चलता कि अनेक मानसिक गतिविधियों, दशाओं और भावनाओं का स्फुरण और प्रसार हो रहा है। अप्रस्तुत, अनुभूति की तीव्रता में अन्तर्लीन हो गये हैं। वाणी की विदग्धता तो लक्षित होती है, लेकिन वह वेदना की विवृति में उसी का व्यंजक अंग बन गया है।

कवि की कल्पना ने एक अपूर्व सौन्दर्य और प्रेम-जगत की सृष्टि की है जिसमें मादकता और आत्मविस्मृति के साथ एक नये स्पंदन और चैतन्य की भी अनुभूति होती है। वह एक मधुर स्वप्न है तो वह स्वप्न केवल विभ्रम न होकर जीवन में उसे यथार्थ करने का प्रयत्न हुआ है।

सूर की कल्पना ने रूप, भाव और चेष्टा-व्यापार को जो मूर्त्त रूप दिया है, उसे दो वर्गों में बाँट सकते हैं। एक, पद में समन्वित रूपायन है, जैसे निर्गुण से प्रेम की कठिनाई के भाव का—

कहाँ लौं कीजै बहुत बड़ाई।

× × ×

ता निर्गुन सों प्रीति निरन्तर क्यों निबहै री माई?

इसमें भाव का समग्र समन्वित काव्य बिम्ब है। भाव की यथार्थता, जिसके आधार पर रूपविधान किया गया है, स्पष्ट है। कभी-कभी एक-दो पंक्तियों में भाव का रूप खड़ा करके बाद की पंक्तियों में उसका पल्लवन या प्रसार हुआ है। चेष्टा-व्यापारों की योजना में भी इसी तरह कभी एक का अंकन है और कभी अनेक का गुम्फन है। पालने में झुलाने की स्वाभाविक क्रिया को लेकर कवि ने निम्नलिखित पद में अनेक व्यापारों को समन्वित रूप दिया है—

यशोदा हरि पालनैं झुलावै।
हलरावै, दुलराइ मल्हावै, जोइ-जोइ कछु गावै।

मेरे लाल कौ आउ निन्दरिया, काहैं न आनि सुवावै।

× × ×

इहिं अन्तर अकुलाइ उठे हरि, जसुमति मधुरैं गावै।

इसमें अनेक क्रियाशील बिम्बों के द्वारा समन्वित काव्य-बिम्ब की रचना हुई। प्रत्येक पद में इस तरह समन्वित काव्य-बिम्ब की संरचना नहीं है, मार्मिक स्फुट रूप-विधान भी सामने आता है। यह धातव्य है कि उपर्युक्त पदों में भाव का कल्पना द्वारा सम्मूर्त्तन अप्रस्तुत योजना के आधार पर नहीं है। लेकिन गोचर-रूप-निरूपण में अप्रस्तुत का आधार लेना एक तरह से अनिवार्य हो जाता है। तब भी पूरी सफलता नहीं मिलती। सूर ने सहज ही रूप-वर्णन की अपेक्षा उसकी अनुभूति और उसके प्रभाव को मूर्त्त करने का प्रयत्न किया है जैसे 'चितवनि रोकैं हू न रही' या 'स्याम सों काहे की पहचानि में'। प्रत्यक्ष रूप-वर्णन में रूपक बाँधकर सौन्दर्य का सफल सम्मूर्त्तन हुआ है जैसे 'सोभा सिन्धु न अन्त रही री' या 'देखौ माई सुन्दरता कौ सागर' में। लेकिन जब सांगरूपक को बहुत दूर तक खींचा गया है या अंग-विशेष के वर्णन में अप्रस्तुतों की झड़ी लगाई गयी है, सुसमन्वित काव्यबिम्ब प्रस्तुत नहीं होता, भले ही कुछ पंक्तियों में रूप-सौन्दर्य का बिम्बांकन हुआ हो। कल्पना के सम्मूर्त्तन की दृष्टि से समष्टि रूप और अंग-विशेष के वर्णन में सफल सौन्दर्य निरूपण के भी उदाहरण मिल जाते हैं, जैसे 'सखी री सुन्दरता को रंग' (समष्टि रूप), 'देख री हरि के चंचल नैन' आदि। अप्रस्तुत-योजना के साथ कथ्य को मूर्त्त बनाते समय सूर ने एक ओर रंगीन छटा का ध्यान रखा है तो दूसरी ओर उसे भावमय, अनुभूति-तरल रूप में ढाला है।

कल्पना की मूर्त्त रंगीन छटा—

कनक भूमि पर कर-पग छाया, यह उपमा इक राजति।
करि करि प्रति पद प्रतिमनि वसुधा कमल बैठकी साजति।।

भावमय मूर्तिमत्ता—

नैना नैननि माँझ समाने।
हारें टरत न इक पल मधुकर ज्यों रस में अरुझाने।।
खंजन नैन सुरंग रसमाते।
अतिसय चारु विमल, चंचल ये, पल पिंजरा न समाते।।

सूर ने कल्पना की जो अनेक भंगिमाएँ दिखाई हैं, उनमें सबसे अधिक सजीव, दृश्य-रूप में रूप-सौन्दर्य की अनेक छवियों और चेष्टा-व्यापारों का गुंफित अंकन तथा भाव के प्रसार एवं प्रभाव का चित्रण है।

सूरसागर में कुछ स्थानों पर कल्पना ऊहापोह या ललित कल्पना के धरातल पर उतर आयी है। उत्प्रेक्षा, सन्देह आदि में साम्य-विधान को दूर तक खींचने पर सौन्दर्य से चमत्कार की अनुभूति अधिक होती है। अप्रस्तुत बिम्ब बिखरकर समन्वित

काव्य-बिम्ब को खड़ा नहीं कर सकते। यह सही है कि अप्रस्तुत योजना में कल्पना यथार्थता से कुछ दूर तक चली जाती है, लेकिन अधिक उड़ान भरने में कल्पना, काव्य की अनुभूति में आवश्यक यथार्थ का भ्रम उत्पन्न नहीं कर सकती। सूर की ललित कल्पनाएँ बिल्कुल सौन्दर्यरहित हों, ऐसी बात नहीं है–

आजु सखी अरुनोदय, मेरे नैननि कौ धोख भयौ।
की हरि आजु पंथ इहि गबने, स्याम जलद की उनयौ।
की बगपाँति भाँति, उर पर की मुकुतामाल बहु मोल।
की धौं मोर मुदित नाचत, की बरह मुकुट की डोल।।

सूर की कल्पना ने वृन्दावन की मधुर लीलाओं में अपूर्व सौन्दर्य और माधुर्य भर दिया है तो उसकी स्मृति में भी भावन का आनन्द है। वियोग में श्रीकृष्ण और गोपिकाएँ स्मरण में भाव-विभोर हो जाते हैं–

ऊधो! मोहिं ब्रज बिसरत नाहीं।
हँससुता की सुन्दर कगरी अरु कुंजन की छाहीं।
वै सुरभि, वै बच्छ दोहिनी, खरिक दुहावन जाहीं।
ग्वाल बाल सब करत कुलाहल नाचत गहि गहि बाहीं।।

वृन्दावन की प्रकृति और जीवन के स्मरण में भावना और कल्पना उत्तेजित हो जाती है और मन चाहता है-''यह चित होत जाउँ मैं अबही, यहाँ नहीं मन लागत।'' प्रेम विह्वल गोपिकाएँ उड़ जाना चाहती हैं और उनके नेत्र श्रीकृष्ण के सौन्दर्य की स्मृति में वहीं चंचल दौड़ पड़ती हैं। कवि स्वयं अनुभव करता है–''कहाँ सुख ब्रज की सौं संसार।'' यह स्मृति उद्दीपन और संचारी भाव ही नहीं है, उसमें कल्पना की उत्तेजना और सौन्दर्य की गहरी अनुभूति भी है।

सूर की कल्पना में जीवन की यथार्थता आधारमात्र है। उस यथार्थ की जमीन से ऊपर उड़कर वह आदर्श सौन्दर्य और भाव लोकों में विहार करने लगती है। यह जीवन की यथार्थता नहीं है तो उसका सौन्दर्यमय रूप अवश्य है। सौन्दर्य जीवन का सत्य है, अर्द्धसत्य है अथवा असत्य या भ्रान्ति है, यह विवादास्पद है। सूर की कल्पना में वस्तु-जगत के समान भाव-जगत भी सौन्दर्यमय है और उसी सौन्दर्यमयता में भाव का सत्य निहित है। रूप-सौन्दर्य पर आधारित प्रेम क्या सत्य और स्थायी है, चार कोस दूर पर रहने वाले प्रियतम के वियोग में गोपिकाओं की अपार वेदना क्या असंगत नहीं है–ये प्रश्न यथार्थवादी दृष्टि में ही उठते हैं। कल्पना के सौन्दर्य से अभिभूत मन, सौन्दर्य और प्रेम के प्रश्नों को भाववादी दृष्टि से देखता है। सूर की कल्पना में सौन्दर्य और भाव की अनुभूति जुड़ी हुई है, इसलिए उसमें सौन्दर्य और भाव के सापेक्ष मूल्य का प्रश्न भी नहीं उठता। यह प्रश्न तब उठता है, जब रचना में एक पलड़ा हलका हो जाता है।

7. अप्रस्तुत-योजना

भारतीय अलंकार-सम्प्रदाय के आचार्यों ने औपम्य, चारुता, शोभा, अतिशयता या अत्युक्ति, सौन्दर्य और वक्रोक्ति को अलंकार-प्रयोग के आधारभूत तत्त्व माने हैं, जिनके कारण काव्य का आकर्षण बढ़ जाता है। सौन्दर्यशास्त्रीय दृष्टि से हम कह सकते हैं कि काव्य में प्रयुक्त भाषा शैली के ऐसे अनेक गुण-धर्म हैं, जिनके कारण काव्याभिव्यंजना में सौन्दर्य का उन्मेष होता है। उपर्युक्त तत्त्वों में चारुता और शोभा व्यापक अर्थ में सौन्दर्य के पर्यायवाची हैं। अतिशयता और वक्रता अभिव्यंजना पद्धति, शैली या कथन की विशेषताएँ हैं जिनके कारण काव्य सौन्दर्यमय होता है। ये गुण काव्य के कथ्य के भी हो सकते हैं। औपम्य प्रस्तुत के अनुरूप अप्रस्तुत विधान का द्योतक है। उसका लक्ष्य रूप को मूर्त्त करना और भावानुभूति की तीव्रता की व्यंजना है। दोनों काव्य में सौन्दर्य और उसकी अनुभूति के निर्धारक तत्त्व हैं। कवि तीव्र भावावेश में अप्रस्तुतों का प्रयोग करता है। इसलिए कविता में ही उनका प्रयोग अधिक होता है। गद्य की विधाओं में कहीं-कहीं कथ्य को स्पष्ट करने और सम्प्रेषण के लिए वे प्रयुक्त होते हैं। कविता में भी उनको सम्प्रेषण का साधन मान सकते हैं, जब भावावेश अपनी चरमस्थिति में अभिव्यक्त नहीं हो पाता या जब भाव-विचार अत्यन्त सूक्ष्म होकर बोधगम्य नहीं होते। सौन्दर्य-निरूपक या वर्धक रूप में अप्रस्तुतों की योजना करने वाली कवि की कल्पना है। इस कार्य में सिद्धान्ततः यह माना जाता है कि प्रस्तुत से अप्रस्तुत या उपमान अधिक सुन्दर और श्रेष्ठ है। अप्रस्तुतों के विरोधमूलक प्रयोग में बात उलटी हो जाती है।

यद्यपि सभी अलंकारों में सौन्दर्य का कुछ न कुछ अंश रहता है, कल्पना और सौन्दर्य के साथ घनिष्ट और आन्तरिक सम्बन्ध के कारण औपम्यमूलक या अप्रस्तुत विधायिनी अलंकारों का विशेष महत्त्व है। जहाँ अलंकार अप्रस्तुत विधान पर आधारित न होकर प्रस्तुत के कथन की शैली, उसकी वक्रता, या अन्य किसी तत्त्व या तथ्य पर निर्भर करते हैं, वहाँ भी शाब्दिक अभिव्यंजना की चारुता कवि-कल्पना की ही ऋणी है। लेकिन उन अलंकारों में सौन्दर्य और भावानुभूति की अपेक्षा कौशल और चमत्कार की प्रधानता होती है।

सूर के अप्रस्तुतों में व्यापकता और वैविध्य दोनों दिखाई देते हैं। जीवन-जगत के, विशेषतः प्रकृति के कोने-कोने से असंख्य उपमान जोड़े गये हैं। शुक्ल जी के शब्दों में "प्रस्तुत रूप में लाए हुए पदार्थों की संख्या सूर में कम, पर अलंकार-रूप में लाए हुए पदार्थों की संख्या बहुत अधिक है।"[13] वैविध्य की दृष्टि से सूर के अप्रस्तुतों को प्राकृतिक, पौराणिक, खगोलिक, सामाजिक और लोक-व्यावहारिक पाँच वर्गों में बाँट सकते हैं। रूप-सौन्दर्य निरूपण में प्राकृतिक अप्रस्तुतों का प्रयोग किया गया है। सामाजिक और लोक-व्यावहारिक अप्रस्तुत भावानुभूति की तीव्रता को व्यक्त करते हैं। पौराणिक और खगोलिक अप्रस्तुत अवतारवादी दृष्टि तथा व्यापक

चेतना से परिचालित हैं, लेकिन उनमें उदात्त सौन्दर्यबोध की अपेक्षा चमत्कार की झलक अधिक मिलती है। कुछ उदाहरण देखें। नेत्रों के आकर्षण को व्यक्त करने वाला सामाजिक अप्रस्तुत—

नैना ओछे चोर अरी री!
स्याम रूप निधि नोखें पायी देखत गये भरी री।
अंग अंग छबि चित्त चलायो सो कछु रहति परी री।।

लोक-व्यवहार पर आधारित अप्रस्तुत—

नैन मिले हरि कों ढ़रि भारी।
जैसें नीर नीर मिलि एकै कौन सकै निरूबारी।
वातचक्र ज्यों तृनहिं उड़त लै देह ज्यों छाहिं।।

पौराणिक अप्रस्तुत—

केस सिर बिन पवन के चहुदिशा छिटके झारि।
सीस पर धरि जटा मनु सिसु रूप कियो त्रिपुरारि।।

खगोलपरक व्यापक अप्रस्तुत—

नील स्वेत पर पीत लाल मनि लटकन माल रूराई।
सनि गुरु असुर देव गुरु मिलि मनोभौम सहित समुदाई।।

अप्रस्तुतों में अधिकांश प्रकृति से लिए गये हैं। इन सब प्रकार के अप्रस्तुतों में सूर की सहृदयता, भावनाशीलता, कल्पना और सौन्दर्य झलकते हों, ऐसी बात नहीं है। रूढ़, काव्य-परम्परा के निर्वाह के रूप में भी कई अप्रस्तुतों की योजना की गयी है। अप्रस्तुतों को प्रस्तुत-अप्रस्तुत की तुलना की पद्धति के आधार पर साम्यमूलक और विरोधमूलक वर्गों में विभाजित किया जाता है। पहले में कवि की दृष्टि सौन्दर्य पर है और दूसरे में चमत्कार पर। जहाँ कवि ने विरोधमूलक अप्रस्तुत-योजना के द्वारा सौन्दर्य की अपूर्वता या अद्भुतपन को व्यंजित करने का प्रयत्न किया है, वहाँ अप्रस्तुत भावमूलक है। अनेक स्थानों पर वे काव्य-परम्परा के अनुसरण में कवि के कौशल को व्यक्त करने वाले चमत्कारी रूप में हैं। विरोधमूलक अप्रस्तुत उपमेय से उपमान की श्रेष्ठता को सिद्ध करते हैं, कहीं-कहीं उपमेय को देखकर लज्जित हैं या कवि की दृष्टि में उपमेय के लिए उपयुक्त कोई उपमान ही नहीं है—

उपमा नैन न एक रही।
कवि जन कहत कहत सब आये सुधि करि नाहिं कही।।

यद्यपि सूर ने अप्रस्तुतों को परम्परा से ही लिया है, उनमें नवीन सौन्दर्य भरा है। कवि की सौन्दर्यदृष्टि और भावनाशीलता ने अप्रस्तुतों को सौन्दर्यात्मक रूप दिया है। शुक्ल जी के शब्दों में "यद्यपि उपमान अधिकतर साहित्य-प्रसिद्ध और परम्परागत ही है, पर स्वकल्पित नये-नये उपमानों की भी कमी नहीं है। कहीं-कहीं तो जो प्रसिद्ध उपमान भी लिए गये हैं, वे प्रसंग के बीच बड़ी ही

अनूठी उद्‌भावना के साथ बैठाए गये हैं।"[14] परम्परागत अप्रस्तुत का नवीन भावात्मक रूप में प्रयोग–

तन घन श्याम सेइ निसि बासर, रटि रसना छिजई।
सूर विवेकहीन चातक-मुख बूँदौ तौ न सई।।

प्रसिद्ध अप्रस्तुतों को लेकर, उनमें सम्बन्ध स्थापित करके कल्पित रूप में सौन्दर्य की व्यंजना–

सूर स्याम किलकत द्विज देख्यो, मनौ कमल पर बिज्जु जमाई।।
कुलही लसति सिर स्याम सुन्दर कै बहुबिध सुरंग बनाई।
मानौ नव घन ऊपर राजत मघवा धनुष चढ़ाई।।

नवीन कल्पना का सौन्दर्य–

कनक भूमि पर कर पग छाया यह उपमा इक राजति।
प्रतिकर प्रतिपद, प्रतिमनि वसुधा कमल बैठकी साजति।।

लेकिन जहाँ अप्रस्तुत विधान करने वाली कल्पना दूरारूढ़ और ऊहात्मक है, वहाँ सौन्दर्य से चमत्कार अधिक है–

दूर करहु बीना कर धरिबो।
मोहे मृग नाहीं रथ हाँक्यो, नाहिंन होत चन्द की ढ़रिबो।।

जहाँ सूर ने रूपसाम्य और गुणसाम्य के आधार पर विभिन्न अंगों के लिए अलग-अलग अप्रस्तुतों का उल्लेख मात्र किया है, वहाँ कोई विशेष सौन्दर्य की व्यंजना नहीं है। लेकिन प्रभाव साम्य के आधार पर अप्रस्तुत की दृश्य-योजना या चित्रांकन अत्यन्त रमणीय और प्रस्तुत के सौन्दर्य की व्यंजना में सफल है। संयोग में आँखों में आँख समाने का चित्र–

नैना नैननि माँझ समाने।
टारें दरत न इक पल मधुकर ज्यों रस में अरुझाने।।

गोकुल में गोपिकाओं की वेदना और उधर मथुरा में श्रीकृष्ण के आनन्द मनाने का चित्रांकन–

सागर कूल मीन तरफत है, हुलसि होत जल पीन।।

अप्रस्तुत-योजना के तीन प्रकार्य माने गये हैं–रूप सौन्दर्य का सम्मूर्तन, भाव का प्रकर्ष और सम्प्रेषण। रूप-सौन्दर्य को मूर्त बनाने और उसकी गहरी अनुभूति की व्यंजना में सूर ने अप्रस्तुत प्रयोग में कुछ विशेष प्रविधियों को अपनाया है–अप्रस्तुत से प्रस्तुत को श्रेष्ठ सिद्ध करना, भिन्न-भिन्न अप्रस्तुतों का कल्पना के द्वारा सम्बन्ध स्थापन, अप्रस्तुतों को जोड़कर चित्रांकन या उनको दृश्य रूप में प्रस्तुत करना, अतिशय सौन्दर्यमय और उज्ज्वल प्राकृतिक अप्रस्तुतों का चयन और अप्रस्तुतों के गुण-धर्मों की अपेक्षा प्रभाव पर बल देना। प्रकृति के क्षेत्र से इतना अधिक सौन्दर्य जुटाकर भी सूर का मन भरा नहीं है। एक प्रस्तुत अंग-विशेष के लिए अनेकानेक

अप्रस्तुतों का प्रयोग किया गया है। कभी-कभी करोड़ों अप्रस्तुतों को एक प्रस्तुत के समान घोषित किया गया है—

चन्द्र कोटि प्रकाश मुख अवतंस कोटिक भान।
कोटि मन्मथ वारि छबि पर निरखि दीजत दान।।

दूसरे प्रकार्य के अन्तर्गत भावना को मूर्त्त करने के अतिरिक्त उसकी अनुभूति की तीव्रता भी व्यंजित हुई है। रूप-निरूपण और भाव-व्यंजना दोनों में अभीष्ट अनुभूति के लिए सम्प्रेषण का ध्यान अयत्नज रूप में ही सही, अनिवार्य है। वियोग और प्रेम की तीव्र अनुभूति की अभिव्यक्ति में अप्रस्तुत विशेष सम्प्रेष्य भी हैं। उदाहरणार्थ तीनों प्रकार्यों के तीन उद्धरण दिये जा रहे हैं—

अप्रस्तुत के द्वारा नेत्रों की चंचलता का मूर्त्तीकरण और उसका सौन्दर्य—

खंजन नैन सुरंग रस माते।
अतिसय चारु बिमल, चंचल ये पल पिंजरा न समाते।।

अप्रस्तुत के द्वारा वियोग में वेदना की तीव्रता की व्यंजना और उसका सम्मूर्त्तन—

ब्रजलोचन बिनु लोचन कैसे? प्रतिछिन अति दुख बाढ़त।
सूरदास मीनता कछू इक, जल भरि संगन छाँड़त।।

प्रेम में राधा-कृष्ण के एक-दूसरे के रंग में रंग जाने, भावन में रूप-परिवर्तन और अद्वैत भावना का अप्रस्तुत के द्वारा स्पष्टीकरण और पुष्टि जो सम्प्रेषण में सहायक है—

राधा माधव माधव राधा कीट भृंग गति ह्वै जु गयी।
माधव राधा के रंग राँचे राधा माधव रंग रई।।

सूर ने प्राकृतिक अप्रस्तुतों के कल्पनाशील प्रयोग के द्वारा एक नये सौन्दर्य का द्वार खोल दिया है। उससे जो हवा बहती है, उसमें ताज़गी है, लेकिन कभी-कभी साँस का घुटन भी होता है।

8. चित्रांकन

काव्याभिव्यंजना में अप्रस्तुत-प्रयोग और चित्रांकन बहिर्मुखी तत्त्व हैं जबकि बिम्ब-योजना और प्रतीक-विधान अन्तर्मुखी तत्त्व हैं। काव्य में अलंकार प्रयोग की तरह शब्दों के माध्यम से चित्र खींचने की प्रवृत्ति अत्यन्त प्राचीन है। लेकिन मध्ययुग के बाद, भाव-निरूपण की कठिनाइयों को पार करने के लिए चित्रकला के क्षेत्र में बिम्बात्मक, प्रतीकात्मक, प्रभावात्मक नयी-नयी शैलियों या पद्धतियों का प्रयोग होने लगा तो उनका असर काव्य पर भी पड़ा और काव्य में चित्रात्मक प्रवृत्ति बहुत बढ़ गयी। मध्ययुग में काव्यकला और चित्रकला का साथ-साथ विकास हुआ और उनका पारस्परिक प्रभाव स्वाभाविक था। सूर की रचना में अप्रस्तुतों का बहुल प्रयोग हुआ तो उससे कम चित्रांकन की प्रवृत्ति नहीं थी। प्रस्तुत को सजीव बनाने के ये दो प्रमुख साधन थे। कलामर्मज्ञ श्री रामकृष्ण दास जी का कहना है कि मध्ययुग में चित्रकला

और काव्यकला का ऐसा पारस्परिक प्रभाव था कि भक्ति-काव्य की भाव-व्यंजना को पूर्ण रूप से समझने के लिए मध्ययुगीन भारतीय चित्रकला का आकलन आवश्यक है। दूसरी ओर मध्ययुग में भक्तिकाव्य के पदों का चित्रांकन भी हुआ। "सूरसागर को चित्रित करने में मेवड शैली की प्रमुख देन रही है। सूर के पदों पर आधारित चित्र राजकीय संग्रहालय, जयपुर में हैं, जिनमें पद के भाव को चित्रांकित"[15] किया गया है। यह इस बात का प्रमाण है कि सूर के पदों में चित्रांकन की क्षमता विद्यमान है।

सूर के चित्रांकन को समझने के लिए चित्रकला की उन विशेषताओं पर ध्यान देना चाहिए, जिन्होंने रचना को प्रभावित किया है। चित्रकला नेत्रेन्द्रिय का विषय है जबकि काव्य श्रवणेन्द्रिय और मन का। मुद्रित काव्य रूप के पठन में भी जब तक मन के कान शब्द-रूप को सुनते नहीं हैं, काव्य का पूर्ण भावन नहीं हो सकता। सूर ने अपनी रचना को श्रवण और मन के साथ नेत्र का भी विषय बनाया है। मन की अनुभूति और भावनाओं के साथ-साथ रूप और भावगत सौन्दर्य पर भी उनकी दृष्टि रही हैं। पंत जी ने कविता को चित्रभाषा कहा है। अर्थात कवि अपनी माध्यम भाषा को दर्शनयी रूप देने का प्रयत्न करता है। यह दूसरी बात है कि रूप को साकार बनाने में वाणी चित्रकला की रंग-रेखा की समता नहीं कर सकती। फिर भी कवि अपनी वाणी में चित्रकला से माध्यम, रेखा और रंग को लेकर रेखाचित्र या वर्णचित्र प्रस्तुत करता है।

चित्रकला में चित्रांकन तीन रूपों में किया जाता है—वस्तु या व्यक्ति का चित्र, पृष्ठभूमि पर उनका चित्र और विविध वस्तुओं और व्यक्तियों को समान महत्त्व देते हुए सामूहिक दृश्य। उनमें भाव-व्यंजना और क्रियाशीलता जोड़ने की चित्रकला की अपनी प्रविधियाँ भी हैं। जब कवि किसी वस्तु, व्यक्ति या दृश्य को अपने काव्य में शब्दरूप देने का प्रयत्न करता है, चित्रकला की प्रविधि को अपनाता है। सामाजिक सन्दर्भों में प्रयोग के कारण भावना और क्रियाशीलता को अभिव्यक्त करने की सहज क्षमता वाणी में है। यहाँ भी कवि चाहे तो भाव और कर्म को उनके अपने सहज गुण धर्मों के साथ रूप भी दे सकता है।

काव्य में चित्रांकन पर विचार करते समय सबसे बड़ी कठिनाई चित्र और बिम्ब के अन्तर को लेकर होती है। दोनों काव्य में वस्तु, भाव या कर्म को गोचर बनाते हैं। चित्र केवल नेत्रेन्द्रिय का विषय है जबकि बिम्ब सभी इन्द्रियों के विषयों को लेकर खड़े किये जा सकते हैं। दोनों भावप्रेरित और भावोद्दीपक होते हैं। चित्र में प्रधानतः बाह्य रूप का अंकन किया जाता है, यद्यपि उसमें भावात्मक शैली भी प्रचलित है। काव्य में चित्रांकन बहिर्मुखी है—वह बाह्य रूप का शब्द चित्र है। बिम्ब बहिर्जगत की मानसिक मूर्त्त अवधारणा है। लेकिन कवि की रचना में जीवन-जगत का बहिर्मुखी रूपायन और अन्तर्मुखी मानसिक अवधारणा मिल-जुलकर ही सामने आती है। इसलिए रूप की बहिर्मुखी और अन्तर्मुखी अवधारणाओं की प्रधानता

के आधार पर ही काव्य में चित्रांकन और बिम्ब-योजना का अन्तर कर पाते हैं। कभी-कभी काव्य में मानसिक बिम्बों को जोड़कर चित्रवत रचना होती है, जिसे समग्र काव्यबिम्ब कह सकते हैं।

अप्रस्तुत योजना के साथ सूर ने श्रीकृष्ण के अंगांग-सौन्दर्य का जो वर्णन किया है, उसमें चित्रांकन-पद्धति का प्रयोग कम हुआ है। लेकिन संयोग लीलाओं में हाव-भावों के साथ रूप के कुछ गतिशील चित्र मिलते हैं और वियोग में कृशगात राधा के रूप का। राधा के दो रूप चित्र—

मन्द मन्द गति चलत अधिक छबि, अंचल रह्यौ फहरि कै।।

× × ×

अति मलीन वृषभानु कुमारी।

× × ×

अधमुख रहति, अनत नहिं चितवति...।
छुटे चिकुर, बदन कुम्हिलाने...।।

प्रकृति वर्णन प्रायः विश्लिष्ट रूप में है। षट् ऋतु वर्णन में प्राकृतिक वस्तुजगत की चित्रात्मक प्रस्तुति कुछ ही पंक्तियों में मिलती है। दावानल और गोवर्धन धारण के प्रसंग में बादलों के उमड़ने का चित्रात्मक वर्णन सजीव है—

भहरात झहरात दवानल आयो।
घेरि चहुँ ओर सोर अंदोर बन धरनि आकास चहुँपास छायो।।
बादर बहु उमड़ि घुमड़ि बरसत ब्रज आये।
चढ़ि कारे धौरे धूमरे धारे अति ही जल।।

उपर्युक्त चित्रों में रूप के साथ गतिशीलता या क्रियाशीलता का भी योग है।

प्राकृतिक पृष्ठभूमि पर मानवीय रूप का चित्रांकन कम मिलता है। रासक्रीड़ा, प्रबोधगीत आदि में प्रकृति का वर्णन अलग पृष्ठभूमि के रूप में है। यह दूसरी बात है कि चित्रकार 'जागिये ब्रजराज कुंवर कमल कुसुम फूले', 'जागिये गुपाल लाल ग्वाल द्वार ठढ़े' आदि के चित्र बनाया जा सकता है, प्रकृति की पृष्ठभूमि पर या गोपवृन्द को पृष्ठभूमि में रखकर। वैसे सूर के सैकड़ों पदों में चित्र खींचने की अनुकूलता है।

सूरसागर में प्रकृति-वर्णन दृश्यात्मक न होकर अलग-अलग वस्तुओं को एक पद में गूँथा हुआ है। लेकिन पर्व-त्योहारों के अवसर पर मानवीय दृश्य का चित्रांकन अवश्य मिलता है। जन्म और होरी के दृश्य—

आजु नन्द के द्वारै भीर।
इक आवत इक जात बिदा है इक टाढ़े मन्दिर कै तीर।।
नन्दनन्दन वृषभानु किसोरी मोहन राधा खेलत होरी।
श्री वृंदावन अतिहिं उजागर बरन-बरन नव दम्पति भोरी।
एकनि कर है अगरु कुमकुमा एकनि कर केसरि लै घोरी।

एक अर्थ सों भाव दिखावति नाचति तरुनि बाल बृध भोरी।
स्यामा उतहिं सकल ब्रजबनिता इतहिं स्याम रस रूप लहोरी।।

अमूर्त्त भाव का गोचर चित्रांकन असम्भव है। भावनाएँ शारीरिक अनुभावों और चेष्टा-व्यापारों के द्वारा ही मूर्त्त और व्यक्त होते हैं। सहज ही सूर ने उन्हीं के द्वारा, गोचर सबद्ध रूप में भावों का चित्रांकन किया है। वियोग में श्रीकृष्ण की भावना का यह रूपात्मक चित्रांकन है—

कहुँ मुरली, कहुँ लकुट मनोहर, कहुँ पट कहुँ चन्द्रिका मोर।
खन बूड़त, खन ही खन उछरत, विरह सिन्धु कैं परै झकोर।
प्रेम सलिल भीज्यौ पीरौ पट, फट्यो निचोरत अंचल छोर।
फुरै न बचन, नैन नहिं उघरत, मानहुँ कमल भये बिन भोर।।

यहाँ शारीरिक स्थिति और क्रियाशीलता के द्वारा विरह-वेदना की व्यंजना ही नहीं हुई, प्रथम दो पंक्तियों के द्वारा दृश्यांकन भी हुआ है। दूसरी और चौथी पंक्तियों में अप्रस्तुत योजना क्रमशः भाव और रूप को व्यंजक चित्र बनाती है। (ध्यातव्य है कि वे दोनों पंक्तियाँ मन में दो बिम्बों का स्फुरण करते हुए समग्रचित्र के अंग बन गये हैं।)

चित्रांकन में सूर की सर्वाधिक सफलता चेष्टा-व्यापारों के निरूपण में हैं, विशेषतः बाललीला के सन्दर्भ में। अप्रस्तुतों की सहायता लिए बिना ही कवि ने कभी किसी एक चेष्टा या व्यापार का चित्र प्रस्तुत किया है और कभी अनेक चेष्टा-व्यापारों का एक साथ गुंफन करते हुए समन्वित चित्र खींचा है। इस गुंफन में सारे चेष्टा-व्यापार किसी मनोभाव या मानसिक स्थिति से सम्बद्ध होते हैं। इसलिए बहिर्मुखी चेष्टा-व्यापार का चित्रण मानसिक बिम्ब को भी जगाता है—

बलि गयी बाल रूप मुरारि।
माई पैंजनि रटति रुनझुन नचावति नन्दनारि।
कबहुँ हरि को लाइ अंगुरी चलन सिखवति ग्वारि।
कबहुँ हृदय लगाइ हित करि लेत अंचल डारि।
कबहुँ हरि कौ चितै चूमति कबहुँ गावत गारि।
कबहुँ लै पाछें दुरावति ह्यां नहीं बनवारि।
कबहुँ अंग भूषन बनावति राइ लोन उतारि।
सूर सुर नर सबै मोहे निरखि यह अनुहारि।।

ये यशोदा के वात्सल्य और हर्ष में गुँथी हुई विभिन्न चेष्टाएँ हैं। हर एक अपने में एक स्वतन्त्र चित्र है और सब मिलकर मन में एक समन्वित चित्र भी बनाते हैं, जो यशोदा का भाव-प्रतिमा है।

सूर ने चित्रकला के आधार पर रेखाचित्र खींचने का प्रयत्न नहीं किया है। ऐन्द्रिय रूप-सौन्दर्य का कवि रेखाचित्रों से सन्तुष्ट नहीं होता। सूर ने रेखाओं में रंग भरकर सौन्दर्य को ऐन्द्रिय रूप दिया है। इस वस्तून्मुख चित्रण में तीन आयामों की

स्थूलता है, रेखा की सूक्ष्मता नहीं। बहुत करके एक ही पद में विविध चेष्टा-व्यापारों के गुंफन को पात्र के मनोभाव की विविध रेखाएँ कह सकते हैं।

चित्रकला में रंग भरने की कला का प्रभाव सूर की रचना पर अवश्य दिखाई देता है। चित्रकला की रंग-योजना का लक्ष्य रूप या भाव को उज्ज्वल और प्रभविष्णु (Striking) बनाना है। सूर ने प्रस्तुत और अप्रस्तुत दोनों सन्दर्भों में रूप की उज्ज्वलता, कान्ति या चकाचौंध का उल्लेख किया है। उसे और चमकाने के लिए काले-नीले के विरोध में दिखाया है। श्रीकृष्ण के श्याम शरीर पर पीताम्बर है तो गोरी राधा नीला वस्त्र पहनी हुई है। रंग की वास्तविक उज्ज्वलता वहाँ दिखाई देती है जहाँ श्याम और गौर वर्ण मिल जाते हैं। राधा और कृष्ण की संयोग लीलाओं में यह बात द्रष्टव्य है। रंगों की अनुरूप और विरोधी योजना तथा उनके संगम के सौन्दर्य के कुछ उदाहरण प्रस्तुत किये जा रहे हैं।

संयोग के बाद श्रीकृष्ण के रूप-वर्णन में रंगों की अनुरूपता में शोभा—

पीताम्बर पर कहा भयौ।
नीलांबर ओढ़े ही आये, अति डहडही नयी।
तैसौइ अंग, बसन रंग तैसोइ कहा कहौं यह सोभा।।

अप्रस्तुत के साथ श्रीकृष्ण के सहज रंग की संगति में रमणीयता—

नील जलद अभिराम श्याम तन।।

श्रीकृष्ण के रूप-वर्णन में रंग-विरोध की चमक—

स्याम सुभग तनु, पीत बसन जनु, नील जलद पर तड़ित सुछन्दन।।

गोरे-श्याम राधाकृष्ण के संयोग में विरोधी रंगों के सामंजस्य का सौन्दर्य—

लपटे अंग सौं सब अंग।
सुरसरी मनु कियौ संगम, तरनि तनूजा संग।।

नेत्र-वर्णन में तीन रंगों के संगम की अपूर्व छवि—

अरुन स्वेत सित झलक पलक प्रति को बरनै उपमाई।
मनु सुरसति गंगा जमुना मिलि आश्रम कीन्हौ आयी।।

पृष्ठभूमि, सामंजस्य और विरोध में रंग-योजना के चमत्कार की ओर संकेत—

मोर मुकुट स्रवननि मनिकुंडल उर बनमाल पिछौरि।
दसन चमक अधरन अरुनाई देखत परी उगौरि।।

इस रूप-वर्णन में रंगों की छटा का डॉ. सावित्री सिन्हा ने इस तरह आख्यान किया है—"मोरमुकुट के अनेक वर्णों के साथ मणिकुंडल की आभा तथा सतरंगी बनमाल के साथ पीताम्बर के एक पीतवर्ण की योजना में अनुपम वर्णों का विन्यास है ही, ऐसा विश्वास नहीं होता कि सूर की अंधी आँखों को बहुरंगी वर्णों के सौन्दर्य को निखारने के लिए उसे एक वर्ण की पृष्ठभूमि में रखने का रहस्य भी ज्ञात था। शीश पर शोभित मोर मुकुट का सौन्दर्य कुंडल की एकवर्णीय आभा में निखर उठा

है। इसी प्रकार पीताम्बर के साथ बनमाला के विभिन्न रंग भी मानो और चटक हो उठे हैं। दाँतों की श्वेत आभा अपने प्रतिरूप लाल वर्ण की पृष्ठभूमि में और भी चमक उठी है।"[16]

किसी तरह की योजना के बिना रंग-बिरंगी छिड़काव जो होली आदि पर्वों में दर्शित होता है—

चोबा चन्दन छिरकाहीं हो उड़त अबीर गुलाल।।
उड़त गुलाल अबीर कुमकुमा छबि छाई जनु साँझ।।
उड़त गुलाल लाल भए बादरं, रंगि गये सिगरे अटा अटारी।।

रंगों के प्रभाव में सूर ने सारे वातावरण को रंगीन बना दिया है।

अलंकरण में भी सूर ने रंग-सौन्दर्य का ध्यान रखा है, रंग-मैत्री और रंग-विरोध के द्वारा रूप-सौन्दर्य को चमका दिया है—

गोरै भाल लाल सेंदुर छबि, मुक्ता बर सिर सुभग मंग कौ।।

कवि ने श्रृंगार लीलाओं के वर्णन में कभी-कभी सहज रूप-रंग और रति के बाद रूप-रंग का अन्तर जो रंग-योजना के अनौचित्य को प्रकट करता है, उसे भी रंगीन एवं आकर्षक बना दिया है—

देखिएत लाल उनींदे भर।
राजत हैं रतनारे नयना मानहु नलिन नये।
पीक कपोल, ललाट महाउर बन्दन बलित खए।।

शब्दों के चित्रकार के रूप में सूर ने भावपूर्ण और गतिशील चित्रांकन किया है, रंगों का अपूर्व सौन्दर्यबोध प्रकट किया है तथा चेष्टा-व्यापारों की गुंफित चित्र-योजना और सामूहिक दृश्यांकन में अपनी प्रतिभा का परिचय दिया है।

9. बिम्ब-विधान

कल्पना द्वारा किसी वस्तु, भाव या क्रिया का सम्मूर्त्तन, जिसके द्वारा वह इन्द्रियों और मन के सम्मुख प्रत्यक्ष होता है, बिम्ब कहलाता है। यदि कल्पना मानसिक व्यापार है तो उसकी क्रियाशीलता में प्रस्तुत बिम्ब भी भौतिक न होकर मानसिक है। समीक्षकों ने काव्यबिम्ब का अनेक कोणों से विस्तार के साथ विवेचन किया है जिसके आधार पर बिम्ब के ये लक्षण निर्धारित होते हैं—(1) सम्मूर्त्तन वह है, जो कथ्य को इन्द्रिय गोचर और मनसा-ग्राह्य रूप देता है। कथ्य ऐन्द्रिय रूप के माध्यम से मानसिक बिम्ब हो जाता है। (2) बिम्ब के साथ भावनाएँ और संवेग जुड़े रहते हैं या उसमें अन्तर्लीन रहते हैं। अर्थात् बिम्ब भावोद्‌बोधक होता है। (3) बिम्ब पाठक के मन में अनुरूप भावनाओं और संवेगों को जगाता है। (4) कभी-कभी बिम्ब सम्मूर्त्तन की प्रक्रिया में अप्रस्तुतों की सहायता लेता है, यद्यपि अप्रस्तुत-योजना बिम्ब का अनिवार्य धर्म नहीं है। बिम्ब के मुख्य तत्त्व रूप की मूर्त्तिमत्ता, भावात्मकता और भाव-संचार-क्षमता है।

पिछले शीर्षक में चित्रांकन और बिम्ब-विधान में अन्तर करने का प्रयत्न किया गया है। काव्य के शब्दचित्र में बिम्ब से भिन्न, भावतत्त्व का अन्तर्भुक्त होना अनिवार्य नहीं है, यद्यपि अन्ततः चित्रांकन भी पाठक के मन में किसी भाव या अनुभूति को जगाता है, जो काव्य-रचना का लक्ष्य है। शब्दचित्र में वस्तु, भाव या क्रिया के बाह्य आकार-प्रकार को व्यक्त करने का प्रयत्न होता है। वह बहिर्मुखी दृष्टि से भौतिक रूप की शब्दों के माध्यम से अभिव्यक्ति है। इसके विपरीत बिम्ब भौतिक जगत का कल्पना के द्वारा मानसिक रूप है, जो शब्दों के द्वारा व्यंजित होता है। प्राथमिक कल्पना के द्वारा जीवन-जगत के अनुशीलन में तथा काव्य कल्पना के द्वारा बिम्ब की संरचना में कवि के मन की भावनाएँ क्रियाशील होकर शाब्दिक बिम्ब के अंग बन जाती हैं। भौतिक जगत का मानसिक भावरूप में बिम्बांकन उसे शाब्दिक चित्रांकन से अलग कर देता है। लेकिन भावरूप में बिम्ब-विधान भी आखिर भौतिक-ऐन्द्रिय तत्त्वों को लेकर ही होता है और उन भौतिक-ऐन्द्रिय तत्त्वों या क्रिया-व्यापारों के निरूपण में चित्रात्मकता आ जाती है। भावरूप में प्रस्तुति और भाव-स्फुरण, सफल बिम्ब-योजना की ही विशेषता है। यहाँ इस बात पर भी ध्यान देना है कि चित्रकला में भी रंग-रेखाओं के द्वारा भौतिक-ऐन्द्रिय रूप की ही नहीं, बिम्बांकन की भी शैली प्रचलित है। इस शैली में वस्तु-जगत का भाव-रूप में ही चित्रण होता है। जैसा डॉ. केदारनाथ सिंह ने कहा है, "नयी समीक्षा में बिम्ब स्थूल शब्द-चित्र-मात्र का बोधक न रहकर, मनुष्य की सम्पूर्ण जटिल मानसिक-प्रक्रिया का बोधक बन गया है।"[17]

काव्य में भाषा का प्रयोग बिम्ब-विधान की दृष्टि से होता है। "काव्य में अर्थग्रहण से काम नहीं चलता, बिम्ब-ग्रहण अपेक्षित होता है।"[18] सार्थक संज्ञा, विशेषण और क्रिया बिम्ब-विधान के साधन हैं। उनके द्वारा रूप, भाव और क्रियाशीलता का द्योतन होता है। शब्दों की उचित समन्वित व्यवस्था बिम्ब का स्वरूप निश्चित करती है।

काव्य बिम्बों का अनेक रूपों में वर्गीकरण किया गया है। बिम्बों के लक्ष्य के आधार पर स्थूल ऐन्द्रिय रूप विधायक, भावोद्बोधक और सूक्ष्म सत्य के व्यंजक तीन रूपों में विभाजन किया जा सकता है। विषय-वस्तु के अनुसार प्राकृतिक शृंगारी, करुण, ओजस्वी, यथार्थोन्मुख आदि वर्ग बनते हैं। संरचना की दृष्टि से बिम्ब चुस्त, व्यंजक, प्रसारगामी या शिथिल होते हैं। अप्रस्तुत योजना रहित बिम्ब प्रत्यक्ष है और उसके माध्यम से प्रस्तुत बिम्ब अप्रत्यक्ष (Indirect) है। कभी-कभी किसी छन्द या पद में अनेक बिम्बों की समन्वित योजना में एक व्यापक काव्य बिम्ब भी लक्षित होता है। सौन्दर्यशास्त्रीय दृष्टि से मूर्त्तता, गतिशीलता, व्यापकता और उदात्तता बिम्ब-सृष्टि की विशेषताएँ हैं।

काव्य और आलोचना में बिम्बों और प्रतीकों की चर्चा आधुनिक काल में छायावादी युग के साथ आरम्भ हुई है। पाश्चात्य देशों में भी उन सिद्धान्तों पर विचार विमर्श मध्ययुग के बाद ही आरम्भ हुआ। प्राचीन एवं मध्ययुगों में ऐसे अनेक श्रेष्ठ

कवि हो गये हैं, जिनमें बिम्बों और प्रतीकों को ढूँढने के लिए खींचातानी करनी पड़ती है। आधुनिक सिद्धान्तों के आधार पर मध्ययुगीन रचना के आख्यान और विश्लेषण में सावधानी बरतनी चाहिए। मध्ययुग के प्रतिभाशाली सूर की रचना में भाव-रस-व्यंजना के दौरान बिम्बों का पर्याप्त प्रयोग मिलता है।

बिम्बों के प्रकार्य को ध्यान में रखकर सूर की रचना पर विचार करते हैं, तो मध्यकालीन कवियों में उनका इतना सजीव और बहुल प्रयोग और किसी कवि के काव्य में नहीं मिलता। चित्रांकन और बिम्ब-विधान में सूर की सफलता का मूल कारण, भक्ति की तन्मयता में कवि के द्वारा अपने मानस में श्रीकृष्ण के रूप-सौन्दर्य और उनकी लीलाओं का प्रत्यक्षीकरण है। हार-जीत का अर्थ न समझने वाले श्रीकृष्ण के बालभाव का यह बिम्ब है–

सखा कहत हैं स्याम खिसाने।
आपुहिं आपु बलकि भये ठाढ़े अब तुम कहा रिसाने।।

खिसाना, बलकना और रिसाना तीन क्रियाओं के द्वारा बालभाव का मूर्त्तीकरण हुआ है। अपने से बड़े लड़कों के साथ खेलने में छोटा अपने को 'फिट' नहीं कर पाता। उपर्युक्त क्रियाओं के द्वारा क्रमशः भाव का चढ़ाव भी सूचित होता है। श्रीकृष्ण के भावमय रूप के इस बिम्ब में एक विशेष बाल मनोवृत्ति भी व्यंजित है। पाठक के मन में उनके रूप और खीजने के भाव का ही नहीं, बाल-मनोभाव का एक व्यंजक बिम्ब भी रूप लेता है। कवि कर्म की दृष्टि से बिम्ब की संरचना जितनी कठिन है, उतना ही कठिन उसकी व्यंजकता का बोध और ग्रहण है। एक और उदाहरण लें–

आलस भरि सोभित सुभागिनी।
राजत सुभग नयन रतनारे, हरि संग जागत गयी जामिनी।
बाह उचाइ जोरि जमुहानी, ऐंड़ाई कमनीय कामिनी।।

रूप और ऐन्द्रिय क्रिया-व्यापारों के द्वारा ही बिम्ब की रचना हो सकती है बिम्ब जागरण की अलसता का है। नेत्रों का रूप-रंग लाल है। बाँहें ऊँचा करके जोड़कर जुम्हाई लेना और अंगों को इतराते हुए मरोड़ना शारीरिक चेष्टा-व्यापार है। नेत्रों का रूप और शरीर की गतिविधि अलसता के सूचक हैं। सार्थक विशेषण और क्रियाएँ अलसता को मूर्त्त करती हैं। सार्थक संज्ञा "सुभागिनी" और विशेषण "रतनारे" भाव के सौन्दर्य को व्यक्त करते हैं। अलसता के बिम्ब के मूल में उद्दीपक भाव अनुराग हैं। बिम्बगत अलसता की भावना स्पष्ट व्यंजित है। इस बिम्ब में मूर्त्तीकरण और सौन्दर्य का विशेष ध्यान रखा गया है। उपर्युक्त दोनों उदाहरणों से स्पष्ट हो जाता है कि बिम्ब गोचर ऐन्द्रिय माध्यम ग्रहण करके अन्ततः मानसिक भाव का रूप लेता है।

बिम्ब-संरचना में भावना और क्रियाशीलता के अतिरिक्त ऐन्द्रिय अनुभावों का आधार भी लिया जाता है। कुछ समीक्षक गोचर और अधिक मूर्त्त होने के कारण बिम्बों की ऐन्द्रियता पर बल देते हैं। लेकिन वे प्रायः स्थूल होते हैं, भाव प्रेरित होने

पर भी ज्यादा व्यंजक नहीं होते। भाव और क्रियाशीलता पर आधारित बिम्ब अधिक सूक्ष्म और व्यंजक होते हैं। सूर ने वात्सल्य और प्रेम की अनुभूति में सात्विक एवं कायिक अनुभावों का विस्तार से वर्णन किया है। उनमें कुछ वर्णन बिम्बात्मक हैं। वर्षा में भीगे राधाकृष्ण की ऐन्द्रिय अनुभूति का बिम्ब—

अति जल भींजि चीर वर टपकत और सबै टपकत अँबराई।
कांपत तन तिय को पिय हँसि कै भुज भरि अपनें कंठ लगाई।।

भावप्रेरित चेष्टा-व्यापारों के साथ ऐन्द्रिय बिम्ब अधिक संवेगात्मक और सौन्दर्यमय हो जाता है—

वै हँसि ओट करत पीताम्बर ये चुनरी उढ़ावत।
भींजे राग रागिनी दोऊ भीजे जल छबि पावत।।

बिम्बांकन में सूर की विशेषता भावात्मक और गत्यात्मक बिम्ब-सृष्टि है जो अत्यंत सजीव और प्रचुर मात्रा में है। वेदना के आँसुओं का भावात्मक बिम्ब—

राखि छबि दुराइ हिरदै में तिनको हिय भरि ढ़ारत।।

बिम्ब आकर्षण या प्रेम और वेदना दोनों का एक साथ व्यंजक है। रोम-रोम से आँसू चूने का यह बिम्ब अप्रस्तुत पर आधारित है—

रोम रोम ह्वै नैन गये री।
ज्यों जलधर परबत पर बरसत, बूँद-बूँद ह्वै निचटि द्रुए री।।

प्रतीक्षा का गत्यात्मक बिम्ब जिसमें क्रियाशीलता मन की चंचलता का व्यंजक है—

कबहुँ स्याम जमुना तट जात।
कबहुँ कदम चढ़त मग देखत राधा बिनु अति ही अकुलात।
कबहुँ जात बन कुँज धाम कों देखि रहत नहिं कछू सुहात।।

जब गत्यात्मक बिम्ब प्रतिक्रियात्मक भावों के साथ संयुक्त रूप में अभिव्यक्त होता है, तब समग्र काव्य-बिम्ब अत्यन्त प्रभावोत्पादक बनता है। यमलार्जुन-निपात का बिम्ब, भय और विस्मय की भावनाओं के साथ—

तरू दोउ धरनिगिरे भहराइ।
जर सहित अरराइ कै, आघात सब्द सुनाइ।
भए चकित लोग ब्रज के, सकुचि रहे डराइ।
कोउ रहे आकास देखत, कोउ रहे सिर नाइ।
घरिक लौं जकि रहे जहँ तहँ, देह गति बिसराइ।।

सूरसागर में सन्दर्भ के अनुसार विराट-व्यापक, सामूहिक और मिथकीय बिम्बों का अंकन भी हुआ है। दावालन का व्याप्ति, प्रलयकारी वर्षा के वर्णनों में गोचर चित्रांकन के साथ भावोद्बोधक विराट बिम्ब भी प्रस्तुत किये गये हैं। श्रीकृष्ण की लीलाओं की अलौकिकता को व्यंजित करने के लिए इन व्यापक-विराट बिम्बों का आयोजन किया गया है। उनका आधार पौराणिक प्रसंग हैं। अंगूठा चूसने की लीला में—

उछरत सिन्धु, धराधर काँपत, कमल पीठ अकुलाइ।
सेष सहसफन डोलन लागे, हरि पीवत जब पाइ।।
बढयौ वृच्छ बट, सुर अकुलाने, गगन भयौ उतपात।
महाप्रलय के मेघ उठे करि जहाँ तहाँ आघात।।

हरिजी की आरती में प्रत्यक्ष भगवान का विश्वरूप—

हरिजू की आरती बनी।

× × ×

रवि-ससि-ज्योति जगत परिपूरन, हरति तिमिर रजनी।
उड़त फूल उड़गन नभ अन्तर, अंजन घटा घनी।।

निर्गुण से सगुण के, असीम से ससीम के सौन्दर्य और माधुर्य का प्रतिपादन करने के लिए सूर ने व्यापक-विराट के बिम्ब को प्रस्तुत करने के बाद लीला में भाग लेने वाले पात्रों के भाग्य की प्रशंसा की है, जो विश्वरूप को अपने वश में करके संकेतों पर नचा रहे हैं—

कोटि ब्रह्मांड करत छिन भीतर, हरत विलम्ब न लावै।
ताको लिए नन्द की रानी, नाना खेल खिलावै।।

असीम और ससीम, महानता और अल्पता के विरोध में कवि ने अद्‌भुत सौन्दर्य की सृष्टि की है। व्यापक विराट के बिम्बांकन में श्रद्धा, भय, आतंक आदि भावों से युक्त होकर सौन्दर्य उदात्त हो जाता है। दास्य भक्ति के पदों में भी कहीं-कहीं भगवान के महात्मय और आत्मा की अल्पता के विरोध में उदात्त की कुछ झाँकियाँ मिल जाती हैं।

अवतारवादी दृष्टि से भगवान की लीलाओं की ओर सूर ने कई बार संकेत किया है। सूरसागर में भगवान की महिमा के अनेक प्रसंगों का उल्लेख किया गया है। लेकिन वे सब न बिम्ब रूप में हैं और न उनके द्वारा सौन्दर्यशास्त्रीय उदात्त की अनुभूति होती है। वाद को लिखे जाने पर भी पौराणिक प्रसंग अत्यंत प्राचीन हैं। उनका मिथकीय अर्थ किया जा सकता है। समीक्षकों ने पौराणिक बिम्बों को मिथकीय बिम्बों की संज्ञा भी दी है। लेकिन मिथकीय आख्यान करने से ही हर एक पौराणिक प्रसंग मिथकीय बिम्ब नहीं हो जाता। दूसरी ओर यह भी ध्यान रखना है कि सूर की दृष्टि अवतारवादी है, मानवतावादी दृष्टि से मिथक के द्वारा मानव-विकास की व्याख्या करने वाली नहीं है जैसे कामायनी या नयी कविता के कुछ काव्यों में देखते हैं।

सूर ने लीलावर्णन के कुछ प्रसंगों में, विशेषतः पर्व-त्योहारों के अवसर पर कुछ सामूहिक चित्रों और बिम्बों की भी सृष्टि की है। आध्यात्मिक दृष्टि से सामूहिक चेतना परमात्मा के प्रति आत्माओं की भावना है तो सामाजिक दृष्टि से जीवन के सुख-आनन्द में सब का समभागी होना है। वैयक्तिक स्तर पर सब लोग जीवन के सौन्दर्य और आनन्द को अपने-अपने ढग से ग्रहण करते हैं तो सामाजिक स्तर पर सब

मिलकर। मानसिक चेतना की भिन्नता के बावजूद पहले की अनुभूति भी सामूहिक या सामाजिक ही है क्योंकि एक ही व्यक्ति, परिस्थिति या प्रसंग को लेकर सबकी अनुभूति है। श्रीकृष्ण के बाल-सौन्दर्य और युवा-सौन्दर्य को गोपिकाएँ अपने-अपने ढंग से देखती हैं, अनुभव करती हैं, कल्पना करती हैं और विचार करती हैं। गोपिकाएँ बालकृष्ण पर मुग्ध होकर बारी-बारी से उसे हाथ में लेती हैं–

नैंकु गोपालहिं मो कौं दै री।
देखौं बदन कमल नीकैं करि ता पाछें तू कनियाँ लै री।।

गोपिकाएँ श्रीकृष्ण की युवाछवि को अपने-अपने ढंग से ग्रहण करती हैं। अंग-विशेष का अपना विशिष्ट सौन्दर्य है तो देखने वाली आँखें अपने कोण से उसकी झाँकी देखकर उसी में तन्मय रहती हैं–

तरुनी निरखि हरि प्रति अंग।
कोउ निरखि नख इन्दु भूलि, कोउ चरन जुग रंग।।

सौन्दर्य-दर्शन में पता नहीं दृष्टि कहाँ जाती है और टिकती है। सामूहिक भावना में इससे अधिक बिम्बात्मकता है। जन्म का आनन्द–

आजु बन कोउवै जनि जाइ।
सब गाइनि बछरनि समेत लै आनहु चित्र बनाइ।
ढ़ोटा है रे भयो महर कैं कहत सुनाइ सुनाइ।।

सामूहिक बधाइयाँ और मंगलाचार–

आजु बधायो नन्दराइ कैं गावहु मंगलाचार।
आयी मंगल कलस साजि कै दधि फल नूतन डार।
उर मेले नन्दराइ कैं गोप सखनि मिलि हार।।

होली का सामूहिक उत्सव–

ब्रज जुबती देखत हीं धाई जहाँ तहाँ तें चहु ओरी की।
इक पट पीताम्बर गहि झटक्यो इक मुरली लई कर मोरी की।
इक मुखसों मुख जोरि रहति इक अंक भरति रतिपति ओरी की।
तब तुम चीर हरे जमुना तट सुधि बिसरे माखन चोरी की।
अब हम दाउं आपनो लैहैं पाइ परौ राधा गोरी की।
अपने अपने मन सुख कारन सब मिलि झकझोरा झोरी की।
नीलम्बर पीताम्बर सों लै गांठि दई कसि कै डोरी की।
कतक कलस केसर भरि लूयाई डारि दियो हरि पर ढ़ोरी की।
अति आनन्द भरीं ब्रज जुबती गावति गीत सबै होरी की।।

इसमें अनेक बिम्बों का समन्वित होली का समग्र काव्य-बिम्ब है। उसमें स्मृति-बिम्बों का भी योग है। सूर ने स्मृतियों के द्वारा भावों को उद्दीप्त करके रस-संवेदना को तीव्र बनाया है तो दूसरी ओर उनको मूर्त्त रूप में भी प्रस्तुत किया

है। स्मृति मन में पहले के अनुभवों के बिम्बों को भी जगाती है।

सामूहिक चेतना और भावना के बिम्बों को लोक-संस्कृति, मिथक और अवचेतना तीनों से जोड़ सकते हैं। लोक जीवन और संस्कृति में भाव-विचार शिक्षित-समुदाय के भाव-विचारों की तरह वैयक्तिक न होकर समष्टिगत और सामान्योन्मुख होते हैं। जीवन के सुख-दुख में सब समभागी होते हैं। मिथकों में मानवीय भाव-विचारों का सार्वजनीन रूप संग्रहीत और व्यक्त होता है। वे मानव-जीवन के विकास का द्योतन करते हैं। फ्रायड के बाद मनोविज्ञान में अवचेतन को वैयक्तिक और सामूहिक दो भागों में विभाजित किय गया है। जुंग आदि मनोवैज्ञानिक के अनुसार वैयक्तिक अवचेतन में व्यक्ति के जीवन में दमित वासनाएँ अन्तर्लीन रह कर अवसर आने पर स्वप्न, दिवास्वप्न, कला आदि में व्यक्त और चरितार्थ होती है। सामूहिक अवचेतन में मानव जाति की वासनाएँ और संस्कार संचित रहते हैं। व्यक्ति के मन, अनुभव और जीवन पर इनका भी प्रभाव पड़ता है। हो सकता है कि सूर-साहित्य में लोक-जीवन और संस्कृति में अभिव्यक्त सामूहिक चेतना और भावना पर—उनके बिम्बांकन पर—सामूहिक अवचेतन का प्रभाव हो।

सूर ने कुछ ऐसे भावों और बिम्बों को व्यक्त किया है, जिनको अप्रत्यक्ष रूप से अवचेतन के साथ सम्बन्ध जोड़ सकते हैं। श्रीकृष्ण, राधा और गोपिकाओं की उन्मुक्त प्रेमलीला और कामक्रीड़ा तथा मुरलीमाधुरी एवं रासक्रीड़ा का मोहक रूप—दोनों जीवन की यथार्थता से दूर फैंटेसी और विभ्रम के द्योतक हैं। वे व्यक्त मन की भावनाएँ नहीं लगतीं। लीलाओं में सौन्दर्य को भी जादू का-सा मोहक रूप दिया गया है। कभी-कभी हिन्दू मिथक के जन्म-जन्मान्तर की भी बात उनसे जुड़ गयी हैं। इन सब भावों को लेकर जो बिम्ब-सृष्टि हुई है उसका सम्बन्ध प्रत्यक्ष चेतन मन से नहीं लगता। गोरस बेचने वाली गोपिका आत्म-विस्मृत होकर विभ्रम में 'गोपाल' पुकारने लगती हैं—

गोरस को निज नाम भुलायो।
लेहु-लेहु कोऊ गोपालहिं गलिनि गलिनि यह सोर लगायो।।
ग्वालिन फिरति बिहालहिं सो।।

रासक्रीड़ा बार-बार होती रहती है, बीच-बीच में श्रीकृष्ण अन्तर्ध्यान होकर फिर प्रकट होते हैं। यह सब क्या आवृत्ति है, खेल या क्रीड़ा है, अथवा फैंटेसी है? क्योंकि पुनरावृत्तियों की अनुभूति में रंचमात्र भी अन्तर नहीं है—

बहुरि स्याम सुख रास कियौ।
भुज-भुज जोरि जुरीं ब्रजबाला, वैसेई रस उमंगि हियौ।
वहै निसा, वैसैहि मन जुवती, वैसैं ही हरि सबनि भजे।
सूर स्याम वैसेइ मनमोहन, वैसैंहि प्यारी निरखि लजे।।

आध्यात्मिक दृष्टि से इसे परमात्मा और आत्मा की शाश्वतता, उनके सम्बन्ध

की सनातनता और लीला की नित्यता कह सकते हैं जो पुष्टिमार्गीय सिद्धान्त के अनुरूप है। अन्यथा रूप, भाव और अनुभूति की सम्पूर्ण एकरूपता और तादात्म्यता केवल विभ्रम या फैंटेसी है।

श्रीकृष्ण का रूप इतना सम्मोहक है कि देखने पर भी विश्वास नहीं होता और न पहचाना जा सकता—

तुम देखे मैं नहीं पत्यानी।
स्याम सौं काहे की पहचानी।।

राधा-कृष्ण का सम्बन्ध भी केवल इस जन्म का नहीं है—

सखी री नाहिन नयी सगाई।
सुनि राधिके तोहिं माधव सौं प्रीति सदा चलि आयी।।

जब यशोदा बालकृष्ण को राम की कहानी सुनाती है, सीताहरण का प्रसंग आने पर पूर्वजन्म की स्मृति जागकर कृष्ण कह उठते हैं—

लछिमन धनुस देहु, कहि उठै हरि, जसुमति सूर डरानी।।

ये सब उद्धरण बिम्बात्मक नहीं हैं, लेकिन अन्तश्चेतना, मिथक या विभ्रम से प्रेरित और अनस्थूल बिम्बों की मूल चेतना को स्पष्ट करते हैं।

सूर के बिम्बांकन में सौन्दर्यचेतना और प्रेम तन्मयता से अनुप्राणित ऊर्जा है, जो सदा स्पन्दनशील और क्रियाशील है।

10. प्रतीक प्रयोग

"प्रतीक शब्द का प्रयोग उस दृश्य (अथवा गोचर) वस्तु के लिए किया जाता है जो किसी अदृश्य (अगोचर या अप्रस्तुत) विषय का प्रति-विधान, उसके साथ अपने साहचर्य के कारण करती है।"[19] सादृश्य और साहचर्य प्रतीक-प्रयोग के आधार हैं। "जहाँ भाषा कवि की संवेद्यजन्य अनुभूति को अभिव्यक्त करने में अक्षम हो जाती है अथवा सूक्ष्म रहस्यात्मक जगत के सौन्दर्यांकन में उसकी वाणी स्वतः मौन हो जाती है, रूपक, समासोक्ति आदि सादृश्यमूलक अलंकार भी बहुत दूर तक साथ नहीं देते, शब्द की व्यंजनाशक्ति भी हतप्रभ हो जाती है, तब प्रतीक योजना का ही प्रश्रय लिया जाता है। उसके द्वारा अमूर्त्त, अदृश्य, अश्रव्य तथा अप्रस्तुत विषय मूर्त्त बन जाता है।"[20] प्रतीक कथ्य को मूर्त्त बनाने में विशेष व्यंजक होता है। बिम्ब में प्रतीक की विशेष व्यंजकता नहीं होती। बिम्ब में सम्मूर्त्तन की प्रधानता है तो प्रतीक में व्यंजना-गर्भितता की। प्रतीक की मूर्त्तता बिम्ब से भिन्न अभिव्यक्ति लाघव के साथ सांकेतिक होती है।

प्रतीक में कथ्य वस्तु या बात समान भावसूचक किसी अप्रस्तुत के द्वारा सूचित होती है। अलंकार में प्रस्तुत और अप्रस्तुत दोनों का स्पष्ट उल्लेख होता है जबकि प्रतीक प्रयोग में प्रस्तुत या कथ्य संकेत रूप में रहता है। रूपकातिशयोक्ति, अन्योक्ति

आदि कुछ अलंकारों में प्रतीक की तरह केवल अप्रस्तुत का ही कथन होता है, पर उनमें प्रतीक की विशेष व्यंजकता नहीं होती। इस सन्दर्भ में शुक्ल जी का कहना है कि "प्रतीक का आधार सादृश्य या साधर्म्य नहीं बल्कि भावना को जाग्रत करने की निहित शक्ति है। पर अलंकार में उपमान का आधार सादृश्य या साधर्म्य ही माना जाता है। अतः सब उपमान प्रतीक नहीं होते, पर जो प्रतीक होते हैं वे काव्य की बहुत अच्छी सिद्धि करते हैं।"[21]

कला और साहित्य में ही नहीं, धर्म, दर्शन, समाजशास्त्र, विज्ञान आदि सभी क्षेत्रों में प्रतीकों का प्रयोग होता है। वे बौद्धिक, किसी तथ्य या सत्य के प्रतिपादक निश्चित अर्थ के द्योतक और रूढ़ होते हैं। इनसे भिन्न कला और काव्य के प्रतीक कल्पनाजन्य, अनुभूतिमूलक और संवेगों को उद्‌बुद्ध करने वाले होते हैं। कल्पनाजन्य ये प्रतीक रूढ़ और निश्चित नहीं हैं, उनमें अर्थ या भाव की व्यंजकता की अनेक सम्भावनाएँ रहती हैं। काव्य के प्रतीक वैयक्तिक न होकर सार्वजनीन अनुभूति के विषय होते हैं।

मनोविज्ञान ने प्रतीक सृष्टि के मूल प्रेरणा सूत्रों को स्पष्ट करने का प्रयत्न किया है। फ्रायड के अनुसार प्रतीक अवचेतन मन की दमित वासनाओं और कुंठाओं की छद्म अभिव्यक्ति है जो मूलतः काम या शृंगारपरक हैं, पर कला में उदात्त रूपान्तर प्राप्त करते हैं। कला के प्रतीक स्वप्न के प्रतीकों के समान ही हैं, लेकिन अधिक स्पष्ट-बोद्धव्य और प्रेषणीय रूप में प्रस्तुत किये जाते हैं। युग प्रतीकों का सम्बन्ध वैयक्तिक अवचेतन की अपेक्षा सामूहिक अवचेतन मन से जोड़ते हैं। वे प्रतीकों को सामूहिक अवचेतन की सहज प्रेरणा से प्रस्तुत सांस्कृतिक प्रयास मानते हैं। प्रतीकों की मूल प्रेरणा वैयक्तिक अवचेतन के काम से हो या सामूहिक अवचेतन से, काव्य-कला में उनका स्वरूप बिल्कुल बदल जाता है और वे सांस्कृतिक सार्थकता के परिवेश में ही प्रस्तुत होते हैं।

प्रतीक-प्रयोग के लक्ष्य सम्मूर्त्तन, भावनाओं और संवेगों को उद्‌बुद्ध करना, सूक्ष्म विचारों का संक्रमण और काव्य को सम्प्रेष्य बनाना है। प्रतीक भाव-विचारों के सम्प्रेषण के साधन मात्र न होकर उनका अपना सौन्दर्यशास्त्रीय मूल्य भी है। कवि की कल्पना द्वारा प्रस्तुत होने के कारण प्रतीकों में शब्द के रूढ़ अर्थ से भिन्न नया अर्थ और सौन्दर्य अनुभूत होता है। प्रतीकों की मूर्त्तता में सौन्दर्य ही भरा नहीं होता, उनके द्वारा सौन्दर्य की सूक्ष्म छायाओं का उद्‌घाटन भी हो जाता है। प्रतीक के विभिन्न अर्थों की व्यंजकता सौन्दर्यानुभूति की सम्भावनाओं को बढ़ा देती है। प्रतीक के साथ कवि की भावना और अनुभूति सम्बद्ध होकर उसे भावोद्‌बोधक बना देता है। 'कलाकार की एक अनुभूति होती है और उसके प्रकाशन के लिए वह ऐसे प्रतीकों की खोज करता है जो कुल मिलाकर दुबारा वही या उस जैसी अनुभूति उत्थित कर सके।"[22] कविता में प्रतीक बौद्धिक धरातल पर चिन्तन प्रक्रिया को भी व्यंजित कर सकता है।

काव्य में प्रयुक्त सभी प्रतीक कवि की कल्पना से निःसृत नवीन नहीं होते। एक ओर कवि की कल्पना वस्तु-जगत पर (विशेषतः प्राकृतिक वस्तुओं पर जो सार्वजनीन अनुभूति के विषय होते हैं) प्रतीकत्व का आरोप करता है तो दूसरी ओर ज्ञान-विज्ञान के अन्य स्रोतों के प्रतीकों को ग्रहण करके अपनी कल्पना के बल पर उनके द्वारा नये प्रतीकार्थ का स्फुरण भी करता है। काव्य-परम्परा, धर्म, दर्शन, पुराण, मिथक आदि इस तरह के स्रोत हैं।

प्रतीकों के प्रकार्य की दृष्टि से उन्हें सौन्दर्यात्मक, संवेगात्मक और बौद्धिक तीन वर्गों में बाँट सकते हैं। स्रोत और वस्तु की दृष्टि से उनके प्राकृतिक, धार्मिक, दार्शनिक, मिथकीय, सांस्कृतिक, सामाजिक, वैज्ञानिक, वैयक्तिक आदि वर्ग बन जाते हैं।

मध्ययुगीन काव्य-रचना पर विचार करते समय तत्कालीन काव्य-दृष्टि, काव्य-परम्परा और काव्यशास्त्र को ध्यान में रखना आवश्यक है। उसमें सौन्दर्य नहीं, रस पर, काव्याभिव्यंजना में बिम्बों और प्रतीकों पर नहीं, अलंकारों पर दृष्टि रही। काव्य में बिम्बों और प्रतीकों की अपेक्षा अलंकारों का बहुल प्रयोग होता था। ऐसी स्थिति में आधुनिक दृष्टि से मध्ययुगीन काव्य में सौन्दर्य, बिम्बों और प्रतीकों का अन्वेषण कभी-कभी असफल हो जाता है। कम से कम, मध्ययुगीन काव्य में आधुनिक काव्य की तरह प्रतीक-प्रयोग की प्रविधि बहुत कम लक्षित होती है। जो प्रयोग हैं, वे रूढ़ धार्मिक-दार्शनिक हैं, कवि-कल्पनाजन्य, सौन्दर्यात्मक, संवेगात्मक और बौद्धिक नहीं हैं। सूर की स्थिति भी इससे बहुत भिन्न नहीं है।

सूर के प्रतीकों को चार वर्गों में विभाजित किया जा सकता है—(1) लीला के पदों से सम्बन्धित धार्मिक-दार्शनिक प्रतीक, (2) भक्तिपरक आत्मनिवेदन में प्रयुक्त दार्शनिक प्रतीक, (3) दृष्टिकूट पदों की विशिष्ट शैली में आयोजित प्रतीक और (4) सौन्दर्य और भाव के व्यंजक काव्यात्मक प्रतीक। इन चारों प्रकार के प्रतीकों के प्रयोग में काव्यत्व की सिद्धि किस रूप में और कहाँ तक हुई है, यही प्रस्तुत प्रतीक-विवेचन का लक्ष्य है?

(1) लीला से सम्बन्धित श्रीकृष्ण, राधा, गोपिका, मुरली, रासक्रीड़ा आदि के प्रतीकत्व को लेकर समीक्षकों में मतभेद दिखाई देता है। प्रश्न उठता है कि भागवत के आधार पर, वल्लभाचार्य के सिद्धान्तों के आधार पर या सूर की रचना के आधार पर प्रतीकत्व की व्याख्या करें। अन्तिम आधार को ही प्रामाणिक मानना चाहिए, यद्यपि सूर प्रथम दोनों स्रोतों से प्रभावित अवश्य थे। सूर जैसे स्वच्छन्द भावनाशील कवि किसी सिद्धान्त या विचारधारा से बँधे थे, यह मानना असंगत लगता है। सूर की रचना में राधा को भगवान की शक्ति, प्रकृति, माया, भगवान की अनुग्रह प्राप्त साधिका आदि अनेक रूपों में वर्णन है। गोपिका श्रुति, लक्ष्मी, आत्मा आदि के प्रतीक के रूप में दिखाई देती है। राधा और गोपिकाओं को श्रीकृष्ण से अभिन्न भी कहकर अद्वैत-भावना का प्रतिपादन हुआ है। श्रीकृष्ण और मुरली के सम्बन्ध में मतभेद

नहीं है—वे ब्रह्म और योगमाया हैं। लेकिन गोपिकाएँ मुरली को मोहमयी नारी के रूप में भी देखती हैं। काव्य-दृष्टि से ये सब प्रतीक अन्ततः प्रेम की साधना और आनन्दनुभूति के व्यंजक मात्र हैं। लीलाओं में अहं और लोकमर्यादा का अतिक्रमण करके (जैसे माखनचोरी, चीरहरण, पनघट-लीला आदि में) प्रेम के भाव तादात्म्य में (रासक्रीड़ा में) आनन्द प्राप्ति की अभिव्यक्ति है। उस प्रेम-साधना में राधा और गोपिकाओं के रूप में हृदय तड़पता रहता है। (मानलीला, वियोगलीला और भ्रमरगीत में) इस साधना को प्रतीक बनाकर कवि कहता है—"सोरह सहस पीर तन एकै, राधा जिव सब देह।"

सूर ने वल्लभाचार्य के दार्शनिक चिन्तन का ज्यों का त्यों अनुसरण नहीं किया। दार्शनिक सामान्य रूपरेखा वही है, लेकिन सूर ने भावनाशील कवि के रूप में उसे अपने ढंग से रंगकर मौलिक रूप दिया है। सूरसागर में "अनेक स्थानों पर सूरदास के चिन्तन की मौलिकता का पता चलता है। सबसे बड़ी मौलिकता राधा के सम्बन्ध में है। सूर ने राधा को कृष्ण की शक्ति का प्रतीक माना है। वल्लभाचार्य के दार्शनिक चिन्तन में राधा का कोई स्थान नहीं है।"[23] सूर के प्रतीकों का धार्मिक, आध्यात्मिक और दार्शनिक अर्थ करते समय उनके मौलिक चिन्तन को भी ध्यान में रखना चाहिए।

प्रश्न उठता है कि इन धार्मिक-दार्शनिक प्रतीकों ने रचना को किस तरह प्रभावित किया है और उनका काव्य-सौन्दर्य के उत्कर्ष में क्या योगदान है। आध्यात्मिक दृष्टि से "नित्य धाम वृन्दावन श्याम, नित्य रूप राधा ब्रजबाम, नित्य रास जल नित्य विहार" मानने वाले सूर ने काव्य के कथ्य-सौन्दर्य और प्रेम को जीवन के आदर्शवादी शाश्वत सत्य का रूप दिया है। कृष्णलीला के प्रतीकत्व ने सौन्दर्य और प्रेम की प्रकृति और उसके स्वरूप को निर्धारित किया है। इसके अतिरिक्त आध्यात्मिक-दार्शनिक प्रतीकत्व ने मुरली-माधुरी, रासक्रीड़ा आदि प्रसंगों में सौन्दर्यानुभूति, प्रेमानुभूति और उन लीलाओं के सृष्टिव्यापी प्रभाव की व्यंजना का अवसर भी दिया है। इस सन्दर्भ में "मुरली सुनत अचल चले", "मुरली तऊ गोपालहिं भावति", "सखी री मुरली लीजै चोरि" आदि मुरलीवादन-पद तथा "नृत्यत स्याम नानारंग", "मोहन रच्यो अद्‌भुत रास", "बहुरि स्याम सुख-रास कियौ" आदि रासक्रीड़ा के पद अपूर्व सौन्दर्य एवं प्रेम तथा उनके अद्‌भुत प्रभाव को व्यक्त करते हैं। प्रतीकत्व से व्यापक प्रभाव-सृष्टि करते हुए भी, सूर ने दार्शनिक प्रतीकों की योजना को अपना ध्येय नहीं बनाया। उस स्थिति में काव्य-रचना की स्वाभाविकता नष्ट होकर सूरसागर दार्शनिक अन्योक्ति काव्य हो जाता। "सूरसागर में कृष्ण के लीला सम्बन्धी पदों में प्रतीकार्थ पर स्पष्टतः बल नहीं दिया गया है, परन्तु कृष्ण की लीला का भक्त और भगवान के पारस्परिक सम्बन्ध के प्रतीक के रूप में प्रयोग अवश्य किया गया है, अनेक स्थानों में यह व्यंजना प्रगट हो जाती है।"[24]

(2) विनय के पदों में भी कुछ दार्शनिक प्रतीकों का प्रयोग हुआ है। ये प्रतीक

कवि की आत्माभिव्यक्ति और आत्मनिवेदन से सम्बन्धित होने के कारण उनमें काव्यत्व का अभाव नहीं है। लेकिन उनके द्वारा सौन्दर्य, भावन और चिन्तन का विशेष स्फुरण नहीं होता, जो प्रतीक का प्रकार्य है। इन प्रतीकों में कुछ सन्तकाव्य की परम्परा से लिए गये हैं, तो कुछ कवि की कल्पना की देन हैं। ज्ञान-वैराग्य सम्बन्धी अन्य प्रतीकों के साथ–"माधौ, नैंकु हटकौ गाइ" वाले पद में माया के लिए गाय का प्रतीक प्रयुक्त हुआ है। "जा दिन मन पंछी उड़ि जैहै", "अब मैं नाच्यौ बहुत गुपाल" आदि पदों में ज्ञान-वैराग्य सम्बन्धी दार्शनिक प्रतीक-प्रयोग देखा जा सकता है। यद्यपि सूर की दास्य भक्ति के पदों में भावना की तीव्रता और गहराई मिलती है, दार्शनिक तथ्यों के निरूपक प्रतीक भाव प्रेरित नहीं है।

(3) दृष्टिकूट पदों में प्रतीक-प्रयोग शैलीपरक है। अन्योक्ति के ढाँचे में श्लेष पर आधारित ये प्रतीक हैं। नाथ-सिद्ध सम्प्रदायों से आरम्भ होकर कालक्रम में सन्त काव्य में प्रविष्ट उलटबाँसियों और दरबारी परम्परा में अन्योक्ति पद्धति के संस्कृत के मुक्तकों को इस दृष्टिकूट शैली के स्रोत कह सकते हैं। बाद को सूर के पूर्व ही दृष्टिकूट पदों की रचना होने लगी। इनका लक्ष्य गूढ़ श्रृंगारी भाव-व्यंजना है। उस प्रयास में जो अप्रस्तुत चमत्कारी रूप में जुटाये गये हैं उनमें प्रतीकत्व का आभास मिलता है। लेकिन उनको सफल-प्रतीक-योजना नहीं कह सकते। दृष्टिकूटशैली में सौन्दर्य वर्णन–

अद्‌भुत एक अनुपम बाग।
जुगल कमल पर गजबर क्रीडत ता पर सिंह करत अनुराग।।

दृष्टिकूट शैली में श्रृंगार वर्णन–

देखि सखि पाँच कमल द्वै संभु।
एक कमल ब्रज ऊपर राजत निरखत नैन अचंभु।
एक कमल प्यारी कर लीन्हें कमल सुकोमल अंग।
जुगल कमल सुत कमल बिचारत प्रीति न कबहूँ भंग।
देखे चारि कमल एक साथ।
कमलहि कमल गहे लावति है कमलहि मध्य समात।
सारंग पर सारंग खेलत हैं सारंग ही सो हँसि हँसि बात।
सारंग स्याम और हू सारंग सारंग सो करै बात।।

इन पदो में श्लेष, रूपकातिशयोक्ति और अन्योक्ति अलंकार हैं। कमल, सारंग आदि में आंशिक प्रतीकत्व है, जहाँ सौन्दर्य की व्यंजना का प्रयत्न हुआ है।

(4) काव्यात्मक प्रतीक ही सच्चे प्रतीक हैं, जिनके द्वारा सौन्दर्य या भाव का स्फुरण होता है। ऐसे प्रतीक-प्रयोग सूरसागर में ज्यादा नहीं हैं। चातक, पपीहा, मेघ, बिजली आदि अप्रस्तुतों का अलंकार-योजना में बार-बार प्रयोग करते हुए सूर ने उनको प्रेम और सौन्दर्य के व्यंजक प्रतीक बनाए हैं। रासक्रीड़ा में श्रीकृष्ण के लिए

घन और राधा-गोपिकाओं के लिए दामिनी का प्रतीकात्मक प्रयोग–

मानौ माई घन घन अन्तर दामिनि।
घन दामिनि दामिनि घन अन्तर सोभित हरि ब्रज-भामिनि।
इस प्रतीक-प्रयोग में अलंकार-योजना का भी योग है।

भ्रमरगीत में भ्रमर को कालापन, रसलोलुपता, चंचलता, कपट आदि का प्रतीक मानकर समरूपी और समधर्मी श्रीकृष्ण पर व्यंग्य-आक्षेप की अनेक अनूठी उक्तियाँ कही गयी हैं। उनके मूल में गोपियों की प्रेम-भावना और वेदना है तो प्रतीकात्मक व्यंगोक्तियों में भावस्फुरण की अपूर्वक्षमता है। श्रीकृष्ण के सखा होने के कारण भ्रमर के प्रतीकत्व में उद्धव को भी शामिल किया गया है और मधुकर कहकर उनका सम्बोधन हुआ है। सूर के काव्यात्मक प्रतीक-प्रयोग की प्रतिभा और सफलता इसी प्रसंग में द्रष्टव्य है। श्रीकृष्ण के साथ सम्बन्ध के कारण अक्रूर, उद्धव, सारा मथुरा नगर काला है। कुछ रमणीय उक्तियों और उनके प्रतीकात्मक अर्थस्फुरण के उदाहरण प्रस्तुत हैं।

कालेपन में श्रीकृष्ण और मधुप का साख्य–

मधुप तुम देखियत हौ अति कारे।
कालिंदी तट पार बसत हौ सुनियत स्याम सखा रे।।

मथुरा में सब काले-कुटिल हैं–

बिलग जनि मानौ ऊधौ कारे।
वह मथुरा काजर की कोठरि जे आबहिं ते कारे।
तुम कारे सुफलकसुत कारे कारे कुटिल भँवारे।

श्रीकृष्ण और मधुकर रसलंपट हैं, पर औरों को ज्ञान-योग का सन्देश देते हैं–

मधुकर तुम रस लंपट लोग।
कमल कोष बस रहत निरन्तर हमहिं सिखावत जोग।।

रसपान करके मदमस्त प्राणियों में समझ की बात कैसे हो सकती है–

मधुकर समुझि कहौ किन बात।
पर मद पिऐं मत्त न हूजियत काहें को इतरात।।

ऐसे निष्ठुर प्रेमियों की जाति ही अलग होती है–

मधुकर कह कारे की न्याति।
ज्यों जल मीन कमल मधुपनि की छिन नहिं प्रीति खटाति।
कोकिल कपट कुटिल बायस छलि फिरि नहिं उहिं बन जाति।
तैसेहि रास केलि रस अँचयो बैठि एक ही पाँति।।

ऐसे रसिकों का स्वभाव ही चंचल होता है–

मधुकर बादि बचन कत बोलै।
आपुन चपल चपल कौ संगी चपल चहूँ दिसि डोलै।।

रसपान करने के लिए मीठी बात करने वाले चंचल स्वभाव के प्रेमी बहुत ही चतुर-सयाने होते हैं—

मधुकर कहत चतुर सयाने।
तैसे तुम तैसे रेवै ठाकुर एकहि मोल बिकाने।
पहिली प्रीति पिबाइ सुधा रस पाछै जोग बखाने।
ज्यों ठग मींठी कहि सन्तोषत फिरि प्राननि गहकानै।।

श्रीकृष्ण-मधुकर के व्यवहार और सन्देश का अन्तिम परिणाम निराशा है—

मधुकर ल्याए जोग सँदेशो।
भली स्याम कुसलात सुनाई सुनतहिं भयो अँदेशो।
आस रही जिय कबहुँ मिलन की तुम आवत ही नासी।

भ्रमरगीत में भ्रमर का प्रतीकत्व अत्यन्त व्यापक है। उसका सम्बन्ध व्यक्ति, वस्तु और भाव-विशेष या पात्र से ही न होकर एक पूरे प्रसंग से है। इसलिए उसके द्वारा भाव का विस्तार हो सका है। पूरे भ्रमरगीत में भ्रमर का उल्लेख हो या न हो, भ्रमरवृत्ति के निरूपक अनेक पद हैं।

सूर ने मीन को आकर्षण और प्रेम का प्रतीक बनाकर मीनता पर अत्यन्त रमणीय कल्पनाएँ की हैं—

ब्रज लोचन बिन लोचन कैसे? प्रति छिन अति दुख बाढ़त।
सूरदास मीनता कछू इकु, जलभरि संग न छाँड़त।।

श्रीकृष्ण तो ब्रज के लोचन हैं। उनके लोचनों के अपूर्व सौन्दर्य को देखने वाले लोचनों में क्षण-क्षण देखने की लालसा और परिणामस्वरूप व्याकुलता स्वाभाविक है। सौन्दर्य की वह वेदना जल में रहकर उसे कभी न छोड़ने वाली मीनता है। एक—दूसरी कल्पना है, जिसमें मीन का प्रतीकत्व उलट गया है—

हमते भली जलचरी बपुरी अपनी नेह निबाह्यो।
जल तें बिछुरि तुरत तन त्याग्यों पुनि जल ही को चाह्यो।

× × ×

अचरज एक सुनौ हो ऊधौ जल बिनु मीन रह्यो।
सूरदास प्रभु अवधि आस लगि मन बिस्वास गह्यो।।

मीन नेत्री गोपिकाओं की मीनता में कुछ कसर रह गया है। यह प्रतीक का चमत्कार नहीं, वेदना में मन का भावोद्गार है। दूसरी ओर यह प्रतीकत्व भ्रमरगीत के प्राणतत्त्व को प्रकट करता है कि गोपिकाएँ वेदना की इस असह्य पीड़ा में भी आस्था, आशा और विश्वास को लेकर जीवित रहीं। यही जीवन की आस्था, आशा और विश्वास पूरे सूरसागर की काव्य-चेतना है।

सूरसागर में ऐसे काव्यात्मक प्रतीकों का प्रयोग बहुत कम हुआ है। कवि की कल्पना की प्रवृत्ति इस दिशा में नहीं है। सूरसागर के प्रतीक प्रायः रूढ़ और दार्शनिक

हैं, यद्यपि कवि की कल्पना ने बीच-बीच में उनसे भी लाभ उठाकर अपूर्व सौन्दर्य की सृष्टि की है। रूढ़ प्रतीकात्मकता के कारण सूर के काव्य-सौन्दर्य को कोई क्षति नहीं पहुँची है। ''सूर की यह लाक्षणिक शैली ऐसी उच्च कोटि की है कि कविता और दर्शन की धाराऐं सूरसागर में समानान्तर होकर बहती हैं, कोई विक्षेप नहीं मिलता जैसे अन्तःसलिला सरस्वती गंगा और यमुना के बीच हो, ऐसा ही सूर की कविता-सरिता के उभय उपकूलों के बीच उनका लाक्षणिक अर्थ है।''[25]

11. नाटकीय दृश्यांकन

भारतीय आचार्यों ने 'काव्यांत्तं नाटकम्' कहा है। पाश्चात्य समीक्षकों ने भी कविता की विभिन्न शैलियों में नाटकीय शैली को सर्वोत्कृष्ट माना है। नाटकीय पद्धति में सौन्दर्य नेत्र गोचर रूप प्राप्त करता है जबकि श्रव्य रूप में उसकी केवल व्यंजना हो सकती है। सूर ने श्रीकृष्ण की लीलाओं के माध्यम से अपनी प्रगीतात्मक आत्माभिव्यक्ति में नाटकीय तत्त्वों और शैली को भी जोड़कर दोनों का अपूर्व सामंजस्य स्थापित किया है। लीला शब्द स्वयं खेल या नाटक का व्यंजक है। रासक्रीड़ा नृत्य का नाटकीय रूप है।

नाटक में मानवीय क्रिया-व्यापारों की मूल प्रेरणाओं, अन्तर्द्वन्द्वों और संघर्षात्मक स्थितियों का निरूपण होता है। श्रीकृष्ण की कथा आदिम जीवन की मूलवृत्तियों, लोक जीवन की सहज प्रेरणाओं और मानवीय मनोवैज्ञानिक मनःस्थितियों से सम्बद्ध है। कालान्तर में उसे आध्यात्मिक-सांस्कृतिक रूप दिया गया है।

सहजता, यथार्थता, सरलता, सार्वजनीनता और संघर्षमय कार्य, नाटकीय वस्तु की विशेषताएँ हैं। संघर्षमय कार्य को छोड़कर बाकी विशेषताएँ बाललीलाओं में मिल जाती हैं। सूर ने जीवन में सौन्दर्य और प्रेम के महत्त्व का प्रतिपादन करने के लिए जान-बूझकर श्रीकृष्ण के दुष्टसंहारक रूप की उपेक्षा की है, जिससे संघर्ष और कार्य की स्थितियों की अभिव्यक्ति नहीं हो सकी। बाललीलाओं में चेष्टा-व्यापार सहज, यथार्थ और सार्वजनीन होते हुए भी मानवीय कर्म-जगत के अन्तर्गत नहीं है। प्रेमलीलाओं में ऐकान्तिक प्रवृत्ति के कारण जीवन के व्यापक कर्म-जगत के साथ उसका कोई सम्बन्ध नहीं रह गया। भ्रमरगीत में जो संघर्ष है, वह कार्यगत न होकर वैचारिक है—प्रेम और ज्ञान-योग का।

मुक्तक रूप में नाटकीय पात्र-परिकल्पना की गुंजाइश कम है। फिर भी सूर ने अपने पात्रों को भागवत से भिन्न विशिष्ट व्यक्तित्व प्रदान किया है। प्रत्येक सन्निवेश में पात्रों की प्रतिक्रिया, उनके स्वभाव और चारित्रिक धर्मों को प्रकट करती है। श्रीकृष्ण के वियोग में राधा, गोपिकाओं और यशोदा की वेदना में उनका मानसिक संघर्ष का भी द्योतन हुआ है, जैसे ''सन्देसो देवकी सों कहियो'' वाले पद में।

सूर की नाटकीय संवाद-योजना अत्यन्त मार्मिक है। बाललीलाओं में अनेक अवसरों पर प्रसंग या सन्निवेश को संवाद-रूप में मूर्त्त किया गया है। बाल और

यौवन सौन्दर्य-वर्णन तथा वात्सल्य एवं प्रेम की भाव-व्यंजना में सखी-संभाषण या सखी सम्बोधन की पद्धति अपनाकर रचना को सजीव बनाया गया है। तृतीय पुरुष में कवि के कथन के रूप में लीला वर्णन कम हुआ है। सम्बोधनात्मक पद्धति में यशोदा, राधा और गोपिकाओं के कथनों में सौन्दर्यानुभूति और भावानुभूति का निरूपण हुआ है। वे नाटकीय स्वगत लगते हैं, जैसे "सुन्दर मुख की बलि बलि जाऊँ", "मेरो नैन निरखि सुख पावत", "सखी री सुन्दरता को रंग" आदि में। पूरा भ्रमरगीत सम्बोधनात्मक आत्मकथन है। कभी-कभी सम्बोधन के बिना ही मनोभावों का स्वगत के रूप में अभिव्यंजना है, जैसे "जसुमति मन अभिलाषा करै" में। संवादों के द्वारा या आत्मकथन में पात्रों की मनःस्थिति या मनोभावों की भी व्यंजना हुई है—"मैया कबहि बढ़ैगी चोटी?" या "खेलन में को काको गोसैयाँ?" में माखनचोरी, पनघट लीला आदि प्रसंगों में गोपिकाओं की शिकायत, उपालम्भ और व्यंग्य तथा श्रीकृष्ण की सफाइयाँ मार्मिक संवाद योजना के उदाहरण हैं। उन प्रसंगों की वचन-वक्रता विदग्ध और भावपूर्ण है। सामान्यतः संवादों में यथार्थोन्मुख सहजता और स्वाभाविकता है जो भाषा-प्रयोग पर आधारित है। सूर ने चलती भाषा का प्रयोग किया है, जो मुहावरों और लोकोक्तियों से अत्यन्त सहज लगती है। रूप-वर्णन और संवादों की भाषा की तुलना से यह बात स्पष्ट हो जाती है।

उपर्युक्त विशेषताओं के आधार पर सूर ने प्रसंगों का नाटकीय दृश्यांकन किया है। एक छोटे से पद में पूरे दृश्य को प्रस्तुत करना उनकी कलात्मक प्रतिभा का परिचायक है—

मैया मोहि दाऊ बहुत खिझायो।
मोसों कहत मोल को लीनो तोहि जसुमति कब जायो।।
कहा कहौं एहि रिसि के मारे खेलन हौं नहि जातु।
पुनि पुनि कहत कौन है माता को है तेरो तातु।।
गोरे नन्द जसोदा गोरी तुम कत स्याम सरीर।
चुटकी दै दै हँसत ग्वाल सब सिखै देत बलबीर।।
तू मोही को मारन सीखी दाउहिं कबहुँ न खीझै।
मोहन को मुख रिस समेत लखि जसुमति सुनि सुनि रीझै।।
सुनहु कान्ह, बलभद्र चबाई, जनमत ही कौ धूत।
सूर स्याम मोहि गोधन की सौं हौं माता तू पूत।।

इस प्रसंग के मूल में श्रीकृष्ण की खीझ, क्रोध और शिकायत की व्यंजना है। कवि ने प्रसंग का ऐसा दृश्य-विधान किया है कि शिकायत का पूरा सन्निवेश आँखों के सामने आ जाता है। श्रीकृष्ण, बलभद्र, ग्वालबाल और माता यशोदा नाटकीय पात्र बन जाते हैं, उनके क्रियाकलापों का निरूपण हो जाता है, प्रधान पात्र श्रीकृष्ण और यशोदा की मानसिक प्रतिक्रिया एवं भावनाएँ व्यंजित हो जाती हैं और संवाद के

द्वारा कार्य सहज परिणति या समाप्ति पर पहुँच जाता है। इतना ही नहीं, श्रीकृष्ण और यशोदा के व्यवहार में सहजता और यथार्थता का ऐसा आभास मिल जाता है कि प्रसंग में नाटकीय वास्तविकता का भ्रम उत्पन्न होता है। प्रसंग की और गहराई में जाकर विचार करें तो उसके मूल में एक अव्यक्त मानसिक द्वन्द्व की भी झलक मिल जाती है—माता-पुत्र दोनों के अन्तर्मन में जहाँ एक ओर जन्म सम्बन्धी रहस्य की व्याकुलता है तो दूसरी ओर साहचर्यजन्य अनन्त अनुराग है। जीवन के अन्तर्द्वन्द्वों का यह निरूपण नाटकीय विधा की विशेषता है। बाल-लीलाओं के नाटकीय दृश्यांकन में सूर ने सौन्दर्य को सजीव मूर्त्त रूप दिया है।

सूर की प्रगीतात्मक शैली में उनकी आत्माभिव्यक्ति हुई है तो नाटकीय दृश्यांकन में लीलाओं को मन की आँखों के सामने प्रत्यक्ष कर लेने का प्रयत्न दिखाई देता है। सूर भक्ति की तन्मयता में भगवान का संकीर्तन करते हुए अपनी बन्द आँखों से भगवान की लीलाओं को घटित होते हुए देखकर आनन्द-विभोर हो जाते हैं। दूसरे शब्दों में, उनकी रचना का लक्ष्य काव्यकला के ढाँचे में लीला-दर्शन है। इसलिए उनकी काव्य-रचना में नाटकीयता का अद्‌भुतपन समाविष्ट हो सका है। सूर की नाटकीय और प्रगीतात्मक अभिव्यंजना-पद्धतियाँ उनकी रचनात्मक प्रक्रिया में क्रमशः सौन्दर्य-दर्शन तथा सौन्दर्यानुभूति एवं भावानुभूति की व्यंजक है।

12. लय-माधुरी

काव्य की भावाभिव्यंजना में अन्य सभी ललितकलाओं की सौन्दर्यशास्त्रीय विशेषताएँ किसी न किसी रूप में अपनाई जाती हैं जिससे शाब्दिक अभिव्यंजना मूर्त्त और सौन्दर्यमय बने। उसके रचना-विधान में वास्तुकला का निर्माण-कौशल, मूर्तिकला का गठन, चित्रकला की गोचरता, संगीतकला का लय-माधुर्य और नृत्य-कला की भंगिमाएँ दिखाई पड़ती हैं। ललितकलाओं में काव्य और संगीत का सम्बन्ध लोकगीत के रूप में अत्यन्त प्राचीन है। यह सम्बन्ध, भाव और लय के सामंजस्य के रूप में आंतरिक और मनोवैज्ञानिक है। जहाँ काव्य गेय रूप में नहीं है, वहाँ भी छन्द और शैली के माध्यम से भाव और लय की संगति बिठाई जाती है। तभी काव्य प्रभावोत्पादक होता है। काव्य की भाव व्यंजना में सहयोगी लय, ताल, राग आदि संगीत के वस्तुनिष्ठ धर्म हैं तो माधुर्य उनकी अनुभूति से सम्बन्धित व्यक्तिनिष्ठ विशेषता है।

सूर के काव्य की लय-माधुर के तीन पहलू हैं। (1) काव्य और संगीत के समन्वय में लय-माधुर्य है। सूर की काव्य-रचना में जैसी प्रतिभा, कल्पना और मौलिकता का परिचय मिलता है, वैसा ही उनकी संगीत-परिकल्पना में है। उन्होंने भावानुरूप लयविधान करते हुए अपने पदों को विविध राग-रागिनियों में अभूतपूर्व रूप में बाँधा है, जिसकी समीक्षकों ने भूरि-भूरि प्रशंसा की है। शुक्ल जी के अनुसार "सूरसागर में कोई राग या रागिनी छूटी नहीं होगी। इससे वह संगीत प्रेमियों के लिए भी

बड़ा भारी खजाना है।"[26] आचार्य मुंशीराम शर्मा लिखते हैं—"इस गायन में ऐसी कौन-सी रागिनी है, जो सूरसागर में न आयी हो? कहा जाता है कि सूर के गान ऐसे राग और रागिनियों में हैं, जिनमें से कुछ के तो लक्षण भी अब प्राप्त नहीं हैं। ऐसी राग-रागिनियाँ या तो सूर की अपनी सृष्टि हैं या अब उनका प्रचार नहीं है।"[27] डॉ. हरवंशलाल शर्मा का मूल्यांकन है—"वे भावानुकूल राग-रागिनी का प्रयोग करने में सिद्धहस्त थे और यही उनकी विशेषता थी।"[28] काव्य का संगीत के साथ घनिष्ठ आंतरिक सम्बन्ध स्थापित करके सूर ने जो भावानुरूप लय-विधान किया है, उसमें स्वाभाविकता, भावुकता, माधुर्य आदि धर्मों का सहज प्रसाद गुण युक्त समावेश हुआ है। इससे भाव की पुष्टि हुई है क्योंकि भाव और लय समधर्मा हैं।

सूर के काव्य में वात्सल्य और प्रेम की कोमल भावनाओं की अभिव्यक्ति और अनुभूति में लय की महत्त्वपूर्ण भूमिका है। लय चित्त को एकाग्र बनाकर भाव-सम्प्रेषण और अनुभूति को सुगम और तीव्र करती है। "मैया मोरी मैं नहिं माखन खायो", "निसिदिन बरसत नैन हमारे" आदि बार-बार संगीतज्ञों के द्वारा गाये जाने वाले सैकड़ों पदों में हृदय की कोमल भावना और लय का सामंजस्य देखा जा सकता है। सूर सच्चे अर्थ में वाणी और संगीत में अभेद स्थापित करने वाले वाग्येकार हैं। सूरसागर में संगीत कला की चर्चा की ओर पहले संकेत किया जा चुका है। मुरलीवादन और रासक्रीड़ा में भाव और लय, सुर, ताल, आलाप आदि की संगति भावतन्मय करने वाली है—

गावत स्याम श्यामा रंग।
सुघर गति नागरि अलापति, सुर भरति पिय संग।।
स्यामा स्याम रिझावति भारी।
दोहा छन्द ध्रुपद जस हरि कौ हरिहीं गाइ सुनावति।
आपुन रीझि कंत कौं रिझावति यह मिस गर्व बढ़ावति।।

(2) छन्द-योजना में लय-माधुर्य है। छन्द की कसावट भाव को मूर्त्त करता है, उसकी लय अन्तर्वेग को उत्तेजित करती है और लय के द्वारा उत्पन्न स्पंदनशीलता में मन भावोन्मुख होकर भाव-सम्प्रेषण एवं अनुभूति सुगम हो जाती है। इसीलिए मुक्त छन्द में भी भाव के अनुरूप लय-योजना का ध्यान रखा जाता है। "सूर के अधिकांश पद कीर्तन के रूप में हैं, इसीलिए छन्दोविधान का कोई विशेष स्थान उनके काव्य में नहीं है। पिंगलशास्त्रीय छन्दों की अपेक्षा संगीत शास्त्रीय राग-रागिनियाँ ही उनके काव्य में पायी जाती हैं।"[29] फिर भी सूर के काव्य में जैसा कि डॉ. ब्रजेश्वर वर्मा ने गेय और वर्णनात्मक अंशों का विश्लेषण करके स्पष्ट किया है—चौपाई, चौपई, दोहा, रोला आदि छन्दों का प्रयोग हुआ है तथा नवीन छन्दों की कल्पना भी की गयी है। दोहे में टेक मिलाकर, दोहा-रोला मिलाकर गेय पदों में नया प्रयोग, भावानुकूल लयविधान की दृष्टि से है। चौपई और चौपाई वर्णनात्मक प्रसंगों में प्रयुक्त हैं। सूरसागर के सीमित ओजपूर्ण प्रसंगों में दंडक की योजना है।

(३) शब्द-माधुर्य या शैली में लय-माधुर्य होता है। काव्य के भाव में ही एक अन्तस्थ लय होती है। मुक्त छन्द में भाव और शब्द-विधान की लयात्मक संगति का प्रयत्न किया जाता है। गेय या छन्दोबद्ध रचना करने वाला कवि भी भाव की अनुरूपता में शाब्दिक लय का आरोह-अवरोह करता है या शाब्दिक लय की गति को निश्चित करता है। तुक, अनुप्रास और अन्य शब्दालंकार भी शैलीगत लय विधान में सहायक होते हैं। सूर ने लयविधान में शैली की इन विशेषताओं से कुछ लाभ अवश्य उठाया है, लेकिन दृष्टि प्रधानतः भाषा की गतिशीलता, प्रवाहशीलता, स्वाभाविकता और सजीवता पर रही है। उन्हीं के माध्यम से भावानुरूप लयविधान किया गया है। वास्तव में कोमलकांत-पदावली और शब्दालंकार, कोमल भावनाओं की अभिव्यक्ति में पूर्ण सफल नहीं हो सकते। क्योंकि उनका सम्बन्ध शब्द के बाह्य रूप से है। कोमलता भाव का आंतरिक गुण है जो अनुरूप लयविधान का आग्रह करता है। इसलिए भाव को संवेद्य बनाने वाली लय शब्द-व्यवस्था के सहज धर्मों पर आधारित होती है, न कि कृत्रिम कोमल-वर्ण-व्यवस्था पर। इस सन्दर्भ में शुक्ल जी का कहना है—"संस्कृत के गीतगोविन्द में कोमलकांत-पदावली और अनुप्रास की ओर बहुत कुछ ध्यान है। विद्यापति की रचना में कोमल पदावली का आग्रह तो है, पर अनुप्रास का उतना नहीं। सूर में चलती भाषा की कोमलता है, वृत्ति-विधान और अनुप्रास की ओर झुकाव कम है। इससे भाषा की स्वाभाविकता में बाधा नहीं पड़ने पायी है।"[30]

लय-माधुरी की सर्वश्रेष्ठ व्यंजना वहाँ होती है, जहाँ अर्थगत भाव और शब्दगत लय रचना धर्मिता में सम्बद्ध और समन्वित रूप में अभिव्यक्त होकर अपनी अलग-अलग सत्ता का आभास या बोध नहीं कराते। सूर की रचना की स्वाभाविकता में भाव और लय के सुर मिल जाते हैं।

13. काव्यरूप

गीतात्मक सूरसागर के काव्यरूप के सम्बन्ध में कोई विशेष विवाद नहीं होना चाहिए था। लेकिन शुक्ल जी ने सूर और तुलसी की तुलना करते हुए अन्य कारणों के साथ-साथ प्रबन्धकार होने के कारण मुक्तककार सूर से तुलसी को श्रेष्ठ घोषित किया है। फिर सैद्धान्तिक रूप में भी प्रबन्ध को मुक्तक से श्रेष्ठ माना है। "पूर्णरस में लीन करने वाले वाग्विधान् में भी यह बात देखी जाती है कि जहाँ वह धारा के रूप में कुछ दूर तक चलता है, वहीं पूरी तन्मयता प्राप्त होती है।...मुक्तक कवियों में इस प्रकार मग्न करने वाली रसधारा नहीं चलती, छीटें उछलते हैं।"[31] भाव या रस में तन्मय होना कथा-प्रवाह पर नहीं, भाव की प्रकृति और अनुभूति पर निर्भर करता है। एक छोटे से मुक्तक या गीति में सहृदय भावनाशील कवि पाठक को उतना ही भाव-विभोर कर सकता है, जितना प्रबन्धकार। यह दूसरी बात है कि

दरबारी काव्य-परम्परा में मुक्तककार कवियों की दृष्टि इस भाव-तन्मयता पर न होकर उक्ति-गठन के चमत्कार पर थी, जिसका प्रभाव क्षणिक मनोरंजन होता है। प्रबन्धकार के रूप में जायसी की सहृदयता और भावनिरूपण की प्रशंसा करते हुए शुक्ल जी ने मूल्यांकन में विद्यापति आदि मुक्तककारों से भी उनकी तुलना की है, लेकिन सूर के साथ तुलना से अपने को बचा लिया है। क्योंकि जायसी और सूर की कोई तुलना ही नहीं है और वैसा प्रयत्न असंगत और हास्यास्पद हो जाता। इससे स्पष्ट होता है कि कवि की श्रेष्ठता का निर्णय काव्यरूप के आधार पर नहीं, प्रतिभा, कल्पना या भावना के आधार पर होना चाहिए। भारतीय काव्य-परम्परा में, विशेषतः शिक्षित-समुदाय में प्रबन्ध को कवि की प्रतिभा का मानदंड माना जाता था। शुक्ल जी उसी परम्परा के थे। शायद प्रबन्ध की श्रेष्ठता की भावना अन्तर्मन में रहने के कारण ही आचार्य नन्ददुलारे वाजपेयी ने सूरसागर में प्रबन्ध की विशेषताओं को दिखाते हुए शुक्ल जी की प्रत्यालोचना की है।

कलावादी और सौन्दर्यशास्त्री काव्यरूप को उतना ज्यादा महत्त्व नहीं देते। प्रबन्ध और मुक्तक दोनों का लक्ष्य एक ही है—सौन्दर्य का सम्मूर्त्तन, साक्षात्कार और उसकी अनुभूति। वे काव्य का मूल्यांकन प्रतिभा, कल्पना या भावना की प्रकृति, स्वरूप और धरातल के आधार पर करते हैं। प्रबन्ध और मुक्तक का अन्तर केवल निर्माण-कौशल को लेकर है। पहले में संरचना की अन्विति के लिए अधिक एकाग्रता, ध्यान-केन्द्रीकरण और कुशलता चाहिए। यदि कथा के माध्यम से जीवन के विस्तार और भावों के वैविध्य को ही काव्य की कसौटी मान लें तो प्रबन्ध का रूप श्रेष्ठ माना जा सकता है। लेकिन सौन्दर्यशास्त्र की दृष्टि से ये तत्त्व सौन्दर्यात्मक संरचना के अंग मात्र हैं जिनसे सौन्दर्य की प्रकृति निर्धारित नहीं होती, केवल आकार-प्रकार का निर्णय होता है। इस आकार-प्रकार का अपना जो सौन्दर्य है, वह सौन्दर्यशास्त्रीय न होकर टेक्निकल है। पहले काव्यत्व और उसके महत्त्व के अन्तर की ओर संकेत किया गया है। प्रबन्धत्व कवि और काव्य के महत्त्व के निर्धारक तत्त्वों में से एक है, काव्यत्व का मापदंड नहीं।

मुक्तक काव्य : मुक्तक काव्य की विशेषताएँ—अपने में पूर्ण इकाई होना, रूप की कसावट, कसावट में अर्थ की गम्भीरता और अर्थगत भाव में व्यंजकता हैं। मुक्तक-रचना के रूप में सूर के पदों में प्रसंग पूर्ण इकाई के रूप में है, अर्थ में गम्भीरता है और भाव कोमल एवं वेदनामय दोनों रूपों में व्यंजकता की अनेक सम्भावनाओं से भरा है। गेय भाव-प्रसार में रूप की कसावट पाठ्य-पुस्तक के समान नहीं है। जो चुस्ती और कसावट है, वह प्रायः टेक और पद की कुछ विशेष पंक्तियों में है। भाव की केन्द्रीकृत व्यंजना और उस व्यंजना में अनन्त व्यंजकता भी उन्हीं पंक्तियों में है जैसे ''ऊधो मन नाहिं दस-बीस'', ''काहे को गोपीनाथ कहावत?'', ''उर में माखन चोर गड़े'' आदि में।

प्रबन्धत्व : शुक्ल जी के अनुसार प्रबन्ध काव्य के प्रमुख लक्षण हैं—इतिवृत्त की वस्तुनिष्ठता और शृंखलाबद्धता, वस्तु-व्यापार-वर्णन का वैविध्य, पात्रों के स्वभाव और चरित्र का निरूपण, मार्मिक स्थलों की पहचान, भाव या रस की व्यंजना, पात्रानुकूल संवाद एवं भाषा तथा वस्तु-वर्णन, संवाद और भाव-व्यंजना की नातिदीर्घ सन्तुलित अभिव्यक्ति। मुक्तक-संकलन होने के कारण और सूर की काव्य-प्रवृत्ति के कारण सहज ही प्रबन्ध के इन लक्षणों में से कुछ का निर्वाह सूरसागर में नहीं हो सका है। लेकिन प्रबन्ध के कुछ महत्त्वपूर्ण तत्त्वों की सफल योजना सूरसागर के समष्टि रूप में दिखाई देती है। सूरसागर, जहाँ तक श्रीकृष्ण की मधुर लीलाओं का सम्बन्ध है, वस्तून्मुख रचना न होकर भावात्मक है। पर कामायनी की तरह पूर्णरूप से भावप्रवण भी रही है। सूरसागर में वस्तु और भाव का सन्तुलित सामंजस्य है। यौवनलीलाओं की तुलना में बाललीलाएँ अधिक वस्तून्मुख हैं। मुक्तक पदों के संकलन में शृंखलाबद्धता सम्भव नहीं है। एक ही प्रसंग को लेकर अनेक पदों की रचना हुई है। उसमें भावों की कुछ आवृत्ति भी मिल सकती है। लेकिन विभिन्न लीलाओं में प्रसंगों, सन्निवेशों और भावों का वैविध्य भी कम नहीं है। सामूहिक दृष्टि से देखने पर ऐसा लगता है कि सूरसागर में भक्ति, वात्सल्य और प्रेम या शृंगार, केवल तीन भावों का निरूपण किया गया है। सूक्ष्म दृष्टि से देखने पर स्पष्ट हो जाता है कि वे केवल भाव के व्यापक क्षेत्र हैं जो वस्तु के आधार पर निर्धारित किये गये हैं तथा उनमें वस्तु और भाव का बहुत वैविध्य है। साहित्य के सहृदय जानते हैं कि प्रेम और शृंगार की व्यंजना परिवेश को बदलकर कितने संकीर्ण दायरे में, निश्चित पद्धतियों एवं प्रविधियों में होती है। सूर के वियोगवर्णन में भ्रमरगीत को लेते हैं तो वस्तुगत प्रसंगों और भावों का कितना वैविध्य है। बाललीलाओं पर भी यह बात लागू होती है। केवल संयोग शृंगार में यह वैविध्य नहीं है, मुरली-माधुरी और नेत्र-समय के प्रसंगों को छोड़कर। जो सूरसागर की वस्तु और भाव-व्यंजना में वैविध्य के अभाव की शिकायत करते हैं, वे परिवेश की भिन्नता में विविधता के अभाव पर आक्षेप कर रहे हैं। सूरसागर की वस्तु को वयोक्रम से शैशव, बाल्यावस्था, सख्य स्थिति, किशोरावस्था, संयोग की यौवनावस्था और वेदनामय प्रौढ़ावस्था में विभाजित कर सकते हैं। हर एक अवस्था या स्थिति के अनेक प्रसंग हैं और उन प्रसंगों से सम्बद्ध भावों, विचारों एवं कल्पनाओं का समग्र निरूपण है। इनको समष्टि रूप में देखते हैं तो लीलाओं में वस्तु और भाव की अन्विति ही नहीं, एक विकास-क्रम भी लक्षित होता है। कुरुक्षेत्र में पुनर्मिलन के संक्षिप्त प्रसंगों को छोड़ दें, जो लीलाओं की नित्यता और प्रेम के महत्त्व का प्रतिपादक है, काव्यवस्तु और भावविकास की भ्रमरगीत की तीव्र वेदना में चरमसीमा पर समाप्ति, प्रबन्ध के अत्यन्त मार्मिक समापन का द्योतक है। वस्तु और भाव की ऐसी परिणति बहुत कम प्रबन्धों में दिखाई देती है। सूर के काव्यों में मार्मिक स्थलों के भावात्मक निरूपण, मनोवैज्ञानिक चरित्र-चित्रण, संवाद-योजना की

अद्भुत क्षमता, प्रवाहमय और पात्रोचित भाषा-प्रयोग के सम्बन्ध में कुछ कहने की आवश्यकता नहीं है। यदि कोई सूर के लीला-निरूपण में आवृत्ति के पदों को छोड़कर वस्तु और भाव के विकास की दृष्टि से सम्पादित करता तो सूर के प्रबन्ध-कौशल का पूरा पता चलता।

गीतिकाव्य : सूर की रचना प्रधानतः मुक्तक गीतिकाव्य के रूप में है। (उसमें नाटकीय शैली की ओर पहले संकेत किया गया है।) स्वान्तः प्रेरित भावव्यंजना, तीव्र संवेगात्मक सुख-दुखमय भावानुभूति, भाव की लयात्मक गेय अभिव्यंजना, भाव की संक्षिप्त केन्द्रीकृत रूप में अन्विति या एकता, गेय रूप के अनुकूल भाषा की प्रवाहशीलता और भावाभिव्यंजना में सम्प्रेष्य ऋजुता—गीतिकाव्य की ये विशेषताएँ सूर की रचना में चरम उत्कर्ष पर पहुँच गयी हैं। सूर का गीतिकाव्यरूप साहित्यिक है, पर उसमें लोकगीतों की सहज और ऋजु भाव-व्यंजना, अनुभूति की सरलता और तीव्रता तथा सुर-लय का माधुर्य सुरक्षित हैं। चलती व्यावहारिक भाषा का प्रयोग भी लोकगीतों की अनुरूपता में है। लोकगीतों की सम्बोधन शैली भी अपनाई गयी है। आधुनिक प्रगीतों की तरह सूर के गीतिकाव्य में आत्माभिव्यक्ति और कल्पना के तत्त्व भी जुड़ गये हैं। सौन्दर्य, वात्सल्य और प्रेम की अनुभूति में कवि आश्रय-पात्रों के साथ भाव-विभोर हो गया है। लीलाकीर्तन सूर का आत्मनिवेदन है।

मध्ययुग में गीतिकाव्य का रचनात्मक ढाँचा पद है। सूर ने पद रचना को, कुछ स्थानों को छोड़कर, तुलसी की विनयपत्रिका की तरह गम्भीर अर्थ-प्रधान पाठ्यकाव्य के धरातल पर नहीं पहुँचाया है। सूर के पूर्व पद-रचना की कोई लम्बी परम्परा नहीं थी—लोकगीत, विद्यापति की पदावली और सन्तवाणी तक प्रयोग सीमित थे। संस्कृत में गीतगोविन्द की रचना थी। सूर ने पद-रचना को राग-रागिनियों में बँधा मधुर साहित्यिक रूप दिया है। "सूर ने जिस प्रकार के पद लिखे हैं, वे हिन्दी-जगत में बहुत नवीन न होते हुए भी एक विशेष नवीनता रखते हैं।...जो पद निर्गुण उपासना को वहन करते आ रहे थे, उसे सगुण रूप से सरस करना सूरदास का ही काम था।"[32]

सूर की पद-रचना कुछ विशेष प्रणालियों में आयोजित लगती हैं। दो-तीन रूप देखेंगे। (1) टेक में भाव की अभिव्यक्ति और फिर उदाहरणों से उसकी पुष्टि—"ऊधो मन माने की बात"। (2) टेक में भाव या विचार का कथन और आगे की पंक्तियों में उसका विस्तार—"निर्गुन कोन देस को वासी?"' या "स्याम सों काहे की पहचानि।" (3) टेक में मनःस्थिति की सूचना और उसके बाद विविध रूप में उसकी व्यंजना "जसुमति मन अभिलाष करै" या "मुरली तऊ गुपालहिं भावति"। टेक में भाव का उत्कर्ष, विकास या परिवर्तन आदि सूचित करते हुए विशेष प्रणाली या पद्धति में उसका निरूपण भी किया गया है। पदों के ढाँचों के विविध रूपों का इस तरह का विश्लेषण उनकी संरचना को समझने में सहायक होगा।

गीति-प्रबन्ध : सूर के पदों का पाठ-सम्पादन और प्रक्षिप्तों का निराकरण करते

हुए डॉ. ब्रजेश्वर वर्मा ने श्रीकृष्ण के मधुरलीला सम्बन्धी पदों को अलग करके उन्हें गीति-प्रबन्ध के रूप में क्रमबद्ध किया है। सूर की भावात्मक गीति-रचना का आयोजन उनकी काव्य-प्रवृत्ति के अनुरूप अवश्य है, लेकिन इस रूप में या क्रम में रचना नहीं हुई है। द्वादश स्कन्धों में सूरसागर का सम्पादन, सूर की मृत्यु के बाद भागवत के आधार पर, उसके समान महत्त्व देने के लिए किया गया है। इस विभाजन में विनय के पद, वर्णनात्मक प्रसंग तथा भागवत की कथा से सम्बद्ध पद, मधुरलीलाओं के पदों के साथ मिलाकर रख दिये गये हैं। डॉ. वर्मा का विचार है कि इस विभाजन में सूर का वास्तविक रूप खुल नहीं पाया है। उनके मतानुसार "सूरसागर का मुख्य विषय श्रीकृष्णलीला गायन ही है, जैसा कि 'वार्ता' के अनुसार उनके गुरु ने उन्हें आदेश दिया था और उस आदेश को उन्होंने तत्काल आत्मसात कर लिया था।"[33] "सूरदास मूलतः श्रीकृष्णलीला के गायक ऐसे महाकवि हैं जिनके पद समूहों, प्रसंग वर्णनों और लीलारूपी खण्ड कथानकों में एक ऐसी अन्विति और एकसूत्रता पायी जाती है जो उनके काव्य को एक कथा-प्रबन्ध-मूलक गीति महाकाव्य के रूप की असंदिग्ध अनुभूति कराती है।"[34] "इस गीति प्रबन्ध के रूप में परिकल्पित लीलागायन का आरम्भ श्रीकृष्ण के मथुरा में जन्म लेकर गोकुल में प्रकट होने से आरम्भ होकर शैशव और बाल्यकाल की क्रीड़ाओं, सहज मानवीय और विस्मय उत्पादक अलौकिक प्रसंगों और खंडकाव्य जैसी अनेक लीलाओं के माध्यम से वात्सल्य, सख्य और माधुर्य भावों का मनोविज्ञान सम्मत क्रमिक विकास करता हुआ, संयोग और वियोग की सरणियाँ पार करके अन्त में हर्ष-विषाद की सम्मिलित अनुभूति देकर कुरूक्षेत्र के मिलन-वियोग में समाप्त होता है।"[35] डॉ. वर्मा ने भावधारा के विकास के आधार पर श्रीकृष्णलीला प्रबन्ध की मनोवैज्ञानिक एकान्विति स्थापित की है। उन्होंने सूरसागर को आठ भागों में विभाजित किया है जो काव्य-वस्तु और रचना-विधान के आधार पर हैं। वे हैं—श्रीकृष्णलीला गीतिप्रबन्ध, दैन्यभक्ति, रामायण प्रसंग, सुदामा चरित, श्रीकृष्ण कथावर्णन, श्रीकृष्णलीला गायन : स्फुट पद, श्री भागवती कथा सन्दर्भ : वर्णनात्मक और सूरज-सूरजदास छाप के पद। डॉ. वर्मा अन्तिम खंड को प्रक्षिप्त मानते हैं। इस विभाजन में सूर की प्रधान काव्य-प्रवृत्ति स्पष्ट हो जाती है। पहले खंड श्रीकृष्णलीला गीतिप्रबन्ध में भावात्मक एकान्विति स्वीकार करने पर भी उसका प्रबन्धत्व पूर्ण रूप से सिद्ध नहीं होता—आवृत्ति और विस्तार के कारण। गीति-प्रबन्ध के रूप में लिखे गये किसी काव्य में वस्तु, पात्र और भाव को लेकर जो तारतम्य, संगति और एकरूपता होती है, वह स्फुट पदों के प्रबन्धात्मक संकलन में नहीं हो सकता।

काव्य रूप की दृष्टि से हम इतना ही कह सकते हैं कि सूर की रचना गीति-काव्य के रूप में है जिसमें प्रबन्धात्मक तत्त्वों का प्रधानतः और पाठ्य मुक्तक एवं नाटकीय तत्त्वों का अंशतः समावेश हुआ है।

14. मूल्यांकन

सूर भावनाशील और कल्पनाशील कवि ही नहीं, सफल कलाकार भी थे। उन्होंने चित्रकार के समान रूप, भाव और चेष्टा-व्यापार का शब्द-चित्र खींचा है। संगीतकार की तरह अपनी रचना को लयात्मक राग-रागिनियों में ढाला है। संगीतकार के लिए साहित्य या शाब्दिक अभिव्यक्ति साधन है और स्वरों के आरोह-अवरोह से राग के द्वारा माधुर्य-सृष्टि साध्य है। लेकिन काव्य में, विशेषतः गीतिकाव्य में साहित्य और संगीत अभिन्न हो जाते हैं। कुशल गीतिकार के रूप में सूर ने भाव को अनुरूप लय में 'फिट' कर दिया है। चित्रकला ने सूर की वाणी को गोचर रूप दिया है तो संगीतकला ने उस रूप को माधुर्य से भर दिया है।

रीतिकाल और छायावाद में भी काव्य के साथ अन्य कलाओं के सामंजस्य का प्रयत्न हुआ है। रीतिकालीन कवियों ने चित्रांकन का प्रयत्न किया है, कवित्त-सवैये को विविध प्रकार के लयात्मक रूप दिये हैं, लेकिन प्रधानतः वे शब्द-शिल्पी थे। उनकी शाब्दिक अभिव्यंजना में शिल्पकला का सौष्ठव ज्यादा मिलता है। यद्यपि पंत जी ने कविता को चित्रभाषा कहा है, छायावाद में गोचर चित्र-संरचना की अपेक्षा मानसिक बिम्बांकन पर ज्यादा बल है। छायावादी कल्पनाशील प्रवृत्ति के आधिक्य ने कवियों को भाव की अपेक्षा बिम्ब-सृष्टि की ओर अधिक उन्मुख किया है। छायावादी भावानुरूप लयविधान हिन्दी काव्य के क्षेत्र में अपूर्व है। इन दोनों काव्य-प्रवृत्तियों के साथ सूर की तुलना करने पर यह बात स्पष्ट हो जाती है कि कला में सौन्दर्य-सृष्टि पर्याप्त नहीं है, उसमें प्राण-प्रतिष्ठा या सजीवता होनी चाहिए। जब कवि कलाकार होकर अन्य कलाओं की सहायता लेकर या उसके बिना ही भाव को शब्द-रूप देता है, उसे सप्राण होना चाहिए। सूर की सहृदयता, संवेदनशीलता, अनुभूति की तीव्रता ने कला को जीवंत बनाया है जैसा कि अन्य कवियों की अभिव्यंजना में कम देखते हैं।

शुक्ल जी ने काव्य को भावपक्ष और कलापक्ष में विभाजित करके उनको बिल्कुल अलग कर दिया है और दूसरे को पहले का साधन माना है। लेकिन कलात्मक अभिव्यंजना में ही भाव को रूप मिलता है, उसकी प्रकृति, स्वरूप और अनुभूति निर्धारित होती हैं। अत्यंत भावप्रवण होते हुए भी सूर की कलात्मक चेतना में ही उनका भावोन्मेष और भाव-प्रसार की दिशाएँ निश्चित हुई हैं। शुक्ल जी की विश्लेषणात्मक दृष्टि को अपनाकर कुछ समीक्षकों ने भक्तिकाव्य को भावपक्ष प्रधान और रीतिकाव्य को कलापक्ष प्रधान घोषित करने का साहस किया है। यदि कलापक्ष से उनका तात्पर्य शब्द-प्रयोग की बारीकियों से है तो रीतिकाव्य को कलाप्रधान कहना ठीक ही है। अन्यथा भक्तिकाव्य की कलात्मक चेतना रीतिकाव्य से बहुत ऊँचे धरातल की है। विशेषतः सूर की कलात्मक चेतना के आयाम इतने वैविध्यपूर्ण, बहुविध आभा से उज्ज्वल और सजीव सौन्दर्य से भरे हुए हैं, उन सब के आंकलन के लिए विशेष साधना और श्रम अपेक्षित है। इस अध्याय में तेरह शीर्षकों के

अन्तर्गत उनकी ओर संकेत मात्र हुआ है। सूर के वस्तु-भाव-पक्ष की सीमाओं पर आक्षेप करने वाले समीक्षक भी अभिव्यंजना के वैविध्य की शिकायत नहीं कर सकते।

सूर की कला की मुख्य विशेषताएँ स्वाभाविकता, स्वच्छन्दता और मूर्त्तता हैं। ये भावगत भी हैं और अभिव्यंजनागत भी। अलौकिक परिवेश में लौकिक भावनाओं का निरूपण करने वाले कवि ने उनकी भाषिक अभिव्यंजना को स्वाभाविक और गतिशील रूप दिया है। लौकिक-सामाजिक मर्यादा के बन्धनों से मुक्त भाव-व्यंजना के कवि ने अपनी कलात्मक अभिव्यंजना को स्वच्छन्द रखा है। इस स्वच्छन्दता में काव्याभिव्यंजना की परिपाटियाँ चरमरा उठी हैं। काव्यशास्त्र और काव्य-परम्परा का अतिक्रमण करके भाव-प्रसार के अनुरूप नवीन अभिव्यंजना शैलियों और प्रविधियों या प्रणालियों के अनेक प्रयोग हुए हैं। तरह-तरह की शिकायतों, उपालम्भों, कल्पनाओं और वाणी-विदग्धताओं को भाव-प्रेरित अनुष्ठापन कहकर सन्तोष नहीं किया जा सकता। उनमें वाणी-विन्यास की अनन्त भंगिमाएँ हैं। दूसरी ओर रूप-सौन्दर्य और भाव की तन्मयता में भाषाप्रवाह समुद्र की तरह अनेक लहरीले रूपों में उमड़ पड़ता है। सूर की कल्पना ने भाव का जो सम्मूर्त्तन किया है उसमें सौन्दर्य मूर्त्तिमान और सजीव हो उठा है। इस सन्दर्भ में यह स्वीकार करने में संकोच नहीं होना चाहिए कि सूर की अनुभूति, भावना और कल्पना, रूप की अप्रस्तुत योजना में सदा नये प्राण फूँकने में सफल नहीं हुई है। नयी कल्पना के बिना परम्परागत रूढ़ अप्रस्तुत विधान बीच-बीच में अवश्य खटकता है। पर समष्टि रूप में सूर की कलात्मक चेतना और अभिव्यंजना अन्यत्र विरले ही देखने को मिलती है।

आधुनिक काल में पाठकों की अभिरुचि में परिवर्तन के साथ काव्य का सौन्दर्यबोध भी बहुत बदल गया है। वह प्राचीन एवं मध्ययुगीन आदर्शोन्मुखता, अतिरंजना और अत्युक्ति से यथार्थोन्मुखता, सहजता और स्वाभाविकता की ओर उन्मुख होता जा रहा है। सूर के सौन्दर्यबोध में आदर्शवादिता और यथार्थता, रंगीन छटा और सहजता, अतिशयता और स्वाभाविकता का ऐसा सन्तुलन और सामंजस्य स्थापित किया गया है कि सूर का काव्य-सौन्दर्य प्राचीन तथा नवीन दोनों प्रकार की साहित्यिक अभिरुचियों को अपील करता है।

सन्दर्भ

1. काव्य और कला तथा अन्य निबन्ध, जयशंकर प्रसाद, पृ. 43-44
2. वही, पृ. 126
3. सूरदास, आचार्य रामचन्द्र शुक्ल, पृ. 182
4. वही, पृ. 158
5. वही, पृ. 197
6. सूर-साहित्य, आचार्य हजारीप्रसाद द्विवेदी, पृ. 163
7. ब्रजभाषा के कृष्ण भक्ति काव्य में अभिव्यंजना शिल्प, डॉ. सावित्री सिन्हा, पृ. 84

8. सूर-साहित्य, आचार्य हजारीप्रसाद द्विवेदी, पृ. 169
9. सूरदास, आचार्य रामचन्द्र शुक्ल, पृ. 239
10. सौन्दर्यशास्त्र के तत्त्व, डॉ. कुमार विमल, पृ. 198
11. चिन्तामणि-11, आचार्य रामचन्द्र शुक्ल, पृ. 114
12. रस-मीमांसा, आचार्य रामचन्द्र शुक्ल, पृ. 308
13. सूरदास, आचार्य रामचन्द्र शुक्ल, पृ. 162
14. वही, पृ. 197-198
15. सूर : सौन्दर्य और समीक्षा, सं. डॉ. त्रिभुवनसिंह, सूर की चित्र योजना, जयसिंह नीरज, पृ. 376
16. ब्रजभाषा के कृष्ण भक्ति काव्य में अभिव्यंजना शिल्प., डॉ. सावित्री सिन्हा, पृ. 204
17. आधुनिक हिन्दी कविता में बिम्ब-विधान, डॉ. केदारनाथ सिंह, पृ. 2
18. चिन्तामणि-1, आचार्य रामचन्द्र शुक्ल, पृ. 145
19. साहित्य शब्दकोष, सं. डॉ. धीरेन्द्र वर्मा, पृ. 471
20. वही, पृ. 471
21. चिन्तामणि-11, आचार्य रामचन्द्र शुक्ल, पृ. 121
22. संस्कृति का दार्शनिक विवेचन, डॉ. देवराज, पृ. 222
23. सूर-साहित्य की भूमिका, रामरतन भटनागर, पृ. 62
24. वही, पृ. 44
25. महाकवि सूरदास, आचार्य नन्ददुलारे वाजपेयी, पृ. 125
26. सूरदास, आचार्य रामचन्द्र शुक्ल, पृ. 196-197
27. सूर-सौरभ, प्रो. मुंशीराम शर्मा, पृ. 383
28. सूर और उनका साहित्य, डॉ. हरवंशलाल शर्मा, पृ. 290
29. वही, पृ. 290
30. सूरदास, आचार्य रामचन्द्र शुक्ल, पृ. 197
31. चिन्तामणि-11, आचार्य रामचन्द्र शुक्ल, पृ. 99-100
32. सूर-साहित्य, आचार्य हजारीप्रसाद द्विवेदी, पृ. 166-167
33. सूरसागर, सं. डॉ. ब्रजेश्वर वर्मा, भूमिका, पृ. 18
34. वही, पृ. 25
35. वही, पृ. 25

सौन्दर्यानुभूति

1. सौन्दर्यानुभूति का स्वरूप-विवेचन

पाश्चात्य सौन्दर्यशास्त्र में सौन्दर्य के सम्बन्ध में तीन दृष्टिकोण मिलते हैं। (1) प्लेटो, अरस्तु, बर्क, हीगल, लेर्सिंग, क्रोचे आदि अधिकांश सौन्दर्यशास्त्रियों का दृष्टिकोण वस्तुनिष्ठ है। सौन्दर्य को वस्तुगत मानने पर भी उनकी अवधारणाएँ भिन्न-भिन्न प्रकार की हैं। कुछ सौन्दर्य को ईश्वरीय या आध्यात्मिक मानते हैं, कुछ मानसिक भावगत और कुछ कवि-कल्पना-प्रसूत रूपगत। कांट, रस्किन आदि कुछ सौन्दर्यशास्त्रियों का दृष्टिकोण व्यक्तिनिष्ठ है। व्यक्तिनिष्ठता का अर्थ, सौन्दर्य को केवल व्यक्ति-मन की भावना में ढूँढ़ना नहीं है। वे ग्राहक अनुभूति की विशिष्टता की दृष्टि से सौन्दर्य की व्याख्या करते हैं। (2) सौन्दर्य, वस्तु-रूप की एक विशिष्ट आनन्दात्मक अनुभूति देने वाला धर्म है। उनके अनुसार व्यक्ति के भावन-व्यापार और कल्पना की क्रियाशीलता के बिना सौन्दर्य की सत्ता का बोध नहीं होता। व्यक्तिनिष्ठ दृष्टि के आचार्यों की सौन्दर्य-सम्बन्धी अवधारणा आध्यात्मिक, नैतिक, मानवीय, सांस्कृतिक आदि उपवर्गों में विभाजित हो सकती हैं। वास्तव में सौन्दर्य की प्रतीति जहाँ वस्तु के गुणधर्मों पर आधारित है, वहाँ ग्राहक-मन की संस्कारिता, अभिरुचि और कल्पना की अपेक्षा भी रखती है। (3) तीसरा दृष्टिकोण सापेक्षता का है, जिसके प्रतिपादक अलेग्जेंडर हैं। सौन्दर्य, वस्तु और ग्राहक के मन के सम्बन्ध में है। जब दोनों के बीच में भावनापरक सम्बन्ध स्थापित होता है, तभी सौन्दर्य की अनुभूति होती है। जब यह सम्बन्ध स्थापित नहीं हो पाता, तब वस्तु के सुन्दर-असुन्दर होने का कोई प्रश्न ही नहीं उठता। यह सामान्य अनुभव की बात है कि वस्तु-जगत सदा मन को आकृष्ट नहीं कर पाता। तब व्यक्ति उस वस्तु का—प्रकृति, मानवीय रूप या कलाकृति की—उपेक्षा करता है।

जब कलाकार अपनी रचना में सौन्दर्य को मूर्त्त करने का प्रयत्न करता है, उसकी अवधारणा को समझने के लिए अनेक कोणों से देखना पड़ता है। सौन्दर्य के स्वरूप और रूपगत भाव के क्या गुण-धर्म हैं, उसकी अनुभूति की क्या विशेषताएँ हैं और उसकी अभिव्यंजना की प्रक्रिया और पद्धति क्या है—ये सौन्दर्य के अवगाहन के मुख्य बिन्दु हैं।

सौन्दर्यानुभूति का आधार आश्रय है। आश्रय की मानसिक विशेषताएँ वस्तुरूप की सौन्दर्यानुभूति को निर्धारित करती हैं। उसकी प्राथमिक आवश्यकता आश्रय में सौन्दर्याभिरुचि और संवेदनशील आत्मा है। आश्रय के व्यक्तित्व, चरित्र, स्वभाव, मनःस्थिति, भावनाशीलता, कल्पनाशीलता, शारीरिक-मानसिक विकास की अवस्था आदि के साथ सौन्दर्यानुभूति का घनिष्ठ सम्बन्ध है। सौन्दर्य के संस्कार बाल्यावस्था से प्रौढ़ावस्था तक धीरे-धीरे विकसित होकर प्रौढ़ बनते हैं।

सौन्दर्यानुभूति का आधार तत्त्व काम या कामना है। काम के स्फुरण में आलम्बन और आश्रय का सम्बन्ध स्थापित होता है। यह सम्बन्ध बहिर्मुखी ऐन्द्रिय और अन्तर्मुखी भावात्मक दोनों प्रकार का हो सकता है। आलम्बन के साथ बार-बार संवेगात्मक सम्बन्ध स्थापित होने पर भावना प्रेम में परिणत हो जाती है।

सौन्दर्यानुभूति और उसकी प्रक्रिया दोनों विशिष्ट और अलौकिक हैं। रस की तरह सौन्दर्य की अनुभूति भी आनन्दात्मक है। वह लौकिक, ऐन्द्रिय तथा मानसिक अनुभूतियों से भिन्न है। उसी भिन्नता में उसकी अलौकिकता है। ऐन्द्रिय और मानसिक संवेदनों का आधार लेकर ही उसकी अनुभूति हो सकती है, लेकिन अन्तर्मुखी कल्पना के योग से सौन्दर्यानुभूति सूक्ष्म भावगत (Idea) और आदर्शीकृत हो जाती है। सौन्दर्य के अन्तर्दर्शन में सौन्दर्यानुभूति आध्यात्मिक भी हो सकती है, क्योंकि जब मन वस्तु के बाह्य रूप से आगे बढ़कर उसकी आंतरिक चेतना में प्रविष्ट होता है, वह चेतना की सूक्ष्मतम छायाओं को, आध्यात्मिक चेतना को भी छू लेता है। सौन्दर्यानुभूति की प्रक्रिया में इन्द्रियों और मन का, मन की संवेगात्मक, कल्पनाशील और वैचारिक शक्तियों की सामंजस्यपूर्ण क्रियाशीलता के साथ रूप-सौन्दर्य का भावन (Contemplation) होता है। कांट के अनुसार सौन्दर्यानुभूति या सौन्दर्य-भावन की चार विशेषताएँ हैं—(1) आनन्दानुभूति, (2) लौकिकता से निर्लिप्त तटस्थ अनुभूति (Disinterestedness) लौकिक सामाजिक अनुभूति शुद्ध सौन्दर्यानुभूति से भिन्न आनुषंगिक अनुभूति है, (3) उद्देश्यहीन सार्थकता (Purposiveness without purpose) और (4) इन्द्रियों और मन की स्वच्छन्द क्रियाशीलता और सामंजस्य से उत्पन्न एकोन्मुखता, चैतन्यमयता और पूर्णता है।

सौन्दर्याभिरुचि और अनुभूति देशकाल और व्यक्ति सापेक्ष है। प्रधानतः सौन्दर्यानुभूति व्यक्ति मन की रुचि और भावना के अनुसार भिन्न हो जाती है। जिस तरह सौन्दर्य की अनुभूति के लिए मन की उन्मुखता और सन्नद्धता चाहिए उसी तरह बाह्य परिस्थितियों की अनुकूलता भी आवश्यक है। प्रतिबन्धों से रहित स्वच्छन्द परिस्थितियों में ही सौन्दर्य का बोध और उसकी अनुभूति सम्भव है। सौन्दर्य और उसकी अनुभूति दोनों बुद्धि-बोधगम्य नहीं हैं। सौन्दर्य को देखकर मन चकित, विस्मित और कभी-कभी भ्रमित भी हो जाता है। नेत्रेन्द्रिय और मन सौन्दर्य को देख और समझ नहीं पाते, उसके आलोक (Glow) से विभ्रम में पड़ जाते हैं।

इसीलिए सौन्दर्य को रहस्यमय, और उस रहस्य को पूर्णरूप से समझ पाना कठिन और असम्भव माना जाता है। कवि उसे अनिर्वचनीय कहकर सन्तोष कर लेता है।

सौन्दर्यानुभूति की ये सामान्य विशेषताएँ कवि के व्यक्तित्व, जीवनदृष्टि, भावना, कल्पना और अभिरुचि के अनुसार विशिष्ट बन जाती हैं। वाणी में स्पष्ट करना कठिन है, पर प्रत्येक कवि की सौन्दर्य सम्बन्धी अवधारणा और अनुभूति दूसरे से भिन्न और विशिष्ट होती है।

2. सौन्दर्यानुभूति के सामान्य तत्त्व

मधुर भक्ति के उपासक सूर के लिए आराध्य श्रीकृष्ण का अंग-अंग सुन्दर है–

देख सखी सुन्दर घनश्याम।
सुन्दर मुकुट, कुटिल कच सुन्दर, सुन्दर चाल तिलक छबि धाम।
सुन्दर भ्रुव, सुन्दर अति लोचन, सुन्दर अवलोकनि विश्राम।
× × ×
सुन्दर जंघ, जानु पद सुन्दर, सूर उधारन सुन्दर नाम।।

रूप सुन्दर ही नहीं है, उस सौन्दर्य-दर्शन में विश्राम है अर्थात् मन को शांति मिलती है। नाम तक सुन्दर है जो उपासकों का उद्धारक है। अर्थात् भक्त का उद्धार या मोक्ष आलम्बन और आश्रय के गुणधर्मों के आधार पर नहीं, सौन्दर्य और माधुर्य के माध्यम से होता है। आलम्बन सुन्दर है तो उसके दर्शन से उत्पन्न आश्रय की अनुभूति में माधुर्य है। राधा और गोपिकाओं ने इस सौन्दर्यानुभूति या माधुर्यानुभूति को प्रत्यक्ष-अप्रत्यक्ष अनेक रूपों में व्यक्त किया है। उन्हें अपने आलम्बन में सारी सृष्टि का सौन्दर्य समाया हुआ अनुभूत होता है–

आजु सखी अरुनोदय मेरे, नैननि कौं धोख भयो।
को हरि आजु पंथ इहि गवने, स्याम जलद की उनयौ।
की बगपाँति भाँति, उर पर की मुकतामाल बहु मोल।
× × ×
सूरदास प्रभु रस भरि उमँगौ राधा कहति बिचारू।।

जब सौन्दर्य को देखकर मन में मधुर अनुभूति होती है तो आलम्बन पर मन के उस धर्म का आरोप या प्रक्षेपण होता है। श्रीकृष्ण का रूप अत्यन्त मधुर लगता है। रूप ही नहीं, उसका अलंकरण, उसकी भाव-भंगिमाएँ, चेष्टाएँ और लीलाएँ भी मधुर हो जाती हैं। सूर को, उनके प्रतिनिधि रूप में गोपिकाओं को कृष्ण में मनमोहक सौन्दर्य के अतिरिक्त और कुछ दिखाई देता–

सुन्दर स्याम, सुन्दर बरमाला, सुन्दर बोलत बचन रसाल।
× × ×
सुन्दर मुरली मधुर बजावत, सुन्दर है मोहन गोपाल।।

इस सौन्दर्य में नेत्र और मन अटक जाते हैं–

जब तैं सुन्दर बदन निहारयौ।
ता दिन तैं मधुकर मन अटक्यौ, बहुत करी निकरै न निकार्‌यौ।।

मोहक प्रभाव और मधुर अनुभूति में आलम्बन ही नहीं, उसकी चारों ओर का सारा परिवेश सुन्दर हो जाता है–

सुन्दर स्याम, सखा सब सुन्दर, सुन्दर वेष धरे गोपाल।
सुन्दर पथ, सुन्दर गति आनन, मुरली सब्द रसाल।
× × ×
सूर स्याम संग सब सुख सुन्दर सुन्दर भक्त हेत अवतार।।

सौन्दर्य वस्तुनिष्ठ धर्म है तो माधुर्य की अनुभूतिनिष्ठ गुण है। सौन्दर्य और माधुर्य को अलग करके देखना सम्भव नहीं है। सौन्दर्य मधुर अनुभूति देता है तो मधुर अनुभूति में आलम्बन सुन्दर लगता है। सूर ने श्रीकृष्ण का सब कुछ सुन्दर कहा है तो उनके गुरु वल्लभाचार्य ने 'मधुराष्ठक' में मधुर कहा है–

अधरं मधुरं बदनं मधुरं नयनं मधुरं हसितं मधुरं।
हृदयं मधुरं गमनं मधुरं मधुराधिपते रखिलं मधुरं।।

मध्ययुग में देशकाल और परिस्थितियों की प्रतिकूलता के बावजूद भक्ति आन्दोलन ने नयी धार्मिक, आध्यात्मिक और सांस्कृतिक चेतना का ऐसा प्रबल विकास किया कि उस चेतना प्रवाह में सब अवरोध ढह गये। मन्दिर तोड़े जा सकते हैं, लेकिन मन की गति को कैसे रोका जा सकता? कृष्ण भक्ति ने मन में ऐसा सौन्दर्य और माधुर्य भर दिया है कि उसमें उच्च-निम्न पूरा समाज झूम उठा। सूर ने सौन्दर्य और माधुर्य का सागर ही बहाकर सबको डुबो दिया। उसमें केवल आत्मविस्मृति नहीं थी, आध्यात्मिक-सांस्कृतिक नवचेतना भी थी। इस्लाम की दैहिक शक्ति का आतंक उस चेतना को दबा नहीं सका। स्थूल मूर्ति का आधार और सहारा नहीं था तो श्रीकृष्ण की कथा थी, मथुरा-वृन्दावन था, श्रीकृष्ण की लीलाएँ थीं, उनका मधुर गायन तथा वेषधारण करके उनका अभिनय या रासक्रीड़ा में थिरक उठना था। ये सब स्थूल प्रतीक थे जिन्होंने मन में बद्धमूल बिम्बों को जगाया और सजीव रूप दिया। प्रतिकूल देशकाल की परिस्थितियों में सौन्दर्य और माधुर्य के उन्मेष और प्रसार के लिए अनुकूल स्वच्छन्द भूमि मिली। यह सोचना भ्रामक है कि भक्ति आन्दोलन में शील और शक्ति के रूप में राम की उपासना ही हिन्दू धर्म, समाज और संस्कृति का उद्धार कर सकता था। शक्ति के स्थूल प्रतीक विदेशी शक्ति के सामने झुक गये। उस स्थिति में जाति के सामने एक ही प्रश्न था–अपनी अस्मिता की रक्षा का। रामकाव्य जितना भी उदात्त क्यों न हो, मन में शील और शक्ति का संचार करने वाला क्यों न हो, मन के आवरणों को भेदकर, उसके स्तरों की गहराई में जाकर अस्मिता को उस तरह झंकृत नहीं कर सका जिस तरह कृष्णकाव्य ने। सौन्दर्य और माधुर्य के

माध्यम से सांस्कृतिक चेतना और अस्मिता को जगाना, भारतीय आध्यात्मिक और सांस्कृतिक चेतना और परम्परा के अधिक अनुरूप अवश्य था, लेकिन उसमें आत्मिक, मानसिक और दैहिक पतन की सम्भावनाएँ भी कम नहीं थीं। आगे चलकर कृष्ण भक्ति ने यही ह्रासोन्मुख रूप धारण किया।

सौन्दर्य के दो पहलू हैं—बाह्य और आभ्यन्तर। सौन्दर्यानुभूति को भी बाह्य अर्थात ऐन्द्रिय और आभ्यन्तर या मानसिक दो वर्गों में विभाजित किया जा सकता है, यद्यपि बाह्य सौन्दर्य की अनुभूति केवल ऐन्द्रिय नहीं होती। वह इन्द्रियों के माध्यम से मानसिक सौन्दर्यानुभूति में परिणत हो सकती है। सूर ने बाह्य सौन्दर्य की रंगीन छटा की ऐन्द्रिय अनुभूति को प्रधानता दी है, जिससे राधा और गोपिकाओं की आँखें कभी तृप्त होती दिखाई नहीं देतीं। सौन्दर्य की मानसिक अनुभूति की व्यंजना की भी सूरसागर में कमी नहीं है। लेकिन उस पर ऐन्द्रिय अनुभूति इस तरह हावी हो गयी है कि पाठक का ध्यान उसी की ओर जाता है। मानसिक अनुभूति की व्यंजना से सुख, आनन्द, हर्ष और उल्लास शब्दों का प्रयोग हुआ है। आनन्द का आधार ऐन्द्रिय अनुकूलता और संवेगात्मक प्रेमभाव है। प्रेम से सम्बद्ध आशा, अभिलाषा, औत्सुक्य, लज्जा, चिन्ता, मोह, गर्व, ग्लानि आदि अनेक संचारी भावनाओं की भी अभिव्यक्ति हुई है। इनका सम्बन्ध केवल प्रेम से नहीं है, रूप-सौन्दर्य से भी है। सौन्दर्य-दर्शन और प्राप्ति की आशा-निराशा से प्रेम सहित समस्त भावनाएँ प्रेरित और संचारित है। यहाँ तक कि काव्यशास्त्र के ह्रास, दुख, क्रोध (अलीक या बनावटी), उत्साह और आश्चर्य भी रूप-सौन्दर्य से प्रत्यक्ष-अप्रत्यक्ष सम्बद्ध होकर सौन्दर्यानुभूति में संचारी रूप में प्रस्तुत किये गये हैं।

सौन्दर्यानुभूति में आनन्द का आधार प्रेम है तो प्रेम कामजन्य है। संयोग लीलाओं के वर्णन में काम यौन रतिक्रीड़ा और वासना के रूप में है। लेकिन सामान्यतः सूरसागर में काम कामना या अभिलाषा का द्योतक है जो सौन्दर्य-दर्शन का प्रेरक है, सौन्दर्य को रंगीन छटा प्रदान करता है, सौन्दर्य को मन के समीप लाकर विविध भावों का स्फुरण करता है, सौन्दर्य के निकट जाने और उसे अपनाने वाले चेष्टा-व्यापारों का विकास करता है तथा प्रेम को जन्म देकर उसे स्थायी बनाता है।

सौन्दर्यजन्य आनन्द—

निरखि निरखि वह रूप मनोहर, नैन बहुत सुख पावहिं।।
सुत मुख देखि जसोदा फूली।
हरषत देखि दूध की दँतियाँ, प्रेम मगन तन की सुधि भूली।।
हरि जू की बाल-छबि कहौं बरनि।
सकल सुख की सींव, कोटि-मनोज-सोभा-हरनि।

इन उद्धरणों में सौन्दर्य और सौन्दर्यानुभूति का एक साथ प्रतिपादन, ऐन्द्रिय-प्रियता या सुख और मानसिक आनन्द की अन्विति तथा हर्ष और प्रेम का साथ-साथ उदय द्रष्टव्य हैं।

सौन्दर्य और प्रेम–

मोहन बदन बिलोकत अँखियन उपजत है अनुराग।।
देखो माई सुन्दरता को सागर।
× × ×
तदपि सूर तरि सकीं न सोभा रहीं प्रेम पचि हारि।।
ऊधौ आँखिया अति अनुरागी।
इकटक मग जोवतिं अरू रोवतिं, भूलेहुँ पलक न लागीं।।

आँखों की ऐन्द्रिय अनुभूति में से ही अनुराग का जन्म हुआ है और मन उसी प्रेम में सना है। वियोग में भी सौन्दर्य का यह अनुराग छूटता नहीं है।

सौन्दर्य, काम और प्रेम–

हम चाहति मृदु-हँसनि-माधुरी, जातैं उपज्यौ काम।
सूर स्याम अधरनि रस सींचहु, जरत विरह सब बाम।।
लैहौं दान सब अंगनि को।
अति मद गलित ताल फल से गुरु इन जुग उरज उतंगनि को।
× × ×
सूरदास प्रभु हँसि बस कीन्हों नायक कोटि अनंगन को।।
कबहूँ मगन हरि कें नेह।
स्याम संग निसि सुरति कें सुख भूलि अपनी देह।।

सूर ने सौन्दर्य के आकर्षण को व्यक्त करने के लिए मनोहर, मोहन, कमनाय आदि शब्दों का प्रयोग किया है तो उस आकर्षण के हेतुभूत रूप की उज्ज्वलता की अभिव्यंजना में आभा, दुयुति, राजत आदि शब्दों का। उज्ज्वलता लावण्य के द्वारा उत्पन्न कांति है जो आँखों में चकाचौंध पैदा करती है–

सूर स्याम अंग-अंग माधुरी, चमकि-चमकि चकाचौंधति गात।।

सूर ने अपनी प्रेम-भावना के अनुरूप सौन्दर्यानुभूति में उज्ज्वलता की अपेक्षा माधुर्य पर ज्यादा बल दिया है। प्रेममूलक भक्ति-भावना में यह स्वाभाविक है। फिर भी रूप-सौन्दर्य की अप्रस्तुत-योजना में सूर्य, चाँद, तारे, आलोक में चमकने वाले कमल आदि का प्रतीकात्मक प्रयोग हुआ है जो उज्ज्वल है।

अवतारवादी व्यक्त रूप-सौन्दर्य के कवि सूर, सौन्दर्य और सौन्दर्यानुभूति को उज्ज्वल आलोक की रहस्यमयता से परिवेष्टित करना नहीं चाहते। सौन्दर्य नेत्र का विषय है और उसकी अनुभूति तन-मन को विवश कर देने वाली है। उसमें कोई अज्ञात रहस्यमयता नहीं है। अनुभूति में विस्मय और अद्‌भुतपन अवश्य हैं, वह सौन्दर्य की अनन्तता, अतिशयता और नवीनता के कारण है। उसकी अभिव्यक्ति ''बलि बलि जाऊ'', ''गिरा पंग'' आदि शब्दों के द्वारा हुई है। यह सौन्दर्यानुभूति की अनिर्वचनीयता का द्योतक है। सौन्दर्यानुभूति को अग्राह्य स्थिति–

देखौं माई सुन्दरता कौ सागर।
बुधि-विवेक-बल पार न पावत मगन होत मन नागर।।
तुम देखें मैं नहीं पत्यानी।
मैं जानति मेरी गति सबही यहै साँच अपनैं मन आनी।

× × ×

मैं तो एक अंग अवलोकति दोऊ नैन गये भरि पानी।।
बलि बलि मोहनि मूरति की बलि कुंडल बलि नैन बिसाल।।
सूरदास कछु कहत न आवै भई गिरा गति पंग।।

सौन्दर्यानुभूति के आश्रय यशोदा, राधा और गोपिकाएँ हैं। बालरूप की सौन्दर्यानुभूति में तीनों हिस्सेदार हैं, यद्यपि प्रधान भूमिका यशोदा की है। किशोरावस्था के सौन्दर्य की अनुभूति केवल राधा और गोपिकाओं की है। पुत्र या शिशु के प्रति वात्सल्य या रतिभाव भी प्रकारांतर से काम भाव ही हैं। लेकिन वह अनुभूति निष्काम या निःस्वार्थ होती है जबकि यौवन में काम प्रेरित सौन्दर्य की अनुभूति स्वकेन्द्रित और संयोग की अभिलाषा से युक्त होती है। यशोदा के मन में अपने पुत्र के प्रति तरह-तरह की आशाएँ-आकांक्षाएँ हैं। उसके मन में अनेक अभिलाषाएँ उठती हैं—''जसुमति मन अभिलाष करै...कब हँसि बात कहैगो मों सो जा छवि तैं दुख दूरि हरै।'' यशोदा कृष्ण के सौन्दर्य को बार-बार देखना चाहती है, एक क्षण के लिए भी उसे नहीं छोड़ती-''सूर हरि की निरखि सोभा निमिष तजत न मात।'' कृष्ण की बाल छवि पर रीझने वाली गोपिकाओं की अनुभूति भी निष्काम, शुद्ध प्रेममय और शुभेच्छाओं से पूर्ण है—

अति कोमल दिन सत के अधर चरन कर लाल।
सूर श्याम छवि अरुनता निरखि हरष ब्रजलाल।।
सूरदास छवि निहारि थकित रहीं घोष नारि।
तन मन धन देतिं बारि बार बार ओलै।।

यौवनाकालीन सौन्दर्यानुभूति इससे भिन्न है, वह इस तरह कोमल भावनाओं से भरी और सात्विक नहीं है। उसमें दर्शन और संयोग की प्रबल आकांक्षा है—

जौं देखौ तौ प्रीति करौं री।
संगहिं रहौं फिरौं निसि बास चित तें नेंकु नहीं बिसरौं री।
कैसें दुरत दुराए मेरे उन बिन धीरज नहीं धरौं री।
जाऊँ तहीं जहँ रहैं स्यम घन निरखत इकटक तें न टरौं री।
सुनि री सखी दशा यह मेरी सो कहिधौं अब कहाँ करौं री।
सूर स्याम लोचन भरि देखौं कैसें इतनी साथ भरौं री।।

सौन्दर्य दर्शन की अभिलाषा और साहचर्य की इच्छा आगे चलकर काम प्रेरित हो जाती है।

राधा और गोपिकाओं की सौन्दर्यानुभूति में भावना और कल्पना का मधुर योग है। सौन्दर्यदर्शन में तीव्र संवेगात्मक अनुभूति के साथ मन में तरह-तरह की भावनाएँ उठती हैं और मन की कल्पनाएँ सौन्दर्य और भावनाओं को रंगीन बनाती हैं। कल्पना मन में अनेकानेक अप्रस्तुत बिम्बों को प्रस्तुत करने में ही नहीं है, नये-नये भाव-विचारों के स्फुरण में भी है। सौन्दर्य की तीव्र संवेगात्मक अनुभूति, भावना और कल्पना के साथ जुड़कर आश्रय—राधा और गोपिकाओं को उस अपूर्व सौन्दर्य पर विस्मित, चकित, स्तब्ध और मुग्ध कर देती है तथा पात्र उस पर न्योछावर होकर आत्मसमर्पण करती हैं। सूर की सौन्दर्यानुभूति की व्यंजना में आत्मविस्मरण और आत्मसमर्पण एक प्रधान बिन्दु है। कृष्ण की आँखमिचौली, छिपना, प्रकट होना विस्मय को बढ़ा देता है।

आलम्बन श्रीकृष्ण के सौन्दर्य और आश्रय यशोदा, राधा ओर गोपिकाओं की सौन्दर्यानुभूति में एक औचित्यपूर्ण सन्तुलन और समरसता है। सौन्दर्य की अनन्तता और अपूर्वता, अनुभूति की तीव्रता और मादकता के कारण होती है। आलम्बन श्रीकृष्ण का नटखटपन, चतुराई और ढिठाई आकर्षण को बढ़ा देती हैं तो दूसरी ओर आश्रय का भोलाभालापन और व्यक्तित्व की सरलता उससे और अधिक मोहमुग्ध होने का कारण है। इन दोनों प्रकार के स्वभावों के आधार पर दिखावटी क्रोध, आश्चर्य और हास-परिहास से पूर्ण वातावरण बनकर चेष्टा-व्यापारों की ओर मधुर अनुभूति होती है।

गोपिकाएँ उद्धव से कहती हैं कि "लरिकाई को प्रेम कहौ, अलि कैसे छूटै।" श्रीकृष्ण की बाल्यावस्था से यौवनावस्था तक गोपिकाएँ श्रीकृष्ण को नित्य देखती रहीं। उनके रूप सौन्दर्य और क्रमशः उसकी परिणति से अनभिज्ञ नहीं रही होंगी। लेकिन सूर ने उनके सौन्दर्य के संस्कारों के विकास की ओर संकेत कम किया है। बचपन में भोला आकर्षण था। वयःसंधि में कामपरक सौन्दर्य संस्कार अभी जगे नहीं कि कृष्ण छेड़-छाड़ शुरू कर देते हैं, तो गोपिकाएँ चकित रह जाती हैं—

यह सुनि चकित भई ब्रजबाला।
तरुनी सब आपस में बूझति, कहा कहत गोपाला।
कहाँ तुरंग, कहाँ गज केहरि, हंस सरोवर सुनियै।
कंचन-कलस गढ़ाये कब हम, देखौंधौं यह गुनियैं।।

वयःसंधि को पार कर यौवन की प्रथम अवस्था में पहुँचकर ही सौन्दर्य और काम का सम्बन्ध स्थापित होता है और सौन्दर्य की काममूलक तीव्र मादक अनुभूति होती है—

तरुनी स्याम रस मतवारि।
प्रथम जौवन-रस चढ़ायौं, अतिहि भई खुमारी।।

श्रीकृष्ण पूर्ण सौन्दर्य के अवतार हैं और सहज ही उसकी अनुभूति सार्वभौमिक

है जो देशकाल-व्यक्ति सापेक्ष नहीं है। सभी गोपिकाएँ उस सौन्दर्य से अभिभूत हैं। लेकिन व्यक्ति-मन की अभिरुचि के अनुसार उसमें थोड़ा-बहुत अन्तर रहता है। सूर ने उस पूर्ण सौन्दर्य के साक्षात्कार और उसकी रूप-कल्पना में अपनी अभिरुचि का परिचय दिया है तो यशोदा, राधा और गोपिकाएँ अपने ढंग से उसकी अनुभूति और भावन करती हैं। गोपिकाएँ श्रीकृष्ण के भिन्न-भिन्न अंगों में सौन्दर्य देखकर द्रवीभूत-आत्मविस्तृत हो जाती हैं–

स्याम अंग जुबती निरखि भुलानी।
कोऊ निरखति कुंडल की आभा, इतने ही माँझ बिकानी।
ललित कपोल निरखि कोउ अटकी, सिथिल भई ज्यों पानी।।

यहाँ गोपिकाएँ कृष्ण के सौन्दर्य को विभिन्न कोणों से ही नहीं देखतीं, मन पर प्रभाव में भी अन्तर है जो बिकना, पानी होना, सुधि भूलना, हर्षित होना, अकुलाना और विकल होना–इन क्रियाओं से व्यंजित है और समष्टि रूप में कवि, टेक में उसे अपने को भूल जाने की संज्ञा देता है। सौन्दर्य-दर्शन में अभिरुचि की भिन्नता का कारण चंचल नेत्रों की अपनी-अपनी वाणी है–

जाकी जैसी बानि परी री।
कोऊ कोटि करै नहीं छूटै, जो जिहिं धरनि धरी री।
बारे ही तैं इनके ये ढंग, चंचल चपल अनेरे।।

इन पंक्तियों में गोपिकाओं के चंचल नेत्रों के सौन्दर्य के साथ-साथ कृष्ण के सौन्दर्य ग्रहण का रंग-ढंग और उसकी भिन्नता का कारण भी व्यंजित है। सौन्दर्यदर्शन में इन्द्रियों की ही नहीं, मन की भी गति विलक्षण और वैयक्तिक रुचि से परिचालित होती है–

ऊधो मन माने की बात।
× × ×
सूरदास जाकौ मन जासौं सोई ताहि सुहात।।

3. सौन्दर्यानुभूति के धरातल

सौन्दर्य-ग्रहण और उसके प्रभाव की दृष्टि से सौन्दर्यानुभूति के तीन धरातलों की कल्पना की गयी है–ऐन्द्रिय, मानसिक और आध्यात्मिक-सौन्दर्य का प्रभाव इन्द्रियों, मन और आत्मा तीनों पर पड़ता है और प्रधानता के आधार पर यह वर्गीकरण किया गया है। वास्तव में यह प्रभाव अलग-अलग नहीं होता। सौन्दर्य की रूप-कल्पना और उसके स्वरूप के अनुसार इन्द्रियों के माध्यम से मन और आत्मा एक साथ प्रभावित हो जाते हैं।

बाह्य रूप के आकर्षण को ज्यादा महत्त्व देने के कारण सूर की रचना में ऐन्द्रिय सौन्दर्यानुभूति की प्रधानता-सी दिखाई देती है। यशोदा, राधा और गोपिकाएँ कृष्ण के

सौन्दर्य को देखकर तन्मय-विह्वल हो जाती हैं और बार-बार देखने के लिए व्याकुल रहती हैं। यह इन्द्रियों की परवशता और उत्कण्ठा है। सूर ने ऐन्द्रिय अनुभूति में सौन्दर्य को प्रधानतः चाक्षुष विषय के रूप में प्रस्तुत किया है। उसके बाद महत्त्व श्रव्य, अनुभूति का है जो मुरली-वादन की माधुर्यानुभूति के रूप में व्यंजित है। ये दोनों इस तरह मिल-जुल गयी हैं कि दोनों को अलग करना कठिन है। मुरली के बिना श्रीकृष्ण की कल्पना नहीं की जा सकती और गोपिकाओं की अनुभूति में रूप-दर्शन और मुरली-वादन दोनों का प्रभाव समन्वित हो गया है। रासक्रीड़ा प्रसंग में रूप और स्वर-माधुरी के साथ ताल-लयबद्ध नृत्य की अनुभूति भी सम्मिलित है। स्वाद और घ्राण की अनुभूतियों की अभिव्यंजना कम है। वे नेत्र की अनुभूति की पुष्टि के लिए बीच-बीच में अभिव्यक्त हैं। श्रीकृष्ण का सौन्दर्य इतना अपूर्व है कि उसे देखने के लिए दो नेत्र पर्याप्त नहीं है, दोनों नेत्रों से देखने पर भी पूरा आँखों में नहीं समाता और देखने को बहुत कुछ रह जाता है। इसीलिए गोपिकाएँ रोम-रोम में नेत्रों की अभिलाषा प्रकट करती हैं-"दृष्टि न दई रोम रमनि प्रति, इतनिहिं कला निसानी।" ऐन्द्रिय प्रभाव और अनुभूति की व्यंजना—

जो जहि अंग सो तहाँ भुलानी, सूरश्याम गति काहू न जानी।।
स्याम हृदय वर मोतिन माला, बिथकित भई निरखि ब्रजबाला।
स्रवन थके सुनि बयन रसाला, नैन थके दरसन नन्द लाला।।

"आँखों की प्रतिष्ठा रूप में है और रूप ग्रहण का सामर्थ्य, उसकी स्थिति, हृदय में है।"[1] इस तरह सौन्दर्यानुभूति में ऐन्द्रिय और मानसिक अनुभूतियों का सामंजस्य हो जाता है। उसी सामंजस्य में सौन्दर्य का पूर्ण साक्षात्कार होता है। सूर ने प्रत्येक पद में सौन्दर्य के तन और मन दोनों पर प्रभाव को सूचित किया है, ऐन्द्रिय अनुभूति के अनुरूप मानसिक अनुभूति को समन्वित रूप में दिखाया है। गोपिकाएँ कहती हैं कि बहुत समझाने पर भी मन रूप-रस में अटका रहा, यह नेत्रों का ही भेद है—

मैं मन बहुत भाँति समुझायौ।
कहा करौं दरसन रस अँटक्यौ, बहुरि नहीं घट आयौ।
इन नैननि कै भेद, रूप रस उर मैं आनि दुरायौ।।
सौन्दर्यानुभूति में भाव तन्मयता की यह स्थिति है—
गोरस को निज नाम भुलायो।
लेहु लेहु कोऊ गोपालहिं गलिनि गलिनि यह सोर लगायो।।
ग्वालिनि फिरनि बिहालहिं सो।
दधि मटुकी सिर लीन्हे डोलति रसना रटति गोपालहिं सों।।

लौकिक-भौतिक चेतना से विमुक्ति, मन में कोमल भावनाओं का स्फुरण और माधुर्य की अनुभूति-मानसिक सौन्दर्यानुभूति के लक्षण हैं।

सूर श्रीकृष्ण को सौन्दर्य का अवतार अवश्य मानते हैं, लेकिन सौन्दर्यानुभूति

की व्यंजना शायद ही आध्यात्मिक धरातल का स्पर्श करती है। उनके लिए श्रीकृष्ण का सब कुछ सुन्दर और मधुर है—रूप, वेशभूषा और लीलाएँ। पर वह व्यक्त रूप का सौन्दर्य और माधुर्य है। यशोदा, राधा और गोपिकाओं का संसार—उनका जीवन सौन्दर्यमय है। उसमें कुरूपता और उग्रता कहीं नहीं है। यदि यह द्वन्द्वातीत स्थिति है तो उसकी अनुभूति की विशेषताओं पर सूर का ध्यान नहीं गया है। जब राधा और गोपिकाएँ सौन्दर्य और प्रेम में भावतन्मय हो जाती हैं तब आध्यात्मिक अनुभूति का कुछ आभास मिल जाता है जैसे—

जब राधा तब हीं मुख माधौ माधौ रटत रहै।
जब माधव ह्वै जात सकल तन राधा बिरह दहै।

भावात्मक स्तर पर विरह-वेदना में राधा अद्वैत स्थिति पर पहुँचती है और राधा-कृष्ण के रूप का अन्तर समाप्त हो जाता है। वैचारिक स्तर पर श्रीकृष्ण भी राधा से वही बात कहते हैं—"विहँसि कह्यो हम तुम नहिं अन्तर।" लेकिन यह अद्वैत अनुभूति सौन्दर्यजन्य नहीं, सौन्दर्य के प्रभाव में अनुभूत प्रेम की पराकाष्ठा पर होती है।

सूर ने अलौकिक-आध्यात्मिक दृष्टि से रूप और भाव के विराट-ओजस्वी बिम्बों की सृष्टि का प्रयत्न नहीं किया। अव्यक्त अनन्त की ओर उनकी उन्मुखता बहुत कम थी। इसलिए श्रद्धा, भय, संकोच, विस्मय आदि के साथ संयुक्त उदात्त की अनुभूति नहीं होती। माटी-भक्षण, गोवर्धनधारण, दावानल की व्याप्ति और अन्य अवतारों के कुछ प्रसंगों के दो-चार पदों में ही विराट चित्रण द्वारा सौन्दर्यशास्त्रीय अर्थ में उदात्तानुभूति की गुंजाइश है।

सूर ने सौन्दर्य की ऐन्द्रिय अनुभूति को भावात्मक-मानसिक धरातल पर पहुँचा दिया है, जहाँ आलम्बन के सौन्दर्य के साथ आश्रय का भावयोग होता है। उस भावयोग में आनन्दानुभूति कवि की सौन्दर्य-सृष्टि का ध्येय है।

4. सौन्दर्यानुभूति की छः अवस्थाएँ

मनोवैज्ञानिक दृष्टि से सौन्दर्यानुभूति के विकास की छः अवस्थाएँ मानी जा सकती हैं। यह स्थूल विभाजन सौन्दर्य-दर्शन में ऐन्द्रिय अनुभूति से मानसिक अनुभूति तक की कुछ विशिष्ट स्थितियों को स्पष्ट करता है। प्रतिभाशाली कवि सौन्दर्यानुभूति की अनेकानेक दशाओं और अन्तर्दशाओं की व्यंजना करता है जिनका लेखा-जोखा सम्भव नहीं है।

(1) सौन्दर्यानुभूति में पहली अवस्था रूप के प्रति आकर्षण है। सूर ने प्रभावोत्पादक ढंग से इसे प्रस्तुत किया है। कवि प्रत्यक्ष रूप-सौन्दर्य का वर्णन न करके उसकी ओर ध्यान आकृष्ट करता है। बालकृष्ण के रूप-भाव-चेष्टा से प्रभावित यशोदा बार-बार नन्दबाबा को बुलाकर उसे दिखाती है। यहाँ रूप-सौन्दर्य-दर्शन में समभागी होने की सार्वजनीन भावना भी निहित है। गोपिकाएँ भी श्रीकृष्ण की बाल्य

और युवा रूप-छटा पर मुग्ध होकर एक-दूसरे से उसकी ओर संकेत करती हैं—

देखौ माई सुन्दरता कौ सागर।।
देखि सखी अधरन की लाली।।

(2) रूप-सौन्दर्य की ओर आकृष्ट होने के बाद उसके प्रति कुतूहल और अभिलाषा की भावनाएँ जागती हैं जो दूसरी अवस्था है। श्रीकृष्ण के बाल-मनोभाव और चेष्टाएँ अत्यन्त स्वाभाविक और मानवीय होते हुए भी यशोदा और गोपिकाओं के मन में कुतूहल जगाती हैं—

आनन्द भरे करत कौतूहल प्रेम मगन नर नारी।।

रूप का अद्‌भुतपन भी कुतूहल का कारण बनता है। श्रीकृष्ण के रूप और लीलाओं को यशोदा ओर गोपिकाएँ विनोद के साथ देखती रहती हैं। बालकृष्ण यशोदा और नन्द के लिए खेलने का खिलौना हो जाता है—

दम्पति होड़ करत आपुस में, स्याम खिलौना कीन्हौ री।

श्रीकृष्ण की बाल्यावस्था के प्रत्येक चरण में, हर प्रसंग में यशोदा के मन की अभिलाषा बढ़ती रहती है—

पालनै गोपाल सुलावै।

× × ×

हुलसत हँसत करत किलकारी मन अभिलाष बढ़ावै।।

यौवन में नटवर रूप की विलक्षणता गोपिकाओं के मन में आकर्षण और कुतूहल जगाते हैं। श्रीकृष्ण की लीलाएँ उनमें भाग लेने वाले पात्रों के लिए ही नहीं, देवी-देवताओं के लिए भी कुतूहलजनक हैं—

सुर मुनि देव कोटि तैंतीसो कौतुक अंबर छावै।।

(3) रूप का आकर्षण, उसके प्रति कुतूहल और उसकी अभिलाषा क्रमशः सौन्दर्य की पहचान की स्थिति पर जाकर विस्मय-विमुग्धता की अनुभूति होती है जो तीसरी अवस्था है। मन सौन्दर्य के अद्‌भुतपन से अभिभूत हो जाता है। माटीभक्षण, कालीमर्दन, गोवर्धनधारण आदि प्रसंगों में जो विस्मयकारी अद्‌भुतपन है वह रूप-सौन्दर्य सम्बन्धी न होकर विषय-वस्तुगत है। सूरसागर में रूपवर्णन के प्रत्येक पद में उस रूप-सौन्दर्य को देखकर यशोदा, राधा और गोपिकाओं के विस्मय की भी अभिव्यक्ति है जो चकित होने, भ्रमित होने, मुग्ध होने आदि क्रियाओं के द्वारा सूचित किया गया है—

रस समुद्र मानौ उछलित भयौ सुन्दरता की खानि।
सूरदास रीझि चकित भये कहत न कछू बखानि।।

उस अद्‌भुत सौन्दर्य का वर्णन करने में गोपिकाएँ अपने को समर्थ नहीं पातीं—

"मुख छबि कहौं कहाँ लगि माई।"

(4) उस अद्‌भुत सौन्दर्य को बराबर देखकर भी आँखें और मन तृप्त नहीं होते।

अतृप्ति की व्याकुलता सौन्दर्यानुभूति की चौथी अवस्था है। राधा और गोपिकाओं को ऐसा लगता है कि श्रीकृष्ण के सौन्दर्य का पूर्ण बोध नहीं हो पा रहा है, अभी देखने को बहुत कुछ बाकी है। नेत्र लोभी हैं और दूसरी ओर सौन्दर्य का सागर है–

इत लोभि उत रूप परमनिधि कोउ न रहत मिति मानि।।

उस सौन्दर्य को देखने के लिए केवल दो ही आँखें हैं, यही दुख है–

कहा करौं छविरासि स्याम घन, लोचन द्वै नहिं ठाऊँ।
एते पर ये निमिष सूर सुनि, यह दुख काहि सुनाऊँ।।

यदि विधि रोम-रोम नेत्र देता, तभी उस सौन्दर्य को देखना सम्भव है–

सूर रोम प्रति लोचन देत्यो देखत बनत गुपाल।।

सौन्दर्य-दर्शन की लालसा में, संयोग और वियोग की दोनों स्थितियों में मन व्याकुल रहता है। आँखों की दशा मछली की सी हो जाती है–

ब्रज लोचन बिन लोचन कैसे? प्रति छिन अति दुख बाढ़त।
सूरदास मीनता कछू इक, जल भरि संग न छांड़त।।

(5) पाँचवीं अवस्था में सौन्दर्यानुभूति ऐन्द्रिय से भावमय और मानसिक हो जाती है। मन में प्रेम के विकास के साथ विविध भावनाओं का विकास होता है। सामान्य रूप से सौन्दर्य की अनुभूति मधुर होती है। लेकिन सूर ने उसे व्याकुल-उद्विग्न बनाने वाले रूप में चित्रित किया है। एक ओर मन में अनुराग का विकास होता है, दूसरी ओर मन स्तब्ध और पंगु हो जाता है–

जौं देखौं तो प्रीति करौं री।
संगहिं रहौं फिरौं निसि बासर चिततें नेंकु न हीं बिसरौं री।।
सूर हरि की निरखि सोभा भई मनसा पंग।।
ब्रज ललना देखत गिरिधर कों।
इक इक अंग अंग पर रीझौं अरूझौं मुरलीधर कों।
मनौ चित्र की सी लिखि काढ़ीं सुधि नाहीं मग घर कों।।

(6) आनन्द सौन्दर्यानुभूति की अन्तिम अवस्था है जिसकी ओर संकेत सैकड़ों पदों में है–

प्रात समय मोहन मुख निरखत, कोटि-चन्द्र-छबि पायी।
अति आनन्द बढ़ौ गोकुल मैं, उपमा कही न जाई।।

सूर ने प्रेम की तरह सौन्दर्यानुभूति में आनन्द को भी सार्वजनीन रूप दिया है, जिसमें ईर्ष्या-द्वेष नाममात्र के लिए भी नहीं है। गोकुल के आनन्द में सब समभागी हैं–

एक परस्पर देत बधाई, एक उठत हँसि गाइ।
बालक वृद्ध तरुन नर नारिनि बृद्र्यौ चौगुनो चाइ।
सूरदास सब प्रेम मगन भए गनत न राजा राइ।।

5. सौन्दर्यानुभूति : सूर का वैशिष्ट्य

5.1 नेत्रों पर विलक्षण उक्तियाँ

सौन्दर्यानुभूति की व्यंजना में सूर के दो वैशिष्ट्यपूर्ण बिन्दु हैं—गोपिकाओं की आँखों पर विलक्षण उक्तियाँ और अनुभूति की अपूर्वता। विश्व साहित्य में आँखों के सौन्दर्य-वर्णन की कमी नहीं है, लेकिन वह आलम्बनगत है। सूर ने श्रीकृष्ण के रूप-सौन्दर्य से आकृष्ट आश्रय गोपिकाओं के नेत्रों की प्रतिक्रिया पर करीब दो सौ पदों की रचना की है। इनमें आलम्बन श्रीकृष्ण के नेत्रों के सौन्दर्य की ओर संकेत बहुत कम है। आश्रय गोपिकाओं के नेत्रों की अनुभूति और प्रतिक्रिया के आधार के रूप में आलम्बन के सौन्दर्य की अनन्तता का और कुछ विशेष अंगों की शोभा का संक्षिप्त निरूपण हुआ है। नेत्रों पर सूर की उक्तियों की विलक्षणता आश्रयगत है। इन पदों में एक तरह से गोपिकाओं के नेत्र आलम्बन बन जाते हैं और पाठक आश्रय।

सूरसागर में श्रीकृष्ण के नखसिख वर्णन के सन्दर्भों में श्रीकृष्ण के नेत्रों के सौन्दर्य और उसकी मधुर अनुभूति का निरूपण किया गया है। यह अन्य अंगों के साथ एक-दो पंक्तियों में है। दो-चार पद ही पूरे श्रीकृष्ण के नेत्रों पर है। सौन्दर्यदृष्टि से मानव शरीर में सबसे आकर्षक अंग नेत्र और मुख हैं, जिनके आकार और सौन्दर्य के अतिरिक्त, हृदय के भावों का उनमें प्रतिफलन होकर सौन्दर्य उज्ज्वल या दीप्त हो उठता है। इन दोनों अंगों में नेत्रों की गतिशीलता और चंचलता सौन्दर्य को सजीव गत्यात्मक रूप प्रदान करती है जिसकी ओर सूर ने स्थान-स्थान पर संकेत किया है। गोपिकाएँ अन्य अंगों की तुलना में मुख और नेत्रों का बार-बार स्मरण करती हैं। श्रीकृष्ण के नेत्रों का सौन्दर्य : रूपरंग, चंचलता और कांति—

देख री हरि के चंचल नैन।
खंजन मीन मृगज चपलाई नहिं पटतर इक सैन।
राजिव दल इन्दीवर सतदल कमल कुंसेसय जाति।
निसि मुद्रित प्रातहिं वै विकसित ये बिकसित दिनराति।
अरुन स्वेत सित झलक पलक प्रति को बरनै उपमाइ।
मनु सुरसुति गंगा जमुना मिलि आस्रम कीन्हों आयी।।

नेत्रों के सौन्दर्य की मधुर-आनन्दमय अनुभूति की अपूर्वता—

देखेहुँ अनदेखे से लागत।
जद्यपि करत रंग भए एकहिं इकटक रहे निमिष नहिं त्यागत।
इत रुचि दृष्टि मनोज महासुख उत सोभा अमित अनागत।।

संयोग में आँखों की यह स्थिति-गति और अनुभूति है। वियोग में वे वेदना-व्याकुल अविरल अश्रुधारा बहाती हैं। उसका अलग 18-20 पदों में विस्तार से वर्णन है। यहाँ नेत्रों के सौन्दर्य का प्रश्न नहीं उठता, उनकी वेदना की विवृत्ति है—

मेरे नैना विरह की बेलि भई।।
निसि दिन बरसत नैन हमारे।
सदा रहति बरषा रितु हम पर जब तें स्याम सिधारे।।
अति रस लंपट मेरे नैन।
तृप्त न मानति पिबत कमल मुख सुन्दरता मधु ऐन।
दिन अरु रैनि दृष्टि रसना रस निमिष न मानत चैन।।

उपर्युक्त दोनों प्रकार के वर्णनों से भिन्न गोपिकाओं के चिर अतृप्त नेत्रों की विलक्षण स्थिति की व्यंजना है। पहले में सौन्दर्य और माधुर्य की प्रधानता है और दूसरे में सौन्दर्य-दर्शन के अभाव में वेदना की व्यंजना है। तीसरे में अतृप्तिजन्य व्याकुलता, श्रीकृष्ण के साथ गोपिकाओं के नेत्रों का सम्बन्ध, गोपिकाओं के नेत्रों के गुण-धर्म और कहीं-कहीं उन पर व्यंग्य, उनके नेत्रों के विविध क्रिया-व्यापार, उनमें विभिन्न भावों का स्फुरण तथा उन नेत्रों के व्यवहार का उपालम्भ है। इन सबके द्वारा श्रीकृष्ण के रूप-सौन्दर्य के प्रति आकर्षण, माधुर्यानुभूति और प्रेम अप्रत्यक्ष व्यक्त अवश्य होते हैं। लेकिन विषय श्रीकृष्ण के नेत्र नहीं, गोपिकाओं के नेत्र हैं, अभिव्यंजना में एक विदग्ध वचनवक्रता है और अनुभूति का स्वर मधुर न होकर सलोना-तीखा है। विषय गोपिकाओं के नेत्र होने पर भी उनके सौन्दर्य का वर्णन नहीं है, उनकी अनुभूति ही वर्ण्य है।

गोपिकाओं की आँखों के आकर्षण, लोभ और प्रीति की व्यंजना के सन्दर्भ में सूर ने आलम्बन श्रीकृष्ण के कहीं अंग विशेष के सौन्दर्य और कहीं समष्टि सौन्दर्य की ओर संकेत किया है। अंगों के मुख, नेत्रों के कटाक्ष, अलक, कपोल, त्रिभंगीरूप, मुरलीवादन, कंकणध्वनि, हाव-भाव और हास का एक-दो पंक्तियों में उल्लेख है। समष्टि रूप सौन्दर्य को सूचित करने वाले विशेष्य और विशेषण हैं—रूपनिधि, रूपरासि, रूप-माधुरी, रूपखानि, रूपसुधा, रूप-रस की ढेरि, रूप-प्रकाश, अगाधछबि, छबिधाम, छबिसिन्धु, छबि महाप्रकाश, सौन्दर्यसागर, अक्षयनिधि, अष्टसिद्धि, नवनिधि, अमृत तथा महानायक। रूप-सौन्दर्य-वर्णन प्रायः संकेत रूप में हैं और कुछ स्थानों पर चित्रांकन शैली में। श्रीकृष्ण के प्रति आँखों का आकर्षण और प्रेम इतना अधिक है कि गोपिकाओं के अनुसार कृष्ण ने उन्हें मन्त्रबल से या मोहिनी लगाकर वश में किया है। आलम्बन-सौन्दर्य के दो-चार उदाहरण—

हँसति प्रकाश विभास देखि कै निकसत पुनि तहँ पैठत।। (नेत्रभृंग)
नैना निपट बिकट छबि अटके।
टेढ़ी कटि टेढ़ी कर मुरली टेढ़ी पाग लर लटके।
देखि रूपरस सोभा रीझे फेरे फिरत न घटके।।
नहिं परमिति मुख इन्दु सुधा निधि सोभा नितहिं नये।।
वह अगाध कहूँ बार पार नहिं येउ सोभा नहिं पार।
लोचन मिले त्रिवेनी ह्वै कै सूर समुद्र अपार।।

गोपिकाओं की शिकायत है कि उन्होंने नेत्रों को माता-पिता की तरह बड़े प्रेम से पाला-पोसा है, लेकिन वे उन्हें छोड़कर श्रीकृष्ण के वश हो गये हैं, अपने पराये हो गये हैं, श्रीकृष्ण के सौन्दर्य के प्रलोभन में पड़कर मदमस्त, बौरे और गर्वीले हो गये हैं। दोष श्रीकृष्ण के सौन्दर्य का नहीं, इनके स्वभाव का है, इनकी चंचलता का है और कुछ गोपिकाओं का अपना है जिन्होंने नेत्रों को नियंत्रित न करके श्रीकृष्ण के पीछे पड़ने के लिए स्वतन्त्र छोड़ दिया है। ये नेत्र अत्यन्त चतुर हैं जो अपने अभीष्ट को पाने के लिए, श्रीकृष्ण के सौन्दर्य का रस-पान करने के लिए सभी प्रकार के प्रयत्न करते हैं, जो कभी-कभी ओछे भी हैं। किसी कारण ये नेत्र जब श्रीकृष्ण को देख नहीं पाते, जब श्रीकृष्ण आँख से आँख नहीं मिलाते या जब आँखों से दूर चले जाते हैं तो नेत्रों को अपार अतृप्ति और व्याकुलता होती है। वास्तव में श्रीकृष्ण के सौन्दर्य को बार-बार देखकर, एकटक देखकर भी नेत्रों को सन्तोष नहीं होता क्योंकि श्रीकृष्ण के उस सौन्दर्य को वे पकड़ नहीं पाते, वह उनके लिए बोधगम्य नहीं है, वह इतना अनन्त-अपार है कि उनको देखने के लिए दो नेत्र पर्याप्त नहीं हैं। अभाव में नेत्र उड़कर श्रीकृष्ण के पास जाना चाहते हैं और मिलने पर संयोग में पूरे सौन्दर्य का ग्रहण करने के लिए रोम-रोम में नेत्र चाहते हैं। गोपिकाओं की बात न मानकर जब नेत्र श्रीकृष्ण की ओर दौड़ पड़ते हैं तो ये नेत्रों की निन्दा करती हैं कि उनके कारण लोक में अपयश हो रहा है, उनका तन-मन व्याकुल हो रहा है, वे सुध-बुध खोकर विवश हो रही हैं। गोपिकाएँ नेत्रों को बार-बार समझाने का प्रयत्न करती हैं, उन्हें अपने वश में रखना चाहती हैं, लेकिन वे सफल नहीं होतीं तो नेत्रों को शत्रु मानती हैं जो उनके रहस्य को—उनके आकर्षण और प्रेम को श्रीकृष्ण को जता रहे हैं। नेत्रों से खीझकर गोपिकाएँ उन्हें तरह-तरह के उपालम्भ देती हैं और उनके व्यवहार पर व्यंग्य करती हैं। गोपिकाओं के नेत्रों की इस लम्बी कहानी में सूर ने जिन विशेषणों, क्रियाओं और अप्रस्तुतों का प्रयोग किया है, उनसे कहानी सजीव हो उठती है, नेत्रों के गुणधर्मों, चेष्टा-व्यापारों और प्रवृत्ति एवं परिस्थिति का बोध होता है। उनके माध्यम से सूर ने एक विलक्षण सौन्दर्यानुभूति देने का प्रयत्न किया है।

(1) श्रीकृष्ण के सौन्दर्य के प्रति आकर्षण और लोभ तथा उनकी लालसा और प्रीति से सम्बन्धित गुण धर्मों को प्रकट करने के लिए प्रयुक्त कुछ विशेषण शब्द : लुब्ध, विवश, कृपण, रसलंपट, बौरे, लालची, बाबरे, रसीले, रसलुब्ध और मधुलंपट हैं। इनमें कुछ शब्दों को नेत्रों के व्यवहार के विरोध में गोपिकाओं ने प्रयोग किया है। (2) चंचल, चपल और हठी नेत्रों के स्वभाव को प्रकट करते हैं। (3) ढीठ, गर्वीले, चतुर और स्वांगी शब्द नेत्रों की कार्य-कुशलता और उसमें सफलता पर अहं के द्योतक हैं। (4) दुखी, दीन, उदास और व्याकुल शब्द श्रीकृष्ण के दूर होने पर या सौन्दर्य के विभ्रम के सन्दर्भ में प्रयुक्त हैं। (5) नेत्रों के गुण-धर्मों के सूचक विशेषण, नेत्रों के उपालम्भ-व्यंग्य, प्रबोध या उनको खरी-खोटी सुनाने के प्रसंग में आये हैं।

ये ही संख्या में सबसे अधिक हैं। उदाहरण : चेरी, निठुर, स्वार्थी, पराए, ठगौरी, गुलाम, निर्दय, निष्कामी, नमकहरामी, निर्लज्ज, कुटिल, दोषी आदि। (ब्रजभाषा के रूपों को खड़ी बोली के अनुरूप कर दिया गया है।)

नेत्रों के गुण-धर्मों के व्यंजक दो पद जिनमें उपर्युक्त कुछ विशेषताओं का सुन्दर चित्रांकन हुआ है—

नैना हाथ न मेरे आली।
इत ह्वै गये ठगौरी लावत सुन्दर कमल नैन बनमाली।
वै पाछें ये आगें धाएँ मैं बरजति बरजति पचि हारी।
मेरे तन वै फैरि न चितए आतुरता वह कहौं कहाँ री।
जैसें बइत भवन तजि भजिऐ तैसेहिं गये फेरि नहिं हेरी।
सूर स्याम रस रसे रसीले पय पानी को करै निबेरी।।
हम तें गये अनहुँ तें खोवैं।
ह्याँ तें खेदि देहिं वै हम तन हम उन तन नहिं जोवैं।
जैसी दशा हमारी कीन्हीं तैसें उनहिं बिगोवैं।
भटके भटके फिरे द्वार द्वारनि सब हम देखैं बे रोवैं।
अबहु यहै मतो री करिऐ निधरक वै सुख सोवैं।
सूर स्याम को मिले जाइ कै कैसे उनकों धोवै।।

कैसी विचित्र स्थितियाँ और दशाएँ हैं! गोपिकाएँ अपने को अपने ही नेत्रों से अलग देखती और मानती हैं। नेत्रों को कोसती हैं, फिर भी उनके लिए कुछ करती-धरती भी हैं। परिणाम दोनों के लिए व्याकुलता और वेदना है।

गोपिकाओं के नेत्र सम्बन्धी पदों में क्रियाओं के प्रयोग के द्वारा सौन्दर्य के प्रति आकर्षण, श्रीकृष्ण के दर्शन के अभाव में व्याकुलता, नेत्रों के क्रिया-व्यापारों से रुष्ट गोपिकाओं का कोसना और नेत्रों के द्वारा गोपिकाओं के वर्णन की उपेक्षा एवं उनके प्रति विमुखता, व्यंजित हुआ है। संख्या की दृष्टि से अधिकता आकर्षण वर्ग की है। (1) श्रीकृष्ण के सौन्दर्य के प्रति आकर्षण में नेत्रों के चेष्टा-व्यापारों को व्यक्त करने वाली क्रियाएँ—एकटक देखना, हठ करना, दौड़ पड़ना, थकना, भरमाना (भुलावै में पड़ना), अरूझना, गड़ जाना, लटके लगे रहना, रमना, डोलना, उमहना (उमड़ पड़ना), लूटना, रीझना, रंगना, संग लगे रहना, अटकना, ललचाना, पीछे पड़ना, गुण गाना, सुख पाना, नाचना, घूमना, तमक उठना, फूले फिरना, ऐंठना, बिकना, आदि हैं। निषेधात्मक क्रियाओं के द्वारा भी सौन्दर्य सम्बन्धी चेष्टा-व्यापारों की अभिव्यंजना हुई है—रोक न पाना, वापस न आना, फिरकर न आना, स्थिर न रहना, इधर-उधर न टलना, विवश होना, न अघाना, फिरकर न देखना, पलक न डालना, सुधि न बिसरना आदि। (2) नेत्रों की वेदना को प्रकट करने वाले क्रियापद हैं—अकुलाना, सोच में पड़ना, पछताना, बिगड़ना, नैन ढरना, सालना, व्याकुल होना, अतृप्त होना, आतुर

होना, रो उठना, नीर भर आना, रहा न जाना आदि। (3) गोपिकाओं द्वारा नेत्रों के व्यवहार का विरोध करने वाली क्रियाएँ हैं—रिस आना, बरजना, निरूवाना (रोकना), सिर धुनना, समझाना, विलपना, बोल न मानना, कहा न मानना आदि। नेत्रों के व्यवहार की प्रतिक्रिया प्रकट करने वाली क्रियाएँ—दुख पाना, शरमाना, न पत्याना (विश्वास न करना), लजाना, मौन रहना आदि। (4) गोपिकाओं के प्रति नेत्रों की विमुखता को अभिव्यक्त करने वाली क्रियाएँ हैं—रिस मानना, मुख मोड़ना, झगड़ना, उदास रहना, वैर धरना, सताना, अचगरी करना आदि। (ब्रजभाषा के क्रियापदों को खड़ी बोली के अनुरूप परिवर्तन किया गया है।) नेत्रों के व्यवहार, हठ करने और गोपिकाओं के मना करने के तीन रमणीय क्रिया-व्यापार—

को इनकी परतीति बखानै।
नैना धौं काहे तें अटके कौन अंग ढ़रकाने।
इनके गुन बारेंहिं तें सजनी मैं नीकें करि जाने।।
ज्यों बालक जननी सौं अटकत, भोजन कौं कछु माँगै।
त्योंहीं ये अति ही हठ ठानत, इकटक पलक न त्यागे।
कहत देहु हरि रूप माधुरी, रोवत हैं अनुरागे।
सूर स्याम धौं कहा चखोयौ, रूप माधुरी पागे।
मेरे नैन नहिं सब खोरि।
स्याम नन्दन छबि निरखि जु अटके बहुरे नहिं बहोरि।
जउ मैं कोटि जतन करि राखति घूँघट ओट अगोरि।
तउ उड़ि मिले बधिक के खग ज्यों पलक पींजरा तोरि।

ऐसा लगता है कि श्रीकृष्ण की रूप-माधुरी चखने के लिए दौड़ पड़ने वाली आँखों और उन्हें रोकने के प्रयत्न करने वाली गोपिकाओं में तरह-तरह के क्रिया-व्यापारों की होड़ लगी है।

गोपिकाओं के नेत्र-व्यापार-वर्णन में अप्रस्तुतों के प्रयोग एक ओर सुन्दर और रमाने वाले हैं तो दूसरी ओर खरे और दिलचस्प हैं। भाव-व्यंजना की दृष्टि से उनमें वैविध्य है। उनका लक्ष्य अनुभूति की तीव्रता को व्यक्त करना है। उनके द्वारा श्रीकृष्ण का सौन्दर्य, उसके प्रति आकर्षण, श्रीकृष्ण और नेत्रों का सम्बन्ध, उसके सुख-दुखात्मक परिणाम, उस प्रकार के सम्बन्ध-स्थापन से गोपिकाओं की प्रतिक्रियाएँ अर्थात् उनका डाँटना-फटकारना, समझाना, बात न मानने पर उनकी वेदना—इस तरह अनेक भाव-विचारों, स्वभावगत गुण-धर्मों और भावमूलक क्रिया-व्यापारों का निरूपण हुआ है। इनका चित्रांकन और दृश्य-संयोजन रमणीय है। लेकिन उनके द्वारा भावानुभूति और प्रभाव की मार्मिक व्यंजना से सन्तुष्ट न होकर कवि ने सांग रूपक की खींचातानी भी की है, जो रमणीय कल्पना से ज्यादा कौशल का द्योतक है। जीवन के विभिन्न क्षेत्रों से अप्रस्तुत लिए गये हैं। उनमें कुछ खरे-खोटे और दृष्ट-नीच

स्वभाव के भी हैं, जो गोपिकाओं को ताना देने का अवसर प्रदान करके सौन्दर्य-माधुर्य में नमकीन-मिर्च-मसाले का स्वाद देते हैं। अप्रस्तुतों को स्थूल रूप से चार वर्गों में विभाजित किया जा सकता है—(1) प्राकृतिक, (2) सामाजिक, (3) निंद्य सामाजिक और (4) सामान्य लोकव्यवहार से सम्बन्धित।

(1) पक्षी (पखेरु, खग), फँद में फँदा खग, गीध, कुरंग (हिरण), चकोर-चकोरी, खंजन, मृगपति-मधुकर, पतंग, मीन, सुवा, चातक, गयंद, जहाज का पंछी—ये प्राकृतिक प्राणी हैं, जिनका अप्रस्तुत के रूप में प्रयोग आलम्बन श्रीकृष्ण और आश्रय गोपिकाओं के सौन्दर्य की व्यंजना के लिए नहीं है, बल्कि सौन्दर्य के प्रति तीव्र आकर्षण और आलम्बन एवं नेत्रों के संवेगात्मक सम्बन्ध को व्यक्त करने के लिए है। नेत्र पक्षी की तरह सौन्दर्य के आसमान में स्वच्छन्द विहार करते हैं। हिरण, चकोर, चातक, पतंग, मधुकर अपने लक्ष्य पर ध्यान केन्द्रित करके, उसी ओर ताकते रहते हैं या दौड़ पड़ते हैं। मीन की तरह जल में तड़पते रहते हैं। जहाज का पंछी उड़-उड़कर फिर जहाज पर लौट आता है। गयंद मस्त विचरण करता रहता है। सुआ अपनी चोंच में फल-फूल पकड़ा रहता है। खंजन बन्धनों से मुक्त होकर उड़ जाना चाहता है। मृगपति सिंह अपने रास्ते में आने वाले प्राणियों को चीर डालता है। ये अप्रस्तुत क्रमशः श्रीकृष्ण के सौन्दर्य-दर्शन में नेत्रों की अनुभूति और उनके साथ रागात्मक सम्बन्ध की इन विशेषताओं को प्रकट करते हैं—स्वच्छन्द विहार, लक्ष्य पर केन्द्रीकरण, तड़पन, अभीष्ट की ओर प्रस्थान, मस्त विचरण, ग्रहण की दृढ़ता, बन्धनों से मुक्ति और विघ्न बाधाओं को पार कर जाना। समाज, कुल और लोक की मर्यादाओं को तोड़ देने वाली नेत्रों की यह स्वच्छन्द सौन्दर्यानुभूति है।

(2) लोभी, रंचक का निधि पाना, षटरस भोजन, सुभट, अधिकारी, स्वार्थी, बालक और शिशु का हठ, पुरुष के प्रेम में रँगी नारी, विट नारी और नट—ये सामाजिक जीवन के लिए गये अप्रस्तुत हैं। इनसे क्रमशः सौन्दर्य की अनुभूति में मोह, आनन्द, रस, उत्साह, अहं या गर्व, स्वहित, आग्रह, आत्मसमर्पण, स्वच्छन्द व्यवहार और भाव-विह्वलता का द्योतन होता है। ये नेत्रों के स्वभाव, व्यवहार और अनुभूति तीनों से सम्बद्ध अप्रस्तुत हैं।

(3) मूर्ख, गुलाम, लूटमार, चोर (हेम चोर), बटमार, निधि-प्राप्त नीच, द्वारपाल, चेरी, पंक में पड़ा व्यक्ति, अधर्मी, कुपूत और लंपट—ये निंद्य सामाजिक अप्रस्तुत हैं। काव्यशास्त्र में नीच अप्रस्तुत या उपमान का प्रयोग काव्य-सौन्दर्य में बाधक, अनौचित्य दोष माना गया है। प्रस्तुत प्रसंग में इनका प्रयोग औचित्यपूर्ण है। लूटमार, चोर और बटमार की तरह नेत्र सौन्दर्य को लूट रहे हैं। गुलाम, चेरी और द्वारपाल की तरह नेत्र सदा सौन्दर्य के सान्निध्य, सेवन और अनुभूति में संलग्न हैं। लंपट, निधिप्राप्त रंचक और पंक में फँसे हुए व्यक्ति के समान नेत्र सौन्दर्य में आसक्त हैं। मूर्ख जिस तरह ज्ञान के पीछे पड़ता है, उसी तरह नेत्र सौन्दर्य का पीछा नहीं छोड़ता। अधर्मी

और कुपूत के समान नेत्रों को सौन्दर्य के पीछे पड़ने में मर्यादा, लज्जा और निन्दा की चिन्ता नहीं है। नेत्रों का यह व्यवहार एक ओर सौन्दर्य के साथ उनके लगाव को प्रकट करता है तो दूसरी ओर वह सामाजिक, नैतिक दृष्टि से अनुचित भी है, जिस कारण गोपिकाएँ नेत्रों की निन्दा करती हैं। उनका विरोध और निन्दा व्यक्त रूप में नेत्रों के व्यवहार का अनुमोदन है, अव्यक्त रूप में वह आकर्षण राग और आनन्द का प्रकाशन भी है। आखिर नेत्र उनके हैं, लोकमर्यादा को तोड़ने वाली स्वयं वे ही हैं। गोपिकाओं का व्यवहार दुमुखी है-चेतन मन के धरातल पर एक और अचेतन मन के धरातल पर दूसरा। इस दुविध-व्यवहार में सौन्दर्यानुभूति विलक्षण और अपूर्व हो जाती है—एक ओर विरोध और दूसरी ओर अनुमोदन।

(4) सामान्य लोक-व्यवहार, स्वभाव, नीति और प्रवृत्ति पर आधारित अप्रस्तुत लोकोक्तियों की तरह व्यापक अनुभव भरे और सारगर्भित हैं। उदाहरण हैं—जल का नीचे की तरफ बहना, जलप्रवाह की तरह वेग से बहना, नदियों की तरह समुद्र में जा मिलना, पर्वत से सरिता का नीचे की तरफ बहना, जल का पीछे नहीं आगे जाना, स्वाति की बूँद की प्रतीक्षा, वातचक्र में फँसना, भँवर में पड़ना, तूल की तरह हवा में उड़ना, साँप की तरह केंचुली छोड़ना, साँप का विवर में जाना, मणि पाकर प्रसन्न उरग, मर्कट की मूठी, धनुष के तीर की तरह लक्ष्य की ओर छूटना, गुड़ी की तरह डोलना, दूध-पानी की तरह मिल जाना, चूना-हल्दी की तरह मिलना, तृषा में नीर, क्षुधा में भोजन, छाँह न छोड़ना, ताड़ी पी-पीकर रसना अतृप्त, तरुणाई के बाद बालपन वापस न आना और घर छोड़ने के बाद कुलवधू का फिर कुल में वापस न आ सकना। इन अप्रस्तुतों में कुछ लोकोक्तियाँ भी हैं। इन अप्रस्तुतों के द्वारा क्रमशः प्रवाहित होना, वेग, घुलमिल जाना, ढलान, उमड़ना, राग, तीव्रवेग से उड़ जाना, मन का चक्कर में पड़ना, छा जाना (फैल जाना), चमक उठना, मग्न हो जाना, आनन्द, ग्रहण या पकड़, दौड़ पड़ना, डोल उठना, मिल जाना, मिलकर नया रंग पाना, तृप्ति, सन्तोष, आगे बढ़ते जाना और वापस न आना—ये भाव व्यंजित हैं। इनके विश्लेषण से श्रीकृष्ण के सौन्दर्य के प्रति गोपिकाओं के नेत्रों का तीव्र आकर्षण, उनकी प्रतिक्रिया, अनुभूति और भाव-तन्मयता का पता चलता है। (अप्रस्तुतों को ब्रज से खड़ी बोली में परिवर्तन किया गया है।)

अप्रस्तुत योजना से भावोत्कर्ष और सजीव चित्रांकन के रूप में आँखों की चोरी की दो विलक्षण स्थितियों के उदाहरण प्रस्तुत हैं। नैन चोर तो बने लेकिन चोरी करके वापस दौड़ नहीं आये—

नैना भरे घर के चोर।
लेत नहिं कछ बनै इनसों देखि छबि भयो भोर।
नहीं त्यागत नहीं भागत रूप जाग प्रकास।
अलक डोरनि बाँधि राखे तजौ उनकी आस।।

गोपिकाएँ सोचती हैं कि ये चोर अपने घर के हैं, इसलिए लूटने दें–

नैन आपने घर के री।
लूटन देहु स्याम अंग सोभा जो हम पर वै तरके री।।

सौन्दर्य-दर्शन में नेत्रों की अनुभूति को दो वर्गों में बाँट सकते हैं–संयोगकालीन और वियोगकालीन।

(1) सूर ने श्रीकृष्ण के सौन्दर्य-दर्शन में आँखों की सुख-दुखात्मक विविध भावों की अनुभूति और उसके परिणामस्वरूप विवशता, आत्मविस्मरण, अचेतनता, विभ्रम आदि मानसिक स्थितियों का विस्तार से वर्णन किया है। इस सन्दर्भ में नेत्रों की अनुभूति का वैशिष्ट्य दर्शनीय है।

श्रीकृष्ण के सौन्दर्य में रंगकर नेत्रों का नाच उठना–
स्याम रंग नैना राँचे री।

× × ×

चंचलता नर्तनि कटक्ष रस भाव बतावत नीके।।

नेत्रों की मस्ती–

खंजन नैन रूप रस माते।
अतिशय चारू चपल अनियारे, पलपिंजरा न समाते।।

सौन्दर्य-दर्शन से नेत्रों में चकाचौंध, जिससे वे स्थिर नहीं रह सकें–

तरुनि गयी चकाचौंधि कै नहिं नैन थिराहीं।।

नेत्रों की यह सौन्दर्यानुभूति अनिर्वचनीय है–

रसना न जाने नैन की दसहिं।

नेत्रों ने रूप को हृदय में छिपाकर रख लिया है, इसलिए चुपचाप आँसू बहाते हैं–

राखी छबि दुराइ हिरदै में तिनको हिय भरि ढ़ारत।।

नेत्रों की अनुभूति की तीव्रतम व्यंजना उनकी एकाग्रता में है। श्रीकृष्ण के रूप-सौन्दर्य को छोड़कर नेत्रों में और किसी के लिए स्थान नहीं है। इसीलिए दोनों नेत्र ही नहीं, रोम-रोम नेत्र होकर आँसू चूते हैं–

रोम रोम ह्वै नैन गये री।
ज्यों जलधर परबत पर बरसत, बूँद-बूँद ह्वै निचरि दुए री।।

सौन्दर्यदर्शन में नेत्रों की उमंग को रोका नहीं जा सकता–

चितवनि रोके हूँ न रही।
स्याम सुन्दर सिन्धु सनमुख सरित उमँगि बही।
प्रेम सलिल प्रवाह भँवरनि मिति न कबहूँ लही।।

नेत्रों की इस उमंग के कारण गोपिकाओं की जो दशा हुई है, उनके तन-मन-जीवन पर जो प्रभाव पड़ा है, उसका भी सूर ने चमत्कारपूर्ण वर्णन किया है। गोपिकाएँ अपनी स्थिति और गतिविधि का कारण, नेत्रों का व्यवहार मानती हैं। इस प्रभाव

को तीन वर्गों में बाँट सकते हैं। (1) नेत्रों की करतूतों का प्रत्यक्ष प्रभाव है। नेत्रों के कारण गोपिकाओं में लोभ, मोह, अतृप्ति बढ़ गयी और नेत्रों ने उनको भ्रमित, बेहाल कर दिया—

वै निरदई मोह मेरे जिय कहा करौं मैं भई बिहाल।।

उनकी बुद्धि, विवेक, इन्द्रियों पर नियन्त्रण, मर्यादा सब समाप्त हो गयी—

बुधि, विवेक कुलकानि गँवाई इंद्रिनि कियो बियो।।
लोक सकुच मरजादा कुल की छिन हीं में बिसराई।।

नेत्रों से उत्पन्न इस स्थिति और उनके व्यवहार को देखकर गोपिकाएँ पछताती हैं—

सूरदास गुन सुमिरि सुमिरि वै अन्तरगत पछतात।।

नेत्र गोपिकाओं की यह हालत करके दुख-वेदना ही नहीं बढ़ाती, बल्कि उन पर क्रोध में भौहें भी चढ़ाती हैं।

गोपिकाओं के नेत्रों पर विलक्षण उक्तियों के अतिरिक्त संयोग-लीलाओं में कभी नेत्रों के माध्यम से और कभी उनका उल्लेख किये बिना ही गोपिकाओं के मन पर श्रीकृष्ण के सौन्दर्य के व्यापक प्रभाव का निरूपण है। मन की उमंग, मन में विविध भावों और प्रेम का स्फुरण, मन का विभ्रम और ऐसी अपूर्व सौन्दर्यानुभूति को अविश्वसनीय मानना आदि बातों पर पहले विचार हो चुका है।

(2) मन पर सौन्दर्य के प्रभाव की दृष्टि से विशेष उल्लेखनीय प्रसंग भ्रमरगीत है। उसमें वियोग के अश्रुपूर्ण नेत्रों में संयोगकालीन पहले की उमंग, रस-रंग, दर्शन की अभिलाषा-व्याकुलता नहीं, अपार वेदना की विदग्ध भावनाएँ हैं। गोपिकाओं की आँखें सब अंगों से अधिक दुखी हैं, क्योंकि रूप-दर्शन का प्रत्यक्ष सम्बन्ध उन्हीं से है—

और सकल अंगन तें ऊधौ अँखियाँ अधिक दुखारी।
अतिहिं फिरति सिराति न कबहूँ जतन बहुत करि हारी।।

आँखें उड़-उड़ कर वहाँ पहुँचना चाहती हैं, जहाँ श्रीकृष्ण हैं—

मधुकर! सुनहु लोचन-बात।
बहुत रोके अंग सब पै नयन उड़ि उड़ि जात।

कल्पना की रमणीयता में विवशता की मार्मिक व्यंजना है। श्रीकृष्ण का रूप इतना अपूर्व है कि गोपिकाओं की आँखों की प्यास कभी नहीं बुझती। भ्रमरगीत प्रसंग में नेत्रों पर ऐसी पच्चीस-तीस भावपूर्ण उक्तियाँ हैं।

भ्रमरगीत-प्रसंग में नेत्र पर उक्तियाँ तीव्र भावानुभूति से भरी हुई सूर की भावनाशीलता एवं सहृदयता को प्रकट करती हैं तो संयोग लीलाओं के सन्दर्भ में गोपिकाओं के द्वारा नेत्रों को उपालम्भ में व्यंग्य, परिहास, खीझ और व्याकुलता उनकी रचना-शैली को अलग कर देती है। भ्रमरगीत की भावप्रेरित और भावविभोर करने वाली वचनवक्रता से भिन्न ये पद नेत्रों के व्यवहार और गोपिकाओं की आलोचना की विरोधात्मक स्थिति में वाणीविन्यास की विलक्षणता से पाठकों के मन में विनोदमय आनन्द उत्पन्न करते हैं—

नैननि कों अब नहीं पत्याउँ।
बहुर्‌यो उनको बोलति हौ तुम हाय हाय लीजै नहिं नाउँ।
उनको अब मैं फेरि बसाऊँ मेरे उनको नाहीं ठाउँ।
व्यकुल भई डोलिहौं ऐसैंहि वै जहँ रहैं तहाँ नहिं जाउँ।
खाइ खबाइ बड़े जब कीन्हें बसे जाइ अब औरहि गाउँ।
अपने किये फलहिं पावैंगे मैं काहें उनकों पछिताउँ।
जैसे लोन हमारो मान्यो कहा कहौं कहि काहि सुनाउँ।
सूरदास मैं इनि बिनु रहिहौं कृपा करैं उनको सरमाउँ।।

यह गोपिकाओं और उनकी आँखों का झगड़ा है! व्यक्त रूप में विनोदमय लगता है, पर अन्तर्लीन वेदना है। सारा झगड़ा श्रीकृष्ण के सौन्दर्य के नेत्रों पर प्रभाव के कारण है, इस बात की ध्वनि रचना आकर्षण को और एक आयाम प्रदान करता है।

सूर के नेत्रों पर उक्तियों के वैशिष्ट्य को समझने में नेत्र के महत्त्व पर कवि के कथनों पर भी विचार करना आवश्यक है। नेत्र सौन्दर्य-दर्शन के आधार हैं। दोनों में अविनाभाव सम्बन्ध है। जब गोपिकाओं के नेत्र श्रीकृष्ण के सौन्दर्य पर रीझते हैं तो—

मनकामना भई परिपूरन ढ़रि रीझे गिरिधारी।
इनहिं बिना वै उनहिं बिना ये अन्तर नाहीं भावत।।

नेत्रों में सौन्दर्य-दर्शन की सहज अभिरुचि होती है, वे सौन्दर्य में पूरे मनोनिवेश के साथ गहरे पैठते हैं, लेकिन अनन्त और नित्यनूतन सौन्दर्य का पार पाना सम्भव नहीं है। सौन्दर्य-दर्शन में गोपिकाओं के नेत्रों की यही परिमिति है—

पचि हारे उनकी रुचि कारण परिमिति तौ न लही।।

आँखों की अपनी सीमाएँ होने पर भी सौन्दर्य-दर्शन में वे धन्य हो जाती हैं, सौन्दर्य-दर्शन उनका सौभाग्य है। गोपिकाएँ अपनी आँखों के सम्बन्ध में कहती हैं—

धन्य धन्य अँखियाँ बड भागिनि!
जिनि बिनु स्याम रहत नहिं नेकहुँ कीन्हीं बनै सुहागिनि।।

रूप का, अंग-अंग का सौन्दर्य नेत्रों द्वारा ही उद्‌घाटित होता है। वे रूप में बस जाते हैं और उसके साथ तदाकार परिणति प्राप्त करते हैं। इस बात को गोपियाँ प्रकारांतर से कह रही हैं—

आँखियनि तें री स्याम कों प्यारी नहिं और।
जिनकों हरि अंग अंग में करि दीनो ठौर।।

सौन्दर्य-दर्शन और ग्रहण की क्षमता के कारण ही नेत्र बाकी सब इन्द्रियों से श्रेष्ठ हैं—

ये अँखियाँ बड़ भागिनी जिन रीझे स्याम।
× × ×
इन्द्री सब न्यारी परीं सुख लूटति आँखि।।

रूप-सौन्दर्य-दर्शन में नेत्र सफल हो जाते हैं, उनके बिना जीवन सूना है—

यहै माँगौं बार-बार प्रभु सूर के नैन दोउ रहैं, नर देह पाऊँ।।
सकल लोक सूनो लागत है बिन देखे वह रूप।।

सौन्दर्य-दर्शन में नेत्र ही नहीं, मानव जीवन भी सार्थक और सफल हो जाता है। गोपियाँ उद्धव से कहती हैं—

नयननि वहै रूप जो देखौं।
तौ ऊधो यह जीवन जग को साँचु सकल करि लेखौं।।

5.2 सौन्दर्यानुभूति की अपूर्वता

सौन्दर्य और सौन्दर्यानुभूति की चर्चा में पहले उनकी विशेषताओं के साथ अनुभूति की अपूर्वता की ओर भी संकेत किये गये हैं। चूँकि वह सूर की सौन्दर्य चेतना का एक विशिष्ट बिन्दु है, उसकी प्रस्तुति के विविध पहलुओं और रूपों पर व्यवस्थित रूप में अलग विचार किया जा रहा है। इस अपूर्वता के कारण प्रेरणा-स्रोतों, वस्तु-धर्मों और अनुभूति की प्रकृति तीनों में ढूँढे जा सकते हैं। अवतारवादी सौन्दर्यभावना में अनुभूति की अपूर्वता स्वाभाविक है। भागवत के श्रीकृष्ण और उनकी मधुर-लीलाओं में सामान्य से भिन्न लोकोत्तर अपूर्वता है। चीरहरण, रासक्रीड़ा आदि कुछ लीलाएँ असामान्य हैं ही, मानवीय सन्दर्भों में प्रस्तुत अन्य लीलाओं में भी अद्‌भुतपन भरने की कोशिश की गयी है। सहज बाललीलाओं और यौवनलीलाओं को देखकर आश्रय चकित रह जाता है, उन्हें अपूर्व समझता है। अर्थात आश्रय की अनुभूति में रँगकर रूप और लीलाओं में विलक्षणता आ जाती है और पाठक आश्रय की अनुभूतिगत अपूर्वता का अनुभव करता है। प्रेमप्रधान भक्ति मार्ग को अपनाने के कारण सूर ने प्रेम के आलम्बन के सौन्दर्य को ही महत्त्व नहीं दिया है, बल्कि अपनी भक्ति के रंग में रँगकर आलम्बन और उसके भाव-चेष्टा-व्यापारों को अपूर्व सौन्दर्यमय माना है। कवि की दृष्टि और आश्रय की दृष्टि दोनों ने सौन्दर्यानुभूति को अपूर्वता प्रदान की है। सूरसागर में आलम्बन के रूप-सौन्दर्य और भावप्रसार से कहीं अधिक आश्रय के विविध भावनाओं की व्यंजना हुई है। कवि ने इन भावनाओं में अपूर्व सौन्दर्य भरा है। श्रीकृष्ण के रूप-सौन्दर्य की वस्तुगत विशेषताएँ आश्रय की पकड़ में न आकर अनुभूति को अपूर्व बनाती हैं तो दूसरी ओर भावनाशील और कल्पनाशील आश्रय की अनुभूति, वस्तु या आलम्बन में नित्य नया सौन्दर्य देखकर अपनी अनुभूति की अपूर्वता पर स्वयं विस्मित हो जाती हैं। आश्रय की मानसिक स्थिति सदा अपूर्व सौन्दर्यानुभूति की दशा में होती है।

सूर ने श्रीकृष्ण के सौन्दर्य को अगाध, अनन्त, अतिशय, नित्य नवीन और पहचानने में कठिन कहकर उसे वाणी में अभिव्यक्ति से परे माना है। एक शब्द में वह अभूतपूर्व या अविश्वसनीय है। जैसे "निमिष निमिष वह रूप न वह छवि",

''और भाव और कछु सोभा'', ''स्याम सों काहे की पहचानि'' आदि। रूप-सौन्दर्य के इन्हीं धर्मों में सौन्दर्यानुभूति की अपूर्वता है। लीलाओं में अपूर्व सौन्दर्यानुभूति वस्तुगत और आश्रय के भावगत दोनों रूपों में हैं।

रासक्रीड़ा की अपूर्व अनुभूति–

नृत्यत हैं दोउ स्यामा स्याम।
अंग मगन पिय ते प्यारी अति निरखि चकित ब्रजबाम।
तिरप लेत चपला सी चमकति, झमकत भूषन अंग।

× × ×

रस समुद्र मानौं उछलित भयो सुन्दरता की खानि।
सूरदास प्रभु रीझि थकित भए कहत न कछु बखानि।।

मुरली-वादन का प्रभाव–

मुरली सुनत अचल चले।
थके चर जल सरत पाहन वृच्छ फले।
पय स्रवत गोधननि थन तें प्रेम पुलकित गात।।

सौन्दर्यानुभूति में तन्मयता, आत्मविस्मरण, एकोन्मुखता, चिर आकांक्षा और अतृप्ति आदि का उल्लेख हो चुका है। इन्द्रियों के माध्यम से अनुभूति की सीमाएँ होती हैं। इसीलिए गोपिकाएँ पछताती हैं कि विधि ने रोम-रोम में नेत्र नहीं दिये–''दृष्टि न दई रोम रोमनि प्रति।'' नेत्र अपनी विवशता में आँसू बहाते हैं, लेकिन कभी तृप्त नहीं होते–

इकटक नेंकु नहीं कहु टारत तृप्ति न होत अघात।।

एकाग्र और अनन्त या बार-बार दर्शन की अभिलाषा में ही सौन्दर्यानुभूति अपूर्व बनती है क्योंकि सौन्दर्य की तरह उसकी अनुभूति की भी कोई परिमिति नहीं है।

सौन्दर्यानुभूति में गोपिकाओं की मनःस्थिति से भी अनुभूति की अपूर्वता का बोध होता है। सूर ने बार-बार कहा है कि श्रीकृष्ण के सौन्दर्य को देखकर गोपिकाएँ चकित रह गयीं। विभ्रम, शंका, स्तंभ, चित्रवत खड़ी रह जाना, मन का पंगु हो जाना, बुद्धि का विफल हो जाना आदि गोपिकाओं की मनोदशा के अन्य सूचक शब्द हैं जो अनुभूति की तीव्रता, गहराई और एकाग्रता को प्रकट करते हैं। गोपिकाओं की इस अनुभूति और मनःस्थिति से स्पष्ट होता है कि वह इन्द्रियों और मन से ग्राह्य नहीं है, वह एक विलक्षण और अपूर्व सौन्दर्यानुभूति है–

सुन्दर बोलत आवत बैन।
ना जानौं तिहि समय सखी री सब तन स्रवन कि नैन।
रोम रोम में सब्द सुरति की नखसिख लौं चख ऐन।
इते मान बनी चंचलता सुनी न समुझी सैन।
तब तक जकि ह्वै रही चित्र सी पल न लगत चित चैन।
सुनहु सूर यह साँच-कि संभ्रम सुपन किधौं दिठ रैन।।

सूर की सौन्दर्य-भावना का एक मुख्य पहलू सहज मानव-प्रकृति और स्वभाव में सौन्दर्य-दर्शन है। बाललीला, गोचारण लीला और प्रेमलीला के अनेक प्रसंगों में सौन्दर्यानुभूति अत्यन्त स्वाभाविक है। इनको भी कवि ने आश्रय या पात्रों की गहरी अनुभूति का विषय बनाकर अद्भुत सौन्दर्यमय रूप दिया है। यहाँ भ्रमरगीत की तरह न काव्य-वस्तुगत गम्भीरता है, और न भावगत गहराई जो वस्तुनिष्ठ है। और न यहाँ मुरली प्रसंग, नेत्र प्रसंग, भ्रमरगीत आदि कुछ विशेष प्रसंगों की तरह वचनवक्रता के अनूठेपन के माध्यम से सौन्दर्य की अपूर्वता का द्योतन हुआ है। सामान्य वस्तु, चेष्टा-व्यापार, भावव्यंजना और सीधी अभिव्यक्ति को अपूर्व सौन्दर्यानुभूति का रूप प्रदान करना कवि की प्रतिभा का परिचायक है। प्रेमलीला में प्रेम में रँगकर सौन्दर्य की रंगीन छटा दिखाई जा सकती है, लेकिन स्वाभाविक बाललीला में अपूर्वता की अनुभूति के लिए उस पर कुछ अद्भुतपन का आरोप आवश्यक हो जाता है। अन्यथा अन्न-प्राशन, कनछेदन आदि में अपूर्व सौन्दर्य की अनुभूति कहाँ से आ सकती है—

लोचन भरि भरि दोऊ माता कनछेदन देखत जिय मुरकी।
रोवत देखि जननि अकुलानी दियों तुरत नौआ कों घुरकी।
हँसत नन्द गोपी सब बिहँसी झमकि चलीं सब भीतर दुरकी।
सूरदास नन्द करत बधाई अति आनन्द बाल ब्रजपुर की।।

यहाँ अनुभूति की अपूर्वता देखने वाली आँखों और मन की भावना में है। समष्टि रूप में सबका आनंदित होना, तथ्य से अनुभूति को अधिक महत्त्व देकर उसे सार्वजनीन और अपूर्व बना देता है।

प्रेम में प्रियतम को छोड़कर न जा सकने की सामान्य और सहज मनःस्थिति का यह चित्र है—

चलन चहति पग चलति न घर को।
छांड़त बनत नहीं कैसे हूँ मोहन सुन्दर वर को।।

दुविधा और भावप्रेरित इस स्वाभाविक चेष्टा को कवि ने प्रेम की रंगीन छटा का रूप देकर सहज अनुभूति में ही असामान्य सौन्दर्य का बोध कराया है।

तीनों लोक, देवी-देवता, सारी सृष्टि, जड़-चेतन प्रकृति, समस्त प्राणी श्रीकृष्ण और उनकी लीलाओं का अभिनन्दन करते हैं। उसमें अवतारवादी दृष्टि से सौन्दर्यानुभूति की अलौकिकता सूचित होती है। जब वे उस सौन्दर्य पर विस्मय-विमुग्ध हो जाते हैं, सौन्दर्यानुभूति की अपूर्वता का द्योतन होता है। ऐसा दृश्य न कहीं देखने को मिलता है और न ऐसी अनुभूति!

6. कवि और पात्रों की सौन्दर्यानुभूति

सूर का सारा संसार सौन्दर्यमय है। उन्होंने अपने बन्द नेत्रों से जीवन-जगत में वह सौन्दर्य देखा है, जो नेत्र खोलकर देखने पर भी किसी के लिए सम्भव नहीं है। सूर

जन्मांध थे या बाद को अंधे हो गये यह विवादास्पद विषय है। लेकिन वे अन्तर्मुखी साधक थे और मन की आँखें खोलकर ही उन्होंने सारे संसार को सौन्दर्यमय और रसमय देखा और अपनी अनुभूति को शाब्दिक रूप दिया। निर्गुण-निराकार के खंडन और सगुण-साकार के मंडन की, अवतारवादी दृष्टि से अपनी सार्थकता और महत्त्व हो सकता है। लेकिन अवतार की रूपवादी दृष्टि काव्य में सौन्दर्य के उन्मेष और उसकी अनुभूति की व्यंजना के लिए कहीं अधिक महत्त्वपूर्ण है। कवि के शब्दों में—

गोविन्द तेरो सरूप निगम नेति गावै।
भक्ति के बस स्याम सुन्दर देह धरे आवै।
जोगी जन ध्यान धरैं समनेहुं नहिं पावै।
नन्द घरनि बांधि बांधि कपी ज्यों नचावै।
गोपी जन प्रेमातुर तिनको सुख दीन्हो।
अपनैं अपनैं रस विलास काहू नहिं चीन्हों।
स्रुती सुमृति सब पुरान कहत मुनि बिचारी।
सूरदास प्रेमकथा सबहीं तें न्यारी।।

प्रेम की इस लीला में आलम्बन का सौन्दर्य और आश्रय की अनुभूति मूर्त्त रूप धारण करते हैं और कवि उसे तन्मय होकर गाता है। उस सौन्दर्य के दर्शन के बाद देखने को और क्या रह गया है—

जिन आँखिन में तव रूप बस्यो,
तिन आँखिन सौं अब देखिए का।

"सौन्दर्य, प्रेम और ईश्वर को परिभाषित और व्याख्यायित नहीं किया जा सकता। जन्म-जन्मान्तरों के सुसंस्कार एवं सुसंगतिजन्य सात्विक स्वभाव में जब भक्ति की भव्य भावना सम्पूरित होती है और भक्त हृदय सर्वेश्वर की सार्वभौमिक शाश्वत सौन्दर्यानुभूति से सुवासित हो जाता है, तब परमानन्द प्रदायिनी सौन्दर्यानुभूति के पश्चात भक्त कवि को कुछ भी प्राप्तव्य अवशिष्ट नहीं रह जाता।"[2] सूर की सौन्दर्य-दृष्टि और सौन्दर्यानुभूति के मूल में प्रेमपरक मधुर भक्ति की भी प्रबल सक्रिय प्रेरणा है।

सूर ने अपनी सौन्दर्यानुभूति को पात्रों की अनुभूति के रूप में व्यक्त किया है। यशोदा, राधा और गोपिकाओं की अनुभूति तथा सूर की अनुभूति में कोई अन्तर नहीं है। सूर के भाव को प्रतिध्वनित करते हुए गोपिकाएँ कहती हैं—

मन में रह्यो नाहिन ठौर।
नन्दनन्दन अछत कैसें आनिये उर और।
चलत चितवत दिबस जागत स्वप्न सोवत राति।
हृदय तें वह मदन मूरति छिन न इत उत जाति।।

इस अनुभूति में कवि और आश्रय पात्र के साथ पाठक भी भाव-तन्मय हो

जाता है। सूर की सौन्दर्यानुभूति की व्यंजना में भट्टतौत का यह कथन सार्थक हो जाता है कि कवि, आश्रय और श्रोता की अनुभूति समान होती है। शुक्ल जी के अनुसार आश्रय और पाठक के भावयोग या भाव-तादात्म्य में ही पूर्ण रस की अनुभूति सम्भव होती है।

वियोग-वेदना में गोपिकाएँ सौन्दर्य-दर्शन में ही अपने जन्म को सार्थक मानती हैं। उनके शब्दों में ''पूरनता इन नैननि पूरे'', ''सकल लोक सूनो लागत है बिनु देखें वह रूप'' और ''नैननि उहै रूप जो देखों तो ऊधौ, यह जीवन जग को साँच सुफल करि लेखौं।''

सन्दर्भ

1. काव्य और कला तथा अन्य निबन्ध, जयशंकर प्रसाद, पृ. 34-35
2. सूर : सन्दर्भ और समीक्षा, सं. डॉ. त्रिभुवनसिंह, ''शाश्वत सौन्दर्य के उपासक'', डॉ. गेंदालाल शर्मा, पृ. 233

उपसंहार

1. युग-चेतना और सौन्दर्य-दृष्टि

मध्ययुग में जीवन एक ओर रूढ़िग्रस्त था तो दूसरी ओर सामन्ती राजकीय व्यवस्था में भोगवादी दृष्टि से परिचालित था। इस ह्रासोन्मुख स्थिति में भक्ति आन्दोलन ने नये प्राण फूँकने का प्रयत्न किया जिसमें केवल आंशिक सफलता प्राप्त हुई। बद्धमूल व्यवस्थाओं की जड़ें काटना उतना आसान काम नहीं था। शुक्ल जी ने रामभक्ति और रामकाव्य को भक्ति आन्दोलन के केन्द्र में रखकर नवजागरण में उसकी भूमिका को अधिक उजागर किया है। भक्ति आन्दोलन की नयी चेतना, तुलसी की सामाजिक चेतना तथा लोक रक्षक एवं कल्याण भावना से बहुत व्यापक थी। डॉ. त्रिभुवनसिंह का विचार है कि "सगुण एवं निर्गुण भक्तिधारा के स्रोत रामानन्द ने सामाजिक एवं सांस्कृतिक सन्तुलन का आधार तो अवश्य प्रस्तुत किया पर इतिहास साक्षी है कि रामानन्द को केन्द्र में रखकर निर्गुण एवं सगुण धारा में राम की जो कल्पना की गयी उससे सम्पूर्ण सामाजिक एवं सांस्कृतिक संकट नहीं टल पाया। जबकि उक्त धाराओं ने कबीर और तुलसी जैसा कवि और चिन्तक पैदा किये।"[1] सूर ने ग्रामीण लोक जीवन और सौन्दर्य एवं प्रेम की कोमल भावनाओं के माध्यम से मध्ययुगीन सामाजिक एवं सांस्कृतिक जीवन को एक नयी दिशा देने का प्रयत्न किया।

भक्ति आन्दोलन के आध्यात्मिक और सामाजिक पहलुओं से महत्त्वपूर्ण इसका सांस्कृतिक पहलू है। इसलाम ने भारतीय धर्म और सामाजिक जीवन को ही आघात नहीं पहुँचाया, उसके कारण भारतीय संस्कृति और अस्मिता भी समाप्त होने वाली थी। कृष्णभक्ति का आधार लेकर सूर ने भारतीय संस्कृति और जीवन मूल्यों में नयी चेतना भर दी। सूर के काव्य में सौन्दर्य और प्रेम साधन मात्र हैं, जीवन की नैसर्गिकता और स्वच्छन्दता साध्य हैं। भारतीय संस्कृति और चिन्तन प्रकृति की गोद में बन्धन रहित स्वच्छन्द वातावरण में फले-फूले। पौराणिक अवतारवादी दृष्टि से देखते हैं तो सामाजिक मर्यादा और व्यवस्था के संरक्षक राम की परिकल्पना से भारतीय संस्कृति को रूढ़िमुक्त स्वच्छन्द गति देने वाले भागवत के कृष्ण तथा धर्म संस्थापक महाभारत एवं गीता के कृष्ण की अवधारणा अत्यन्त ऊँची है। भारतीय

जीवन दृष्टि, प्राचीन मानवीय-सांस्कृतिक व्यापक मूल्यवादिता से कालक्रम में सामाजिक व्यवस्थागत मूल्यों की ओर उन्मुख होती गयी और मध्ययुग में आकर रूढ़ धर्मबद्ध सामाजिक चेतना के रूप में परिणत हुई। निर्गुण सन्त काव्य ने क्रान्किारी विचारों को लेकर उसे झकझोरने का प्रयत्न किया। लेकिन विधायक से अधिक निषेधात्मक मूल्य दृष्टि के कारण वह पूरे समाज के लिए स्वीकार्य नहीं हो सका। कृष्णभक्ति काव्य ने, विशेषतः सूर ने विधायक भावात्मक मूल्यों को लेकर सामाजिक जीवन को स्पंदनशील बनाने की साधना की।

सूर की सौन्दर्य दृष्टि का उन्मेष भक्ति आन्दोलन की सांस्कृतिक चेतना में कृष्ण की मधुरलीलाओं का आधार लेकर हुआ है। सौन्दर्यबोध सांस्कृतिक चेतना का अभिन्न अंग है। अन्तर्मुखी सांस्कृतिक चेतना के उत्तरोत्तर उत्कर्ष के साथ सौन्दर्यबोध का भी प्रौढ़ विकास-प्रसार होता है। सूर की सौन्दर्य दृष्टि स्पंदनशील जीवनधारा उच्च मूल्यवादिता, मानवीय भावात्मक संवेदना, उदात्त दृष्टि और रस या आनन्दानुभूति से अनुप्राणित है जो भक्ति आन्दोलन की नयी सांस्कृतिक चेतना की देन है।

2. सौन्दर्य के प्रति दृष्टिकोण

सूर के लिए सारा जीवन-जगत सौन्दर्यमय है। जीवन के कोने-कोने में झाँककर, अव्यक्त सौन्दर्य को कल्पना के द्वारा प्रत्यक्ष देखते हुए उन्होंने पता नहीं जीवन की कितनी परिस्थितियों और सन्निवेशों में सौन्दर्य को ढूँढ़ निकाला है तथा उस सौन्दर्य की अनुभूति से जीवन को माधुर्यमय और आनन्दमय बना दिया है। इसमें श्रीकृष्ण का मोहक रूप और उनकी मधुरलीलाओं ने आवश्यक सामग्री दी है, अनेक अवसर प्रदान किये हैं। सूर के जीवन-दर्शन की दृष्टि से लीलाएँ निमित्त मात्र हो जाती हैं। उन्होंने बाल्यकाल और यौवनकाल की मनोहर परिस्थितियों में जीवन का अत्यन्त रमणीय रूप सामने रखा है। जीवन के इस सौन्दर्य में प्रकृति की महती भूमिका रही। सूर के लिए वृन्दावन की प्रकृति कम सौन्दर्यमय नहीं है। लेकिन उसकी अपनी स्वतन्त्र सत्ता नहीं है, जो मानवमन में विविध भावनाओं को जगा दें। सूर की दृष्टि में प्रकृति का सौन्दर्य मानव-जीवन-सौन्दर्य सापेक्ष है। वह जीवन के सौन्दर्य को पूर्ण बनाता है, उसकी अनुभूति को स्पंदनशील और तीव्र संवेदनात्मक बनाता है। प्रकृति-सौन्दर्य को इस दृष्टि से देखने के कारण उसका निरपेक्ष स्वतन्त्र चित्रण कम हुआ है। वह मानवीय रूप-सौन्दर्य की व्यंजना में रमणीय अप्रस्तुतों को जुटाती है, मानवीय सौन्दर्य की अनन्तता और अतिशयता को रूप देती है, मानवीय रूप का अलंकरण करती है तथा मानव भावनाओं को मधुर और संवेद्य बनाती है। राधा-कृष्ण की लीलाओं के साथ जुड़ी हुई प्रकृति का यह सौन्दर्य है। कला सृष्टिगत सौन्दर्य को रूप में समेटकर, कसकर उसे अधिक प्रभविष्णु (Striking) बना देती है। सूर ने मानवीय सौन्दर्य को सृष्टिगत नैसर्गिक सौन्दर्य से अधिक आभामय चकाचौंध उत्पन्न करने वाला बना दिया है।

जीवन का यह सौन्दर्य सूर के काव्य पर हावी हो गया है। जो सुन्दर नहीं है, सूर की दृष्टि में उसका कोई मूल्य नहीं है और न उसे कवि की रचना में स्थान है। "इसे सभी स्वीकार करते हैं कि प्रेम सूरदास के काव्य का केन्द्रीय भाव है। सौन्दर्य प्रेम के लिए आधार प्रस्तुत करता है। अतः सौन्दर्य सूर के काव्य का सर्वस्व है।"[2] इस सन्दर्भ में सूर के दो कथन ध्यान देने योग्य हैं—"सुन्दर स्याम...सूर स्याम सब संग सुख सुन्दर" तथा "प्रेम बँध्यौ संसार...साँचौ निहचै प्रेम को जीवन्मुक्ति रसाल।" प्रेम रसाल है, वह लौकिक बन्धनों को काटकर मुक्त कर देता है। उसी मुक्तावस्था में सौन्दर्य की निष्काम अनुभूति होती है। सूरसागर के सूक्ष्म अनुशीलन से ऐसा लगता है कि सूर प्रेम के आधारभूत सौन्दर्य को जीवन का सत्य मानते हैं। सौन्दर्य और सौन्दर्यानुभूति के बिना न प्रेम का संचार होता है और न उससे प्रत्यक्ष-अप्रत्यक्ष रूप से सम्बद्ध किसी भाव का। उनके अभाव में मानव की भावात्मक सत्ता का ही तिरोभाव हो जाता है। कीट्स का प्रसिद्ध कथन है कि सौन्दर्य ही सत्य है और सत्य ही सौन्दर्य है; यही मनुष्य के ज्ञान का परमार्थ है और यही मनुष्य का ज्ञातव्य है। सूर के काव्य में यह उक्ति चरितार्थ हो जाती है—सौन्दर्य सत्य के रूप में दिव्य आभा से मण्डित हो जाता है।

इस सौन्दर्य के प्रति सूर की दृष्टि को दो कोणों से देखा और परखा जा सकता है—आध्यात्मिक और लौकिक। अवतारवादी सौन्दर्य दृष्टि आध्यात्मिक है। "भक्ति-साहित्य में भगवान के त्रैलोक्य सुन्दर स्वरूप की कल्पना की गयी है। वेद-उपनिषद् में भी ईश्वर के स्वरूप को विश्व सौन्दर्य का प्रतीक एवं मूल उद्‌गम माना गया है किन्तु वह सौन्दर्य अमूर्त्त है—प्रतीकात्मक है। सगुण भक्ति में इसी दिव्य सौन्दर्य को गोचर और मानवीय रूप प्रदान किया गया है। यह दिव्य सौन्दर्य विश्व सौन्दर्य का सार सर्वस्व है किन्तु साथ ही गोचर और मानवीय भी है—दिव्य सौन्दर्य की यह सगुण कल्पना भारतीय सौन्दर्यशास्त्र के विकास में एक महत्त्वपूर्ण घटना है।"[3] सूर ने स्वयं श्रीकृष्ण के दिव्य सौन्दर्य की ओर अनेक स्थानों पर संकेत किया है—"स्याम सुन्दर देह धरे आवै" तथा "सुन्दरता तिहुँ लोक की, जसुमति ब्रज आनी" निर्गुण के विरोध और सगुण लीला के सौन्दर्य पर भी अनेक उक्तियाँ हैं—

रूप-रेख-गुन-जाति-जुगति बिनु निरालम्ब कित धावै।।
अज, अविनाशी, अमर प्रभु, जनमै मरै न सोई।
नटवत करत कला सकल, बूझै बिरला कोई।।
अगम अगोचर लीलाधारी सौ राधा बस कुंज बिहारी।।

अवतार में रूप और लीला के उस दिव्य सौन्दर्य का देवी-देवता भी अभिनन्दन करते हैं। लेकिन सूर ने सौन्दर्य को केवल ईश्वरीय विभूति के रूप में नहीं देखा है, उसका लौकिक-मानवीय पहलू भी है। उसके बिना सौन्दर्य के प्रति आध्यात्मिक दृष्टिकोण में सूर की रचना अन्योक्ति या प्रतीकात्मक हो जाती। दूसरी ओर उससे

मध्ययुगीन ह्रासोन्मुख जीवन में आस्था, आशा और सांस्कृतिक अस्मिता का विकास नहीं हो पाता। "सूर उन अतिवादी आत्मवादी दार्शनिकों में नहीं हैं जो भगवान में ही सौन्दर्य की सत्ता मानते हैं। उन्होंने आत्मवादी सौन्दर्य को अवतारवादी इन्द्रिय गोचर रूप में परिणत करके यथार्थ रूप में प्रकट किया है।"[4] बीच-बीच में सौन्दर्य की अलौकिकता की ओर संकेत करने वाली पंक्तियों को भुला दें तो सूर का रूप सौन्दर्य और लीला सौन्दर्य का वर्णन शुद्ध मानवीय भावभूमि पर हुआ है। आचार्य नन्ददुलारे बाजपेयी का अभिमत है कि सूर ने श्रीकृष्ण के रूप और उनकी लीलाओं को विस्मयकारी अद्‌भुत रूप में चित्रित करते हुए लौकिकता में ही अलौकिकता का दर्शन कराया है। सौन्दर्य के अद्‌भुतपन और उसके प्रति विस्मय में आध्यात्मिक और लौकिक दृष्टियों की संगति बैठ जाती है। इस अद्‌भुत सौन्दर्य के भावन में कवि का मन तृप्त नहीं होता और उसकी कल्पना नये-नये कोणों से सौन्दर्य सागर में अनन्त भाव भंगिमाओं की लहरें बनाती रहती है।

3. सौन्दर्य निरूपण

सूरसागर में रूप-वर्णन, भाव-व्यंजना और अनुभूति की तीनों दिशाओं का जो सौन्दर्य निरूपण हुआ है, वह इन पंक्तियों में मूर्त्त हो उठा है—

सोभा सिन्धु न अन्त रही री।
नन्द भवन भर पूरि उमंग चलि, ब्रज की बीथिनि फिरत बही री।

सूर की कलात्मक चेतना की भी इसमें सफल अभिव्यंजना है। यह सूर का कथ्य और लक्ष्य है। सौन्दर्य के इस अनन्त सागर ने ब्रजवासियों को भावतन्मय और आत्मविस्मृत कर दिया है। सूरसागर में सहज और अलंकृत; रूपगत, भावगत और चेष्टागत; स्वाभाविक, कलात्मक और विदग्ध-सौन्दर्य की सभी प्रकार की छवियाँ, झाँकियाँ या दृश्य भंगिमाएँ मिल जाती हैं। कवि की कल्पना विभिन्न रूपों में सौन्दर्यांकन करती कभी थकती नहीं है, जब तक सौन्दर्य निश्शेष न हो। सूर का सौन्दर्य निरूपण जितना व्यापक और रंगीन है, उतना ही तीव्र और गहरा भी। सौन्दर्य निरूपण के क्षेत्र में सूर की असंख्य नवीन उद्‌भावनाएँ हैं।

सूर का मानवीय रूप-सौन्दर्य-वर्णन प्रायः ऐन्द्रिय गोचर रूप में है। वह रूप अद्‌भुत, अनन्त और नित्य नवीन है। उसके दर्शन में नेत्र तृप्त नहीं होते। एकटक बार-बार देखने पर भी वह बोधगम्य नहीं है, अनिर्वचनीय है। मन इस रूप-सौन्दर्य को पहचान नहीं पाता जो क्षण-क्षण नवीन रूप धारण कर रहा है। मन को विश्वास नहीं होता कि यह पहले देखा हुआ रूप-सौन्दर्य है। कवि ने वस्तुनिष्ठ रूप वर्णन से कहीं अधिक आश्रय की अनुभूति और उसके तन-मन पर प्रभाव के माध्यम से सौन्दर्य की व्यंजना की है, या अप्रस्तुत-योजना के द्वारा रूप के सम्मूर्त्तन का प्रयत्न किया है। इससे कवि के मन को सन्तोष नहीं होता और वह घोषित करता है कि संसार

के समस्त प्रसिद्ध सौन्दर्यमय प्राकृतिक उपमान प्रस्तुत के सौन्दर्य के समान नहीं हैं। तीनों लोकों में सौन्दर्य के प्रतिमान काम, लक्ष्मी आदि नायक-नायिका से तुलनीय नहीं है। अन्ततः कवि ने कल्पना का ही सहारा लेकर रूप-सौन्दर्य का गतिशील एवं भावात्मक चित्रांकन या बिम्बांकन किया है। रूप-सौन्दर्य के तीव्र आकर्षण, उसके पार पाने की असमर्थता और उसकी अविस्मरणीयता के कुछ उदाहरण–

सोभा सिन्धु अंग अंगनि प्रति, बरनत नाहिंन और री।
जित देखौं मन भयो तितहिं कौं मनौ भेउ भरै कौ चोर री।।
स्याम रूप अबगाहि सिन्धु तें पार होत चढ़ि डोंगनि केरैं।
अंग अंग प्रति रूप माधुरी उर तें नहीं बिसारैं।।

जहाँ प्रकृति के अप्रस्तुत सहज रूप-सौन्दर्य को व्यंजित करते हैं, सामाजिक और लोक-व्यावहारिक अप्रस्तुतों के द्वारा ही आकर्षण और अनुभूति की तीव्रता एवं गहराई अभिव्यक्त हो सकती है।

सूर बहिर्जगत के सौन्दर्य निरूपण से कहीं अधिक अन्तरजगत के भावनाशील कवि माने जाते हैं। बाल मनोभावों और भ्रमरगीत में वियोगजन्य मनःस्थिति को एवं भावनाओं की व्यंजना के कारण उनकी यह प्रसिद्धि है। उनकी भाव-सम्पन्नता के मूल में भी सूर की सौन्दर्य-भावना क्रियाशील है। अभिव्यंजना की दृष्टि से उनकी भाव-व्यंजना को भाव भंगिमाएँ, भावात्मक चित्र या भाव बिम्ब कह सकते हैं। बाललीलाओं से लेकर संयोग-लीलाओं तक का भाव निरूपण सौन्दर्याश्रित है। इसके अन्तर्गत हाव-भावों, चेष्टाओं, अनुभावों, स्थायी भावों और संचारी भावों की योजना है। वियोगजन्य भावनाओं की अपनी स्वतन्त्र सत्ता और प्रसार है, यद्यपि इनमें भी सौन्दर्य-दर्शन की आशा-आकांक्षा, एवं व्याकुलता है; भाव-प्रसार सौन्दर्यात्मक चेतना के आधार पर है तथा भाव-व्यंजना का रूप कलात्मक या सौन्दर्यात्मक है।

भावों की प्रकृति की दृष्टि से सूर के भाव जगत को छः वर्गों में विभाजित कर सकते हैं। (1) सौन्दर्य, उसके प्रति आकर्षण, उसकी अनुभूति तथा उसके आधार पर विकसित प्रेम सम्बन्धी कोमल एवं मधुर भावनाएँ हैं। (2) कुछ लीलाओं में सौन्दर्य के साथ विस्मयजन्य मनःस्थिति और अद्‌भुतपन मिश्रित भावनाएँ हैं। माटी-भक्षण, ऊखल-बन्धन, यमनार्जुन-नियात आदि प्रसंगों में क्रोध, पश्चाताप, प्रेम, वेदना आदि भावनाओं के साथ विस्मय की भावना का योग है। यह विस्मय परिस्थिति या सन्निवेशजन्य है जबकि सौन्दर्य के प्रति यशोदा, राधा और गोपिकाओं की विस्मय भावना अनुभूतिजन्य है। मुरली माधुरी और रासक्रीड़ा में विभिन्न प्रकार की अनुभूतियों और भावनाओं में विस्मय अन्तर्लीन है। (3) विनोद, हास-परिहास और वाक्-चातुरी से आकर्षक रंजनकारी भावनाएँ माखनचोरी, पनघट लीला, खण्डिता-प्रसंग, भ्रमरगीत आदि में द्रष्टव्य हैं। यह विनोदात्मकता सुख-दुखात्मक दोनों प्रकार की भावनाओं में लक्षित होती है। कवि "निराशा में भी आशा का दर्शन कर लेता

है और रुदन को भी हास्य से ढकने का प्रयत्न करता है। विनोदप्रियता उसकी प्रकृति का एक ऐसा अंग है, जो कदाचित समस्त भावों के ऊपर रहने की चेष्टा करता है।''[5] (4) विभिन्न लीलाओं में श्रीकृष्ण का छेड़-छाड़, यशोदा से गोपिकाओं की शिकायतें, मुरली और नेत्रों का उपालम्भ, भ्रमरगीत में श्रीकृष्ण, कुब्जा और उद्धव को लेकर उपालम्भ-व्यंग्य भावक्षेत्र में विनोदप्रियता की विपरीत स्थिति के द्योतक हैं। लेकिन उपालम्भ-व्यंग्य की गम्भीरता में भी विनोदप्रियता झलकती है और भावना में कटुता नहीं आने देती। विनोद और व्यंग्य भावात्मक वृत्तियों को गहन और जटिल बनाते हैं। (5) कोमल-मधुर भावनाओं के विरोध में वियोगकालीन तीव्र और गम्भीर भावनाएँ हैं जो वेदनामय और संवेगात्मक हैं। (6) सूरसागर के सीमित प्रसंगों में ही भयानक, रौद्र आदि उग्र भावनाओं का संचार होता है। प्रकृतिगत और अनुभूतिगत सूर का भाव-वैविध्य सदा सौन्दर्य से प्रत्यक्ष सम्बद्ध नहीं है। लेकिन कवि ने अपने भाव जगत को सौन्दर्यशास्त्रीय दृष्टि से संवेद्य और आस्वाद्य बनाकर अपनी सौन्दर्य-चेतना को व्यक्त किया है।

मनोभावों के क्षेत्र में बालभावों की व्यंजना सामान्योन्मुख और मानवीय धरातल पर अत्यन्त स्वाभाविक है। यही बात यशोदा के वात्सल्य और गोपिकाओं के स्त्री-स्वभाव-सहज सामान्य अनुराग पर भी लागू होती है। इनके साथ तुलना में भ्रमरगीत में निरूपित गोपिकाओं की भावनाएँ उतनी सरल और ऋजु न होकर जटिल तथा अन्तश्चेतना की दमित वासनाओं, ग्रन्थियों, राग-अनुराग-ईर्ष्या की व्यक्ताव्यक्त प्रतिक्रियाओं और अहं-दीनता के द्वन्द्व से संचालित है। इसलिए उनमें वात्सल्य की-सी सामान्योन्मुख स्वाभाविकता नहीं, गहनता है। बाल्यावस्था की वात्सल्य सम्बन्धी भावनाओं और यौवनावस्था की काम-प्रेम सम्बन्धी भावनाओं में मनोवैज्ञानिक अन्तर होता है। इस अन्तर के कारण पहले का सौन्दर्यबोध सरल और दूसरे का गहन है।

संयोगकालीन चेष्टा व्यापारों की अपेक्षा सूर का बाल्य चेष्टा-व्यापार-वर्णन अधिक स्वाभाविक और समग्र है। ऐकान्तिक प्रेम में चेष्टा-व्यापारों के प्रसार और वैविध्य की गुंजाइश कम होती है। सूर का चेष्टा-व्यापार-वर्णन कहीं भावप्रेरित और भावानुभूति का परिणाम है तो कहीं बाल-सहज क्रीड़ा या लीला के रूप से स्वतन्त्र है। विशेषतः शिशु के चेष्टा-व्यापार पारिवारिक और सामाजिक भावात्मक सम्बन्धों पर निर्भर नहीं होते। वात्सल्य-भाव के अन्तर्गत बाल-चेष्टा व्यापार जहाँ सामान्य मानवीय धरातल पर स्वाभाविक लगते हैं, उन पर श्रीकृष्ण के व्यक्तित्व के अनूठेपन की छाप भी लगी है। यह अलौकिक व्यक्तित्व की बात नहीं है, श्रीकृष्ण की तेजस्विता, उत्साह और क्रियाशीलता के कारण है। बालरूप, मनोभाव, चेष्टा-व्यापार और मातृहृदय की समष्टि में वात्सल्य के क्षेत्र में सौन्दर्य की अनुभूति स्वाभाविक होने के साथ-साथ अनूठी और ओजस्वी भी है।

सूर ने सौन्दर्यानुभूति के सूक्ष्म मानसिक स्तरों का उद्‌घाटन कम किया है। उनकी

दृष्टि प्रधानतः ऐन्द्रिय रूप और उसके प्रभाव पर थी। उस सौन्दर्य को देखकर यशोदा, राधा और गोपिकाओं की आँखें कभी तृप्त नहीं होतीं। उनमें चिर आशा-आकांक्षा है, उनके कारण उत्पन्न व्याकुलता है। ऐन्द्रिय सौन्दर्य की अनुभूति का यही रूप होता है। श्रीकृष्ण के सौन्दर्य को देखने के लिए गोपिकाएँ दो आँखें पर्याप्त नहीं समझतीं, उसे देखने में उनकी भावना और कल्पना क्रियाशील हो जाती हैं, फिर भी मन उसे समझ नहीं पाता। सूर ने सौन्दर्यानुभूति में सूक्ष्म भावात्मक स्पन्दनों की अपेक्षा तन-मन पर उसके प्रभाव को अधिक अभिव्यक्त किया है। कभी-कभी यह प्रभाव सृष्टिव्यापी रूप में वर्णित है। सौन्दर्य की मानसिक अनुभूति में मुख्य बिन्दु कल्पनाशील चेतना, आत्मविस्मरण, भाव-तादात्म्य और आत्म-समर्पण है। इस सौन्दर्यानुभूति में विस्मय और अद्‌भुतपन की भावनाएँ भी आश्रय के मन में जाग्रत होती हैं। इससे सौन्दर्यानुभूति कभी-कभी अलौकिक-सी लगती है। सौन्दर्यानुभूति की तीव्रता में संयोगकालीन व्याकुलता, वियोग में अनन्त वेदना में परिणत हो जाती है तो गोपिकाएँ कहती हैं—"सूरदास प्रभु तुम्हारे दरस को भई भसम की ढेरी।" सूर ने सौन्दर्यानुभूति को आत्मिक या आध्यात्मिक धरातल पर नहीं पहुँचाया। चाहें तो भक्त-हृदय सृष्टिव्यापी प्रभाव और विस्मयकारी अद्‌भुतपन की अनुभूति को कल्पनाशील भावना न मानकर वस्तुनिष्ठ रूप में आध्यात्मिक भले ही कहें। बीच-बीच में श्रीकृष्ण के रूप और उनकी लीलाओं के सौन्दर्य माधुर्य का देवी-देवताओं पर प्रभाव भी अलौकिक सौन्दर्यानुभूति का भ्रम उत्पन्न करता है।

सूर के रूप-सौन्दर्य-वर्णन और भाव निरूपण के समतुल्य उनकी कलात्मक अभिव्यंजना की प्रौढ़ता है। उनके सौन्दर्यबोध में नैसर्गिकता और कल्पनाशीलता का सन्तुलन है जो रूप-विधान को कृत्रिमता और काल्पनिकता की अतिवादिता से बचाता है। संगीतात्मकता, चित्रांकन, रमणीय अप्रस्तुत योजना, व्यंजक बिम्ब-विधान, नाटकीयता, वचनविदग्धता, भाषा की प्रवाहशीलता आदि सूर की कलात्मक चेतना के बहुविध आयाम हैं। भावनाशील और कल्पनाशील कवि के रूप में उन्होंने भावनाओं की संवेगात्मक तीव्रता के अनुरूप भाषिक अभिव्यक्ति को गतिशील और स्वच्छन्द रखा है।

4. सौन्दर्य, प्रेम और भक्ति

सूर की भावना सौन्दर्य से प्रेम और प्रेम से भक्ति की ओर अग्रसर होती हुई अन्तिम लक्ष्य सायुज्य या अद्वैत-सिद्धि पर पहुँचती है। तीनों में एक आन्तरिक सम्बन्ध सूत्र बँधा है। एक को दूसरों से अलग करके देखना सम्भव नहीं है। एक की प्रकृति और स्वरूप के निर्धारण में शेष दोनों का योग है। अन्तिम लक्ष्य-लौकिक स्तर पर भाव-तादात्म्य और आध्यात्मिक स्तर पर अद्वैत-सिद्धि की दृष्टि से देखते हैं तो तीनों का रूप आध्यात्मिक उन्नयन और आदर्शीकरण से अनुप्राणित लगता है। विशेषतः

सौन्दर्य और प्रेम मानवीय स्तर पर ऐन्द्रिय रूप में अभिव्यक्त लगते हुए भी अनुभूति की संवेगात्मकता में इन्द्रियों से परे प्रतीत होते हैं।

श्रीकृष्ण का अपूर्व सौन्दर्य ही राधा और गोपिकाओं के मन में प्रेम के प्रादुर्भाव का कारण है—"मदन मोहन बिलोकत अँखियनि उपजत है अनुराग।" सौन्दर्य और प्रेम में कारण-कार्य का सम्बन्ध है। सौन्दर्य आँखों का विषय है तो अनुराग आँखों के आकर्षण में से उत्पन्न हुआ है। दोनों की प्राथमिक आधारभूमि ऐन्द्रिय है। ऐन्द्रिय आकर्षण से आरम्भ होकर प्रेम का मानसिक विकास-प्रसार दिखाया गया है। आलम्बन के सौन्दर्य दर्शन में राधा और गोपिकाओं की भावना में एक विकास का क्रम लक्षित होता है—सौन्दर्य के प्रति आकर्षण, उसकी अपूर्वता के प्रति विस्मय, आकर्षण और विस्मय की प्रेम में परिणति और प्रेमानुभूति में तल्लीनता एवं आनन्द।

मनोविज्ञान के अनुसार काम के कारण ही कोई वस्तु या व्यक्ति सुन्दर लगता है। किशोरावस्था में काम के प्रादुर्भाव में राधा और गोपिकाएँ श्रीकृष्ण की ओर आकृष्ट होकर उनमें अपूर्व सौन्दर्य का अनुभव करती हैं। आचार्य हजारीप्रसाद के अनुसार, "किसी वस्तु को हम इसलिए सुन्दर नहीं कहते कि वह अपने आप में सुन्दर है, बल्कि इसलिए कि हम उसे चाहते हैं, वह हमारी इच्छाशक्ति की गति के अनुकूल हुआ करती है।"[6] लेकिन साहित्य के क्षेत्र में सौन्दर्य को ही काम या प्रेम का उत्पादक माना गया है। सूर ने सौन्दर्य और प्रेम का अन्योन्याश्रय और पारस्परिक प्रभाव दिखाया है। राधा और गोपिकाओं के मन की अनन्त अभिलाषा में श्रीकृष्ण का सौन्दर्य खिल उठता है, वह नित्य नवीन लगता है, वह काम्य या कमनीय रूप लेता है। उनके रूप का बिम्ब राधा और गोपिकाओं के नेत्रों में कमनीय प्रतिबिम्ब हो जाता है। श्रीकृष्ण का सौन्दर्य, गोपिकाओं के प्रेम को रँग देता है तो उनका प्रेम श्रीकृष्ण के सौन्दर्य को रंगीन बनाता है। सौन्दर्य और प्रेम का यह सम्बन्ध आकर्षण और अभिलाषा या इच्छा पर आधारित होने पर भी सूर ने उसे स्थिरता का बन्धन-रूप दिया है—

जब तैं सुन्दर बदन निहार्‌यो।
ता दिन तैं मधुकर मन अटक्यौ, बहुत करी निकरै न निकार्‌यौ।

इस स्थिर सम्बन्ध में सौन्दर्य और प्रेम का उन्नयन हो गया है। सौन्दर्य में भाव की और भाव में सौन्दर्य की यह एकनिष्ठता और प्रतिष्ठा है। सूर ने सौन्दर्य को आँख से मन का विषय बनाकर उसे ऐन्द्रिय से मानसिक धरातल पर पहुँचा दिया है तो अनन्यता, भावोन्मुखता और संवेगात्मक तीव्रता में प्रेम को ऐन्द्रिय आकर्षण से ऊपर उठाकर मानसिक अनुभूति का रूप दिया है।

सौन्दर्य और प्रेम की ऐन्द्रिय और मानसिक स्थिति से आगे का चरण शाश्वत सत्य होता है लौकिक और आध्यात्मिक दोनों अर्थों में वे शाश्वत माने गये हैं। लौकिक दृष्टि से यह आदर्शीकरण है जिसे कवि ने "राधा माधव, माधव राधा"

कहकर व्यक्त किया है। आध्यात्मिक दृष्टि से सौन्दर्य और प्रेम नित्य हैं—श्याम रूप नित्य है और राधा एवं ब्रजवाम के साथ रास नित्य है। उनका प्रेम परमात्मा-आत्मा का, पुरुष और प्रकृति का जन्म-जन्मांतरों का शाश्वत प्रेम है—

नेह पुरातन जानि स्याम को अति आनन्द भई।
प्रकृति पुरुष नारी मैं वै पति काहें भूल गयी।
× × ×
जन्म जन्म जुग जुग यह लीला प्यारी जानि लई।।

आध्यात्मिक प्रेम भक्ति-भावना का मुख्य आधार है। प्रेममूलक भक्ति के द्वारा मुक्ति या अद्वैत-सिद्धि होती है—"प्रेम भक्ति बिनु मुक्ति न होई।" उस भाव-तादात्म्य या अद्वैत स्थिति में कवि कह उठते हैं—"मन में रह्यो नाहिंन ठौर" और "जिन आँखिन मैं तव रूप बस्यौ, तिन आँखिन सों अब देखिए का।"

प्रश्न उठता है कि इतने भावप्रवण कवि ने प्रेमलीला में कामक्रीड़ा का वर्णन क्यों किया? सूर जैसे भावलीन भक्त के सम्बन्ध में यह नहीं कहा जा सकता कि वह अवचेतन मन की दमित वासनाओं की अभिव्यक्ति है। इस सन्दर्भ में और भी अनेक कारण ढूँढ़े गये हैं—श्रीकृष्णलीलाओं में आदिम जीवन के स्वच्छन्द काम की अभिव्यक्ति है, शाक्त-नाथ-सिद्ध साधनाओं की परम्परा में यौन-सम्बन्ध साधना के अंग के रूप में स्वीकार किया गया है, शृंगारपरक मधुर भक्ति में उसे स्थान मिला है, काव्य में संयोग शृंगार रस-निरूपण में उसका उल्लेख होता आया है आदि। लेकिन इन कारणों से सन्तोष नहीं होता। जब लौकिक काव्य-रचना करने वाले महाकवियों ने शृंगार रस में कामक्रीड़ा से अपने को बचाया है तो भक्तकवि ने उसका वर्णन क्यों किया है। ऐसा लगता है कि सूर ने कामक्रीड़ा को लौकिक दृष्टि से वासना की अभिव्यक्ति के रूप में देखा ही नहीं है। उसे मानसिक उन्नयन और आनन्दानुभूति के रूप में ही देखा है और स्वीकार किया है। रति के बाद भाव-विह्वलता और आनन्दानुभूति की प्रत्येक पद में अभिव्यंजना है। रति में भी राधा और गोपिकाओं की दृष्टि कामक्रीड़ा पर नहीं, रूप-सौन्दर्य और माधुर्य पर केन्द्रित रहती है। वियोग में संयोग की अभिलाषा उसी सौन्दर्य, माधुर्य, भावतादात्म्य और आनन्द से अनुप्रेरित है। यह भी ध्यान देने की बात है कि श्रीकृष्ण के प्रति प्रेम-भावना वैयक्तिक न होकर सामूहिक है। जो हो, सूर का कामक्रीड़ा वर्णन विषयासक्त बनाकर पतनोन्मुख करने वाले रूप में नहीं है।

5. सौन्दर्य का महत्त्व

सौन्दर्य और सौन्दर्यानुभूति के सम्बन्ध में शिक्षित लोगों के मन में भी यह गलतफहमी है कि वह मनुष्य को कर्म-जगत से विमुख करके कल्पना लोक में पहुँचा देती है। वास्तव में सौन्दर्यबोध मनुष्य की उदात्त संस्कारिता और संस्कृति का द्योतक है।

जीवन में उच्चतम आनन्द की प्राप्ति का एक मुख्य साधन सौन्दर्य है। उसे माया घोषित करके धार्मिक दृष्टि से जीवन की समस्या सुलझ नहीं सकती। क्योंकि वही जीवन में आकर्षण उत्पन्न करता है और मनुष्य की भावात्मक स्पंदनशीलता और क्रियाशीलता को प्रेरणाा देता है। उसके उदात्त रूप की अनुभूति आध्यात्मिक होती है। सूर के जीवन-दर्शन का यही सार तत्त्व है। अवतारवादी दृष्टि से उन्होंने मानवीय और आध्यात्मिक स्तर पर सौन्दर्य और सौन्दर्याश्रित प्रेम के महत्त्व का प्रतिपादन किया है। अंग्रेजी कवि ब्राउनिंग ने कहा है कि यदि जीवन में सौन्दर्य प्राप्त हुआ और कुछ नहीं, ईश्वर की सृष्टि में सर्वश्रेष्ठ मिल गया है। वालटर पीटर के शब्दों में सौन्दर्यानुभूति की गहराई और व्यापकता के अधिकाधिक विकास के अनुपात में हमारी शिक्षा-दीक्षा पूर्ण या समग्र होती है। सूर ने स्पष्ट घोषित किया है कि श्रीकृष्ण के सौन्दर्य-दर्शन के बाद देखने के लिए और कुछ नहीं रह गया है। गोपिकाएँ उद्धव से बार-बार कहती हैं कि हम अबोध-अज्ञानी ग्वालिन सौन्दर्य और प्रेम को छोड़कर निर्गुण ब्रह्म और ज्ञान योग की दार्शनिक चर्चा क्या समझें। जीवन में सरसता का संचार सौन्दर्य और प्रेम के द्वारा ही होता है और वही मनुष्य का जीवनाधार है।

ऐतिहासिक दृष्टि से संघर्ष और निराशा के मध्ययुग में सूर ने सौन्दर्य और प्रेम के माध्यम से नया स्पंदन उत्पन्न किया है। बाल्यकाल और यौवनकाल के बीच "नाना मनोरम परिस्थितियों के विशद चित्रण द्वारा सूरदास जी ने जो रमणीयता सामने रखी उससे गिरे हुए हृदय नाच उठे।"[7] सूर ने अपनी सौन्दर्य सृष्टि के द्वारा युग के सामाजिक जीवन को सात्विक और भावात्मक स्पंदन प्रदान करने का प्रयत्न किया है। डॉ. त्रिभुवन सिंह के शब्दों में "सूर ने समाज की कोमल भावनाओं को ऐसे सौन्दर्य की ओर उन्मुख किया जो उसका संस्कार और परिष्कार कर उसे संजीविनी शक्ति प्रदान कर सकता था। अतः सूर का सौन्दर्यबोध अपने युग में एक सांस्कृतिक क्रान्ति को जन्म देने वाला है जिसका सही मूल्यांकन अब तक नहीं हो पाया है।"[8]

ऐतिहासिक दृष्टि से ही नहीं, कालजयी सार्वभौमिक साहित्यिक दृष्टि से भी सूर ने मानव जीवन में सौन्दर्य-चेतना की भूमिका को रेखांकित किया है। सूर श्रीकृष्ण के सौन्दर्य वर्णन में बारम्बार कहते हैं कि वह "सकल सुख की सींव" है। उस अलौकिक सौन्दर्य-दर्शन में ही जीवन का परम लाभ है—"सूर स्याम एकौ पल या सुख का सत कल्प जिए।" नेत्र उस सौन्दर्य के वाहक हैं, इसलिए कवि उनके सौभाग्य की प्रशंसा करते हुए नर देह पाने पर जन्म-जन्मान्तर में सौन्दर्य प्रिय नेत्रों का वरदान माँगता है—

ये अखियाँ बड़ भागिनी जिन रीझे स्याम।।
यहै माँगों बार बार प्रभु सूर के नैन दोउ रहैं, नर देह पाऊँ।।

सौन्दर्य को देखकर भावलीन होने में ही जीवन की सार्थकता है। गोपिका के शब्दों में—

नयननि वहै रूप जो देखौं।
तौ ऊधो यह जीवन जग को साँचु सफल करि लेखौं।।

रूप-सौन्दर्य-दर्शन के बिना जीवन शून्य लगता है—

सकल लोक सूनो लागत है बिन देखे वह रूप।।

मनुष्य में सौन्दर्य-दर्शन की जो चिर लालसा रहती है, गोपिकाएँ उसकी प्रतीक हैं। परम पुरुष, लीला मनुष्य श्रीकृष्ण सौन्दर्य और प्रेमजन्य आनन्द के कारण हैं। जीवन की लीला में सौन्दर्य और प्रेम के रस लेते हुए भी वे निःस्पृह, निर्लिप्त और तटस्थ हैं। लेकिन मानव देह में उनकी लालसा जब उभरकर प्रकट होती है तो सूर के कृष्ण कह उठते हैं—

कहाँ सुख ब्रज कौ सौ संसार।
कहाँ सुखद बंसी बट जमुना, यह मन सदा विचार।।
ऊधो मोहिं ब्रज बिसरत नाहीं।
हंस सुता की सुन्दर कगरी और कुंजन की छांही।।

वृन्दावन सौन्दर्य और प्रेम का प्रतीक है। मनुष्य के मन में उनकी चिर आकांक्षा है जो प्रकृति और मानवीय रूप से उद्दीप्त होकर अपनी चरितार्थता में आनन्द देती है। अनुभूति के बाद उनकी स्मृति मन में संचित रहकर जीवन का पाथेय बनती है।

6. सौन्दर्य की अवधारणा

सौन्दर्य के गहन अवगाहन, उसकी अनन्त छवियों के रूपांकन तथा उसके गुणधर्मों और प्रभाव के निरूपण के बावजूद सूर की रचना में सौन्दर्य की सैद्धान्तिक चर्चा या उसकी परिभाषा देने का प्रयत्न नहीं हुआ है। सूर के काव्य में उनके सौन्दर्यबोध, रूप-वर्णन, भावोन्मेष, कलात्मक अभिव्यंजना और सौन्दर्यानुभूति के विवरण के आधार पर ही सौन्दर्य सम्बन्धी उनकी अवधारणा (Concept) का अनुमान किया जा सकता है। सौन्दर्य की परिभाषा का कुछ आभास इन पंक्तियों में है—"छिन छिन मौहि परति छवि औरै", "निमिष-निमिष वह रूप न वह छबि", तथा "औरै भाव, और कुछ सोभा"। ये कथन माघ के शिशुपालवध में सौन्दर्य की परिभाषा से मिलते-जुलते हैं-"क्षणे क्षणे यन्मवतामुपैति तदैव रूपं रमणीयतायाः"। लेकिन क्षण-क्षण नवीन रूप में दर्शन और नवीन भावानुभूति (यह दूसरा लक्षण सूर की ओर से जोड़ा गया है—तीसरा कथनन ध्यातव्य है।) के दो धर्मों के आधार पर सूर की काव्य-रचना में सौन्दर्य सृष्टि की सभी विशेषताओं का आकलन और आख्यान सम्भव नहीं है।

जीवन दृष्टि, परिवेश और परिस्थिति में मानवीय संवेदना, नैसर्गिकता और स्वच्छन्दता सूर की सौन्दर्य की अवधारणा ही आधारभूमि प्रस्तुत करती हैं तो कल्पना उसमें रंग भरती है। परिस्थितियों की अनुकूलता में सौन्दर्य का उन्मेष होता है। लेकिन सूर की अवधारणा मानवीय सन्दर्भ में यथार्थोन्मुख ही नहीं हैं, उसमें कल्पना के

द्वारा आदर्शोन्मुख उन्नयन और रंगीन छटा का योग भी है। नैसर्गिकता, स्वच्छन्दता, संवेदनशीलता आदि रूप, भाव या अभिव्यंजना के धर्म हैं। उनके कारण सौन्दर्य का उन्मेष होने से लाक्षणिक अर्थ में उनको सौन्दर्य के धर्म कहते हैं।

सौन्दर्य सामान्यतः दार्शनिक चिन्तन का विषय है। भौतिक, मानसिक और आध्यात्मिक कोणों से दर्शन में उस पर अनेक रूपों में विचार-विमर्श हुआ है। भक्तकवि होने के नाते सूर की सौन्दर्यपरक अवधारणा को पहले दार्शनिक दृष्टि से समझना चाहिए। सूर ने श्रीकृष्ण को भगवान के सौन्दर्य-रूप का अवतार माना है। यह आध्यात्मिक सौन्दर्य दोष रहित, सर्वगुण सम्पन्न पूर्णता (Perfection) का सौन्दर्य है। सूर की दृष्टि में सौन्दर्य पूर्णता में है। उनकी कल्पना ने श्रीकृष्ण की लीलाओं में ऐसे पूर्ण सौन्दर्य को देखा है और अपनी रचना में उसे रूप देने का प्रयत्न किया है। आत्मवादी भक्त कवि ने सौन्दर्य को आध्यात्मिक मानते हुए भी अवतारवादी दृष्टि से सौन्दर्य को मानवीय सन्दर्भ में व्यक्त किया है। मानवीय सन्दर्भ आध्यात्मिक-सौन्दर्य की अभिव्यक्ति का माध्यम या साधन मात्र नहीं है। अवतार के मानवीय रूप में सौन्दर्य भी मानवीय हो जाता है। अब प्रश्न उठता है कि सूर ने मानवीय रूप में सौन्दर्य को मानसिक भाववादी रूप में ग्रहण किया है या भौतिक ऐन्द्रिय रूप में। आत्मवादी भौतिक वस्तु-जगत से मन के भाव को ही महत्त्व देता है; उसी को जीवन के विकास की प्रेरक शक्ति मानता है। सूर ने रूप-सौन्दर्य वर्णन और उसकी अनुभूति में ऐन्द्रिय पहलुओं का विस्तार ही नहीं किया, बल्कि सौन्दर्य के आकर्षण को नेत्रेन्द्रिय का विषय माना है। इसके आधार पर सूर की सौन्दर्य-भावना को वस्तुवादी या भौतिकतावादी नहीं कह सकते। श्रीकृष्ण का सौन्दर्य यशोदा, राधा और गोपिकाओं की मानसिक भावना में ही मूर्त्त और अनुभूत होता है। प्रत्येक पद में रूप-वर्णन के साथ रूप का भावन हुआ है। सौन्दर्य के भाव-बिम्ब को राधा और गोपिकाएँ पकड़ नहीं पातीं। सौन्दर्यानुभूति में और सौन्दर्यजन्य प्रेमानुभूति में सूर ने भाव प्रतिभा के रूप में उनका अंकन किया है। सूर की सौन्दर्य की अवधारण निश्चित ही भौतिक यथार्थवादी नहीं भाववादी है। यद्यपि सौन्दर्य को मूर्त्तता प्रदान करने के लिए उन्होंने ऐन्द्रिय आधार ग्रहण किया है।

व्यावहारिक दृष्टि से सूर ने सौन्दर्य को वस्तुनिष्ठ और व्यक्तिनिष्ठ दोनों रूपों में मानते हुए उसके कुछ विशेष धर्मों की ओर संकेत किया है। वस्तुनिष्ठता में रूपगत सौन्दर्य बाह्य और आभ्यन्तर दोनों पहलुओं को छू लेता है। गोपिकाएँ श्रीकृष्ण के सौन्दर्य को भावतरल रूप में देखती हैं—"बरनौं कहाँ अंग-अंग सोभा, भरी भाव जल रास री"। वस्तु-रूपगत धर्मों में अनन्तता, अगाधता, नवीनता, अतिशयता और अपूर्वता या अद्‍भुतपन का बार-बार उल्लेख हुआ है। सौन्दर्य असीम, अनन्त और अगाध है—वह रूप की सीमा में बँधा नहीं है, सागर की तरह उमड़-उमड़कर सारे संसार को डुबो देता है और मन-बुद्धि के द्वारा उसकी थाह लेना सम्भव नहीं है।

(''सोभा सिन्धु न अन्त रही री'' और ''देखौ माई सुन्दरता कौ सागर'') क्षण-क्षण सौन्दर्य नवीन लगता है, विश्वास नहीं होता कि यह वही रूप-सौन्दर्य है जिसको पहले देखा है। (''सखी री सुन्दरता कौ रंग'', ''स्याम सौं काहे की पहचानि'' और ''देखेहुँ अनदेखे से लागत'' ।) अतिशयता रमणीय प्राकृतिक अप्रस्तुतों की योजना में, उन उपमानों से उपमेय को अधिक सौन्दर्यमय सिद्ध करने में, रूप का बढ़ा-चढ़ाकर वर्णन करने में तथा उसकी गहरी और व्यापक प्रभावोत्पादक शक्ति की व्यंजना में है। कुल मिलाकर रूप-सौन्दर्य की अतिशयता जादू या मोहिनी-सी लगती है—

हरिमुख किधौं मोहिनी माई।
बोलत बचन मन्त्र सो लागत गति मति जाति भुलाई।।

श्रीकृष्ण की लीलाओं में आलम्बन और आश्रय दोनों की रूप-रेखाओं में रंगढंग में, नटखटपन-वाक्‌चातुरी में, विलक्षण मनःस्थितियों और भावानुभूति में सौन्दर्य की एक अपूर्वता का अनुभव होता है। लौकिकता में अलौकिकता की, सामान्य में असामान्य की, ऐन्द्रियता में अतीन्द्रियता की अनुभूति होती है जिससे आश्रय विस्मय विमुग्ध हो जाता है। (''अद्‌भुत एक अनुपम बाग'', ''अद्‌भुत इक चितियो हौं सजनी नन्द महर के आँगन री'', ''अद्‌भुत कौतुक देखी सखी री बृन्दावन नभ होढ़ पड़ी'', और ''देखी सखी हरि अंग अनूप'') रूप की सुकुमारता, कोमलता, लालित्य, माधुर्य आदि में भी सौन्दर्य का दर्शन होता है। वास्तव में ये जहाँ रूप के धर्म हैं, एस्थेटिक अर्थ में सौन्दर्य में सौन्दर्य से भी जुड़े हुए हैं और उसकी प्रकृति को प्रकट करते हैं। सूर के सौन्दर्य-भावना में रूप की रहस्यात्मकता या सौन्दर्य की रहस्यानुभूति की ओर संकेत कम मिलते हैं। लीला-वर्णन के बीच देवी-देवताओं को लाकर, उन लीलाओं को ईश्वरीय मानकर, उनके प्रतिकार्थ की ओर संकेत करते हुए सूर ने लीला-सौन्दर्य को आध्यात्मिक अर्थ में रहस्यात्मक माना है। काव्य-वस्तुगत यह रहस्यमयता सौन्दर्य का धर्म नहीं है। दृष्टिकूट पदों में रहस्यमयता शैलीगत है। सौन्दर्य की नित्य नवीनता, अपूर्वता और अद्‌भुतपन में ही सौन्दर्यशास्त्रीय अर्थ में कुछ रहस्यमयता स्वीकार कर सकते हैं। मुरलीवादन और रासक्रीड़ा के परिवेश भावानुभूति और व्यापक प्रभाव में अपूर्व अद्‌भुतपन के साथ कुछ रहस्यात्मकता का भी सामंजस्य है।

रूप के अतिरिक्त भाव के क्षेत्र में भी, भाव के स्वरूप और उसके कुछ विशेष धर्मों के द्वारा सौन्दर्य की वस्तुनिष्ठता का प्रतिपादन हुआ है। भावानुभूति के सन्दर्भ में अंगों की मुद्रा या भंगिमा, हाव-भाव, चेष्टा-व्यापार और अनुभाव, भाव को मूर्त्त करके सौन्दर्य को रूपगत और वस्तुनिष्ठ बनाते हैं। दूसरी ओर भावनाओं की कोमलता, स्निग्धता, मधुरिमा आदि के द्वारा भी सौन्दर्य की वस्तुनिष्ठता व्यंजित होती है। शिशु-रोदन, बालक का हठ, खीज और क्रोध, रूप-दर्शन में नेत्रों की व्याकुलता; मुरलीवादन और रास में मन की आतुरता-आकुलता; संयोग में शंका-आशंका तथा वियोग में आँसू; वेदना और प्रियतम एवं प्रतिद्वन्द्वी कुब्जा पर आक्रोश-कोमल-मधुर

भावनाओं से इतर इस समस्त भाव-जगत में प्रेम सम्बन्धी तथा कलात्मक ऐसी अनेक वस्तुनिष्ठ विशेषताओं का समावेश हुआ है कि भाव में सौन्दर्यात्मक चेतना प्रस्फुट रूप में रेखांकित हो जाती है। (भाव सौन्दर्य शीर्षक द्रष्टव्य) गोपिकाओं के प्रेम में आर्द्र बालकृष्ण के रुदन की छवि–

देखौ माई कान्ह हिलकियनि रोवै।
इतनक मुख माखन लपटान्यो डरनि आँसुवनि धोवै।।

सूर ने वस्तुनिष्ठता के साथ सौन्दर्य की व्यक्तिनिष्ठता को भी स्वीकार किया है। वस्तु में निहित सौन्दर्य को व्यक्ति-मन ही ग्रहण कर पाता है। यह व्यक्ति सापेक्षता व्यक्तित्व, दृष्टि, भावना, कल्पना और अभिरुचि पर निर्भर करता है। श्रीकृष्ण के सौन्दर्य को कोमल सात्विक राधा और अल्हड़-नटखट गोपिकाएँ अपने अपने ढंग से देखती हैं। राधा कहती है–

द्वै लोचन तुम्हारै द्वै मेरें।
तुम प्रति अंग बिलोकन कीन्हो मैं भई मगन एक अँग हेरे।
अपनो अपनो भाग्य सखी री तुम तनमय कहूँन नेरें।।

दृष्टिभेद के कारण गोपिकाएँ कभी सौन्दर्य में तन्मय होती हैं तो कभी मुरलीधर और मुरली को ताना भी देती हैं जो सौन्दर्यानुभूति में उनकी चंचलता और नटखटपन का द्योतक है। स्वयं गोपिकाओं में भावना और कल्पना के अन्तर के कारण सौन्दर्य का अवगाहन भिन्न-भिन्न हो जाता है।

तरुनि निरीख हरि प्रति अंग।
कोउ निरखि नख इन्दु भुली कोउ चरन युग रेंग।
× × ×
रही इकटक नारि ठाढ़ि करति बुद्धि विचार।।

गोपिकाएँ श्रीकृष्ण के नख-शिख सौन्दर्य को लेकर तरह-तरह की कल्पनाएँ करती हैं और सम्बोधन शैली में एक-दूसरे का ध्यान आकृष्ट करती हैं। उद्धव के साथ सगुण-साकार और निर्गुण-निराकार को लेकर वाद-विवाद में सौन्दर्य के प्रति आकर्षण और मन की भावना को वैयक्तिक अभिरुचि पर आधारित मानती हैं–

ऊधौ मन माने की बात।
× × ×
सूरदास जाकौ मन जासौं सोई ताहि सुहात।।

आखिर, जो जिसके मन को प्रिय लगता है वही उसे सुन्दर लगता है।

सूरसागर में सौन्दर्य के वस्तून्मुख निरूपण की अपेक्षा अनुभूति और प्रभावमूलक अभिव्यक्ति का अधिक विस्तार मिलता है। इस तरह श्रव्य भाषा में दृश्य रूप को मूर्त्त करने की कठिनाई दूर हो जाती है। सौन्दर्य अनिर्वचनीय है-"सूर अरुन अधरनि की सोभा बरनत, बरनि न जाइँ" और "सूरदास स्वामी की महिमा कैसें रसना एक

बखानौं"। उसका रहस्य बोधगम्य नहीं है—"बुद्धि-विवेक-बल पार न पावत" राधा और गोपिकाएँ उस सौन्दर्य को देखकर चकित-भ्रमित रह जाती हैं। माता यशोदा जो क्षण-क्षण उस सौन्दर्य को देखती रहती है, कहती है—"सूर सिन्धु की बूँद भई मिलि मति गति दृष्टि हमारी"। माइकेलेंजलो की कला के सम्बन्ध में विचार करते हुए फ्रायड का कहना है कि अन्ततः सौन्दर्य का रहस्य बोध का नहीं, अनुभूति का विषय है। सौन्दर्य की अपूर्वता के कारण विश्वास नहीं होता कि वह यथार्थ है, भ्रम है या अनुमान है—"सूर स्याम अंग अंग की सोभा देखी कै अनुमानित है"। राधा को गोपिकाओं की बात पर विश्वास नहीं है—"तुम देखे मैं नहीं पत्यानी"।

सौन्दर्य की व्यक्तिनिष्ठ अनुभूतिमूलक व्यंजना में आकर्षण, सौन्दर्य की कल्पना भाव-तल्लीनता, लौकिकता से मुक्ति, आनन्द और व्यापक प्रभाव पर बल दिया गया है। सौन्दर्य के प्रति नेत्रों का तीव्र आकर्षण और बार-बार दर्शन की व्याकुलता अनेक रूपों में अभिव्यक्त हुई है—"निरखि रही ब्रजनारि इकटक अंग-अंग प्रति रूप", "चितवनि रोके हू न रही", "दृष्टि न दई रोम रोमनि प्रति" आदि। रूप-सौन्दर्य पूर्ण रूप से ग्राह्य न होने के कारण कल्पना और अनुमान का सहारा लिया गया है। तब मन में सौन्दर्य नये भाव और नये रूप में प्रस्तुत हो जाता है—

क्रम क्रम करि इक अँग निहारति पलक औट ताकों नहिं जानौं।
पुनि लोचन ठहराइ निहारति निमिष मेटि वह छबि अनुमानौं।
औरे भाव और कछु सोभा कहौ सखी कैसे उर आनौं।
छिनु छिनु अंग-अंग छबि अगिनित पुनि देखौं फिर कै हठ ठानौं।

कल्पना के द्वारा सौन्दर्य का प्रत्यक्षीकरण हो जाने पर मन उसमें भावतन्मय हो जाता है। उसकी पराकाष्ठा आत्म-विस्मृति और भावोन्माद है। गोपिकाएँ अपनी स्थिति-गति को भूलकर ब्रज की गलियों में गोरस के बदले गोपाल की धुन में वही पुकार लगाती हैं—

गोरस को निज नाम भुलायो।
लेहु लेहु कोऊ गोपालहिं गलिनि गलिनि यह सोर लगायो।।

सौन्दर्य दर्शन में उन्मत्त होकर पुनः-पुनः दर्शन के लिए गोपिकाएँ गली-गली भटकती रहती हैं तो माता यशोदा बौराई हुई है कि कहीं बालकृष्ण को किसी का नजर तो नहीं लग गया, उसका कहीं कुछ अनर्थ तो नहीं हो गया या हो जायेगा। इस शंका-आशंका में उसे मन्त्रजल पिलाती यशोदा की स्थिति—

देखौ री जसुमति बौरानी।
घर घर हाथ दिबाबति डोलत गोद लिए गोपाल बिनानी।।

सौन्दर्य और प्रेम के उन्माद में मनुष्य दीन-दुनिया को भूल जाता है। पारिवारिक सम्बन्ध, लोक मर्यादा, दैनिक व्यवहार की समस्त शिष्ट आर्य परम्पराओं को तोड़कर गोपिकाएँ श्रीकृष्ण के सान्निध्य के लिए दौड़ पड़ती हैं—

जब हरि मुरली अधर धरी।
गृह ब्यौहार तजे आरज पथ चलत न संक करी।।

लौकिकता से मुक्त होकर सौन्दर्य-भाव-तन्मयता में ही परमानन्द की अनुभूति होती है। अन्तिम स्थिति में सौन्दर्यानुभूति और आनन्द पर्यायवाची हैं; सौन्दर्य आनन्दात्मक है। सूरसागर में सौन्दर्य के साथ सुख या आनन्द शब्द का संयुक्त प्रयोग हुआ है और पता नहीं कितनी बार—"देखि री देखि आनन्दकन्द", "देखि दरस मन हर्ष भयो" आदि। सूर ने सौन्दर्य के प्रभाव को सामूहिक और सृष्टिव्यापी रूप दिया है—"अति आनन्द बढ़्यौ गोकुल मैं" और "मुरली सुनत अचल चले"। इस सौन्दर्य-लीला को देवी-देवता भी विस्मित होकर देखते रहते हैं। व्यापक प्रभाव को सौन्दर्य की अलौकिकता कह सकते हैं तो लौकिक दृष्टि से उसकी अतिशयता का प्रभाव भी।

सूर का सौन्दर्य-भावन प्रधानतः अन्तर्मुखी और अन्तस्थ या आत्मस्थ है। अन्यथा उसकी इतनी तीव्र और गहन अनुभूति एवं व्यापक प्रभाव सम्भव नहीं है। रूप की वस्तुनिष्ठता सौन्दर्य-भावन का आधार है जो उसे वायवी और काल्पनिक नहीं होने देता। उस आधार पर भावना और कल्पना की क्रियाशीलता में मन ऐन्द्रिय से अतीन्द्रिय सौन्दर्य लोक में पहुँचकर एक यूटोपिया की सृष्टि में प्रविष्ट होता है। यह सौन्दर्यलोक यथार्थ होते भी यथार्थ नहीं है और अयथार्थ होते हुए भी यथार्थ है।

सूर की सौन्दर्य की अवधारणा वस्तुनिष्ठ और व्यक्तिनिष्ठ दोनों सन्दर्भों में सार्वभौमिक है। वह जाति, वर्ग, धर्म, समाज और संस्कृति के भेद-भावों तथा तज्जन्य संस्कारों की सीमाओं को पार कर सबके आलम्बन और अनुभूति का विषय हो जाता है। ईश्वरीय सौन्दर्य अवतार में मानवीय रूप ग्रहण करता है। श्रीकृष्ण, यशोदा, राधा और गोपिकाएँ, आलम्बन और आश्रय दोनों रूपों में अपना वैशिष्ट्य रखते हुए भी मानवीय आशा-आकांक्षाओं, भावनाओं और चेष्टा-व्यापारों को लेकर सामान्योन्मुख भावभूमि पर प्रतिष्ठित होकर सौन्दर्यात्मक प्रतिक्रियाएँ प्रकट करती हैं। सौन्दर्य के आनन्द में सब समभागी हैं। बाल्यावस्था और यौवनावस्था दोनों में श्रीकृष्ण पूरे गोकुल के आलम्बन हैं। बालरूप-सौन्दर्य, यौवन-सौन्दर्य और भाव-सौन्दर्य में अनुभूति की दृष्टि से कुछ वैयक्तिक अन्तर हो सकता है; लेकिन सब इस तरह समान रूप से आनन्दित हैं कि किसी के मन में ईर्ष्या, जलन और प्रतियोगिता के भाव नहीं हैं। गोपिकाएँ यशोदा से बालकृष्ण के व्यवहार की शिकायतें करती हैं, श्रीकृष्ण को ताना देती हैं, राधा के प्रेम-गोपन और गुप्त-मिलन पर कटाक्ष करती हैं; लेकिन मन में प्रेम और प्रशंसा के ही भाव हैं। जन्म का उत्सव हो, सामाजिक संस्कार हो या लोक पर्व हो—सब सामूहिक रूप में भाग लेकर सौन्दर्य और आनन्द में तन्मय हो जाती हैं। आध्यात्मिक प्रतीकत्व के कारण हो या लोक संस्कृति के कारण, सूर की सौन्दर्य-भावना ने सार्वजनीन रूप लिया है।

सूर ने भगवान के मानवीय रूप में अवतार की लीलाओं और उसके सौन्दर्य को नित्य या शाश्वत तथा सत्य माना है, इसकी ओर पहले संकेत किया गया है। ईश्वरीय भावना और भक्ति से सम्बन्ध के कारण सौन्दर्य शिव या मंगलदायी है। शृंगारी आचरण के बावजूद सूर की मधुर भक्ति अन्ततः सात्विक आत्मसमर्पण है। मधुर भक्ति के अन्तर्गत आराध्य के सौन्दर्य के प्रति आकर्षण और प्रेम की तल्लीनता की चरम परिणति आत्मसमर्पण है। सौन्दर्य और प्रेम के इस आदर्शीकरण में शिवत्व अन्तर्मुक्त है। उच्च सांस्कृतिक मूल्यों और चित्त की परिशुद्धि करने वाली सात्विक भक्ति से प्रेरित सूर की सौन्दर्य-भावना स्थूल अर्थ में प्रत्यक्ष लोक-कल्याणकारी न हो, वह मंगलमय अवश्य है। प्रायः यह माना जाता है सामाजिक भावना और लोक-कल्याण से दूर ऐकान्तिक सौन्दर्य और प्रेम का शिवत्व से कोई सम्बन्ध नहीं होता। लेकिन इस सन्दर्भ में सूर की रचना को भक्तिपरक, मानवीय और लोक-सांस्कृतिक सन्दर्भों में देखना चाहिए। उनकी सौन्दर्य की अवधारणा निश्चित ही लोकोद्धार या कल्याण के स्थूल प्रयोजन से अनुचालित नहीं है, पर उसमें जीवन की आस्था, आशा और सांस्कृतिक चेतना के भाव अन्तर्निहित हैं।

सूर कोमल कमनीय भावनाओं के कवि है। गोवर्धन-धारण, दावानल-प्रसंग और ईश्वरीय अलौकिक लीला के बहुत कम पदों में अनन्त शक्तिमत्ता, आलोकमयता एवं लोकोत्तरता के व्यंजक उदात्त की अवधारणा लक्षित होती है। वियोग में यशोदा के मातृहृदय और राधा एवं गोपिकाओं की भावनाओं में जो उदात्तता है, वह सौन्दर्यशास्त्रीय अर्थ में उदात्त न होकर मानवीय संवेदना का आदर्शीकरण है। लेकिन सूर की सौन्दर्य चेतना अपनी अन्तिम परिणति में द्वन्द्वातीत अद्वैत भावना पर पहुँच गयी है। आत्मनिवेदन में जब सूर कहते हैं कि–

रंकव कौन सुदामा हूँ तैं, आप समान करै।

× × ×

अधिक कुरूप कौन कुबिजा तैं, हरिपति पायी तरै।।

यहाँ अल्पता और महानता, कुरूपता और सौन्दर्य के लौकिक द्वन्द्व मिट जाते हैं। मन द्वन्द्वातीत शुद्ध सात्विक भावना पर पहुँचकर अद्वैत सौन्दर्य की स्थिति पर पहुँच जाती है। राधा-कृष्ण की युगल मूर्ति की आराधना में सौन्दर्य-चेतना का यही स्वरूप है। सूर के शब्दों में–

जब राधा तब ही मुख माधो रटत रहै।
जब माधो ह्वै जात सकल तन राधा विरह दहै।।
राधा माधव भेंट भई।
राधा माधव, माधव राधा, कीट भृंग गति ह्वै जु गयी।।

इस परिवर्तन में सौन्दर्य रूपाश्रित न रहकर भावगत हो जाता है। सूरसागर में उदात्त द्वन्द्वातीत, अद्वैत सौन्दर्य की अवधारणा की कहीं-कहीं एक झलक मिल

जाती है। सूर की सौन्दर्य की अवधारणा सामान्यतः मानवीय-सांस्कृतिक आधार पर ऐन्द्रिय-भावमय रूप में है और कवि ने उसकी अनन्त भंगिमाओं और धर्मों को सजीव व्यक्त किया है।

7. मूल्यांकन

यदि रूप-सम्मूर्त्तन, भावोन्मेष और कलात्मक चेतना के उत्कर्ष के आधार पर काव्य का मूल्यांकन करते हैं हिन्दी काव्य-जगत में सूर की समता करने वाला कवि और कोई नहीं है। इन दिशाओं में उनकी सौन्दर्य-चेतना का उज्ज्वल आलोक सूर को 'सूर' ही सिद्ध करता है। काव्य के काव्यात्मक मूल्यांकन के इन प्रतिमानों को छोड़कर लौकिक-व्यावहारिक दृष्टि से धार्मिक और सामाजिक मूल्यों कें आधार पर काव्य का मूल्य या महत्त्व निर्धारित करना चाहें तो बात दूसरी है। तब तुलसी ही श्रेष्ठ नहीं हो जाते, बल्कि धार्मिक-सामाजिक चेतना से अनुप्राणित अन्य नये-पुराने कवियों को भी सूर से अधिक महत्त्व देना पड़ेगा।

सौन्दर्यात्मक या रसात्मक संवेदना के अतिरिक्त जीवन मूल्यों को ही दृष्टि में रखकर जब काव्य का मूल्यांकन करते हैं तो यह प्रश्न भी उठता है कि किन मूल्यों के साथ काव्य का कितना सम्बन्ध है और किनका आधार लेने पर काव्य कालजयी क्लासिक होता है। धार्मिक-सामाजिक चेतना कालक्रम में बहुत बदल जाती है, जबकि मानवीय-सांस्कृतिक चेतना अपेक्षाकृत कम परिवर्तित होती है। काव्य के साथ धार्मिक-सामाजिक चेतना का सम्बन्ध बहिर्मुखी और परिवेश एवं वस्तु के माध्यम से है। उसका मानवीय-सांस्कृतिक चेतना के साथ सम्बन्ध अन्तर्मुखी और भावगत है। मूल्य दृष्टि से भी धार्मिक-सामाजिक मूल्यों से मानवीय-सांस्कृतिक मूल्य उच्चस्तरीय हैं। इसलिए रचना का कालजयी क्लासिक होना भावोन्मेष और मानवीय-सांस्कृतिक चेतना एवं मूल्यों पर ज्यादा निर्भर करता है। सूर का काव्य इसी रचनाधर्मिता से अनुप्राणित है। शुक्ल जी जानते हैं कि केवल धार्मिक-सामाजिक चेतना और मूल्यों के आधार पर काव्योत्कर्ष का निर्णय नहीं किया जा सकता। इसलिए उन्होंने काव्य में भावात्मक या रागात्मक सम्बन्धों की चर्चा करते हुए व्यापक धार्मिक-सामाजिक परिवेश में उनके विस्तार को मापदण्ड बनाकर तुलसी की महानता का प्रतिपादन किया है। इससे काव्य के भावोन्मेष में सांस्कृतिक-मानसिक उन्नयन की समस्या हल नहीं होती। यदि सामाजिक जीवन की परिधि में मानसिक सन्तुलन और विवेक को ही सांस्कृतिक उन्नयन माना जाये तो वह अलग बात है। जो हो, सूर के काव्य का मानवीय-सांस्कृतिक संवेदना का पहलू सौन्दर्य चेतना के पहलू के समान ही पुष्ट है। पहला दूसरे की मनोवैज्ञानिक और आदर्शवादी या भाववादी आधारभूमि प्रस्तुत करती है।

यह सत्य है कि सूर अपनी रचना में धार्मिक, सामाजिक, मानवीय और सांस्कृतिक

दृष्टियों की अपेक्षा सौन्दर्य-दृष्टि से अधिक परिचालित हैं। यह जीवन के प्रति सौन्दर्यात्मक दृष्टिकोण है, कलात्मक अभिव्यंजना में सौन्दर्य का आग्रही दृष्टिकोण नहीं है। यही दृष्टिकोण सूर के काव्य को रीतिकाव्य और छायावादी काव्य से अलग कर देता है। रीतिकाव्य में यौवनकालीन मानवीय रूप-सौन्दर्य और भाव-सौन्दर्य की झाँकियाँ अवश्य मिल जाती हैं, लेकिन वे सूर के काव्य की तरह मानवीय सन्दर्भ में नहीं, दरबारी सुकुमारता और कोमलता के नागरिक ढाँचे में ढली हुई हैं। कवियों की दृष्टि वर्ण्य के सौन्दर्य और उसकी अनुभूति से अभिव्यंजना के सौन्दर्य पर अधिक केन्द्रित है। छायावादी काव्य में प्रकृति, मानवीय रूप और भाव के सौन्दर्यात्मक निरूपण का अभाव नहीं है। वह स्वाभाविक और मधुर भी है। लेकिन सौन्दर्य कल्पना के बिम्बों के रूप में है, सूर के काव्य की तरह जीवन की नैसर्गिकता से प्रसूत नहीं है। इसलिए उन सौन्दर्य के बिम्बों में स्पन्दनशीलता और तीव्रता कम है। बिम्बों, प्रतीकों, अप्रस्तुतों और लाक्षणिक प्रयोगों पर विशेष ध्यान देते हुए छायावादी कवि अपने ढंग से कथ्य के सौन्दर्य से अभिव्यंजना के सौन्दर्य की ओर अधिक उन्मुख लगते हैं। सूर की सौन्दर्य-दृष्टि में कथ्य का चेतनागत सौन्दर्य और अभिव्यंजनागत सौन्दर्य सन्तुलित और सामंजस्यपूर्ण हैं।

ऐन्द्रिय सौन्दर्य की रंगीन छटा के निरूपण में विद्यापति से और अन्तर्मुखी भावमय सौन्दर्य-चेतना की पकड़ में घनानन्द से सूर की तुलना की जा सकती है। लेकिन सौन्दर्य की विविध छवियों के अंकन में, सौन्दर्यजन्य भाव-प्रसार में तथा सौन्दर्यानुभूति की तीव्र स्पन्दनशीलता और उसके प्रभाव की व्यापकता में उनको सूर के समकक्ष नहीं रखा जा सकता। सूरसागर सौन्दर्य का उमड़ता हुआ सागर है जो अपनी लहरों के वैविध्य में अग-जग को डुबो देता है।

सन्दर्भ

1. सूर : सन्दर्भ और समीक्षा, सं. डॉ. त्रिभुवन सिंह; सूर का युगबोध और उनकी सौन्दर्य दृष्टि, ले. डॉ. त्रिभुवन सिंह, पृ. 241
2. वही, पृ. 240
3. भारतीय सौन्दर्यशास्त्र की भूमिका, डॉ. नगेन्द्र, पृ. 63
4. सूर : सन्दर्भ और समीक्षा, सं. डॉ. त्रिभुवन सिंह; सूर का युगबोध और उनकी सौन्दर्य दृष्टि, ले. डॉ. त्रिभुवन सिंह, पृ. 242
5. सूरदास, डॉ. ब्रजेश्वर वर्मा, पृ. 471-472
6. कालिदास की लालित्य योजना, आचार्य हजारीप्रसाद द्विवेदी, पृ. 66
7. सूरदास, आचार्य रामचन्द्र शुक्ल, पृ. 158
8. सूर : सन्दर्भ और समीक्षा, सं. डॉ. त्रिभुवन सिंह; सूर का युगबोध और उनकी सौन्दर्य दृष्टि, ले. डॉ. त्रिभुवन सिंह, पृ. 245

ग्रन्थ-सूची

(क) आधार-ग्रन्थ

1. सूरसागर, सं. आचार्य नन्ददुलारे वाजपेयी, 1964
2. सूरसागर, सं. डॉ. ब्रजेश्वर वर्मा, 1988

(ख) सन्दर्भ-ग्रन्थ

1. आधुनिक हिन्दी कविता में बिम्ब-विधान, डॉ. केदारनाथ सिंह 1971
2. कालिदास की लालित्य योजना, आचार्य हजारीप्रसाद द्विवेदी, 1970
3. काव्य और कला तथा अन्य निबन्ध, जयशंकर प्रसाद, 1958
4. चिन्तामणि-1, आचार्य रामचन्द्र शुक्ल, 1951
5. चिन्तामणि-11, आचार्य रामचन्द्र शुक्ल, 1945
6. जायसी ग्रन्थावली की भूमिका, आचार्य रामचन्द्र शुक्ल, 1935
7. ब्रजभाषा के कृष्ण भक्ति काव्य में अभिव्यंजना-शिल्प, डॉ. सावित्री सिन्हा, 1961
8. भारतीय सौन्दर्यशास्त्र की भूमिका, डॉ. नगेन्द्र, 1974
9. मध्यकालीन धर्म साधना, आचार्य हजारीप्रसाद द्विवेदी, 1962
10. महाकवि सूरदास, आचार्य नन्ददुलारे वाजपेयी, 1958
11. रस-मीमांसा, आचार्य रामचन्द्र शुक्ल, 1949
12. संस्कृति का दार्शनिक विवेचन, डॉ. देवराज, 1957
13. साहित्य शब्दकोश, सं. डॉ. धीरेन्द्र वर्मा, 1958
14. सूर और उनका साहित्य, डॉ. हरवंशलाल शर्मा, 1982
15. सूरदास, डॉ. ब्रजेश्वर वर्मा, 1959
16. सूरदास, आचार्य रामचन्द्र शुक्ल, 1943
17. सूरदास की लालित्य-योजना, डॉ. परेश, 1972
18. सूर : सन्दर्भ और समीक्षा, सं. डॉ. त्रिभुवन सिंह, 1981
19. सूरसागर, सं. डॉ. ब्रजेश्वर वर्मा, भूमिका, 1988

20. सूर-साहित्य, आचार्य हजारीप्रसाद द्विवेदी, 1956
21. सूर-साहित्य की भूमिका, रामरतन भटनागर, 1945
22. सूर-सौरभ, प्रो. मुंशीराम शर्मा, 1945
23. सौन्दर्यशास्त्र के तत्त्व, डॉ. कुमार विमल, 1967
24. हिन्दी साहित्य का इतिहास, आचार्य रामचन्द्र शुक्ल, 1942
25. हिन्दी साहित्य का वैज्ञानिक इतिहास, डॉ. गणपति चन्द्र गुप्त, 1965

· आचार्य रामचन्द्र शुक्ल

साहित्यिक अभिरुचि और रस-संवेदना

प्राक्कथन

मेरी साहित्यिक चेतना और अभिरुचि पर जितना गहरा प्रभाव आचार्य रामचन्द्र शुक्ल के विचारों का पड़ा है, उतना और किसी समीक्षक का नहीं। आरम्भ में मैं उनकी रसज्ञता से अभिभूत था। कालक्रम में अपने मन को टटोलते हुए जब मैंने साहित्य के सम्बन्ध में अपनी एक निश्चित दृष्टि और अवधारणा बना ली तथा उसके आलोक में फिर शुक्ल जी की सैद्धान्तिक एवं व्यावहारिक आलोचना का अनुशीलन करने लगा, उनकी वैचारिक उपलब्धियाँ और सीमाएँ उभरकर सामने आईं। इस विचार-विमर्श के कुछ बिन्दु प्रस्तुत निबन्धों में अभिव्यक्त हुए हैं।

इस संकलन में दो निबन्ध सौन्दर्यशास्त्रीय हैं, दो काव्यशास्त्रीय हैं और बाकी दो साहित्यिक-ऐतिहासिक हैं। समष्टि रूप में आलोचना का लक्ष्य शुक्ल जी की साहित्यिक अभिरुचि, सौन्दर्य-चेतना और रस-संवेदना को रेखांकित करना है।

प्रथम तीन निबन्ध हिन्दी विभाग, मराठवाड़ा विश्वविद्यालय, औरंगाबाद में दिये गये भाषण हैं। शेष तीन बाद को लिखे गये हैं। मैं मराठवाड़ा विश्वविद्यालय के हिन्दी विभाग के आचार्य एवं अध्यक्ष प्रोफेसर बी.एच. राजूरकर के प्रति हृदय से आभारी हूँ कि उन्होंने सेवानिवृत्त होने के बाद भी मुझे बुलाकर शुक्ल जी पर भाषण देने और कुछ लिखने का अवसर प्रदान किया है। मित्रवर डॉ. राजमल बोरा का निरन्तर प्रोत्साहन न मिलता तो यह कार्य कभी पूरा ही नहीं होता।

अलग-अलग निबन्धों के रूप में लिखे जाने के कारण, प्रत्येक को अपने में समग्र बनाने की दृष्टि से कहीं-कहीं विचारों की आवृत्ति हो गयी है जिसके लिए क्षमा-प्रार्थी हूँ। मेरा कोई आग्रह नहीं है कि शुक्ल जी के मर्मज्ञ समीक्षक मेरे विचारों से सहमत हों। इतना ही नम्र निवेदन है कि आलोचना-प्रत्यालोचना से ही साहित्य का सत्य-सौन्दर्य उद्‌घाटित होता है। मेरे इस प्रयत्न में साहित्य के सहृदयों को एकाध बात नयी लगी तो मैं अपने कार्य को सफल मानता हूँ।

—एस.टी. नरसिंहाचारी

आचार्य रामचन्द्र शुक्ल : साहित्यिक अभिरुचि

1. साहित्यिक अभिरुचि

साहित्यिक अभिरुचि के दो पहलू हैं। एक कर्ता की अभिरुचि है जो साहित्यिक प्रवृत्ति और रचनाधर्मिता को प्रभावित करती है। दूसरी ग्राहक अभिरुचि है जो काव्य-साहित्य की अनुभूति को निर्धारित करती है। राजशेखर ने प्रतिभा को कारयित्री और भावयित्री दो रूपों में बाँटा है। भावयित्री प्रतिभा रचना के भावना-व्यापार में क्रियाशील रहती है। साहित्यिक अभिरुचि शब्द उससे व्यापक है। वह ग्राहक के सामाजिक-साहित्यिक संस्कारों को प्रकट करता है और उसके भावना-व्यापार का आधार है।

साहित्यिक अभिरुचि का सामान्य शब्दार्थ साहित्य या कला के प्रति आकर्षण है। सौन्दर्यशास्त्रीय अर्थ में वह सौन्दर्य का भावन (Contemplation) हैं। यह भावन लौकिक अनुभूति से भिन्न निरपेक्ष भावन है जिसमें मन की भावना, कल्पना, चिन्तनशीलता आदि समस्त शक्तियाँ समन्वित होकर सामंजस्यपूर्ण होती हैं। यह भावना या अनुभूति सार्वभौमिक होने पर भी कुछ अंशों में देश-काल-व्यक्ति-सापेक्ष होती है। मनोवैज्ञानिक दृष्टि से साहित्यिक अभिरुचि साहित्य के प्रति अनुकूल मानसिकता है। यह अनुकूलता प्रधानतः मन की भावनाशीलता और कल्पनाशीलता पर निर्भर करती है जो किसी वस्तु के प्रति रुझान या रुचि (Aptitude) की निर्धारक है। उसमें चिन्तनशीलता का भी कुछ योग हो सकता है, लेकिन अतिबौद्धिकता में भावना और कल्पना समाप्त हो जाती है तथा कला या साहित्य की ओर मन उन्मुख नहीं हो सकता। मनोविज्ञान के क्षेत्र में पाठकों की साहित्यिक अभिरुचि का अनुसंधान करने और उसके स्वरूप को निर्धारित करने के अनेक प्रयोग हुए हैं। व्यक्ति के जीवन में बाल्यावस्था से लेकर प्रौढ़ावस्था तक साहित्यिक अभिरुचि के विकास पर भी विचार हुआ है। सामाजिक अर्थ में साहित्यिक अभिरुचि ग्राहक के सामाजिक संस्कारों की समष्टि है। इन्हीं संस्कारों के आधार पर अभिरुचि का निर्धारण और साहित्य का आस्वादन होता है। स्वयं सौन्दर्य-असौन्दर्य की अवधारणा सामाजिक मान्यताओं और संस्कारों से विकसित होती है। उस परिधि में ही व्यक्ति के सौन्दर्यात्मक, वैयक्तिक संस्कार जागते हैं। सामाजिक जीवन में संस्कृति या

संस्कारिता का विकास होता है। संस्कृति के साथ सौन्दर्य-बोध जन्म लेता है और उसके विकास के अनुरूप सौन्दर्य-चेतना तथा कलात्मक या साहित्यिक अभिरुचि का परिष्कार होकर वह प्रौढ़ रूप धारण करती है। अभिरुचि और सामाजिक जीवन का सम्बन्ध बहिर्मुखी है जबकि संस्कृति के साथ उसका सम्बन्ध अन्तर्मुखी है। कभी-कभी सामाजिक-सांस्कृतिक संस्कारों की प्रतिकूलता में साहित्यिक अभिरुचि कुंठित होकर रचना के प्रति व्यक्ति के मन में प्रतिकूल प्रतिक्रिया उत्पन्न हो सकती है। निष्कर्षतः साहित्यिक अभिरुचि के तीन आयाम हैं - सौन्दर्यशास्त्रीय, मनोवैज्ञानिक और सामाजिक-सांस्कृतिक।

साहित्यिक अभिरुचि की चर्चा पाश्चात्य और आधुनिक है। लेकिन प्राचीन काल से ही साहित्यिक अभिरुचि के परिष्कार और निर्देशन के प्रयत्न होते रहे। ग्रीक-ट्रेजडी में कोरस के द्वारा प्रेक्षकों की प्रतिक्रिया कैसी हो, उसकी ओर संकेत होता था। एडिसन का कहना है कि नाटक में सामान्य प्रेक्षकों की उचित प्रतिक्रिया का निर्देश करने के लिए एक दंडधारी का होना आवश्यक है। व्यावहारिक आलोचना का लक्ष्य साहित्यिक अभिरुचि और रसज्ञता का परिष्कार एवं विकास ही है। आधुनिक काल में जब साहित्य का बहुमुखी विकास हो रहा है और शिक्षा-प्रसार के कारण सामान्य पाठकों की संख्या बढ़ती जा रही है, साहित्यिक अभिरुचि का प्रश्न जटिल बन गया है।

भारतीय काव्यशास्त्र में साहित्यिक अभिरुचि पर प्रत्यक्ष विचार न होने पर भी रसानुभूति और रसविघ्नों की चर्चा में उस ओर कुछ संकेत मिलते हैं। ये प्रधानतः अभिरुचि के सौन्दर्यशास्त्रीय और मनोवैज्ञानिक पहलुओं को लेकर हैं। इसके अतिरिक्त काव्य-नाटक के श्रोता-प्रेक्षक की पात्रता पर भी विचार हुआ है। आचार्यों ने उनके लिए सुमन्नस, सामाजिक, सहृदय और रसिक शब्दों का प्रयोग करते हुए साहित्यिक अभिरुचि और रसानुभूति के लिए आवश्यक स्पंदनशीलता, सामाजिकता, भावनाशीलता, रसज्ञता, मानसिक उदारता आदि पर बल दिया है।

साहित्यिक अभिरुचि में स्तर भेद की ओर भी आचार्यों तथा समीक्षकों का ध्यान गया है। कालिदास का कहना है कि नाटक भिन्न रुचियों के लोगों के लिए एक ही समाराधन है- ''नाट्यं भिन्नरुचेर्जनस्य बहुधाप्येकं समाराधनम्।'' इलियट के अनुसार नाटक के प्रेक्षक अपने स्तर के अनुसार वस्तु, चरित्र-चित्रण, भाव-व्यंजना आदि विभिन्न पहलओं की ओर आकृष्ट होते हैं। रिचर्ड्स ने श्रेष्ठ काव्य में अर्थभेद के स्तरों का उल्लेख किया है। सामान्य पाठकों में उच्च साहित्यिक विवेक के अभाव के कारण और शिक्षित पाठकों में सहृदयता के गुणात्मक एवं मात्रात्मक अन्तर के कारण साहित्यिक अभिरुचि की समस्या सामने आती है। आचार्य रामचन्द्र शुक्ल के सैद्धान्तिक चिन्तन और व्यावहारिक आलोचना के सन्दर्भ में स्वयं उनकी अभिरुचि तथा पाठक की अभिरुचि के परिष्कार-विकास में उनके कार्य का विश्लेषण-मूल्यांकन करना प्रस्तुत निबन्ध का उद्देश्य है।

2. शुक्ल जी की साहित्यिक अभिरुचि का सामान्य स्वरूप

सर्जक और ग्राहक दोनों प्रकार की साहित्यिक अभिरुचि के निर्माण-विकास के मूल में साहित्यिक परम्परा, युग के सामाजिक-सांस्कृतिक सन्दर्भ, वैयक्तिक चेतना और विदेशी साहित्यिक प्रभाव प्रधान तत्त्व हैं। शुक्ल जी ने संस्कृत-हिन्दी की लम्बी काव्य परम्परा और भारतीय काव्यशास्त्र का सूक्ष्म अनुशीलन-अध्ययन किया जिनके प्रभाव से उनकी अभिरुचि क्लासिकल और उदात्त बनी। उनके समय में स्वतन्त्रता का राष्ट्रीय संग्राम चल रहा था, भारतीय जीवन के धार्मिक-सामाजिक हर एक पहलू में सुधार और परिवर्तन के प्रयत्न हो रहे थे, नवीन सांस्कृतिक जागरण का बीजारोपण हुआ था और शिक्षित जनता अंग्रेजी शासन में नवीन पाश्चात्य चिन्तन के सम्पर्क में आ रही थी। इन सामाजिक-सांस्कृतिक परिस्थितियों ने साहित्य के क्षेत्र में सुधारवादी, पुनरुत्थानवादी, उदारवादी, विकासवादी, प्रगतिशील और नवजागरण की चेतना फैलायी। कवि, पाठक और आलोचक इस नवीन चेतना को पूर्ण रूप से आत्मसात् नहीं कर सके। साहित्यिक अभिरुचि प्राचीन और नवीन के बीच समन्वय और सामंजस्य का प्रयत्न कर रही थी। साहित्य के क्षेत्र में परिवर्तन तो हो रहा था, लेकिन उसका लक्ष्य और दिशाएँ निर्धारित नहीं हो पा रही थीं। भारतेन्दु हरिश्चन्द्र और महावीर प्रसाद द्विवेदी ने पथ-प्रदर्शन करने और नये की ओर ले जाने का प्रयास अवश्य किया। लेकिन साहित्य के क्षेत्र में ऐसी प्रतिभा की आवश्यकता थी जो अपने प्रौढ़ साहित्यिक व्यक्तित्त्व के बल पर नवीन साहित्यिक चेतना और अभिरुचि की प्रतिष्ठा कर सके। यह महान कार्य शुक्ल जी ने किया। वे केवल प्रकाण्ड पण्डित और आलोचक ही नहीं थे, उनमें सर्जक प्रतिभा भी थी। असफल कवि आलोचक हो जाता है, इस कथन के वे प्रमाण थे। पर उनकी सर्जनाशील प्रतिभा उनकी आलोचना में इस तरह प्रतिफलित हुई कि वह केवल आलोचना नहीं लगती। उस पर उनके व्यक्तित्त्व की, निजी भाव-विचारों की, सहृदयता-भावना की अमिट छाप पड़ी। उनकी आलोचना सर्जक भी बनी। इस तरह के सर्जक समीक्षक हिन्दी में बहुत ही कम हुए।

शुक्ल जी जन्म से मध्यवर्गीय ब्राह्मण परिवार के थे। सहज ही उनमें अपने वर्ग के धार्मिक संस्कार, अवतारवाद, कर्म सिद्धान्त, भक्ति-भावना, उच्च सांस्कृतिक मूल्यवादिता आदि प्रबल थे। उनकी साहित्यिक अभिरुचि पर भी उनका प्रभाव था। लेकिन वे रूढ़ परम्परावादी नहीं थे। युग की नयी सामाजिक-साहित्यिक चेतना को उन्होंने ग्रहण किया और उसे अपनी परम्परा में आत्मसात् करके गतिशील-विकासशील रूप में अपनाने का प्रयत्न किया। उनकी वैयक्तिक प्रतिभा और भावनाशीलता अत्यन्त प्रखर थी जिसके बल पर वे साहित्य की श्रेष्ठता को पहचान सके और काव्य की व्यावहारिक आलोचना में अपनी रसज्ञता एवं सौन्दर्य-बोध का परिचय दे सके। श्रेष्ठ साहित्यिक अभिरुचि के निर्माण-विकास में अन्तर्दृष्टिसम्पन्न प्रतिभा के साथ

बौद्धिक चेतना और भावना का समन्वय आवश्यक है। साहित्य-समीक्षा को बौद्धिक व्यायाम मानते हुए, आलोचना में प्रभाववादी भावुकता का विरोध करते हुए भी (जो तत्कालीन कला और सौन्दर्य-सम्बन्धी भावुक कथनों की प्रतिक्रिया थी) शुक्ल जी बौद्धिक विवेचन और भावनाशील प्रभाववादी अभिरुचि के सन्तुलन का आग्रह करते हैं—"समालोचना के लिए विद्वत्ता और प्रशांत रुचि दोनों आवश्यक हैं। न रुचि के स्थान पर विद्वत्ता काम कर सकती है और न विद्वत्ता के स्थान पर रुचि।"[1] "जैसे कवि वैसे ही पाठक या श्रोता भी कभी-कभी रस प्रणव होते हैं।"[2]

शुक्ल जी के संस्कार व्यक्तिवादी न होकर सामाजिक हैं। उनकी मूल्यदृष्टि और सांस्कृतिक चेतना भी समाजोन्मुख हैं। उन्होंने भावों या मनोविकारों में उत्साह और कर्म को महत्त्व दिया : जीवन में कर्म-कर्त्तव्य के महत्त्व के अनुरूप अवतारवाद की व्याख्या की और साधनावस्था के काव्य को श्रेष्ठ माना तथा भक्ति, करुणा, प्रेम, क्रोध आदि भावों का सामाजिक दृष्टि से आख्यान किया- यह सब उनके जीवन-दर्शन की दिशा को प्रकट करता है। इससे उनकी साहित्यिक अभिरुचि गहरे रूप में प्रभावित है। काव्य की आलोचना में उनके ये सामाजिक संस्कार और मान्यताएँ क्रियाशील हैं जैसे कबीर और छायावाद की समीक्षा में देखते हैं। सामाजिक प्रतिक्रिया शुद्ध कलात्मक-साहित्यिक अनुभूति नहीं है, लेकिन शुक्ल जी की भावज्ञ सहृदयता सामाजिक दृष्टि से विरोध में भी कवियों की साहित्यिक प्रतिभा की प्रशंसा करती है। सैद्धान्तिक विरोध के बाद अन्त में शुक्ल जी कबीर के सम्बन्ध में स्वीकार करते हैं कि "प्रतिभा उनमें बड़ी प्रखर थी, इसमें सन्देह नहीं।"[3] छायावादी कल्पना और सौन्दर्यबोध में गहरे पैठकर उन्होंने उसकी नवीनता, मौलिकता और रमणीयता का भी उद्‌घाटन किया। वैयक्तिक-सामाजिक-संस्कारों और रुचि के बावजूद अन्ततः शुक्ल जी, शुद्ध रसवादी या साहित्यिक दृष्टि के समीक्षक हैं। उनके इतिहास में विकास और प्रवृत्ति के निरूपण के साथ कवियों के निरपेक्ष साहित्यिक मूल्यांकन पर भी समान दृष्टि रही। उनकी शुद्ध साहित्यिक अभिरुचि उनकी व्यावहारिक आलोचनाओं में स्पष्ट प्रतिफलित हुई। उनकी वाद-समीक्षा में उसी साहित्यिक अभिरुचि के आधार पर साहित्य-असाहित्य और श्रेष्ठ साहित्य के तत्त्वों पर विचार हुआ। शुक्ल जी की साहित्यिक अभिरुचि इतनी प्रौढ़ और विकसित थी कि वे साहित्य की निम्नस्तरीय रचना को सह नहीं सकते थे।

शुक्ल जी की साहित्यिक अभिरुचि विकासशील और प्रगतिशील थी। अर्थात् सृजनशीलता में सौन्दर्य-चेतना के परिवर्तनों को पहचानकर उसके विकास को अग्रसर करने वाली थी। उनकी यह विकासशील-प्रगतिशील चेतना अनेक सन्दर्भों में प्रकट हुई। शुक्ल जी ने चलती दरबारी काव्याभिव्यंजना से लोकउन्मुख भक्तिकाव्य की साधना और उसकी श्रेष्ठता की ओर हमारा ध्यान आकृष्ट किया। मध्यकाल में फारसी प्रभाव से एक सुकुमार सौन्दर्य-चेतना का विकास हुआ और आधुनिक काल

में पाश्चात्य साहित्य के सम्पर्क में एक नयी सौन्दर्य-भावना उद्बुद्ध हुई। शुक्ल जी भक्ति काव्य की तुलना में पहले के प्रति कुछ अनुदार हो रहे जो उनकी क्लासिकल साहित्यिक अभिरुचि के कारण था। दूसरे को उन्होंने भारतीय काव्य-परम्परा में अपनाकर आगे बढ़ने का आग्रह किया। उनकी क्लासिकल अभिरुचि उदार अवश्य थी। लेकिन वे नियोक्लासिकल काव्यशास्त्रीय प्रतिबद्धता के विरोधी थे जिसकी ओर रीतिकाव्य की समीक्षा में स्पष्ट संकेत मिलता है। शुक्ल जी की साहित्यिक अभिरुचि की सबसे बड़ी चुनौती प्राचीन और आधुनिक अभिरुचियों के सन्तुलन की है। दृष्टि, वस्तु, भाव और शिल्प सभी में आधुनिक साहित्य प्राचीन से बिल्कुल भिन्न हो गया—सामाजिक-साहित्यिक परम्पराएँ चरमरा उठीं। ऐसी स्थिति में शुक्ल जी ने अपनी दृष्टि को सन्तुलित रखते हुए, विकास को स्वीकार करते हुए, सतर्कता के साथ नये सौन्दर्यबोध को ग्रहण किया।

3. पाठकों की अभिरुचि की समस्या

आलोचना का एक लक्ष्य पाठकों की अभिरुचि का परिष्कार है। काव्य-साहित्य की रसज्ञता और साहित्यिक विवेक का प्रश्न उसके बाद ही उठता है। ग्राहक-अभिरुचि-संस्कार के शुक्ल जी के प्रयत्न बहुमुखी और बहु-आयामी है— 1. शुक्ल जी ने साहित्यिक दृष्टिकोण के अतिरिक्त ऐतिहासिक दृष्टि को भी अपनाकर साहित्यकारों के महत्त्व को निर्धारित करने का प्रयत्न किया। प्राचीन और आधुनिक प्रवृत्तियों के प्रवर्तकों की विस्तृत चर्चा में यह बात देखी जा सकती है। रामानन्द, वल्लभाचार्य आदि साहित्य के विकास में योग देने वाले आचार्यों, रीतिकाव्य के प्रवर्तक केशवदास तथा भारतेंदु, महावीर प्रसाद द्विवेदी आदि काव्य-साहित्य को नये की ओर अग्रसर करने वाले साहित्यकारों पर विस्तार से विचार किया गया। आधुनिक काल में 'चन्द्रकान्ता', 'चन्द्रकान्ता सन्तति' आदि का उल्लेख हिन्दी पाठक वर्ग के विस्तार में योग देने के कारण है। 2. पाठकों की साहित्यिक अभिरुचि के विकास-प्रसार को ध्यान में रखकर साहित्य-सम्बन्धी अनेक मौलिक प्रश्न उठाये गये- जैसे साहित्य और नैतिकता, साहित्य में आदर्श और यथार्थ, काव्य में कल्पना और तथ्य, प्रेषणीयता आदि। साहित्य-समीक्षा में पहली बार इनकी ओर पाठकों का ध्यान आकृष्ट किया गया और उनके विवेचन का प्रयत्न हुआ। काव्य के क्षेत्र में कलावाद के प्रचार की प्रतिक्रिया के रूप में शुक्ल जी ने इन प्रश्नों पर विचार-विमर्श आरम्भ किया। 3. शुद्ध साहित्यिक दृष्टि से काव्य-साहित्य को प्रचार का माध्यम बनाने का विरोध हुआ। प्रेमचन्द के सुधारवादी 'प्रोपेगेण्डा' का ही नहीं, तुलसी की धार्मिक उपदेशात्मकता का भी खण्डन हुआ। शुक्ल जी की दृष्टि में कविता का लक्ष्य पाठकों के हृदय में भाव-स्फुरण के द्वारा मुक्तावस्था तक ले जाना है, उपदेश-प्रचार नहीं है। 4. शुक्ल जी ने साहित्य-सर्जना और साहित्यिक अभिरुचि के व्यापक-उदार बनाने की आवश्यकता

पर भी बल दिया। आधुनिक वैज्ञानिक युग में विज्ञान की उपेक्षा करके यह सम्भव नहीं है। भावों के आलम्बन के रूप में वस्तु-क्षेत्र का विस्तार आवश्यक है। "आज मनुष्य का ज्ञान-क्षेत्र बुद्धि-व्यवसायात्मक या विचारात्मक होकर बहुत विस्तृत हो गया। अतः उसके विस्तार के साथ हमें अपने हृदय का विस्तार भी बढ़ाना पड़ेगा।"[4] वस्तु और भाव के विस्तार के अनुरूप साहित्य में नये प्रयोग भी होते रहेंगे। परम्परा में नया प्रयोग शुक्ल जी के लिए अग्राह्य नहीं है। उनका अभिमत है कि संस्कृत काव्य और काव्यशास्त्रियों के अनुकरण में रीतिकाल में जो अनेक रूढ़ियाँ बन गयी हैं, वे साधारणीकरण की भावमयी वाग्धारा से कुछ हट गयी हैं। "हमारे वर्तमान काव्यक्षेत्र में अनुभूति की स्वच्छन्दता की धारा प्राकृत पद्धति पर अर्थात् परम्परा से चले आते हुए मौखिक गीतों के मर्मस्थल से शक्ति लेकर चलने पाती तो वह अपनी ही काव्य-परम्परा होती- अधिक सजीव और स्वच्छन्द की हुई।"[5] शुक्ल जी ने विदेशी प्रेरणा से प्रयुक्त छायावादी प्रयोगों की अपेक्षा अपनी भावधारा के अनुरूप 'सच्चा स्वच्छन्दतावाद' के प्रयोगों को अधिक प्राकृत माना। उनकी अभिरुचि कविता की ओर थी, लेकिन आधुनिक काल की गद्यकाल की संज्ञा देकर उन्होंने सभी विधाओं की ओर ध्यान दिया तथा आधुनिक साहित्य के गद्यात्मक विकास के महत्त्व को स्वीकार किया। 5. आलोचना के सैद्धान्तिक और व्यावहारिक दोनों क्षेत्रों में शुक्ल जी के द्वारा अभिरुचि-परिष्कार की भूमिका विशेष महत्त्वपूर्ण है। द्विवेदी-युग की समीक्षा दरबारी अभिरुचि से प्रभावित और देव-बिहारी के काव्य-सौन्दर्य की श्रेष्ठता की मीमांसा में संकीर्ण थी। आलोचकों ने सूर-तुलसी से भी देव-बिहारी को श्रेष्ठ घोषित किया। शुक्ल जी ने भक्तिकाव्य की भाव-प्रवणता और सौन्दर्य-चेतना का उद्घाटन करके सच्ची साहित्यिक अभिरुचि का विकास किया। इस प्रयत्न में उन्होंने कहीं-कहीं कठोर होकर केशव को कठिन काव्य का प्रेत भी कह दिया। काव्य में दुरूहता रसानुभूति में बाधक बनती है। यह दुरूहता रीति काव्य की अभिव्यंजना-पद्धति से भी अधिक छायावादी कल्पना में मिलती है। रीतिकाल का काव्यक्षेत्र वस्तु और अभिव्यंजना में रीतिबद्ध होकर संकुचित हो गयी तो छायावाद ने कोमलता के मोह में अपने क्षेत्र को सीमित कर लिया। मनुष्य के हृदय के "कोमल और कठोर, मधुर और तीक्ष्ण, दो पक्ष हैं और बराबर रहेंगे। काव्यकला की पूरी रमणीयता इन दोनों पक्षों के समन्वय के बीच मंगल या सौन्दर्य के विकास में दिखाई देती है।"[6] शुक्ल जी ने द्विवेदी-युग की कविता की शुष्क इत्तिवृत्तात्मकता को अकाव्यात्मक माना और उसके विरोध में स्वच्छन्दता एवं भाव-तरलता का समर्थन किया। लेकिन वस्तु, भाव और रूप में ऐकांगिकता छायावाद की तरह काव्याभिरुचि के व्यापक प्रसार में बाधक होती है।

6. सैद्धान्तिक चिन्तन में शुक्ल जी ने सच्ची कविता की पहचान देकर काव्याभिरुचि की विलक्षणताओं पर कठोर प्रहार किया। कविता में मनोरंजन दृष्टि,

चमत्कार और अद्भुतपन का आग्रह तथा असाधारणता की प्रवृत्ति अच्छी अभिरुचि के लक्षण नहीं हैं। ''मनोरंजन वह शक्ति है जिससे कविता अपना प्रभाव जमाने के लिए मनुष्य की चित्तवृत्ति को स्थिर किये रहती है।''[7] ''मन को अनुरंजित करना, उसे सुख या आनन्द पहुँचाना ही यदि कविता का अन्तिम लक्ष्य माना जाये तो कविता भी केवल विलास की एक सामग्री हुई।''[8] शुक्ल जी की दृष्टि में काव्योक्ति का चमत्कार भाव प्रवर्तक होना चाहिए। ''सूरसागर का सबसे मर्मस्पर्शी और वाग्वैदग्ध्यपूर्ण अंश भ्रमर गीत है जिसमें गोपियों की वचनवक्रता अत्यंत मनोहारिणी है।''[9] ''पर यदि कोरा वैचित्र्य या चमत्कार ही चमत्कार हो, तो थोड़ी देर के लिए कुछ कुतूहल या मनबहलाव चाहे हो जाये पर काव्य को लीन करने वाली सरसता न पायी जायेगी।''[10] अद्भुतपन और असाधारणता रस और सौन्दर्य की अनुभूति के अंग हैं। वस्तुनिष्ठ दृष्टि से ''काव्य में असाधारणत्व वहीं अपेक्षित होता है जहाँ भावों का अत्यन्त उत्कर्ष दिखाना होता है।''[11] ''केवल वस्तु के असाधारणत्व या व्यंजनाप्रणाली के असाधारणत्व में ही काव्य समझ बैठना अच्छी समझदारी नहीं है।''[12]

छायावादी युग के आरम्भ में प्रचलित विभिन्न वादों का विरोध करके तत्कालीन साहित्यिक अभिरुचि का परिष्कार शुक्ल जी की वाद-समीक्षा का मुख्य लक्ष्य है। उन्होंने काव्य-सर्जना और साहित्य-चिन्तन के क्षेत्र में इन पाश्चात्य वादों की अतिवादिता को रोकने का प्रयत्न किया। साहित्यिक अभिरुचि वादों से बन्धकर संकीर्ण हो जाती है। काव्य-साहित्य का क्षेत्र सभी प्रकार के दार्शनिक-साहित्यिक सिद्धान्तों से व्यापक होता है। लेकिन वाद-विशेष जीवन और साहित्य का एकांगी दृष्टि से आख्यान करता है। यह सही है कि शुक्ल जी ने पाश्चात्य वादों को सही रूप में समझने-समझाने का प्रयत्न नहीं किया। लेकिन उनकी सीमाओं और संकीर्णताओं को दिखाने में सफल अवश्य हुए। रहस्य-भावना जिज्ञासा का विषय है, प्रेम का नहीं, इस सम्बन्ध में शुक्ल जी के विचारों का खण्डन हो सकता है। पर आधुनिक रहस्यवाद में साधना के अभाव में सच्चाई के लोप और कृत्रिमता को अस्वीकार नहीं कर सकते। शुक्ल जी के अनुसार ''काव्यक्षेत्र में किसी वाद का प्रचार धीरे-धीरे उसकी सारसत्ता को चर जाता है।''[13] ''यूरोप के समीक्षा-क्षेत्र में उठते रहने वाले वादों के सम्बन्ध में यह बात पक्की समझनी चाहिए कि वे एकांगदर्शी होते हैं, वे या तो प्रतिवर्तन (Reaction) के रूप में अथवा प्रचलित मतों में कुछ अपनी विलक्षणता या नवीनता दिखाने की झोंक में, जोर-शोर के साथ प्रकाशित किये जाते हैं, इससे उनमें उत्युक्ति की मात्रा बहुत अधिक होती है। वे प्रायः अव्याप्ति या अतिव्याप्तिग्रस्त होते हैं।''[14] शुक्ल जी चाहते हैं कि समन्वय-भावना और सामंजस्य-बुद्धि से काम लेकर साहित्य और साहित्याभिरुचि को व्यापक-उदार रखें।

4. शुक्ल जी की साहित्यिक अभिरुचि : सौन्दर्यशास्त्रीय पक्ष

भाववादी या रसवादी शुक्ल जी ने सौन्दर्याभिरुचि का कहीं सौन्दर्यशास्त्रीय विवेचन नहीं किया। सौन्दर्यशास्त्री क्रोचे के अभिव्यंजनावाद के विरोध से स्पष्ट है कि वे कला या साहित्य की सौन्दर्यानुभूति को निरपेक्ष और अलौकिक मानने के लिए तैयार नहीं हैं। उनकी दृष्टि में रस की अनुभूति की तरह सौन्दर्य की अनुभूति भी लौकिक है। कविता का लक्ष्य तत्त्वगुण के उद्रेक में भावों का संचार है जिससे हृदय मुक्तावस्था पर पहुँच जाता है। यह ज्ञान के द्वारा प्राप्त होने वाली अद्वैत स्थिति की तरह है। रसात्यक बोध के विविध रूपों की चर्चा में शुक्ल जी कहते हैं कि भावविधान और भावानुभूति प्रत्यक्ष, स्मृतिजन्य और कल्पनाजन्य तीन धरातलों पर होता है तथा काव्यरचना एवं अनुभूति का सम्बन्ध तीसरे से है। भावप्रधान रस-व्यवस्था में उन्होंने सौन्दर्य को आलम्बन विभाव के धर्म के रूप में स्वीकार किया है। यह वस्तु जगत् की विशेषता है। सौन्दर्य के प्रति शुक्ल जी का दृष्टिकोण वस्तुनिष्ठ है। वस्तु धर्म होने के कारण वह लौकिक है। लेकिन शुक्ल जी जानते हैं कि पाठक के लौकिक व्यक्तित्त्व का तिरोभाव हो जाने के कारण रसानुभूति की तरह सौन्दर्यानुभूति भी व्यापक अर्थ में सार्वभौमिक और दिव्य है। ''जिस सौन्दर्य की भावना में मग्न होकर मनुष्य अपनी पृथक् सत्ता की प्रतीति का विसर्जन करता है वह अवश्य एक दिव्य विभूति है। भक्त लोग अपनी उपासना या ध्यान में इसी विभूति का अवलम्बन करते हैं।''[15] सौन्दर्य अपने में स्वयं मंगल है। शुक्ल जी दोनों को एक नहीं कहते, पर मंगलरहित सौन्दर्य की परिकल्पना स्वीकार नहीं करते। वह कुरूपता है। जीवन और काव्य के सम्बन्ध में लौकिक विश्लेषणात्मक दृष्टि के कारण शुक्ल जी जीवन में सौन्दर्य और कुरूपता की द्वन्द्वात्मक स्थिति मानते हैं। लौकिक द्वन्द्वों के परे सौन्दर्य उनको स्वीकार नहीं है या वह आध्यात्मिक सिद्धावस्था की स्थिति है। लौकिक जीवन की दृष्टि से उसका कोई विशेष महत्त्व नहीं है।

लौकिक जीवन के प्रत्यक्षीकरण में सौन्दर्य मन की कोमल भावना मात्र नहीं है। ''भीषणता और सरसता, कोमलता और कठोरता, कटुता और मधुरता, प्रचंडता और मृदुता का सामंजस्य ही लोकधर्म का सौन्दर्य है।''[16] शुक्ल जी ने जीवन और साहित्य में सौन्दर्य को व्यापक अर्थ में ग्रहण करते हुए भाव-सौन्दर्य और कर्म-सौन्दर्य की चर्चा की। लोक की ''भीषणता में भी अद्‌भुत मनोहारिता, कटुता में भी अपूर्व मधुरता, प्रचंडता में भी गहरी आर्द्रता साथ लगी रहती है। विरुद्धों का यही सामंजस्य कर्मक्षेत्र का सौन्दर्य है।''[17] शुक्ल जी ने भावगत और कर्मगत सौन्दर्य का विस्तृत तात्त्विक सौन्दर्यशास्त्रीय अध्ययन नहीं किया। उन्होंने भाव और कर्म की मंगलमयता में ही उनका सौन्दर्य देखा।

शुक्ल जी के सैद्धान्तिक चिन्तन में सौन्दर्यानुभूति की संक्षेप में व्याख्या की गयी। किसी वस्तु में प्रत्यक्ष ज्ञान या भावना से हमारी अपनी सत्ता के बोध का

जितना ही अधिक तिरोभाव और हमारे मन को उस वस्तु के रूप में जितनी ही पूर्व परिणति होगी उतनी ही बढ़ी हुई संसार की सब सभ्य जातियों में सौन्दर्य के सामान्य आदर्श प्रतिष्ठित हैं। भेद अधिकतर अनुभूति की मात्रा में पाया जाता है। न सुन्दर को कोई एकबारगी कुरूप कहता है और न बिल्कुल कुरूप को सुन्दर।''[18] शुक्ल जी सौन्दर्य को वस्तुनिष्ठ और उसकी अनुभूति को सार्वभौमिक मानते हुए ग्राहक व्यक्तित्त्व का तिरोभाव, वस्तु के साथ तदाकार परिणति या भावतादात्म्य, लोकोन्मुखता, सामान्योन्मुखता या साधारणीकरण मंगलमयता और आनन्दात्मकता को सौन्दर्यानुभूति की विशेषताएँ कहते हैं। उनके मतानुसार रसानुभूति के भी ये ही धर्म हैं।

5. शुक्ल जी की साहित्यिक अभिरुचि : सहृदयता और रसज्ञता

सहृदयता और रसज्ञता साहित्यिक अभिरुचि का मनोवैज्ञानिक पक्ष है। व्यावहारिक आलोचना के क्षेत्र में शुक्ल जी ने जिस सहृदयता का परिचय दिया, काव्य के भावात्मक स्थलों की जो रसज्ञ व्याख्या की, कविता में जो गहरी पैठ दिखाई या साहित्यिक विवेक के साथ रचना का जो सन्तुलित मूल्यांकन किया, वह अन्यत्र दुर्लभ है। सैद्धान्तिक आलोचना में रस, साधारणीकरण और अलंकार विधान का जीवन-सापेक्ष, मनोवैज्ञानिक, सामाजिक और सौन्दर्यशास्त्रीय विवेचन—उनकी प्रतिभा, मौलिकता, सूक्ष्मदृष्टि और काव्य के काव्यत्व की पहचान को स्पष्ट करते हैं। पाश्चात्य और भारतीय विविध वाद-विवादों के बीच विवेक के साथ उन्होंने साहित्य के पथ को प्रशस्त किया। काव्य में उन्होंने अपनी सहज-स्वाभाविक अभिरुचि प्रकट की—''केवल असाधारणत्व-दर्शन की रुचि सच्ची सहृदयता की पहचान नहीं।''[19] काव्य का उत्कर्ष सहज भावोन्मेष में है। शुक्ल जी के अनुसार, मुक्तक की अपेक्षा प्रबन्ध काव्य में उसकी अधिक सम्भावनाएँ हैं। वैयक्तिक रुचि और अपने दार्शनिक-सामाजिक-साहित्यिक सिद्धान्तों एवं मान्यताओं के विरुद्ध होने पर भी शुक्ल जी की सहृदयता ने यथास्थान काव्य के उत्कर्ष को स्वीकार किया और उसकी मार्मिकता का विश्लेषण किया जैसे रीतिकाव्य और छायावादी काव्य के सन्दर्भ में स्पष्ट होता है। पद्‌माकर के शृंगार रस निरूपण, कल्पना और मूर्तविधान की प्रशंसा करते हुए वे लिखते हैं—''इनकी मधुर कल्पना ऐसी स्वाभाविक और हावभावपूर्ण मूर्ति विधान करती है कि पाठक मानो प्रत्यक्ष अनुभूति में मग्न हो जाता है।''[20] मध्यकालीन साहित्य में कवि प्रकृति से कट गया। काव्य का क्षेत्र मानव जीवन तक सीमित हो गया। 'काव्य में प्राकृतिक दृश्य' निबन्ध में कवि-पाठकों का ध्यान उस ओर आकृष्ट करते हुए काव्य में प्रकृति वर्णन को शृंगार का उद्‌दीपन मात्र न मानकर उसकी स्वतन्त्र सत्ता और उसके आकर्षण, सौन्दर्य एवं महत्त्व की ओर संकेत किया गया। हिन्दी साहित्य के इतिहास में प्रकृति का सजीव चित्रण करने वाले सेनापति आदि का विशेष उल्लेख हुआ। वस्तून्मुख

प्रकृति- वर्णन के आग्रह के बावजूद अनुभूतिमूलक-कल्पनाशील छायावादी प्रकृति वर्णन की, विशेषतः पंत की प्रशंसा की गयी। शुक्ल जी की सहृदयता ने प्राचीन और आधुनिक किसी भी काल में किसी भी प्रवृत्ति में वस्तु-भाव-रूप-सम्बन्धी कहीं कोई मौलिक रसमय-सौन्दर्यमय नवीन प्रयोग हुआ तो उसे मुक्त हृदय से ग्रहण किया।

सूर, तुलसी और जायसी की व्यावहारिक समीक्षा में उनकी भावव्यंजना और अभिव्यक्ति का विशद निरूपण करते समय अनेक स्थलों पर शुक्ल जी की रसज्ञता प्रकट हुई। वे आलोचक के रूप में कवि के भावनिरूपण और अभिव्यंजना-पद्धति का वस्तुनिष्ठ तटस्थ विश्लेषण ही नहीं करते, उनको रसमय-सौन्दर्यमय बनाने वाले तत्त्वों पर विचार करते हुए स्वयं भाव-तन्मय हो जाते हैं। कवि की सहृदयता और भावुकता में समीक्षक स्वयं सहृदय और रसज्ञ हो जाता है। इस सन्दर्भ में तुलसी के वन गमन प्रसंग और चित्रकूट प्रसंग के आख्यान द्रष्टव्य हैं। "चित्रकूट में राम और भरत का जो मिलन हुआ है, वह शील और शील का, स्नेह और स्नेह का, नीति और नीति का मिलन है। इस मिलन में संघटित उत्कर्ष की दिव्य प्रभा देखने योग्य है।"[21]

चित्रकूट में उपस्थित "समाज के प्रभाव से चित्रकूट की रमणीयता में पवित्रता भी मिल गयी। उस समाज के भीतर नीति, स्नेह, शील, विनय, त्याग आदि के संघर्ष से जो धर्मज्योति फूटी, उससे आसपास का सारा प्रदेश जगमगा उठा—उसकी मधुर स्मृति से आज भी वहाँ की वनस्थली परम पवित्र है। चित्रकूट की उस सभा की कार्रवाई क्या थी, धर्म के एक-एक अंग की पूर्ण और मनोहर अभिव्यक्ति थी। रामचरितमानस में वह सभा एक आध्यात्मिक घटना है। धर्म के इतने स्वरूपों की एक साथ योजना, हृदय की इतनी उदात्त वृत्तियों की एक साथ उद्भावना तुलसी के ही विशाल 'मानस' में सम्भव थी।"[22] सूर के पदों की व्याख्या में शुक्ल जी का रसार्द्र हृदय इससे भी अधिक भावपूर्ण हो उठा है।

हमें यह स्वीकार करना पड़ता है कि अपनी मान्यताओं के विरुद्ध होने पर शुक्ल जी की सहृदयता और रसज्ञता मुक्त रूप में खुल नहीं पाती और कहीं-कहीं संकुचित भी लगती है। रवीन्द्र और आचार्य हजारी प्रसाद द्विवेदी की आलोचनात्मक दृष्टियों से तुलना करने पर ऐसा लगता है कि शुक्ल जी की संवेदना और अभिरुचि उतनी उदार और व्यापक नहीं है। उसका कारण उनके मध्यवर्गीय ब्राह्मण संस्कारों की परिधि है। उससे मुक्त होने पर ही मानवीय संवेदना को अपनी समग्रता में ग्रहण करना सम्भव है।

6. शुक्ल जी की साहित्यिक अभिरुचि : सामाजिक पक्ष

शुक्ल जी की साहित्यिक अभिरुचि को प्रभावित करने वाले सामाजिक तत्त्व हैं—धर्म, लोकमंगल, सामाजिक चेतना, सामान्योन्मुखता, भाव-विचारों की प्राकृत स्वाभाविकता और भारतीय हिन्दू सांस्कृतिक गरिमा। इन पर आधारित उनके सामाजिक संस्कारों

में संकीर्णता नहीं थी। इनकी दृष्टि अपने समय को देखते हुए काफी उदार और विकासशील थी। बहिर्मुखी रूढ़ सामाजिक संस्कारों से न बँधकर उन्होंने भारतीय जीवन और संस्कृति के उन तत्त्वों को ग्रहण किया जिनके साथ साहित्य और साहित्याभिरुचि का घनिष्ठ आंतरिक सम्बन्ध होता है। शुक्ल जी का धर्म जीवन और समाज को अनुशासित करके कर्त्तव्य के पथ पर आगे ले जाने वाला है। उस धर्म में साम्प्रदायिकता नहीं है। वह 'मानस' का धर्म है। वह निरपेक्ष अध्यात्म धर्म नहीं है जो वैयक्तिक साधना और अनुभूति का विषय है। इसीलिए कबीर की साधना या रहस्यवाद को स्वीकृति नहीं मिली। उनकी दृष्टि में "अज्ञात की जिज्ञासा का ही कुछ अर्थ होता है, उसकी 'लालसा' या प्रेम का नहीं।"[23] धर्म का सम्बन्ध व्यवहार से है, वह जीवन को उदात्त भूमि पर पहुँचाता है जैसे तुलसी के काव्य में। शुक्ल जी की धर्म भावना में नैतिकता की संकीर्णता नहीं है। उन्होंने अनैतिकता के आधार पर किसी काव्य का विरोध नहीं किया। धर्म की रक्षा अवतार का प्रयोजन है। भगवान के अवतार में सगुण लीला केवल लोकरंजन के लिए न होकर लोकरक्षण के लिए है। शुक्ल जी ने भक्ति को भी भक्त की वैयक्तिक साधना, आत्मोद्धार और मोक्ष के रूप में न देखकर उसका लक्ष्य लोककल्याण माना है। धर्म और भक्ति में कर्म का इतना अधिक महत्त्व माना गया कि उसे साहित्यिक सिद्धान्त के रूप में परिणत करते हुए लोकमंगल की साधनावस्था के काव्य को सिद्धावस्था के काव्य से श्रेष्ठ घोषित किया गया। इस आधार पर तुलसी सूर से श्रेष्ठ कवि हुए। वास्तव में साधनावस्था का काव्य बहिर्मुखी प्रेरणा का परिणाम है जबकि सिद्धावस्था के काव्य में कवि अन्तर्मुखी होकर मन और आत्मा के उदात्त धरातल पर पहुँचकर रचना करता है। जीवन और साहित्य दोनों में आत्मोन्नति और लोककल्याण का पारस्परिक महत्त्व विवादास्पद विषय है और व्यक्ति की दृष्टि एवं रुचि पर निर्भर रहता है।

शुक्ल जी की धार्मिक विचारधारा लौकिक धरातल पर सामाजिक दृष्टि और चेतना का रूप लेकर उनकी साहित्याभिरुचि का निर्देशक बनी। उन्होंने व्यक्तिवाद को व्यक्ति-वैचित्र्यवाद कहकर उसका खण्डन किया। सांस्कृतिक चेतना के विकास में व्यक्ति की महती भूमिका होती है। छायावाद या स्वच्छन्दतावाद में अभिव्यक्त सांस्कृतिक चेतना इसका प्रमाण है। लेकिन वह शुक्ल जी की दार्शनिक ही नहीं साहित्यिक मान्यताओं के भी विरुद्ध है। व्यक्तिवाद साहित्यिक रचना को आत्माभिव्यक्ति कहता है जबकि सामाजिक दृष्टि साहित्य को समाज के हित के लिए मानकर उसे भाव-सम्प्रेषण कहती है। शुक्ल जी की दृष्टि में धर्म, कर्म और सामाजिक भावना के द्वारा जीवन में शील और शक्ति का संचार होता है, शील और शक्ति का सम्बन्ध बाह्य सामाजिक जीवन से है। पर भारतीय आध्यात्मिक साधना वास्तविक शक्ति का स्रोत मन में मानती है। तुलसी का काव्य सामाजिक दृष्टि से शक्ति का काव्य है तो कबीर के काव्य में व्यक्ति-मन के उन्नयन के द्वारा शक्ति का कम संचार नहीं होता।

लोकोन्मुखता या सामान्योन्मुखता शुक्ल जी की साहित्यिक दृष्टि की एक विशेष उपलब्धि है। दरबारी काव्याभिरुचि लोकमानस से कट गयी। जैसा शुक्ल जी ने स्पष्ट किया, भक्तिकाव्य ने उसे लोक जीवन से जोड़ा और साहित्यिक अभिरुचि ने व्यापक रूप धारण किया। शुक्ल जी काव्य के साधारणीकरण के लिए उसका लोकोन्मुख या सामान्योन्मुख होना आवश्यक मानते हैं। आलम्बन में सामान्य मानवीय धर्म की प्रतिष्ठा पर जोर देते हुए वे आगे कहते हैं- "सबकी रुचि और प्रकृति में भिन्नता होने पर भी कुछ ऐसी अन्तर्भूमियाँ हैं जहां पहुँचने पर अभिन्नता मिलती है। वे अन्तर्भूमियाँ नर-समष्टि की रागात्मक प्रकृति के भीतर है। लोकहृदय की यह सामान्य अन्तर्भूमि परखकर हमारे यहाँ साधारणीकरण सिद्धान्त की प्रतिष्ठा की गयी है।"[24] शुक्ल जी के साथ स्वीकार करना पड़ता है कि आधुनिक काव्य-प्रवृत्तियों में यह सामान्य लोकोन्मुखता कम होती जा रही है। लोकजीवन की परिधि में ही काव्य में अभिव्यक्त भाव-विचार प्राकृत और स्वाभाविक होते हैं और तभी उनकी अपील सार्वभौमिक होती है। शुक्ल जी सर्जनात्मक और ग्राहक दोनों अभिरुचियों को प्राकृत भावभूमि पर खड़ा करना चाहते हैं।

शुक्ल जी की साहित्यिक अभिरुचि की व्यापक आधार भूमि भारतीय संस्कृति है.। उसकी गरिमा ने भारतीय जीवन, चिन्तन और साहित्य को उदात्तता के शिखर पर पहुँचा दिया है। शुक्ल जी उसके विस्मरण के पक्ष में नहीं है। उन्होंने उस संस्कृति के सारतत्त्व को लेकर साहित्यिक अभिरुचि के विकास का प्रयत्न किया है। हो सकता है कि उस संस्कृति के कुछ पक्ष छूट गये हों। हो सकता है कि शुक्ल जी ने अपनी अभिरुचि के अनुरूप उस संस्कृति के कुछ ही पहलुओं को ग्रहण किया हो। लेकिन वे पाश्चात्य चेतना को अपनी सांस्कृतिक परम्परा की परिधि में ही ग्रहण करना चाहते हैं।

शुक्ल जी की दार्शनिक, धार्मिक और सामाजिक विचारधारा की अपनी कुछ सीमाएँ थीं जिनके कारण वे आध्यात्मिक चेतना, अन्तर्मुखी साधना और व्यक्तिवादी मानसिक उन्नयन के महत्त्व को स्वीकार नहीं कर सके। इस पर आगे विचार किया गया है। इन सीमाओं के कारण वे अपनी मान्यताओं के विरोधी आदर्शों से अनुप्राणित साहित्य-रचना और साहित्यकारों के साथ पूरा न्याय नहीं कर सके। उस हद तक उनकी साहित्यिक अभिरुचि अनुदार और संकीर्ण लग सकती है।

7. निष्कर्ष

शुक्ल जी की साहित्यिक अभिरुचि धर्म, लोकजीवन और सामाजिक-सांस्कृतिक चेतना से अनुप्राणित क्लासिकल और उदात्त है। उनका सौन्दर्यबोध और रसज्ञता विकसित और प्रौढ़ है। रसवादी शुक्ल जी का दृष्टिकोण शुद्ध साहित्यिक है। आधुनिक युग-चेतना के अनुरूप उन्होंने अपनी साहित्यिक अभिरुचि को वैज्ञानिक वस्तुवादी परिधि में विकासशील-प्रगतिशील रूप देने का प्रयत्न किया है।

अपने युग की ग्राहक साहित्यिक अभिरुचि के परिष्कार और उन्नयन में शुक्ल जी का योगदान अत्यन्त महत्त्वपूर्ण है। वे नवीन पाश्चात्य साहित्यिक चेतना को अपनी परम्परा की परिधि में ग्रहण करना चाहते हैं। उन्होंने पाश्चात्य वादों का खण्डन किया है, लेकिन वास्तव में उनका विरोध अतिवादिता से है। उनकी साहित्यिक अभिरुचि उदार और समन्वयवादी है। वाद-विरोध में वे कहते हैं कि ''यूरोप में इधर पचास वर्ष के भीतर 'रहस्यवाद', 'कलावाद', 'व्यक्तिवाद' इत्यादि जो अनेक वाद चले थे, वे अब वहाँ मरे हुए आन्दोलन समझे जाते हैं।'' ''अब कोई वादी समझे जाने में कवि अपना मान नहीं समझते।''[25] दूसरी ओर वे पाश्चात्य वादों के सत्यांश को स्वीकार करने में संकोच नहीं करते—''उनमें सत्य की मात्रा कुछ न कुछ रहती अवश्य है, पर किसी हद तक ही। हमें देखना चारों ओर चाहिए; पर सब देखी हुई बातों का सामंजस्य-बुद्धि से समन्वय करना चाहिए।— यही सामंजस्य भारतीय काव्यदृष्टि की विशेषता है। यही सामंजस्य अनेक रूपात्मक जीवन और अनेक भावात्मक काव्य की सफलता का मूल मन्त्र है।''[26]

वर्तमान युग के वैविध्यपूर्ण चिन्तन, विभिन्न प्रकार की साहित्यिक प्रवृत्तियों के विकास और मुद्रण/प्रकाशन के विस्तार में साहित्यिक अभिरुचि के संस्कार (Cultivation) की बहुत आवश्यकता है। साहित्य के सम्बन्ध में अभिरुचि उदार, समन्वयशील और सामंजस्यपूर्ण होना चाहिए। साहित्य और साहित्याभिरुचि बुद्धिवादी वैज्ञानिक युग की उपेक्षा नहीं कर सकती। उसी परिप्रेक्ष्य में साधना के द्वारा उचित और उच्च अभिरुचि के विकास का प्रयत्न होता है। शुक्ल जी का यही प्रयत्न था।

सन्दर्भ

1. चिन्तामणि 2, पृ. 102
2. वही, पृ. 114
3. हिन्दी साहित्य का इतिहास, पृ. 92
4. चिन्तामणि 2, पृ. 112
5. हिन्दी साहित्य का इतिहास, पृ. 672
6. चिन्तामणि 1, पृ. 221
7. वही, पृ. 162
8. वही, पृ. 163
9. हिन्दी साहित्य का इतिहास, पृ. 193
10. चिन्तामणि 1, पृ. 171
11. रस-मीमांसा, पृ. 102
12. वही, पृ. 103
13. चिन्तामणि 1, पृ. 237
14. चिन्तामणि 2, पृ. 106
15. चिन्तामणि 1, पृ. 166

16. वही पृ. 216
17. वही पृ. 216
18. वही पृ. 165
19. चिन्तामणि 2, पृ. 10
20. हिन्दी साहित्य का इतिहास, पृ. 340
21. गोस्वामी तुलसीदास, पृ. 71
22. वही, पृ. 72-73
23. चिन्तामणि 2, पृ. 62
24. चिन्तामणि 1, पृ. 237
25. वही, पृ. 241
26. चिन्तामणि 2, पृ. 172

आचार्य रामचन्द्र शुक्ल : सौन्दर्य-दृष्टि; भक्तिकाव्य के विशेष सन्दर्भ में

1. शुक्ल जी की सौन्दर्य-दृष्टि

कलावाद, रूपवाद, अभिव्यंजनावाद आदि के विरोधी रसवादी आचार्य रामचन्द्र शुक्ल के साहित्य-चिन्तन और आलोचना के सन्दर्भ में उनकी सौन्दर्य-दृष्टि की चर्चा अन्तर्विरोधी लग सकती है। लेकिन नवीन साहित्यिक चेतना को अपने रस-सिद्धान्त की परिधि में आत्मसात् करते हुए उन्होंने सौन्दर्य-चेतना को भी स्वीकार किया है, भले ही सौन्दर्य-सम्बन्धी अतिवादी दृष्टि का विरोध किया हो।

कविता की रसानुभूति के लिए सौन्दर्य की पहचान अत्यन्त आवश्यक है। कविता में साहित्य की अन्य विधाओं की अपेक्षा रूप की प्रधानता होती है। उसके कथ्य और रूप में सौन्दर्य का ताना-बाना बुना रहता है। कविता की समीक्षा के लिए सौन्दर्याभिरुचि, उसकी गहरी पहचान और उससे स्पंदित होने की क्षमता प्राथमिक आवश्यकताएँ हैं। काव्य की रस-संवेदना की व्याख्या के लिए आलोचक का विकसित सौन्दर्य-बोध आधार भूमि है। शुक्ल जी रस-संवेदना को काव्य का अन्तिम लक्ष्य मानते हैं। उनकी समीक्षा इस बात का प्रमाण है कि कविता में सौन्दर्याभिनिवेश के बिना यह सम्भव नहीं है। शुक्ल जी की समीक्षागत सौन्दर्य-दृष्टि ऐसी है कि उसके द्वारा काव्य-सौन्दर्य की चेतना ही जागृत नहीं होती, पाठकों को वह दृष्टि मिलती है जिससे वे कविता के सौन्दर्य के मूल मर्म को पहचान पाते हैं।

प्रश्न उठता है कि द्विवेदी-युग के समीक्षक में काव्य-सौन्दर्य की ऐसी सूक्ष्म पकड़ कहाँ से आयी? भारतेन्दु-युग की सौन्दर्य-चेतना रीतिकालीन परिधि में बँधी थी। काव्य-रचना का विषय भक्तिपरक था, लेकिन अभिव्यंजना की शैली रीतिकाव्य से प्रभावित थी। सहज ही उस युग के सौन्दर्य-बोध और सौन्दर्य-चेतना रीतिकालीन परिपाटी में थी। नयी काव्यधारा में विषय की नवीनता के बावजूद किसी नयी सौन्दर्य चेतना का उन्मेष नहीं हो सका। आलोचना में रस-अलंकार के शास्त्रीय आधार पर सतही विचार हो रहा था। काव्य के सौन्दर्य और रस में उसकी गहरी पैठ नहीं

थी। द्विवेदी-युग में काव्य पुरानी वस्तु का कुछ नया आख्यान करके सन्तुष्ट था। प्राचीन सांस्कृतिक परम्पराओं और प्राचीन काव्य-रचना-पद्धतियों के पुनरूत्थान में ही नया सौन्दर्य देखने का प्रयास किया गया। भक्ति काव्य और रीति काव्य से पीछे जाकर संस्कृत के महाकाव्यों की अभिव्यंजना-पद्धति अपनायी गयी। द्विवेदी-युगीन पूर्व-स्वच्छन्दतावादी कविताओं में नये सौन्दर्य का कुछ आभास अवश्य मिल जाता है। आलोचना रीतिकालीन देव और बिहारी की काव्याभिव्यंजना की बारीकियों के सौन्दर्य में उलझी रही।

इस ऐतिहासिक परिपार्श्व में शुक्ल जी की सौन्दर्य-चेतना और सौन्दर्य-दृष्टि आमूल परिवर्तनकारी और तलस्पर्शी सिद्ध हुई। अपने युग की सीमाओं को तोड़कर वे सच्चे काव्य-सौन्दर्य को पहचानने और उसके विभिन्न तत्त्वों की व्याख्या करने में बहुत कुछ सफल हुए। सच्चे सौन्दर्य के संस्कारों को जगाकर उन्होंने युगीन सौन्दर्याभिरुचि का परिष्कार किया। अपनी सूक्ष्म सौन्दर्य-दृष्टि के बल पर उन्होंने भक्तिकाव्य का नया आख्यान ही नहीं किया, बल्कि नयी-पुरानी सभी काव्यधाराओं और प्रवृत्तियों में सौन्दर्यमय और सौन्दर्येतर तत्त्वों को स्पष्ट अलग किया। काव्य-सौन्दर्य को क्षति पहुँचाने वाले तत्त्वों का उन्होंने बड़ी निर्ममता के साथ खण्डन किया। उनकी दार्शनिक, सामाजिक और सैद्धान्तिक मान्यताओं की सीमाएँ हो सकती हैं, पर उनके कारण काव्य-सौन्दर्य को पहचानने और उसका सही मूल्यांकन करने में कोई बाधा नहीं हुई। बहुत से नये समीक्षक शुक्ल जी को रीतिकाव्य और छायावादी काव्य के विरोधी मानते हैं। लेकिन उन्होंने रीतिकालीन सौन्दर्य-बोध की विशेषताओं की उपेक्षा नहीं की। वास्तव में रीतिकाव्य के स्थूल भावरसपरक तत्त्वों और रूप अभिव्यंजना पद्धति का विरोध करते हुए भी उन्होंने सूक्ष्म रूप-सौन्दर्य निरूपण, हाव-भाव योजना की गतिशीलता, क्रीड़ा-माधुर्य, सम्मूर्तनविधान, लयात्मकता आदि अनेक सौन्दर्यशास्त्रीय तत्त्वों की ओर हमारा ध्यान आकृष्ट किया। छायावादी दृष्टि और वस्तु की सीमाओं का निर्देश करने के बाद उसकी भाव-व्यंजना की मार्मिकता तथा प्रभाव-साम्य के आधार पर अप्रस्तुत योजना, सूक्ष्म उपमानों के प्रयोग, प्रतीक विधान, बिम्बांकन, चित्रकला शैली, मानवीकरण, सामाजिक प्रयोग आदि के नये सौन्दर्य की ओर संकेत करने वाले प्रथम समीक्षक शुक्ल जी ही थे। बाद की आलोचना में उन्हीं विशेषताओं का पल्लवन और विस्तार होता रहा। शुक्ल जी की पैनी दृष्टि से छायावादी भावव्यंजना की कमजोरियाँ और दूरारूढ़ कल्पना की ऊहात्मकता ओझल नहीं थी। पंत जी की कविता 'छाया' में ललित कल्पना के बिम्बों की क्रीड़ा को अकाव्यात्मक घोषित करके अन्तिम छन्दों में भावना को सम्बेद्य मानने में शुक्ल जी के सौन्दर्य-बोध का पता चलता है।

मुझे ऐसा लगता है कि छायावादी युग में विभिन्न पाश्चात्यवादों के नाम पर सौन्दर्य-सम्बन्धी नवीन विलक्षण धारणाओं और मंतव्यों को देखकर शुक्ल जी ने

अपनी मान्यताओं के प्रतिपादन के सन्दर्भ में उन पर विचार करना आरम्भ किया। उनको रस-सिद्धान्त के विरुद्ध मानकर पहले खण्डन किया। जब वे रस-अलंकार के तात्विक विवेचन में संलग्न हुए तो काव्य के सौन्दर्यशास्त्रीय पहलू की ओर उनका ध्यान आकृष्ट हुआ। अलंकार विधान का प्राणतत्त्व सौन्दर्य है ही, वे रस-संवेदना की चर्चा में भी जाने-अनजाने सौन्दर्य-चेतना की आधार भूमि को पहचानने लगे जो काव्य में भाव को सम्बेद्य बनाती है। इस तरह शुक्ल जी को सौन्दर्य-मीमांसा ने खण्डनात्मक से विधायक रूप ग्रहण किया। शुक्ल जी के समय छायावादी कवि सौन्दर्य-सम्बन्धी चिन्तनधाराओं को लेकर आगे बढ़ने का प्रयत्न कर रहे थे। उनसे शुक्ल जी प्रभावित नहीं हुए, लेकिन छायावादी कविता ने काव्य-रचना में सौन्दर्य का जो नवीन और मौलिक रूप सामने रखा शुक्ल जी की सहृदयता और रसग्राहिता उससे प्रभावित होकर छायावादी सौन्दर्य के तात्विक विश्लेषण में प्रवृत्त हुई। एक हद तक यह माना जा सकता है कि शुक्ल जी की सौन्दर्य-चेतना के विकास में भक्तिकाव्य के साथ-साथ छायावादी काव्य की भी प्रेरणा है। अन्यथा वे पद्माकर की चर्चा में सम्मूर्तन और घनानन्द की समीक्षा में लाक्षणिक प्रतीकात्मक प्रयोगों की बात नहीं उठाते।

शुक्ल जी के सौन्दर्य-बोध और सौन्दर्य-दृष्टि के विकास के मूल में अनेक तत्त्व क्रियाशील हैं। एक क्लासिकल साहित्य के उदात्त सौन्दर्य के प्रति आकर्षण है। दूसरा मध्यवर्गीय ब्राह्मण संस्कृति का गरिमामय रूप है। वास्तव में संस्कृति ही जीवन और साहित्य में सौन्दर्य के संस्कारों को जगानेवाली आधार भूमि है। तीसरा युग की नयी चेतना है। शुक्ल जी एक ओर परम्परा के अनुयायी थे तो दूसरी ओर उस परम्परा को आगे बढ़ाने वाली नवीन चेतना के आवाहन के समर्थक भी थे। जीवन और साहित्य दोनों में उन्होंने प्राचीन रूढ़ परम्पराओं का विरोध किया तो नवीन उच्छृंखलता का भी। चौथा साहित्य और सौन्दर्य-सम्बन्धी पाश्चात्य चिन्तन का ग्रहण और उसे भारतीय परम्परा में आत्मसात् करने का प्रयत्न है। कुल मिलाकर उनकी सौन्दर्य-दृष्टि ने ऐसा प्रखर रूप धारण किया है कि उसमें खंडनात्मक तीव्रता है, स्पंदनशील संवेदना है और स्वस्थ उदात्त गरिमा भी है। संकीर्ण परम्परा और उच्छृंखल नवीनता का विरोध करते हुए शुक्ल जी ने सौन्दर्य-चेतना के परिष्कार और उनके उन्नयन का जो महान कार्य किया है, उसका मूल्यांकन करना सम्भव नहीं है। उनके समीक्षा कार्य के अभाव में काव्य-सम्बन्धी नयी सौन्दर्याभिरुचि के विकास की कल्पना ही नहीं की जा सकती।

शुक्ल जी की आलोचना का आधार क्थ्य के सन्दर्भ में रस-सिद्धान्त और रूप के सन्दर्भ में, मुख्यतः आलंकारिक विधान है। काव्यशास्त्र की परम्परा से भिन्न दोनों को उन्होंने व्यापक अर्थ में ग्रहण किया है। उनकी रसवादी दृष्टि जीवन-सापेक्ष है। जीवन में धार्मिक चेतना, सामाजिक मर्यादा और दोनों की परिधि में भावात्मक

स्पंदनशीलता को मूल्यवान मानकर रस-संवेदना या काव्योत्कर्ष का मूल्यांकन किया गया है। धार्मिक-सामाजिक चेतना की परिणति जीवन के प्रौढ़ सांस्कृतिक परिवेश में रस को उदात्तता के धरातल पर पहुँचा देती है जैसा तुलसी के काव्य में देखते हैं। शुक्ल जी जानते हैं कि केवल धार्मिक प्रसंग और साधना में रसात्मकता नहीं होती। वे न कबीर की साधना में काव्यत्व देखते हैं और न तुलसी के मानस के धार्मिक उपदेशों में। सामाजिक दृष्टि से जीवन के अनुशीलन मात्र को भी साहित्य की संज्ञा नहीं दी जा सकती। उन्होंने प्रेमचन्द के सुधारवादी आग्रहों को 'प्रोपेगेंडा' कहकर व्यंग्य किया है। भावानुभूति को जीवन-सापेक्ष मानकर उन्होंने एक ओर वस्तु के धार्मिक-सामाजिक पहलुओं और मूल्यों पर बल दिया है तो दूसरी ओर मनोवैज्ञानिक दृष्टि से उसकी सच्चाई, गहराई, व्यापकता और उदात्तता को परखने का प्रयास किया है। काव्य धर्म और समाजशास्त्र नहीं है तो वह मनोविज्ञान भी नहीं है। ऐसा लगता है कि शुक्ल जी वस्तु और भाव की सौन्दर्यशास्त्रीय परिणति चाहते हैं, तभी काव्य में काव्यत्व होता है। रचना आस्वाद्य होकर रसानुभूति की भूमिका प्रस्तुत होती है। उन्होंने वस्तु और भाव के सौन्दर्य-शास्त्रीय पहलू का प्रत्यक्ष उल्लेख नहीं किया है; काव्य की भावभूमि के महत्त्व का ही आग्रह करते रहे। लेकिन उनकी रसग्राहिता वस्तु और वस्तुगत भाव को संवेद्य बनाने वाले सौन्दर्यात्मक मूल्य को पहचान सकी और उसी आधार पर कविता का मूल्यांकन होता रहा।

इस सन्दर्भ में यह भी ध्यातव्य है कि शुक्ल जी कविता में आलम्बन या वस्तु का वर्णन भाव की अनुभूति के लिए आवश्यक मानते हैं। साधारणीकरण की चर्चा में कवि के द्वारा आलम्बन में सामान्य मानवीय धर्म की प्रतिष्ठा का आग्रह करते हैं जिससे रचना का साधारणीकरण होकर रस की अनुभूति होती है। शृंगार के सन्दर्भ में आलम्बन का सौन्दर्य, रस-संवेदना की आधारभूमि है जिसके सौन्दर्य की छटा और विशेषताओं की ओर उनकी व्यावहारिक आलोचनाओं में संकेत किये गये हैं। आलम्बन का यह सौन्दर्य मानवीय है, वह व्यक्ति की विलक्षणता और व्यक्तित्त्व के वैचित्र्य में नहीं है। अन्य रसों के आलम्बन भी मानवीय प्रसंग और संवेदना के मूल्यों के प्रतिपादन के द्वारा ही पाठक की मानवीय संवेदना के विषय हो सकते हैं और तभी रस की अनुभूति सम्भव है। कहने का तात्पर्य यह हुआ कि कविता, उसकी वस्तु, आलम्बन और उससे उत्पन्न भावनाएँ, सौन्दर्यशास्त्रीय अर्थ में संवेद्य बनते हैं; धार्मिक-सामाजिक सन्दर्भ का उत्कर्ष करते हैं, जबकि मानवीय भावात्मक संवेदना उसकी आधार भूमि है।

शुक्ल जी की दृष्टि में अलंकार सौन्दर्य का साधक तत्त्व है। कविता की रूप-संरचना में उसकी महत्त्वपूर्ण भूमिका है। यद्यपि अलंकारों के बिना भी काव्याभिव्यंजना हो सकती है, कविता की तीव्र संवेगात्मक अभिव्यक्ति में कल्पना की अप्रस्तुत या आलंकारिक योजना स्वाभाविक है। अपने सैद्धान्तिक चिन्तन

और व्यावहारिक आलोचना में शुक्ल जी ने अप्रस्तुत अलंकार विधान के अनेक सौन्दर्यशास्त्रीय पहुलओं का उद्‌घाटन किया है, विशेषतः छायावाद के सन्दर्भ में। आधुनिक कविता में सौन्दर्यपरक बिम्ब, प्रतीक, चित्रांकन, मानवीकरण, अलंकार विधान आदि समस्त विशेषताओं को शुक्ल जी ने अप्रस्तुत योजना शीर्षक देकर विचार किया है। भारतीय रूढ़ परम्परा में लक्षणों के आधार पर अलंकारों का निरूपण मात्र शुक्ल जी का लक्ष्य नहीं है। सौन्दर्य-दृष्टि के अभाव में उन्होंने अलंकार विधान का विरोध किया है जैसे तुलसी के सांगरूपकों का, रीतिकालीन ऊहात्मक अलंकरण प्रवृत्ति का या छायावादी अलंकारों या अप्रस्तुतों की भरमार का।

सौन्दर्य का दूसरा प्रमुख साधक तत्त्व कल्पना है जिस पर भी शुक्ल जी ने विस्तार से विचार किया है। वे जानते थे कि कल्पना कारयित्री प्रतिभा है जिसके द्वारा भाव का सम्मूर्त्तन होता है। उसका सम्बन्ध कथ्य और रूप दोनों से है। लेकिन रसवादी दृष्टि से भाव को अधिक महत्त्व देते हुए उसे साधन मात्र कहते हैं और उसका भावप्रेरित होना आवश्यक समझते हैं। अनेक स्थानों पर ऐसा लगता है कि वे कल्पना को कलापक्ष का रूप विधान से ही जोड़ रहे हैं और कल्पना उनकी दृष्टि में केवल रूपविधायिनी है। वस्तु या भाव का बिम्ब खड़ा करने में कल्पना अप्रस्तुत बिम्ब, प्रतीक आदि की योजना अवश्य करती है लेकिन वही कल्पना का कार्य नहीं है। आधुनिक कविता में विशेषतः छायावाद में भाषा-व्यंजना से प्रस्तुत विधायिनी कल्पना की अधिक क्रियाशीलता को देखकर प्रतिक्रिया में शुक्ल जी ने अधिक कल्पनाशीलता का विरोध ही नहीं किया, उसके रूपविधायिनी पहलू की ही अधिक चर्चा की है।

शुक्ल जी का सौन्दर्य-सम्बन्धी दृष्टिकोण वस्तुनिष्ठ है। रसानुभूति की तरह सौन्दर्यानुभूति में भी आलम्बन या वस्तु पर बल दिया गया है। उसके साथ "अन्तस्सत्ता की तदाकार परिणति सौन्दर्य की अनुभूति है।"[1] "सुन्दर वस्तु से पृथक् सौन्दर्य कोई पदार्थ नहीं है।"[2] वस्तु की भावना में, मन उसमें तन्मय हो जाता है। "कविता केवल वस्तुओं के ही रूपरंग के सौन्दर्य की छटा नहीं दिखाती, प्रत्युत कर्म और मनोवृत्ति के सौन्दर्य के भी अत्यन्त मार्मिक दृश्य सामने रखती है।"[3] कवि की दृष्टि जीवन-जगत् में "सौन्दर्य की ओर जाती है, चाहे वह जहाँ हो—वस्तुओं के रूप-रंग में अथवा मनुष्य के मन, वचन और कर्म में।"[4] रस की तरह सौन्दर्य के भी धर्म हैं—वस्तुनिष्ठता, नैसर्गिकता, स्वाभाविकता, सात्विकता और सामाजिकता। सौन्दर्य केवल कोमलता में नहीं है, रूप और भाव की उग्रता में भी सौन्दर्य की झलक मिल जाती है।

कविता में सौन्दर्य का सम्बन्ध केवल उसके रूपविधान से नहीं है। वह जीवन का रस है। शुक्ल जी की दृष्टि में रस की तरह सौन्दर्य भी जीवन-सापेक्ष है। जीवन की विरूपताओं और विकृतियों की अभिव्यंजना में न सौन्दर्य है और न रस। "काव्यदृष्टि से जब हम जगत् को देखते हैं तभी जीवन का स्वरूप और सौन्दर्य प्रत्यक्ष होता

है।"[5] यदि ऐसा नहीं होता तो "हृदय के विकास का अभाव और जीवन के सौन्दर्य की अनुभूति की कमी समझनी चाहिए।"[6] "जीवन का सौन्दर्य वैविध्यपूर्ण है।"[7] यह सौन्दर्य मंगलमय है। "सौन्दर्य भी मंगल का ही पर्याय है। जो लोग केवल शाँत और निष्क्रिय सौन्दर्य के अलौकिक स्वप्न में ही कविता समझते हैं वे कविता को जीवन क्षेत्र से बाहर खदेड़ना चाहते हैं।"[8] शुक्ल जी जीवन-जगत् की मधुर कल्पनाओं में ही सौन्दर्य की स्थिति नहीं मानते। प्रत्यक्ष जीवन में सत्य-असत्य, अच्छे-बुरे की तरह सौन्दर्य-कुरूपता के द्वन्द्व को भी स्वीकार करना पड़ता है। कविता में "कुरूपता का अवस्थान सौन्दर्य की पूर्ण और स्पष्ट अभिव्यक्ति के लिए"[9] आवश्यक है।

छायावादी युग में सौन्दर्य-सम्बन्धी जो रोमांटिक विचार प्रकट हो रहे थे उनसे भिन्न शुक्ल जी की वस्तुवादी विचाराधारा है। सौन्दर्य अलौकिक न होकर लौकिक भावना है। वह कल्पना की वस्तु न होकर जीवन-सापेक्ष है। सौन्दर्य केवल वस्तुरूप से ही सम्बन्धित नहीं है, भाव और कर्म में भी सौन्दर्य होता है। सौन्दर्य शिव से भिन्न वस्तु नहीं है, वह मंगलमय है। सौन्दर्य केवल कोमल-मधुर भावना में ही नहीं है, जीवन के कठोर-कटु सत्य में भी सौन्दर्य है। सौन्दर्य जीवन का एक पहलू मात्र नहीं है, वह जीवन के संस्कारों से विकसित जीवन के सभी पहलुओं में वर्तमान संवेद्य स्थिति है। शुक्ल जी का यह सौन्दर्य-सम्बन्धी दृष्टिकोण उनकी रस-दृष्टि का अनुवर्ती है।

कलावादी दृष्टि का विरोध करते हुए कविता का जीवन से प्रत्यक्ष सम्बन्ध मानने वाले, रसानुभूति के लिए भावों का प्रत्यक्ष, प्राकृत, सामाजिक और धार्मिक या सात्विक होना आवश्यक मानने वाले शुक्ल जी जानते हैं कि कविता में जीवन का, उसके विविध पहलुओं का कलात्मक या सौन्दर्यात्मक पर्यवसान अनिवार्य है। सौन्दर्य-दृष्टि और चेतना के बिना कविता नहीं है। "सौन्दर्य और कुरूप काव्य में बस ये ही दो पक्ष हैं। भला-बुरा, शुभ-अशुभ, पाप-पुण्य, मंगल-अमंगल, उपयोगी-अनुपयोगी—ये सब शब्द काव्यक्षेत्र के बाहर के हैं। वे नीति, धर्म, व्यवहार, अर्थशास्त्र आदि के शब्द हैं। शुद्ध काव्य क्षेत्र में न कोई बात भली कही जाती है न बुरी, न शुभ, न अशुभ, न उपयोगी, न अनुपयोगी। सब बातें केवल दो रूपों में दिखाई देती हैं—सुन्दर और असुन्दर।"[10] सतही दृष्टि से देखने पर ऐसा लगता है कि शुक्ल जी कलावादी या अभिव्यंजनावादी शब्दों में बोल रहे हैं। वास्तव में उनका अभिप्राय कला या कविता में वस्तु के सौन्दर्यमय या सौन्दर्यशास्त्रीय प्रतिपादन से है जो वस्तु को काव्यत्व प्रदान करता है।

2. भक्तिकाव्य की सौन्दर्य-चेतना का अनुशीलन

किसी काव्यधारा या प्रवृत्ति की सौन्दर्य-चेतना उसके आधारभूत जीवन-सूत्रों से अनुप्राणित होती है। भक्ति-आन्दोलन की दिशाओं ने हिन्दी भक्तिकाव्य की वस्तु और भावना

को ही नहीं, उसकी सौन्दर्य-दृष्टि को भी निर्धारित किया है। शुक्ल जी के जीवन दर्शन ने भक्ति आन्दोलन की अपने ढंग से व्याख्या की और तदनुसार भक्तिकाव्य का मूल्यांकन किया है। मूलतः भक्ति आन्दोलन और भक्तिकाव्य आध्यत्मिक और वैयक्तिक साधना पर बल देने वाले हैं। आचार्य हजारी प्रसाद द्विवेदी सूर के वात्सल्य और शृंगार को शुद्ध लौकिक नहीं मानते। शुक्ल जी की धार्मिक-सामाजिक दृष्टि ने भक्ति को सामाजिक परिपार्श्व में देखने का प्रयत्न किया है। वैयक्तिक साधना को काव्य का विषय स्वीकार नहीं किया गया। उनकी सौन्दर्य-दृष्टि धर्म और कर्म के सौन्दर्य में ही तल्लीन हो सकी। इसलिए उनको कबीर आदि सन्त कवियों की वैयक्तिक आध्यत्मिक साधना में कोई सौन्दर्य दिखाई नहीं पड़ा। जायसी की भावव्यंजना में प्राकृतिक, पारिवारिक और सामाजिक पहलुओं को लेकर उसकी सौन्दर्य-चेतना की आवश्यकता से अधिक प्रशंसा हुई। प्रबन्धकार तुलसी और गीतिकार सूर की तुलना करने वाले शुक्ल जी ने कहीं भी जायसी और सूर की तुलना नहीं की। वे जानते थे कि सूर के सौन्दर्य-बोध और काव्योत्कर्ष की तुलना में तुलसी समर्थन ही कठिन है तो जायसी का प्रबन्ध कौशल और जीवन-सौन्दर्य-निरूपण नाचीज है। वे सूर की मौलिक काव्य प्रतिभा और भाव-व्यंजना का, उसके काव्य-सौन्दर्य का अत्यन्त सूक्ष्म और तलस्पर्शी विश्लेषण और प्रशंसा करते हुए भी 'लोकमंगल की साधनावस्था' के काव्योत्कर्ष की महिमा गाते हुए सौन्दर्येतर मूल्यों के आधार पर तुलसी को हिन्दी के सर्वश्रेष्ठ कवि सिद्ध करते हैं। प्रश्न उठता है कि साधनावस्था में सर्जनात्मक प्रतिभा और सौन्दर्य-चेतना चरम स्थिति पर पहुँचती है या सिद्धावस्था में? शुक्ल जी यह भी भुला देते हैं कि तुलसी की काव्यसाधना में सामाजिक पक्ष जितना प्रबल है, उतना ही वैयक्तिक पक्ष। विनय पत्रिका की बात भूलकर स्वयं मानस को ही लेते हैं तो वह लोकधर्म का ही नहीं, वैयक्तिक भक्ति-साधना का भी काव्य है। भक्तिकाव्य के सौन्दर्य-शास्त्रीय अनुशीलन में शुक्ल जी की सीमाएँ उनके मताग्रहों के कारण हैं। सौन्दर्य के सम्बन्ध में उनका दृष्टिकोण सामाजिक है। सौन्दर्य की वैयक्तिक भावना से वे अनभिज्ञ नहीं थे। लेकिन उन्होंने जीवन के आध्यात्मिक, साधनात्मक और वैयक्तिक पहलुओं के सौन्दर्य को एकांगी और कभी-कभी सौन्दर्य रहित माना है। सहृदयता के साथ जहाँ कहीं उनका ग्रहण हुआ है, अपनी सैद्धान्तिक सीमाओं में ही।

भक्ति आन्दोलन और भक्तिकाव्य का एक महत्त्वपूर्ण पहलू जिस पर शुक्ल जी का ध्यान नहीं गया है और जिसके कारण उनके सौन्दर्यशास्त्रीय अनुशीलन में कुछ त्रुटियाँ आ गयी हैं, वह भक्तिकाव्य की स्वच्छन्दतावादी प्रवृत्ति है। काव्यशास्त्र की लीक को छोड़कर उन्होंने रस और अलंकार की जीवन-सापेक्ष सौन्दर्यशास्त्रीय व्याख्या की। भक्ति काव्य और आधुनिक काव्य के मौलिक सौन्दर्य-बोध को अपने ऐतिहासिक विकसित परिपार्श्व में समझने के लिए यह आवश्यक था। लेकिन सामाजिक साहित्यिक क्षेत्रों में भक्तिकाव्य की स्वच्छन्दतावादी मूल प्रवृत्तियों को न

समझकर वे सामाजिक जीवन में तुलसी की समन्वयवादी दृष्टि को और साहित्य में अपने वस्तुवादी आदर्शों को ही काव्य का श्रेय और प्रेय मानते रहे।

स्वच्छन्दतावादी प्रवृत्ति के दो पहलू हैं—एक विद्रोह या क्रान्ति की भावना और दूसरा रूढ़िमुक्त जीवन की स्वच्छन्दता का आग्रह। भक्ति आन्दोलन और भक्तिकाव्य में दोनों बातें दिखाई देती हैं। क्रान्तिकारी दृष्टि, रूढ़ परम्पराओं का विरोध, धर्म के क्षेत्र में स्थूल दृष्टि का खण्डन, जाति-पाँति की व्यवस्था की निस्सारता की अभिव्यक्ति और सरल जीवन बिताते हुए आध्यात्मिक प्रत्यक्ष अनुभूति—सन्तकाव्य की विशेषताएँ हैं। इन वस्तुगत प्रवृत्तियों के कारण सन्त कवियों की सौन्दर्य-भावना में क्रान्तिकारिता, अनुभूति की तीव्रता और आध्यत्मिक सूक्ष्म चेतना की झलक मिलती है। उन्होंने काव्य परम्परा से भिन्न एक नये सौन्दर्य-बोध का विकास किया है। यह दूसरी बात है कि काव्य पर नहीं, साधना पर ध्यान केन्द्रित होने के कारण इस नये सौन्दर्य-बोध को साहित्यिक या कलात्मक रूप प्राप्त नहीं हो सका। सूफी और सगुण भक्तकवियों ने जीवन और काव्य में क्रान्तिकारिता को ज्यादा महत्त्व नहीं दिया। वे जीवन में सात्त्विक भक्ति और आध्यात्मिक अनुभूति की ही ओर उन्मुख रहे। इस कारण उनकी सौन्दर्य-भावना में केवल भावात्मक तरलता और स्वच्छन्दता मिलती है। तुलसी ने वैचारिक धरातल पर धर्म की नयी व्याख्या का प्रयत्न किया, लेकिन वह सौन्दर्य चेतना का अंग नहीं बन सकी। यह लौकिक दृष्टि से समन्वयवादी या सामाजिक सुव्यवस्था का आग्रही मात्र रह गयी।

भक्ति आन्दोलन की अध्यात्म, धर्म और भक्ति-सम्बन्धी नयी मान्यताओं से अनुप्राणित भक्तिकाव्य में सौन्दर्य की नयी दिशाएँ आलोकित हो उठीं। जीवन और काव्य के क्षेत्रों में स्वच्छन्द अनुभूति का यह परिणाम था। भक्ति आन्दोलन ने जीवन में नया स्पंदन उत्पन्न किया तो भक्तकवियों ने उस स्पंदन को सौन्दर्यात्मक रूप प्रदान किया। वैचारिक सिद्धान्त-प्रतिपादन से बँधे कबीर में, सूफी साधना की परिधि में सर्जनाशील जायसी में या हिन्दू-समाज में नयी सामाजिक-सांस्कृतिक चेतना के विकास के लिए यत्नशील तुलसी में भक्तिकाव्य की स्वच्छन्द भावना, उस तरह सौन्दर्यात्मक रूप धारण नहीं कर सकी जिस तरह कृष्णभक्ति काव्य में, विशेषतः सूर में। भक्तिकाल में नवीन काव्य-सौन्दर्य के उन्मेष के प्रतिनिधि कवि सूर हैं। वे जीवन के सूत्रों को भक्ति भावना के भावात्मक धरातल पर ग्रहण करके उसकी अनुभूति में मन और आस्था के स्वच्छन्द प्रसार को काव्य के सर्जनाशील सौन्दर्य में परिणत करने वाले महाकवि हुए।

भक्तिकाव्य की स्वच्छन्द प्रवृत्ति में संस्कृत साहित्य और काव्यशास्त्रीय रस-अलंकार की परिपाटियाँ चरमरा उठीं। शुक्ल जी ने भक्तिकाव्य के इस नये सौन्दर्य को पहचाना और देव-बिहारी की श्रेष्ठता के विवाद में उलझी हुई सौन्दर्याभिरुचि के परिष्कार का प्रयत्न किया। दरबारी संस्कृति और सौन्दर्य-भावना का विरोध किया। कल्पना की

क्रीड़ा और उक्ति चमत्कार से भिन्न सच्ची सौन्दर्य चेतना का विकास किया। हिन्दी साहित्य के इतिहास, सूर, तुलसी और जायसी की आलोचना में उनके भक्तिकाव्य के सौन्दर्य के प्रतिमानों की ओर अनेक संकेत मिलते हैं। भक्तिकाव्य की उनकी समीक्षा सौन्दर्यशास्त्रीय न होकर रसवादी अवश्य है, लेकिन उन्होंने रस संवेदना की आधारभूमि के रूप में सौन्दर्यात्मक चेतना की विभिन्न विशेषताओं का उद्घाटन किया है।

भक्ति की सात्विकता, उसकी रागात्मक प्रवृत्ति से उत्पन्न भावतरलता, उसके सरल जीवन-दर्शन से विकसित नैसर्गिकता एवं ऋजुता, उसके जीवन-परिवेश की सांस्कृतिक गरिमा आदि भक्ति आन्दोलन और भक्तिकाव्य के कुछ महत्त्वपूर्ण पहलू हैं जिनसे शुक्ल जी प्रभावित हुए और जिनकी काव्याभिव्यंजना के सौन्दर्य की मार्मिकता को पहचानने में सफल भी हुए। काव्यवस्तु और उससे उत्पन्न भाव-विचारों में सौन्दर्य और रस वस्तुधर्म के रूप में अवस्थित नहीं होते। भक्तकवियों ने अपनी भावना और कल्पना के बल पर वस्तुभावगत मूल्यों को पहचान कर उन मूल्यों के व्यवस्थापन में नया सौन्दर्य देखा। अपने भक्ति-दर्शन के आधार पर जीवन के कुछ प्रसंगों और अनुभूतियों को मूल्यवान और सौन्दर्यमय मानकर काव्य के रूप में सामने रखा। शुक्ल जी भक्तिकाव्य की उपर्युक्त विशेषताओं की मूल्यस्थिति और सौन्दर्यात्मकता को पहचान सके। जैसा कि शुक्ल जी ने सौन्दर्य की चर्चा में संकेत किया है, काव्य में विशेषतः भक्तिकाव्य में प्रश्न सौन्दर्य और कुरूपता का नहीं है। जीवन की कुरूपता भी काव्य का विषय हो सकती है। काव्य में इसका मूल्य, शुक्ल जी केवल निषेधात्मक मानते हैं, पर उसका विधायक मूल्य भी हो सकता है। वास्तव में भक्तिकाव्य द्वन्द्वात्मक स्थिति से परे केवल सौन्दर्य-दर्शन का काव्य है। अध्यात्म और भक्ति के ऊँचे धरातल पर उसमें सौन्दर्येतर के लिए कोई स्थान नहीं है। भक्ति का लौकिक-सामाजिक दृष्टि से भी देखने के कारण केवल तुलसी के काव्य में (कहीं-कहीं सूफी काव्य में) जीवन में अच्छे-बुरे और शिव-अशिव की तरह सौन्दर्य-कुरूपता का प्रश्न उठाया गया है। शुक्ल जी ने भक्तिकाव्य के सौन्दर्य से अभिभूत होने के साथ-साथ अपनी अभिरुचि के अनुरूप शील सौन्दर्य और कर्म सौन्दर्य की चर्चा में प्रकारान्तर से तुलसी की तरह, जीवन में सौन्दर्य और कुरूपता के द्वन्द्व पर भी विचार किया है।

काव्याभिव्यंजना में सौन्दर्य की प्राथमिक अनिवार्य आवश्यकता मूर्त्तविधान है। शुक्ल जी की दृष्टि में निर्गुण-सम्बन्धी परोक्ष उक्तियों की अपेक्षा सगुण के प्रत्यक्ष लीला विधान में यह अधिक सम्भव है जिससे सगुण भक्तिकाव्य अधिक मनोहारी है। यहाँ सौन्दर्य-सम्बन्धी दो बातों पर ध्यान देना आवश्यक है। एक वस्तु और भाव की मूर्त्तता के साथ कल्पना द्वारा सौन्दर्यात्मक मूर्त्तविधान का कोई प्रत्यक्ष सम्बन्ध नहीं है। अमूर्त्त भी कला में मूर्त्त हो सकता है। दूसरा, रहस्यात्मकता सौन्दर्य का एक मुख्य धर्म है जो मूर्त्त विधान और उसकी व्यंजकता को बढ़ा देती है। रहस्यानुभूति की प्रतीकात्मक भावना में यह धर्म सहज रूप में समाविष्ट होता है।

शुक्ल जी के अनुसार सात्त्विकता और भाव-तरलता भक्ति-काव्य की सभी धाराओं में (शायद ज्ञानाश्रयी शाखा को छोड़कर) मिलती है। नैसर्गिकता सूफी काव्य में प्रकृतिपरक (और कहीं-कहीं प्राकृत मानवीय भाव-व्यंजनापरक भी) है जबकि कृष्णकाव्य में यह भावात्मक है। सांस्कृतिक गरिमा रामकाव्य की विशेषता है। कृष्णकाव्य के गोचारण परिवेश की सांस्कृतिक सरलता और उससे उत्पन्न सौन्दर्य की प्राकृतिक स्थिति की ओर शुक्ल जी ने संकेत अवश्य किया है, लेकिन उसकी गहराई में जाने का प्रयत्न नहीं हुआ। वास्तव में भक्ति आन्दोलन और भक्तिकाव्य ने तथाकथित उच्चवर्गीय सामाजिक-सांस्कृतिक परिवेश को चीरकर मानवीय रूप और भावना के—मानव मन और जीवन के नैसर्गिक एवं प्राकृत रूप को सामने रखकर जीवन के संस्कृत सौन्दर्य से परे प्राकृत सौन्दर्य की अभिव्यक्ति की है। भक्तकवि अपने मन और आत्मा को खोलकर सौन्दर्य के सूक्ष्म लोकों का दर्शन करा सके, भले ही काव्य वस्तु निर्गुण रहस्यमय हो या सगुण लीलापरक। उस सौन्दर्य को शुक्ल जी की तरह लौकिक और स्थूल नेत्रेन्द्रिय का विषय ही नहीं मान सकते। सगुण काव्य में भी कवियों ने ऐन्द्रिय अनुभूति के माध्यम से मन और आत्मा की अनुभूति के धरातल पर पहुँचकर सौन्दर्य की चकाचौंध से चमत्कृत कर दिया है। सौन्दर्य की अद्‌भुतता भक्तिकाव्य का मूल धर्म है।

जायसी के पद्‌मावत के विवेचन में शुक्ल जी प्रकृति-वर्णन की नैसर्गिकता, पद्‌मावती के रूप-सौन्दर्य-वर्णन में सृष्टि व्यापी उसके प्रसार, बारहमासे में प्रकृति और मानव की समान स्पंदनशीलता या सम्बन्ध-स्थापन और नागमती वियोग वर्णन में भावों की नैसर्गिकता, ऋजुता एवं सामान्य मानवीय संवेदना में सौन्दर्योत्कर्ष का निरूपण किया है। सौन्दर्य की ये विशेषताएँ भक्तिकाव्य में सूफी धारा के वैशिष्ट्य को प्रकट करती हैं और वे सूफी दृष्टि एवं साधना से निष्पन्न हैं।

सामाजिक मर्यादा, सामाजिक सम्बन्धों में औचित्य-निर्वाह, सामाजिक व्यवहार में धर्मबद्धता, पारिवारिक जीवन में सात्विक रागात्मकता, लोकजीवन में सात्विक स्नेह, जीवन में मूल्य-सन्तुलन की गरिमा, भक्ति की अनन्यता और उदात्तता—संक्षेप में धार्मिक, परिवारिक, सामाजिक और सांस्कृतिक परिवेश में भाव-सौन्दर्य और कर्म-सौन्दर्य की भव्यता, शुक्ल जी की दृष्टि में तुलसी के काव्य की सौन्दर्यशास्त्रीय विशेषताएँ हैं। उन्होंने तुलसी के वर्णनों में रूप-सौन्दर्य की अद्‌भुतता पर कम ध्यान दिया है। कवितावली के वन-गमन-प्रसंग की छवियों की ओर कुछ संकेत मिलते हैं। शील से उत्पन्न भाव-सौन्दर्य और व्यवहार या कर्म-सौन्दर्य पर शुक्ल जी जितने मुग्ध हैं, उतनी शक्ति की अनन्त क्रियाशीलता से उत्पन्न उदात्त सौन्दर्य पर नहीं, जैसा कवितावली में देखते हैं। कम से कम, उसका विस्तार से निरूपण नहीं हुआ है। जैसा कि कहा जा चुका है, शुक्ल जी तुलसी के धार्मिक उपदेशों में नहीं, जीवन में धर्म की क्रियाशीलता में उनके काव्य का उदात्त सौन्दर्य देखते हैं।

कृष्णकाव्य और सूर की आलोचना में शुक्ल जी की सौन्दर्यशास्त्रीय दृष्टि अधिक सक्रिय दिखाई देती है। उसकी वस्तु, भावना, कल्पना और अभिव्यंजना सभी सौन्दर्यात्मक हैं। शुक्ल जी के अनुसार सूर के रूप-वर्णन और लीला-संकीर्तन दोनों सौन्दर्य की अनन्त छवियों से भरे हुए हैं। यहाँ तक कि आँख और मुरली पर ही पता नहीं सूर ने सौन्दर्य और माधुर्य से पूर्ण कितनी उक्तियाँ कही हैं। रूप की अनुभूति, उससे उत्पन्न भावात्मक प्रतिक्रिया और भाव-व्यंजना में जो गहराई, व्यापकता और तन्मयता है, उसका शुक्ल जी ने विस्तार से विश्लेषण किया है। उनका कथन है कि सूर ने ऐसे अनेक मनोभावों की व्यंजना की है जिनका मनोविज्ञान में नामकरण तक नहीं हुआ है। शुक्ल जी ने वात्सल्य और शृंगार में रूप-सौन्दर्य की अपेक्षा भाव-व्यंजना की ही अधिक चर्चा की है। तुलसी के काव्य में शील और कर्म सौन्दर्य की ओर तथा सूर के काव्य में भाव-सौन्दर्य की ओर उनका ध्यान अधिक आकृष्ट हुआ है। 'रूप लिप्सा' से विमुख होकर भी शुक्ल जी सूर के काव्य में रूप-सौन्दर्य की अनन्त छवियों की बात कहते हैं। कृष्णलीला संकीर्तन में अपूर्व सम्मूर्तन उनकी दृष्टि से ओझल नहीं है। प्रत्येक पद में लीला की एक झाँकी नाटकीय दृश्य के रूप में आँखों के सम्मुख प्रत्यक्ष होती है। भ्रमरगीत के वाग्वैदग्ध्य में सूर की सहृदयता और भावज्ञता की विशेष प्रशंसा हुई। भक्ति के सौन्दर्यात्मक और रसात्मक पर्यवसान की पराकाष्ठा कृष्णकाव्य है। सिद्धान्ततः शुक्ल जी दास्य भक्ति को मधुर भक्ति से श्रेष्ठ मानते हैं। लेकिन उनकी सहृदयता और सौन्दर्याभिरुचि भक्ति के माधुर्य में तल्लीन प्रतीत होती है। वे धर्म और दर्शन से काव्य और उसके सौन्दर्य की महानता को जानते हैं।

भक्तिकाव्य का सौन्दर्यशास्त्रीय विश्लेषण-विवेचन अभी बहुत कम हुआ है। शुक्ल जी के भक्तिकाव्य-सम्बन्धी सौन्दर्यशास्त्रीय संकेतों को पहचानकर उस कार्य को आगे बढ़ाना है।

सन्दर्भ

1. चिन्तामणि 1, पृ. 165
2. वही पृ. 164
3. वही पृ. 166
4. वही पृ. 167
5. चिन्तामणि 2 पृ. 51
6. वही पृ. 51
7. वही पृ. 51
8. वही पृ. 51-52
9. चिन्तामणि 1 पृ. 166
10. वही पृ. 167

आचार्य रामचन्द्र शुक्ल : पाश्चात्य साहित्य-चिन्तन

1. युग-चेतना और शुक्ल जी

हिन्दी समीक्षकों में सममुच कोई आचार्य है तो वह रामचन्द्र शुक्ल ही हैं। साहित्य के सम्बन्ध में समग्र, व्यापक और समन्वित दृष्टि; मौलिक चिन्तन तथा दृढ़तापूर्वक अनुशासन—आचार्य के रूप में उनके साहित्यालोचन की विशेषताएँ हैं। काव्य और आलोचना की उपयोगिता पर विचार करते हुए इलियट का कहना है कि साहित्य का अन्तिम लक्ष्य पाठकों में वह साहित्यिक विवेक जाग्रत करना है जिससे वे श्रेष्ठ साहित्य को पहचान सकें। शुक्ल जी के सैद्धान्तिक विचार-विमर्श और व्यावहारिक आलोचनाओं से साहित्यिक प्रवृत्तियों और रचना-सम्बन्धी पाठकों की रसग्राहिता का विकास ही नहीं होती, उनमें एक नया साहित्यिक विवेक भी जागता है। प्रश्न उठता है कि द्विवेदी-युग के समीक्षक में श्रेष्ठ साहित्य की ऐसी सूक्ष्म पहचान और परख कहाँ से आयी और वे हिन्दी-समीक्षा को विकास की प्रौढ़ स्थिति पर कैसे ले जा सके?

ऐतिहासिक दृष्टि से भारतेन्दु-युग की साहित्यिक दृष्टि परम्परावादी और सुधारवादी थी। रीतिकालीन संकुचित सौन्दर्य-दृष्टि का विरोध करके भक्तिकालीन व्यापक चेतना को अपनाने का प्रयत्न करने पर भी; नवीन पाश्चात्य प्रवृत्तियों और काव्यरूपों को ग्रहण करने की ओर कुछ उन्मुख होने पर भी भारतेन्दुयुगीन काव्य और काव्य-चिन्तन का सच्चे अर्थ में आधुनिक होने की संज्ञा नहीं दी जा सकती। उसमें न भक्तिकाव्य के सौन्दर्य की सूक्ष्म पकड़ थी और न नवीन सौन्दर्य-बोध का उन्मेष था। सुधारवादी और पुनरुत्थानवादी द्विवेदी-युग का काव्य पुराने का कुछ नया आख्यान करके सन्तुष्ट हो गया। भक्तिकाल के पूर्व की संस्कृत की प्राचीन परम्पराओं का पुनरुत्थान करना ही नया विकास माना गया। नयी साहित्यिक चेतना के विकास की दिशा में पाश्चात्य पूर्व स्वच्छन्दतावादी प्रवृत्ति और काव्यरूपों पर बल दिया गया। लेकिन द्विवेदी जी के कड़े साहित्यिक और भाषिक अनुशासन में नवीनता को लेकर बहुत आगे बढ़ाना सम्भव नहीं था। समीक्षा में साहित्यिक अभिरुचि रीतिकालीन सीमाओं में जकड़ी हुई थी जो देव और बिहारी की काव्यात्मक श्रेष्ठता के निर्णय में उलझी थी।

इस ऐतिहासिक परिपार्श्व में शुक्ल जी के समीक्षा कार्य को अद्‌भुत ही कह सकते हैं। अपने युग की सीमाओं को तोड़कर वे बहुत आगे बढ़ गये। यहाँ तक कि उसकी रसग्राहिता शुद्ध साहित्यिक दृष्टि से पूर्ण विकसित मानी जा सकती है। चाहे भक्तिकाव्य हो, चाहे रीतिकाव्य हो, चाहे आधुनिक काव्य हो, वे उसके सौन्दर्य के मर्म तक पहुँच सके। उनका साहित्यिक चिन्तन स्थूल सामाजिक-नैतिक मर्यादाओं से बँधा हो सकता है, वे साहित्य के क्षेत्र में व्यक्तिवादी नवीनता का विरोध करते हुए दिखाई देते हैं, लेकिन उनके कारण काव्य-सौन्दर्य को पहचानने और उसका सही मूल्यांकन करने में उनको असफल नहीं कहा जा सकता। उन्होंने रीतिकाव्य और छायावादी काव्य का सैद्धान्तिक-वैचारिक विरोध किया, पर उन दिशाओं में उनका रस ग्रहण कुंठित नहीं था। सूर से तुलसी की श्रेष्ठता के प्रतिपादन का पूरा-पूरा प्रयत्न हुआ, लेकिन सूर के काव्य-सौन्दर्य में वे तुलसी से अधिक तन्मय दिखाई देते हैं। पाश्चात्य वादों और सिद्धान्तों का खण्डन करते रहे। फिर भी नवीन भाव-व्यंजना की मार्मिकता से अनभिज्ञ नहीं थे। वे समीक्षा के क्षेत्र में नवीन रसवादी चेतना का विकास करने वाले आचार्य और आलोचक थे।

यह विरोधाभास-सा लगता है कि नवीन प्रवृत्तियों और वादों का विरोध करने वाले आचार्य की नवीन दृष्टिसम्पन्न और नवीनता के समर्थक कहते हैं। वे पूर्व रोमांटिक पाश्चात्य समीक्षकों की तरह साहित्यिक मर्यादाओं के संरक्षक थे। समीक्षा के द्वारा विशृंखलता को रोककर अनुशासन और नियन्त्रण में विश्वास रखते थे। लेकिन संस्कृत और हिन्दी की स्वस्थ साहित्यिक परम्पराओं और प्रवृत्तियों के अनुशीलन ने उनकी रसज्ञता को गहराई दी। उनकी क्लासिकल अभिरुचि उदात्त थी, उसमें नियो-क्लासिकल अभिरुचि की संकीर्णता के लिए स्थान नहीं था। उनकी शोधपरक ऐतिहासिक दृष्टि ने परम्परा के सही मूल्यांकन में ही सहायता नहीं की, नवीन विकास की सम्भावनाओं पर विचार करने की प्रेरणा भी दी। वे अच्छी तरह जानते थे कि नवीन विकास की उपेक्षा करके साहित्य का मार्ग अवरुद्ध हो जाता है। उनके सामने प्रश्न थे कि नवीन विकास की क्या-क्या दिशाएँ हो सकती हैं? इस दिशाओं में स्वस्थ साहित्यिक विकास किस तरह सम्भव है? इस तरह का चिन्तनशील समीक्षक परम्परावादी नहीं हो सकता।

शुक्ल जी की साहित्यिक-आलोचनात्मक चेतना के विकास में उनकी प्रतिभा का जितना योगदान है, उससे कम नवीन पाश्चात्य चिन्तन और साहित्यिक चेतना का नहीं है। उनके समय युग-जीवन नवीन पाश्चात्य चिन्तन से प्रभावित अवश्य था, लेकिन उसकी गहरी पकड़ कुछ विशेष लोगों तक सीमित थी। साहित्य के क्षेत्र में छायावादी कवि कुछ चिन्तनधाराओं और स्वच्छन्दतावादी प्रवृत्ति को पकड़कर आगे बढ़ने का प्रयत्न कर रहे थे। शुक्ल जी की प्रतिभा नवीन चिन्तन और साहित्यिक चेतना को अपनी समग्रता में अपनाकर उसे आत्मसात् करके हिन्दी साहित्य की

परम्परा के पुनराख्यान और पुनर्मूल्यांकन करने की ओर प्रवृत्त हुई। दार्शनिक और साहित्यिक सिद्धान्तों के ग्रहण और उनके व्यावहारिक प्रयोग में शुक्ल जी की सीमाएँ हो सकती हैं, पर उनकी दृष्टि सार्वकालीनता और अखण्डता पर थी। वे नहीं चाहते थे कि कुछ रोमांटिक एककालिक मान्यताओं को लेकर ही साहित्य की रचना हो या हिन्दी साहित्य की समीक्षा हो। उन्होंने डटकर खंडित दृष्टि और संकीर्ण विचारों का विरोध किया। यह मानने में संकोच नहीं होना चाहिए कि तत्कालीन साहित्यिक दृष्टि में अतिवादिता थी और शुक्ल जी ने उस अतिवादिता के विरोध में अति कर दी। फिर भी यह स्वीकार करना ही पड़ता है कि रस और अलंकार-सम्बन्धी उनके काव्य के प्रतिमानों के मूल में पाश्चात्य भाव-व्यंजना और सौन्दर्य के मापदण्ड सक्रिय थे। पाश्चात्य चिन्तन और साहित्यिक चेतना के आलोक में रस और अलंकार की नयी व्याख्या हुई और उनका नया अर्थ कर लिया गया। काव्यालोचन की आवश्यकता के अनुसार नये प्रतिमानों के रूप में उनका प्रयोग किया गया। सूर-समीक्षा में रस या भाव की गहराई का आधार लिया गया तो छायावादी समीक्षा में सौन्दर्य-बोध का। अन्य कवियों और प्रवृत्तियों की तुलना में सूर और छायावाद ने भावना और सौन्दर्यबोध की पराकाष्ठा पर पहुँचा दिया। शुक्ल जी जानते थे कि उन विशेषताओं के आधार पर न तुलसी के साथ न्याय हो सकता है और न छायावाद-पूर्व हिन्दी कविता के साथ। रस और अलंकार सम्बन्धी दूसरी विशेषताओं को लेकर ही उनका साहित्यिक मूल्यांकन हो सकता था। सतही दृष्टि से देखने पर ऐसा लगता है कि शुक्ल जी ने सूर और छायावाद के साथ पूरा न्याय नहीं किया। वैचारिक दृष्टि से अन्याय अवश्य हुआ है, साहित्यिक दृष्टि से नहीं।

शुक्ल जी अपने युग की मध्यवर्गीय ब्राह्मण संस्कृति में एक हद तक बँधे थे। उस संस्कृति की चार दिशाएँ थीं- परम्परावादी, परम्परा का नवीन आख्यान करने वाली, नवीन चेतना को अपनाने वाली और परम्परा को त्यागकर, क्रान्तिकारी दृष्टि ग्रहण करने वाली। शुक्ल जी दूसरी प्रवृत्ति से प्रभावित तीसरी कोटि के थे। राजनीतिक-राष्ट्रीय आन्दोलन में उस समय मध्यवर्गीय चेतना पाश्चात्य-चिन्तन से परिचित होकर नये मार्गों का अन्वेषण कर रही थी। एक दिशा में शुक्ल जी ने प्रस्थान किया तो दूसरी शिक्षा में छायावादी कवियों और समीक्षकों ने। दोनों नये का अनुसंधान कर रहे थे, लेकिन सच्चे अर्थ में नवीन या आधुनिक भावबोध का प्रतिपादन करने वाले नहीं थे। अपनी परिधि में शुक्ल जी ने परम्परागत अभिरुचि का परिष्कार करके नये का मार्ग प्रशस्त किया। रीतिकालीन अभिरुचि से ही उनका विरोध नहीं था, रस-अलंकार को संकीर्ण अर्थ में ग्रहण करने वाली साहित्यिक, काव्यशास्त्रीय समस्त परम्पराओं से उनका विरोध था। साहित्यिक अभिरुचि के परिष्कार और उन्नयन में उनके कार्य की महानता का मूल्यांकन करना असम्भव-सा लगता है। उनके समीक्षा कार्य के अभाव में हिन्दी आलोचना की विकसित साहित्यिक

अभिरुचि की कल्पना ही नहीं की जा सकती। शुक्ल जी के अनुयायी शास्त्रीय समीक्षक उनको भारतीय काव्यशास्त्र की परम्परा से जोड़ना चाहते हैं। यह सही है कि उन्होंने परम्परा की परिधि में ही नये को ग्रहण किया। लेकिन नये के व्यापक प्रसार में परम्परा चरमरा उठी। ऐसा लगता है कि परम्परा की शास्त्रीय परिधि, वर्गीकरण विश्लेषण का केवल ढाँचा है जिसमें खुलकर नवीन साहित्यिक चिन्तन का आवाहन हुआ है। मेरा यह दावा नहीं है, कि वह सारा चिन्तन पाश्चात्य देन है। उसमें परम्परा की प्रतिक्रिया है, नयी परिस्थितियों का योग है तथा वैयक्तिक प्रतिभा, साहित्याभिरुचि और नवनवोन्मेषशालिनी भावनाशीलता का योगदान है तो उसके मूल में पाश्चात्य चेतना की अपनी प्रेरणा भी है।

2. पाश्चात्य चिन्तन का सामान्य प्रभाव

काव्य-साहित्य-सम्बन्धी शुक्ल जी की धारणाओं का विश्लेषण करने पर स्पष्ट पता चलता है कि उन्होंने भारतीय चिन्तन के कुछ अनुकूल सिद्धान्तों और विचारों को अपनाकर उस चिन्तन को आगे बढ़ाया है और हिन्दी में आलोचनात्मक अवधारणा का विकास किया है। शुक्ल जी का साहित्यिक दृष्टिकोण वस्तुनिष्ठ और विकासशील है। जीवन-जगत् के सम्बन्ध में पाश्चात्य दार्शनिक चिन्तन प्रधानतः वस्तुनिष्ठ और यथार्थोन्मुख है। उसमें संघर्ष, गति और विकास पर बल दिया गया है। आधुनिक वैज्ञानिक चिन्तन भी लौकिकता से पूर्णतया परे नहीं है। इस दृष्टि की तुलना में भारतीय दार्शनिक चिन्तन अधिक आध्यात्मिक और अलौकिक है। साहित्य में रस की अवधारणा भी उसी के अनुरूप है। भारतीय दार्शनिक और साहित्यिक दोनों दृष्टियाँ शाश्वततावादी हैं। अर्थात् पदार्थ से चेतना को, वस्तु से भावना या रस को अधिक महत्त्व देते हुए दूसरे को शाश्वत, अपरिवर्तनशील और चैतन्यमय माननेवाली हैं। भारतीय काव्य-नाटकों में वस्तु साधन और रस साध्य था। इससे भिन्न शुक्ल जी काव्य में विभाव या वस्तु को अधिक महत्त्वपूर्ण मानते हैं। भाव या रस वस्तु पर आश्रित है। मनोविकारों में उत्साह और उससे प्रेरित कर्म के महत्त्व का प्रतिपादन, महाकाव्यों में वस्तु-व्यापार वर्णन की आवश्यकता पर बल, लोकमंगल की सिद्धावस्था से साधनावस्था के निरूपण की श्रेष्ठता आदि काव्य में वस्तुनिष्ठता के महत्त्व की ओर संकेत करते हैं। इतिहास में प्रसाद और निराला की भावनाशील-कल्पनाशील प्रगीतों की अपेक्षा उनकी वस्तुनिष्ठ रचनाओं की प्रशंसा भी इस बात की पुष्टि करती है। शुक्ल जी की दृष्टि में कर्म जीवन की गतिशीलता का द्योतक है। वह मंगलमय होने पर जीवन विकासशील या प्रगतिशील होता है। शुक्ल जी के अनुसार वही 'मानस' का प्रतिपाद्य है, यद्यपि इसका प्रतिवाद किया जा सकता है। वे खेद प्रकट करते हैं कि कामायनी में श्रद्धा के सहयोग से मानव के मंगलमय कर्म का निरूपण नहीं किया गया। वस्तुवादी और विकासवादी सिद्धान्तों की चर्चा भारतीय दर्शन में

अवश्य मिल जाती है। लेकिन वे भारतीय दार्शनिक चिन्तन और काव्य-चेतना की आधारभूमि के रूप में कम स्वीकृत हुए। शुक्ल जी पाश्चात्य गतिशील दृष्टि और भारतीय शाश्वततावादी दृष्टि को मिलाते हुए कहते हैं कि ''गति की वही नित्यता जगत की नित्यता है।''[1] रस-मीमांसा में भी शुक्ल जी ने लौकिक दृष्टि को ही अपनाया है। करुण रस में आँसू आनन्द के नहीं है। भयानक, वीभत्स आदि की अनुभूति में आनन्दात्मकता भावों की धर्मबद्धता के कारण है। धर्म से अनुशासित न होने पर रति, क्रोध आदि के द्वारा पूर्ण रसानुभूति सम्भव नहीं है। वह निम्नकोटि की दूसरी रस-दशा है। कहने का यह तात्पर्य नहीं है कि शुक्ल जी का दार्शनिक-साहित्यिक दृष्टिकोण विदेशी है, बल्कि वह कुछ पाश्चात्य चिन्तनधाराओं से अनुप्राणित है।

काव्य के मूल्यांकन में शुक्ल जी ने रस-अलंकार की परिपाटी को अपनाकर उनकी कुछ विशेषताओं के आधार पर कवि और काव्य के उत्कर्ष का निर्धारण किया है। उसकी चर्चा में भावों की व्यापकता, गहराई, उदात्तता आदि पर ध्यान दिया गया है। उनका रस-विवेचन भावों के मनोवैज्ञानिक और सामाजिक आयामों पर आधारित है। लोकमंगल या धर्म की परिधि में भावों की रस-परिणति या उनके सौन्दर्यशास्त्रीय मूल्य का निर्धारण किया गया है। भारतीय परम्परा में रस का विवेचन दार्शनिक और एक हद तक मनोवैज्ञानिक है। सामाजिक पहलु पर बल निषेधात्मक है- ''अनौचित्यादृते नान्यत् रसभंगस्य कारणम्।'' लौकिकता से निरपेक्ष भाववादी धरातल पर रस की संवेद्यता या सौन्दर्यशास्त्रीय मूल्य निर्धारित होता आया है। शुक्ल जी का सारा रस-विवेचन लौकिक जीवन-सापेक्ष है। काव्य के रस का मूलस्रोत जीवनगत भावों की स्पंदनशीलता में है। ''भावों के प्राकृत आधार पर विषय का कल्पना द्वारा पूर्व और यथातथ्य प्रत्यक्षीकरण कवि का सबसे पहला और सबसे आवश्यक काम है।''[3]

शुक्ल जी के द्वारा अलंकारों का विवेचन और कलापक्ष की अन्य विशेषताओं की मार्मिकता का निरूपण—सैद्धान्तिक और व्यावहारिक दोनों दिशाओं में काव्याभिव्यंजना का सौन्दर्यशास्त्रीय विश्लेषण प्रतीत होता है। अलंकारों और शब्द-शक्तियों का वर्गीकृत विश्लेषण वे अवश्य करते हैं। लेकिन वह लक्षण-लक्ष्य निरुपण मात्र नहीं है। उनकी दृष्टि अलंकार और शब्द प्रयोग के मूलभूत सौन्दर्य को पकड़ने का प्रयत्न मात्र करती है। इस सन्दर्भ में छायावाद और घनानन्द की आलोचना द्रष्टव्य है। पाश्चात्य काव्य शैली में प्रतीक, विधान, बिम्बांकन, मानवीकरण, प्रभाव साम्य के आधार पर अप्रस्तुत योजना आदि के सम्बन्ध में चिन्तन भी सौन्दर्य शास्त्रीय परिधि में ही हुआ है। छायावादी काव्य शैली के सूक्ष्म अनुशीलन में शुक्ल जी कविता में कल्पना और सौन्दर्य की भूमिका को पहचान सके। कविता में भाषा का प्रयोग अर्थग्रहण की दृष्टि से नहीं होता। उसका लक्ष्य बिम्बविधान है। कल्पना के द्वारा बिम्ब खड़ा होता है। लेकिन शुक्लजी की दृष्टि में भावसाध्य है, कल्पना साधन मात्र है। ''हृदय की अनुभूति अंगी है, मूर्त्तरूप अंग—भाव प्रधान है, कल्पना उसकी सहयोगिनी है।''[3]

"किसी प्रसंग के अन्तर्गत कैसा ही विचित्र मूर्त्तिविधान हो पर यदि उसमें उपयुक्त भाव-संचार की क्षमता नहीं है तो वह काव्य के अन्तर्गत न होगा।"[4] इसी आधार पर भावशून्य रीतिकालीन कलाविधान और छायावादी कल्पना की क्रीड़ा का विरोध हुआ। कल्पना का सम्बन्ध सम्पूर्ण सर्जना व्यापार से है, यह शुक्ल जी जानते हैं। लेकिन भावपक्ष और कलापक्ष को बिल्कुल अलग मानने की विश्लेषणात्मक दृष्टि के कारण भाव या रस को प्रधानता देते हुए व्यावहारिक दृष्टि से कल्पना को केवल रूपविधायिनी कहते हैं। "प्रस्तुत पक्ष का रूप-विधान भी कवि की प्रतिभा द्वारा ही होता है। भाव की प्रेरणा से नाना रूप-संस्कार जग पड़ते हैं। जिनका अपनी प्रतिभा या कल्पना द्वारा समन्वय करके कवि प्रस्तुत वस्तुओं या तथ्यों का एक मार्मिक दृश्य खड़ा करता है।"[5] कहीं-कहीं ऐसा लगता है कि कल्पना को अप्रस्तुत विधान करने वाली मात्र मानते हैं। कल्पना-सम्बन्धी नवीन पाश्चात्य चिन्तन को वे निस्संकोच भारतीय विचारधारा का अंग घोषित करते हैं। "कल्पना है काव्य का क्रियात्मक बोधपक्ष जिसका विधान हमारे यहाँ के रसवादियों ने भाव के योग में ही काव्य के अन्तर्गत माना है।"[6]

3. साहित्यिक दृष्टिकोण और समीक्षा

शुक्ल जी के साहित्य-चिन्तन और व्यावहारिक समीक्षा में पूर्ण सामंजस्य और समन्वय दिखाई देता है। उन्होंने आधुनिक जीवन और वैचारिक चेतना से प्रेरणा ग्रहण की, नवीन पाश्चात्य साहित्यिक मान्यताओं को ग्रहण किया और अपनी दृष्टि से अनेक पाश्चात्य सिद्धान्तों, वादों एवं प्रवृत्तियों का विरोध किया लेकिन एक सुनिश्चित और व्यवस्थित साहित्यिक दृष्टिकोण को लेकर सामने आये। यहाँ तक कि उस दृष्टिकोण के अनुसार ही उन्होंने भारतीय साहित्यिक सिद्धान्तों को ग्रहण किया और पाश्चात्य साहित्यिक चिन्तन से प्रभावित युग की नयी चेतना के अनुरूप, भारतीय काव्य-सिद्धान्तों का नया मूल्यांकन किया जो परम्परागत साहित्यिक अभिरुचि के बिल्कुल विरुद्ध था। उनकी दृष्टि और आलोचना की सीमाएँ हो सकती हैं, पर उनकी नवीनता, मौलिकता और व्यापकता के सम्बन्ध में दो मत नहीं हो सकते।

शुक्ल जी का दृष्टिकोण शुद्ध साहित्यिक है। तुलसी की महानता की व्याख्या में तथा रस एवं साधारणीकरण की प्रक्रिया के स्पष्टीकरण में भ्रम हो सकता है कि उनका साहित्यिक दृष्टिकोण धर्म की परिधि में बँधा है जो भाववादी भारतीय रस-सिद्धान्त स्वीकार नहीं करता। लेकिन शुक्ल जी का ध्यान उदात्त धर्म की परिधि में रस के उत्कर्ष पर है। टालस्टाय के धार्मिक-नैतिक दृष्टिकोण का विरोध इस बात का प्रमाण है। वे साहित्य के साथ जीवन का घनिष्ठ, आंतरिक तथा भावात्मक सम्बन्ध स्वीकार करते हुए रिचर्ड्स के विचारों का समर्थन करते हैं। साहित्य और जीवन के सम्बन्ध को प्रचार की अतिवादी सीमा पर ले जाने वाली मार्क्सवादी दृष्टि का विरोध करते

हैं। दोनों के सम्बन्ध के निरूपण में, विशेषतः साहित्य को अवचेतन से जोड़ने में वे फ्रायड के विचारों को भी स्वीकार नहीं करते। साहित्य और जीवन के सम्बन्ध में सामाजिक दृष्टि को अधिक महत्त्व देते हुए उन्होंने व्यक्तिवादी विचारधारा का खण्डन किया। साहित्यिक फैशनों, नूतनता की झोकों और व्यक्ति-वैचित्र्यवाद की असामान्य मनःस्थिति का परिणाम और रसानुभूति ने घातक माना। अपने युग में प्रचलित रूढ़ परम्परावादी विचारधाराओं और पाश्चात्य अतिवादी दार्शनिक चिन्तनधाराओं का खंडन करते हुए शुक्ल जी ने साहित्य-चिन्तन के पथ को प्रशस्त किया। साहित्यकार अच्छे-बुरे के प्रश्न से तटस्थ नहीं रह सकता, लेकिन वह साहित्य की रस-संवेदना का प्रश्न है, दार्शनिक चिन्तन या व्यावहारिक जीवन का नहीं। कलावाद के विरोधी शुक्ल जी ने प्रकारान्तर से शुद्ध साहित्यिक या कलात्मक दृष्टिकोण का ही समर्थन किया है। अन्तर इतना ही है कि वे साहित्य के साहित्यिक उत्कर्ष को रूप-संरचना से सम्बद्ध नहीं मानते।

शुक्ल जी के इतिहास के अनुशीलन से पता चलता है कि उन्होंने जीवन की विकासशीलता और गतिशीलता को साहित्यिक मापदंड बनाकर रचना के रसोत्कर्ष का निर्णय किया है। साहित्यिक प्रवृत्ति की अच्छाई-बुराई, सामाजिक-नैतिक प्रतिमानों से नहीं बल्कि रस-संवेदना की प्रसारगामिता, तन्मयता और उदात्तता के आधार पर निर्धारित होती है। साहित्य का यह रसात्मक उत्कर्ष तभी सम्भव है जब साहित्य का जीवन के साथ स्वस्थ और आंतरिक सम्बन्ध स्थापित होता है, जब साहित्य में वस्तु का मूल्य स्वीकार होता है। तुलसी की सामाजिक उदात्तता, सूर की, मनोवैज्ञानिक गहराई और जायसी की प्राकृतिक नैसर्गिकता जीवन के मूल स्रोत से, वस्तु के माध्यम से रस के अंग बन गये हैं। प्राचीन साहित्य से सूर और घनानन्द ने और आधुनिक साहित्य में छायावाद ने जीवन के सौन्दर्य को पकड़ने का प्रयत्न किया है। अपनी व्यावहारिक आलोचनाओं में शुक्ल जी ने उन पहलुओं को पहचानकर साहित्यिक या रसात्मक धर्मों के रूप में उनकी प्रतिष्ठा की। कहीं यह प्रतीत नहीं होता कि शुक्ल जी अपनी व्यावहारिक समीक्षा में क्लासिकल उदात्त चेतना, प्राकृतिक नैसर्गिकता, रोमांटिक स्वच्छन्दतावादी दृष्टि, मानवीय भावनाओं की मनोवैज्ञानिक व्याख्या या सौन्दर्यशास्त्रीय नवचेतना से प्रभावित होकर उसका प्रतिपादन कर रहे हैं। लेकिन ये सारी नवीन विशेषताएँ उनकी समीक्षा में मिल जाती हैं। उन्होंने इन सब विशेषताओं को अपनी रसवादी दृष्टि और उसके आधार पर व्यावहारिक समीक्षा का अंग बना दिया है।

इस सम्बन्ध में शुक्ल जी की दो महत्त्वपूर्ण मान्यताएँ ध्यातव्य हैं—(1) साधरणीकरण की चर्चा में आलम्बन के महत्त्व पर जोर देते हुए उन्होंने अपनी वस्तुवादी दृष्टि का ही परिचय नहीं किया है, बल्कि कवि के द्वारा सामान्य मानवीय रूप में उसकी प्रतिष्ठा को आवश्यक माना है। यहाँ पर काव्य के रसास्वादन की प्रक्रिया का स्पष्टीकरण

नहीं, कवि के द्वारा काव्य की सम्वेद्य बनाने का आग्रह है। यह साधारणीकरण की नहीं, भावसम्प्रेषण की समस्या है। सूर के लीलावर्णन और जायसी के नागमती वियोग वर्णन की चर्चाओं में इस सामान्य मानवीय संवेदना की ओर संकेत किया गया है। (2) आलम्बन या वस्तु में मानवीय संवेदनशीलता जितना आवश्यक है, उतना ही उसका सौन्दर्यमय होना भी। सौन्दर्य वस्तु के साथ तदाकार परिणति है तो उसमें अनुभूति की अपेक्षा वस्तुधर्मिता पर ही ज्यादा बल है। "सुन्दर वस्तु से पृथक सौन्दर्य कोई पदार्थ नहीं है।"[7] "उसका सम्बन्ध रूप से ही नहीं, मन के भाव-विचारों से भी है। रस की तरह सौन्दर्य के भी धर्म हैं—वस्तुनिष्ठता, नैसर्गिकता, सात्त्विकता और सामाजिकता। यह सौन्दर्य काव्य के रूप से ही सम्बन्धित नहीं है, यह जीवन का रस है। सूर, जायसी आदि के रूप-सौन्दर्य निरूपण के प्रसंगों में शुक्ल जी ने सौन्दर्य की वस्तुनिष्ठ और अनुभूतिमूलक दोनों विशेषताओं पर ध्यान दिया है। उनकी दृष्टि में रस की तरह सौन्दर्य भी जीवन-सापेक्ष है। जीवन की विरूपताओं और विकृतियों की अभिव्यंजना में न सौन्दर्य है और न रस।

4. वाद-समीक्षा

हम देख चुके हैं कि शुक्ल जी ने पाश्चात्य साहित्य-चिन्तन के सारतत्त्व को ग्रहण करके उसे अपनी रसवादी विचारधारा में अन्तर्भुक्त कर लिया है। भारत में शायद ही ऐसा कोई आचार्य या समीक्षक हुआ है जो भारतीय एवं पाश्चात्य साहित्य चिन्तन को इस तरह मिला देने में इतना सफल हुआ हो। शुक्ल जी के चिन्तन में पाश्चात्य चेतना और चिन्तन इस तरह घुलमिल गया है कि उसकी अलग सत्ता का आभास ही नहीं मिलता। दूसरी ओर उन्होंने अपनी मान्यताओं के विरुद्ध जो पाश्चात्यवाद है जिसकी चर्चा उस समय साहित्य-जगत् में हो रही थी, उनका डटकर विरोध किया है। इसके अनेक कारण हैं। शुक्ल जी ने सच्चे अर्थ में आधुनिकता को ग्रहण नहीं किया है। प्राचीन के नये आख्यान में संलग्न द्विवेदी-युग की पुनरुत्थानवादी दृष्टि से वे कम प्रभावित नहीं थे। उदार दार्शनिक साहित्यिक विचारधारा के बावजूद परम्परा और अपने वर्गीय संस्कारों के प्रभाव से उनकी दृष्टि मूलतः धार्मिक-पौराणिक थी। साहित्यिक क्षेत्र में उनकी सहृदयता और रसज्ञता का लोहा मानना पड़ता है, लेकिन उनकी साहित्यिक अभिरुचि क्लासिकल तत्त्वों की ओर झुकी हुई थी। वे पं. महावीर प्रसाद द्विवेदी की तरह आलोचना के द्वारा साहित्य-सर्जना का अनुशासन और पथ-प्रदर्शन भी करना चाहते थे जो वास्तव में साहित्य समीक्षा का कार्य नहीं है। अपनी दार्शनिक-साहित्यिक दृष्टि, अभिरुचि और मान्यताओं के विरुद्ध होने पर वे किसी दार्शनिक-साहित्यिक वाद या प्रवृत्ति को उदारता और सहृदयता के साथ स्वीकार करने के लिए तैयार नहीं थे। खंडन-मंडन के आवेश में उन्होंने पाश्चात्यवादों को ऐतिहासिक पृष्ठभूमि और सच्चे स्वरूप को समझने का प्रयत्न भी नहीं किया है।

शुक्ल जी के आलोच्य वादों में कुछ दार्शनिक हैं और कुछ साहित्यिक। पाश्चात्य भाववादी (Idealistic) विचारधारा और ईसाई-सूफी रहस्य-साधना को उन्होंने स्वीकार नहीं किया है। वे भारतीय स्थूल धार्मिक-पौराणिक दृष्टि के विरुद्ध पड़ते हैं। पर भारतीय आत्मवादी चिन्तन और औपनिषदिक ज्ञानपरक एवं रहस्यात्मक चेतना से कुछ अंशों में मिलते-जुलते हैं। शुक्ल जी ने इस भारतीय दृष्टि का भी विरोध किया है। साहित्यिक वादों में कलावाद, अभिव्यंजनावाद, प्रतीकवाद, रूपवाद आदि का सम्बन्ध साहित्यिक सिद्धान्तों से है और रहस्यवाद, प्रतीकवाद, रूपवाद आदि का सम्बन्ध साहित्यिक सिद्धान्तों से है और रहस्यवाद, प्रभाववाद, स्वच्छन्दतावाद आदि साहित्यिक-कलात्मक प्रवृत्तियाँ हैं। दोनों का अन्तर न करने से शुक्ल जी अपने खंडन में कभी सिद्धान्त की बात करते हैं और कभी साहित्यिक प्रवृत्ति की चर्चा करते हैं। दार्शनिक, मनोवैज्ञानिक या साहित्य-सम्बन्धी सिद्धान्तों का साहित्यकारों ने सदा अनुसरण किया हो, ऐसी बात नहीं है। अभिव्यंजनावाद सौन्दर्यशास्त्र में प्रतिपादित सिद्धान्त है जिसे कुछ आलोचकों ने अपनाया है, पर उस नाम से साहित्य में कोई प्रवृत्ति विकसित नहीं हुई। कहीं-कहीं दार्शनिक-मनोवैज्ञानिक सिद्धान्तों का साहित्य पर कुछ सामान्य प्रभाव पड़ा है, जैसे फ्रायड़ के काम सिद्धान्त का।

वादों के सम्बन्ध में शुक्ल जी के सामान्य विचारों से मतभेद नहीं हो सकता। साहित्य का क्षेत्र किसी भी दार्शनिक-साहित्यिक सिद्धान्त या वाद से व्यापक होता है। उसे वाद-विशेष से बँधकर संकुचित नहीं किया जा सकता। सैद्धान्तिक आग्रह साहित्य की सारसत्ता को चर जाते हैं। जब वादों का फैशन के रूप में अनुकरण होने लगता है तो रचना निष्प्राण हो जाती है।

लेकिन यहाँ यह समझना आवश्यक है कि साहित्य का प्रत्येक वाद एक विशेष दृष्टि से परिचालित होकर जीवन की, उसकी यथार्थता की व्याख्या करने का प्रयत्न करता है। तदनुरूप उसके भावबोध और शिल्पविधान में परिवर्तन हो जाता है। उसमें पहले की दृष्टि की प्रतिक्रिया हो सकती है, नयी दृष्टि का आग्रह होता है और नये सौन्दर्य के उन्मेष का प्रयत्न भी। दृष्टि से भाव और शिल्प की प्रकृति निर्धारित होती है। उसी से उनकी सीमाएँ भी बनती हैं। आलोचक का धर्म वाद या प्रवृत्ति की उपलब्धियों और सीमाओं का निर्धारण होता है। छायावाद को लेकर शुक्ल जी ने उसकी साहित्यिक उपलब्धियों और सीमाओं के निर्देश का कार्य सफलतापूर्वक सम्पन्न किया है लेकिन अपनी दृष्टि सम्बन्धी पूर्वाग्रहों के कारण छायावादी जीवनदर्शन के विरोध और खण्डन में कटुता आ गयी है।

दार्शनिक मान्यताओं में शुक्ल जी की आलोचना की सीमाएँ वस्तुवादी, धार्मिक और सामाजिक लोकमंगल की है। वे जीवन-जगत् की भाववादी, आध्यात्मिक और व्यक्तिवादी चेतना के मूल्य को भूल गये। परिणामतः भक्ति-काव्य और छायावाद की उत्कृष्ट साहित्यिक आलोचना के बावजूद उनके साथ पूरा न्याय नहीं कर सके,

विशेषतः ज्ञानात्मक, रहस्यात्मक और वैयक्तिक साधना के पहलुओं के सम्बन्ध में।

साहित्यिक दृष्टि से उनकी वाद-समीक्षा की सीमाएँ उनके रस-सिद्धान्त की हैं। लौकिक भावनाओं और संवेगों को रस की आधारभूमि बनाकर उन्होंने रस की परिकल्पना को आध्यात्मिक और आदर्शात्मक काल्पनिकता से मुक्त किया है। लेकिन वस्तु-जगत या विभाव की प्रतिक्रिया केवल भावात्मक नहीं होती। वह वैचारिक और कल्पनाशील भी हो सकती है जैसे कबीर और छायावाद में देखते हैं। भाव की तरह विचार और कल्पना भी काव्य के विषय हो सकते हैं। भावाश्रित रसात्मक वाक्य ही नहीं, प्रत्येक रमाने वाला या रमणीय वाक्य काव्य हो सकता है। इसी दृष्टि से पंडित जगन्नाथ ने "रमणीयार्थ प्रतिपादकः शब्दः काव्यम्" कहकर आचार्य विश्वनाथ की परिभाषा "रसात्मकं वाक्यं काव्यम्" को व्यापक रूप दिया है। शुक्ल जी का रस सिद्धान्त काव्य को वस्तु और भाव तक सीमित कर देता है। उनकी दृष्टि में आध्यात्मिक-रहस्यात्मक साधना भी काव्य का विषय नहीं हो सकता। लेकिन वह व्यापक वस्तु-जगत् का ही अंग है। ज्ञान और साधना को काव्यात्मक रूप दिया जा सकता है, विश्व साहित्य में उसके उदाहरणों की कमी नहीं है।

शुक्ल जी ने वादों की आलोचना में कलावाद, प्रतीकवाद, प्रभाववाद, अभिव्यंजनावाद, रूपवाद और रहस्यवाद पर अनेक आक्षेप किये हैं। प्रतीकवाद, प्रभाववाद, अभिव्यंजनावाद और रूपवाद को कलावाद से जोड़कर छायावाद को उनसे प्रभावित मानकर चले। कहने की आवश्यकता नहीं है कि यह सम्बन्ध-स्थापन और प्रभाव-निरूपण अप्रामाणिक है। रोमांटिक प्रवृत्ति में उनकी उतनी रुचि नहीं है जितनी पूर्व रोमांटिक प्रवृत्ति में जिसे उन्होंने 'सच्चा स्वतन्त्रतावाद' कर संज्ञा दी। रोमांटिक प्रवृत्ति के साथ रहस्यात्मक प्रवृत्ति जुड़ी है प्राकृतिक और भावात्मक दोनों स्तरों पर। शुक्ल जी ने पहले को ही स्वीकार किया है। भावव्यंजना में रहस्यात्मकता-प्रेमपरक और ज्ञानात्मक रहस्यवाद उनकी दृष्टि में काव्य के नहीं, साधना और चिन्तन के विषय हैं। कलावाद, अभिव्यंजनावाद, छायावाद आदि में केवल कलापक्ष या रूपविधान का ही महत्त्व है, यह मानकर चलना उनके साथ अन्याय है। वे कथ्य और रूप को संश्लिष्ट एवं अभिन्न मानते हैं। शुक्ल जी काव्य को कला से श्रेष्ठ कहते हैं क्योंकि पहला भाव या रसप्रधान है और दूसरा रूप-सौन्दर्यप्रधान है। उनके विचार से भावतत्त्व ही काव्य की आत्मा है। वस्तु और भाव की प्रतीकात्मक व्यंजना नहीं, प्रत्यक्ष निरूपण होना चाहिए। वस्तु के प्रभाव की व्यंजना से महत्त्वपूर्ण आलम्बन का वस्तून्मुख विधान है। अभिव्यंजना भावप्रेरित और भावमूलक होनी चाहिए। काव्य रूपविधान की चमत्कारी क्रीड़ा नहीं है। काव्य-साहित्य में व्यक्तिपरक रहस्यात्मक भावना की नहीं, सामाजिक चेतना की अभिव्यक्ति ही अभिप्रेत है। अपनी इन मान्यताओं को दृष्टि में रखकर शुक्ल जी पाश्चात्य वादों की खामियों को ढूँढ़ते रहे। उनकी हठवादिता से वादों के वास्तविक रूप को पहचानने में बाधा हुई। वास्तव में

वे उन वादों की समीक्षा करना नहीं चाहते थे, उनको साधन बनाकर अपने सिद्धान्तों और मान्यताओं का प्रतिपादन करना चाहते थे। उनकी दृष्टि पाश्चात्य साहित्यिक वादों और प्रवृत्तियों के मूल तत्त्वों पर नहीं, उसके ह्रासोन्मुख स्वरूप परिणामों पर थी। इस बात पर उन्होंने ध्यान नहीं दिया कि हर एक बाद और प्रवत्ति के मूल में जीवन का कोई सत्य और साहित्यिक सौन्दर्य का कोई न कोई पहलू अन्तर्निहित रहता है।

शुक्ल जी की पाश्चात्य वाद-समीक्षा की सीमाओं के बावजूद, उनकी सैद्धान्तिक और व्यावहारिक आलोचना में पाश्चात्य साहित्य-चेतना और चिन्तन के अनेक नये सूत्र मिल जाते हैं जो भारतीय काव्य-चेतना और काव्यशास्त्र की व्यापक परिधि में आत्मसात् करके प्रस्तुत किये गये हैं।

सन्दर्भ

1. चिन्तामणि 2, पृ. 58
2. रस-मीमांसा, पृ. 109
3. चिन्तामणि 2, पृ. 198
4. चिन्तामणि 1, पृ. 162
5. चिन्तामणि 2, पृ. 231
6. वही, पृ. 187
7. चिन्तामणि 1, पृ. 164

आचार्य रामचन्द्र शुक्ल : रस-सिद्धान्त और साधारणीकरण

1. प्रस्तावना

भारतीय काव्य-चिन्तन का केन्द्र बिन्दु रस-सिद्धान्त है। भरत मुनि ने अपने नाट्यशास्त्र में एक व्यापक काव्य-सिद्धान्त के रूप में उसका प्रतिपादन किया था। वह एक ओर काव्यशास्त्रीय सिद्धान्त था तो दूसरी ओर इस्थेटिक सिद्धान्त भी था। भरत मुनि ने उसका जीवन-सापेक्ष रूप में जो आख्यान किया था; काव्य-रचना और काव्यानुभूति—दोनों पहलू उसमें समाविष्ट थे। 'सामाजिक' की अवधारणा को केन्द्र में रखकर 'भाव' की सहज-स्वाभाविक व्याख्या की गयी। आगे चलकर 'सहृदय' और 'रसिक' ने 'सामाजिक' का स्थान ले लिया और उसी दृष्टि से रस-सिद्धान्त पर विचार होने लगा। काव्य रचना से अधिक काव्यानुभूति का, इस्थेटिक अर्थ में स्पष्टीकरण हुआ। भट्टलोल्लट, श्रीशंकुक, भट्टनायक, अभिनवगुप्त आदि इस परम्परा में आते हैं। इस परम्परा में काव्य और रस-सिद्धान्त सांस्कृतिक गरिमा का विषय हो गये। भिन्न कोटि के आचार्यों ने काव्य-रचना पर ध्यान रखकर काव्य-सौन्दर्य, काव्याभिव्यंजना और काव्योत्कर्ष के अनुसंधान का प्रयत्न किया, जिनके द्वारा अलंकार, रीति, ध्वनि, वक्रोक्ति, औचित्य-सम्बन्धी मान्यताओं का विकास हुआ। यहाँ भी काव्य अभिजात-भावना का ही विषय रहा। रूपक पर विचार करने वाले आचार्यों ने भी भरत मुनि के तात्विक चिन्तन को बहुत आगे नहीं बढ़ाया और रूप-रचना पर ही अपने ध्यान को केन्द्रित रखा।

इन परम्पराओं और परिप्रेक्ष्य में शुक्ल जी की मान्यताओं को समझने के लिए भारतीय रस-सिद्धान्त की मुख्य विशेषताओं का अवगाहन आवश्यक है।[1] (1) भारतीय दार्शनिक एवं सांस्कृतिक मान्यताओं के अनुरूप रसानुभूति की परिकल्पना हुई। उच्चवर्गीय सांस्कृतिक परिवेश में उसका पल्लवन हुआ। इसलिए काव्य भावन में जीवन की यथार्थता की ओर उसका ध्यान नहीं रहा। (2) रस सुख-दुखात्मक न होकर आनन्दात्मक है। आनन्द की व्याख्या में रसानुभूति मानसिक अनुभूति से दार्शनिक-आध्यात्मिक अनुभूति के धरातल पर पहुँचा दी गयी। वह लौकिक से भिन्न अलौकिक अनुभूति है। (3) रसानुभूति में आदर्शीकरण, भावनाशीलता या कल्पनाशीलता और सहृदयता पर ध्यान रखा गया। पहला वस्तुनिष्ठ धर्म है जो

वस्तु, भाव और रूप को उदात्त बनाता है और दूसरे-तीसरे ग्राहक अनुभूति के धर्म हैं जिनके बिना काव्य की रसानुभूति सम्भव नहीं है। (4) भरत मुनि ने रस-विवेचन में काव्य-रचना और अनुभूति-वस्तुनिष्ठ और व्यक्तिनिष्ठ दोनों पहलुओं पर ध्यान रखा। इस सन्दर्भ में डॉ. बार्लिंगे के विचार द्रष्टव्य हैं। काव्य-रस कवि की देन है। सर्जना में काव्य-वस्तु रसात्मक हो जाती है। काव्य की व्यवस्था और रचना-विधान ग्राहकों को रसानुभूति देने की दृष्टि से होता है। (5) रसानुभूति रचना में व्यवस्था और सामंजस्य पर निर्भर करता है। गेस्टाल्ट मनोविज्ञान और व्यापक अर्थ में रिचर्ड्स के विचार इससे मिलते-जुलते हैं। काव्य में विभाव, अनुभाव और संचारियों की व्यवस्था इसी दृष्टि से होता है और होना चाहिए। कवि के भाव ग्राहक के भावन को उद्दीप्त करते हैं और भावन व्यापार में मन सामंजस्यपूर्ण होता है। (6) इसका दृष्टिकोण दार्शनिक दृष्टि से पूर्णता का आग्रही है। पूर्णता में ही सौन्दर्य है, अनुभूति का चरम उत्कर्ष है। काव्य में भाव को आस्वाद्य बनाना है, आस्वादन के लिए भाव के सभी पहलुओं का द्योतन आवश्यक है और कवि का भावन-व्यापार आदर्शोन्मुख होना चाहिए। विभाव पक्ष और भाव पक्ष एक-दूसरे के अनुरूप और औचित्यपूर्ण होना है। विभाव भाव को उत्पन्न करने में समर्थ हो, भाव-विभाव की उचित प्रतिक्रिया हो और वे एक-दूसरे को प्रभावित करके दोनों का पुष्ट और आकर्षक बना दें। आलम्बन का सौन्दर्य आश्रय को उस ओर आकृष्ट करके तीव्र भावानुभूति उत्पन्न करता है और आश्रय का भाव, अनुभूति की स्थिति में आलम्बन को नयी दृष्टि से देखते हुए उसे और ही रंगीन रूप में देखता है। विभाव और भाव की अनुरूपता के अभाव में अनुभूति रसाभास हो जाती है जैसे, सुन्दर विभाव के प्रति कुरूप का आकर्षण। विभाव और भाव के अन्योन्य-आश्रय के अभाव में रसानुभूतिपूर्ण न होकर बहुत करके एकांगी रह जाती है। (7) रस-सिद्धान्त भावानुभूति के मनोवैज्ञानिक आधार पर खड़ा है। काव्य में उद्दीपक वस्तु, उसकी भावात्मक-मानसिक प्रतिक्रिया, सम्बद्ध भावनाओं का संचार, भाव की ऐन्द्रिय अभिव्यक्ति और भावप्रेरित क्रिया व्यापार सभी मिलकर, एक-दूसरे में गल-मिलकर भाव की अनुभूति देते हैं। प्रत्यक्ष से भिन्न-भाव का मानसिक-कल्पनाशील रूप, उसकी प्रकृति और अनुभूति की प्रक्रिया को विशिष्ट बना देता है। कवि के भावन-व्यापार और अभिव्यंजना में भाव आस्वाद्य और सौन्दर्यात्मक मूल्य-सम्पन्न हो जाता है। (8) रस-सिद्धान्त प्रधानतः मनोवैज्ञानिक और इस्थेटिक है। उसमें भाव के सामाजिक पहलू का उतना आग्रह नहीं है। अनौचित्य को रस भंग का कारण मानकर सन्तोष कर लिया गया है—"अनौचित्यादृते नान्यद्रस भंगस्य कारणम।" रसाभास की चर्चा में सामाजिक अनौचित्य का निषेध है। विधायक रूप में इस बात पर विचार कम हुआ है कि सामाजिक चेतना भाव का किस तरह उत्कर्ष करती है। सामाजिक यथार्थ की उपेक्षा के कारण ही मध्यकालीन काव्य-रचना भावात्मक-सौन्दर्यात्मक उत्कर्ष के बावजूद सामाजिक पक्ष की अपेक्षा में कल्पनाशील और रंगीन हो गयी है। (1) रस-संवेदना

अपने चरम विकसित रूप में शुद्ध इस्थेटिक भावन है। लेकिन प्रायः भावात्मक अनुभूति के रूप में उसकी व्याख्या की गयी है और उसी रूप में उसे स्वीकार किया गया है। इस स्थिति में वह प्रत्यक्ष लौकिक अनुभूति की सीमा का स्पर्श करने लगती है। इस रूप में उसकी तुलना पाश्चात्य शुद्ध सौन्दर्यानुभूति से नहीं कर सकते। इस सन्दर्भ में रसानुभूति और सौन्दर्यानुभूति के एक-दूसरे अन्तर का भी ध्यान रखना है कि पहला भाव का भावन-व्यापार है और दूसरा रूप का।

अब विचारणीय है कि इस सम्बन्धी भारतीय चिन्तन की लम्बी परम्परा में शुक्ल जी का क्या नवीन-मौलिक योगदान है। मध्ययुग के अन्त तक आते-आते रस का विवेचन प्रायः रूढ़ और संकीर्ण हो गया था। सामाजिक सम्पर्क में भक्ति-काव्य ने रचना के नये द्वारों को खोल दिया था। लेकिन तदनुरूप काव्य और रस के सम्बन्ध में नवीन चिन्तन का प्रयत्न नहीं हुआ। रस की शास्त्रीय मर्यादा के दायरे में बांध देने के कारण जीवन के सम्पर्क में रस के उत्कर्ष का ध्यान बिल्कुल नहीं रहा और रस के अवयवों की अभिव्यक्ति में ही रसात्मकता ढूँढ़ी जाने लगी। आधुनिक काल में नयी परिस्थितियों और पाश्चात्य काव्य की नवीन रचनात्मक चेतना के साथ सम्पर्क ने काव्य को और भी नवीन रूप दिया और रसात्मक चेतना की अवधारणा में परिवर्तन होने लगा। रस की शास्त्रीय अभिव्यक्ति की परम्परा की ओर उन्मुख द्विवेदीयुगीन साहित्यिक अभिरुचि भक्ति-काव्य और रीतिकाव्य की रसात्मक चेतना का अन्तर नहीं कर सकी और अभिव्यंजना की प्रौढ़ता के आधार पर दूसरे को महत्त्व दिया गया। शुक्ल जी ने पहली बार इसको शास्त्रीय व्यंजना के घेरे से बाहर निकलकर रसात्मक चेतना, उसके उत्कर्ष और उस उत्कर्ष के कारणों का अन्वेषण आरम्भ किया। उन्होंने स्पष्ट किया कि रस का उत्कर्ष उसकी जीवन-सापेक्षता, प्रेरणा-सूत्रों की उदात्तता और सामाजिक औचित्य एवं उपादेयता पर निर्भर करता है। रस और सौन्दर्य जीवन-सापेक्ष है। कवि जिस मात्रा में जीवन की अनन्तता को पहचानता है और उसकी गहराई में जाता है, उसी अनुपात में काव्य की रसानुभूति होगी। आधुनिक काल में काव्य के साथ-साथ काव्यालोचन पर भी गहरा पाश्चात्य प्रभाव पड़ने लगा। आलोचना के क्षेत्र में तरह-तरह के सिद्धान्तों और वादों का प्रचार हो गया जो भारतीय रस-सिद्धान्त के विरोधी ही नहीं, शुक्ल जी के अनुसार रस-संवेदना में बाधक भी थे। इन पर विचार-विमर्श करते समय, उनके खंडन-मंडन के दौरान शुक्ल जी ने रस-सिद्धान्त पर नये सिरे से चिन्तन किया, नया आख्यान किया और अपनी नयी मान्यताओं का प्रतिपादन किया। उनका अनुमोदन कराने के लिए उन्होंने अपने विचारों को भारतीय परम्परा से जोड़ा, यद्यपि उनमें कई बातें भारतीय शास्त्रीय विवेचन और परम्परा से भिन्न थीं।

संक्षेप में कह सकते हैं कि शुक्ल जी ने रस-सिद्धान्त का नया विस्तार और पल्लवन किया है। इस दिशा में उनकी अपनी मौलिक दृष्टि है। यह सर्वथा शास्त्र और परम्परा से अनुमोदित नहीं है। उनके नवीन चिन्तन के प्रेरणा स्रोत आधुनिक

नवजागरण, रस का जीवन-सापेक्ष अवलोकन और पाश्चात्य चिन्तन का प्रभाव है। अन्तिम अंश के सम्बन्ध में विरोध हो सकता है कि उन्होंने पाश्चात्य वादों का खंडन किया है, जो सही है। लेकिन साहित्य और रस की अवधारणा को व्यापक बनाने में, रस के मनोवैज्ञानिक और सामाजिक आख्यान में तथा रस-अलंकार को जीवन का भावात्मक-सौन्दर्यात्मक नवीन रूप देने से शुक्ल जी पाश्चात्य काव्य-चेतना से न्यूनाधिक अवश्य प्रभावित हुए। यह शुद्ध भारतीय दृष्टि, शास्त्रीय मर्यादा और परम्परा की देन नहीं है। शुक्ल जी के पाश्चात्य-साहित्य-चिन्तन को दो वर्गों में बाँट सकते हैं- एक संकीर्ण पाश्चात्य सिद्धान्तों और वादों का प्रत्यक्ष निषेध है तथा दूसरा पाश्चात्य काव्य चेतना के महत्त्वपूर्ण विधायक अंशों को स्वीकार करते हुए भारतीय रस-सिद्धान्त की परिधि को व्यापक बनाने का प्रयत्न है जो अप्रत्यक्ष प्रेरणा या प्रभाव-ग्रहण है। शुक्ल जी ने अपनी सैद्धान्तिक और व्यावहारिक आलोचना में भारतीय रस-सिद्धान्त के स्वरूप को—उसके रचनात्मक और अनुभूति-मूलक दोनों पहलुओं का काफी बदलकर नया रूप दिया है।

2. रस का सामान्य स्वरूप

शुक्ल जी के अनुसार रसानुभूति में पाठक के लौकिक व्यक्तित्त्व का परिहार हो जाता है, वह भावानुभूति है जिसमें विभाव के अनुरूप भाव का उदय होता है और पाठक उस भाव में लीन हो जाता है। रसानुभूति दर्शन के क्षेत्र में ज्ञान दशा और धर्म के क्षेत्र में भक्ति भावना की तरह काव्यक्षेत्र में भाव-योग या भाव-तादाम्य की स्थिति है। उन्हीं के शब्दों में "रसात्मक अनुभूति के दो लक्षण ठहराए गये हैं—अनुभूतिकाल में अपने व्यक्तित्त्व के सम्बन्धों की भावना का परिहार और ऐसे किसी भाव के आलम्बन का सहृदय पात्र के साथ साधारणीकरण अर्थात् उस आलम्बन के प्रति सारे सहृदयों के हृदय में उसी भाव का उदय।"[1] "भावयोग की सबसे उच्च कक्षा पर पहुँचे हुए मनुष्य का जगत् के साथ पूर्ण तादात्म्य हो जाता है, उसकी अलग भाव सत्ता नहीं रह पाती, उसका हृदय विश्व हृदय हो जाता है।"[2] भाव-योग के लिए कवि को सहज, प्रकृत और साधारण भावों की व्यंजना करनी चाहिए और पाठक को सहृदय एवं भावक होना चाहिए। साधारणत्व विभाव और ग्राहक भाव दोनों का सहज धर्म है। असाधारणत्व की रुचि में सहृदयता नहीं है। 'रसे सारश्चमत्कारः' कहकर 'सर्वत्राप्यद्भुता रसः', मानने वाले नारायण पंडित का विरोध करते हुए शुक्ल जी स्वीकार करते हैं कि "कहीं-कहीं असाधारणत्व पहले आलम्बन में अधिष्ठित होकर भाव के उत्कर्ष का कारणस्वरूप होता है। पर यह कहा जा चुका है कि भावों के उत्कर्ष के लिए भी सर्वत्र आलम्बन का असाधारणत्व अपेक्षित नहीं होता।"[3] शुक्ल जी असाधारणता या विलक्षणता को आलम्बन का एक विशेष धर्म मात्र मानते हैं जबकि सौन्दर्यशास्त्री, प्रतिभा को नव-नवोन्मेषशालिनी और समस्त रसों के मूलतत्त्व

को अद्‌भुत मानने वाले आचार्य वस्तुनिष्ठ और व्यक्तिनिष्ठ दोनों रूपों में सौन्दर्यानुभूति और रसानुभूति में रहस्यमयता, अद्‌भुतपन और विस्मय को कलात्मक सर्जना का अनिवार्य अंग कहते हैं। फ्रायड का कहना है कि मनोविश्लेषण माइकेलैंजिलो की कला सृष्टि के सौन्दर्य के रहस्य का उद्‌घाटित करने में असमर्थ है।

शुक्ल जी भट्टनायक के समान सत्त्व गुण के उद्रेक में ही काव्य की सच्ची भावानुभूति का रसानुभूति सम्भव मानते हैं। उस स्थिति में लौकिकता तामसी और राजसी वृत्तियों का तिरोभाव हो जाता है। ''बुद्धि की क्रिया से हमारा ज्ञान जिस अद्वैत भूमि पर पहुँचता है उसी भूमि तक हमारा भावात्मक हृदय भी इस तक सत्त्व रस के प्रभाव से पहुँचता है।''[4] सत्त्व दशा में मनुष्य के हृदय का शेष सृष्टि के साथ रागात्मक सम्बन्ध स्थापित हो जाता है जिसे शुक्ल जी हृदय की मुक्तावस्था कहते हैं। ''जिस प्रकार आत्मा की मुक्तावस्था ज्ञान दशा कहलाती है, उसी प्रकार हृदय की यह मुक्तवस्था रस दशा कहलाती है।''[5] ''जब कभी हमारी भावना का प्रसार इतना विस्तीर्ण और व्यापक होता है कि हम अनन्त व्यक्त सत्ता के भीतर नरसत्ता के स्थान का अनुभव करते हैं तब हमारी पार्थक्य बुद्धि का परिहार हो जाता है। उस समय हमारा हृदय ऐसी उच्च भूमि पर पहुँचता रहता है जहाँ उसकी वृत्ति प्रशांत और गम्भीर हो जाती है, उसकी अनुभूति का विषय ही कुछ बदल जाता है।''[6]

रस के इस सामान्य स्वरूप-विवेचन में लौकिक व्यक्तित्त्व का तिरोभाव, भाव-तादात्म्य, सहृदयता, सत्त्वोद्रेक, पार्थक्य बुद्धि का परिहार आदि भाव-विचार भारतीय रस-सिद्धान्त से मिलते-जुलते हैं। 'भाव का उदय' एक ओर भट्ट लोल्लट के उत्पत्ति-सिद्धान्त के अनुरूप है तो दूसरी ओर अभिनव के इस कथन का भी स्मरण दिलाता है कि विभाव आदि के द्वारा वासना रूप में स्थित पाठक के स्थायी भाव उद्‌बद्ध होते हैं। जैसा कहा जा चुका है रस के भोग की स्थिति में सत्त्वगुण की प्रधानता का उल्लेख पहले भट्टनायक ने किया है। हृदय की मुक्तावस्था की रसदशा कहना और उसे अद्वैत भावना के समकक्ष कहना रस को अद्वैत सिद्धान्त के अनुसार 'भग्नावरणा चित्' कहने वाले पंडितराज जगन्नाथ के विचारों से कुछ मिलता है। लेकिन कुल मिलाकर शुक्ल जी ने रसानुभूति की व्याख्या अपने ढंग से की है। वह लौकिक से भिन्न अलौकिक अनुभूति न होकर लौकिक भावानुभूति ही है जो उपर्युक्त विशेषताओं के कारण कुछ भिन्न प्रतीत होती है। काव्य के भाव-विधान और अनुभूति की प्रत्यक्ष, स्मृतिजन्य, प्रत्यभिज्ञा और स्मृत्याभास कल्पना के रूप में वर्गीकरण से भी इस बात की पुष्टि होती है।

3. भाव और रस

भारतीय रस-विवेचन में भाव और रस का स्पष्ट अन्तर किया गया है। रति, हास, शोक आदि नौ मुख्य भाव या स्थायी भाव विभाव-अनुभाव और संचारियों के संयोग

से रस दशा को पहुँच जाते हैं जबकि अन्य भाव उतने महत्त्वपूर्ण न होने के कारण भाव दशा में ही अनुभूति के विषय बनते हैं। शुक्ल जी ने जीवन में, अतः काव्य में कुछ मनोभावों के अपेक्षाकृत अधिक महत्त्व को स्वीकारा है, लेकिन भाव दशा और रस दशा के अन्तर को स्वीकार नहीं किया है। भावों की अनुभूति में, रसानुभूति में भेद उन्होंने दूसरे आधारों पर किया है, जिनमें प्रधान धर्म है।

भारतीय परम्परा में रस आस्वाद्य और आनन्दात्मक है। क्रोध, शोक आदि भाव भावन व्यापार (कल्पना), अनुभूति की स्थिति में सत्त्वोद्रेक, विभाव एवं स्थायी भावों के सम्बन्ध-विच्छेद या साधारणीकरण के द्वारा आनन्दात्मक होकर रस दशा को पहुँच जाते हैं। शुक्ल जी काव्यानुभूति को आनन्दात्मक नहीं भावात्मक मानते हैं। रस आनन्दात्मक न होकर सुख-दुखात्मक ही है। "काव्यानुभूति भावानुभूति के रूप में ही होती है।" यदि रसानुभूति आनन्दस्वरूप ही है तो करुण रस के नाटक आदि पढ़ने-देखने से श्रोताओं या दर्शकों को आँसू क्यों आ जाते हैं? आँसू का आना भावोद्रेक का बाह्य लक्षण है। अतः मनोविज्ञान की दृष्टि से साफ प्रकट है कि काव्यानुभूति भावानुभूति के रूप में ही होती है। रहा यह कि वह आनन्द स्वरूप होती है या नहीं। मुझे इस बात विशेष का आग्रह नहीं।"[7] यह काव्य के सम्बन्ध में आधुनिक दृष्टिकोण है ही, काव्य के भाव क्षेत्र को कुछ विशेष भावों तक सीमित न रखकर उसके अनन्त विस्तार को पहचानने का प्रयत्न भी है। यह भी ध्यातव्य है कि काव्य की रसानुभूति को बिल्कुल लौकिक अर्थ में ग्रहण किया गया है जो निश्चित ही भारतीय दृष्टिकोण नहीं है।

शुक्ल जी ने अपने ढंग से इस प्रश्न का उत्तर देने का भी प्रयत्न किया है कि जब दुखात्मक एवं परूष भाव प्रत्यक्ष जीवन में मनुष्य को उनसे विमुख कर देते हैं, काव्य में उनका आस्वादन कैसे होता है या वे ग्राह्य कैसे बनते हैं? शुक्ल जी की दृष्टि में तमोगुण और रजोगुण सत्वगुण के अधीन होकर उसके अनुसार क्रियाशील होने पर काव्य में उग्र भावनाएँ भी आस्वाद्य हो जाती हैं। "सत्त्वगुण के इस शासन में कठोरता, उग्रता और प्रचंडता भी सात्विक तेज के रूप में भासित होगी।"[8] सात्विकता मानवीय महानता और धर्म का अंग है। इनके आधार पर भी शुक्ल जी ने रस-संवेदना का निर्धारण किया है और उग्र भावनाओं के ग्राह्य-अग्राह्य होने का निर्णय किया है। "पात्र के द्वारा भाव की व्यंजना करने में कवि के दो रूप होते हैं—सहज और आरोपित। यदि व्यंजित किये जाने वाले भाव का आलम्बन सामान्य है—ऐसा है जो मनुष्य मात्र के चित्त में वही भाव उत्पन्न कर सकता है—तो समझना चाहिए कि कवि अपने सहज में उसे प्रकट कर रहा है। जैसे रावण के प्रति राम का क्रोध। यदि व्यंजित किया जाने वाला भाव ऐसा नहीं है तो समझना चाहिए कि वह उसे आरोपित रूप में प्रकट कर रहा है, जैसे राम के प्रति रावण का क्रोध। आरोपित भाव कवि अनुभव नहीं करता, कल्पना द्वारा लाता है। आश्रय की स्थिति में अपने को समझकर आलम्बन के प्रति कवि भी यदि उसी भाव का प्रदर्शन सहज रूप में

करता है। यदि कवि का भाव उदासीन है या अनौचित्य ज्ञान के कारण विरक्त है तो आश्रय के भाव का प्रदर्शन वह केवल आरोपित या आहार्य रूप में करता है। ऐसे स्थल पर रसाभास या भावाभास ही मानना चाहिए।"[9] शुक्ल जी ने अच्छे-बुरे, धर्म-अधर्म के आधार पर ही पूर्ण रसानुभूति की चर्चा की। भारतीय आचार्यों ने अनौचित्य के कारण रस भंग माना है। आचार्य विश्वनाथ आश्रय के साथ भाव तादात्म्य का उल्लेख करते हुए प्रतिनायक या अधम पात्र के शृंगार में अनौचित्य देखा है। लेकिन सामान्य रूप से भारतीय आचार्यों ने धर्म को रस-संवेदना का प्रधान आधार नहीं माना है। रस-सिद्धान्त और साधारणीकरण में भावन व्यापार या कल्पना ही रसानुभूति का मूल तत्त्व माना गया है। भाव को अच्छे-बुरे, धर्म-अधर्म की कोटियों में बाँधकर रसत्व का निर्धारण सम्भव नहीं है। जीवन की जटिलता में अच्छे-बुरे का निर्णय कठिन हो जाता है। कल्पना के स्तर पर राम के प्रेम-क्रोध और रावण के प्रेम-क्रोध का कोई अन्तर नहीं रह जाता, यदि वे भाव सहज और परिस्थिति में उचित है, यदि उन भावों में कामुकता या अस्वाभाविकता नहीं है। शुक्ल जी काव्य की भाव-व्यंजना को शुद्ध लौकिक रूप में देखकर लौकिक नैतिक-अनैतिक मान्यताओं के आधार पर भाव के ग्राह्य-अग्राह्य होने या उसके रसत्त्व का निर्धारण करना चाहते हैं। काव्य-साहित्य में नायक के साथ भाव-तादात्म्य भी सर्वत्र नहीं होता। कुछ विशेष परिस्थितियों में या ग्राहक मन के द्वारा अपने कुछ अभावों की पूर्ति के प्रयत्न में ही ऐसा होता है। शुक्ल जी ने आलम्बन के सामान्य धर्मों की चर्चा में मानवीय पहलू पर जो बल दिया है यह ठीक है। मानवीय संवेदना ही सर्जना और अनुभूति का आधार है। कवि जीवन में उसी की पहचान और अभिव्यंजना का प्रयत्न करता है और ग्राहक उसी का अनुभव करता है। दोनों कार्य भावन या कल्पना के स्तर पर होते हैं। काव्यानुभूति वस्तु के सामाजिक सन्दर्भों की शुद्ध लौकिक अनुभूति नहीं है। जैसा कुछ पाश्चात्य सौन्दर्यशास्त्री मानते हैं, काव्य की अनुभूति रूप-सौन्दर्य की निरपेक्ष सौन्दर्यानुभूति नहीं है तो दूसरी ओर वह सामाजिक यथार्थ की लौकिक-भौतिक अनुभूति भी नहीं है।

भाव में रसत्व कवि प्रतिभा या कल्पना की देन है। प्रमुख और गौण सभी भावों में रस का स्फुरण हो सकता है। प्रमुख और गौण का भेद रस-संवेदना की दृष्टि से नहीं, उनके जीवन-सापेक्ष महत्त्व को लेकर है। रसत्त्व काव्य का मूल्य है तो भावों में इस रसत्त्व या काव्यमूल्य के अनेक स्रोत हैं- विभिन्न जीवन मूल्य जो प्रत्यक्ष जीवन से सम्बन्धित हैं और कल्पनाजन्य जो जीवन मूल्यों का आधार लेकर अप्रत्यक्ष रूप में विकसित है। दोनों रूपों में रसात्मकता के लिए जीवन मूल्यों का इस्थेटिक या सौन्दर्यात्मक होना काव्यकला की प्राथमिक आवश्यकता है। शुक्ल जी ने रस-संवेदना की चर्चा में सर्वजन सुलभ सहज एवं प्राकृत मानवीय संवेदना, सात्त्विकता और धार्मिक चेतना से सम्बन्धित मूल्यों को अधिक महत्त्वपूर्ण माना है। काव्य में भावों को वरीयता देने वाली उनकी दृष्टि ने कल्पना और सौन्दर्यात्मक चेतना को रसत्व के साधक रूप में ही स्वीकार किया है।

4. विभाव पक्ष और भाव पक्ष

कविता के सम्बन्ध में वस्तुनिष्ठ दृष्टि के कारण शुक्ल जी ने कविता में विभाव पक्ष को ही महत्त्व दिया है। उसके चित्रण से भाव अपने-आप-जाग्रत हो जाता है। "अपनी अनुभूति या संवेदना का लम्बा-चौड़ा ब्यौरा पेश करने की अपेक्षा उन तथ्यों या वस्तुओं को पाठक की कल्पना में ठीक-ठीक पहुँचा देना जिन्होंने वह अनुभूति या संवेदना जगाई है, कवि के लिए हम अधिक आवश्यक समझते हैं। सहृदय या भावुक पाठक अपनी अनुभूति का पथ बहुत कुछ आप से आप निकाल लेते हैं।"[10] इस दृष्टिकोण के कारण फारसी-उर्दू शायरी और छायावाद को भावप्रधान मानकर उनका विरोध किया गया है। "फ़ारस की शायरी भाव पक्ष-प्रधान है। उसमें विभाव पक्ष का विधान नहीं या नहीं के बराबर हुआ।" "खेद है कि उर्दू की देखा-देखी वेदना की ऐसी विवृति की नकल हिन्दी की कविताओं में भी कुछ-कुछ हुई है और अब भी कुछ नये ढंग पर होती है।"[11] शुक्ल जी का कहना है कि "विभाव और भाव के सम्बन्ध का स्पष्टीकरण न होने से—इस बात का ध्यान न होने से कि मन में लाए हुए रूप किस प्रकार रस में सहायक या बाधक होते हैं।"[12] इससे काव्यानुभूति बोधगम्य और पूर्ण नहीं हो पाती।

'रस-मीमांसा' में शुक्ल जी ने भाव पक्ष का मनौवैज्ञानिक विवेचन किया है। भाव के तीन अंग—(1) वह अंग जो प्रवृत्ति या संस्कार के रूप में अन्तःसंज्ञा में रहता है (वासना), (2) वह अंग जो विषय-बिम्ब के रूप में चेतना में रहता और 'भाव' का प्राकृत स्वरूप है (भाव, आलम्बन आदि की भावना), (3) वह अंग जो आकृति या आचरण में अभिव्यक्त होता है और बाहर देखा जा सकता है (अनुभाव और नाना प्रयत्न)।"[13] काव्यशास्त्र की परिभाषा में ये स्थायीभाव, भाव और अनुभाव हैं। इन लक्षणों के आधार पर शुक्ल जी भाव की परिभाषा देते हैं—"प्रत्यक्ष बोध, अनुभूति और वेगयुक्त प्रवृत्ति इन तीनों के गूढ़ संश्लेष का नाम भाव है।"[14] जब भाव व्यक्ति की प्रकृति या स्वभाव का अंग बन जाते हैं, शील कहलाते हैं—"भाव के इस प्रकार प्रकृतिस्थ हो जाने की अवस्था को शील दशा कहेंगे।"[15] संचारी भावों के विवेचन में शुक्ल जी ने काव्य के मूल भाव और उसके साथ संचारियों के सम्बन्ध को व्यवस्थित भावचक्र कहा है—"पाश्चात्य भाववेत्ता शैंड के भाव-निरूपण के अनुसार प्रत्येक भाव एक प्रकार का व्यवस्था-चक्र है जिसके साथ शेष भावों का सम्बन्ध भी अव्यक्त रूप में लगा रहता है।"[16]

भारतीय रस-सिद्धान्त में शुक्ल जी की तरह विभाव को ही महत्त्व नहीं दिया गया है। दोनों का सन्तुलन आवश्यक है। यह भी ध्यातव्य है कि काव्य में सदा विभाव का स्वतन्त्र वस्तुनिष्ट निरूपण नहीं होता। वह भाव का अभिन्न अंग है। वस्तु से आकृष्ट मन की भावना में ही उसका रूप धारण होता है। जैसा पहले कहा जा चुका है, वस्तु या आलम्बन और भाव या उसकी अनुभूति एक-दूसरे को प्रभावित करते हुए ही काव्य में सजीव अभिव्यक्ति पाते हैं। जहाँ तक काव्य में रति, हास आदि

एक प्रधान भावना और संचारी भावों के द्वारा उसकी पुष्टि का प्रश्न है, यह काव्य की कलात्मक अन्विति का ही द्योतक है। मनोविज्ञान के अनुसार भावना (फीलिंग) अनुभूति के समय की क्षणिक अवस्था है। जब काव्य में रति आदि भाव आद्यंत व्याप्त दिखाया जाता है, वह भावना की स्थायी स्थिति या सेंटिमेंट है। काव्य में रति, शोक आदि भावनाएँ काव्य की कलात्मक एकता की दृष्टि से आद्यंत उसी भावना की अनुभूति के रूप में दिखाई जाती है। बहुत करके उन्हें आश्रय के सेंटिमेंट कह सकते हैं जो आलम्बन के सम्पर्क में समय-समय पर भावना के रूप में प्रकट होते हैं। रस-सिद्धान्त में पाठक के मन के स्थायी भाव भी सेंटिमेंट हैं। व्यक्ति के मन में एक भावना की अनुभूति समाप्त होने पर उससे सम्बद्ध दूसरी भावना प्रकट हो सकती है, जैसे प्रेम के बाद ईर्ष्या। यह दूसरी भावना स्वतन्त्र भी है और पहले से परिणाम विकास आदि के रूप में सम्बद्ध भी। काव्य में प्रधान भावना और संचारी भावनाओं का गुंफन भी कलात्मक एकता या प्रभाव की अन्विति के लिए है। शुक्ल जी का यह विचार इसी अर्थ में स्वीकार किया जा सकता है कि काव्य में सभी भावनाएँ एक व्यवस्था के रूप में समन्वित हो जाती हैं।

शुक्ल जी ने रसानुभूति के लिए भाव-निरूपण में सच्चाई, गहरी अनुभूति, प्रसार या प्रवाह और तन्मयता पर जोर दिया है। कविता संवेगात्मक ही नहीं, विचारात्मक या कल्पनाशील भी हो सकती है, उन्होंने इस बात पर ध्यान नहीं दिया है। वैचारिकता उनकी दृष्टि में ज्ञान-विज्ञान की विशेषता है और कल्पना भाव-व्यंजना का साधन मात्र है। जहाँ भावपक्ष और कलापक्ष में कोई बात भावानुभूति और रसानुभूति में बाधक मानी गयी है, उसका तीव्र विरोध किया गया है। आधुनिक काव्य-प्रवृत्तियों में उनको ऐसे अनेक बाधक तत्त्व दिखाई पड़े। भावपक्ष और कलापक्ष दोनों में कुतूहल की वृत्ति, नवीनता-मौलिकता का विशेष आग्रह, वचनवक्रता, अनूठापन, विलक्षणता, अद्भुतपन आदि सीमा का उल्लंघन होने पर केवल चमत्कार और मनोरंजन के साधन बन जाते हैं। उनसे रसात्मक तन्मयता में बाधा पड़ती है। वे भावप्रेरित रूप में, भावोत्कर्ष करने वाले रूप में काव्य में ग्राह्य हैं। काव्य में कौनसा तत्त्व, किस मात्रा में सौन्दर्यात्मक या रसात्मक है इसका निर्णय करना कठिन है। वह युग की साहित्यिक अभिरुचि और पाठक की सहृदयता पर निर्भर करता है।

शुक्ल जी ने आधुनिक काल की विशेष परिस्थितियों के सन्दर्भ में भावक्षेत्र और रस-संवेदना के विस्तार-प्रसार पर भी विचार किया है। मध्ययुग की परिस्थितियों और काव्य-रचना ने भक्ति और वात्सल्य के रसत्व को स्वीकार किया और रसों की संख्या बढ़ा दी। आधुनिक सन्दर्भ में शुक्ल जी ने प्रकृतिप्रेम और देशप्रेम में भी रसानुभूति की सार्वजनिक सम्भावनाएँ स्वीकार कीं। शास्त्र-दृष्टि का विस्तार करते हुए शुक्ल जी स्वीकार करते हैं कि सभी भावों (जो केवल निश्चित स्थायी भाव नहीं हैं) और संचारी भावों के स्वतन्त्र निरूपण में भी रस का स्फुरण हो सकता है- "इस असम्बद्ध रूप में भावपूर्ण रस

पर्यन्त पुष्ट चाहे न माने जायें पर उनका ग्रहण रस के समान ही होता है।"[17] यहाँ हमें स्मरण रखना है कि आधुनिक कविता में रस-सिद्धान्त के अनुरूप विभाव-भाव पक्षों की व्यवस्था कम हुई है और अलग-अलग स्वतन्त्र भावों की व्यंजना ही अधिक दिखाई पड़ती है। आधुनिक कवि का भावक्षेत्र भी नव रसों से सम्बद्ध प्रधान भावों तक ही सीमित नहीं है।

शुक्ल जी जानते हैं कि आधुनिक काल में ज्ञान के विस्तार के साथ भाव के आलम्बन अनन्त बताए गये हैं और भावक्षेत्र का भी व्यापक प्रसार हुआ है। रस-सिद्धान्त इन बातों की उपेक्षा नहीं कर सकता। ज्ञान का विस्तार प्रत्यक्ष कविता का विषय नहीं है। लेकिन उसके प्रभाव के कारण जीवन और मानव-मन के भाव-प्रसार में काफी परिवर्तन हो गया है। "ज्ञान ही भावों के संचार के लिए मार्ग खोलता है। ज्ञान-प्रसार के भीतर ही भाव-संचार होता है"[18] "अब मनुष्य का ज्ञानक्षेत्र बुद्धि-व्यवसायात्मक या विचारात्मक होकर बहुत विस्तृत हो गया। अतः उसके विस्तार के साथ हमें अपने हृदय का विस्तार भी बढ़ाना पड़ेगा। विचारों की क्रिया से वैज्ञानिक विवेचन और अनुसंधान द्वारा उद्‌घाटित परिस्थितियों और तथ्यों के मर्मस्पर्शी पक्ष का मूर्त और सजीव चित्रण भी—उसका इस रूप में प्रत्यक्षीकरण कि वह हमारे किसी भाव का आलम्बन हो सके—कवियों का काम होगा।"[19]

5. रस की कोटियाँ

आधुनिक काल में पाश्चात्य चिन्तन, ज्ञान-विज्ञान की उन्नति, जीवन की परिस्थितियों में परिर्वतन और पाश्चात्य काव्य परिचय एवं साहित्यालोचन के प्रभाव के कारण हिन्दी काव्य-साहित्य में आमूल परिवर्तन हो गया है। प्राचीन और मध्य युगों में रस की जो अवधारणा थी उसके आधार पर आधुनिक साहित्य का मूल्यांकन नहीं हो सकता। सांस्कृतिक गरिमा, आदर्शोन्मुखता, कल्पनाशीलता और भावात्मकता के स्थान पर सामान्योन्मुख सामाजिक चेतना, यथार्थवादिता, वस्तुनिष्ठता और बौद्धिकता आज के साहित्य की विशेषताएँ हैं और वे ही काव्य-साहित्य की अनुभूति की आधारभूमि हैं। प्राचीन व्यवस्थित जीवन और उसकी स्थिर मान्यताओं की तुलना में आज का जीवन अत्यन्त गहन और जटिल है, जिसकी अभिव्यंजना काव्य-साहित्य में हो रही है। ऐसी स्थिति में प्राचीन और मध्यकालीन काव्य की रस-संवेदना और आधुनिक कालीन तथाकथित रस-संवदेना में बहुत अन्तर है। आधुनिक काल के जीवन और काव्य-साहित्य में रस की वह अनुभूति नहीं है जो पहले थी। इसलिए आजकल नये काव्य की आलोचना में रस के स्थान पर भाव और संवेदना शब्दों का ही प्रयोग हो रहा है। स्वयं शुक्ल जी ने द्विवेदी-युग के बाद के काव्य में रस की चर्चा ही छोड़ दी। रसवादी सांस्कृतिक-शास्त्रीय परम्परा द्विवेदी युग के अन्त तक प्रायः समाप्त हो गयी। फिर यथार्थोन्मुख आधुनिक गद्य की विधाओं की आलोचना में रस की चर्चा असम्भव ही नहीं, हास्यास्पद भी लगती है। शुक्ल जी ने भी यह प्रयत्न नहीं

किया। प्राचीन परम्परा में काव्य में ही नाटक (रूपक), कथा और आख्यायिका सभी में रस की ही प्रधानता थी। सभी रूप काव्यात्मक थे। आज काव्य-साहित्य की सभी विधाओं में तात्त्विक और प्रकृतिगत अन्तर है। यह अन्तर भाव-विचारों के पल्लवन, चरित्र-चित्रण और कथानक के रचनाविधान और उनके कुछ विशिष्ट पहलुओं के ग्रहण और ट्रीटमेंट को लेकर है। यदि शुद्ध शास्त्रीय दृष्टि से विचार करें तो आज के काव्य-साहित्य में 'रस' की अपेक्षा 'रसाभास' की ही अधिक अनुभूति होती है।

शुक्ल जी आधुनिक सन्दर्भ में रस-सिद्धान्त की सीमाओं से अनभिज्ञ नहीं थे। इसलिए उन्होंने रस की कोटियों की परिकल्पना की। इन कोटियों को भारतीय काव्यशास्त्र से जोड़ने का उनका प्रयत्न व्यर्थ है। फिर इन नयी कोटियों के आधार पर आधुनिक नाटक, कथा साहित्य, निबन्ध आदि का विश्लेषण और मूल्यांकन भी सम्भव नहीं है। इनसे इतना ही प्रकट होता है कि शुक्ल जी रस की काव्यात्मक परम्परा से आगे बढ़कर आधुनिक साहित्य के वैविध्य को स्वीकार करते हैं और उनकी क्लासिकल साहित्यिक अभिरुचि प्रसारगामी है।

शुक्ल जी के अनुसार रस की दो कोटियाँ हैं। ''रसात्मक प्रतीति एक ही प्रकार की नहीं होती। भारतीय भावुकता काव्य के दो प्रकार के प्रभाव स्वीकार करती है—(1) जिस भाव की व्यंजना हो उसी भाव में लीन हो जाना, (2) जिस भाव की व्यंजना हो उसमें लीन न होना; पर उसकी व्यंजना की स्वाभाविकता और उत्कर्ष का हृदय से अनुमोदन करना।''[20] शुक्ल जी पहले को पूर्ण रस कहते हैं। ''जहाँ आचार्यों ने पूर्ण रस माना है वहाँ तीन हृदयों का समन्वय चाहिए। आलम्बन द्वारा भाव की अनुभूति प्रथम तो कवि में चाहिए फिर उसके वर्णित पात्र में और फिर श्रोता या पाठक में। विभाव द्वारा जो 'साधारणीकरण' कहा गया है वह तभी चरितार्थ हो सकता है।''[21] शुक्ल जी के अनुसार भावतादात्म्य और पूर्ण रस की अनुभूति का निर्धारक बीज भाव है। ''प्रबन्ध काव्य के प्रधान पात्र में कोई मूल प्रेरक भाव या बीज भाव रहता है जिसकी प्रेरणा से घटना- चक्र चलता है और अनेक भावों के स्फुरण के लिए जगह निकलती चलती है। इस बीज भाव को साहित्य-ग्रन्थों में निरूपित स्थायी भाव और अंगी भाव दोनों से भिन्न समझना चाहिए।''[22] यदि बीज भाव की प्रकृति मंगल विधायनी होती है तो उसकी व्यापकता और निर्विशेषता के अनुसार सारे प्रेरित भाव तीक्ष्ण और कठोर होने पर भी सुन्दर होते हैं। ऐसे बीज भाव की प्रतिष्ठा जिस पात्र में होती है, उसके सब भावों के साथ पाठकों की सहानुभूति होती है अर्थात् पाठक या श्रोता भी रस रूप में उन्हीं भावों का अनुभव करते हैं जिन भावों की वह व्यंजना करता है। ऐसे पात्र की गति में बाधा डालने वाले पात्रों के उग्र या तीक्ष्ण भावों के साथ पाठक का वास्तव में तादात्म्य नहीं होता, चाहे उनकी व्यंजना में रस की निष्पत्ति करने वाले तीनों अवयव वर्तमान हों।''[23]

भारतीय आचार्यों ने रस के इस तरह दो भेद स्वीकार नहीं किये। केवल

साहित्यदर्पणकार विश्वनाथ ने रस निष्पत्ति में आश्रय के साथ भाव-तादात्म्य की चर्चा की। शुक्ल जी ने उसका अपने ढंग से विकास किया है। यह भावतादात्म्य स्पष्ट ही अच्छे-बुरे, धर्म-अधर्म, नैतिक-अनैतिक धारणाओं पर आधारित है। यह शुक्ल जी की साहित्यिक अभिरुचि और रस-संवेदना पर परम्परागत द्वन्द्वात्मक धार्मिक दृष्टि के प्रभाव को प्रकट करता है। जीवन में यह द्वन्द्वात्मक विभाजन सदा सम्भव नहीं है और रसानुभूति के समय भावन-व्यापार में अच्छे-बुरे का नहीं, मानवीय संवदेना की सहजता का ही प्रश्न उठता है। पूर्ण रस की परिकल्पना रस-संवेदना पर सामाजिक मान्यताओं और आदर्शों का आरोप है। भाव-तादात्म्य के अनुरूप बीज भाव की अवधारणा शुक्ल जी की नवीन उद्‌भावना है। यह एक सीमा तक सत्य अवश्य है। लेकिन कवि की कल्पना में युद्ध के समय राम का क्रोध ही ग्राह्य है और रावण का क्रोध त्याज्य या निंद्य है, यह कहना कठिन है। कवि की भावना दोनों सन्दर्भों में मानवीय संवदेना के प्रति सहानुभूतिपूर्ण होती है।

भावाश्रित रसानुभूति के अतिरिक्त शुक्ल जी ने प्रबन्धकाव्य, नाटक और कथा-साहित्य में चरित्र-चित्रण और कथानक की दृष्टि में रखकर और तीन प्रकार की अनुभूतियों की चर्चा की—(1) आश्चर्यपूर्ण प्रसादन, (2) आश्चर्यपूर्ण अवसादन और (3) कुतूहल मात्र। "शील-विशेष के परिज्ञान से उत्पन्न भाव की अनुभूति और आशय के साथ तादात्म्य-दशा की अनुभूति (जिसे आचार्यों ने रस कहा है) दो भिन्नकोटि की रसानुभूतियाँ हैं। प्रथम में श्रोता या पाठक अपनी पृथक् सत्ता अलग सम्भाले रहता है; द्वितीय में अपनी पृथक् सत्ता का कुछ क्षणों के लिए विसर्जन कर आश्रय की भावात्मक सत्ता में मिल जाता है।"[24] शील दशा में "आश्चर्यपूर्ण प्रसादन शील के चरम उत्कर्ष अर्थात् सात्विक आलोक के साक्षात्कार से होता है।"[25] "आश्चर्यपूर्ण अवसादन शील के अत्यन्त पतन अर्थात् तामसी घोरता के साक्षात्कार से होता है।"[26] "कुछ लोगों के अनुसार ऐसी अद्वितीय प्रकृति भी होती है जो किसी वर्ग-विशेष की भी प्रकृति के भीतर नहीं होती। ऐसी प्रकृति के साक्षात्कार से न स्पष्ट प्रसादन होगा, न स्पष्ट अवसादन—एक प्रकार का मनोरंजन या कुतूहल ही होगा।"[27] स्पष्ट ही यह विभाजन साहित्य के विविध रूपों की अनुभूति का अतिसरलीकरण है। कथानक और चरित्र की प्रतिक्रिया अति गहन और संश्लिष्ट होती है। उनके साथ भाव-विचारों का स्पंदन भी मिला होता है। उन विधाओं और उनके विशिष्ट रूपों को परम्परागत रस-सिद्धान्त के दायरे में देखने और फिट करने का प्रयत्न असम्भव है।

6. प्रबन्धकाव्य और लोकमंगल की साधनावस्था

शुक्ल जी रस की धारा प्रवाह व्यंजना या उसके विकास की दृष्टि से प्रबन्धकाव्य की पाठ्‌य मुक्तक या गीतिकाव्य से श्रेष्ठ कहते हैं। उनका विचार है कि प्रबन्ध में "जहाँ वह धारा के रूप में कुछ दूर तक चलता है, पूरी तन्मयता प्राप्त होती है।"

"वहाँ भेदभूमि से परे एक सामान्य हृदय-सत्ता की झलक दिखाई पड़ती है। भावों का ऐसा ही अभ्यास शील-निर्माण में सहायक होता है।"[28] "मुक्तक कविताओं में इस प्रकार मग्न करने वाली रसधारा नहीं चलती; छींटे उछलते हैं। उनका प्रभाव क्षणिक, अतः अधिकतर मनोरंजन या दिलबहलाव के रूप में होता है।"[29] यह सही है कि प्रबन्ध में 'भावभेद रसभेद अपारा' के निरूपण के अवसर मिलते हैं। मुक्तक में एक ही भाव के विकास-प्रसार की सम्भावना है। लेकिन जैसा क्रोचे कहते हैं, इसी आधार पर कला के उत्कर्ष, सौन्दर्यात्मक चेतना और रस-तन्मयता का निर्धारण नहीं किया जा सकता। काव्य में तन्मयता भावों के वैविध्य और भाव के प्रसार पर नहीं, उसकी गहरी अनुभूति और सघनता पर निर्भर करती है। इसीलिए सूर के मुक्तक पदों में अनेक स्थानों पर तुलसी से भी अधिक गहरी अनुभूति और तन्मयता प्राप्त होती है। जहाँ मुक्तककार का लक्ष्य भाव-तन्मयता न होकर सौन्दर्य के अद्‌भुतपन का निरूपण होता है, वहाँ मन में भावानुभूति की उपेक्षा उल्लास का प्रसार ही अधिक होता है जैसे बिहारी के दोहों में। किसी अच्छी कविता का लक्ष्य, चाहे वह प्रबन्ध हो या मुक्तक, मनबहलाव नहीं होता। कुछ समीक्षकों की दृष्टि में प्रबन्ध की अपेक्षा पुस्तक और प्रगति में भाव का ताना-बाना अधिक सघन होता है। कलात्मक संरचना की दृष्टि से इतना अवश्य है कि मुक्तक की अपेक्षा प्रबन्ध में निर्माण-कौशल और शिल्प चातुरी या अवयव-सामंजस्य का अधिक ध्यान रखना पड़ता है। प्रबन्ध में काव्य कला के साथ वास्तुकला और मूर्तिकला की भी कलात्मक विशेषताएँ सन्निविष्ट होती हैं। शुक्ल जी प्रयोजन की दृष्टि से प्रबन्ध में शील-निर्माण और हृदय के मुक्त भावात्मक प्रसार देखते हैं। यह काव्य के प्रति धार्मिक-नैतिक दृष्टिकोण है। कलात्मक दृष्टि से प्रबन्ध का प्रयोजन जीवन का गम्भीर और व्यापक तात्विक आख्यान और उस आख्यान में सौन्दर्य और रस का उन्मीलन कह सकते हैं। शुद्ध कलात्मक, सौन्दर्यात्मक और रसात्मक दृष्टि से प्रबन्ध और मुक्तक में प्रकृतिगत अन्तर नहीं है।

यदि काव्य का लक्ष्य लोकमंगल है तो वह प्रबन्ध काव्य के द्वारा ही सम्पन्न होता है। मुक्तक में कवि की दृष्टि भावोन्मेष पर ही केन्द्रित रहती है। प्रबन्ध में वस्तु, चरित्र और भाव तीनों का महत्त्व है और उनकी परिधि में भाव-सौन्दर्य के अतिरिक्त सील-सौन्दर्य और कर्म-सौन्दर्य का उन्मीलन भी होता है। शुक्ल जी काव्य में यही चाहते हैं। शील और कर्म परिस्थितियों के अनुसार अच्छे-बुरे होते हैं। इस द्वन्द्वात्मक स्थिति में भाव अच्छे-बुरे होने के साथ-साथ कोमल-उग्र भी होते हैं। इनका विधान लोकमंगलकारी होना चाहिए। "हृदय के कोमल और कठोर, मधुर और तीक्ष्ण दो पक्ष हैं और बराबर रहेंगे। काव्य कला की पूरी रमणीयता इन दोनों पक्षों के बीच मंगल या सौन्दर्य के विकास में दिखाई देती है।"[30] यह विधान काव्य में लोकमंगल की साधनावस्था के निरूपण में ही सम्भव है जैसे तुलसी के 'मानस' में।

काव्य और काव्य की भावव्यंजना के सम्बन्ध में शुक्ल जी का लौकिक द्वन्द्वात्मक दृष्टिकोण साधना की मनस्थिति का ही आग्रही है। जीवन और काव्य के सम्बन्ध में भारतीय आध्यात्मिक दृष्टि साधना और सिद्धि की मनोदशा को ही महत्त्व देती है। साधनावस्था में कवि की सर्जना अपेक्षाकृत निम्न धरातल पर होती है। सिद्धावस्था में वह सूक्ष्म मानसिक एवं आध्यात्मिक धरातल पर होती है। काव्य में साधना या सिद्धि की अभिरुचि और पारस्परिक वरीयता, कवि और पाठक की मानसिकता पर निर्भर करती है। लौकिक सौन्दर्य और भावन के धरातल पर रचना करने वाले रीति-कालीन कवि की मानसिकता से धार्मिक-सात्त्विक धरातल पर सर्जना करने वाले भक्तिकालीन कवि की मानसिकता पाठक के मन को अधिक ऊर्ध्व प्रसारगामी बनाती है। भक्तिकाव्य में साधनावस्था के कवि की अपेक्षा सिद्धावस्था का कवि पाठक को अधिक सूक्ष्म और उदात्त भावोत्कर्ष पर ले जाता है। तुलसी के काव्य में भावों के कोमल और उग्र दोनों पक्षों के निरूपण और सूर के काव्य में केवल मधुर पक्ष के निरूपण के आधार पर श्रेष्ठता का निर्णय करना स्थूल दृष्टि का परिणाम है और रचनात्मक मानसिकता एवं उसके धरातल की उपेक्षा करनी है। भावों की कोमलता और उग्रता, रसानुभूति के आधारभूत भावतत्त्व की विशेषताएँ हैं। रसोत्कर्ष का निर्णय, भाव की प्रकृति और भावात्मक मानसिकता के धरातल पर ही किया जा सकता है।

7. निष्कर्ष

शुक्ल जी ने रस का शास्त्रीय विवेचन न करके जीवन-सापेक्ष रूप में उसका आख्यान किया है। अपनी मान्यताओं के अनुरूप न होने पर उन्होंने शास्त्रीय विचारों का विरोध भी किया है। वे रसानुभूति की प्रक्रिया की व्यंजना या ध्वनि से भिन्न मानते हैं। ''वस्तु व्यंजना और अलंकार व्यंजना में इस शब्द का व्यवहार किसी तथ्य या वस्तु के ज्ञान की अभिव्यक्ति की प्रक्रिया बतलाने के लिए होता है। किन्तु रस-व्यंजना में व्यंजना से सर्वथा पृथक् प्रक्रिया का बोध कराया जाता है। –'रसा प्रतीयन्ते' में 'प्रतीयन्ते' शब्द को परिष्कृत अर्थ में ग्रहण करना चाहिए। वस्तुतः रस उत्पन्न होता है ज्ञान नहीं कराया जाता।''[31] वस्तु-व्यंजना और अलंकार-व्यंजना के ग्रहण में बोध-वृत्ति सक्रिय रहती है जबकि भाव-व्यंजना में भाव का संचार होता है, उसकी अनुभूति होती है। ''बोध का ज्ञान करना एक बात है और कोई भाव जगाना दूसरी बात। दोनों भिन्न कोटि की क्रियाएँ हैं।''[32] शुक्ल जी रस की संवेगात्मक अनुभूति मानते हैं जबकि सौन्दर्यानुभूति और रसानुभूति को शुद्ध इस्थेटिक अनुभूति मानने वाले पाश्चात्य और भारतीय आचार्य उसे कल्पना का भावन-व्यापार (Contemplation) कहते हैं। इस दृष्टि से भट्टनायक ने 'भावना' को और अभिनवगुप्त ने 'अभिव्यक्ति' को महत्त्व दिया जो रसानुभूति को न बोधात्मक स्वीकार करते हैं और न संवेगात्मक।

रस-सम्प्रदाय के भारतीय आचार्यों ने रस को केन्द्र में रखकर गुण, रीति, अलंकार, औचित्य आदि सभी काव्य के अन्य तत्त्वों को उसकी पुष्टि करने वाले अंगरूप में स्वीकार किया है। शुक्ल जी भाव को काव्य में साध्य मानते हैं और शेष तत्त्वों को साधन मात्र। उनकी दृष्टि पूरी विश्लेषणात्मक है। उनके सामने पाश्चात्य साहित्य-चिन्तन या महत्त्वपूर्ण विचार था कि काव्य-सर्जना का मूल तत्त्व कल्पना है। कुछ भारतीय आचार्यों ने भी कारयित्री प्रतिभा को ही सर्जक महत्त्व दिया था। शुक्ल जी ने अधिक कल्पनाशीलता को भावानुभूति या रसानुभूति में बाधक माना। लेकिन वे कल्पना के प्रकार्य की उपेक्षा नहीं कर सके। वह काव्य में वस्तु या कथ्य का बिम्ब खड़ा करती है, उससे भाव का प्रवर्तन होता है और वह विषय के प्रत्यक्षीकरण और बोध के द्वारा भाव सम्प्रेषण में भी सहायक है। वह "ऐसी सहयोगिनी है जिसके बिना कवि अनुभूति को दूसरे तक पहुँचा ही नहीं सकता। अनुभूति को दूसरे तक पहुँचाना ही कवि कर्म है।"[33] शुक्ल जी के मतानुसार काव्य की भावानुभूति या रसानुभूति में कल्पना और उसका समस्त सर्जनात्मक व्यापार भावप्रेरक रूप में ही स्वीकार है। बिम्ब, अप्रस्तुत, प्रतीक, वक्रोक्ति आदि काव्य के अन्य सभी पहलुओं की भी यही स्थिति है। शुक्ल जी की व्यावहारिक समीक्षाओं के अनुशीलन से कभी-कभी ऐसा लगता है कि वे कल्पना को कलापक्ष का अंग समझते हैं और उसे केवल रूपविधायिनी मानते हैं।

रस-सम्बन्धी शुक्ल जी के विचारों से मतभेद हो सकता है, लेकिन जीवन-सापेक्ष रूप में उन्होंने रस-सिद्धान्त पर जो नवीन और मौलिक चिन्तन किया है उसका महत्त्व असंदिग्ध है। लौकिक भावात्मक रूप में रस की व्याख्या करते हुए भी उन्होंने भावों के सम्वेद्य और सौन्दर्यात्मक पहलू का बराबर ध्यान रखा है। खेद की बात है कि शुक्ल जी ने रस-संवेदना के सम्बन्ध में जो नया विचार-विमर्श आरम्भ किया है, उसको आगे बढ़ाने के प्रयत्न हिन्दी में या अन्य भारतीय भाषाओं में बहुत कम हुए। रस की अवधारणा में शुक्ल जी की सीमाएँ- लौकिक द्वन्द्वात्मक दृष्टि, धार्मिक चेतना का आग्रह, काव्यवस्तु के सम्बन्ध में वस्तुनिष्ठ दृष्टिकोण और काव्य-चेतना या भावना की संश्लिष्ट समष्टि रूप में न लेकर विश्लेषणात्मक रूप में ग्रहण है।

8. साधारणीकरण

साधारणीकरण रसानुभूति की प्रक्रिया को स्पष्ट कराने वाला एक महत्त्वपूर्ण सिद्धान्त है जो स्पष्ट करता है कि पाठक काव्य में अभिव्यक्त भाव-विचारों का कैसे आस्वादन करता है। रस-सिद्धान्त का वस्तुनिष्ठ पहलू निर्दिष्ट करता है कि रसानुभूति के लिए काव्य में विधान, अनुभाव और संचारी भावों की किस तरह योजना और व्यवस्था हो? उसका व्यक्तिनिष्ठ पहलू इस बात का आख्यान करता है कि साधारणीकरण के द्वारा पाठक को रसानुभूति कैसे प्राप्त होती है? सामान्य रूप से रस-सिद्धान्त और

साधारणीकरण ग्राहक दृष्टि से काव्य पर विचार करने हैं। इसके विपरीत पाश्चात्य साहित्य-चिन्तन कवि कर्म का विवेचन करता है। अर्थात् सर्जनात्मक प्रक्रिया और उस प्रक्रिया में रूप धारण का विश्लेषण करता है। काव्य की अनुभूति पर विचार-विमर्श प्रधानतः सौन्दर्य-शास्त्र में हुआ है।

शुक्ल जी ने साधारणीकरण की जिस रूप में व्याख्या की वह भारतीय परम्परा से कुछ भिन्न है। शुक्ल जी के अनुसार "जब तक किसी भाव का कोई विषय इस रूप में नहीं लाया जाता कि वह सामान्यतः सबके उसी भाव का आलम्बन हो सके, तब तक उसमें रसोद्बोधन की पूर्ण शक्ति नहीं आती। इसी रूप में लाया जाना हमारे यहाँ साधारणीकरण कहलाता है। यह सिद्धान्त यह घोषित करता है कि सच्चा कवि वही है जिसे लोक-हृदय की पहचान हो, जो अनेक विशेषताओं और विविधताओं के बीच मनुष्य जाति के सामान्य हृदय को देख सके। इसी लोक-हृदय में हृदय के लीन होने की दशा का नाम रस दशा है।"[34] भारतीय परम्परा में साधारणीकरण का अर्थ विभाव का भावन-व्यापार (भट्टनायक), विभाव आदि का सम्बन्ध विच्छेद (न मेरे हैं, न पराये हैं और न किसी के हैं) और पाठक के स्थायी भावों का सम्बन्ध-विच्छेद अर्थात् मन की वासनाओं का लौकिक सम्बन्धों से मुक्त होना (अभिनवगुप्त) है। सहृदयता के साथ भावना या कल्पना में काव्यवस्तु और ग्राहक मन का लौकिक सम्बन्धों से मुक्त होना साधारणीकरण है, और उसी स्थिति में पाठक रस की अनुभूति कर सकता है। कवि काव्य की रचना करता है और साधारणीकरण उसके ग्रहण और अनुभूति की प्रक्रिया को स्पष्ट करता है। शुक्ल जी ने साधारणीकरण की जो व्याख्या की है कि वह रसानुभूति के लिए कवि कर्म का निर्देश करता है जो पाश्चात्य चिन्तन से मिलता है। इस व्याख्या में कवि के द्वारा भाव-सम्प्रेषण की समस्या की ओर भी संकेत है। रिचर्ड्स के अनुसार कवि के भावों का प्राकृत, मानवीय और सामान्य होने पर ही भाव-संक्रमण होता है। पाठक की भावनाएँ भी प्राकृत, मानवीय, सामान्योन्मुख होती हैं। दोनों के भावयोग में ही काव्यानुभूति सम्भव है। शुक्ल जी भी चाहते हैं कि आलम्बन में सामान्य मानवीय भावों की प्रतिष्ठा हो। समीक्षकों का कहना है कि साधारणीकरण का यह आख्यान तुलसी और 'मानस' के राम को ध्यान में रखकर हुआ है, जो शुक्ल जी के साहित्यादर्श हैं।

साधारणीकरण की अपनी अवधारणा को स्पष्ट करते हुए शुक्ल जी कहते हैं—"कल्पना में मूर्ति तो विशेष की ही होगी, पर वह मूर्ति ऐसी होगी जो प्रस्तुत भाव का आलम्बन हो सके, जो उसी भाव को पाठक या श्रोता के मन में भी जगाए, जिसकी व्यंजना आश्रय अथवा कवि करता है। इससे सिद्ध हुआ कि साधारणीकरण आलम्बनत्व धर्म का होता है। व्यक्ति तो विशेष ही रहता है; पर उसमें प्रतिष्ठा ऐसे सामान्य धर्म की रहती है जिसके साक्षात्कार से सब श्रोताओं या पाठकों के मन में एक ही भाव का उदय थोड़ा या बहुत होता है।"[35] काव्य में विशिष्ट का मूलीकरण

होता है, सामान्य का नहीं। सामान्य का निरूपण ज्ञान-विज्ञान का लक्ष्य है। काव्य की अनुभूति में भी वस्तु या व्यक्ति का विशिष्ट मूर्त्त रूप ही आस्वाद्य होता है। इस प्रकार की विचाराधारा पाश्चात्य साहित्य चिन्तन के प्रभाव से आधुनिक काल में आरम्भ हुआ है। प्राचीन आचार्यों ने विभाव के साधारणीकरण में उसके विशिष्ट रूप के ग्रहण की चर्चा प्रायः नहीं की। इसके विपरीत गोविन्द ठक्कुर, वामन झलकीकर आदि कुछ आचार्यों ने साधारणीकरण का अर्थ सामान्यीकरण (सीता, शकुन्तला आदि को सामान्य नारी के रूप में ग्रहण) माना है। शुक्ल जी द्वारा विशिष्ट और मूर्त रूप में ही आस्वादन का समर्थन, काव्य-साहित्य और कला की विशिष्ट प्रकृति को व्यक्त करता है जो अन्य शास्त्रों और विज्ञान से काव्य और कला की स्वतन्त्र पृथक सत्ता को प्रकट करती है। शुक्ल जी ने आलम्बनत्व धर्म के साधारणीकरण की जो चर्चा की है वह भट्टनायक के विचारों से भिन्न है। पहले में आलम्बन के सामान्य मानवीय धर्मों से युक्त होने पर बल दिया गया है जबकि दूसरे में पाठक की भावना या कल्पना के द्वारा विभाव के ग्रहण और उसके सम्बन्ध होने पर।

साधारणीकरण के सम्बन्ध में शुक्ल जी का दूसरा अभिमत आश्रय के साथ भाव-तादात्म्य का है। आलम्बन में सामान्य धर्मों की प्रतिष्ठा का यह सहज परिणाम है। शुक्ल जी के अनुसार ''साधारणीकरण के प्रतिपादन में पुराने आचार्यों ने श्रोता (या पाठक) और आश्रय (भाव-व्यंजना करने वाला पात्र) के तादात्म्य की अवस्था''[36] का भी विचार किया है। इस विचार के प्रतिपादक केवल आचार्य विश्वनाथ हैं। आश्रय के साथ भाव-तादात्म्य में अनुभूति सुख-दुखात्मक और संवेगात्मक होती है जबकि रसानुभूति आस्वाद्य या आनन्दात्मक मानी गयी है। प्राचीन साहित्य में नायक-नायिका की परिकल्पना सात्त्विक और उदात्त होती थी। इसलिए एक हद तक भाव-तादात्म्य सम्भव है। सात्विक मनस्थिति में दुख और उग्र भावनाओं की अनुभूति ग्राह्य भी हो सकती है। लेकिन नायक-नायिका या आश्रय की संवेगात्मक अनुभूति में क्रियाशील प्रवृत्ति भी रहती है। पाठक की अनुभूति भावन या कल्पना के धरातल पर केवल मानसिक है। भाव की अनुभूति के परिणामस्वरूप उसमें क्रियाशील प्रवृत्ति का विकास नहीं होता।

भट्टतौत ने भी कहा है कि कवि, गायक और श्रोता की अनुभूति समान होती है। कवि और पाठक की अनुभूति कल्पना के स्तर पर होती है, इसलिए समान हो सकती है। धार्मिक और उदात्त होने पर भी नायक की अनुभूति के साथ वे ही ऊपर के प्रश्न उठते हैं। नायक की परिकल्पना में केन्द्रीय भाव या बीज भाव भी पाठक के लिए प्रत्यक्ष रूप से ग्राह्य होता है। पाश्चात्य समीक्षकों का कहना है कि पाठक का भावयोग काव्य के पात्रों के साथ नहीं, कवि की भावना के साथ होता है। क्रोचे के अनुसार पाठक काव्य के माध्यम से सर्जना के समय कवि की मनस्थिति के धरातल पर पहुँचता है और उसे भावयोग में सर्जनात्मक आनन्द प्राप्त करता

है। मनोवैज्ञानिक जिस पूर्ण तादात्म्य (Empathy) की बात कहते हैं वह अचेतन की अतृप्त भावनाओं और वासनाओं की पूर्ति से आनन्द पाने का प्रयत्न है जो कलात्मक सर्जना और उसकी मानसिक आनन्दानुभूति से बिल्कुल भिन्न प्रकार की है। आश्रय के साथ भाव-तादात्म्य के रूप में साधारणीकरण और रचनानुभूति कुछ विशेष परिस्थितियों और सीमाओं में ही सम्भव है।

साधारणीकरण की चर्चा में शुक्ल जी ने निषेधात्मक रूप में व्यक्ति-वैचित्र्य और नाटकीय तटस्थता के प्रश्नों को उठाया है। व्यक्ति-वैचित्र्य से शुक्ल जी का तात्पर्य व्यक्ति की असाधारण विलक्षणता (Abnormality) है तो काव्य साहित्य में उसके लिए ज्यादा स्थान नहीं है। लेकिन विशिष्टोन्मुख साहित्य में व्यक्ति का व्यक्तित्त्व विशिष्ट ही होता है, यद्यपि उसके घटक तत्त्व सामान्य मानवीय होते हैं। जिस व्यक्तिवाद का शुक्ल जी ने विरोध किया है, उसका दर्शन, राजनीति और मनोविज्ञान में विशिष्ट अर्थ है तथा उसके साथ सम्बद्ध विधायक मूल्य हैं जो मनुष्य की साधना को उदात्त, उदार और विशिष्ट बनाते हैं। नाटकीय तटस्थता को भी शुक्ल जी ने सामान्य के विरुद्ध विलक्षणता के रूप में माना है। नाटकीय तटस्थता का अर्थ है कि लेखक पात्रों की परिकल्पना में तटस्थ रहता है, उनके स्वभाव और चरित्र पर अपने विचारों का आरोप नहीं करता तथा अपनी प्रकृति के अनुसार क्रियाशील होने के लिए उन्हें जीवन के रंगमंच पर स्वतन्त्र छोड़ देता है। ऐसी स्थिति में लेखक के उद्देश्य के अनुसार पात्र के व्यक्तित्त्व और चरित्र के प्रति पाठक की प्रतिक्रिया का प्रश्न नहीं उठता। वास्तव में नाटक की नाटकीयता, जीवन की अनुरूपता में है जिसकी गति किसी सिद्धान्त या उद्देश्य से बँधी नहीं है। लेकिन शुक्ल जी का विचार है कि काव्य के प्रधान पात्र में कवि का बीज भाव रहता है और तदनुसार पात्र के चरित्र के प्रति पाठक की प्रतिक्रिया होती है। आदर्शवादी काव्यों में, वाल्मीकि और तुलसी के राम में कवि की मूल भावना अन्तर्निहित हो सकती है, जिसे हम बीज भाव कह सकते हैं। लेकिन सदा ऐसा नहीं होता। यथार्थोन्मुख रचना की स्थिति भिन्न होती है। लेखक की मूल भावना को ही बीज भाव कह सकते हैं जो सामान्यतः पात्र-विशेष में नहीं, काव्य के समष्टि रूप में व्याप्त रहती है। बीज भाव रहित नाटकीय तटस्थता जो बिरले ही लेखकों की विशेषता है, सामान्य भावभूमि को नकारता नहीं है। इसलिए रस-संवेदना में वह बाधक नहीं है।

साधारणीकरण के सम्बन्ध में शुक्ल जी के नवीन और मौलिक विचारों पर और सूक्ष्म चिन्तन एवं अध्ययन की आवश्यकता है। वह शुक्ल जी के रस-सिद्धान्त के अनुरूप वस्तुनिष्ठ और उदात्त है। उसकी सीमाएँ रसानुभूति को लौकिक परिधि में ग्रहण करने के कारण हैं।

सन्दर्भ

1. चिन्तामणि 1, पृ. 249
2. वही, पृ. 161
3. चिन्तामणि 2, पृ. 10
4. चिन्तामणि 1, पृ. 151
5. वही, पृ. 141
6. वही, पृ. 156
7. चिन्तामणि 2, पृ. 204-205
8. चिन्तामणि 1, पृ. 226
9. रस-मीमांसा, पृ. 91
10. चिन्तामणि 2, पृ. 111
11. वही, पृ. 110
12. वही, पृ. 110
13. रस-मीमांसा, पृ. 164
14. वही, पृ. 168
15. वही, पृ. 183
16. वही, पृ. 198
17. वही, पृ. 239
18. चिन्तामणि 2, पृ. 215
19. वही, पृ. 112
20. वही, पृ. 97
21. रस-मीमांसा, पृ. 99
22. चिन्तामणि 1, पृ. 221
23. वही, पृ. 221-222
24. वही, पृ. 233
25. वही, पृ. 233
26. वही, पृ. 234
27. वही, पृ. 234
28. चिन्तामणि 2, पृ. 99
29. वही, पृ. 100
30. चिन्तामणि 1, पृ. 221
31. रस-मीमांसा, पृ. 408
32. चिन्तामणि 2, पृ. 179
33. वही, पृ. 114
34. चिन्तामणि 1, पृ. 227
35. वही, पृ. 230
36. वही, पृ. 230-231

आचार्य रामचन्द्र शुक्ल : छायावाद-रहस्यवाद

1. प्रस्तावना

शुक्ल जी ने काव्य के क्षेत्र में किसी धारा, प्रवृत्ति या वाद का उतना तीव्र विरोध नहीं किया जितना छायावाद-रहस्यवाद का। वह शुक्ल जी की समस्त सामाजिक-साहित्यिक मान्यताओं के विरुद्ध था। उसने मध्यकालीन काव्य-चेतना का तिरस्कार करते हुए एक ऐसी नवीन दृष्टि और चेतना का आवाहन किया जो दीर्घकालीन परम्परा की जड़ को काटने वाली थी। नयी पीढ़ी ने बड़ी स्फूर्ति के साथ उसका स्वागत किया। पुरानी पीढ़ी ने अस्पष्ट और विलायती कहकर उसकी अवहेलना की। उस पीढ़ी में उदार और काव्य-मर्मज्ञ साहित्यकार-समीक्षकों ने अपने सामाजिक संस्कारों और साहित्यिक अभिरुचि की परिधि में उसे स्वीकारने का प्रयत्न किया। शुक्ल जी ऐसे ही समीक्षक थे, लेकिन अपने सामाजिक-साहित्यिक सिद्धान्तों, मान्यताओं के आग्रह में इनके विरोध का स्तर बहुत ऊँचा हो गया और उनकी दृष्टि संकीर्ण हो गयी। छायावाद लोकमंगल से प्रेरित काव्य-रचना न होकर आत्माभिव्यक्ति था, वह सामाजिक न होकर वैयक्तिक मूल्यों से परिचालित था, उसने कर्म जगत् के स्थान पर आत्मवादी दृष्टि से भाव जगत् या व्यक्ति की मानसिकता को प्रधानता दी, काव्य में विभावपक्ष के स्थान पर भावपक्ष को महत्त्व दिया, भावक्षेत्र में प्रचंड-उग्र-कठोर की उपेक्षा करके कोमल वृत्तियों और भावनाओं पर बल दिया, रचना में भावना से कल्पना को प्रमुखता दी, उसका सौन्दर्यबोध बहिर्मुखी न होकर अन्तर्मुखी था तथा वह जीवन जगत की वस्तुनिष्ठ प्रबन्धात्मक अभिव्यक्ति नहीं, आत्मपरक प्रगीतात्मक काव्य-धारा थी। इस तरह छायावाद-रहस्यवाद अन्य काव्य धाराओं की तरह शुक्ल जी की सामाजिक-साहित्यिक दृष्टि से एक-दो पहलुओं का नहीं, समस्त चेतना का विरोधी था। काव्य-मर्मज्ञ होने के नाते वे कहते हैं कि उनका विरोध छायावाद-रहस्यवाद को काव्य का पर्यायवाची मानने का है, एक विशेष प्रवृत्ति के रूप में नहीं—"मैं रहस्यवाद का विरोधी नहीं। मैं इसे भी कविता की एक शाखा विशेष मानता हूँ। पर जो इसे काव्य का सामान्य स्वरूप समझते हैं उनके अज्ञान का निवारण मैं बहुत ही आवश्यक समझता हूँ।"[1] वे कविता को वाद की संकीर्ण परिधि में बाँधना नहीं

चाहते और छायावाद-रहस्यवाद के नाम पर जो विशृंखलता फैल रही थी वह उनके लिए अमान्य थी। 'काव्य में रहस्यवाद' निबन्ध रचना के सम्बन्ध में उनका कहना है—''यह निबन्ध केवल इस उद्देश्य से लिखा गया है कि 'रहस्यवाद' या 'छायावाद' कविता के सम्बन्ध में भ्रान्तिवश या जान-बूझकर जो अनेक प्रकार की बेसिर-पैर की बातों का प्रचार किया जाता है, वह बन्द हो। कोई कहता है, 'यही वर्तमान युग की कविता है'; कोई कहता है, 'इसमें आजकल की आकांक्षाएँ भरी रहती हैं' और काई समझता है, 'बस, यही कविता का रूप है।' किसी सभ्य जाति के साहित्य-क्षेत्र में ऐसे-ऐसे प्रवादों का फैलाना शोभा नहीं देता।''[2] लेकिन शुक्ल जी के द्वारा छायावाद का विरोध और उसकी मान्यताओं का निराकरण, जैसे ऊपर संकेत किया गया है, इससे अधिक आदर्शों के संघर्ष के कारण है। अपने सिद्धान्तों की प्रतिष्ठा में उन्होंने पाश्चात्य-भारतीय किसी सिद्धान्त का खंडन करने में कोई संकोच नहीं किया, उप-सिद्धान्त में अन्तर्निहित सत्य को समझने या स्वीकारने का प्रयत्न नहीं किया। उनके विरोध ने क्रोचे, ब्राडले, टालस्टाय, रवीन्द्र आदि सभी मनीषी साहित्यकारों और समीक्षकों के खंडन में परिहास-मजाक का रूप भी धारण किया।

2. प्रतिक्रिया, नामकरण और विकास

छायावाद-रहस्यवाद की चर्चा में शुक्ल जी ने आधुनिक वादों पर कई आक्षेप किये हैं। वाद काव्य की सारसत्ता को चर जाता है। ''प्रत्यावर्तन के रूप में अथवा प्रचलित मतों में अपनी विलक्षणता या नवीनता दिखाने की झोंक में[3] उनका जन्म होता है। अत्युक्तिग्रस्त उनमें अव्याप्ति या अतिव्याप्ति का दोष होता है। उनके मूल में अनूठापन दिखाने, कुतूहल जगाने या फैशन की भावना प्रबल रहती है। शुक्ल जी के अनुसार इस तरह मनोरंजन करना कविता का लक्ष्य नहीं है। शुक्ल जी की दृष्टि में कलावाद, रूपवाद, प्रतीकवाद, अभिव्यंजनावाद आदि से प्रभावित होने के कारण अनेक छायावादी रचनाएँ इस तरह कल्पना की क्रीड़ा हो गयी हैं। इतिवृत्तात्मक द्विवेदी-युग की प्रतिक्रिया में अपनी विलक्षणता या नवीनता दिखाने के लिए ही छायावादी रचना होने लगी है। फैशन के रूप में उसका अनुकरण होता रहा है। छायावाद में द्विवेदी-युग की प्रतिक्रिया सब समीक्षक स्वीकार करते हैं, लेकिन वह रचना-विधान या अभिव्यंजना-पद्धति तक सीमित नहीं है। छायावाद एक वाद मात्र नहीं है। वह एक साहित्यिक आन्दोलन है जिसने काव्य में दृष्टि, वस्तु, भाव और रूप सभी को आमूल परिवर्तित कर दिया है। छायावादोत्तर काव्यवादों में आन्दोलन का यह व्यापक रूप और प्रसार नहीं है। वास्तव में साहित्य के क्षेत्र में हर एक वाद एक नयी दृष्टि को लेकर सामने आता है और अपने ढंग से जीवन-जगत् की यथार्थता को पकड़ने का प्रयत्न करता है। इस दृष्टि के अनुसार कथ्य और रूप बदल जाते हैं। नयी दृष्टि और अनुभूति का व्यंजना में परम्परागत रचना-विधान को अपर्याप्त और असफल महसूस करके साहित्यकार नये

प्रयोग करते हैं जो परम्परा के परिप्रेक्ष्य में कुछ विलक्षण भी लगते हैं। नये साहित्यकार अपनी रचना के अनुमोदन के लिए स्वयं अनुकूल मनोभूमि तैयार करने का प्रयत्न करता है। कवि समीक्षक भी हो जाता है। सभी वादों के सम्बन्ध में यह बात लागू होती है। इसलिए वर्ड्सवर्थ ने कहा है कि प्रतिभाशाली कवि को अनुकूल साहित्यिक अभिरुचि की सृष्टि कर लेनी पड़ती है जिससे उसकी रचना का आस्वादन हो सके।

'छायावाद' के सम्बन्ध में शुक्ल जी का कहना है कि प्रस्तुत के स्थान पर अप्रस्तुत छायाचित्रों और प्रतीकों के प्रयोग के कारण यह नामकरण हुआ है। अर्थात् छायावाद एक विशिष्ट काव्य-शैली है। अन्यत्र वे कहते हैं कि "ईसाई भक्तों के उसी 'छायादृश्य' (Phantasmata) के अनुकरण के कारण उस ढंग की रचनाओं को छायावाद कहने लगे।"[4] यह छायावाद में आध्यात्मिक सत्य की स्वीकृति है। छायावाद-रहस्यवाद को अलग करते हुए शुक्ल जी पहले को एक काव्य शैली मानते हैं और दूसरे को आध्यात्मिक वस्तुपरक रचना। हिन्दी आलोचना के इतिहास से पता चलता है कि पहले अस्पष्ट होने के कारण मजाक में छायावाद की संज्ञा मिली, फिर उस प्रकार की रचनाओं में आध्यात्मिक छाया देखने का प्रयास हुआ और अन्त में अनेकानेक छायावादी लौकिक-मानवीय कविताओं की ओर दृष्टि जाने पर छायावाद को वस्तुगत भाव का छायाचित्र या वस्तु का मानसिक बिम्ब विधान कहा गया। छायावाद के सूक्ष्म अनुशीलन से स्पष्ट हो जाता है कि रचना क्रमशः भौतिक वस्तु जगत् से अन्तर्मुखी मानसिक भाव जगत् की ओर और वहाँ से आत्मिक- आध्यात्मिक जगत् की ओर प्रवृत्त होती है। बहुत-सी रचनाएँ तीसरे धरातल का स्पर्श नहीं करतीं, यद्यपि सामान्य रूप में कह सकते हैं कि सभी की दृष्टि आत्मवादी या भाववादी है। रहस्यवाद का आरम्भ इस तीसरे धरातल से होता है। अर्थात् जहाँ छायावाद समाप्त होता है, वहाँ से रहस्यवाद आरम्भ होता है। शुक्ल जी ने छायावाद को एक प्रतीकात्मक शैली सिद्ध करने की बहुत कोशिश की, लेकिन उन्होंने अप्रत्यक्ष रूप से स्वीकार किया है कि वह भौतिक वस्तु जगत् से आगे बढ़कर भावलोक या कल्पनालोक में पहुँच जाता है।

शुक्ल जी श्रीधर पाठक को 'सच्चा स्वच्छन्दवाद' या रोमांटिसिज्म के प्रवर्तक मानते हैं। आगे रामनरेश त्रिपाठी, सियारामशरण गुप्त आदि की इस सच्ची स्वच्छन्दता को अग्रसर करने वाले कवि कहते हैं। छायावाद उनकी दृष्टि में सच्चा रोमांटिसिज्म नहीं है, बल्कि प्रतीकवाद, अभिव्यंजनावाद आदि से प्रभावित उसका विलक्षण शैली-रूप है। यहाँ भी शुक्ल जी उस शैली के प्रवर्तन का श्रेय मैथिलीशरण गुप्त, मुकुटधर पांडेय और बदरीनाथ भट्ट को देते हैं। शुक्ल जी जिसे सच्चा स्वच्छन्दवाद कहते हैं उसमें गोचारण या प्राकृतिक ग्रामीण जीवन और सरल-सात्विक जीवन मूल्यों का आग्रह होता है। रोमांटिक काव्य में और गहराई में जाकर जीवन के सत्य-सौन्दर्य का सुख-दुख की समस्या का समाधान ढूँढ़ने का प्रयत्न होता है। उसमें औद्योगिक जीवन की प्रतिक्रिया है। वास्तव में रोमांटिक प्रवृत्ति का तीन युगों में बाँटा जाता

है—पूर्व रोमांटिक, रोमांटिक और ह्रासोन्मुख रोमांटिक। शुक्ल जी पूर्व रोमांटिक प्रवृत्ति और उसके कवियों को ही सच्चा स्वच्छन्दवादी मानते हैं। वास्तव में रोमांटिक दृष्टि, प्रवृत्ति, भावोन्मेष और रूपविधान की झलक छायावाद में ही मिलती है। बच्चन, रामेश्वर शुक्ल अंचल, नरेन्द्र शर्मा और दिनकर की कुछ आरम्भिक रचनाओं में परवर्ती रोमांटिक प्रवृत्ति की विशेषताएँ मिलती हैं जिनमें प्रेम भावना और वैयक्तिक सुख-दुख कल्पनाशील धरातल से नीचे उतर आये हैं।

3. प्रभाव, पृष्ठभूमि और तात्त्विक विश्लेषण

शुक्ल जी छायावाद को कलावाद, रूपवाद, प्रभाववाद, प्रतीकवाद और अभिव्यंजनावाद से प्रभावित मानते हैं। उनकी दृष्टि में इन सब वादों में वस्तु और भावपक्ष की उपेक्षा करके कलापक्ष को प्रधानता दी गयी है। इन वादों में कुछ कला या काव्य के सैद्धांतिक विवेचन से सम्बन्धित हैं और कुछ काव्य-प्रवृत्तियाँ हैं। शुक्ल जी ने विरोध के आवेश में कल्पनावाद, बिम्बवाद आदि शब्दों का भी प्रयोग किया है जो केवल काव्य के तत्त्व हैं और जिनका वाद के रूप में कहीं और कभी प्रचलन नहीं हुआ है। इन पाश्चात्य वादों के सन्दर्भ में दो-चार बातें स्पष्ट स्मरण रखनी चाहिए—(1) ये वाद क्लासिकल प्रवृत्ति, नियोक्लासिकल रूढ़िवादिता और साहित्य के द्वारा धार्मिक-नैतिक प्रचार-उपदेश के विरोध में विकसित हुए हैं। (2) कला या काव्य में अपने भाव-विचारों की अभिव्यंजना रूढ़ परम्परा में अपर्याप्त, असम्भव या असफल मानकर नये रचनाविधान के अन्वेषण में इन वादों या प्रवृत्तियों का जन्म हुआ है। माध्यम की सीमाओं के कारण पहले उनका प्रयोग चित्रकला के क्षेत्र में हुआ है। काव्य का माध्यम, भाषा अधिक सूक्ष्म और समर्थ होने पर भी उन प्रयोगों में परम्परा से भिन्न नया सौन्दर्य देखकर काव्य के क्षेत्र में वे अपनाए गये हैं। (3) अभिव्यंजनावाद सौन्दर्यशास्त्र से सम्बन्धित सिद्धान्त हैं जिसमें कला या काव्यगत सौन्दर्य का दार्शनिक विवेचन किया गया है। (4) कला, कल्पना, सौन्दर्य, रूप आदि पर विचार करते समय अधिकांश समीक्षकों ने काव्योक्ति या अभिव्यंजना को संश्लिष्ट माना है। कविता या कला में कथ्य और रूप का अलगाव नहीं हो सकता। केवल आलोचना की सुविधा के लिए उन पर अलग-अलग विचार होता है। काव्यवस्तु का जीवन से ग्रहण होता है और जब रचना में वस्तु रूप धारण करती है, रूपगत कथ्य के मूल्य वस्तु-सम्बन्धी जीवन के ही मूल्य हो, ऐसा सदा नहीं होता। शुद्ध रूपवादी या सौन्दर्यवादी ही सौन्दर्यात्मक मूल्यों को वस्तु-सम्बन्धी जीवन मूल्यों से अलग मानते हैं। शुक्ल जी की आलोचनात्मक दृष्टि विश्लेषणात्मक है। उन्होंने कथ्य और रूप को बिल्कुल अलग माना है; पहले को साध्य और दूसरे को साधन। इस कारण पाश्चात्य साहित्य चिन्तन और प्रवृत्तियों के सम्बन्ध में उनको अनेक गलतफहमियाँ हुईं और उन प्रवृत्तियों को उन्होंने कला-पक्ष प्रधान माना है।

इन वादों पर विचार करते समय शुक्ल जी ने भारतीय दृष्टि को अपनाकर काव्य और कला को अलग माना है। पाश्चात्य आचार्य सभी ललित कलाओं को कल्पना की सौन्दर्यात्मक अभिव्यक्ति मानते हैं। केवल माध्यम भिन्न है और उस कारण रचनात्मक प्रक्रिया और रचना विधान में अन्तर हो जाता है। शुक्ल जी काव्येतर ललित कलाओं को निपुणता, शिल्प या कारीगरी-प्रधान मानते हैं—"कला शब्द के कारण काव्य के स्वरूप के सम्बन्ध में शिल्पवाली बेल-बूटे और नक्काशीवाली हल्की धारणा।"[5] बन गयी है। रस या भाववादी शुक्ल जी केवल काव्य को रसात्मक मानते हैं। सौन्दर्य और रस की अनुभूति काव्य सहित सभी ललित कलाओं में होती है, यह उनको स्वीकार नहीं। सौन्दर्य और सौन्दर्यबोध के सम्बन्ध में भी उनकी अवधारणा रस के साधन मात्र के रूप में है।

शुक्ल जी के अनुसार इन वादों और सिद्धान्तों के प्रभाव के कारण छायावाद में सच्ची स्वच्छन्दतावादी प्रवृत्ति का विकास नहीं हो सका। पाश्चात्य रोमांटिक युग में विकसित समस्त चिन्तन धाराओं, सिद्धान्तों और प्रवृत्तियों का प्रभाव छायावाद पर अवश्य पड़ा है। विदेशों में रोमांटिक युग के बाद विकसित वादों और मनोवैज्ञानिक-वैज्ञानिक सिद्धान्तों का भी उसमें ग्रहण हुआ है। क्योंकि छायावाद पाश्चात्य रोमांटिक युग के बहुत बाद, दूसरे देश की भिन्न परिस्थितियों में विकसित हुआ है। यहाँ यह भी समझना आवश्यक है कि छायावाद शुद्ध रोमांटिक प्रवृत्ति नहीं है और छायावादी युग में गद्य-साहित्य के क्षेत्र में जो स्वच्छन्दतावादी प्रवृत्ति दिखाई देती है उसे भी सच्चे अर्थ में रोमांटिक प्रवृत्ति नहीं कह सकते। छायावादी कल्पना और शिल्प विधान को स्वच्छन्दतावादी गद्य में कोई विशेष महत्त्व नहीं मिला, प्रसाद की कुछ रचनाओं को छोड़कर। रूढ़ परम्पराओं और बन्धनों से मुक्ति ही स्वच्छन्दतावादी गद्य का लक्ष्य रहा। जहाँ स्वच्छन्दता और स्वतन्त्रता का आग्रह छायावाद में भावात्मक-कल्पनाशील धरातल पर हुआ है, गद्य रचनाओं में वह अधिक ठोस वैयक्तिक-सामाजिक परिप्रेक्ष्य में व्यक्त हुआ है। छायावाद और गद्यात्मक स्वच्छन्दवाद में रोमांटिक विशेषताएँ आशिंक रूप में भिन्न धरातलों पर अभिव्यक्त हुई हैं।

छायावाद को अपने समग्र रूप में समझने के लिए उसकी सम्पूर्ण वैचारिक पृष्ठभूमि पर विचार करना चाहिए। पाश्चात्य और भारतीय, प्राचीन एवं आधुनिक अनेक दार्शनिक चिन्तनधाराओं की समष्टि छायावाद है। मूल रोमांटिक चेतना की आधार भूमि कृत्रिम सभ्यता और सामाजिक रूढ़ियों से मुक्त होकर प्रकृति और प्राकृतिक जीवन की ओर पुनः प्रस्थान, स्वच्छन्दता-स्वतन्त्रता का आग्रह, उन्मुक्त प्रेम, नैसर्गिक मानवीय संवेदना और सांस्कृतिक चेतना का उन्नयन है। इस चेतना के साथ सामाजिक व्यक्तिवाद, राजनीतिक उदारतावाद, दार्शनिक-साहित्यिक मानवतावाद की विचारधाराएँ जुड़ गयी हैं। इन वादों का चिन्तन पाश्चात्य देशों में रोमांटिक और कुछ परवर्ती युग में विकसित हुआ। नवीनतम मनोवैज्ञानिक-वैज्ञानिक विचारों से

भी छायावाद अप्रभावित नहीं है। ईश्वर, सृष्टि, जीवन और मानव-मन के सम्बन्ध में विकासवादी, परिवर्तनशील और सापेक्षता के सिद्धान्त, अव्यक्त का अन्वेषण, अचेतन का विश्लेषण, शक्ति के स्रोत जीवन के मूल प्रेरणा सूत्र आदि की ओर प्रत्यक्ष-अप्रत्यक्ष संकेत छायावाद में मिलते हैं। छायावाद के भारतीय चिन्तन-स्रोतों में वैदिक आत्मवाद, उपनिषदों का रहस्यवाद, सर्वात्मवाद, बौद्ध करुणा की भावना, परवर्ती अद्वैत दर्शन के कुछ पहलू, रवींद्र का महामानवतावाद, विवेकानन्द आदि आधुनिक चिन्तकों के द्वारा विकसित सांस्कृतिक नवजागरण आदि उल्लेखनीय हैं। आधुनिक राजनीतिक-राष्ट्रीय चिन्तन और मार्क्सवादी साामाजिक विचारों से भी वह अछूता नहीं है। यह नहीं कहा जा सकता कि छायावाद ने इन सबका समन्वय करके आत्मसात् कर लिया है। विभिन्न कवियों और उनकी रचनाओं में भिन्न-भिन्न स्वर झंकृत होते हैं। उदाहरण के लिए निराला का मानवतावाद पाश्चात्य मानवीय संवेदना के स्वर में है जबकि प्रसाद का मानवतावाद बौद्ध दर्शन से प्रभावित है।

इन विभिन्न चिन्तन धाराओं से प्रभावित छायावाद की प्रवृत्तियाँ और दिशाएँ वैविध्यपूर्ण हैं। वैयक्तिक सुख-दुख की व्यंजना, वेदना की विवृति, प्रकृति के प्रति अनुराग, उन्मुक्त प्रेम और रहस्यात्मकता रोमांटिक प्रवृत्तियाँ हैं जो कल्पनाशील और सौन्दर्यमय रूप में अभिव्यक्त हैं। इनके अतिरिक्त आध्यात्मिक, सांस्कृतिक, मानवीय, राष्ट्रीय और सामाजिक तत्त्व भी छायावाद में प्रचुर मात्रा में मिल जाते हैं। अन्य कई भारतीय भाषाओं में पाश्चात्य रोमांटिक प्रवृत्ति अपने शुद्ध कल्पनाशील-भावात्मक रूप में ही विकसित हुई है। ऐसी स्थिति में सहज ही प्रश्न उठता है कि छायावाद को केवल रोमांटिक प्रवृत्ति कहना कहाँ तक उचित है? विद्रोह और स्वच्छन्दता का आग्रह दोनों में अवश्य मिल जाता है, लेकिन जन्म देने वाली परिस्थितियाँ भिन्न हैं। पाश्चात्य देश स्वतन्त्र थे, इसलिए विद्रोह केवल सामाजिक रूढ़ियों तक सीमित था। परतन्त्र भारत में विद्रोह राष्ट्रीय दृष्टि से परिचालित राजनीतिक भी था। राजनीतिक प्रतिबन्धों और स्वतन्त्रता-संग्राम में असफलताओं ने छायावादी कवियों को अधिक अन्तर्मुखी, कुंठाग्रस्त, कल्पनाशील और प्रतीकात्मक भी बनाया। पाश्चात्य रोमांटिक कविता में व्यक्ति-स्वतन्त्रता की भावना जिस रूप, जिस तीव्रता के साथ व्यक्त हुई वैसा छायावादी युग में सम्भव नहीं था। भारत में धार्मिक-सामाजिक रूढ़ियाँ अधिक बद्धमूल थीं। उनसे मुक्त होना ही स्वतन्त्रता समझा गया। रोमांटिक व्यक्तिवादी चेतना और मूल्य लौकिक-सामाजिक थे। छायावाद में व्यक्तिवादी मूल्यों का प्रतिपादन आध्यात्मिक-सांस्कृतिक धरातल पर हुआ। राजनीतिक-धार्मिक-सामाजिक परिस्थितियों की प्रतिकूलता में छायावादी काव्य कहीं-कहीं पलायनवादी हो गया और वैयक्तिक स्वतन्त्रता एवं व्यक्तिवादी मूल्यों का अन्वेषण एकांत प्रकृति की गोद में कल्पना-लोकों में हुआ। रोमांटिक के अलावा छायावाद अन्य प्रवृत्तियों और वादों को भी अपने में समेटते हुए आगे बढ़ा। छायावादी बहुत-सी रचनाएँ मानवतावादी

हैं। दोनों की रहस्यात्मक प्रवृत्ति में भी अन्तर है। रोमांटिसिज्म में प्रकृति, जीवन और अज्ञात इतिहास के प्रति जिज्ञासा की भावना है। छायावाद में जिज्ञासा अनन्त ब्रह्माण्ड के प्रति विस्मय, आकर्षण, अनुराग और भाव तादात्म्य एवं आनन्द की ओर अग्रसर होती है। सर्वात्मवाद से प्रभावित होने के कारण शुद्ध रहस्यवादी रचनाओं में ही नहीं, प्रकृति और प्रेम सम्बन्धी छायावादी रचनाओं में भी कल्पना के माध्यम से रहस्य भावना के विकास, प्रसार और परिणति को व्यापक रूप दिया गया है। साथ ही यह भी मानना पड़ता है कि छायावादी भाव-व्यंजना रोमांटिसिज्म की तरह प्रत्यक्ष और तीव्र नहीं है। इस अप्रत्यक्ष व्यंजना और काल्पनिकता पर शुक्ल जी ने आक्षेप भी किये हैं। छायावादी कवि कल्पना प्रवाह में बह तो गये हैं, साथ ही परिस्थितियों की प्रतिकूलता भी इसका एक कारण है।

4. छायावाद की सीमाएँ और उपलब्धियाँ

शुक्ल जी ने अपने इतिहास में और 'काव्य में रहस्यवाद' तथा 'काव्य में अभिव्यंजनावाद' नामक सुदीर्घ निबन्धों में छायावादी सभी विशेषताओं और उपलब्धियों की ओर संकेत अवश्य किया है। लेकिन छायावाद-रहस्यवाद की दृष्टि, वस्तु, भावोन्मेष और रूपविधान पर जो आक्षेप किये, उनका जो जोरदार खण्डन किया और उनकी सीमाओं की ओर जो ध्यान आकृष्ट किया, उनकी बहुलता में उपलब्धियों की अपेक्षा सीमाओं पर हमारी दृष्टि अधिक जाती है।

छायावादी दृष्टि पर शुक्ल जी का आक्षेप उसके व्यक्तिवाद के कारण है। वह उनकी धार्मिक लोकमंगल की भावना और सामाजिक चेतना के विरुद्ध है। उनके अनुसार व्यक्तिवाद साहित्यिक दृष्टि से साधारणीकरण में भी बाधा देता है। वे यह स्वीकार करने के लिए भी तैयार नहीं हैं कि छायावाद का अपना कोई विशिष्ट जीवन-दर्शन भी है और वह उतना ही महत्त्वपूर्ण है जितना सामाजिक जीवन-दर्शन है। शुक्ल-परवर्ती आलोचना ने यह स्पष्ट कर दिया है कि छायावादी जीवन दृष्टि अन्तर्मुखी है। उसके आधार बिन्दु व्यक्तिवाद, आत्मवाद, मानवतावाद और उदारतावाद हैं। उसकी अन्तर्मुखी व्यक्तिवादी चेतना आध्यात्मिक आत्मवाद, मानवीय संवदेना और जीवन के सभी क्षेत्रों में उदार उन्मुक्त चिन्तन से अनुप्राणित है। आत्मवाद पौराणिक अवतारवाद का विरोधी और आध्यत्मिक चेतना एवं मानसिक उन्नयन का प्रतिपादक है। छायावादी व्यक्तिवाद एक ओर मार्क्सवादी भौतिक समाजवाद को और दूसरी ओर प्रयोगवादी लौकिक व्यक्तिवाद को स्वीकार नहीं करता। छायावाद के बाद काव्य के क्षेत्र में दोनों प्रतिक्रियाएँ व्यक्त हुईं। मानवतावाद और उदारवाद मनुष्य की आंतरिक महानता को अभिव्यक्त करते हैं तथा सामाजिक भावना, समन्वय, सामंजस्य एवं समरसता के व्यंजक हैं। छायावादी जीवन दृष्टि भौतिक-लौकिक मूल्यों की उपेक्षा अवश्य करती है। यह उसकी सीमा है तो यही उसकी उदात्तता और महानता का द्योतक भी है।

छायावादी जीवन दर्शन ने उसकी काव्य वस्तु और भावभूमि के क्षेत्र को सीमित कर दिया है। केवल निराला की काव्य साधना में अन्तर्जगत् और बाह्य जगत् दोनों पर ध्यान रखा गया है। शुक्ल जी की धार्मिक, सामाजिक और साहित्यिक दृष्टि ने छायावादी प्रगीतात्मक अभिव्यंजना में वस्तु और भाव की संकुचित परिधि पर बार-बार आक्षेप किया है। "अर्थ-भूमि या वस्तु-भूमि का तो उसके भीतर बहुत संकोच हो गया। समन्वित विशाल भावनाओं को लेकर चलने की ओर ध्यान न रहा।"[6] मानवतावादी और उदारवादी कवि बहिर्मुखी सामाजिक पक्ष की पूरी उपेक्षा नहीं कर सकता। जहाँ भावात्मक धरातल पर छायावादी कवियों ने जीवन की विषमताओं की ओर ध्यान आकृष्ट किया, शुक्ल जी ने उसकी प्रशंसा की। प्रसाद ने 'लहर' की ऐतिहासिक कविताओं में 'कथावस्तु का विन्यास नाटकीय पद्धति पर करके उनमें बाह्य और आभ्यंतर परिस्थितियों का व्यंजक, मनोहर, मार्मिक या आवेशपूर्ण शब्द विन्यास किया है[7] "निराला जी ने, जिनकी वाणी पहले से भी बहुर्मुखी थी, 'तुलसीदास' के मानस विकास का बड़ा ही दिव्य और विशाल रंगीन चित्र खींचा है।"[8] लेकिन यहाँ हमें नहीं भूलना चाहिए कि ये रचनाएँ पूर्ण रूप से बाह्यार्थ निरूपक नहीं हैं। उनकी दृष्टि और रचना-पद्धति, अन्तर्मुखी, मनोवैज्ञानिक तथा व्यक्तिवादी जीवन मूल्यों और आदर्शों से परिचालित थीं।

शुक्ल जी ने छायावादी भाव-व्यंजना की विशेषताओं पर उनकी अन्तर्मुखी सूक्ष्मता, भावनशीलता और कल्पनाशीलता पर, एक ही शब्द में उनकी मनोमयता पर ध्यान नहीं दिया। छायावादी काव्य में कोमलता और माधुर्य (निराला की कविता में कहीं-कहीं ओजस्विता), भाव-व्यंजना की विशेषता और उसकी सीमा भी है। भावपक्ष के तीन पहलुओं में सौन्दर्यात्मक और मनोवैज्ञानिक पर ही कवियों का ध्यान केन्द्रित रहा, सामाजिक पर नहीं। शुक्ल जी का कहना सच है कि छायावादी भाव-व्यंजना में माधुर्य और कल्पना के अतिरेक पर भी आक्षेप किया है जो एक हद तक सही है, "काव्य में भावानुभूति के स्थान पर कल्पना का विधान ही प्रधान समझा जाने लगा।"[9] छायावादी भावना में सौन्दर्य-दृष्टि की प्रधानता और प्रबलता की भी शुक्ल जी ने शिकायत की। ऊहापोह या ललित कल्पना में लग जाने के कारण, शुक्ल जी के अनुसार छायावादी भाव-व्यंजना में सच्चाई और अन्विति का अभाव भी हो गया है—"एकान्विति (Unity) और सम्बन्ध (Coherence) की, सच पूछिए तो, जगह ही नहीं होती। किसी प्राकृत आलम्बन से सीधा लगाव न रखने के कारण भावों में जो सच्चाई का अभाव (Insincerity) या कृत्रिमता (Artificiality) रहती है वह तो मूल ही से आयी है।"[10] इन सब दोषों और अभावों के बावजूद छायावाद की भावभूमि का अपना विधायक सौन्दर्यात्मक पक्ष भी है जो हिन्दी काव्य के इतिहास में अपूर्व है।

छायावादी काव्य-शैली पर भी शुक्ल जी ने कुछ आक्षेप किये। उनमें उल्लेखनीय प्रस्तुत मार्मिक रूपविधान के स्थान पर केवल अप्रस्तुत विधान का प्रयोग, उक्तिविलक्षणता

को महत्त्व देना, काव्य को बेल-बूटे और नक्काशी बनाने का प्रयत्न, भावपक्ष की उपेक्षा, अन्विति का अभाव, व्यवहृत शब्दों की व्यंजकता पर्याप्त न होने पर भाव का अस्फुट हो जाना, दूरारूढ़ कल्पना और उसकी अतिशयता आदि हैं। शुक्ल जी का विचार है कि ये सब दोष छायावाद पर कलावाद, प्रतीकवाद और अभिव्यंजनावाद के प्रभाव के कारण हैं। साथ ही उन्होंने छायावादी काव्य शैली की समस्त मार्मिक विशेषताओं और उनके गहरे प्रभाव का उद्‌घाटन भी किया है। उस शैली की विशेषताएँ प्राकृतिक नवीन सौन्दर्य-बोध, अन्तर्मुखी सूक्ष्म कल्पना, प्रभाव साम्य के आधार पर अप्रस्तुत योजना, अप्रस्तुतों की सूक्ष्मता, प्रतीकों का सार्थक बहुल प्रयोग, बिम्बांकन, चित्रात्मकता, लाक्षणिकता, मानवीकरण, मधुर लयविधान, विरोध चमत्कार या उक्ति विलक्षणता और प्रौढ़ काव्यभाषा का प्रयोग है। शुक्ल जी स्वीकार करते हैं कि हिन्दी काव्य के क्षेत्र में पहली बार छायावाद में "भावावेश की आकुल व्यंजना, लाक्षणिक वैचित्र्य, मूर्त्त प्रत्यक्षीकरण, भाषा की वक्रता, विरोध-चमत्कार, कोमल पद-विन्यास इत्यादि काव्य का स्वरूप संघटित करने वाली प्रचुर सामग्री दिखाई पड़ी।"[11] छायावादी प्राकृतिक अप्रस्तुत विधान के प्रभाव के सम्बन्ध में उनका कहना है कि "यह साम्य-भावना हमारे हृदय का प्रसार करने वाली, शेष सृष्टि के साथ मनुष्य के गूढ़ सम्बन्ध की धारणा बँधाने वाली, अत्यंत अपेक्षित मनोभूमि है, इसमें सन्देह नहीं।"[12]

शुक्ल जी ने छायावाद के खण्डन-मंडन, विरोध-समर्थन में उसकी समस्त दिशाओं और विशेषताओं की ओर से संकेत किया है जिसको लेकर छायावाद की आलोचना आगे बढ़ी। छायावाद और शुक्ल जी के द्वारा उसकी समीक्षा ने हिन्दी साहित्य को सच्चे काव्य और काव्योत्कर्ष की पहचान दी। छायावाद के सम्बन्ध में शुक्ल जी के साथ सहमत न होते हुए भी हमें उनकी पैनी काव्यदृष्टि और मर्मज्ञता को स्वीकार करना ही पड़ता है। छायावादी कवियों की आलोचना में उनके पूर्वग्रह भी स्पष्ट लक्षित होते हैं। वस्तुनिष्ठ प्रबन्ध की उपेक्षा करके प्रगीतात्मक रूपविधान उनको बहुत खटकता रहा। प्रसाद की मधुर भावना को 'मधुचर्या' कहकर उनका विरोध हुआ। निराला की मुक्त छन्द में अभिव्यंजना उनको काव्योचित नहीं लगी, और उनकी प्रतिभा की उपेक्षा हुई। पंत जी का प्रकृति प्रेम और प्रकृति का अपेक्षाकृत अधिक वस्तुनिष्ठ रूपविधान उनकी अभिरुचि के अनुरूप होने के कारण प्रशंसा प्राप्त हुई। शुक्ल जी की छायावादी समीक्षा में उनके विरोधात्मक अंशों पर नहीं, काव्य-सम्बन्धी सैद्धान्तिक अवधारणाओं और कविता के मर्म के व्यावहारिक उद्‌घाटन पर ध्यान देना चाहिए।

5. रहस्यवाद

शुक्ल जी ने अपनी धार्मिक और साहित्यिक मान्यताओं के अनुरूप न होने के कारण छायावाद की तरह रहस्यवाद की भी कटु आलोचना की। वे निर्गुण-निराकार को

केवल चिन्तन और साधना का विषय मानते हैं। वे प्राचीन भारतीय आध्यात्मिक चेतना की अपेक्षा परवर्ती पुराणकाल में विकसित अवतारवाद और भक्ति को अधिक महत्त्व देते हैं। वह अधिक बोधगम्य और सर्वजनसुलभ है। ये विचार परम्परावादी ब्राह्मण दृष्टि और संस्कृति के परिणाम हैं। शुक्ल जी के मतानुसार साहित्यिक दृष्टि से सगुण-साकार मूर्त्त और भावना का विषय होने के कारण काव्य के क्षेत्र में वही ग्राह्य है और वही ग्राहक भावनाओं का आलम्बन हो सकता है तथा उन्हें उद्‌बुद्ध एवं उत्तेजित कर सकता है। रहस्यवादी अस्पष्टता, लौकिक धरातल पर ग्राहक मन में भाव एवं रस का संचार नहीं कर पाता। काव्य का लक्ष्य अलौकिक की अवधारणा न होकर प्रत्यक्ष की अनुभूति है। शुक्ल जी की दृष्टि में रसानुभूति अलौकिक न होकर लौकिक सुख-दुखात्मक है।

रहस्यवाद के विरोध में शुक्ल जी का तर्क है कि 'अज्ञात की जिज्ञासा' ही का कुछ अर्थ होता है, उसकी 'लालसा' या प्रेम का नहीं। भौतिक जगत् की रूप योजना लेकर जिस प्रेम की व्यंजना होगी वह भाव की दृष्टि से वास्तव में भौतिक जगत् की उसी रूप योजना के प्रति होगा। जगह-जगह जिज्ञासावाचक शब्द रखकर उसे किसी और के प्रति बताना या तो प्रिय असत्य या साम्प्रदायिक रूढ़ि ही माना जायेगा।''[13] ''जिस तथ्य का हमें ज्ञान नहीं, जिसकी अनुभूति से वास्तव में कभी हमारे हृदय में स्पंदन नहीं हुआ, उसकी व्यंजना का आडम्बर रचकर दूसरों का समय नष्ट करने का हमें कोई अधिकार नहीं।''[14] रहस्यवाद के नाम पर ''कविता के साम्प्रदायिक हो जाने पर प्रकृति के रूप और व्यापार अपने सच्चे अभिव्यक्ति क्षेत्र से बाहर घसीटे जाकर साम्प्रदायिकों की खींचतान में पड़े रहेंगे और अपना असली प्रभाव खो बैठेंगे।''[15] ''योग रहस्य-मार्ग है, तब रहस्य-मार्ग है, रसायन भी रहस्य-मार्ग है। पर ये सब साधनात्मक हैं, प्रकृत भावभूमि या काव्यभूमि के भीतर चले हुए मार्ग नहीं।''[16]

शुक्ल जी का तर्क विद्वतापूर्ण और अकाट्य लगता है। उनका व्यंग्य तीखा होता है। लेकिन वह पूर्ण सत्य न होकर उसका आंशिक प्रत्यक्ष रूप मात्र है। यह सही है कि भारतीय परम्परा में रहस्यवाद की झलक प्राचीनकाल में धर्म, दर्शन और साधना के क्षेत्रों में ही प्राप्त होती है। सूफी सम्प्रदाय के प्रभाव से मध्यकाल में उसका प्रवेश काव्यक्षेत्र में भी हो गया। आधुनिक काल में पाश्चात्य रोमांटिसिज्म ने काव्यक्षेत्र में उसका व्यापक प्रसार किया। काव्य-साहित्य के क्षेत्र को ज्ञात तक ही सीमित रखना उसमें मानव-मस्तिष्क और मन की अनन्त सम्भावनाओं की अभिव्यंजना को नकारना है। जाने-अनजाने अज्ञात और अचेतन मन कलाकार की भावनाओं और कल्पनाओं में प्रविष्ट हो जाता है। काव्य और कला अव्यक्त को व्यक्त बनाने का प्रयत्न है। यह ज्ञान और साधना की कल्पनाशीलता-भावात्मक शैली में अभिव्यक्ति मात्र नहीं है। मनुष्य का अन्तरंग, उसके समस्त मानसिक क्रियाकलाप काव्य के कथ्य के रूप में अवतरित होकर काव्यक्षेत्र के आंतरिक अभिन्न अंश बन जाते हैं।

शुक्ल जी ने रहस्यवाद को दो रूपों में बाँटा है—(1) पहला वाद-विशेष से सम्बद्ध साम्प्रदायिक रहस्यवाद है। उसमें किसी सिद्धान्त या साधना-मार्ग को काव्य रूप देने का प्रयत्न होता है। काव्यात्मक शैली के बावजूद यहाँ भाव तादात्म्य और रसानुभूति सम्भव नहीं है। "इन मूर्त रूपकों में ध्यान देने की बात यह है कि जो रूप योजना केवल अद्वैतवाद, मायावाद आदि वादों के स्पष्टीकरण के लिए की गयी है, उसकी अपेक्षा वह रूप योजना जो किसी सर्वस्वीकृत, सर्वानुभूत तथ्य को भाव क्षेत्र में लाने के लिए की गयी है, कहीं अधिक मर्मस्पर्शिणी है।"[17] "उसमें प्रकृति के नाना रूप और व्यापार किसी वाद या सम्प्रदाय के घेरे में निरूपित बातों को मूर्त रूप में स्पष्ट करने या काव्य की भावात्मक शैली को मनोरंजक बनाने के लिए, साधन रूप में ही व्यवहृत होते हैं।"[18] सूफी रहस्यवाद या प्रेमपरक मधुर रहस्यवाद को भी शुक्ल जी ने साम्प्रदायिक और वादीय ही माना है। उनकी दृष्टि में अज्ञात के प्रति प्रेम स्वाभाविक मानवीय भावना नहीं है और न सर्वजनसुलभ। (2) दूसरे प्रकार का रहस्यवाद प्राकृत रहस्यवाद है जो जिज्ञासा और सहज विस्मय पर आधारित है। ब्रह्माण्ड और प्रकृति के रहस्यों के प्रति कुतूहल स्वाभाविक भावना है। "विश्व की विशाल विभूति के भीतर न जाने कितने ऐसे दृश्य हमारी अन्तर्वृत्ति को रहस्योन्मुख करते हैं।"[19] "अनिर्दृष्टि और धुंधली झलक या भावना में भी एक विशेष प्रकार का आकर्षण होता है जो स्निग्ध विस्मय, औत्सुक्य या अभिलाषा उत्पन्न करता है।"[20] "स्वाभाविक रहस्य-भावना बड़ी रमणीय और मधुर भावना है, इसमें सन्देह नहीं। रसभूमि में इसका एक विशेष स्थान हम स्वीकार करते हैं।"[21] आधुनिक छायावादी-रहस्यवादी रचना में शुक्ल जी ने इस प्राकृत या प्राकृतिक रहस्यवाद का समर्थन किया है जैसे पंत जी की कविताओं में।

वास्तव में रहस्यवाद की काव्यात्मक अभिव्यक्ति अनेक रूपों में होती है। कवि की कल्पना उसका नये-नये रूपों में विधान कर सकती है। हिन्दी काव्य के इतिहास में हम इन रूपों को पहचान सकते हैं—किसी सिद्धान्त का व्यंजक दार्शनिक रहस्यवाद, योगपरक रहस्यवाद, सूफी रहस्यवाद उससे कुछ भिन्न प्रेमपरक मधुर रहस्यवाद (जैसे कृष्णकाव्य में), प्रकृतिपरक रहस्यवाद, (उपनिषदों में और आधुनिक काव्य में), रोमांटिक रहस्यवाद, (ऐतिहासिक भग्नावशेषों, जीवन के रहस्यों और सौन्दर्य के प्रति जिज्ञासा पर आधारित) आदि। इन सबमें काव्यत्व उसी हद तक होता है जिस हद तक कवि की भावना या कल्पना में सौन्दर्य का मूर्त्त प्रत्यक्षीकरण हो जाता है। रहस्यवाद में सौन्दर्य का भावन गोचर न होकर रहस्यात्मक होता है जो स्वाभाविक है। काव्य में रहस्य-भावना की अभिव्यंजना की सीमाएँ हैं। मन या आत्मा की सूक्ष्म अनुभूतियों का स्पष्ट कथन नहीं हो सकता। सामाजिक-लौकिक भाषा उसकी अभिव्यंजना में असमर्थ है। कवि प्रतीकों का सहारा लेकर भाषा की सीमाओं को पार कर जाने का प्रयत्न करता है। इसलिए रहस्यवाद में वस्तु और उसकी अनुभूति ही रहस्यमय नहीं

होती, उसकी अभिव्यक्ति भी रहस्यमय या सांकेतिक होती है। अज्ञात-सौन्दर्य का आदर्श रूप है, वह आकर्षणमय है और यदि अज्ञात ईश्वर का भावन है तो वह पूर्ण सौन्दर्य है। उसकी रहस्यमय अनुभूति में रमणीयता है। इसीलिए छायावाद-रहस्यवाद में सौन्दर्य की अनेक रहस्यमय छवियाँ मिलती हैं।

रहस्यवाद की परम्परा ईसाई सन्तों और सूफी सन्तों और सूफी साधकों की देन नहीं है और न वह काव्य के क्षेत्र में मध्ययुग से आरम्भ होती है। जैसा कि महादेवी वर्मा ने सोदाहरण सिद्ध किया है, वेद और उपनिषदों में उसकी पहली झलक मिलती है। उनमें प्राकृतिक और मधुर रहस्यवाद के दोनों रूप मिलते हैं। बाद में योग और भक्ति के अन्य साधना मार्गों के विकास में उसका रूप बदलता गया। मध्ययुग में सूफी प्रभाव से उसमें नये आयाम जुड़े। आधुनिक काल में रोमांटिसिज्म के प्रभाव से उसका क्षेत्र और व्यापक हुआ। सृष्टि के रहस्यों के अन्वेषण में संलग्न भौतिकी विज्ञान का भी उस पर प्रभाव पड़ा। विज्ञान के तथ्यानुसंधान ने ज्ञान के क्षेत्र का विस्तार करके रहस्य-भावना को समाप्त नहीं किया, बल्कि उसे अनन्त के छोरों तक पहुँचाने में सहायक सिद्ध हुआ। विज्ञान जैसे-जैसे सृष्टि के रहस्यों को खोलता जा रहा है, उसके प्रति जिज्ञासा की भावना बढ़ती जा रही है। विज्ञान अव्यक्त को पूरा व्यक्त भी नहीं कर सका। उसके प्रभाव से आधुनिक रहस्यवादी दृष्टि अत्यन्त व्यापक हो गयी है जैसे महादेवी वर्मा की रचना में देख सकते हैं।

छायावाद की तरह रहस्यवाद पर भी शुक्ल जी का आक्षेप कथ्य और रूप दोनों पर है। साहित्यिक दृष्टि से वे कहते हैं—"रहस्यवाद की कविताओं में सबसे अधिक विरक्ति-जनक दो बातें होती हैं- भावों में सच्चाई का अभाव और व्यंजना की कृत्रिमता।"[22] हिन्दी में नवीन रहस्यवादी रचनाओं की तुलना अंग्रेजी रोमांटिक कवियों की कविताओं के साथ करते हुए उन्होंने हिन्दी में प्राकृतिक भाव प्रसार और अन्विति के अभावों की भी चर्चा की। इस सन्दर्भ में हमें स्मरण रखना है कि रोमांटिसिज्म और छायावाद से कहीं अधिक अन्तर रोमांटिक रहस्यवाद और भारतीय रहस्यवाद की व्यंजना में है। आधुनिक रहस्यवाद में रोमांटिक रहस्यात्मक संकेतों के अतिरिक्त भारतीय दर्शन और साधना का व्यापक आधार ग्रहण किया गया है। महादेवी वर्मा की काव्य-साधना का संक्षेप में मूल्यांकन करते हुए शुक्ल जी ने रहस्यवाद सम्बन्धी अपनी सैद्धान्तिक मान्यताओं को दुहराया है- "इस वेदना को लेकर इन्होंने हृदय की ऐसी-ऐसी अनुभूतियाँ सामने रखी हैं जो लोकोत्तर हैं। कहाँ तक वे वास्तविक अनुभूतियाँ और कहाँ तक अनुभूतियाँ की रमणीय कल्पना है, नहीं कहा जा सकता।"[23] इसे स्वीकार करने में संकोच नहीं करना चाहिए कि छायावाद-रहस्यवाद का अन्तर्मुखी भाव-जगत् कल्पना से अनुरंजित है। जैसा महादेवी वर्मा ने कहा है, "छायावादी कवियों ने जीवन के सत्य को कल्पना-जगत् में पाया है।" कहीं-कहीं अस्वाभाविकता के होते हुए भी छायावादी रहस्यवादी भावनाओं को

असत्य घोषित करना उचित नहीं लगता। कल्पनाशीलता के कारण अनुभूति की तीव्रता कुछ मन्द हो गयी है। इसी कल्पना के आधिक्य के कारण भाव-प्रसार भी अप्रस्तुतों के माध्यम से सांकेतिक रूप में व्यक्त हुआ है।

6. मूल्यांकन

शुक्ल जी छायावाद-रहस्यवाद की सीमाओं और उपलब्धियों दोनों को जानते हैं। खड़ी बोली काव्य के ऐतिहासिक विकास में उनकी भूमिका को पहचानते हैं। उनके काव्योत्कर्ष से अनभिज्ञ नहीं हैं। उनके विरोध के तीन मुख्य कारण हैं—उनकी सैद्धान्तिक और साहित्यिक मान्यताएँ, काव्य-साहित्य के क्षेत्र में वादीय दृष्टि की संकीर्णता तथा विश्रृंखलता। वे कहते हैं—"रहस्यवाद या छायावाद की कविता के सम्बन्ध में भ्रान्तिवश या जान-बूझकर जो अनेक प्रकार के बेसिर-पैर की बातों का प्रचार किया जाता है, वह बन्द हो।" किसी सभ्य जाति के साहित्य के क्षेत्र में ऐसे-ऐसे प्रवादों का फैलाना शोभा नहीं देता। मैं 'रहस्यवाद' का विरोधी नहीं। मैं इसे भी कविता की एक शाखा-विशेष मानता हूँ। पर जो इसे काव्य का सामान्य स्वरूप समझते हैं, उनके अज्ञान का निवारण मैं बहुत ही आवश्यक समझाता हूँ।"[24] 'काव्य में रहस्यवाद' की इस भूमिका को और स्पष्ट करते हुए आगे वे लिखते हैं—"हिन्दी काव्य क्षेत्र में हम रहस्यवाद की भी एक शाखा चलने के विरोधी कभी नहीं हैं। हमारा कहना केवल यही है कि वह वाद के रूप में न चले, स्वाभाविक रहस्य-भावना का आश्रय लेकर चले। छायावाद का रूप-रंग बनाकर आजकल जो बहुत-सी कविताएँ निकली हैं उनमें कुछ तो बहुत ही सुन्दर, स्वाभाविक और सच्ची रहस्य-भावना लेकर चली हैं; कुछ वादग्रस्त और कृत्रिम हैं और अधिकांश कुछ भी नहीं हैं।"[25]

नये विकास और वादीय विश्रृंखलता के बीच शुक्ल जी का दृष्टिकोण मध्यमार्गी है। वे परम्परा में सामंजस्य के साथ काव्य का स्वस्थ नवीन विकास चाहते हैं। "यद्यपि रहस्य की ओर भारतीय काव्य की स्वाभाविक प्रवृत्ति नहीं, पर हिन्दी काव्यक्षेत्र में उसकी प्रतिष्ठा बहुत दिनों पहले से बड़े हृदयग्राही रूप में हो चुकी है। इसके प्रवर्तक यद्यपि मुसलमान थे, पर वे सूफी 'रहस्यवाद' को भारतीय रूप देने में पूर्णतया सफल हुए थे। कबीर आदि निर्गुण पंथियों और जायसी आदि सूफी प्रेम मार्गियों ने 'रहस्यवाद' की जो व्यंजना की है वह भारतीय भाव-भंगी और शब्द-भंगी को लेकर।"[26] शुक्ल जी के अनुसार जब आधुनिक काल में यूरोपीय देश भारतीय और फारसी विचारधारा से प्रभावित हुए तो "इस बाहरी रंग को उन्होंने अपने रंग में ऐसा मिला लिया कि इसकी पृथक् सत्ता कहीं से लक्षित नहीं होती।" उनकी अपनी विचारधारा इतनी प्रबल थी कि बाहर से आकर मिले हुए सोते अपनी उछल-कूद अलग न दिखाकर, उसी के वेग को बढ़ाते रहे। इसका नाम है स्वतन्त्र 'प्रगति' और स्वंतत्र 'विकास'।"[27] शुक्ल जी का कहना है कि भारतीय काव्य को पाश्चात्य प्रभाव

उसी रूप में ग्रहण करना चाहिए। हमें "सामंजस्य-बुद्धि से काम लेते हुए अग्रसर होना होगा।"[28] "यही सामंजस्य अनेक रूपात्मक जीवन और अनेक भावात्मक काव्य की सफलता का मूलमन्त्र है।"[29] यहाँ हमें ध्यान रखना चाहिए कि शुक्ल जी का युग आधुनिकता की परम्परा को परिधि में ग्रहण करने का है। छायावाद-रहस्यवाद के सम्बन्ध में शुक्ल जी का दृष्टिकोण तदनुरूप है जिसके कारण नये के मूल्यांकन की कुछ-कुछ सीमाएँ हो गयीं और आगे चलकर ही नयी प्रवृत्तियों के समग्र विश्लेषण एवं मूल्यांकन के साथ उनका ग्रहण हो सका है।

सन्दर्भ

1. चिन्तामणि 2, पृ. 50
2. वही, पृ. 50
3. वही, पृ. 106
4. वही, पृ. 219
5. वही, पृ. 237
6. हिन्दी साहित्य का इतिहास, पृ. 721
7. वही, पृ. 757
8. वही, पृ. 757
9. वही, पृ. 729
10. चिन्तामणि 2, पृ. 157
11. हिन्दी साहित्य का इतिहास, पृ. 731
12. वही, पृ. 752
13. चिन्तामणि 2, पृ. 62
14. वही, पृ. 69
15. वही, पृ. 73
16. हिन्दी साहित्य का इतिहास, पृ. 727
17. चिन्तामणि 2, पृ. 74
18. वही, पृ. 73
19. वही, पृ. 143
20. वही, पृ. 125
21. वही, पृ. 143
22. वही, पृ. 133
23. हिन्दी साहित्य का इतिहास, पृ. 806
24. चिन्तामणि 2, पृ. 50
25. वही, पृ. 166
26. वही, पृ. 164
27. वही, पृ. 171
28. वही, पृ. 168
29. वही, पृ. 172

आचार्य रामचन्द्र शुक्ल : साहित्येतिहास लेखन

1. प्रस्तावना

इतिहास किसी प्रदेश, देश या संसार के बहिर्मुखी जीवन का लेखा-जोखा है जबकि साहित्येतिहास उसमें आवास करने वाली जाति की अन्तर्मुखी चेतना के विकास का निरूपण करता है। कालक्रम में मानव-मन की चेतना और जीवन की गतिविधि दोनों बदलती हैं। दोनों में गहरा सम्बन्ध है—मन की चेतना जीवन पद्धति को और जीवन की परिस्थितियाँ मन की चेतना को परिवर्तित करती रहती हैं। इसलिए इतिहास जब राजनीतिक, सामाजिक और सांस्कृतिक परिस्थितियों का विवरण प्रस्तुत करता है, उनके प्रेरणा-सूत्रों और चिन्तनधाराओं पर भी विचार करता है। दूसरी ओर साहित्येतिहास आंतरिक प्रेरणाओं और प्रवृत्तियों का विश्लेषण करते समय सामाजिक जीवन में उनकी अभिव्यक्ति के स्वरूप की उपेक्षा नहीं करता। समय की गति के अनुसार जीवन की चेतना और अभिव्यक्ति दोनों बदलकर इतिहास और साहित्येतिहास में विभिन्न युगों को जन्म देते हैं। साहित्येतिहास का युग-विभाजन और नामकरण प्रधानतः चेतना या प्रवृत्ति के आधार पर होता है और इतिहास की परिस्थिति के आधार पर। सफल साहित्येतिहासकार प्रवृत्ति और जीवन की गतिविधि दोनों को ध्यान में रखकर युग विभाजन करता है। शुक्ल जी ने अपने इतिहास में जहाँ एक ओर मध्यकालीन धार्मिक चेतना और शृंगारी प्रवृत्ति, आधुनिक काल में नव जागरण का उल्लेख किया है तो दूसरी ओर भक्ति आन्दोलन और सामाजिक जीवन में परिवर्तनों को भी इतिहास-लेखन का आधार बनाया है।

साहित्य में मानवीय चेतना और उसकी सामाजिक अभिव्यक्ति को कलात्मक रूप दिया जाता है। इस रूप में रचना विधान और भाषा-शैली विशिष्ट होती है। प्रत्येक युग में उनका अपना स्वरूप होता है। कथ्य के अनुसार उस रूप का पहल करने वाले प्रवर्त्तक भी होते हैं। साहित्य के इतिहास में इन बातों का ध्यान भी रखना पड़ता है, विशेषतः जब किसी काल या युग-विशेष में प्रवृत्तियों और रूपों का वैविध्य होता है जैसे आधुनिक काल में। शुक्ल जी ने अपने इतिहास में मध्यकाल के सन्दर्भ में विभिन्न धाराओं और काव्यरूपों की चर्चा की है। आधुनिक काल में

भारतेन्दु-द्विवेदी-युगों की चर्चा, विविध वादों पर विचार और प्रत्येक विधा का अलग स्वतन्त्र विवेचन साहित्येतिहास लेखन में शुक्ल जी की व्यापक दृष्टि का परिचायक है।

यथातथ्य, तटस्थ और वैज्ञानिक रूप में मानव जीवन का प्रस्तुतीकरण इतिहास का लक्ष्य माना जाता है। लेकिन व्यवहार में इतिहासकार राष्ट्रीय और सामाजिक दृष्टियों से पूर्णतया निरपेक्ष नहीं हो पाता। साहित्य विशिष्ट कलात्मक आत्माभिव्यक्ति है। ऐसी स्थिति में साहित्य का शुद्ध वैज्ञानिक इतिहास लेखन कहाँ तक सम्भव है, यह विचारणीय प्रश्न है। सौन्दर्यानुभूति के अतिरिक्त साहित्य का यदि कोई मानवीय, राष्ट्रीय, सामाजिक या सांस्कृतिक लक्ष्य या प्रयोजन स्वीकार करते हैं तो साहित्येतिहास लेखन दृष्टि-निरपेक्ष नहीं हो सकता। शुक्ल जी ने सामान्य रूप से अपने इतिहास में शुद्ध साहित्यिक या रसवादी दृष्टि को अपनाया है। लेकिन उनकी साहित्यिक-रसात्मक संवेदना यथा अवसर मानवीय, राष्ट्रीय, सामाजिक और सांस्कृतिक चेतना से अनुप्राणित है। उनकी साहित्यिक चेतना और संवेदना जीवन-सापेक्ष है। इतिहास लेखन में उनकी व्यापक-समग्र दृष्टि का पता इससे भी चलता है कि उन्होंने वैज्ञानिक विकासवादी दृष्टि को आत्मसात् कर लिया है और तथ्य-निरूपण में वैज्ञानिकता बरतने का भी प्रयत्न किया है। शुक्ल जी जानते हैं कि साहित्य का सत्य इतिहास के तथ्यात्मक सत्य से व्यापक और सार्वभौमिक है तथा संकीर्ण या एक देशीय दृष्टि को लेकर साहित्येतिहास लेखन का कार्य सफल नहीं हो सकता।

हिन्दी साहित्य के इतिहासों के इतिहास पर दृष्टि डालते हैं तो इस क्षेत्र में शुक्ल जी की मौलिकता और उनका योगदान अपने-आप स्पष्ट हो जाता है। इन इतिहासों को तीन युगों में बाँट सकते हैं—शुक्लपूर्व युग, शुक्ल-युग और शुक्लोत्तर युग। पहले के इतिहासों में कवियों के जीवन और साहित्य का परिचय मात्र मिलता है। कहीं-कहीं काव्य-प्रवृत्तियों की ओर संकेत मात्र हुआ है। काल या युग विभाजन का प्रयत्न नहीं के बराबर है, जो कुछ है वह कालावधि का निर्णय मात्र है। राजनीतिक, सामाजिक और सांस्कृतिक परिप्रेक्ष्य तथा काव्य-साहित्य के साथ उनके सम्बन्ध पर इतिहासकारों की दृष्टि नहीं है। सच्चे अर्थ में इतिहास लेखन के लिए आवश्यक मानसिक प्रेरणा सूत्रों, भावात्मक-वैचारिक चेतना के विकास-प्रसार और सामाजिक जीवन के स्वरूप का अवगाहन नहीं है। शुक्ल जी ही सच्चे अर्थ में हिन्दी साहित्य के प्रथम इतिहासकार हैं। साहित्येतिहास लेखन का ऐसा कोई पहलू नहीं है जिसकी ओर उनके इतिहास लेखन में संकेत न हुआ हो। साहित्य और साहित्येतिहास का सौन्दर्य-रस, इतिहास, धर्म-दर्शन, मनोविज्ञान समाजशास्त्र, संस्कृति और कला—सभी में प्रत्यक्ष-अप्रत्यक्ष सम्बन्ध होता है। इनके परिप्रेक्ष्य में ही साहित्य और उसके विकास को समझा जा सकता है। शुक्ल जी ने सबका आधार ग्रहण किया है और साहित्य में उनके अनुचित हस्तक्षेप पर आक्षेप भी किया है। इतिहास लेखन में उनके सामने जीवन-दृष्टि है, युगीन मानसिकता और प्रवृत्ति है, जीवन की गतिविधि है, कलात्मक

अभिव्यंजना है। उन्होंने विकास-परिवर्तन को पहचाना है, उसमें एकसूत्रता स्थापित की है और इतिहास को व्यवस्थित रूप दिया है। इस व्यवस्था के अन्तर्गत काल विभाजन, प्रवृत्ति निरूपण आ जाते हैं। यह ऐसी व्यवस्था है जिसमें परवर्ती इतिहासकारों ने कोई मौलिक परिवर्तन नहीं किया है और कहीं प्रयत्न किया गया है तो वह साहित्य-जगत् में मान्य नहीं हुआ है। परवर्ती इतिहासकारों ने जो किया है, वह अधिक तथ्यों और सामग्री को जोड़ने का है। शुक्ल जी के इतिहास की सीमाएँ हैं तो वह आधारभूत अधिक तथ्यों के अनुपलब्ध होने के कारण हैं या उनकी दृष्टि की सीमाओं के कारण हैं। शुक्लोत्तर युगों में इतिहासकारों की विशेषता विशिष्ट दृष्टि ग्रहण करके इतिहास लेखन है। उनके युग में ही इलाहाबाद स्कूल ने वैज्ञानिक ढंग से इतिहास-लेखन आरम्भ किया है। आगे वैज्ञानिक इतिहास लिखने के और भी प्रयत्न हुए हैं। आचार्य हजारी प्रसाद द्विवेदी ने शुक्ल जी की धार्मिक-सामाजिक-सांस्कृतिक दृष्टि को असमग्र मानकर मानवीय-सांस्कृतिक दृष्टि से हिन्दी साहित्य को प्रस्तुत किया है। आचार्य नन्ददुलारे वाजपेयी ने शुक्ल जी की रसवादी दृष्टि के स्थान पर स्वच्छन्दतावादी या सौन्दर्यवादी दृष्टि से 'हिन्दी साहित्य : बीसवीं शताब्दी' का अनुशीलन किया है। उसमें धार्मिक-पौराणिक दृष्टि को संकीर्ण मानकर आध्यात्मिक-सांस्कृतिक दृष्टि अपनाने का भी प्रयत्न हुआ है। 'हिन्दी साहित्य : बीसवीं शताब्दी' सच्चे अर्थ में इतिहास नहीं है, पर उसमें ऐतिहासिक दृष्टि और सूत्र मिलते हैं। आधुनिक साहित्य के परवर्ती इतिहास लेखन पर उसका पर्याप्त प्रभाव भी पड़ा है। इस सन्दर्भ में यह भी ध्यातव्य है कि जैसा रेनीवेलक चाहते हैं, शुद्ध सौन्दर्यवादी दृष्टि से साहित्येतिहास लेखन, अर्थात् किसी भाषा-साहित्य में सौन्दर्य-चेतना के विकास-परिवर्तन का दिग्दर्शन उतना सरल काम नहीं है। शुक्लोत्तर युग में इतिहास लेखन की एक और दृष्टि मार्क्सवाद से प्रभावित समाजशास्त्रीय दृष्टि है। इस दिशा में भी कार्य स्फुट रूप में ही हुआ है। जैसा कहा जा चुका है, शुक्ल जी ने आवश्यकता के अनुसार सभी दृष्टियों को अपनाया है या उनकी ओर संकेत किया है। शुक्लोत्तर युग में इतिहास लेखन की दृष्टियों को सीमित अर्थ में ही नवीन और मौलिक कह सकते हैं। वे समग्रता और समन्वयशीलता से विशेषज्ञता की ओर प्रस्थान करते हैं। उन्होंने इतिहास के कुछ सत्यों का उद्‌घाटन किया है तो उनमें कुछ एकांगीपन भी मिल जाता है। शुक्ल जी का इतिहास-लेखन पूर्व युग की तुलना में नवीन और मौलिक है तथा परवर्ती युग की तुलना में समन्वयशील है। परवर्ती युग की तुलना में वे शुद्ध साहित्यिक दृष्टि के इतिहासकार हैं। उन्होंने साहित्य की गहराई में जाने का प्रयत्न किया है जबकि परवर्ती इतिहासकार साहित्य के मूलभूत तत्त्वों की—मानवीय, सांस्कृतिक, मनोवैज्ञानिक, सामाजिक और सौन्दर्यशास्त्रीय तत्त्वों की—छानबीन कर रहे हैं। इस दृष्टि-भेद के कारण हिन्दी साहित्य के इतिहास को अलग-अलग सन्दर्भों में परखा जा रहा है।

2. शुक्ल जी का दृष्टिकोण

शुक्ल जी का इतिहास, आलोचना और इतिहास लेखन के क्षेत्र में एक अपूर्व घटना है। उसने इतिहास का एक आदर्श रूप ही प्रस्तुत नहीं किया, बल्कि अनेक प्रतिक्रियाओं को भी जन्म दिया है। उनके धार्मिक, सामाजिक और साहित्यिक विचारों और मूल्यांकन के खण्डन-मण्डन में, आलोचना-प्रत्यालोचना में हिन्दी समीक्षा को एक नयी उत्तेजना और गति मिली; उसका व्यापक विकास हुआ। उनके जबरदस्त विरोध और समर्थन को देखते हुए सहज ही प्रश्न उठता है कि साहित्य और साहित्येतिहास के सम्बन्ध में उनका क्या दृष्टिकोण है तथा वह कहाँ तक स्वस्थ एवं उदार है?

हिन्दी साहित्य का काल विभाजन करते हुए शुक्ल जी लिखते हैं—''जबकि प्रत्येक देश का साहित्य वहाँ की जनता की चितवृत्ति का संचित प्रतिबिम्ब होता है तब यह निश्चित है कि जनता की चितवृत्ति के परिवर्तन के साथ-साथ साहित्य के स्वरूप में भी परिवर्तन होता चला जाता है। आदि से अन्त तक इन्हीं चितवृत्तियों की परम्परा को परखते हुए साहित्य-परम्परा के साथ उनका सामंजस्य दिखाना ही साहित्य का इतिहास कहलाता है। जनता की चितवृत्ति बहुत कुछ राजनीतिक, सामाजिक, साम्प्रदायिक तथा धार्मिक परिस्थिति के अनुसार होती है। अतः कारण स्वरूप इन परिस्थितियों का किंचित् दिग्दर्शन भी साथ ही साथ आवश्यक होता है। इस दृष्टि से हिन्दी साहित्य का विवेचन करने में यह बात ध्यान में रखनी होगी कि किसी विशेष समय में लोगों में रुचि-विशेष का संचार और पोषण किधर से और किस प्रकार हुआ।''[1] शुक्ल जी के इस प्राक्कथन में कुछ बातें विशेष ध्यान देने योग्य हैं—(1) देशकाल की परिस्थितियाँ साहित्य रचना में केवल कारणस्वरूप हैं। साहित्य सामाजिक जीवन का प्रतिबिम्ब मात्र नहीं है। (2) साहित्य चितवृत्ति अर्थात् मानसिक चेतना की अभिव्यक्ति है। उसमें मन की भावना, विचार कल्पना के अतिरिक्त रुचि या बहिर्मुखी मानसिक संस्कारों का भी योग रहता है। (3) साहित्य का सम्बन्ध वर्ग विशेष से न होकर जनता या सम्पूर्ण समाज के साथ है। (4) साहित्य की परम्परा जनता की चितवृत्ति में परिवर्तन के साथ बदलता है। साहित्य-रचना में केवल परम्परा का निर्वाह नहीं होता, कारणस्वरूप परिस्थितियों और कार्यस्वरूप चितवृत्ति के परिवर्तन के साथ नवीनता का आविर्भाव होता है। (5) जनता की मानसिकता में परिवर्तन के प्रेरणा सूत्रों पर शुक्ल जी ने विचार नहीं किया है। बहिर्वृत्ति से नये के संचार और पोषण की ही बात कही है। लेकिन अपने इतिहास में जनता की चितवृत्ति और काव्य प्रवृत्तियों का विवेचन करते समय शुक्ल जी ने अन्तर्मुखी-बहिर्मुखी अनेक प्रेरणा सूत्रों, विचारधाराओं और अनुभूति या भावना की दिशाओं का उल्लेख किया है। शुक्ल जी के इतिहास को सही परिप्रेक्ष्य में समझने के लिए उपर्युक्त बातों को ध्यान में रखना आवश्यक है।

शुक्ल जी के इतिहास लेखन में दृष्टिकोण-सम्बन्धी निम्नलिखित बिन्दु ध्यातव्य

हैं—(1) साहित्य-रचना के सम्बन्ध में उनका दृष्टिकोण विकासवादी है। साहित्य-रचना में परिवर्तन होते रहते हैं। सामाजिक जीवन की तरह साहित्य भी गतिशील है। गति और परिवर्तन में विकास की एकसूत्रता रहती है जो बहिर्मुखी जीवन और उसमें विकसित मानसिकता-सापेक्ष है। यह परिवर्तन अचानक नहीं होता। उसकी नींव पूर्व युग में पड़ती है और परवर्ती युग में भी परिवर्तित चेतना की कुछ न कुछ अभिव्यक्ति होती रहती है। कृष्णभक्ति काव्य में भोगवादी शृंगारी मानसिकता की आरम्भिक स्थिति है तो आगे भारतेन्दु-युग तक यह चेतना जीवित रही। अनेक मोड़ों के बावजूद साहित्य के पूरे इतिहास में जातीय सामाजिक चेतना सम्बद्ध रूप में अक्षुण्ण रहती है। काल की गति के साथ वह करवटें लेती रहती है। शुक्ल जी के विकासवाद में अन्तर्मुखी और बहिर्मुखी दोनों परिवर्तनों की स्वीकृति है। परिवर्तन प्रधानतः कथ्य में होता है, काव्याभिव्यंजना पद्धति में उतना दिखाई नहीं देता। कथ्य के अनुसार आवश्यक संशोधनों के साथ अभिव्यंजना की परम्परा चलती रहती है। विदेशी सम्पर्क में ही अभिव्यंजना पद्धति में अधिक परिवर्तन होता है। जैसा शुक्ल जी ने संकेत किया है, मध्ययुग में सूफी-फारसी सम्पर्क के कारण तथा आधुनिक काल में रोमांटिक एवं नवीन पाश्चात्य प्रयोगों की प्रेरणा के फलस्वरूप ऐसा हुआ है। परिवर्तन जब अपनी परम्परा को पूरा छोड़ देता है तो वह विकास नहीं है। शुक्ल जी की दृष्टि में सच्चा विकास परम्परा की परिधि में ही होता है और होना चाहिए। परम्परा की स्वीकृति की शर्त को शुक्ल जी के विकासवाद की सीमा कह सकते हैं। नवीनता और आधुनिकता को उन्होंने उसी परिधि में ग्रहण किया है।

(2) शुक्ल जी का दृष्टिकोण संकीर्ण अर्थ में परम्परावादी नहीं है। उनकी साहित्यिक अभिरुचि क्लासिकल थी, भारतीय काव्य परम्परा के प्रति उनके मन में विशेष अनुराग था, आलोचनात्मक विश्लेषण-मूल्यांकन में उन्होंने भारतीय काव्यशास्त्र की रस-अलंकार परम्परा का अनुसरण किया और पाश्चात्य साहित्य-चिन्तन का विरोध करते हुए भारतीय काव्यशास्त्र का पक्ष लिया। लेकिन जो इतिहासकार प्राचीन काव्य परम्परा में दरबारी रूढ़िग्रस्त काव्य से सामाजिक-स्वच्छन्द भक्तिकाव्य की श्रेष्ठता को उच्च स्वर में घोषित करता है और जो अपनी दृष्टि को प्राचीन से आधुनिक की ओर अग्रसर करते हुए आधुनिक विकास का स्वागत करता है तथा आधुनिक साहित्य के विकास का पथ प्रशस्त करता है, वह परम्परावादी नहीं हो सकता। साहित्य की श्रेष्ठता के आग्रह में, आधुनिक वादीय विशृंखलता के विरोध में शुक्ल जी संरक्षणशील लग सकते हैं, पर उनकी दृष्टि स्थितिशीलता का समर्थक नहीं है।

(3) इतिहास लेखन में शुक्ल जी का दृष्टिकोण उदार और प्रगतिशील है। जहाँ उन्होंने अपने सामाजिक-साहित्यिक विचारों के विरुद्ध होने पर काव्यधाराओं, प्रवृत्तियों, वादों और कवियों का विरोध किया है, उनके साहित्यिक मूल्यांकन में कोई त्रुटि नहीं आने दी। काव्य-साहित्य की श्रेष्ठता को स्वीकार करते रहे। उनकी उदारता को युग

के सामाजिक-साहित्यिक परिप्रेक्ष्य में समझना चाहिए। दोनों क्षेत्रों में जहाँ रूढ़िवादिता और संकीर्णता प्रचलित थी, शुक्ल जी ने नये जागरण के अनुरूप प्रगतिशील-स्वच्छन्द भाव-विचारों का समर्थन किया। उनकी वैचारिक सीमाएँ युग की सीमाएँ हैं। रीतिकाव्य का विरोध बहुत-से समीक्षकों को खटका है और उन्होंने उसका पुनर्मूल्यांकन करते हुए रीतिकाव्य की सूक्ष्म सौन्दर्य-चेतना के उद्घाटन का प्रयत्न किया है। शुक्ल जी ने अपने इतिहास में उस ओर अनेक संकेत किये हैं, लेकिन रीतिकाव्य की दरबारी अभिरुचि और शृंगार-भावना को वे प्रगतिशील मानने के लिए तैयार नहीं हैं। उनकी प्रगतिशीलता का आधार केवल नैतिक नहीं है। वे भावों की उदारता, व्यापकता और उदात्तता के समर्थक हैं। इस सन्दर्भ में प्रगतिवादी नये प्रचार का विरोध द्रष्टव्य है। भारतीयता का ध्यान रखते हुए मानव जीवन को अधिक संवेदनशील और अग्रगामी बनाने वाली हर प्रवृत्ति को उन्होंने प्रगतिशील माना है।

(4) शुक्ल जी के इतिहास की और एक विशेषता ऐतिहासिक दृष्टि है। आज हम आधुनिक सन्दर्भ में प्राचीन साहित्य की प्रासंगिकता पर विचार कर रहे हैं। सामाजिक परिप्रेक्ष्य के बदलने पर प्राचीन की बहुत-सी बातें आज अप्रासंगिक ही नहीं, तिरोगामी भी लग सकती हैं। लेकिन प्राचीन काव्य को अपने युग के सन्दर्भ में ही देखना चाहिए। शुक्ल जी ने प्रत्येक काव्यधारा को अपने ऐतिहासिक सन्दर्भ में देखने का प्रयत्न किया है। रीतिकाव्य की तरह युग के वर्ग-विशेष के लिए काव्य-रचना होने पर रचनात्मक प्रवृत्ति की संकीर्णता के बावजूद परिस्थितियों का ध्यान रखा है। प्राचीन भाव-विचारों का आधुनिक दृष्टि से खंडन नहीं किया है, प्राचीन पर नये भाव-विचारों का आरोप करके उसके समर्थन का भी प्रयत्न नहीं किया है तथा काल की गति को पहचानते हुए प्राचीन सामाजिक परिवेश में मानवीय संवेदना को रेखांकित करते हुए केवल उसी आधार पर साहित्य का मूल्यांकन किया है। कभी-कभी इतिहासकार को साहित्य के विकास में योगदान की दृष्टि में रखकर आचार्यों, कवियों और लेखकों का मूल्यांकन करना पड़ता है। कुछ आचार्य और कवि नयी धाराओं और प्रवृत्तियों के प्रवर्तक के रूप में अपना महत्त्व रखते हैं। भक्तिकाल के प्रमुख आचार्यों और आरम्भिक कवियों की यही स्थिति है। दूसरी ओर आधुनिक काल के खड़ी बोली साहित्य के प्रसार-प्रचार में अनेक लेखकों को केवल ऐतिहासिक दृष्टि से श्रेय दिया गया है।

(5) शुक्ल जी के इतिहास की सबसे बड़ी उपलब्धि उसका शुद्ध साहित्यिक दृष्टिकोण है। इतिहास, धर्म-दर्शन, मनोविज्ञान-विज्ञान, समाज-संस्कृति सब साहित्य के साधन मात्र हैं। उनके आधार पर साहित्य का समग्र और सही मूल्यांकन नहीं हो सकता। आखिर साहित्य साहित्य ही है, उसका अपना वैशिष्ट्य है, उसे साहित्य की दृष्टि से ही देखना चाहिए और उसी आधार पर मूल्यांकन करना चाहिए। किसी प्रवृत्ति, लेखक और रचना के अनुशीलन में शुक्ल जी की साहित्यिक दृष्टि सदा सचेत

और सक्रिय रही। साहित्यिक श्रेष्ठता के आधार पर ही मूल्यांकन हुआ। साहित्येत्तर दृष्टियाँ उनको मान्य नहीं हैं, यहाँ तक कि उनकी अभिरुचि के अनुकूल धार्मिक साहित्य के सन्दर्भ में भी। वे साहित्य को राष्ट्रीय, राजनीतिक, धार्मिक किसी भी प्रकार के प्रचार का साधन बनाना पसन्द नहीं करते। सन्तों के उपदेश, प्रगतिवादी प्रोपेगेण्डा और सत्याग्रह आन्दोलन सभी पर उन्होंने व्यंग्य किया है। मानवीय संवेदना ही काव्य में ग्राह्य है। शुक्ल जी का इतिहास इस बात का व्यावहारिक प्रमाण है कि काव्य-साहित्य में उनकी पैठ कितनी गहरी है और साहित्य के उनके मापदंड कितने ऊँचे हैं। साहित्य के इतिहास में शुक्ल जी के द्वारा अनेक प्राचीन एवं आधुनिक कवि-लेखकों की उपेक्षा की शिकायत करने वालों को पहले यह समझना चाहिए कि साहित्य के ऐतिहासिक विकास में उन रचयिताओं का क्या योगदान है तथा शुद्ध साहित्यिक दृष्टि से उनका क्या मूल्य है?

3. इतिहास का स्वरूप

शुक्ल जी ने हिन्दी साहित्य के इतिहास-लेखन को एक व्यवस्थित रूप दिया है। अपने इतिहास के आरम्भ में पहले काल विभाजन का आधार स्पष्ट करते हुए हिन्दी साहित्य को चार कालों में बाँटा गया है। उनका कहना है कि "यद्यपि इन कालों की रचनाओं की विशेष प्रवृत्ति के अनुसार ही इनका नामकरण किया गया है, पर यह न समझना चाहिए कि किसी विशेष काल में और प्रकार की रचनाएँ होती ही नहीं थीं—प्रत्येक काल का वर्णन इस प्रणाली पर किया जायेगा कि पहले तो उक्त काल की विशेष प्रवृत्ति-सूचक उन रचनाओं का वर्णन होगा जो उस काल के लक्षण के अन्तर्गत होंगी, पीछे संक्षेप में उनके अतिरिक्त और प्रकार की ध्यान देने योग्य रचनाओं का उल्लेख होगा।"[2] इस प्रणाली में हिन्दी साहित्य का जो इतिहास प्रस्तुत किया गया है उसके स्वरूप में इतिहास लेखन में अनिवार्य और आवश्यक अनेक विशेषताएँ समाविष्ट हुईं—(1) पूर्वापर सम्बन्ध स्थापन : साहित्य का कोई भी कालखंड अपने में स्वतन्त्र अलग इकाई नहीं है। प्रवृत्ति का बीज पूर्व युग में ही पड़ता है, परवर्ती युग में भी उसकी क्षीण धारा चलती है और प्रत्येक युग का प्रतिभाशाली कवि काव्याभिव्यंजना को एक प्रौढ़ रूप देकर युगों तक परवर्ती कवियों की अभिव्यंजना को प्रभावित करता है। प्रवृत्ति समाप्त हो जाती है, लेकिन काव्यभाषा और अभिव्यंजना पद्धति चलती रहती है। इन बातों पर शुक्ल जी ने ध्यान दिया है, जैसे नाथ-सिद्ध सम्प्रदायों के साथ कबीर-पंथ का सम्बन्ध-स्थापन, सूरपूर्व ब्रजभाषा में पद-रचना का अन्वेषण, कृष्णभक्ति काव्य में रीतिकाव्य के लक्षणों की ओर संकेत, ब्रजभाषा में आधुनिक काव्य रचना के साथ पूर्व परम्परा को जोड़ना आदि। (2) प्रत्येक युग के विवेचन में परिस्थितियों की पृष्ठभूमि के साथ विभिन्न प्रेरणा सूत्रों के अनुसंधान का प्रयत्न हुआ है। मध्यकालीन काव्य के सन्दर्भ में ये सूत्र

भक्ति-सम्प्रदाय, दरबारी अभिरुचि, काव्यशास्त्र, कामशास्त्र, अन्य ललित कलाओं की गतिविधि आदि में प्राप्त होते हैं। यथा अवसर उनका संक्षेप में उल्लेख हुआ है। परिस्थितिनिरूपण और प्रेरणा सूत्रों के उल्लेख में साहित्य से सम्बद्ध विशेषताओं पर ही ध्यान दिया गया है। उदाहरण के लिए कृष्णभक्ति काव्य की भूमिका के रूप में अन्य सम्प्रदायों का नाम मात्र लेकर वल्लभ सम्प्रदाय की कुछ विस्तृत चर्चा की गयी है जिसने काव्यधारा को मोड़ा है। (3) युगीन साहित्यिक प्रवृत्ति को विशिष्ट रूप प्रदान करने वाली धार्मिक, राजनीतिक या सामाजिक चेतना पर बल दिया गया है। कृष्णकाव्य में माधुर्य भाव की प्रधानता, रीतिकालीन शृंगार चेतना, छायावादी अभिव्यंजना शिल्प आदि के स्रोतों की छानबीन, इस बात के उदाहरण हैं। (4) युग के साहित्यिक विवेचन में पहले सामान्य विशेषताओं का उल्लेख करके फिर कवि और काव्य के वैशिष्ट्य का प्रतिपादन है। (5) युग के नामकरण, प्रधान प्रवृत्ति की अन्तर्धाराओं, भिन्न धाराओं और विभिन्न काव्य रूपों पर भी विचार-विमर्श हुआ है। काल या युग के अन्तर्विभाजन की ओर प्राचीन और मध्यकालीन काव्य में संक्षेप में संकेत है। आधुनिक काल में विभिन्न विधाओं के विकास और काव्य-साहित्य में एक साथ अनेक प्रवृत्तियों के आविर्भाव के कारण अन्तर्विभाजन विस्तार के साथ है। (6) साहित्य के विकास में विदेशी प्रभावों के आकलन का प्रयत्न हुआ है जैसे सूफी प्रभाव, फारसी काव्य प्रभाव, रोमांटिक प्रभाव आदि। (7) साहित्य के इतिहास का लक्ष्य विकास का आंकलन ही नहीं, भावी विकास के पथ को प्रशस्त करना भी है। इतिहास में पाश्चात्यवादों की समीक्षा का लक्ष्य प्रभाव-निरूपण के साथ-साथ परम्परा और प्रयोग के समन्वय का प्रयत्न भी है।

इतिहास लेखन में शुक्ल जी की प्रतिपादन पद्धति में वैज्ञानिक तथ्यात्मकता और तात्विक विवेचना का समन्वय है। इसीलिए वह हिन्दी साहित्य का तलस्पर्शी इतिहास लगता है। खंडन-मंडन में उनकी शैली तार्किक है। रीतिकाव्य की ओर उन्मुख अपने युग के समीक्षकों के अभिमतों का शास्त्रीय-सैद्धान्तिक आधार पर खंडन करते हुए उन्होंने भक्तिकाव्य की भाव-व्यंजना की श्रेष्ठता का प्रतिपादन किया है। दूसरी ओर छायावाद के साथ प्रचलित पाश्चात्य वादों और सिद्धान्तों का भी तीव्र विरोध किया है। इस खंडन और विरोध में तार्किकता के साथ कटुता और व्यंग्य भी व्यक्त हुए हैं। जहाँ उनकी पैनी आलोचनात्मक दृष्टि काव्य-साहित्य के विवेचन में प्रवृत्त होती है, वे रस-संवेदना और सौन्दर्य-चेतना का सूक्ष्म विश्लेषण करते हैं और भाषा में अनुरूप वैचारिकता एवं तरलता का सामंजस्य हो जाता है। महाकवियों के सहृदयतापूर्ण प्रसंगों में भाषा कहीं-कहीं भावुक भी हो गयी है। तात्त्विक, तार्किक, विवेचनात्मक और भावात्मक पद्धतियों और शैलियों का प्रयोग करते हुए शुक्ल जी ने पहली बार आलोचना और इतिहास लेखन के लिए भाषा-शैली का निर्माण किया है। छायावादी युग की अस्पष्ट और भावुकतापूर्ण आलोचना पद्धति और शैली का विरोध करते हुए

उन्होंने स्पष्टतापूर्ण गम्भीर आलोचनात्मक शैली का आदर्श सामने रखा है। सोदाहरण उनके विश्लेषण में दुविधा की कोई गुंजाइश नहीं रहती। उनके इतिहास की भाषा के अनुशीलन से पता चलता है कि उन्होंने वस्तु, कथ्य, अनुभूति, भावपक्ष, कलापक्ष, सौन्दर्य, कल्पना, बिम्ब, प्रतीक, सूक्ष्म अप्रस्तुत, प्रभाव साम्य, चित्रांकन, मानवीकरण आदि अनेक आलोचनात्मक अवधारणाओं का सुनिश्चित अर्थ में प्रयोग किया है। उन्होंने कुछ आलोचनात्मक शब्दों का प्रवर्तन किया है और कुछ का प्रचलन।

शुक्ल जी के प्रखर और तीक्ष्ण व्यक्तित्त्व की गहरी छाप उनके कथ्य, प्रतिपादन पद्धति और भाषा-शैली तीनों पर है। वे सिद्धान्तों के साथ समझौता करने वाले आलोचक और इतिहासकार नहीं हैं। उनका मनन-चिन्तन और उसके आधार पर अपनी मान्यताओं और सिद्धान्तों का प्रतिपादन इतना गम्भीर है कि वे विपक्ष को स्वीकार ही नहीं करते। इस चिन्तनशील व्यक्तित्त्व के साथ रसज्ञ सहृदयता और भावनाशीलता अन्तर्वाहिनी के रूप में जुड़ी रहती है।

4. बहुमुखी धरातल और आयाम

शुक्ल जी का इतिहास हिन्दी साहित्य की गतिविधि और उसके विकास-परिवर्तन पर दस्तावेज मात्र नहीं है। उसके सामाजिक-साहित्यिक आयाम हैं जिनमें मूल्य-व्यवस्था अन्तर्निहित है। साहित्य का विश्लेषण-आख्यान और उसके विकास की प्रगतिशीलता-ह्रासोन्मुखता का आकलन उसी मूल्य-व्यवस्था पर निर्भर है। उनके सामाजिक दृष्टिकोण और साहित्यिक चिन्तन की जो मान्यताएँ सैद्धान्तिक रूप में प्रतिपादित हैं, उनका व्यावहारिक अन्वय कवियों की विस्तृत आलोचनाओं और इतिहास में देखा जा सकता है। व्यावहारिक आलोचना में उनका प्रयोग निरपेक्ष और शुद्ध साहित्यिक है जबकि इतिहास में ऐतिहासिक भूमिका पर विकास के साथ भी सैद्धान्तिक मान्यताओं और उनमें अन्तर्भूत मूल्य-व्यवस्था के समन्वय का प्रयत्न किया गया है। यहाँ यह कहने की आवश्यकता नहीं है कि उनकी सामाजिक और साहित्यिक मान्यताएँ अलग-अलग नहीं हैं। ऐसी स्थिति में काव्य-साहित्य के दो भिन्न-भिन्न मूल्यांकन हो जाते। शुक्ल जी की धार्मिक-सामाजिक मान्यताएँ रस-संवेदना के आधारभूत तत्त्वों के रूप में उसके उत्कर्ष के कारण बननी हैं और काव्य-रचना का धरातल उदात्त होता है। धार्मिक-सामाजिक आदर्शों का प्रतिपादन मात्र काव्य को श्रेष्ठ नहीं बनाता। कबीर आदि सन्तों की ही नहीं, तुलसी की उपदेशात्मकता भी शुक्ल जी को मान्य नहीं है। वे तुलसी को हिन्दी का सर्वश्रेष्ठ कवि घोषित करते हैं तो यह धार्मिक-सामाजिक चेतना के आधार पर रस-संवेदना के उदात्तीकरण के कारण है। साहित्य के विकास की चर्चा में वे यदि रीतिकाव्य के भावात्मक धरातल को ह्रासोन्मुख और छायावादी भाव-क्षेत्र की संकीर्ण एवं सीमित कहते हैं तो रस या भाव के सामाजिक धरातल को ध्यान में रखकर ही।

इतिहासकार आक्षेप कर सकते हैं कि मूल्य-व्यवस्था का आधार ग्रहण करना निष्पक्ष ऐतिहासिक दृष्टि के विरुद्ध है। किसी देश के इतिहास का प्रस्तुतीकरण कहाँ तक दृष्टि निरपेक्ष हो सकता है, यह स्वयं विवाद का विषय है। साहित्येतिहास का जहाँ तक सम्बन्ध है, मूल्य-निरपेक्षता सम्भव नहीं है। उत्कर्ष-अपकर्ष को छोड़कर विकास-परिवर्तन का निरूपण नहीं हो सकता। विकास-परिवर्तन के तथ्यात्मक दिशा-संकेतों में भी चयन का भाव मूल्यबोधक है। फिर साहित्य सामाजिक नहीं तो, सौन्दर्यात्मक मूल्य दृष्टि से ही परिचालित होता है।

इतिहास लेखन में शुक्ल जी ने पहली बार व्यापक, उदार और सन्तुलित दृष्टि अपनायी है। उनके इतिहास में रामभक्ति शाखा में माधुर्योपासना, आधुनिक काल में हालावाद आदि ह्रासोन्मुख प्रवृत्तियों की ओर भी संकेत हुआ है। हिन्दी साहित्य से सम्बद्ध ऐसा कोई दार्शनिक, धार्मिक, राजनीतिक, सामाजिक या सांस्कृतिक सिद्धान्त या वाद नहीं है जिसका उनके इतिहास में उल्लेख न हुआ हो। लेकिन हिन्दी साहित्य के विकास और उसके उत्कर्ष-अपकर्ष में जिनकी प्रत्यक्ष भूमिका नहीं है या जिनका योगदान महत्त्वपूर्ण नहीं है, उनका विस्तार नहीं किया गया है। अपनी सामाजिक-साहित्यिक मान्यताओं के विरुद्ध पड़ने वाली विचाराधाराओं की भी उपेक्षा नहीं हुई है। उनके इतिहास की एक बड़ी उपलब्धि प्राचीन-आधुनिक साहित्यों के आकलन में सन्तुलन है। अपनी क्लासिकल अभिरुचि के बावजूद दोनों को समान महत्त्व दिया गया है या यों कहिए कि आधुनिकता को वरीयता दी गयी है। रीतिकालीन अभिरुचि में ग्रस्त द्विवेदी-युग के आलोचनात्मक वातावरण में शुक्ल जी ने इतिहास के इस सत्य को पहचाना है कि किसी साहित्य की महानता उसके आधुनिक या वर्तमान कालीन विकास में है।

एक लम्बी और निश्चित प्राचीन काव्य परम्परा के बाद साहित्य का बहुमुखी आधुनिक विकास साहित्य-सम्बन्धी अनेक समस्याओं को उत्पन्न करता है। इतिहासकार के सामने अनेक प्रश्न उठते हैं। परम्परा और प्रयोग में कैसा सन्तुलन बनाए रखें? क्या नया प्रयोग नये कथ्य की अनिवार्य आवश्यकता है या नवीनता का दिखावा मात्र है? क्या युग के बदलने पर परम्परा बिल्कुल त्याज्य हो जाती है? इन साहित्यिक प्रश्नों के अतिरिक्त युग के सामाजिक जीवन को भी लेकर प्रश्न उपस्थित होता है कि साहित्य में समसामयिकता कहाँ तक और किस रूप में ग्राह्य है? आधुनिकता बोध की परिधि और सीमाएँ क्या हैं? साहित्यकार ही इन प्रश्नों से नहीं जूझता, इतिहासकार को भी विकास की गतिविधि के आकलन में इन सामाजिक-साहित्यिक समस्याओं में से रास्ता निकालकर दिशा-निर्देशन करना पड़ता है। अपने इतिहास में शुक्ल जी का विरोध-समर्थन, खंडन-मंडन इन समस्याओं और प्रश्नों के समाधान के रूप में समझना चाहिए।

हिन्दी या अन्य भारतीय भाषाओं के साहित्येतिहास लेखन के सन्दर्भ में कुछ

ऐसे भी प्रश्न उठते हैं जो विकसित पाश्चात्य साहित्य के इतिहासकारों के सामने नहीं हैं। प्राचीन काव्याभिव्यंजना अचानक आधुनिक काल में आमूल परिवर्तित हो गयी है और नयी-नयी प्रणालियों का विकास हुआ है। काव्यधारा प्राचीन की तरह एकोन्मुखी नहीं है। गद्य-साहित्य की अनेक विधाओं और रूपों का विकास हुआ है। इस विकास-प्रसार में साहित्यिक अभिरुचि के सन्तुलित विकास-प्रसार का ध्यान रखना है। शिक्षा के प्रसार और मुद्रणकला के विकास के कारण भी कई समस्याएँ पैदा हुई हैं। अब काव्य-साहित्य के पाठक एक विशेष सांस्कृतिक वर्ग के नहीं हैं। भिन्न रुचि के पाठक वर्गों को देखकर अज्ञेय ने प्रश्न उठाया है कि साहित्य-यज्ञ 'कस्मै देवाय' है। अर्द्ध शिक्षित पाठकों की अभिरुचि की समस्या अलग है जो शुक्ल जी के लाख विरोध के बावजूद साहित्य को मनोरंजन का साधन मानते हैं। प्रकाशन की सुविधाओं के बढ़ जाने के कारण श्रेष्ठ साहित्य के चयन की समस्या है। आधुनिक पाठक की दृष्टि साहित्य की श्रेष्ठता पर नहीं, समसामयिक जीवन की अभिव्यक्ति पर होती है। वह उसी ओर आकृष्ट होता है और उस तरह का साहित्य कुछ समय के लिए ही सही, लोकप्रिय होता है। शुक्ल जी ने अपने इतिहास में इन प्रश्नों पर प्रत्यक्ष-अप्रत्यक्ष ध्यान रखा है। साहित्यिक अभिरुचि का परिष्कार, उनका व्यापक प्रसार, उसे उदात्त धरातल पर ले जाना, संवेदना और रसज्ञता का विकास, प्रचार का विरोध, साहित्य में समसामयिकता आदि ऐसे मुद्दे हैं जिनको शुक्ल जी ने अपने इतिहास में उठाया है। साहित्य के इतिहास से इनका क्या सम्बन्ध है, वह प्रश्न निरर्थक है। यदि इतिहास विकास का आकलन है तो उसके सही स्वरूप और दिशा से अभिज्ञ होना आवश्यक है।

इतिहास लेखन में शुक्ल जी को कुछ कठिनाइयों का भी सामना करना पड़ा है। उनकी प्रतिभा और पैनी अन्तर्दृष्टि काव्य की सौन्दर्य-चेतना और रस-संवेदना की गहराई में पैटकर हिन्दी काव्य के प्रसार-विकास का दिशा-दर्शन करने में सफल हुई। पहली बार दरबारी काव्य और सामाजिक भक्तिकाव्य का गुणात्मक अन्तर स्पष्ट हुआ। लेकिन रस-अलंकार की व्यवस्था में आधुनिक काव्य का आख्यान कठिन हो गया और रस के स्थान पर भाव-व्यंजना का पलड़ा पकड़ना पड़ा। गद्य की विधाओं के सन्दर्भ में रस की चर्चा अनुपयुक्त मानकर छोड़ दिया गया। उनमें वस्तु और पात्र परिकल्पना या चरित्र-चित्रण के द्वारा 'कुतूहल', 'आश्चर्यपूर्ण प्रसादन' और 'आश्चर्यपूर्ण अवसादन' की चर्चा बिल्कुल सतही हो जाती। इसीलिए शुक्ल जी ने उनमें वस्तु, प्रवृत्ति और प्रविधि का ही विचार किया है। उनका दृष्टिकोण मूलतः भाववादी चिन्तन पर आधारित साहित्यिक दृष्टिकोण है और यही उनके इतिहास में एकसूत्रता स्थापित करता है। उनका प्रयत्न साहित्य और उसके विकास की आधारभूत चेतना का विश्लेषण और आख्यान करना है। इस प्रयत्न में उन्होंने अनेक साहित्यिक मान्यताओं और धरातलों को अपनाकर विचार किया है।

शुक्ल जी के इतिहास की एक ओर विशेषता प्रत्येक युग के विशिष्ट बिन्दुओं का प्रतिपादन है जो युग और प्रवृत्ति के वैशिष्ट्य को प्रकट करते हैं। ये बिन्दु वस्तु, भाव, रूप और भाषा-सम्बन्धी हैं। ये हिन्दी साहित्य के विभिन्न धरातलों और आयामों को भी व्यक्त करते हैं। आदिकाल में धार्मिक साम्प्रदायिकता और साहित्यिकता तथा भाषा के प्रश्न प्रमुख रूप में उठाए गये हैं। साहित्यिक उत्कर्ष की चर्चा उतनी नहीं है। भक्तिकाल में सामाजिक-सांस्कृतिक-धार्मिक नवजागरण, लोकचेतना और लोककल्याण की भावना, भावात्मक धरातल पर समन्वय की चेतना, रस संवेदना, सौन्दर्य भावना और काव्यरूपों का विकास-उत्कर्ष मुख्य बिन्दु हैं। रीतिकाल में दरबारी अभिरुचि, उच्चवर्गीय, नागरिक सौन्दर्य भावना, शृंगार चेतना, कल्पनाशीलता, अभिव्यंजना की बारीकियाँ, रूढ़ रीति या परिपाटी में काव्याभिव्यंजना चर्चा के मुख्य अंश हैं। रीतिमुक्त काव्य में स्वच्छन्द प्रेम-भावना, राष्ट्रीय चेतना और लोक-पर्व-त्योहारों के परिप्रेक्ष्य में क्रीड़ा-व्यापारों के स्वच्छन्द वर्णन की ओर भी इतिहासकार ने ध्यान आकृष्ट किया है। आधुनिक काल राजनीतिक, राष्ट्रीय, सामाजिक, सांस्कृतिक और साहित्यिक दृष्टि से बहुमुखी विकास का काल है। शुक्ल जी ने आधुनिक चेतना के सभी पहलुओं पर विचार किया है। उनकी अभिरुचि प्रधानतः लोकचेतना, स्वच्छन्द मानवीय भाव-प्रसार और नये सौन्दर्य-बोध के विकास में है। शुक्ल जी के इतिहास ने मानवीय चेतना के आकलन का समग्र प्रयत्न ही नहीं किया, साहित्य के उत्कर्ष-अपकर्ष के मुख्य बिन्दुओं को रेखांकित भी किया है।

5. सीमाएँ और वैशिष्ट्य

शुक्ल जी के इतिहास की अपनी सीमाएँ हैं—(1) अपने युग में तथ्यों की अनुपलब्धि से उत्पन्न सीमाएँ हैं। शुक्ल जी की इतिहास-रचना के बाद इतिहास-सम्बन्धी और प्राचीन-मध्यकालीन हिन्दी काव्य-सम्बन्धी बहुत-सी सामग्री सामने आयी है। इस कारण आदिकाल की अवधारणा बहुत कुछ बदल गयी है। तत्कालीन राजनीतिक परिप्रेक्ष्य में मध्यकालीन साहित्यिक दृष्टिकोण पर पुनर्विचार आवश्यक हो गया है। (2) सामाजिक-साहित्यिक मान्यताओं के कारण उत्पन्न सीमाएँ हैं। सिद्धान्तों के आधार पर साहित्य और उसके विकास का आकलन एक सीमा तक ही सम्भव है। रचना के आधार पर ही साहित्यिक प्रवृत्ति का अनुशीलन होना चाहिए और तभी रचनात्मक प्रवृत्ति के साथ न्याय हो सकता है। सिद्धान्तों को लेकर अनुदारता, हठवादिता और आग्रह साहित्येतिहास के सम्यक् आकलन में बाधक हैं। इसी कारण सूर, तुलसी, कबीर, छायावाद आदि का शुक्ल जी का मूल्यांकन एक हद तक अनुचित हो गया है। (3) शुक्ल-युग की चेतना की संकुचित परिधि, उनके ब्राह्मण वर्गीय संस्कारों के प्रतिबन्ध और वैयक्तिक अभिरुचि के कारण भी साहित्य और उसके विकास का आकलन कुछ अनुदार हो गया है। शुक्ल जी उनसे उत्पन्न विधि-निषेधों के कारण

नवीन सांस्कृतिक जागरण और मानवीय संवेदना को अपनी समग्रता और पूर्णता में ग्रहण नहीं कर सके। (4) शुक्ल जी सच्चे अर्थ में आधुनिक समीक्षक नहीं थे। उनकी क्लासिकल साहित्यिक अभिरुचि काव्योन्मुख थी। शायद इसलिए वे गद्य साहित्य के विकास के साथ पूरा न्याय नहीं कर पाये। (5) आधुनिक काव्यक्षेत्र में विशृंखलता रोकने के लिए उन्होंने अपने विचारों के अनुकूल और प्रतिकूल अनेक पाश्चात्य वादों की चर्चा, बहुतों का विरोध किया। लेकिन उन्होंने न पाश्चात्य साहित्य चिन्तन की ऐतिहासिक भूमिका समझने की कोशिश की और न उन वादों के समग्र अध्ययन का प्रयत्न किया। इसलिए उनका खंडन सतही और चलते ढंग का हो गया।

इन सीमाओं के बावजूद शुक्ल जी के इतिहास का वैशिष्ट्य उसके महत्त्व को कालजयी बनाए रखेगा। शुक्ल जी के बाद पता नहीं कितने छोटे-मोटे इतिहास लिखे गये। उनमें शुक्ल जी के इतिहास से बहुत अधिक सामग्री दी गयी। लेकिन साहित्यिक दृष्टि से उनमें वह आकर्षण नहीं जो शुक्ल जी के इतिहास में है। उसके कई कारण हैं–(1) उनकी आलोचना की तरह इतिहास पर भी उनके प्रखर व्यक्तित्त्व की छाप पड़ी है। यही व्यक्तित्त्व की छाप रचना को साहित्यिक बनती है। व्यक्तित्त्व-निरपेक्ष आलोचनात्मक विश्लेषण साहित्यिक न होकर वैज्ञानिक होता है। (2) शुक्ल जी की प्रतिभा अन्तर्दृष्टिसम्पन्न और आलोचनात्मक ही नहीं रचनात्मक भी है। उनकी आलोचना और इतिहास में कथ्य का तात्त्विक आख्यान और भाषिक अभिव्यंजना सर्जनात्मक लगते हैं। चिन्तामणि की भूमिका में शुक्ल जी ने अपनी रचना के विषय प्रधान और विषयी प्रधान होने का प्रश्न उठाया है। विषय की समग्रता, आलोचनात्मक विश्लेषण और विवेचन तथा वैज्ञानिक-तार्किक प्रतिपादित पद्धति के बावजूद उनके निबन्ध, आलोचना और इतिहास उनके व्यक्तित्त्व के साँचे में ढले हुए साहित्यिक-रचनात्मक कृतियाँ हैं। उनकी रचनाएँ चिन्तनप्रधान अवश्य हैं, लेकिन वे चिन्तन-निरपेक्ष और वैज्ञानिक नहीं हैं। बीच-बीच में विशिष्ट चिन्तन-प्रणाली के साथ सहृदयता और भावुकता का भी योग दिखाई देता है। (3) उनके इतिहास की मौलिकता नवीन दृष्टि और आख्यान को लेकर है। ऐतिहासिक दृष्टि से उन्होंने अपने युग की साहित्यिक चेतना से भिन्न साहित्यिक दृष्टि और अभिरुचि का परिचय दिया है। साहित्य-चिन्तन और इतिहास-लेखन में नवीन मान्यताओं का प्रतिपादन किया है। हिन्दी साहित्य के इतिहास को नया व्यवस्थित रूप दिया है। यह सब ऐतिहासिक कार्य मौलिकता का समय-सापेक्ष पहलू है। उनकी वास्तविक मौलिकता प्रतिभाजन्य है जो देश-काल से निरपेक्ष होकर साहित्य और उसके विकास का सार्वभौमिक अनुशीलन कर सका है। उनके धार्मिक-सामाजिक आदर्श सृजनशीलता के मौलिक अनुसंधान में बाधक नहीं हुए। उनकी रस-संवेदना उन्मुक्त सहृदयता पर आधारित है। (4) शुक्ल जी का इतिहास साहित्य का साहित्यिक दृष्टि से रचा हुआ इतिहास है। साहित्येतिहास को प्रभावित करने वाले राजनीतिक, धार्मिक, सामाजिक,

सांस्कृतिक सभी तत्त्वों को साधन रूप में या साहित्यिक दृष्टि के पोषक रूप में ही ग्रहण किया गया है। अन्य इतिहासकारों ने वैज्ञानिक मानवीय या मार्क्सवादी सामाजिक दृष्टि से हिन्दी साहित्य के इतिहास को प्रस्तुत करने का प्रयत्न किया है जिसमें कभी-कभी साहित्यिक दृष्टि ओझल हो गयी है। लेकिन शुक्ल जी ने सभी सिद्धान्तों और मान्यताओं को साहित्यिक चेतना और रस-संवेदना की आधारभूमि बनाकर शुद्ध साहित्यिक आख्यान किया है। साहित्य का विकास मानवीय मानसिक चेतना की सर्जनशीलता का नया प्रसार और उसे नये रूप में ढालने का प्रयास है। शुक्ल जी ने अपने इतिहास में हिन्दी साहित्य के नये भावात्मक और रूपात्मक विकास को रेखांकित करने का प्रयत्न किया है।

सन्दर्भ

1. हिन्दी साहित्य का इतिहास, पृ. 1
2. वही, पृ. 2

सन्दर्भ ग्रन्थ

1. गोस्वामी तुलसीदास, आचार्य रामचन्द्र शुक्ल, 1965
2. चिन्तामणि 1, आचार्य रामचन्द्र शुक्ल, 1951
3. चिन्तामणि 1, आचार्य रामचन्द्र शुक्ल, 1945
4. रस-मीमांसा, आचार्य रामचन्द्र शुक्ल, 1949
5. हिन्दी साहित्य का इतिहास, आचार्य रामचन्द्र शुक्ल, 1942

प्रसाद की कहानियाँ : प्रवृत्तिमूलक विश्लेषण

स्वर्गीय गुरुवर

आचार्य केशवप्रसाद मिश्र जी

की

पुनीत स्मृति में

दो शब्द

प्रसाद जी की कहानियों पर पर्याप्त लिखा जा चुका है, फिर भी मेरा प्रयास पुनरावृत्ति नहीं है और इसमें मौलिकता का अभाव भी नहीं है; इसी विश्वास के साथ यह विश्लेषण हिन्दी-साहित्य-संसार के सम्मुख प्रस्तुत किया जा रहा है। इस विवेचन में मेरी दृष्टि प्रवृत्ति-विश्लेषण और उसके आधार पर कला के सौन्दर्यशास्त्रीय अनुशीलन पर केन्द्रित रही है।

मुझे प्रसाद-साहित्य के अध्ययन-अनुसंधान की ओर प्रवृत्त करने का सारा श्रेय स्वर्गीय आचार्य केशवप्रसाद मिश्र को है, जिनके आदेशानुसार मैंने 1950 में काशी विश्वविद्यालय की एम.ए. परीक्षा के लिए प्रसाद की कहानियों पर एक लघु शोध प्रबन्ध भी प्रस्तुत किया था। उसके कुछ संकेत इस समीक्षा में अवश्य मिल सकते हैं, लेकिन यह सर्वथा नवीन प्रयत्न ही है। इस नवीन अवलोकन के मूल में मेरे प्रसाद के जिज्ञासु छात्र-छात्राओं की प्रेरणा भी है, जिससे उत्साहित होकर प्रसाद-साहित्य की इस नवीन तात्विक व्याख्या का मैंने साहस किया है।

अन्त में, मैं नन्दन प्रकाशन, लखनऊ के अध्यक्ष के प्रति अपनी कृतज्ञता का ज्ञापन करना चाहता हूँ जिनके सहयोग के बिना यह विश्लेषण प्रकाश में नहीं आता।

तिरुपति,

एस.टी. नरसिंहाचारी

प्रस्तावना

1. साहित्य साधना

साहित्य साहित्यकार की आत्माभिव्यक्ति है। व्यक्ति-मन से निरपेक्ष रचना शुद्ध साहित्य न होकर शास्त्र ज्ञान ही हो सकती है। इलियट आदि नवीनतम साहित्य-चिन्तक जिस निर्वैयक्तिकता की चर्चा करते हैं वह रचनात्मक प्रक्रिया या कल्पना की क्रियाशीलता से सम्बद्ध है। साहित्यकार अपने जीवन की अनुभूतियों और मन की भावनाओं को जब कल्पना के माध्यम से अभिव्यक्त करने का प्रयत्न करता है, तब उस प्रक्रिया में अनुभूति और भावना की निजता समाप्त हो जाती है और उन्हें एक सार्वभौमिक रूप प्राप्त होता है जिससे वे सार्वजनीन अनुभूति की वस्तु बन जाती है। स्वच्छन्दतावादी वैयक्तिकता की भावना की यह नवीन युगीन प्रतिक्रिया है। भारतीय रसानुभूति की चर्चा में भी साधारणीकरण का सिद्धान्त इस निर्वैयक्तिकता की ओर संकेत करता है। ये सब साहित्य को सार्वभौमिकता प्रदान करने के प्रयत्न हैं। यदि आत्माभिव्यक्ति में अन्तर्मुक्त व्यक्तित्व की भावना को निजता के संकीर्ण अर्थ में ग्रहण न किया जाये तो रचनात्मक प्रक्रिया में कल्पना के कार्य से उसका कोई विरोध नहीं हो सकता।

साहित्यकार के व्यक्तित्व के दो रूप या दो धरातल हैं—लौकिक और कलात्मक या साहित्यिक। साहित्यकार का जो स्वरूप उसके जीवन के आधार पर खड़ा होता है वह लौकिक है और जो स्वरूप रचनाओं के माध्यम से प्रकट होता है वह कलात्मक है। कला को सहज ज्ञान या कल्पना की शुद्ध अभिव्यंजना मानते हुए क्रोचे व्यक्तित्व के इन दोनों धरातलों को पृथक रखते हैं। इनके अन्तर को स्वीकार न करना कला को कलाकार के जीवन से गड़बड़ाना है। इस तरह कला या साहित्य का कवि-कल्पना प्रसूत होने के कारण उसमें मूल वस्तु का जो मूल्य परिवर्तन हो जाता है और नये मूल्य की अनुभूति होती है, उसकी उपेक्षा की जाती है। दूसरी ओर कलात्मक व्यक्तित्व को लौकिक व्यक्तित्व से बिल्कुल अलग भी नहीं किया जा सकता। दोनों में एक आन्तरिक सम्बन्ध अवश्य है। अन्ततोगत्वा कलात्मक व्यक्तित्व की प्रकृति को निर्धारित करने वाला लौकिक व्यक्तित्व ही होता है चाहे उसका सम्बन्ध जितना ही अप्रत्यक्ष क्यों न हो। साहित्यकार का लौकिक व्यक्तित्व

रचना की दृष्टि, वस्तु, भाव और रूप को प्रत्यक्ष कम प्रभावित करता है, लेकिन वह उसके कलात्मक व्यक्तित्व को ढालने में सक्रिय सहयोग देता है और उसके माध्यम से रचना के समग्र रूप में भी सम्बद्ध हो जाता है।

प्रसाद के लौकिक और साहित्यिक व्यक्तित्वों में कुछ परस्पर विरोधी स्वर सुनाई पड़ते हैं। लौकिक व्यक्तित्व में अन्तर्मुखी और बहिर्मुखी दृष्टियों का संघर्ष मिलता है तो साहित्यिक व्यक्तित्व में रोमांटिक और क्लासिकल दृष्टियों का। इस संघर्ष ने लेखक के व्यक्तित्व को ही नहीं, उसके साहित्य को भी एक आकर्षक रूप प्रदान किया है। वास्तव में वह संघर्ष जीवन-शक्ति का प्रमाण है और साहित्य को सजीव बनाता है। आंतरिक संघर्ष के अभाव में जिस साहित्य की सृष्टि होती है उसमें मनोरंजन की सामग्री भले ही हो, जीवन-चेतना की अभिव्यंजना नहीं।

प्रसाद का जन्म सन् 1889 ई. में काशी के सुप्रसिद्ध 'सुंघनी साहू' नामक परिवार में हुआ था। वैश्य परिवार जन्म से परम्परा के प्रति श्रद्धा रखने वाले हैं। काशी भारतीय धर्म, दर्शन और संस्कृति की केन्द्र-शक्ति रही और है भी। वहाँ के जीवन में जहाँ बनारसी रंग और मस्ती है, उस रंग और मस्ती के अन्तरंग में एक परम्परा-सिद्ध उदात्तता भी है। जन्म और स्थान ने प्रसाद के व्यक्तित्व को एक विलक्षण उदात्त रूप दिया है जो उनके साहित्यिक व्यक्तित्व में भी प्रविष्ट हुआ है। वाजपेयी जी का कहना है कि "बाहर से उनका व्यक्तित्व देखकर कोई उनकी मुस्कान से मुग्ध होता, कोई उनकी व्यवहार पटुता और मैत्री से मोहित होता। किन्तु उनके इस दिव्य किन्तु मोहक बाह्य के भीतर जाकर अपनी ही कृति में आनन्द मानने वाले, कीर्ति की लिप्सा न रखने वाले, भली-बुरी समीक्षाओं से समान रूप से तटस्थ रहने वाले निस्पृह तथा दिव्यतर प्रसाद को बहुत कम लोगों ने देखा।"[1]

भारतीय इतिहास, धर्म, दर्शन और साहित्य के अध्ययन ने भी प्रसाद में परम्परा के प्रति प्रेम का विकास करते हुए उनके व्यक्तित्व को गम्भीर रूप प्रदान किया है। उनके जीवन में एक के बाद एक दुःखद घटनाएँ घटती रहीं। बारहवें वर्ष में पिता, पंद्रहवें में माता, सत्रहवें में ज्येष्ठ भ्राता और फिर दो पत्नियों के निधन ने एक ओर उन्हें दुःख की अनुभूति में अन्तर्मुखी एवं संवेदनशील बनाया है और उनमें मानवीय संवेदना या करुणा की भावना को विकसित किया है तो दूसरी ओर जीवन-संघर्ष और कर्तव्य-निर्वाह की ओर भी उन्हें उन्मुख किया है। इस अनुभूति में साहित्यकार का संवेदनशील रूप ही नहीं निखरा, जीवन में बहिर्मुखी प्रवृत्ति, सामाजिक दृष्टि एवं सन्तुलन तथा एक दार्शनिक निर्लिप्तता का विकास भी हुआ है। प्रसाद के कलात्मक व्यक्तित्व में जहाँ अन्तर्मुखी भावात्मकता है, उसी से सम्बद्ध संयम और मर्यादावादी भावना भी है।

प्रसाद के जीवन की कुछ ऐसी बातें हैं जिन्होंने उनके लौकिक व्यक्तित्व को अन्तर्मुखी और साहित्यिक व्यक्तित्व को स्वच्छन्दतावादी रूप में ढाला है। अपनी

बाल्यावस्था में प्रसाद ने विंध्याचल, चित्रकूट, मथुरा, धाराक्षेत्र आदि की जो यात्राएँ कीं और वहाँ के प्राकृतिक सौन्दर्य से जिन रूपों में प्रभावित हुए उसने उनके व्यक्तित्व में गहरी संवेदनशीलता के विकास को आधार दिया है। बाल्यावस्था या किशोरावस्था में प्रेम सम्बन्धी उनकी अनुभूतियों का कोई विवरण नहीं मिलता। लेकिन उन्होंने अपने काव्य में उन्मुक्त प्रेम के जो चित्र प्रस्तुत किये हैं, उसके आधार पर समीक्षकों का अनुमान है कि उनके मूल बाल्य-किशोर संस्मरण अवश्य होंगे।[2] प्रकृति से प्रसाद अन्तर्मुखी थे। यद्यपि वे अपने साहित्यिक मित्रों और सम्बन्धियों से बड़े प्रेम के साथ मिलते थे और उनका व्यवहार बड़ा शिष्ट और आत्मीय होता था, फिर भी व्यापक अर्थ में वे बहिर्मुखी सामाजिक प्राणी नहीं थे। सभा-समावेशों से वे दूर ही रहते थे। वे एकान्तप्रिय थे और उनके भाव-विचारों का आदान-प्रदान मित्र-मण्डली तक ही सीमित था। वे व्यस्तता से और दौड़-धूप से दूर रहते थे। जीवन में वे काशी से बाहर भी कम गये थे। क्षेत्र सीमित होने पर भी उनकी अनुभूति का धरातल बड़ा गहरा था और उसी के आधार पर वे अपने साहित्य में व्यापक और उदात्त चित्रों की सृष्टि कर सके। बहिर्मुखी जीवन के व्यापक प्रसार के अभाव में प्रसाद की सामाजिक चेतना का विकास प्रायः चिन्तन के माध्यम से ही अधिक हुआ है। भावनाशील और कल्पनाशील व्यक्तित्व में सामाजिक चेतना व्यक्ति-भावना की परिधि में ही विकसित हो पाती है।

देश-काल की परिस्थितियों ने भी उनके व्यक्तित्व के अन्तर्मुखी प्रसार और विकास को ही पुष्ट किया है। प्रसाद के समय देश में एक नयी जागृति फैल रही थी। इस जागृति के राष्ट्रीय-सामाजिक और सांस्कृतिक-आध्यात्मिक दो पहलू थे। राष्ट्रीय-सामाजिक जागृति बहिर्मुखी क्रियाशीलता के माध्यम से अभिव्यक्त होती थी। सांस्कृतिक-आध्यात्मिक चेतना अन्तर्मुखी चिन्तनशीलता में प्रकट होती थी। इस पहलू के मूल में भी राष्ट्रीय उत्थान की ही भावना थी, लेकिन उसकी दृष्टि प्रत्यक्ष और व्यावहारिक फल-प्राप्ति पर ही केन्द्रित न होकर देश, समाज और व्यक्ति की चेतना के व्यापक विकास पर थी। आध्यात्मिक-सांस्कृतिक चेतना का केन्द्र व्यक्ति था और वह उसकी आध्यात्मिक-मानसिक उन्नति में संलग्न थी, जबकि राजनीतिक-सामाजिक चेतना का केन्द्र-बिन्दु समष्टि-रूप था और उसने पूरे समुदाय की लौकिक प्रगतिशीलता पर अधिक ध्यान दिया था। युग के साहित्यकार अपने व्यक्त्वि, रुचि और भावना के अनुसार जागृति के इन पहलुओं से प्रभावित थे और उस समय के साहित्य में राष्ट्रीय और सांस्कृतिक दोनों धाराओं का एक साथ प्रसार हुआ था। ऐसी स्थिति में दूसरी धारा को पलायनवादी सिद्ध करना ऐतिहासिक सत्य के विरुद्ध जाता है, विशेषतः जबकि उसकी भी मूल प्रेरणा राष्ट्रीय ही थी। द्विवेदी युगीन साहित्य की स्थिति और पाश्चात्य स्वच्छन्दतावादी साहित्य के साथ घनिष्ठ परिचय ने साहित्य के क्षेत्र में आध्यात्मिक-सांस्कृतिक नवचेतना के ग्रहण को विशेष

बल भी दिया था। प्रसाद देश-काल के सांस्कृतिक जागरण से अधिक प्रभावित हुए हैं। भारतीय संस्कृति, धर्म और दर्शन के अध्ययन ने उन्हें इसी ओर झुकाया है। स्वच्छन्दतावादी प्रवृत्ति ने उनके साहित्यिक व्यक्तित्व को विशेष प्रभावित किया है।

वातावरण, जन्म-स्थान, वंश, अध्ययन और अनुभवों ने प्रसाद के व्यक्तित्व का बहिर्मुखी और अन्तर्मुखी विकास करते हुए दोनों में कुछ संघर्ष भी उत्पन्न किया है। जहाँ वे परम्परा की ओर उन्मुख हुए हैं, आन्तरिक अनुभूति में तल्लीन भी रहे हैं। जीवन की परिस्थितियों के कारण वे क्रियाशील हुए हैं तो उन्हीं परिस्थितियों ने उन्हें अन्तर्मुखी चिन्तनशील भी बनाया है। स्वभावतः वे एकान्त प्रेमी थे और सामाजिक दौड़-धूप से अपने को बचाते हुए उन्होंने अपने स्वभाव के अनुरूप जीवन बिताया था। जहाँ व्यक्ति का विकास दो दिशाओं में होता है और वे एक दूसरे के पूरक न होकर परस्पर विरोधी होती है वहाँ उनमें संघर्ष अनिवार्य बन जाता है। किन्तु यह संघर्ष व्यक्ति-मन और जीवन को अधिक स्पंदनशील एवं गतिशील बनाता है।

प्रसाद के लौकिक व्यक्तित्व ने उनके साहित्यिक व्यक्तित्व की प्रकृति और उसके पहलुओं को एक निश्चित रूप दिया है। जीवन और साहित्य में परम्परा के प्रति प्रेम रखते हुए भी वे पुनरुत्थानवादी या रीतिवादी (नियोक्लासिकल) साहित्यकार नहीं थे। अन्तर्मुखी अनुभूति के आधार पर स्वच्छन्दतावादियों के समान भावनाशील और कल्पनाशील होते हुए भी वे जीवन और साहित्य की सनातन मान्यताओं के प्रति पूर्णतया विद्रोही कलाकार भी नहीं थे। उनके कलात्मक व्यक्तित्व में क्लासिकल और स्वच्छन्दतावादी प्रवृत्तियों का संघर्ष और स्वच्छन्दतावादी परिधि को व्यापक बनाकर उसमें क्लासिकल प्रवृत्ति को आत्मसात कर लेने का प्रयत्न दिखाई देता है। इतिहास, संस्कृति, धर्म, दर्शन और साहित्यिक परम्परा ने उनके साहित्य को क्लासिकल ढाँचे में ढालने का प्रयास किया है तो साहित्यकार की प्रकृति, प्रवृत्ति और अनुभूति ने उसे स्वच्छन्दतावादी प्रवृत्ति की ही विजय रही। उसके प्रभाव में दर्शन और परम्परा ने भी अन्तर्मुखी व अनुभूति मूलक और भावात्मक रूप ग्रहण किया है। 'कामायनी' के अन्तिम सर्ग में इस बात के प्रमाण हैं। इसमें कोई सन्देह नहीं है कि प्रसाद की रचनाओं में हरिश्चन्द्र-युग की पुरानी धाराओं के माध्यम से जीवित और प्रवाहशील रीतिकालीन परम्परा की ऐन्द्रियता, क्लासिकल साहित्य की उदात्तता और स्वच्छन्दतावादी सौन्दर्य-बोध एवं कल्पनाशीलता का संगम हुआ है। लेकिन उनके साहित्य का मूल स्वर स्वच्छन्दतावादी ही रहा है और क्लासिकल प्रवृत्ति की उदात्तता को स्वच्छन्दतावादी आन्तरिक प्रकृति से सम्बद्ध कर दिया गया है। संयम, मर्यादा और सन्तुलन के साथ क्लासिकल पद्धति में मानव-जीवन का निरूपण उनके साहित्य में नहीं के बराबर है। प्रसाद-साहित्य में क्लासिकल प्रवृत्ति को इस रूप में भी स्थान मिला है कि उसने स्वच्छन्दतावादी भावना को संयमित और मर्यादाबद्ध करने का प्रयत्न किया है। इसलिए शुद्ध रोमांटिक प्रवृत्ति की अनेक दुर्बलताओं से

प्रसाद-साहित्य मुक्त रहा है। लूकास ने साहित्य की श्रेष्ठता के लिए क्लासिकल, स्वच्छन्दतावादी और यथार्थवादी प्रवृत्तियों का संगम आवश्यक माना है।[3] वास्तव में साहित्यकार के कलात्मक व्यक्तित्व की उदात्तता तथा भावना और यथार्थता के संघर्ष, उसकी कल्पना और अनुभूति को सजीव तथा रचना को महत्त्वपूर्ण बनाते हैं। क्लासिकल प्रवृत्ति की तरह यथार्थवादी प्रवृत्ति भी प्रसाद-साहित्य में स्वच्छन्दतावाद के केवल सहयोगी के रूप में ही प्रविष्ट हो सकी है। उसने जहाँ स्वच्छन्दतावादी को जीवन की एक व्यापक आधारभूमि दी है, उसकी कल्पना को झूठी या कोरी भावुक होने से बचाया भी है। प्रसाद के कलात्मक व्यक्तित्व के विकास में उदात्त और यथार्थवादी चेतना से प्रभावित स्वच्छन्दतावादी भावना के साथ यदि कोई भावना समान महत्त्व का दावा कर सकती है तो वह मानवतावादी भावना है। यह भी अन्तर्मुखी व्यक्तिवादी सांस्कृतिक दृष्टि की ही पोषक भावना है। इसकी प्रकृति स्वच्छन्दतावाद से मिलती है, फिर भी इसका विकास क्लासिकल प्रवृत्ति के साथ प्राचीन धर्म और दर्शन में हुआ है।

प्रसाद मानव जीवन की छवियों की व्यंजना करने वाले साहित्यकार ही नहीं, उसके विविध पहलुओं के सम्बन्ध में अपने विशिष्ट सैद्धान्तिक विचार रखने वाले मनीषी भी हैं। उनके साहित्य में सिद्धान्त और व्यवहार का अपूर्व सामंजस्य दिखाई देता है। उन्होंने अपनी रचनाओं में, प्रधानतः 'कामायनी' में जीवन के दार्शनिक, सांस्कृतिक, मानवीय, सामाजिक, पारिवारिक और वैयक्तिक पहलुओं के सम्बन्ध में अपने विचारों का सौन्दर्यात्मक पर्यवसान हुआ है, इसलिए सौन्दर्य की भी शास्त्रीय व्याख्या की गयी है। इस सैद्धान्तिक आलोक में प्रसाद ने मानव जीवन के विविध पहलुओं के रमणीय चित्र प्रस्तुत किये हैं। इस तरह प्रसाद-साहित्य को समझने और उसकी आलोचना करने की आधार-भूमि स्वयं उसी में मिल जाती है।

प्रसाद की दृष्टि प्रवृत्ति मूलक आनन्दवादी है। जीवन में प्रवृत्ति के द्वारा तीन धरातलों पर आनन्द की प्राप्ति होती है। ये ऐन्द्रिय, मानसिक और आध्यात्मिक धरातल हैं। इसी अन्तिम धरातल पर आनन्द की अनुभूति मनुष्य के सांस्कृतिक विकास का चरम लक्ष्य है। सौन्दर्य और भाव की अनुभूति में ऐन्द्रिय से मानसिक और मानसिक से आध्यात्मिक धरातलों की ओर विकास-क्रम का प्रसाद ने निरन्तर ध्यान रखा है। इसलिए उनके साहित्य में मानव जीवन का जो निरूपण हुआ है उसमें पूर्णता और परिणति का दर्शन होता है। लेखक की अन्तर्मुखी अन्तर्दृष्टि ने एक मनोवैज्ञानिक गहराई के साथ मानव-मन की भावनाओं का सूक्ष्म उद्घाटन किया है, एक ऊँचे मानसिक-सांस्कृतिक धरातल पर मानव जीवन का निरूपण किया है और इस गहराई एवं ऊँचाई के बल पर जीवन के सार्वभौमिक सत्यों का बोध कराने में वह सर्वथा सफल हुआ है। प्रसाद ने अपनी दृष्टि को वैदिक, बौद्ध और शैव दर्शनों के आधार पर कितना विकसित कर लिया है, यह जानना उतना महत्त्वपूर्ण नहीं है

जितना इस बात का विचार कि उसकी क्या प्रकृति-प्रवृत्ति है तथा उसके द्वारा जीवन की व्याख्या में उन्हें कितनी सफलता प्राप्त हुई है।

इस अन्तुर्मखी आनन्दवादी दार्शनिक दृष्टि के कारण जहाँ प्रसाद ने अपने साहित्य में प्राचीनतम से आधुनिक युग तक मानव जीवन का सांस्कृतिक इतिहास प्रस्तुत करने का सफल प्रयत्न किया है, वहाँ वस्तुगत कुछ दुर्बलता भी आ गयी है। सांस्कृतिक दृष्टि व्यक्तिवादी है। इसलिए वस्तु-विधान में जीवन के यथार्थवादी और सामाजिक पहलुओं की प्रायः उपेक्षा ही की गयी है। वस्तुगत भाव की व्यंजना में भी ये दोनों पहलू छूट गये हैं। इसलिए भावों की मनोवैज्ञानिक गहराई और उसके व्यापक प्रसार की अद्‌भुत अभिव्यक्ति होने पर भी कभी-कभी प्रसाद की भाव-व्यंजना एकान्तिक और भावुक लगती है। भाव-जगत् प्रधानतः सौन्दर्य, प्रेम और करुणा से सम्बद्ध है और इतर भावनाएँ उनके साहचर्य या विरोध में अभिव्यंजित हुई हैं। मानव जीवन में इन भावनाओं के विविध रूपों और पहलुओं की रमणीय कल्पना में लेखक की अपूर्व सफलता के सम्बन्ध में दो मत नहीं हो सकते। लेकिन अन्य भावनाओं को गौण रूप देने से ऐसा लगता है कि प्रसाद ने एक सीमित भाव-क्षेत्र में ही काम किया है, वे 'भाव भेद रस भेद अपारा' का पूरा निरूपण नहीं कर सके हैं और उन्होंने इस सीमित भाव-क्षेत्र को लेकर जीवन के सौन्दर्यवादी और मानवतावादी पहलुओं को ही उभारा है। जहाँ तक रूप-विधान का सम्बन्ध है, प्रसाद की कल्पना ने जो रमणीय सृष्टि की है, और उसमें ही सौन्दर्य भरा हुआ है, वह हिन्दी-साहित्य में दुर्लभ नहीं तो अपूर्व वस्तु अवश्य है। यहाँ एक बात कह देना आवश्यक है कि प्रसाद ने अपनी रचनाओं में रूप-सौन्दर्य पर जितना ध्यान दिया है उतना रचना-विधान या तन्त्र-योजना पर नहीं। तन्त्र योजना के सफल प्रयोग के द्वारा रचना में जो संगठन-सौष्ठव आता है, रचना के सूत्रों की सघन बुनावट के द्वारा जो अन्वित आकृति खड़ी होती है और निर्माण-कौशल के द्वारा रचना के भाव और रूप-सौन्दर्य में जो स्पष्टता एवं निश्चयात्मकता का बोध होने लगता है, वे प्रसाद-साहित्य की विशेषताएँ नहीं हैं। स्वच्छन्दतावादी कल्पनाशील कलाकार के रूप में प्रसाद रूप के सौन्दर्यात्मक पहलू का निर्वाह तो कर सके, लेकिन उसकी बाह्य आकृति या रूपरेखा के सम्बन्ध में विशेष जागरूक न रह सके।

दृष्टि, वस्तु, भाव और रूप की समष्टि, प्रवृत्ति का निर्धारण करती है। इनकी विविधता और विभिन्नता के आधार पर प्रसाद-साहित्य की प्रधानतः तीन प्रवृत्तियाँ मानी जा सकती हैं—स्वच्छन्दतावादी, मानवतावादी और यथार्थवादी। प्रतीकवादी प्रवृत्ति को पहले के ही अन्तर्गत माना जा सकता है। यद्यपि रहस्यवादी प्रवृत्ति की अपनी स्वतन्त्र सत्ता है, फिर भी उसे स्वछन्दतावादी अन्तर्मुखी दृष्टि की चरम परिणति मानना ही उचित है। स्वयं स्वच्छन्दतावाद में रहस्यमय प्रवृत्ति के लिए एक स्थान है। प्रसाद-साहित्य में इन तीनों प्रवृत्तियों का संगम हुआ है। यथार्थवादी प्रवृत्ति

ने स्वच्छन्दतावादी प्रवृत्ति को वास्तविकता का आधार देते हुए उसे कोरी काल्पनिकता से बचाया है। मानवतावाद उसे अतीन्द्रिय रहस्यमय जगत् से मानवीय संवेदना के सामान्य धरातल पर ले आया है। स्वच्छन्दतावादी प्रवृत्ति ने अन्य दोनों में एक भावुक कल्पनाशीलता को जन्म दिया है। मानवतावाद ने यथार्थवादी प्रवृत्ति को निम्न स्तर पर पहुँचने से बचाया ही नहीं, उसके निराशावादी स्तर को समाप्त करते हुए उसे एक व्यक्तिवादी उदात्त चेतना भी प्रदान की है। इस तरह प्रसाद-साहित्य में ये प्रवृत्तियाँ एक साथ दिखाई देती हैं और जहाँ किसी एक का स्वर प्रधान हो उठा है अन्य प्रवृत्तियाँ उसकी प्रवृत्तिगत विशेषताओं के एकांगी प्रसार को रोकते हुए उसमें सन्तुलन ले आने का प्रयत्न करती हैं।

वैसे, प्रसाद-साहित्य का प्रधान स्वर स्वच्छन्दतावादी है और उसके बाद ही मानवतावाद का स्थान आता है। यहाँ यथार्थवादी प्रवृत्ति का न उतना प्रमुख स्थान ही है और न महत्त्व ही। युग की सामाजिक और साहित्यिक परिस्थितियों के कारण, उन परिस्थितियों में प्रेमचन्द जैसे यथार्थवादी साहित्यकार के संसर्ग के कारण, प्रसाद-साहित्य में इस प्रवृत्ति का भी कुछ प्रसार हुआ है। साहित्य-रचना की पूर्णता की दृष्टि से इस प्रवृत्ति-संगम में जो अभाव है, वह क्लासिकल प्रवृत्ति के योग का है। जन्म, अध्ययन आदि ने परम्परा के प्रति प्रेम का विकास करते हुए प्रसाद को क्लासिकल प्रवृत्ति की ओर उन्मुख अवश्य किया है, उसकी सामाजिक मर्यादावादी दृष्टि और सन्तुलित जीवन दर्शन ने स्वच्छन्दतावादी प्रवृत्ति के भावातिरेक पर नियन्त्रण करते हुए उसे एक सांस्कृतिक-दार्शनिक गम्भीरता भी प्रदान की है, लेकिन क्लासिकल प्रवृत्ति का यह प्रभाव प्रायः निषेधात्मक ही रहा है या काव्य-नाटकों के उच्च स्तरीय उदात्त ढाँचे के रूप में ही रह पाया है।

प्रसाद की प्रतिभा सर्वतोमुखी थी। उन्होंने कविता, नाटक, उपन्यास, कहानी और निबन्ध—साहित्य की सभी विधाओं में विशेष सफलता प्राप्त की है और अपनी रचनाओं से उन्हें समृद्ध किया है। इन विधाओं का एक दूसरे पर प्रभाव भी पड़ा है—कविता का नाटक पर और कविता तथा नाटक दोनों का कहानी पर। प्रसाद प्रधानतः कवि थे और उपन्यास तक में उनके कवि-रूप के दर्शन होते हैं। समग्र प्रसाद-साहित्य पर दृष्टि डालने से ऐसा प्रतीत होता है कि एक सुनिश्चित योजना के अनुसार उसकी विविध विधाओं में मानव-जीवन की अभिव्यक्ति हुई है। कविता में मानव-मन की भावनाओं की अभिव्यंजना हुई है जो विधा की दृष्टि से स्वाभाविक ही है। कवि ने भाव जगत् से विचार-विवेचन के धरातल पर भी पहुँचकर मानव जीवन का सैद्धान्तिक निरूपण करने का प्रयत्न किया है। जीवन में सुख-दुःख का सामंजस्य, करुणा की सार्वभौमिक व्यापकता, वैयक्तिकता से ऊपर उठकर समरसता के आनन्द की प्राप्ति और रहस्यवादी अद्वैत स्थिति—ये उसी सैद्धान्तिक निरूपण की परिणति हैं। भाव-विचारों के सैद्धान्तिक प्रतिपादन से प्रत्यक्ष जीवन के व्यावहारिक जगत् में आने

पर, उसका आदर्श पक्ष, महापुरुषों की जीवन-चरित नाटकों की वस्तु बना है। नाटकों के सभी नायक राजा-महाराजा हैं जिनका व्यक्तिगत जीवन जनहित के लिए उत्सर्ग किया गया है। जीवन का दूसरा पक्ष, साधारण और यथार्थ का चित्रण, कथा-साहित्य में है। उपन्यास और कहानियों के मध्य में भी जीवन की एक विभाजन-रेखा खींची जा सकती है। कहानियों में वैयक्तिक जीवन के राग-रंग और मानवीय भावनाओं की अभिव्यक्ति है। उपन्यासों में व्यक्ति को सामाजिक परिपार्श्व में खड़ा करके जीवन के सामाजिक पहलू की अभिव्यंजना हुई है। निबन्धों का क्षेत्र चिन्तन का है, जहाँ ऐतिहासिक, सांस्कृतिक और साहित्यिक चिन्तन के माध्यम से लेखक ने मानव जीवन के सम्बन्ध में अपनी मान्यताओं की ओर संकेत किया है और उन मान्यताओं को परम्परा से सम्बद्ध करके उन्हें ऐतिहासिक विकास-क्रम के रूप में पुष्ट किया है।

इस विभाजन की प्रक्रिया में विविध विधाओं का कुछ तात्विक पार्थक्य भी हो गया है जो उनके रूप-अन्तर का ही नहीं, उनकी प्रकृति-प्रवृत्ति के अन्तर का भी द्योतक है। इन विधाओं का तुलनात्मक अध्ययन कहानियों की विशेषता और प्रसाद-साहित्य में उनके स्थान को भी स्पष्ट करता है। कथा-साहित्य की दृष्टि काव्य-नाटकों से भिन्न है। पूरे साहित्य की दृष्टि को अन्तर्मुखी, सांस्कृतिक और सार्वभौमिक मानते हुए भी काव्य-नाटकों में लेखक की आदर्शवादी वृत्ति कुछ अधिक मुखरित हो उठी है। इसलिए उनमें भावात्मक कल्पनाशीलता का रंग अधिक प्रखर और यथार्थवादी चेतना की लौकिक वास्तविकता का बोध कम हो गया है। उनकी तुलना में कथा-साहित्य की दृष्टि अधिक गतिशील और प्रगतिशील मानी जा सकती है। उसकी गतिशीलता यथार्थता की भूमि पर मानवीय संवेदना की अभिव्यंजना में और प्रगतिशीलता तथाकथित सभ्य समाज से बाहर जाकर पतित और निम्न-वर्गीय मानवता की मानवीय महानता के निरूपण तथा जीवन के विकास में बाधा देने वाले रूढ़ सामाजिक बन्धनों के प्रति विद्रोह की भावना में दिखाई देती है। यहाँ भी लेखक समाज और सामाजिक जीवन को अवश्य ही काव्य-नाटकों की तरह व्यक्तिवादी दृष्टि से देख रहा है और व्यक्ति के व्यक्तित्व के और जीवन के विकास में बाधा देने वाली परिस्थितियों में आमूल परिवर्तन चाहता है। लेकिन इस विशेष दृष्टि को लेकर भी, जो व्यापक अर्थ में समष्टि जीवन की व्यापकता की दृष्टि से कुछ सीमित भी कही जा सकती है, लेखक कथा-साहित्य में जीवन की यथार्थ और सजीव स्पंदनशीलता का परिचय दे सका है। दृष्टि की यह विशेषता जो स्फुट रूप में कहानियों के द्वारा अभिव्यंजित हुई है उपन्यास के व्यापक और व्यवस्थित रूप में एक स्पष्ट और निश्चित आकृति प्राप्त कर सकी है।

दृष्टि भेद के कारण वस्तु के स्वरूप और चयन में भी अन्तर पड़ गया है। काव्य-नाटकों का इतिवृत्त आदर्शोन्मुख और प्रसिद्ध है। पुराण और इतिहास के आधार पर कवि की कल्पना ने अपने अभीष्ट आदर्श जीवन को एक रंगीन रूप दिया है।

काल की इस दूरी को छोड़कर वर्तमान जीवन की परिचित यथार्थता में इस तरह के जीवन की कल्पना सम्भव नहीं है और यदि प्रयत्न किया जाय तो वास्तविकता के विरोध में वह बिल्कुल काल्पनिक ही लगेगा। इसके विपरीत कथा-साहित्य की वस्तु प्रायः वर्तमान से सम्बद्ध है और जीवन की यथार्थता के अधिक दृढ़ आधार पर खड़ी है। यही नहीं, आर्थिक, वर्गीय दृष्टि से वह मध्य-वर्गीय और निम्न-वर्गीय भी है। वस्तु में जीवन की घटनाएँ और सन्निवेश इस अर्थ में साधारण हैं कि उनका सम्बन्ध पूरे समाज और देश से नहीं है। उनके द्वारा व्यक्ति के मन और जीवन के अतिरिक्त सामाजिक जीवन और राजनीतिक परिस्थिति में परिवर्तन नहीं होता। यह अवश्य है कि लेखक ने अपनी सांस्कृतिक दृष्टि के कारण कथा-साहित्य में मध्यवर्गीय और निम्नवर्गीय संस्कारों के धरातल पर उस सांस्कृतिक सांस्कारिकता को दिखाने का प्रयत्न किया है जो काव्य-नाटकों में उच्चवर्गीय वस्तु की प्राकृतिक विशेषता है। इसी तरह काव्य-नाटकों के सन्निवेश जहाँ स्वयं असाधारण हैं वहाँ कथा-साहित्य के सन्निवेशों की साधारणता में जीवन की रागात्मिकता और एक विशेष सार्थकता को देखने और दिखाने के प्रयत्न में वे कुछ असाधारण से लगने लगते हैं। कहानी और उपन्यास की वस्तु में अन्तर इस बात को लेकर है कि जहाँ कहानियों में जीवन के वैयक्तिक पहलुओं को अधिक महत्त्व मिला है वहाँ उपन्यासों से उसके सामाजिक पहलुओं को। कहानियों में प्रायः देश-काल निरपेक्ष व्यक्ति का ऐकान्तिक जीवन और उसमें मानव-मन की वैयक्तिक भावनाओं का चित्रण हुआ है। उपन्यासों में व्यक्ति के सामाजिक जीवन और उसके संघर्षों की ओर अधिक ध्यान दिया गया है। कहानियों में मानसिक संघर्षों और अनुभूतियों को अधिक प्रधानता दी गयी है। उपन्यासों की तरह जहाँ कुछ कहानियों में सामाजिक संघर्षों की व्यंजना हुई भी है, वहाँ भी उन संघर्षों से विकसित मानसिक वेदना की विवृत्ति प्रमुख हो उठी है या उन सामाजिक संघर्षों को मानसिक संघर्षों में परिणत कर दिया गया है।

भाव का वस्तु के साथ घनिष्ठ सम्बन्ध होता है। वस्तु ही भाव की प्रकृति, उसके स्वरूप और प्रसार की निर्धारक तथा अभिव्यंजक होती है। वस्तु के अनुरूप काव्य-नाटकों की भावनाओं में भी एक सांस्कृतिक उदात्तता और गहरी संवेदनशीलता से विकसित भाव-प्रवणता मिलती है। यह भाव-प्रवणता काल्पनिकता की सीमा का स्पर्श करते हुए कहीं-कहीं अपनी अतिरंजना के कारण भावुकतापूर्ण लगती है। कथा-साहित्य में सहज ही उसे अधिक सामाजिक और यथार्थवादी आधार-भूमि मिली है। इसीलिए कहानियों की भाव-प्रवणता, विशेषतः 'आकाश दीप' के बाद, ऐकान्तिकता से मुक्त, संयमित और सजीव लगती है। कथा-साहित्य में भी भाव के मनोवैज्ञानिक और सामाजिक, दोनों पहलुओं का जैसा निरूपण उपन्यासों में है वैसा कहानियों में नहीं। कहानियों की भावनाओं में अधिक मनोवैज्ञानिक जटिलता, रोमांटिक रहस्यात्मकता एवं अद्भुतपन दिखाई देता है।

रूप का सौन्दर्यवादी पहलू सभी विधाओं में समान है। परवर्ती नाटकों, कहानियों और उपन्यासों में रचना-विधान का निर्माण-कौशल का भी कुछ आकर्षण मिलता है। लेकिन तन्त्र-योजना की दुर्बलता के कारण नाटकों में फैलाव की और कहानियों में अस्पष्टता एवं अनिश्चयात्मकता की संगठन सम्बन्धी कुछ न्यूनताओं का बोध होता है। कहानियों में रूप-सौन्दर्य सम्बन्धी निखार सबसे अधिक है। सिद्धान्ततः काव्य में सौन्दर्यशास्त्रीय रूप का अधिक महत्त्व होता है, उसमें कथ्य और रूप का आन्तरिक और अनिवार्य सम्बन्ध रहता है। कहानियों का रूप-सौन्दर्य कविता के समकक्ष ही निखरा हुआ है।

वास्तव में विधाओं का अन्तर प्रवृत्ति-भेद या प्रवृत्तियों के सामंजस्य की भिन्नता के आधार पर है। वैसे सबकी नींव स्वच्छन्दतावाद में है, लेकिन काव्य-नाटकों में उसे अपेक्षाकृत अधिक क्लासिकल प्रवृत्ति का और काव्य में रहस्यवाद का भी योग प्राप्त हुआ है। यथार्थवादी प्रवृत्ति के न्यूनतम प्रभाव के साथ मानवतावादी प्रवृत्ति का पहलू भी दुर्बल है। उनमें करुणा की भावना का जो विस्तृत निरूपण हुआ है वह भाव की दृष्टि से अधिक और मानवतावादी प्रवृत्ति की दृष्टि से कम है। उपन्यासों में स्वच्छन्दतावादी, मानवतावादी और यथार्थवादी प्रवृत्तियों के सन्तुलित सामंजस्य के परिणामस्वरूप अन्य विधाओं में दिखाई देनेवाली एकांगिता और अतिवादिता एक हद तक दूर हुई है। कुछ परवर्ती कहानियों के सम्बन्ध में भी यह बात चरितार्थ होती है, पर समष्टि रूप में प्रसाद का कहानी-साहित्य मानवतावादी परिधि को लेकर अभिव्यक्त स्वच्छन्दतावादी विधा का ही प्रतिबिम्ब है। कहीं-कहीं कहानियों का रोमांटिक स्वर काव्य-नाटकों से भी अधिक प्रखर हो गया है। यह कहा जा सकता है कि विधा की दृष्टि से कविता, नाटक, उपन्यास और कहानी में जीवन के जिस रूप और पहलू का जैसा निरूपण होता है, उसकी अपेक्षा करके यह बात कही जा रही है। कविता भाव और कल्पना का, नाटक जीवन के मूल संघर्षों और क्रियाशीलता का और कथा-साहित्य जीवन की बहिर्मुखी यथार्थवादी चेतना के प्रसार का क्षेत्र है। साहित्य-सर्जना में इस भूमि के प्रसार का ही नहीं, किस प्रवृत्ति या प्रवृत्तियों के आधार को लेकर यह प्रसार हुआ है, वह भी बहुत महत्त्वपूर्ण है। वास्तव में यही प्रवृत्ति सर्जना की अनुभूति और उसके मूल्य का निर्धारक तत्त्व है।

प्रसाद के कथा-साहित्य का उनकी समग्र साहित्य-साधना में एक महत्त्वपूर्ण स्थान है। युग की विषम परिस्थितियों और यथार्थवादी साहित्य एवं साहित्यकारों का जो प्रभाव उनके मन पर पड़ा है और संवेदनशील साहित्यकार की भावना तथा कल्पना के सांस्कृतिक एवं मानवीय पहलुओं के साथ इस संघर्षशील यथार्थवादी पहलू का जो संयोग हुआ है, उसकी अभिव्यंजना कथा-साहित्य में ही हुई है। पूरे साहित्य की दृष्टि से कविता की आदर्श भावना ने नाटकों में आदर्श जीवन का रूप ग्रहण किया है और कथा-साहित्य में आकर वह आदर्श भाव तथा जीवन, अपने अस्तित्व के लिए

एवं अपने प्रसार के लिए जीवन की यथार्थ परिस्थितियों से संघर्ष करते हुए जीवन का प्रगतिशील विकास करने में कटिबद्ध हुई है। प्रसाद को जो पलायनवादी मानते हैं वे प्रायः इस बात की ओर ध्यान नहीं देते कि वे जीवन के किस पहलू से और क्यों पलायन कर रहे हैं और इस पलायन के द्वारा ये क्या प्राप्त करना चाहते हैं। जीवन के प्रवृत्ति मूलक आनन्दवादी साहित्यकार को पलायनवादी कहना ही अनुचित है। "नकार और निषेध को लेकर उठने वाले दर्शनों का उन्होंने प्राणपण से निराकरण किया। और उसे दर्शन को प्रतिष्ठित करना चाहा, जो जीवन के प्रति निरपवाद स्वीकृति का निमन्त्रण देता है। हिन्दुत्व की उनकी ऐसी ही धारणा थी। बौद्ध और जैन परम्पराओं में उन्होंने वर्जन पर बल देखा और वह उन्हें किसी रूप में मान्य न था। मुझे लगता है जैसे उनके साहित्य का यह मूलाधार—मूलकोण है।...इन्द्रिय-निग्रह, तप, त्याग, तितिक्षा आदि मूल्यों और मानों से असहमति और उनकी अवगणना देखने को उनकी रचनाओं में बहुत गहरे जाने की आवश्यकता नहीं है। इन मूल्यों के प्रतीक मात्र स्पष्ट ही लेखक की गहरी सराहना और सहानुभूति नहीं पा सके। लेखक की ओर से वे कहीं व्यंग्य के भी पात्र हुए हैं।"[4] इस प्रवृत्ति मूलक जीवन-दर्शन को लेकर सौन्दर्य, प्रेम और करुणा की लौकिक अनुभूतियों के माध्यम से प्रसाद मानवीय चेतना और शक्ति का विकास चाहते हैं। यह भावना उनके काव्य-नाटकों में अभिव्यंजित हुई है। उन पर यदि कोई आक्षेप हो सकता है तो इस बात का कि उन्होंने इन भावनाओं की विषम और यथार्थ जीवन की परिस्थितियों में प्रसार और परिणति नहीं दिखाई है। इसी को दृष्टि में रखकर शुक्ल जी ने कहा है कि "श्रद्धा के मंगलमय योग से किस प्रकार कर्म धर्म का रूप धारण करता है, यह भावना कवि से दूर ही रही।"[5] लेकिन कथा-साहित्य में प्रसाद जीवन की यथार्थता की ओर प्रवृत्त हुए हैं। उन्होंने व्यक्ति-चेतना के जीवन के साथ सघर्षों की ओर संकेत किया है और परिस्थितियों के अनुसार व्यक्ति की सफलता-असफलता की कहानी प्रस्तुत की है। पात्रों की शक्ति और संघर्षशीलता इस सफलता या असफलता से परे है। अर्थात् एक व्यापक अर्थ में उनकी असफलता में उनकी विजय छिपी हुई है, कम से कम वह मानवीय जीवन की विजय है, क्योंकि पात्र परिस्थितियों से लड़कर उनसे हारकर भी मानों उनका उपहास ही करते हैं। शीरीं, सुजाता, लैला आदि कहानियों के कुछ पात्र संघर्षों से उत्पन्न वेदना से कुछ अधिक विचलित हैं और इस कारण कुछ दुर्बल भी लग सकते हैं, लेकिन उपन्यासों में वे अधिक आत्म-विश्वास के साथ जीवन-संघर्ष के लिए सन्नद्ध होते हैं। इसीलिए वाजपेयी जी ने कहा है कि "प्रसाद जी दार्शनिक और भावनात्मक दृष्टियों से मानव को जीवन-संघर्ष के लिए उद्यत कर देते हैं। वे कहीं कृत्रिम सन्तोष का पाठ नहीं पढ़ाते। प्रसाद जी नारी और पुरुष को समता और सहकारिता के सूत्र में बाँधकर एक संघटित मोर्चा तैयार करते हैं। उनकी आख्यायिकाओं में यह सूत्र हमें मिलता है और 'तितली' में मोर्चा तैयार है।"[6]

प्रसाद ने अपने साहित्य में जीवन के प्रति आस्था, विश्वास और आशा ही अभिव्यक्त की है। अनास्था, अविश्वास और निराशा के स्वर कहीं भी प्रकट नहीं हुए। 'कंकाल' में भी जहाँ लेखक ने अपने पात्रों द्वारा रूढ़ परम्पराओं के प्रति घोर विद्रोह की भावना दिखाई है, वहाँ भी वह जीवन की गतिविधि के विरुद्ध ही है, जीवन के विरुद्ध नहीं। यह मानवतावाद में, उसके विकास में उनकी दृढ़ आस्था का परिचायक है। उदात्त क्लासिकल परम्परा के प्रति उनका प्रेम और उनका लौकिक एवं कलात्मक व्यक्तित्व इस आशावादिता के मूल कारण हैं। इसी कारण जीवन के नग्न यथार्थ या अन्धकार पक्ष की प्रबलता उनके साहित्य में नहीं है। 'कंकाल' की तरह जहाँ कहीं ऐसा चित्र प्रस्तुत भी किया गया है, वह पूरी निर्लिप्तता के साथ और जीवन के अभीष्ट लक्ष्यों को पुष्ट करने के लिए ही। साहित्य सम्बन्धी वाजपेयी जी की ये मान्यताएँ प्रसाद की साहित्यिक दृष्टि और प्रवृत्ति की स्पष्ट व्याख्या कर देती हैं—"साहित्य का क्षेत्र स्वस्थ और सबल भावनाओं के सृजन का क्षेत्र है। अस्वस्थ और निबल भावनाओं का चित्रण भी नेगेटिव या अपर पक्ष को दिखाने के लिए किया जा सकता है। किन्तु उसे 'आदर्श' मान बैठना रास्ते से भटक जाना है। समय के प्रवाह के साथ नयी विचार-धाराएँ और नवीन जीवन दर्शन समाविष्ट होते हैं। समाज के परिवर्तनशील स्वरूपों पर साहित्यकार को सूक्ष्म निगाह रखनी होती है और उन नवीन विचार-धाराओं और जीवन दर्शनों को विवेक या 'डिस्क्रिमिनेशन' (Discrimination) के साथ ग्रहण करना पड़ता है।"[7]

2. कहानी-क्षेत्र में प्रवेश

भावात्मक कहानियों के प्रणेता प्रसाद की पहली कहानी 'ग्राम' सन् 1912 में उनके मासिक पत्र 'इन्दु' में प्रकाशित हुई। 'रसिया बालम' नाम की दूसरी कहानी सन् 1912 में निकली। प्रसाद सन् 1911 से लेकर सन् 1935 तक निरन्तर कहानियाँ लिखते रहे और उन सबके संग्रह 'छाया', 'प्रतिध्वनि', 'आकाशदीप', 'आँधी' और 'इन्द्रजाल' नाम से प्रकाशित हुए। सन् 1935 की 'सालवती' उनकी अन्तिम कहानी है।

कहानी साहित्य के प्रसार और प्रवर्धन में प्रसाद के महत्त्व और योगदान को समझने के लिए उनकी कहानी-रचना के पूर्व ही प्रवृत्तियों पर दृष्टिपात कर लेना आवश्यक है। वैसे तो कुछ समालोचक इंशा अल्ला खाँ की 'रानी केतकी की कहानी' को हिन्दी की प्रथम कहानी मानते हैं, लेकिन आधुनिक कहानी के रूप-रंग की कोई विशेषता उसमें नहीं है। सन् 1900 में 'सरस्वती' पत्रिका के प्रकाशन से ही आधुनिक छोटी कहानियों का विकास आरम्भ हुआ है। उसमें जो कहानियाँ निकलती थीं वे उस विधा के आधुनिक रूप की अवश्य थीं, लेकिन प्रायः यूरोपीय या बंग भाषा की कहानियों की छाया को लेकर लिखी जाती थी। पंडित किशोरीलाल गोस्वामी की 'इन्दुमती' नामक कहानी पर भी, जिसे पंडित रामचन्द्र शुक्ल हिन्दी की पहली

मौलिक कहानी मानते हैं,"[8] शेक्सपीयर के प्रसिद्ध नाटक 'टेम्पेस्ट' की छाप स्पष्ट परिलक्षित होती है। उसके बाद उल्लेखनीय पं. रामचन्द्र शुक्ल की कहानी 'ग्यारह वर्ष का समय' (सन् 1909), 'दुलाईवाली' (सन् 1907) तथा वृन्दावनलाल वर्मा की ऐतिहासिक कहानियाँ 'राखीबन्द भाई' और 'तातार और एक वीर राजपूत' (सन् 1909 और 1910) हैं। बीच-बीच में भारतीय परम्परा की जो काल्पनिक कहानियाँ, जिसमें कुछ पद्य-बद्ध भी थीं, लिखी गयी हैं; उनसे आधुनिक कहानी का कोई विशेष सम्बन्ध नहीं था।

उपर्युक्त कहानियों में सन् 1911 में प्रकाशित प्रसाद की कहानी 'ग्राम' की एक विशेषता है। उसका कथानक साधारण ग्रामीण जीवन से सम्बन्ध रखता है; उसमें महाजन कुन्दनलाल के अत्याचार से पीड़ित परिवार की करुण कहानी है। "आकस्मिक घटनाओं और संयोगों का सहारा लेकर लेखक ने एक विषम और करुण परिस्थिति उपस्थित कर दी है।"[9] मनोहरलाल भटकते-भटकते उस स्त्री के यहाँ पहुँचता है जिसके साथ उसके पिता कुन्दनलाल ने बड़ा अन्याय किया था। प्रारंभिक कहानियों में, जबकि सच्ची यथार्थवादी चेतना और कलात्मक विधान का विकास नहीं हुआ था, कथानक का विकास इस तरह आकस्मिक घटनाओं और संयोगवश उत्पन्न परिस्थितियों द्वारा संघटित होना स्वाभाविक ही है। आगे चलकर प्रसाद ने जीवन के नैसर्गिक और वास्तविक वातावरण को अक्षुण्ण रखते हुए भी उसमें नाटकीय प्रभाव की सृष्टि के लिए इस प्रकार की घटनाओं और सन्निवेशों की योजना की है।

'ग्राम' आधुनिक यथार्थवादी सामाजिक कहानियों की परम्परा का प्रवर्तक है तो 'रसिया बालम' काव्यात्मक भाव-प्रधान कहानियों की परम्परा का। लैला-मजनू, शीरी-फरहाद आदि प्रेमाख्यानों से मिलती-जुलती इस प्रकार की रचनाओं में लेखक की कल्पना और भावुकता के लिए अधिक गुंजाइश रहती है। इनके कथानक नित्य जीवन की यथार्थोन्मुख और सामाजिक परिस्थतियों और घटनाओं के आधार पर न होकर लेखक की कल्पना से प्रसूत सौन्दर्य और प्रेम की रंगीन छटाओं को लेकर रोमांटिक होते हैं। आगे चलकर प्रसाद की अधिकांश कहानियों में इसी परम्परा का विकसित प्रौढ़ कलात्मक रूप मिलता है।

'छाया' में संग्रहीत प्रसाद की इन आरम्भिक कहानियों पर आपत्ति की जा सकती है कि कहानी-कला की दृष्टि से वे विशेष प्रशंसनीय नहीं हैं और यह भी कहा जा सकता है कि सन् 1926 में प्रकाशित 'प्रतिध्वनि' की कुछ कहानियाँ ही साहित्य की स्थाई सम्पत्ति बन सकती हैं। किन्तु इस प्रकार की धारणाओं की वास्तविकता जाँचने के लिए अधिक गहराई में पैठकर विचार करने की आवश्यकता है। प्रसाद की प्रतिध्वनिकाल श्रेष्ठ कहानी-रचना के पहले ही चन्द्रधर शर्मा गुलेरी की श्रेष्ठ कहानी 'उसने कहा था' सन् 1915 में 'सरस्वती' में छप चुकी थी। इस सन्दर्भ में प्रेमचन्द

की कहानियों का उल्लेख करना भी आवश्यक है। उनकी प्रथम श्रेष्ठ कहानी 'पंच परमेश्वर' सन् 1916 में प्रकाशित हुई और फिर उनकी उत्तम कहानियों की अटूट परम्परा चल पड़ी। इस दृष्टि से प्रेमचन्द के आगमन से ही हिन्दी कहानी-क्षेत्र में एक नये युग का सूत्रपात हुआ। सबसे आधुनिक मनोवैज्ञानिक ढंग की यथार्थोन्मुख श्रेष्ठ कहानियाँ बराबर लिखी जाने लगीं। उपन्यासों की तरह कहानियों के क्षेत्र में भी युगान्तर करने तथा इस विधा को समृद्ध करने का बहुत-सा श्रेय प्रेमचन्द को ही जाता है।

यह सब मानते हुए भी हिन्दी कहानियों के विकास के उस आरम्भकाल में प्रसाद के महत्त्व और योगदान को स्वीकार करना ही पड़ता है। हिन्दी कहानी-कला के विकास-क्रम को दृष्टि में रखकर देखने से 'छाया' की आरम्भिक कहानियों का ऐतिहासिक मूल्य स्पष्ट हो जाता है। 'ग्राम' का प्रकाशन हिन्दी कहानी-क्षेत्र में एक घटना माननी चाहिए। आधुनिक कहानियों की तरह उसकी वस्तु स्वाभाविक और यथार्थोन्मुख है ही, रचना-विधान की दृष्टि से भी वह अपने समय की कहानियों से कुछ आगे बढ़ गयी है। कहानी के अन्त में जाकर ही पता लगता है कि मोहनलाल का अतिथि-सत्कार करनेवाली स्त्री पर अत्याचार करने वाले उनके पिता कुन्दनलाल ही हैं। इस तरह कहानी एक नाटकीय घुमाव के साथ समाप्त होती है। इतना ही नहीं, अपने पिता के अत्याचार की कहानी को आन्तरिक वेदना के साथ चुपचाप सुन लेने और परिस्थिति के कारण अपना परिचय न दे सकने की मोहनलाल की विवशता और लज्जा में एक नाटकीय व्यंग्य भी छिपा हुआ है। कहानी का इतिवृत्तात्मक-वर्णनात्मक रूप ही वास्तव में उसकी दुर्बलता है।

'रसिया बालम' का बाह्य रूप और उसकी आंतरिक भावना आधुनिक न होकर परम्परागत है, फिर भी उसमें काव्यात्मक और नाटकीय तत्त्वों की प्रभावशाली योजना हुई है। खिड़की में एक सुन्दर मुखाकृति और उससे दूर नदी के किनारे पर खड़े, एकाग्र दृष्टि से उस सौन्दर्य को देखने वाले युवक की पृष्ठभूमि में कुतूहल की भावना को जगाने वाले रूप में कहानी का रोमांटिक आरम्भ किया गया है। आगे चलकर कहानी के विस्तार-विकास में भी नाटकीय व्यग्रता उत्पन्न करने का प्रयत्न हुआ है। सन् 1912 में प्रकाशित 'चन्दा' इन दोनों कहानियों की अपेक्षा साधारण होने पर भी चन्दा के चरित्र-चित्रण और उसके मानसिक भाव-विश्लेषण की प्रवृत्ति के कारण विशिष्ट दिखाई देती है। आधुनिक कहानियों की मनोवैज्ञानिकता की ओर वह पहला प्रस्थान है। यहाँ यह बात भी ध्यान देने योग्य है कि सभ्य समाज से बाहर मानव-जीवन की अभिव्यक्ति के यथार्थवादी प्रयत्न और उस जीवन के अन्तर्दर्शन की, उसके राग-रंग के उद्घाटन की स्वच्छन्दतावादी प्रवृत्ति, दोनों के इस कहानी में आभास मिल जाते हैं। ऐतिहासिक इतिवृत्त को लेकर कहानी के क्षेत्र-विस्तार का भी प्रसाद ने प्रयत्न किया है।

इस तरह जीवन की यथार्थता से वस्तु ग्रहण, मनोवैज्ञानिक पात्र-परिकल्पना, स्वच्छन्द भावोन्मेष और प्रभावोत्पादक कथन-पद्धति—आधुनिक छोटी कहानी की इन सभी विशेषताओं की झलक 'छाया' की कहानियों में पायी जाती है। प्रसाद के पहले इन दिशाओं में और किसी लेखक का प्रस्थान नहीं हुआ था।

3. कहानी-कला का विकास-क्रम

'ग्राम' के रचना-काल सन् 1911 से लेकर 'सालवती' के रचना-काल सन् 1935 तक प्रसाद की कहानियाँ बराबर प्रकाशित होती रहीं। चौबीस वर्षों की इस लम्बी अवधि में सामाजिक जीवन की परिस्थितियों और लेखक की भावना के प्रसार के अनुरूप प्रसाद के कहानी-साहित्य में प्रवृत्तिगत परिवर्तन होते रहे। जीवन के अनुभवों के आधार पर जब लेखक के व्यक्तित्व का प्रौढ़ विकास होता जाता है, तब रचना की प्रवृत्ति और उसके कलात्मक रूप-विधान में परिवर्तन हो जाना और क्रमशः उनमें प्रौढ़ता का दर्शन होना, अत्यन्त स्वाभाविक है।

सन् 1912 में प्रकाशित 'छाया' प्रसाद की आरम्भिक कहानियों का संग्रह है। उसके प्रथम संस्करण में केवल पाँच कहानियाँ थीं। उसके परिवर्धित रूप में छः ऐतिहासिक कहानियाँ और जोड़ दी गयीं। साहित्यिक दृष्टि से ये कहानियाँ अत्यन्त साधारण हैं। इसका मूल कारण उनकी विषय-प्रधान इतिवृत्तात्मकता है। वस्तु जब तक कलाकार की भावना के माध्यम से प्रस्तुत नहीं होती, उसे आत्माभिव्यक्ति का कलात्मक स्पर्श प्राप्त नहीं होता। सभी कहानियों का सामाजिक स्तर भिन्न-भिन्न प्रकार का है। 'तानसेन' में प्रेम, धर्म की संकीर्णता को स्वीकार नहीं करता, लेकिन 'मदन-मृणालिनी' में जाति-पाँति की सामाजिक विषमता मदन और मृणालिनी के प्रेम में अवरोध उत्पन्न करती है। 'ग्राम' कहानी में अत्याचार से पीड़ित ग्रामीण युवती की असहाय स्थिति का निरूपण हुआ है तो 'चन्दा' कहानी की नायिका में नारी के उस दुर्बल व्यक्तित्व का उलटा रूप दिखाई देता है। चन्दा रामू की हत्या करके प्रतिशोध लेती है और नारी के आत्म-बल को प्रदर्शित करती है।

इन कहानियों का रचना-विधान बिल्कुल साधारण और सीधा है। ऐतिहासिक क्रम में घटनाओं का उल्लेख करते हुए बीच-बीच में काव्यात्मक वर्णन का प्रयास किया गया है। प्रायः कहानियों का आरम्भ प्रकृति-वर्णन से हुआ है; लेकिन वह भावात्मक न होकर प्राचीन आलंकारिक शैली में है। "श्रावण-मास की संध्या भी कैसी मनोहारिणी होती है। मेघमाला विभूषित गगन की छाया सघन रसाल कानन में पड़ रही है। अँधियारी धीरे-धीरे अपना अधिकार पूर्व गगन में जमाती हुई, सुशासनकारिणी महाराणी के समान विहंग-प्रजागण को सुख निकेतन में शयन करने की आज्ञा दे रही है।"[10]

विषय-प्रधान होने पर भी कहीं-कहीं प्रसाद की भावात्मकता और तद्नुरूप

मार्मिक वाक्य-विन्यास दिखाई पड़ता है। "निशा का अंधकार कानन-प्रदेश में अपना पूरा अधिकार जमाये हुए है। प्रायः आधी रात बीत चुकी है। पर केवल उन अग्नि-स्फुलिंगों से कभी-कभी थोड़ा-सा जुगुनू का-सा प्रकाश हो जाता है जो कि रसिया के शस्त्र-प्रहार से पत्थरों में से निकल पड़ते हैं। दनादन चोट चली जा रही है—विराम नहीं है क्षण भर भी—न तो उस शैल को और न उस शस्त्र को। अलौकिक शक्ति से वह युवक अविराम चोट लगाये ही जा रहा है। एक क्षण के लिए भी इधर-उधर नहीं देखता।"[11] भाव के अतिरंजित चित्र फारसी साहित्यिक परम्परा के है। आसपास की प्रकृति का वर्णन करके भाव के प्रभावोत्कर्ष का प्रयत्न भी इन कहानियों में है। अपने कार्य को असफल समझ कर 'रसिया' ने विषपान किया और खिड़की से देखने वाली राजकुमारी के मुँह से एक हल्का-सा चीत्कार निकल गया; इसका प्रभावोत्कर्ष प्रकृति के माध्यम से इस प्रकार उत्पन्न किया गया है—"खिड़की बन्द हो गयी। फिर केवल अंधकार रह गया।"[12]

प्रसाद की कहानियों की प्रवृत्ति से न मिलने पर भी, 'छाया' की इन इतिवृत्तात्मक और वर्णनात्मक कहानियों में उनकी कहानी-कला की बहुत-सी विशेषताएँ बीज रूप में मिल जाती हैं। दृष्टि में स्वच्छन्दतावादी और मानवतावादी आभास है, वस्तु में वन्य-जीवन, ऐतिहासिक आकर्षण और प्राकृतिक परिवेश का चित्रण है, पात्र-परिकल्पना में व्यक्ति के आत्मबल और चारित्रिक रहस्यों के उद्घाटन की प्रवृत्ति है और रचना-विधान में वेदनापूर्ण स्थिति पर कहानी की समाप्ति का प्रयत्न है। कहीं-कहीं हृदय की भावुकता भी मुखर हो उठी है।

सन् 1926 में प्रकाशित 'प्रतिध्वनि' पन्द्रह छोटी-छोटी कहानियों का संग्रह है। प्रसाद की भावात्मक कहानियों का आरम्भ यहीं से होता है। इन कहानियों में हृदय की भावुकता में रंग कर मानव जीवन की किसी अन्तर्वृत्ति या मार्मिक परिस्थिति की गूढ़ व्यंजना हुई है। 'प्रतिध्वनि' की कहानियाँ साधारणतः अच्छी हैं; 'गूदड़ साईं', 'खंडहर की लिपि', 'चक्रवर्ती का स्तम्भ' आदि कुछ अधिक मर्मस्पर्शी हैं।

'प्रतिध्वनि' की इन कहानियों में आन्तरिक भावों के मनोवैज्ञानिक उद्घाटन, भावुकता, कल्पनशीलता और व्यंजनापूर्णता आदि की जो विशेषताएँ मिलती हैं, उनकी प्रतिनिधि उदाहरण 'प्रसाद' कहानी है। मन्दिर के वैभव-विलासपूर्ण वातावरण में सरला को अपनी श्रद्धा के फूल चढ़ाने में भी संकोच हुआ। बड़ी लज्जा से जिससे कि कोई देखे नहीं, सरला ने अपने फूलों को प्रतिमा की ओर फेंक दिया। पर्ण पुट के फूल गिरे ठीक देवता के चरणों पर। सरला प्रसाद के लिए प्रतीक्षा करने लगी। लेकिन पुजारी अन्तिम आरती में व्यस्त थे। "अकस्मात आरती बन्द हुई। सरला ने जाने के लिए आशा का उत्सर्ग करके एक बार देव प्रतिमा की ओर देखा। देखा कि उसके फूल भगवान के अंग पर सुशोभित हैं। वह ठिठक गयी। पुजारी ने सहसा घूमकर देखा और कहा—'अरे तुम! अभी यहीं हो, तुम्हें प्रसाद नहीं मिला, लो।' जान

में या अनजान में पुजारी ने भगवान की एकावला सरला के नत गले में डाल दी। प्रतिमा प्रसन्न होकर हँस पड़ी।"[13] इस वर्णन में पहले की स्थूल नैतिक आदर्शवादिता है और अभिव्यंजना में जो सौन्दर्यात्मक मूर्त्तता है, वे 'प्रतिध्वनि' की इन कहानियों को सामान्य सामाजिक कहानियों से पृथक कर देती है।

'प्रतिध्वनि' की कहानियों ने 'छाया' को इतिवृत्तात्मकता से भावात्मक रूप ग्रहण करने में विशेष लघुता प्राप्त की। आरम्भिक कहानियों के-से अनावश्यक फैलाव का यहाँ कोई प्रश्न ही नहीं उठता। सभी दो-चार पृष्ठों की छोटी कहानियाँ हैं। वस्तु का प्रसार न होने के कारण वातावरण, कथानक, पात्र-परिकल्पना आदि का पूरा उन्मीलन ही नहीं हो पाया। आरिस्टाटिल के शब्दों में रचना-विधान के सौष्ठव पूर्ण होने के लिए आदि, मध्य और अन्त की जो आवश्यकता है, उसका बिल्कुल ध्यान ही नहीं रखा गया। कहानी के केवल दो भाग हैं। आरम्भ में भाव की पूर्व-पीठिका प्रस्तुत करके फिर एक घटना, सन्निवेश या संवाद द्वारा उसकी व्यंजना की गयी है। भाव की अभिव्यक्ति के लिए भूमिका बांधने में कहानी का आरम्भ शिथिल हो गया है। पर कहानी के दूसरे भाग में, जो वास्तव में कहानी का आरम्भ और अन्त भी है, उसकी प्रधान भावना बड़े संक्षेप में, बड़ी तीव्रता के साथ बिजली की तरह कड़क उठती है। 'चक्रवर्ती का स्तम्भ' कहानी के अन्त में मुसलमानों के अत्याचार और क्षुब्ध प्रकृति के द्वारा उनके नाश को दस-पन्द्रह वाक्यों में इस तरह समेटकर सामने रखा गया है कि उसका गहरा प्रभाव पड़ता है। इस भाव-व्यंजना की मार्मिकता के बावजूद 'प्रतिध्वनि' की कहानियों में विकसित कला की वह पूर्णता नहीं है जो 'आकाशदीप' की कहानियों में है। अतः इन्हें साधना-काल के प्रयोग ही कहना उचित होगा। 'प्रतिध्वनि' की इन कहानियों में प्रसाद के कहानी-साहित्य की स्वच्छन्दतावादी प्रवृत्तियाँ और उनके विविध पहलुओं या तत्त्वों की स्पष्ट झलक मिल जाती है। शिल्प-विधान में भी लेखक अपनी स्वाभाविक प्रकृति-प्रवृत्ति की ओर बढ़ा है। यहाँ जो कुछ समंजित होने से रह गया है वह है—प्रसाद-साहित्य के जीवन-दर्शन की गहराई, प्रवृत्ति का प्रसार और कलात्मक पूर्णता। 'छाया' की कहानियों में जो यथार्थवादी आभास है वे स्वच्छन्दतावादी भावात्मकता और मानवतावादी करुणा की भावना में अन्तलीन हो गये हैं। इस सन्दर्भ में 'दुखिया' कहानी द्रष्टव्य है।

'आकाशदीप' सन् 1929 में प्रकाशित हुआ है। उसमें उन्नीस कहानियाँ हैं। 'प्रतिध्वनि' की कहानियों में जिस भावात्मक प्रवृत्ति का आरम्भ हुआ है, उसका पूर्ण विकसित रूप 'आकाशदीप' की कहानियों में मिलता है। प्रकृति का शांत रमणीय वातावरण, संवेदनशील पात्र, भाव-प्रवणता, वस्तु और विधान दोनों में सौन्दर्य एवं कल्पना की अद्‌भुत छटा और गूढ़ व्यंजना को लेकर प्रत्येक कहानी एक गद्यकाव्य सी लगती है। इन कहानियों में लेखक की दृष्टि पूर्णतया अन्तर्मुखी हो गयी है और वे एकान्त प्रकृति की गोद में मनुष्य की अन्तर्वृत्तियों का उद्‌घाटन करने में संलग्न

हुए हैं। लेखक ही नहीं, पात्र भी कल्पनाशील है। शीरीं जागते हुए भी एक स्वप्न की कल्पना करने लगी। उसका प्रियतम सुदूर हिन्दुस्तान के एक नगर की गली में पीठ पर गट्ठर लादे घूम रहा है। 'परिश्रम और अनाहार से उसका मुख विवर्ण है। थककर वह किसी के द्वार पर बैठ गया है। कुछ बेचकर उस दिन की जीविका प्राप्त करने की उत्कण्ठा उसकी दयनीय बातों से टपक रही है।'[14] परन्तु वह गृहस्थ उधार चाहता है और उसमें उधार देने की सामर्थ्य नहीं है। इस कल्पना में लेखक ने बिसाती का चित्र ही उपस्थित नहीं किया, शीरीं की भावुकता और आन्तरिक वेदना को भी प्रकट कर दिया है। प्रियतमा की कल्पना में प्रियतम का चित्र संवेदना के रंग में रंगकर पाठकों को आकृष्ट करता है, कल्पनाशील हृदय अपने प्रेम की भावना को गहरे रंगों में चित्रित कर देता है और कल्पनाशील बनाने वाली परिस्थिति की विवशता हृदय के तारों को झंकृत कर देती है। शीरीं की यह भावुकतापूर्ण कोरी कल्पना नहीं है, उसके मूल में जीवन की यथार्थता का आभास है। यह कल्पना और उससे उत्पन्न वेदना अन्तर्मन के संकल्प को झकझोर देती है। इसीलिए शीरीं की ''इच्छा हुई कि हिन्दुस्तान के प्रत्येक गृहस्थ के पास हम इतना धन रखे दें कि वह अनावश्यक होने पर भी उस युवक की सब वस्तुओं का मूल्य देकर उसका बोझ उतार दें।''[15] यह केवल प्रेम की शुभकामना या भावुक मन की अभिलाषा न होकर आत्म-संकल्प की क्रियाशीलता है।

'आकाशदीप' की इन भावात्मक कहानियों में कथानक का अंश बहुत कम है। वह भाव-व्यंजना का साधन मात्र है। वस्तु दैनिक जीवन की गतिविधि से भिन्न असाधारण और अद्भुत है। इसी असाधारण में कहानी के सन्निवेशों की नाटकीयता भी है। पात्रों के संवाद जीवन की यथार्थता के धरातल पर न होकर, कल्पनाशीलता से भरे हुए हैं। सब मिलाकर एक रहस्य, एक राग और एक आकर्षण की सृष्टि, 'आकाशदीप' की कहानियों की कला है। रचना-विधान में तन्त्र-योजना की अपेक्षा सौन्दर्य-दृष्टि प्रधान है। ऐतिहासिक क्रम में जिस तरह घटनाओं का उल्लेख किया गया है, उसमें टेकनिक के विशेष चमत्कार की सम्भावना ही नहीं है। 'आकाशदीप' की कहानियों में मानवतावादी और यथार्थवादी प्रवृत्तियों, स्वच्छन्दतावादी प्रवृत्ति की प्रबलता में बहुत कुछ दब गयी है। स्वयं कहानी का रूप काव्य तत्त्व से आच्छादित हो गया है।

'आँधी' सन् 1933 में प्रकाशित हुई। उसमें ग्यारह कहानियाँ हैं। 'आँधी' और 'दासी' में वस्तु का अधिक प्रसार दिखाई देता है, अन्य कहानियाँ ''कहीं एक विशेष मनोभाव, कहीं मानव चरित्र की एक विशेष धारा और कहीं आकस्मिक घटनाओं से उत्पन्न परिस्थिति में बहते जीवन को''[16] लेकर चलती है। 'आँधी' की कहानियों में भावात्मकता और यथार्थवादी चेतना का सुन्दर सामंजस्य हुआ है। इस तरह भावुकता या भावना का अतिरेक शांत हो गया है और अनुभूति को यथार्थता का सुदृढ़

आधार मिला है। 'आँधी', 'पुरस्कार' आदि पहले की परम्परा में स्वच्छन्दतावादी और भावात्मक ही हैं, लेकिन जीवन की यथार्थता के स्पर्श से उसके स्वर में परिवर्तन आ गया है। कहानी का रूप भी इस स्पर्श से निखर उठा है। 'आकाशदीप' की कहानियों में रहस्यात्मकता, भावात्मकता, गूढ़ता या जटिलता, अद्‌भुतपन, कल्पनाशीलता आदि शुद्ध रोमांटिक तत्त्वों का या तो परिहार हो गया है या परिष्कार। 'आँधी' की स्वच्छन्दतावादी कहानियाँ केवल सौन्दर्य और भावात्मक संवेदनशीलता को लेकर चलती हैं और उनका जीवन की अधिक यथार्थवादी परिस्थितियों में उन्मेष हुआ है।

'घीसू', 'बेड़ी' आदि 'आँधी' की कुछ कहानियाँ पूरी यथार्थवादी हो गयी हैं। प्रसाद के कहानी-साहित्य की यथार्थवादी प्रवृत्ति के मूल में प्रेमचन्द का प्रभाव स्पष्ट परिलक्षित होता है। दोनों की मित्रता के साथ-साथ प्रभाव-ग्रहण भी बढ़ता गया। 'बेड़ी' की कथावस्तु अत्यन्त साधारण है जो नित्यप्रति संसार में देखने को मिलती है। विनोद शंकर व्यास जी ने लिखा है कि प्रसाद जी ने इस घटना को आँखों देखकर कहानी के रूप में प्रस्तुत किया है।[17] अंधे, भिखमंगे का एकमात्र सहारा, वह लड़का चंचलता में भाग निकलने का प्रयत्न कर रहा था, इसलिए उसके पैरों में बेड़ी लगाई गयी। लेकिन उसी से उसकी मृत्यु भी हो गयी। बेड़ी के कारण वह मोटर के आगे से तेज नहीं निकल सका। वेदना में व्याकुल होकर जब अंधे ने उसकी बेड़ी काट देने के लिए कहा तब तक उसके प्राण-पखेरू अपनी बेड़ी काट चुके थे। इन यथार्थवादी कहानियों का रचना-विधान भी स्वच्छन्दतावादी कहानियों से भिन्न है। धीरे-धीरे शिल्प-सौन्दर्य के साथ तन्त्र योजना के ताने-बाने की ओर भी लेखक का ध्यान आकृष्ट हुआ है। 'आँधी' की स्वच्छन्दतावादी कहानियों में भी यह बात देखी जा सकती है। 'नीरा' कहानी मूलतः स्वच्छन्दतावादी या मानवतावादी हो सकती है, लेकिन उसका ढाँचा और रचना-विधान यथार्थवादी है। इन यथार्थवादी कहानियों में परिस्थिति और घटना की तरह संवाद भी यथार्थोन्मुख और चुस्त हैं।

'इन्द्रजाल' सन् 1936 में प्रकाशित हुआ। उसमें चौदह कहानियाँ हैं। 'आँधी' की कहानियों में जो दिशा-परिवर्तन हुआ है उसने 'इन्द्रजाल' की कहानियों में और भी स्पष्ट रूप धारण कर लिया है। भावनिरूपण ही कहानी का एकमात्र लक्ष्य नहीं रहा, उसमें कथानक और चरित्र-चित्रण को भी स्थान मिलने लगा है। 'नूरी', 'चित्रवाले पत्थर', 'देवरथ' आदि कहानियों में पहले की सी भावप्रधानता अवश्य रही, लेकिन उस रूप में नहीं जिस रूप में 'आकाशदीप' की कहानियों में दिखाई पड़ी है।

'इन्द्रजाल' की कहानियों में स्वच्छन्दतावादी, मानवतावादी और यथार्थवादी, तीनों प्रवृत्तियाँ निखर आयी हैं। लेखक के जीवन-दर्शन में तात्विक गहराई का आभास मिलता है। केवल स्वच्छन्दतावादी दृष्टि से प्रभावित 'आकाशदीप' की कहानियों में जीवन के भावात्मक सन्तुलन का ही निरूपण हो सका है। लेखक के द्वारा जीवन की व्यापकता और गहराई में पहुँचने का सफल प्रयास 'आँधी' और 'इन्द्रजाल' की

कहानियों में ही है जहाँ मानवतावादी और यथार्थवादी दिशाओं में भी लेखक का दृष्टि-प्रसार हुआ है। इन तीनों प्रवृत्तियों के सामंजस्य में दृष्टि अधिक सन्तुलित भी हो सकी है। 'आँधी', 'गुंडा', 'देवरथ', 'सालवती' आदि कहानियाँ इसके प्रमाण हैं।

स्वच्छन्दतावादी, मानवतावादी और यथार्थवादी, तीनों प्रकार की कहानियों में वस्तु और रचना-विधान दोनों का महत्त्व स्वीकृत हुआ है। 'इन्द्रजाल' की कहानी में, विशेषतः उसके अन्त में कथानक जिस वेग से आगे बढ़ता है और इन्द्रजाल दिखाने के नाम पर जिस घुमाव के साथ समाप्त होता है वह कहानी-कला की प्रौढ़ता का द्योतक है। यथार्थवादी कहानियों की परिणति का उदाहरण 'विराम-चिह्न' है। उसमें जीवन की वास्तविकता का प्रतिबिम्ब ही प्रस्तुत नहीं किया गया, हरिजन वृद्धा के व्यक्तित्व को ढालते हुए उसके माध्यम से बहिर्मुखी सामाजिक यथार्थता की विषमता को मूर्त रूप भी दिया गया है। हरिजनों के मन्दिर-प्रवेश की समस्या उसके व्यक्तित्व और वेदना से मिलकर इस तरह प्रस्तुत की गयी है कि कहानी सामयिकता से परे एक व्यापक सत्य की ओर भी संकेत करने लगती है। 'आँधी' की 'दासी' और 'इन्द्रजाल' की 'सालवती' आदि कहानियों में वस्तुगत जीवन की परिधि व्यापक होकर कहानी के छोटे ढाँचे में नहीं समा पायी। यहाँ भी लेखक को जीवन की गम्भीरता की ओर, उसके चिरंतन सत्यों की ओर संकेत करने का अवसर मिल गया है।

प्रसाद की कहानियों में प्रवृत्तिगत, रूपगत और विधानगत अनेक परिवर्तन हुए हैं। प्रवृत्ति का सम्बन्ध दृष्टि और वस्तु से है। 'छाया' की आरम्भिक कहानियाँ जीवन के सतही धरातल पर परम्परागत रूढ़ नैतिक एवं धार्मिक दृष्टि को अपनाकर चलने की प्रयासमात्र हैं। 'प्रतिध्वनि' और 'आकाशदीप' में स्वच्छन्दतावाद के आधार पर एक आदर्शवादी भावात्मक दृष्टि को अपनाकर व्यक्ति-मन की गहराइयों में पैठने का प्रयत्न हुआ है। आगे के संग्रहों में स्वच्छन्दतावादी, मानवतावादी और यथार्थवादी प्रवृत्तियों के सामंजस्य में एक गम्भीर तात्विक जीवन-दर्शन के आधार पर जीवन के अन्तर्मुखी और बहिर्मुखी, दोनों प्रसारों पर दृष्टिपात किया गया है। रूप, रचनात्मक प्रक्रिया और उसके आधारभूत तत्त्वों से निर्धारित होता है। आरम्भिक कहानियों का रूप दृष्टि और वस्तु की स्थूलता के अनुरूप रूढ़ इतिवृत्तात्मक है। उसके बाद दृष्टि की अन्तर्मुखता और अन्तर्जगत से वस्तुग्रहण के कारण रूप विधान कल्पनाशील और भावात्मक हो गया है। अन्तिम कहानियों में दृष्टि और वस्तु में यथार्थवादी चेतना का योग हो जाने पर कलात्मक रूप योजना भी भावप्रवण, कल्पनाशीलता और तथ्यपरक यथार्थता में सन्तुलित हुई है। 'प्रतिध्वनि' से विकसित भावात्मक रूप ने एक ध्वन्यात्मकता को, विशेषतः कहानी के अन्त में, और उस ध्वनि के माध्यम से जीवन की गम्भीर व्याख्या या उसके सार्वभौमिक सत्यों के प्रतिपादन को अवकाश दिया है। विधान का सम्बन्ध कहानी के ढाँचे से है। वैसे प्रसाद जी ने साहित्य में टेक्नीक या तन्त्र सम्बन्धी मूल्यों को कभी ज्यादा महत्त्व नहीं दिया। फिर भी इन

कहानियों के रचना-विधान में उत्तरोत्तर उत्कर्ष दिखाई देता है। 'छाया' के सीधे-सादे प्रकथन से 'प्रतिध्वनि' में केन्द्रीकरण, फिर 'आकाशदीप' में आदि-मध्य-अन्त नियोजन और उसके बाद कथा के सूक्ष्म सूत्रों के सघन ताने-बाने के संग्रथन और कहीं-कहीं उसके घुमाव-फिराव तक जो परिवर्तन हुए हैं उनसे रचना-विधान में प्रौढ़ता ले आने के अनेकविध प्रयत्नों का बोध होता है। विशेषतः यथार्थवादी योजना के साथ वस्तु के विधान में कुतूहल और व्यग्रता उत्पन्न करने की दिशा में अधिक जागरूकता बरती गयी है। प्रवृत्ति, रूप और विधान के इस विकास-क्रम और उसके उत्कर्ष का लेखक की प्रतिभा और कल्पना के क्रम-विकास के साथ बड़ा घनिष्ठ सम्बन्ध है।

सन्दर्भ

1. जयशंकर प्रसाद पृ. 163
2. रमेश कुन्तल मेघ, कामायनी : तीन नवीन दृष्टिकोण, पृ. 118, नागरीप्रचारिणी पत्रिका, वर्ष 65, अंक 2
3. "On the whole, then, our primitive impulses leades towards Romanticism; our sense of reality towards Realism; our social sense towards classicism—the art of men who honour a code and a tradition, ... the best literature, I believe, tends to keep a balance of all these forces—"
   F.L. Lucas—literature and psychology, P.100.
4. महावीर अधिकारी द्वारा सम्पादित 'जयशंकर प्रसाद : जीवन दर्शन, कला और कृतित्व' में जैनेन्द्र कुमार का लेख-'शालीनता की प्रतिभूति : प्रसाद', पृ. 27
5. हिन्दी साहित्य का इतिहास, पृ. 775
6. जयशंकर प्रसाद, पृ. 9
7. जयशंकर प्रसाद, पृ. 24
8. हिन्दी साहित्य का इतिहास, पृ. 556
9. डॉ. श्रीकृष्ण लाल, हिन्दी कहानियाँ, भूमिका, पृ. 28
10. छाया-ग्राम, पृ. 31
11. छाया–रसिया बालम, पृ. 43-44
12. वही, पृ. 44
13. 'प्रतिध्वनि'-प्रसाद, पृ. 10
14. आकाशदीप-बिसाती, पृ. 187
15. वही, पृ. 188
16. आँधी, प्रकाशकीय निवेदन।
17. प्रसाद और उनका साहित्य, पृ. 139

प्रवृत्ति निरूपण

1. प्रवृत्ति-विश्लेषण और वर्गीकरण

प्रसाद के पाँच कहानी संग्रह हैं और उनमें कई तरह की कहानियाँ हैं। उनमें वस्तु, प्रवृत्ति और विधान की पर्याप्त भिन्नता दिखाई देती है। इन तीनों दृष्टियों से प्रसाद की कहानियों का वर्गीकरण किया जा सकता है। वस्तु और प्रवृत्ति का घनिष्ठ आन्तरिक सम्बन्ध है। प्रवृत्ति के अनुसार वस्तु का चयन और पल्लवन किया जाता है। लेकिन वस्तु की विविधता का भी अपना आकर्षण होता है। महान् साहित्यकार मानव जीवन के विविध पहलुओं को अपने साहित्य में समेटकर जीवन की व्यापकता की ओर संकेत करते हैं और उसके आधार पर मानव जीवन की व्याख्या का प्रयत्न भी होता है। इसलिए वस्तुगत दृष्टि और प्रवृत्ति का अधिक महत्त्व होते हुए भी वस्तु प्रसार की दिशाओं का बोध भी आवश्यक है। ये दिशायें कभी-कभी प्रवृत्ति का द्योतन ही नहीं करतीं, उसका निर्धारण भी करती हैं। वस्तु और प्रवृत्ति के उन्मेष में रचना-विधान के किसी तत्व या पहलू पर ज्यादा बल देते हुए कहानी का रूप खड़ा किया जाता है। डॉ. श्रीकृष्णलाल ने रचना-विधान के आधार पर कहानियों को कथाप्रधान, जिसके अन्तर्गत चरित्र प्रधान, घटना प्रधान और कार्य प्रधान कहानियाँ सम्मिलित हैं, वातावरण प्रधान और प्रभाव प्रधान वर्गों में बाँटा है।[1] वास्तव में हिन्दी की नवीनतम कहानियाँ, वातावरण, वस्तु, भाव, उद्देश्य आदि तत्वों से परे या उनके पराम्परागत रूढ़ अर्थों से मुक्त होकर नये-नये प्रयोगों में लगी हुई हैं। जहाँ तक प्रसाद की कहानियों का सम्बन्ध है, वातावरण प्रधान, भाव प्रधान या चरित्र प्रधान रूप में उनकी रचना हुई है।

वस्तु की दृष्टि से प्रसाद की कहानियाँ अतीत और वर्तमान, दोनों से सम्बन्धित हैं। वर्तमान के जीवन-संघर्षों की अपेक्षा स्वच्छन्दतावादी भावना और कल्पना की अनुकूल भूमि होने के कारण ही प्रसाद इतिहास की ओर आकृष्ट नहीं हुए हैं। राष्ट्रीय भावना और भारतीय संस्कृति की उज्ज्वलता का आकर्षण भी उसके मूल में है। प्रसाद के साहित्यिक व्यक्तित्व में भावनाशील-कल्पनाशील प्रवृत्तियाँ जितनी विकसित और पुष्ट हैं उतनी ही दार्शनिक राष्ट्रीय-सांस्कृतिक और मानवीय प्रवृत्तियाँ भी।

वर्तमान जीवन से सम्बद्ध वस्तु को लेकर चलने वाली कहानियों का उच्च-मध्यवर्गीय प्रेम और जीवन-संघर्ष, निम्नवर्गीय सामाजिक जीवन की विषमता और समाज से उपेक्षित या बहिष्कृत वर्गों के जीवन के आधार पर वर्गीकरण किया जा सकता है। अन्तिम विभेद में प्रेम और मानवता या करुणा की दोनों भावनाएँ मिल जाती हैं। जिस तरह उनकी ऐतिहासिक कहानियाँ इतिवृत्तात्मक और स्वच्छन्दतावादी, दोनों प्रकार की हैं उसी तरह उनकी आधुनिक जीवन की कहानियाँ भी यथार्थवादी और स्वच्छन्दतावादी, दोनों रूपों में हैं। वर्गीय आधार पर विभाजन करने के बाद वस्तु का जीवन की दिशा, पहलू या भावानुभूति के आधार पर उपवर्गीकरण भी किया जा सकता है। वस्तु के महत्त्व और रचना की कठिनाई के कारण ऐतिहासिक कहानी का प्रायः स्वतन्त्र विवेचन किया जाता है। इतिहास के आलोक में कहानी की परीक्षा, लेखक की ऐतिहासिक दृष्टि का विवेचन और कहानियों के अन्तर्गत एक विशिष्ट कलात्मक रूप धारण करने के कारण कला के आकलन का प्रयत्न, तीनों काम आवश्यक भी हैं।

प्रवृत्ति के आधार पर प्रसाद की कहानियों को स्वच्छन्दतावादी, मानवतावादी और यथार्थवादी वर्गों में बाँटा जा सकता है। प्रथम दोनों का बड़ा घनिष्ठ सम्बन्ध है। यूरोप में कविता के क्षेत्र में विचारात्मक और कलात्मक स्वतन्त्रता के आग्रह के साथ स्वच्छन्दतावाद का विकास हुआ है तो कथा-साहित्य में रूढ़ सामाजिक व्यवस्था के प्रति विद्रोह की भावना और व्यक्ति के महत्त्व की पहचान के आग्रह से प्रेरित होकर मानवतावाद का जन्म हुआ है। एक प्रकार से फ्रांस के विक्टर ह्यूगो इस दृष्टि के साहित्य के प्रवर्तक माने जा सकते हैं। दोनों दृष्टियों के विकास के मूल में रूस की 1789 की राज्य-क्रान्ति का प्रभाव रहा है। भारतीय साहित्य में रवीन्द्र और शरत के द्वारा इन प्रवृत्तियों का प्रवेश और प्रसार हुआ है। स्वच्छन्दतावादी और मानवतावादी, दोनों प्रवृत्तियाँ बहिर्मुखी स्थूल दृष्टि को छोड़कर जीवन के अन्तर्दर्शन का प्रयत्न करती है। यह कार्य सहज ही काव्य की भावात्मक भूमि पर जितनी गहराई में सम्भव है, कथा-साहित्य की यथार्थवादी भूमि पर उतनी गहराई में सम्भव नहीं। दोनों में व्यक्ति की महानता और व्यक्तिवादी मूल्यों का प्रतिपादन, सार्वजनीन दृष्टि, रूढ़ि विद्रोह, नवजीवन की आशा-आकांक्षा आदि की समता है। लेकिन स्वच्छन्दतावाद इस जीवन-दर्शन के आधार पर सौन्दर्य, भाव और कल्पना की क्रीड़ाभूमि में पहुँचता है जबकि मानवतावाद जीवन को यथार्थता के धरातल पर ही सक्रिय रहता है। इसलिए वस्तु और भाव की प्रकृति और दिशा में दोनों का पार्थक्य हो जाता है। प्रसाद की मानवतावादी कहानियों में स्वच्छन्दतावादी प्रवृत्ति की भी अनेक विशेषताएँ पहुँच गयी हैं। इसलिए वे शरत साहित्य की तरह शुद्ध मानवतावादी दृष्टि और प्रवृत्ति की नहीं रह जातीं। उनमें स्वच्छन्दतावादी भावात्मकता, कल्पनाशीलता, सौन्दर्यप्रेम आदि का बाहुल्य हो गया है। प्रसाद का प्रधानतः कवि

होना और काव्य-रचना में स्वच्छन्दतावाद की प्रबलता इसका कारण हो सकती है। दूसरी ओर स्वच्छन्दतावादी कहानियों में मानवतावादी भावना आ गयी है। प्रसाद के लौकिक तथा कलात्मक व्यक्तित्व पर बौद्ध दर्शन की करुणा की भावना का जो गहरा प्रभाव पड़ा है उसका स्वच्छन्दतावादी प्रेम की पीड़ा में भी प्रवेश हो गया है। यही नहीं, उस पीड़ा के प्रति समवेदना में मानवीय प्रवृत्ति का आन्तर्भाव हो जाता है। उस पीड़ा के मूल में सामाजिक विषमता की ओर संकेत करने में भी प्रसाद मानवतावादी दृष्टि को अपना लेते हैं।

स्वच्छन्दतावाद प्रधानतः पाश्चात्य साहित्यिक प्रवृत्ति है। भारतीय साहित्यकारों ने उसका निर्जीव अनुकरण न करके भारतीय परिस्थितियों, परम्पराओं और साहित्यिक प्रवृत्ति के अनुरूप उसका ग्रहण किया है। यद्यपि भारतीय स्वच्छन्दतावाद की अपनी विशेषताएँ हैं, फिर भी उसका मूल स्वर पाश्चात्य प्रवृत्ति से अवश्य मिलता-जुलता है। स्वच्छन्दतावादी दृष्टि अहं केन्द्रित व्यक्तिवादी है। स्वतन्त्रता की भावना और संवेगों की प्रधानता उसके आधार-स्तंभ हैं। स्वतन्त्रता की भावना में परम्परा के प्रति विद्रोह और वैयक्तिकता, दोनों आ जाते हैं। संवेग अहेतुक और स्वांतःचलित हैं तथा उनका सम्बन्ध अवचेतन मन से है।[2] संवेगात्मकता के साथ स्वच्छन्दतावाद में कल्पना की भी अधिक सक्रियता रहती है। नावलिस के शब्दों में, ''सामान्य को उदात्त अर्थ, साधारण का रहस्यमय रूप, सुझाव को अज्ञात की गरिमा और भौतिक को शाश्वतता का आवरण प्रदान करने में स्वच्छन्दतावादी प्रवृत्ति दिखाई देती है।''[3] कहने का तात्पर्य यह है कि स्वच्छन्दतावाद ने अपनी प्रवृत्ति के अनुरूप वस्तु को ही ग्रहण नहीं किया, बल्कि वस्तु को, समस्त जीवन जगत को, अपनी प्रवृत्ति के अनुरूप ढालने का भी प्रयत्न किया है।

प्रसाद की कहानियों में स्वच्छन्दतावादी प्रवृत्ति की बहुत-सी विशेषताएँ दिखाई देती हैं। लेखक की दृष्टि व्यक्तिवादी है। व्यक्ति-मन की चेतना में ही मानवीय विकास और जीवन की गति का केन्द्र-बिन्दु है। यह विकास और गति सामाजिक परिस्थिति सापेक्ष नहीं है। इसलिए प्रसाद की कहानियों में पात्रों के जीवन की गतिशीलता और परिवर्तनशीलता परिस्थिति के कारण नहीं, मानसिक चेतना के आलोड़न के फलस्वरूप होती है। अपने उत्थान-पतन के लिए व्यक्ति स्वयं उत्तरदायी है। सालवती के पतन या 'मधुआ' कहानी के शराबी के उत्थान में परिस्थिति से कहीं अधिक व्यक्ति-मन की दुर्बलता या संवेदनशीलता का हाथ है। व्यक्ति व्यवस्था से, उसकी परम्परागत रूढ़ियों से संघर्ष करता है, अपनी स्वतन्त्रता के लिए विद्रोह करता है, उसमें वह चाहे सफल हो या असफल। इसी स्वतन्त्रता में उसके व्यक्तित्व के पूर्ण विकास और जीवन के स्वच्छन्द प्रसार की सम्भावना है। सुजाता धार्मिक व्यवस्था से संघर्ष करती है और शीरीं सामाजिक व्यवस्था से। इसी स्वतन्त्रता और स्वच्छन्दता के लिए 'समुद्र-सन्तरण' का राजकुमार निम्नवर्गीय धीवर कन्या का हाथ पकड़ता

है। 'आँधी', 'इन्द्रजाल' आदि कहानियों में सभ्य समाज के पात्र तथाकथित असभ्य समाज के पात्रों की ओर उन्मुख होते हैं, विशेषतः स्त्री पात्रों की ओर। सभ्य समाज ने नारी को इस रूप में बाँध दिया है कि उसके सौन्दर्य और व्यक्तित्व का नैसर्गिक आकर्षण ही नहीं रह गया है। जहाँ स्वतन्त्रता की भावना सब प्रकार के सामाजिक मर्यादा के बन्धनों को तोड़कर उच्छृंखल बनती है, सालवती की तरह व्यक्ति का पतन आरम्भ हो जाता है। प्रेम, करुणा आदि व्यक्तिवादी मूल्यों को ही लेखक ने महत्त्व दिया है। इन्हीं मूल्यों की प्राप्ति की साधना में व्यक्ति का आध्यात्मिक, सांस्कृतिक और मानवीय विकास उसके भौतिक विकास की अपेक्षा, मानव-जीवन का लक्ष्य माना गया है। पात्रों की आशा-आकांक्षाएँ, उनके संघर्ष इसी लक्ष्य की प्राप्ति के लिए हैं। लेखक का दृष्टिकोण आदर्शवादी है। पात्रों के व्यक्तित्व का सांस्कृतिक धरातल बहुत ऊँचा है। जहाँ कहीं लेखक ने क्षुद्रता, अल्पता या लघुता की ओर दृष्टिपात किया है, वहाँ भी अन्तर्निहित उदात्तता की आलोक में ले आने का ही प्रयत्न किया है। वास्तव में उन्होंने स्वच्छन्दतावादी दृष्टि के अनुरूप बाह्य रूप और आचरण को न देखकर मन की उदात्तता को महत्त्वपूर्ण और आवश्यक माना है। इसीलिए उन्होंने सामाजिक या नैतिक दृष्टि से निंद्य या उपेक्षणीय पात्रों को सामने रखा है। इसके विरोध में सामाजिक दृष्टि से आदर के पात्र व्यक्तियों की वासनाओं को भी प्रकाश में ले आने का प्रयत्न हुआ है। 'स्वर्ग के खंडहर में', 'देवरथ' आदि कहानियों में इसके उदाहरण मिल जाते हैं। 'रमला' आदि कुछ कहानियों में लेखक की यह उदात्त दृष्टि सार्वजनीन और सर्वचेतनावादी रूप धारण करती है। पात्रों में बौद्धिक चेतना की अपेक्षा सहज ज्ञान और भावात्मक संवेदनशीलता पर बल दिया गया है और संवेदनशीलता की चरम सीमा, सुख दुखात्मक सन्तुलन या समरसता के आनन्द में मानी गयी है। अभय आदि आदर्श पात्रों की यही स्थिति है। अन्य पात्र सौन्दर्य और प्रेम के ऐन्द्रिय आकर्षणों और सुख-दुखात्मक मानसिक उथल-पुथलों में से निकलते हुए प्रतीत होते हैं। स्वच्छन्दतावादी अन्तर्मुखी भावात्मक जीवन-दर्शन की यही परिणति है।

स्वच्छन्दतावादी लेखक वास्तविकता के संघर्षों से बचकर काल्पनिक जगत की ओर प्रवृत्त होता है। स्वप्न या दिवा-स्वप्न की सी स्थिति में वह प्रेम और सौन्दर्य के काल्पनिक लोकों की ऐसी सृष्टि कर लेता है जो यथार्थ जीवन से भिन्न अपने मन की भावनाओं और आदर्शों के अनुरूप होते हैं; या वह अतीत इतिहास में चला जाता है जहाँ जीवन को अभीष्ट रूप में ढाल सकता है। जिस तरह दूर के दृश्य सुन्दर लगते हैं उसी तरह काल की दूरी में इतिहास का सब कुछ सुन्दर लगता है। इस दूरी के कारण वह कुछ रहस्यमय भी लगता है और लेखक इतिहास के उन रहस्यों का उद्घाटन करना चाहता है। इस काम में उसकी कल्पना सक्रिय होती है और वह इतिहास को रंगीन छटा में प्रस्तुत करती है। पूर्णतया ज्ञान न होने के

कारण इतिहास में कल्पना के लिए अवकाश भी मिल जाता है। लेखक इतिहास के तथ्यों को लेकर वैयक्तिक वीरता और प्रेम का आदर्श जीवन गढ़ता है। ऐतिहासिक भग्नावशेषों में जाकर जीवन की कल्पना करता है या उन खण्डहरों में जीवन की कहानियाँ सुनता है। इसमें रहस्यमयता और अद्‌भुत विचित्रता के साथ एक भावात्मक मनोवैज्ञानिक स्थिति और तद्‌नुरूप वातावरण की सृष्टि भी हो जाती है। प्रसाद की ऐतिहासिक कहानियों में रोमांटिक आकर्षण, आदर्शवादी भावना का रंग, भग्नावशेषों की रहस्यमय विचित्रता आदि विशेषताएँ सर्वत्र मिल जाती हैं।

प्रसाद की इन स्वच्छन्दतावादी कहानियों में सौन्दर्य और प्रेम की प्रधानता है। प्राकृतिक और मानवीय सौन्दर्य का ऐन्द्रिय आकर्षण, व्यक्ति-मन की स्पन्दनशीलता और जीवन की गतिशीलता का प्रथम सोपान है। यह सौन्दर्य रहस्यमय और अद्‌भुत है। वह लौकिक होते हुए भी अलौकिक और रूपगत होते हुए असीम लगता है। इसका मूल कारण कवि की सौन्दर्य-भावना है। बाह्य रूप की उज्ज्वलता से सौन्दर्य का घनिष्ठ सम्बन्ध मानते हुए भी उसे आन्तरिक चेतना की ही अभिव्यक्ति माना गया है। 'कामायनी' में ''उज्ज्वल वरदान चेतना का''[4] कहकर सौन्दर्य की जो परिभाषा दी गयी है, प्रसाद ने अपने रूप-वर्णन में उसे पूरा-पूरा निभाने का प्रयास किया है। सौन्दर्य के आलोक में प्रेम की मधुर अनुभूति मादकता का रूप लेती है, लेकिन शीघ्र ही वह 'रोमांटिक पीड़ा' में परिणत हो जाती है; क्योंकि पात्र अन्तर्मुखी वैयक्तिक आत्मलीनता की प्रवृत्ति से आक्रांत है। बाह्य परिस्थितियों के साथ उसका संघर्ष व्यक्ति को अपनी ही भावना में लीन करता है और वह अपनी भावना को या तो बढ़ा लेता है या बड़े-चढ़े रूप में देखता है। वैयक्तिकता के कारण व्यक्ति प्रकृति को, पूरे जीवन को अपने सुख-दुख के रंग में रंग कर देखता है या कभी-कभी उलटे क्रम में जीवन जगत का अपने मन में प्रक्षेपण कर लेता है। प्रसाद ने प्रकृति को मानव मन के साथ स्पंदनशील बनाया है।

जीवन-परिस्थितियों की प्रतिकूलता ने स्वच्छन्दतावाद में प्राकृतिक या काल्पनिक एकान्तवास की भावना को जन्म दिया है। सम्भव है कि एकान्तवास की अन्तर्मुखी चिन्तनशीलता में मनुष्य का जीवन-जगत के साथ एक दार्शनिक या आध्यात्मिक सम्बन्ध स्थापित होता हो और यह मानसिक सम्बन्ध भौतिक सम्बन्ध से कहीं अधिक गहरा हो। वास्तव में स्वच्छन्दतावादियों ने भौतिक जगत को छोड़कर कल्पना के बल पर मानसिक अन्तर्जगत् में विहार किया है। प्रसाद की कहानियों में हृदय की सूक्ष्म भावनाओं और रहस्यमय वृत्तियों के निरूपण का ही प्रयत्न अधिक हुआ है। क्लासिकल प्रवृत्ति परक सन्तुलित जीवन-दृष्टि के स्थान पर स्वच्छन्दतावादी एकांगी भाव-तन्मयता की व्यंजना हुई है। इसलिए इन कहानियों को 'भावात्मक' की संज्ञा देना उचित ही है।

स्वच्छन्दतावादी प्रवृत्ति में मानव का प्रकृति के साथ एक गहरा आध्यात्मिक

सम्बन्ध स्थापित कर लिया गया है। प्रकृति मानव जीवन की मात्र पृष्ठभूमि ही नहीं है, उसके द्वारा ऐन्द्रिय, मानसिक और आध्यात्मिक स्तरों पर मनुष्य को एक गहरी अनुभूति भी मिलती है। मन की भावना और कल्पना की सक्रियता में प्रकृति के सौन्दर्य के ऐन्द्रिय आकर्षण की ओर, उसकी स्पन्दनशीलता एवं गतिशीलता की मानसिक अनुभूति की ओर और उसकी चेतना के साथ आत्मा के भाव-योग की सम्भावनाओं की ओर प्रसाद की इन स्वच्छन्दतावादी कहानियों में अनेक संकेत मिल जाते हैं। प्रकृति की चेतना की अनुभूति सर्वात्मवाद की दार्शनिक विचारधारा में परिणति पाती है। पात्र प्रकृति के रहस्य की ओर प्रवृत्त होते हैं। स्वच्छन्दतावाद में प्रत्येक वस्तु और भाव या तो रहस्यमय हैं या लेखक अपनी भावना के बल पर उसे रहस्यमयता प्रदान करता है। जीवन जगत के व्यक्त रूप को छोड़कर अव्यक्त के अन्तर्दर्शन के प्रयत्न में भी रहस्य की सृष्टि हो सकती है। ऐतिहासिक, प्राकृतिक और भाव-प्रधान सभी प्रकार की कहानियों में यह रहस्यमयता न्यूनाधिक मात्रा में है। शैली की दृष्टि से स्वच्छन्दतावादी सूक्ष्मता और रहस्यमयता रूपकों और प्रतीकों के माध्यम से अभिव्यक्त हुई है। कुछ कहानियाँ तो पूरी प्रतीकात्मक हो गयी हैं।

प्रसाद ने यथार्थवाद को 'लघुता की ओर दृष्टिपात'[5] कहा है। वास्तव में यह प्रयोगवाद की विशेषता मानी गयी है।[6] लेकिन वर्गगत, वस्तुगत और भावगत महानता और उदात्तता को क्लासिकल साहित्यिक परम्पराओं को तोड़ते हुए जीवन की लघुता को साहित्य में स्थान देने और उसे उदात्तता प्रदान करते हुए महिमान्वित करने का सारा श्रेय स्वच्छन्दतावाद को ही है। यह सत्य है कि स्वच्छन्दतावाद में लघुता, लघुता नहीं रह गयी है; या तो कल्पना के बल पर उसका उदात्तीकरण कर दिया गया है या उसमें उदात्तता ढूँढ़ निकाली गयी है। स्वच्छन्दतावादी लघुता-दर्शन, समस्त सृष्टि की सार्थकता और उसकी आध्यात्मिक सत्ता का प्रतिपादक, एक व्यापक दार्शनिक सिद्धान्त की व्यवस्था का एक अंग है। प्रसाद-साहित्य में कहीं-कहीं लघुता की इस महिमा का बोध होता है।

मानवतावादी प्रवृत्ति शुद्ध आध्यात्मिक और भौतिकतावादी दृष्टियों के बीच सामान्य मानवीय भावना को लेकर चलती है। वह जीवन की विकासशीलता में विश्वास रखते हुए उसकी गति में बाधाजनक व्यवस्थाओं के प्रति विद्रोह करती है; व्यवस्था से व्यक्ति का ज्यादा महत्त्व मानते हुए उसके जीवन की गतिविधि में अवरोध उत्पन्न करने वाली सामाजिक परिस्थितियों में सुधार या परिवर्तन चाहती है। यह नैतिक सुधारवादी दृष्टि से भिन्न है जो प्रेमचन्द के कथा-साहित्य में मिलती है। मानवतावादी प्रवृत्ति में समाज की नैतिक दृष्टि के संरक्षण के लिए व्यक्ति-जीवन में सुधार का नहीं, व्यक्ति की मानवता के पूर्ण विकास के लिए सामाजिक दृष्टि और व्यवस्था में परिवर्तन का आग्रह होता है। वह बुराई या पाप का समर्थन नहीं करती, लेकिन मानवीय दुर्बलता और परिस्थितियों की अनिवार्यता को देखते हुए बुरे या पापी

के प्रति मानवीय संवेदना प्रकट करती है। उसका विश्वास है कि जीवन के किसी भी पहलू की बुराई न उसके व्यक्तित्व की मानवीय संवेदनशीलता को समाप्त करती है और न उसके जीवन के अन्य पहलुओं की महानता को आक्रान्त कर सकती है। धार्मिक दृष्टि से जिस तरह अच्छे-बुरे को अलग कठघरों में बन्द करके आदर्शीकरण का प्रयत्न किया है, वैसा जीवन में प्रायः नहीं होता। कोई भी व्यक्ति सर्वथा बुरा या पापी नहीं हो सकता। इस मानवतावाद ने टालस्टाय और महात्मा गाँधी की विचारधाराओं में एक धार्मिक-नैतिक परिवेश पहन लिया है, जब उसने इस सिद्धान्त का प्रतिपादन किया है कि 'पापी से नहीं, पाप से घृणा करो'। मानवतावाद मनुष्य को केवल मनुष्य के रूप में देखना चाहता है। स्वयं प्रसाद के शब्दों में, 'मनुष्यता का एक पक्ष वह भी है जहाँ वर्ण, धर्म और देश को भूलकर मनुष्य मनुष्य के लिए प्यार करता है।'[7] यह मानवता अपने चरम रूप से समस्त विश्व को अपने में समेट लेने वाली करुणा की उदात्त भावना बन जाती है।

यथार्थवाद वास्तव में दृष्टिनिरपेक्ष मानव जीवन की यथातथ्य अभिव्यंजना है। इस तरह वह आदर्शवाद या प्राकृतवाद का उलटा नहीं है। लेकिन जब यथार्थवाद के नाम पर आदर्शवादी उदात्त सांस्कृतिक मूल्यों के बदले लौकिक भौतिक मूल्यों को लेकर चलने का प्रयत्न किया जाता है और लेखक जीवन की अभिव्यंजना में तटस्थता नहीं बरतता, तब वह आदर्शवाद का दूसरा पहलू हो जाता है। जहाँ यथार्थवाद जीवन की विशिष्टता को उससे आगे बढ़कर सामान्य सार्वजनीनता में परिणत कर देता है और वस्तु की आन्तरिक सार्थकता में पैठने का प्रयत्न करता है, वह प्राकृतवाद के केवल विशिष्टता के आग्रह और एक प्राकृतिक जीवन-दर्शन की प्रवृत्ति से भिन्न हो जाता है। यथार्थवाद में न मानव मन की नग्न वासनाओं की ही अभिव्यक्ति होती है और न केवल जीवन के सतही स्तर पर दृष्टिपात ही। तथाकथित यथार्थवादी लेखकों की साहित्यिक दुर्बलताएँ और सीमाएँ यथार्थवाद की अपनी नहीं हो सकतीं। 'गोदान' के होरी के वृत्तान्त में जो दृष्टि-निरपेक्षता, जीवन की यथार्थता को गहराई में पकड़ने के प्रयत्न और उसकी व्यापक सार्थकता की ओर संकेत मिल जाते हैं वैसे अभी साहित्य-जगत् में कम देखने को मिलते हैं।

साहित्यिक प्रवृत्ति के रूप में यथार्थवाद उस यथार्थ या वास्तविक का प्रस्तुतीकरण है जो देशकाल से सम्बद्ध वर्तमान जीवन में मनुष्य की इन्द्रियों या उसकी अनुभूति का प्रत्यक्ष विषय होता है।[8] मानव मन की दुर्बलताओं और परिस्थितियों की जटिल विषमताओं को देखते हुए प्रत्येक युग में यथार्थवादी साहित्य की वस्तु प्रायः बहिर्मुखी जीवन में मनुष्य की वेदना की विवृति ही हो सकती है। इस परिस्थितिजन्य वेदना को प्रस्तुत करने में यथार्थवादी प्रवृत्ति की पद्धति प्रायः तथ्यपरक, बौद्धिक और निर्लिप्त होती है। प्रसाद की यथार्थवादी कहानियों की प्रवृत्ति दृष्टि-निरपेक्ष नहीं है। उसमें मानवतावादी करुणा की भावना अन्तर्धारा के रूप में प्रवाहित होती रहती है। साथ ही

यथार्थवादी वस्तु के प्रतिपादन में स्वच्छन्दतावादी भावनाशील-कल्पनाशील पद्धति का भी प्रभाव पड़ा है। वास्तव में प्रसाद अपने साहित्य को समग्रता के लिए वर्तमान जीवन की विषमता की यथार्थ अभिव्यंजना तो कर देते हैं, लेकिन अपने आध्यात्मिक-सांस्कृतिक दृष्टि की विरोधी लौकिक दृष्टि को कहीं पनपने नहीं देते। इसलिए मानवीय समवेदना या परिस्थितियों का व्यंग्य ही उनकी इन कहानियों में मिलता है।

यथार्थवाद के सम्बन्ध में स्वयं लेखक के विचार वेदना या करुणा की अनुभूति को ही प्रधानता देते हैं—"यथार्थवाद की विशेषताओं में प्रधान है लघुता की ओर साहित्यिक दृष्टिपात। उसमें स्वभावतः दुःख की प्रधानता और वेदना की अनुभूति आवश्यक है। लघुता से मेरा तात्पर्य है साहित्य के माने हुए सिद्धान्त के अनुसार महत्ता के काल्पनिक चित्रण से अतिरिक्त व्यक्तिगत जीवन के दुःख और अभावों का वास्तविक उल्लेख।"[9]

विविध प्रवृत्तियों की जीवन-दृष्टि और उनके पहलुओं के आधार पर प्रसाद की कहानियों का उप-वर्गीकरण भी किया जा सकता है। स्वच्छन्दतावादी कहानियों में प्रायः सौन्दर्य और प्रेम की प्रधानता है। यह सौन्दर्य और प्रेम एकान्त प्रकृति, स्वच्छन्द जीवन, भाव संघर्ष, सामाजिक विषमता और वासना के परिपार्श्व में विभिन्न रूप-छवियाँ धारण करता है। प्रेम के अतिरिक्त हृदय की रहस्यमय भावनाओं, मनोवैज्ञानिक स्थितियों और अद्‌भुत वातावरण को लेकर भी कहानियों की रचना हुई है। शैली की दृष्टि से कुछ कहानियाँ प्रतीकात्मक हैं। इनकी भाव-धारा भी स्वच्छन्दतावादी ही है। प्रतीकात्मक कहानियों को रचना-विधान सम्बन्धी वर्गीकरण के अन्तर्गत न रखकर प्रवृत्तिगत वर्गीकरण में रखने का मूल कारण यह है कि प्रतीकात्मक शैली मात्र न होकर स्वच्छन्दतावादी प्रवृत्ति और उसकी सार्वभौमिक दृष्टि से सम्बद्ध है। एक विशिष्ट शैली के रूप में भाव का उत्कर्ष करना इस प्रतीकात्मकता का लक्ष्य नहीं है। उसके द्वारा एक सार्वजनीन भाव या सत्य का विशिष्ट से परे व्यापक रूप में प्रतिपादन भी होता है। इस तरह इन्हें सार्वजनीन भावना की कहानियाँ भी कहा जा सकता है। स्वच्छन्दतावादी कहानियों के ये नौ उपवर्ग हैं।—एकान्त प्रकृति और प्रेम की कहानियाँ, सामाजिक विषमता और प्रेम की कहानियाँ, वासना की विफलता की कहानियाँ, रहस्यवादी कहानियाँ, मनोवैज्ञानिक कहानियाँ, अद्‌भुत वातावरण की कहानियाँ और प्रतीकात्मक कहानियाँ। मानवतावादी प्रवृत्ति के अन्तर्गत मानवीय भावना और करुणा की उदात्तता को लेकर दो प्रकार की कहानियाँ हैं। यथार्थवादी प्रवृत्ति में कुछ कहानियाँ सामाजिक परिस्थिति और प्रवृत्ति का यथातथ्य चित्र प्रस्तुत करती हैं तो कुछ व्यक्तिवादी दृष्टि और स्वच्छन्दवादी पद्धति से प्रभावित हैं।

कहानी के छोटे से ढाँचे में मानवीय जीवन के किसी तथ्य, सत्य, भाव, अनुभूति, विशिष्ट परिस्थिति या चरित्र के विशिष्ट पहलू की ही योजना हो सकती है। उसे केन्द्रबिन्दु बनाकर लेखक वातावरण, वस्तु, पात्र और संवाद की सृष्टि करता है।

इस प्रक्रिया में कहानी के कुछ पहलू उभर आते हैं और रचना का एक विशिष्ट रूप निर्धारित होता है। प्रसाद की कहानियों के रचना-विधान में घटनाओं का कोई महत्त्व नहीं है। जहाँ लेखक की दृष्टि बहिर्मुखी सामाजिक होती है, वहाँ कहानी का रूप और प्रभाव घटनाओं पर अधिक निर्भर रहता है। प्रसाद अपनी कहानियों में घटना की अपेक्षा चरित्र और भाव को ज्यादा उभारते हैं। चरित्र परिस्थिति या घटना की सापेक्षता में चमकता है। वास्तव में वे चरित्र की अपेक्षा व्यक्तित्व को आलोकित करने का प्रयत्न करते हैं। यह लेखक की दृष्टि के सामाजिक-नैतिक न होकर मनोवैज्ञानिक होने का परिणाम है। 'पुरस्कार' कहानी में मधूलिका के चरित्र से उसका व्यक्तित्व, उस व्यक्तित्व के ऊँचे धरातल पर उसके भाव-विचारों और कार्यों का अद्भुतपन, अवसर आ पड़ने पर परिस्थिति में अपने को और अपनेपन को संभालने की शक्ति और परिस्थितियों के साथ सामंजस्य में अपने व्यक्तित्व का अपूर्व प्रकाशन, ये कहीं अधिक आकर्षक हैं। भावानुरूप या भाव-रंजित वातावरण के निर्माण में भी प्रसाद को अपूर्व सफलता मिली है। कहीं भाव-व्यंजना की ही प्रधानता है तो कहीं-कहीं वातावरण के आकर्षण में भाव अनुगामी बन गया है। घटना प्रधान इतिवृत्तात्मक परम्परा को तोड़कर प्रसाद ने कहानी के नये रूपात्मक विकास की सम्भावनाओं को बढ़ाया है। इससे आगे चलकर मनोवैज्ञानिक सत्यों और आंचलिक वातावरण की विशेषताओं को लेकर कहानी-रचना का मार्ग प्रशस्त हुआ है।

2. वस्तुपरक वर्गीकरण

2.1 ऐतिहासिक कहानियाँ

हिन्दी में ऐतिहासिक कहानियाँ बहुत कम लिखी गयी हैं। यों तो इतिहास के आधार पर लिखी हुई बहुत-सी कहानियाँ मिल जाती हैं, लेकिन उनमें तत्कालीन सामाजिक-सांस्कृतिक परिस्थिति का सजीव चित्र प्रस्तुत नहीं होता। उनमें उस परिस्थिति से पात्रों के भाव-विचारों और जीवन की घटनाओं को जोड़ते हुए ऐतिहासिक रचना की कलात्मकता का बोध भी कम कराया गया है। सच्चे अर्थों में प्रसाद की ऐतिहासिक कहानियाँ छः हैं—'दासी', 'पुरस्कार', 'नूरी', 'गुंडा', 'देवरथ' और 'सालवती'। 'आकाशदीप', 'ममता', 'व्रतभंग' आदि कहानियाँ भी यद्यपि ऐतिहासिक घटनाओं और परिस्थितियों के आधार पर रची गयी हैं, फिर भी उनमें इतिहास-चित्रण का वह निखरा हुआ रूप नहीं है जो उपर्युक्त कहानियों में है। इन कहानियों में लेखक इतिहास को साधन मात्र बनाकर, कथानक की पृष्ठभूमि या उसके वातावरण-निर्माण के लिए आवश्यक इतिहास के सूत्रों को लेकर अभीष्ट भाव-निरूपण में प्रवृत्त हुआ है। यहाँ इतिहास और भाव का वह घनिष्ठ सम्बन्ध स्थापित नहीं होता जो ऐतिहासिक रचना-विधान में आवश्यक है।

इतिहास की दृष्टि से पात्र और घटनाएँ कहीं-कहीं सत्य हैं तो अनेक स्थानों पर कल्पना के सहारे निर्मित हैं। लेकिन घटनाएँ और पात्र-परिकल्पना इतिहास की सामयिक प्रवृत्ति में मिल जाती है। यहाँ तक कि पात्रों के नामकरण में भी ऐतिहासिक सत्य और परिस्थिति का ध्यान रखा गया है। 'देवरथ' कहानी इसका सुन्दर उदाहरण है। इतिहास और ऐतिहासिक साहित्य में तात्विक अन्तर है; इसलिए कल्पना का आधार ग्रहण करना कोई दोष नहीं है। जहाँ लेखक की कल्पना इतिहास के ज्ञात तथ्य, सत्य या प्रवृत्ति के विरुद्ध जाती है और पाठक के मन में वास्तविकता और काल्पनिकता का संघर्ष उत्पन्न करती है, वहीं रसानुभूति में बाधक और दोषपूर्ण बनती है। लेखक की कल्पना इतिहास के ज्ञात रूप को नहीं, उसके अज्ञात अंश को भी लेकर चलती है और अतीत का एक सजीव चित्र खींचती है। इस सजीवता में अपने अतीत के प्रेमी पाठकों के मन की वृत्तियाँ तल्लीन होती हैं। साहित्यकार का लक्ष्य इतिहास के तथ्यों से पाठकों को अवगत कराना नहीं, 'ऐतिहासिक रस' की सृष्टि करना है।[10] ऐसी विशिष्ट रस की अनुभूति कराने के कारण साहित्य में ऐतिहासिक रचनाओं का अपना अलग महत्त्वपूर्ण स्थान है।

जहाँ लेखक भग्नावशेषों में जाकर इतिहास के पुनर्निर्माण का प्रयत्न करता है, उसकी कल्पना और भी सक्रिय होती है। वास्तव में यहाँ इतिहास नहीं उसका आभास मात्र है और उस आभास में से एक अद्‍भुत कहानी प्रस्तुत होती है। 'चक्रवर्ती का स्तंभ', 'खंडहर की लिपि' आदि आरम्भकालीन कहानियों में यह प्रवृत्ति है।

इतिहास की ओर लेखक की प्रवृत्ति के अनेक कारण हैं। उसके मूल उद्‍देश्यों पर विचार न करने से वह केवल पलायनवादी वृत्ति लग सकती है। इतिहास के प्रति मानव का सहज आकर्षण होता है। जब वह इतिहास गौरवमय होता है तो उसका आकर्षण और भी बढ़ जाता है। जहाँ लेखक इतिहास को ही पकड़े रहता है और जीवन की गतिशीलता की ओर ध्यान नहीं देता वह मोहमुग्ध अवस्था हो जाती है। जहाँ अतीत वर्तमान जीवन के विकास की प्रेरणा देता है और उस विकास को व्यवस्थित करते हुए उसमें विच्छृंखलता नहीं आने देता, उसका ग्रहण अवश्य होना चाहिए। स्वच्छन्दतावादी प्रवृत्ति के कारण भी प्रसाद इतिहास की ओर आकृष्ट हुए हैं। इतिहास की रहस्यमयता, उसमें कल्पना की सम्भावनाएँ, स्वच्छन्द जीवन और प्रेम की अनुकूल भूमि, प्रत्यक्ष जीवन के वास्तविक संघर्षों की विभीषिका से मन को विश्राम, स्वच्छन्दतावादी मान्यताओं और आदर्शों से समता आदि ही नहीं, उसके सांस्कृतिक-मानवीय पहलुओं ने भी लेखक को प्रभावित किया है। इन पहलुओं में भारतीय साधना एक ऊँचाई पर पहुँची थी। कालक्रम में अनेक कारणों से उसका विशेष पतन हो गया था। लेखक वर्तमान का उस ऐतिहासिक साधना से सम्बन्ध-सूत्र जोड़ना चाहता है। उसमें भविष्य की उसकी आशा-आकांक्षाएँ भी प्रतिबिम्बित हैं। इतिहास राष्ट्रीय भावना को भी उत्तेजित करता है। प्रसाद राष्ट्रीय भावना का विकास

अपने समय की राजनीतिक दासता की प्रतिक्रिया के रूप में नहीं, अपने प्रकृति वैभव और सांस्कृतिक इतिहास की गौरवपूर्ण गाथा के पुष्ट आधार पर चाहते हैं। प्रायः स्वतन्त्र जातियों की प्रबल राष्ट्रीय भावना के जो प्रेरणा-स्रोत हैं, वे ये ही हैं। इसमें प्रत्यक्ष कार्याचरण की प्रेरणा न होने के कारण वर्तमान की माँगों की उपेक्षा कहाँ तक है और कहाँ तक उससे व्यापक सत्य का प्रतिपादन, यह विवादास्पद हो सकता है और हिन्दी साहित्य-संसार में हुआ भी है।

प्रसाद का इतिहास-दर्शन, इतिहास सम्बन्धी और अपनी ऐतिहासिक प्रवृत्ति के मूल उद्देश्य सम्बन्धी मान्यताओं को स्पष्ट कर देता है। वाजपेयी जी के शब्दों में, 'वे इतिहास की सूखी रूपरेखा पर तत्कालीन व्यापक उन्नति या अवनति के कारणों और रहस्यों का रंग चढ़ा देते हैं। व्यक्तियों और समूहों की वृत्तियों का ही नहीं, उन विचारधाराओं का भी उल्लेख करते हैं जिनका सामयिक जीवन के निर्माण में हाथ रहा है। इस प्रकार जीवन की अन्तःप्रेरणा दर्शन को और बहिर्विकास इतिहास को—मानकर वे दोनों का घनिष्ठ सम्बन्ध स्थापित कर देते हैं।'[11] इतिहास की स्थूल रेखाओं में दर्शन और संस्कृति का रंग भरकर उन्होंने उसे एक नवीन रूप ही नहीं दिया, उसकी उपादेयता की एक नयी व्याख्या भी की है।

प्रसाद रचना के पहले इतिहास के विविध पहलुओं का कितना गम्भीर अध्ययन करते हैं और उनका साहित्य में किस तरह कलात्मक ढंग से उपयोग कर लेते हैं, उसका उदाहरण 'सालवती' है। सालवती के वृद्ध पिता के शब्दों में आर्यों का सांस्कृतिक इतिहास जो कुलपुत्रों की कहानी की पृष्ठभूमि है, बड़े सहज रूप में प्रस्तुत किया गया है। यहाँ पिता अपनी परम्परा की कहानी सुनाकर कन्या को उचित शिक्षा देने का प्रयत्न कर रहा है। आगे विविध सन्निवेशों और घटनाओं के माध्यम से तत्कालीन जीवन और समाज की गतिविधि की ओर संकेत किया गया है। कहानी में व्यक्ति की स्वेच्छा-स्वतन्त्रता, समता की भावना, दार्शनिक विचार-धाराएँ, शासन-पद्धति, समाज में स्त्रियों के स्थान, लोगों की सुख-समृद्धि आदि युग-जीवन की समस्त विशेषताओं की व्यंजना हुई है और ये पात्रों के चरित्र और जीवन की घटनाओं से सम्बद्ध भी हैं।

इन ऐतिहासिक कहानियों में प्रेम, वीरता और देश-भक्ति की भावनाएँ प्रधान हैं। प्रेम की वीरता और साहस के साथ संयोग रोमांस की सृष्टि करता है। प्रतिकूल या आकस्मिक परिस्थितियों में मिलन, प्रेम का उद्वेग, अप्रत्याशित घटनाओं द्वारा वियोग की वेदना और भावोद्वेग की शान्ति में मिलन—प्रेम की कहानी का यह ढाँचा है। नायिका से मिलन या उसके उद्धार में नायक को अपना पराक्रम और साहस दिखाने का अवसर प्राप्त होता है। 'नूरी', 'सालवती' आदि कहानियों में राग-द्वेष, सुख-दुख, मान-अपमान रहित मन की शान्त निश्चलता में समागम, रोमांस का एक गम्भीरता प्रदान करता है। नाटकों की तरह प्रसाद की कुछ कहानियों का भी मंगलमय प्रसादान्त

है। 'शरणागत', 'अशोक', 'सिकन्दर की शपथ' आदि कुछ आरम्भिक ऐतिहासिक कहानियों में प्रेम और देश-भक्ति के अतिरिक्त अन्य भावनाओं के भी चित्रण हुए हैं। इस सन्दर्भ में 'चित्र-मन्दिर' की कहानी विशेष उल्लेखनीय है। इस प्रागैतिहासिक कहानी में भूख और काम की प्राथमिक आवश्यकताओं के अतिरिक्त सुख-दुख की अन्य भावनाओं के आरम्भिक विकास-क्रम का निरूपण है। परवर्ती रचना होने के कारण उसके भावोन्मेष और रचना-विधान में पर्याप्त प्रौढ़ता है।

प्रसाद की ऐतिहासिक कहानियों में कलात्मक विकास का एक सूत्र विद्यमान है। 'छाया' की ऐतिहासिक कहानियाँ इतिवृत्तात्मक हैं और भाव-प्रसार की दिशा यहाँ अभी निर्धारित नहीं हुई है। कलात्मक प्रौढ़ता भी बहुत कम है। 'प्रतिध्वनि' की ऐतिहासिक कहानियों में भावात्मकता और स्वच्छन्दतावादी प्रवृत्ति का आरम्भ हुआ है। लेकिन इतिहास के खंडहरों में कल्पनाशील लेखक की प्रवृत्ति में रोमांटिक तत्व अधिक और ऐतिहासिक सजीवता कम है। कला की दृष्टि से ये कहानियाँ नये प्रयोग अवश्य हैं। ऐतिहासिक कहानी का पूर्ण विकसित रूप परवर्ती कहानी-संग्रहों में है। 'आकाशदीप' की स्वच्छन्दतावादी भाव-प्रवणता ने ऐतिहासिक प्रवृत्ति को कुछ दबा दिया था। उसके बाद की सन्तुलित दृष्टि में ही प्रसाद की श्रेष्ठ ऐतिहासिक कहानियाँ प्रस्तुत हुई हैं।

इतिहास के विकास-क्रम की दृष्टि से प्रगैतिहासिक काल से लेकर ब्रिटिश युग तक की व्यापक पृष्ठभूमि पर इन कहानियों की रचना हुई है। 'चित्र मन्दिर' प्रागैतिहासिक काल की, 'पुरस्कार', 'सालवती', 'व्रतभंग' और 'आकाशदीप' बौद्ध काल की, 'सिकन्दर की शपथ', 'खण्डहर की लिपि', 'अशोक' और 'चक्रवर्ती का स्तंभ' मौर्यकाल की, 'दासी', 'स्वर्ग के खण्डहर में' और 'देवरथ' मुसलमानों के आक्रमण-काल की, 'ममता', 'तानसेन', 'नूरी', 'जहाँनारा', 'गुलाम' और 'चित्तौर-उद्धार' मुगलकाल की तथा 'गुंडा' और 'शरणागत' ब्रिटिश राज्यकाल की कहानियाँ हैं। विविध कालों या युगों की रचनाओं में जीवन की गतिविधि की विविधता के अनुरूप प्रवृत्ति भेद भी मिलता है।

2.2 आधुनिक जीवन की कहानियाँ

प्रसाद साहित्य पर प्रायः आक्षेप किया जाता है कि वह आधुनिक जीवन की अपेक्षा प्राचीन की ओर अधिक उन्मुख है और इसलिए पलायनवादी है। ऐतिहासिक कहानियों के विवेचन के सन्दर्भ में यह संकेत किया जा चुका है कि लेखक की इतिहासोन्मुख प्रवृत्ति साध्य न होकर आधुनिक जीवन की सापेक्षता में उसकी समस्याओं के आकलन और उनका उचित समाधान ढूँढ़ने के प्रयत्न की ही द्योतक है। वास्तव में प्रसाद ने आधुनिक युग और उसके जीवन की आशा-आकांक्षाओं की उपेक्षा नहीं की। उनका कहानी साहित्य उसका प्रत्यक्ष प्रमाण है। उसमें ऐतिहासिक से आधुनिक युग के

जीवन को लेकर चलने वाली कहानियों की मात्रा विशेष ध्यान देने योग्य है। न मात्रा की दृष्टि से और न प्रवृत्ति की दृष्टि से प्रसाद अतीत के कलाकार हैं। यह दूसरी बात है कि उनकी आध्यात्मिक- सांस्कृतिक दृष्टि ने वर्तमान को एक विशिष्ट रूप में ढाला है और एक आदर्श कल्पना-लोक की सृष्टि की है। इसी दृष्टि के कारण वे इतिहास की ओर प्रवृत्त हुए और उसमें उनको अपना आदर्श जीवनरूप प्राप्त हुआ। वे आधुनिक युग के जीवन में उसी के अनुरूप विकास प्रसार चाहते हैं।

आधुनिक युग के जीवन की कहानियों में लेखक का दृष्टिकोण व्यक्तिवादी और सांस्कृतिक है। सामाजिक जीवन की समस्याएँ व्यक्ति-सापेक्ष रूप में ही प्रस्तुत हुई हैं। सामाजिक जीवन की विषमता के कारण व्यक्ति और जीवन की वेदना इन कहानियों का प्रधान विषय है। इस सन्दर्भ में व्यक्ति का समाज के साथ संघर्ष और उसके मन का अन्तर्द्वन्द्व दोनों का चित्रण हुआ है। हरिजन समस्या, हिन्दू-मुसलिम समस्या आदि आधुनिक युगीन सामाजिक समस्याएँ, व्यक्ति-जीवन की सापेक्षता में ही प्रस्तुत हुई हैं जैसे 'विरामचिह्न', 'सलीम' आदि कहानियों में।

आधुनिक जीवन की कहानियों को वस्तु की दृष्टि से मध्यवर्गीय, निम्नवर्गीय और समाज-बहिष्कृत वर्गीय रूपों में बाँटा जा सकता है। प्रथम की प्रवृत्ति स्वच्छन्दतावादी, द्वितीय की यथार्थवादी और तृतीय की मानवतावादी है। भाव की दृष्टि से प्रथम और तृतीय में प्रेस तथा करुणा की प्रधानता है तो द्वितीय में वास्तविकता जन्य दयनीय परिस्थितियों और वेदना की विवृत्ति है।

वास्तव में वस्तु के आधार पर साहित्य का वर्गीकरण स्थूल और बहिर्मुखी है। उससे साहित्य-सम्बन्धी अन्तर्दर्शन और सूक्ष्म अन्तर्वृत्ति-निरूपण सम्भव नहीं है। साहित्य का विवेचन प्रवृत्ति के आधार पर ही होना चाहिए और उस आधार पर विश्लेषण-वर्गीकरण के द्वारा ही रचना का सूक्ष्म बोध हो सकता है।

3. प्रवृत्ति मूलक वर्गीकरण

3.1 स्वच्छन्दतावादी कहानियाँ

3.1.1 एकान्त प्रकृति और प्रेम की कहानियाँ : 'समुद्र-सन्तरण', 'हिमालय का पथिक', 'प्रणय-चिह्न' आदि कहानियों में प्रेम का शुद्ध स्वच्छन्दतावादी रूप मिलता है। मानव समाज से दूर प्रकृति के एकान्त रमणीय कोने में विरह-मिलन की ये काव्य-कथाएँ हैं। हृदय की भावुकता का जैसा रूपरंग इन कहानियों में है वैसा अन्यत्र कहीं नहीं है। जीवन की विषमता से प्रकृति के एकान्त स्थल में जाकर अपने प्रेम को चरितार्थ बनाने की भावना इन कहानियों का आधार है। यहाँ प्राकृतिक सौन्दर्य और मानवीय सौन्दर्य अपने नैसर्गिक उन्मुक्त रूप में एक दूसरे से स्पर्धा करने लगते हैं।

'समुद्र-सन्तरण' में राजकुमार एक साधारण धीवर-बाला के सरल सौन्दर्य पर

मुग्ध होता है और वह उसे ले चली 'पृथ्वी से दूर जलराज्य में; जहाँ कठोरता नहीं केवल शीतल, कोमल और तरल आलिंगन है; प्रवंचना नहीं, सीधा आत्म-विश्वास है; वैभव नहीं, सरल सौन्दर्य है।''[12] पहले से ही उसकी प्रकृति साधारण से कुछ भिन्न थी। राजकुमार होने पर भी वैभव-विलास के प्रति उसके मन में कोई आकर्षण नहीं था। प्रकृति की रमणीयता उसे अपनी ओर खींचती थी। वह रोज उसे देखने आता था; राजकुमार की वेशभूषा में नहीं एक साधारण मनुष्य की तरह। प्रकृति की गोद में निश्चिन्त विहार करने वाली धीवर बाला के साथ परिचय से सांसरिकता के प्रति उनके मन में अवशिष्ट मोह भी लुप्त हो गया है। लेखक ने मनुष्य को उस सौन्दर्य तृष्णा को जो जीवन जगत् में सर्वत्र रमणीयता का अन्वेषण करती है और उस रूपलालसाजन्य प्रेम भावना को जो नारी के उपयुक्त साहचर्य में ही तृप्त होती है, मूर्त रूप दिया है।

'हिमालय का पथिक' कहानी में कुछ रहस्यमयता है। वह युवक किसी अनिर्दिष्ट रहस्य से आकृष्ट होकर घूमता रहा। बीच में किन्नरी उसकी संगिनी हुई। उसको साथ लेकर वह चलने लगा—दूर के ऊँचे शिखर पर दृष्टि रखकर। एक तरह से यही मानव-जीवन है। इन भौतिक उपादानों से मनुष्य की आत्मा कभी तृप्त नहीं होती, अपने आदर्श की ऊँचाई पर पहुँचने की बार-बार इच्छा होती रहती है। लेकिन वह है क्या, इसका मनुष्य के पास कोई स्पष्ट उत्तर नहीं है। कण्वाश्रम की शुकन्तला या टेम्पेस्ट की मिरण्डा की तरह किन्नरी भी संसार से अनभिज्ञ अबोध बालिका है। हिमालय की निर्जन शिखर श्रेणी और बर्फ की झड़ी, कस्तूरी मृग और बर्फ के चूहे, ये ही उसके स्वजन हैं। इसलिए वह विस्फारित नेत्रों से अपने अतिथि की ओर देखने लगी; क्रमशः उसकी ओर आकृष्ट हुई। इस प्रणय लीला पर जब किन्नरी के वृद्ध बाबा ने आक्षेप किया तो पथिक ने उत्तर दिया कि ''मैंने देवता के निर्माल्य को और भी पवित्र बनाया है। उसे प्रेम के गन्धजल से सुरभित कर दिया है। उसे तुम देवता को अर्पण कर सकते हो।''[13] लेखक एकान्त प्रकृति की गोद में इस स्वच्छन्द प्रेम को आकर्षक ही नहीं, पवित्र भी मानता है।

3.1.2 स्वच्छन्द जीवन और प्रेम की कहानियाँ : आधुनिक युग की परिस्थितियों ने मानव जीवन को यांत्रिक बना दिया है। उसमें जीवन की स्पन्दनशीलता नहीं है। सभ्य समाज के नियमों ने उसे कृत्रिम भी कर दिया है। प्राणी बन्धनों को तोड़कर जीवन के उन्मुक्त प्रसार के लिए छटपटा रहा है। जीवन की सच्ची स्वच्छन्दता सभ्यता की इस चारदीवारी के बाहर है। लेखक उस स्वच्छन्द जीवन पर मुग्ध है, सभ्य समाज के जीवन में भी वैसी गतिशीलता ले आना चाहता है। 'चन्दा', 'सुनहला साँप', 'बनजारा', 'बिसाती', 'आँधी' आदि कहानियों में कंजरों, इरानियों, बनजारों आदि की ओर आकृष्ट होने का यही कारण है। आरम्भ से ही प्रसाद की कहानियों में यह प्रवृत्ति मिलती है। समता, स्वतन्त्रता और सौहार्द्र का जो रूप इस प्राकृतिक जीवन

में दिखाई देता है वह अनेक सामाजिक बन्धनों से बद्ध शिष्ट समुदाय के जीवन में कहाँ? इस अजान जीवन में सरलता के साथ तात्विक अन्तर्दृष्टि की गम्भीरता भी है।

इन कहानियों में लेखक ने वातावरण का—बनजारों, कंजरों आदि के रहन-सहन, प्रकृति, स्वभाव और जीवन पद्धति का—यथार्थ और सजीव वर्णन प्रस्तुत किया है। इनके जीवन में किसी प्रकार का सामाजिक बन्धन न होने से प्रेम का जो स्वच्छन्द रूप यहाँ दिखाई देता है, वैसा अन्यत्र नहीं। जीवन की इस स्वच्छन्दता के कारण प्रणय लीला की ऐसी मादकता-मस्ती और अनन्यता है कि पात्र उसमें आत्मलीन होते हैं और उसमें किसी प्रकार की बाधा नहीं सहते। 'इन्द्रजाल' कहानी के गोली और बेला में कितना स्वाभाविक और प्रखर आकर्षण है; मानों वे अपने भाग में किसी प्रकार के अवरोध की कल्पना ही नहीं कर सकते। जहाँ अवरोध है प्रेमी को और भी बल मिल जाता है, उसमें साहस और पराक्रम की भावना उत्तेजित होती है। उस बाधा का सामना करने के लिए वह कटिबद्ध होता है। गोली आखिर बेला को प्राप्त कर ही लेता है। 'चन्दा' कहानी के अन्त में नायिका चन्दा बदला लेकर ही सन्तुष्ट होती है। संघर्षों के कारण प्रेम की अनुभूति में तीव्र स्पन्दन हो उठता है। जब बेला ठाकुर साहब के घर रहने लगती है, गोली की प्रेम कहानी में संघर्ष जन्य सजीवता आ जाती है। दूसरी ओर मानसिक द्वंदों के कारण स्वच्छन्द जीवन और मानसिक स्वतन्त्रता में विकसित प्रेम की सहज प्रवृत्ति गम्भीर रूप भी धारण कर लेती है और वेदना की चरम सीमा में परिणत हो जाती है। प्रतिकूल परिस्थितियों में शीरीं और लैला के प्रेम का यही उदात्त दार्शनिक रूप है।

इस तरह इन कहानियों में प्रेम सम्बन्धी विविध मनोवृत्तियों के दर्शन होते हैं। चन्दा में प्रतिहिंसा की भावना है तो शीरीं या लैला में प्रेम की विफलता-जन्य वेदना। 'सुनहला साँप' में नेरा और रामू के प्रेम की बाधा-रहित स्वच्छन्द प्रसार हुआ है तो 'इन्द्रजाल' में साहस की पराकाष्ठा दिखाई देती है। 'बनजारा' की मोनी में अत्याचार से पीड़ित कोमल मन की निरीहता है। वन्य जीवियों का प्रेम जीवन कितना स्वाभाविक, ऋजुमार्गी और आकर्षक होता है, 'सुनहला साँप' उसका सुन्दर उदाहरण है। मानव जीवन की गहराइयों का पता लगाना उतना आसान नहीं है, कम से कम चन्द्रदेव जैसे व्यक्तियों के लिए। पहाड़ी युवती नेरा और चन्द्रदेव के नौकर रामू में आकर्षण बढ़ता ही गया है जिससे कि नेरा के लिए मदिरा की चोरी करने में भी उसे संकोच नहीं हुआ। नेरा पहाड़ी युवती थी—उसमें यौवन की कुछ ऐसी मस्ती-मादकता थी, अपना प्रभाव जमाने की ऐसी प्रबल शक्ति थी कि उसके सामने सभ्य समाज के चन्द्रदेव को भी सिर झुकाना पड़ा और अपराधी होने पर भी रामू और नेरा मुक्त हो गये। कहानी का ढाँचा साधारण है, लेकिन उसमें स्वच्छन्द प्रेम की प्रबलता की मार्मिक अनुभूति कराई गयी है।

3.1.3 भाव संघर्ष और प्रेम की कहानियाँ : 'आकाशदीप' और 'पुरस्कार' में

प्रेम के साथ अन्य भावों का संघर्ष दिखाया गया है। मानसिक संघर्ष में रचना के सजीवता आ जाती है। वे कहानियाँ एक मनोवैज्ञानिक मनःस्थिति को लेकर चलती हैं। शास्त्रकारों ने भाव-सन्धि की ओर संकेत अवश्य किया है, लेकिन उसकी व्यंजना उतनी सरल नहीं है, विशेषतः जब भाव परस्पर विरोधी होते हैं। उनका मनोवैज्ञानिक निर्वाह करने के लिए लेखक में विशेष प्रतिभा का आवश्यकता होती है। अन्यथा दोनों में से कोई भावना कुण्ठित होकर, उसकी स्वाभाविक गति या प्रसार न होकर पाठक के मन को, उसकी अनुभूति को आघात पहुँचा सकती है। जब मन में दो भावनाओं का एक साथ उदय होता है, दोनों अपनी प्रबलता के लिए यत्नशील होती हैं; मन पर अपने आधिपत्य को पूरा जमाना चाहती है और परिणामस्वरूप मन में संघर्ष उत्पन्न होता है। जब एक भावना अधिक शक्तिशाली होती है, दूसरे को समाप्त करके जीवन में अपनी चरितार्थता के लिए अनुकूल भूमि ढूँढ़ लेती है। दोनों की समान प्रबलता मानव मन को एक तीसरी मनःस्थिति पर ले जाती है जहाँ दोनों के संघर्ष की व्याकुलता समाप्त होकर मन को शान्ति मिल सकती है। यद्यपि यह शान्ति एक समझौता मात्र है, और इसलिए अव्यक्त मन में इस प्रकार समझौता कर लेने की विवशता पर वेदना होती है, फिर भी इससे बचने का मन को कोई उपाय नहीं सूझता। जहाँ व्यक्ति के व्यक्तित्व में इस प्रकार की क्षमता रहती है कि परिस्थिति में दोनों समान प्रबल भावनाओं के एक साथ प्रसार की सम्भावनाएँ ढूँढ़ निकाल लें तो भाव संघर्ष, दोनों की समाप्ति के बाद अपने-अपने स्थान पर अपनी-अपनी दृष्टि से दोनों की चरितार्थता में पर्यवसित होता है। यहाँ व्यक्ति मन की उलझन को सन्तोषजनक रूप में सुलझा लेता है और उसे जीवन में या जीवन से सन्तृप्ति मिलती है। प्रसाद की कहानियों में इन अन्तिम दो मनोवैज्ञानिक रूपों की अभिव्यक्ति है।

चम्पा के चरित्र में अन्तर्द्वन्द्व के कारण उत्पन्न मानसिक व्यथा का चित्रण है—एक ओर वह बुद्धगुप्त से प्रेम करती है तो दूसरी ओर उसे अपने पिता का हत्यारा समझकर द्वेष और प्रतिशोध की भावना में जलती भी है। अन्ततः वह न बुद्धगुप्त का साथ दे सकी और न उससे बदला ही ले सकी। पिता की पवित्र स्मृति में आकाशदीप जलाते हुए अपने निष्फल प्रेम में प्रियतम की स्मृति को लेकर आहें भरती रही। इस भाव संघर्ष में हृदय विवश है, मन एक निर्वेद की सी स्थिति में पहुँच जाता है। लेकिन 'पुरस्कार' में ऐसी बात नहीं है। प्रेम और देश-भक्ति का विरोध होते हुए भी यथास्थान दोनों की उचित प्रवृत्ति दिखाई गयी है। पहले कुछ दूर तक दोनों भावों का संघर्ष चलता है, सैनिकाधिकारी को सूचना देने के संकल्प में देश-भक्ति की विजय-सी लगती है, लेकिन कहानी एक नाटकीय घुमाव लेकर देश-भक्ति के पुरस्कार में प्रियतम के साथ मृत्युदण्ड की याचना में समाप्त हो जाती है। इस तरह प्रसाद ने बड़ी कुशलता के साथ दोनों भावनाओं का समान रूप से उचित निर्वाह किया है।

3.1.4 सामाजिक विषमता और प्रेम की कहानियाँ : आकर्षण ही प्रेम की एकमात्र कसौटी है। लेकिन एक बार आकर्षण हो जाने के बाद जीवन में प्रेम-सम्बन्धी अनेक समस्याएँ उठ खड़ी होती हैं। उस प्रेम की सफलता या चरितार्थता में बहुत-सी कठिनाइयाँ उपस्थित हो जाती हैं। एकान्त प्रकृति की गोद में रहने वालों के या समाज से बाहर स्वच्छन्द जीवन बिताने वालों के प्रेम की सफलता में सम्भव है कि कोई बाधा उत्पन्न न हो। यदि कहीं बाधा उत्पन्न भी हो जाती है तो वह प्राकृतिक या आधिभौतिक होती है और उस पर मनुष्य का अधिकार नहीं चलता। लेकिन समाज में रहते हुए, सामाजिक बन्धनों से जकड़े हुए व्यक्तियों के जीवन में अपनी नैसर्गिक प्रवृत्ति के अनुसार पारस्परिक आकर्षण भले ही हो जाय, प्रेम की सफलता में रुकावटें हो सकती हैं। जहाँ व्यक्ति साहस के साथ प्रतिबन्धों को पार कर जाता है और सामाजिक मर्यादा के विरुद्ध होने के कारण अपने मन में उत्पन्न आन्तरिक संघर्ष को नियंत्रित कर लेता है वहाँ सामाजिक विषमता के बावजूद प्रेम की सफलता दिखाई पड़ती है। लेकिन ऐसा होता कम है। सामाजिक अवरोध प्रायः प्रेम को असफल ही बना देते हैं, जैसा कि 'देवदासी', 'अपराध', 'ग्रामगीत', 'बिसाती', 'रसिया बालम', 'मदन मृणालिनी' आदि कहानियों में हुआ है।

साधारणतया प्रेम की विफलता का कारण प्रेमी व्यक्तियों का समाज के भिन्न-भिन्न वर्गों से सम्बन्धित होना है। कहीं रूढ़ सामाजिक जातिभेद है तो कहीं धन और अधिकार के आधार पर बने हुए आर्थिक वर्गों की भिन्नता है। 'बिसाती' आर्थिक वर्गगत विषमता की कहानी है। 'आँधी' में कंजर युवती लैला सभ्य समाज के एक साधारण गृहस्थ से प्रेम करती है। 'रसिया बालम' प्राचीन परम्परा की प्रेम-कहानी है जिसमें रानी एक साधारण युवक से अपनी कन्या का विवाह करने के लिए तैयार नहीं है। 'देवदासी' में सामाजिक प्रथा प्रेम के मार्ग में बाधाजनक सिद्ध होती है। तन-मन-धन से भगवान को समर्पित देवदासी किसी की ओर आँख उठाकर कैसे देख सकती है? प्रेम की प्रत्यक्ष सफलता की सम्भावना न होने पर भी प्रेम की मानसिक अनुभूति के द्वारा अपने जीवन को चरितार्थ बना लेने का अवसर भी देवदासी को नहीं मिला। रामस्वामी की आकस्मिक मृत्यु से उसके सरल मन को ऐसा धक्का लगा कि फिर वह चेत न सका। 'वह प्रायः सभामण्डप के स्तम्भ से टिकी हुई, दोनों हाथों में अपने एक घुटने को छाती से लगाये अर्द्ध- स्वप्नावस्था में बैठी रहती हैं। उसका मुख विवर्ण, शरीर शीर्ण, पलक अपांग और उसके श्वास में यान्त्रिक स्पन्दन है। नये यात्री कभी-कभी उसे देखकर भ्रम करते होंगे कि वह भी कोई प्रतिमा है।[14] 'अपराधी' कहानी के दुखान्त होने में सामाजिक विषमता की बाधा नहीं, अपनी काम-वासना तृप्त करके चले जाने वाले पुरुष की चित्तवृत्ति ही मुख्य कारण है। कहानी के आरम्भ में राजकुमार और वनपालिका का मिलन रहस्यमय आकर्षण से भरा हुआ है। लेकिन अन्त तक जाते-जाते कहानी पर एक गम्भीर विषादमय

आवरण पड़ गया है। प्रेम-प्रसंग राजकुमार के लिए विस्मृत बात हो सकती है, पर जब तक उस प्रेम का परिणाम, किशोर, आँखों के सामने रहे, वनपालिका के लिए यह सम्भव नहीं है। संयोगवश राजशिशु को मारने के अपराध में किशोर को मृत्युदण्ड मिलता है। राजकुमार को पहचानने और उसके पूछने पर वनपालिका उत्तर देती है कि किशोर अपराधी है; राजशिशु को मारने का नहीं, अपने यौवनकालीन अपराधों में जन्म लेने का। इसी एक वाक्य में वनपालिका अपनी समस्त आत्मग्लानि, वेदना और भर्त्सना को अभिव्यक्त कर देती है। यौवनकाल के तीव्र आकर्षण में अपराध करना, फिर कालक्रम में सब कुछ भूल जाने की दुष्यन्तीय प्रथा और समाज का सन्तान को दोषी ठहराना—यह कहानी अनादि काल से चली आ रही है।

नाना प्रकार के विरोधों के होते हुए भी तपस्या और साधना द्वारा प्रेम की सफलता हो सकती है, इसका उदाहरण 'चूड़ीवाली' है। नर्तकी की कन्या होने पर भी अन्त में उसकी इच्छा की पूर्ति हुई। विजय कृष्ण ने सहर्ष उसका आतिथ्य स्वीकार किया और उसे अपनी जीवन-संगिनी भी बना लिया। 'तानसेन' में भी प्रेम की सफलता है। 'विजया', 'सन्देह', 'अघोरी का मोह' आदि यद्यपि एक मनोवैज्ञानिक स्थिति को लेकर कुछ भिन्न प्रकार की कहानियाँ हैं, फिर भी उनका सम्बन्ध सफल प्रेम की इन कहानियों से ही है।

3.1.5 वासना की विफलता की कहानियाँ : प्रसाद ने अपनी कहानियों में स्वच्छन्द प्रेम के स्वस्थ आदर्श को ही सामने रखा है। उसकी स्वच्छन्दता में सामाजिक-नैतिक रूढ़ियों के प्रति विद्रोह की भावना हो सकती है, लेकिन मानवीय भावना के प्रति नहीं। वास्तव में स्वच्छन्दता का यह आग्रह विच्छृंखल अनैतिक दृष्टि का परिणाम नहीं, भावों के उन्मुक्त प्रसार के द्वारा उन्हें अधिक उदात्तता की भूमि पर ले जाने के लिए ही है। इसे न समझने से प्रसाद के कथा-साहित्य पर अनैतिकता का दोषारोप भी हो गया है जिसका वाजपेयी जी ने अपनी पुस्तक 'जयशंकर प्रसाद' में उल्लेख किया है।[15] प्रसाद ने अपने साहित्य में जहाँ कहीं कामवासना और विलासिता का प्रसंग आया है, जीवन में उसकी विफलता ही दिखाई है; जैसे 'पाप को पराजय', 'उस पार का योगी', 'स्वर्ग के खंडहर में' आदि कहानियों में। कहानियों के नामकरण से ही यह बात स्पष्ट हो जाती है। 'पाप की पराजय' में घनश्याम का चित्रण है—जिस तरह वह एक भील कन्या पर अत्याचार करता है और परिस्थितियों के परिवर्तन से उस पाप के परिहार के लिए उसकी सहायता करता है। यहाँ वासना की ओर केवल संकेत है। 'स्वर्ग के खंडहर में' वासना और विलासिता के चरम रूप की प्रौढ़ व्यंजना है। शेख स्वर्ग के नाम पर भोग-विलास का एक ऐसा आकर्षक अभीष्ट वातावरण निर्मित करना चाहता है, जिसमें जीवन की स्वस्थता नाममात्र के लिए भी नहीं थी और वह स्वर्ग खंडहर के रूप में परिणत हो गया। यहाँ लेखक के जीवन-दर्शन को अभिव्यक्ति का अवसर मिला है। विलासिता के कारण देवसृष्टि का ही विनाश हो

गया है तो शेख के स्वर्ग की क्या गिनती है? इस पृथ्वी को ऐसे मादक स्वर्ग की आवश्यकता भी नहीं है। उसकी शोभा अपनी स्वाभाविक साधारण स्थिति में ही है। लज्जा ने शेख से ठीक ही कहा था–'पृथ्वी को केवल वसुंधरा होकर मानव जाति के लिए जीने दो, अपनी आकांक्षा के कल्पित स्वर्ग के लिए क्षुद्र स्वार्थ के लिए, इस महती को, इस धरणी को, नरक न बनाओ, जिसमें देवता बनने के प्रलोभन में पड़कर मनुष्य राक्षस न बन जाय।'[16] कामायनी में देव-संस्कृति और मानवीय संस्कृति का जो अन्तर किया गया है, उससे मिलती-जुलती ही यह भावना है। इस व्यंग्यात्मक कहानी में भी भाव-प्रणयिनी मीना देवसेना का स्मरण कराती है। इस 'भटकी हुई बुलबुल' की वेदना व्याकुल आत्मा क्षण भर के लिए विश्राम ढूँढ़ती रही।[17]

3.1.6 रहस्यवादी कहानियाँ : प्रसाद की कहानियों में कहीं वातावरण और वस्तु की, कहीं भाव की गूढ़ता और कहीं उद्‌देश्य की अस्पष्टता को लेकर रहस्यमय प्रवृत्ति दिखाई देती है। यह रहस्यमयता जीवन के अद्‌भुतपन और विचित्रता की द्योतक है। 'हिमालय का पथिक' आदि कहानियाँ इस कोटि की हैं। प्रतीकात्मकता के कारण भी कभी-कभी रहस्यमयता आ गयी है। 'वैरागी', 'रूप की छाया' आदि इस तरह की कहानियाँ हैं। सच्चे अर्थ में रहस्यवादिता केवल उन्हीं दो-तीन कहानियों में है जहाँ लेखक व्यक्त से अव्यक्त की ओर प्रवृत्त हुआ है। प्रकृति और जीवन के रहस्यों का आध्यात्मिक धरातल पर उद्‌घाटन करने का प्रयत्न स्वच्छन्दतावादी अन्तर्दर्शन की चरम परिणति है। काव्य की तरह कहानी के क्षेत्र में भी 'प्रलय', 'ज्योतिष्मती' और 'रमला' में प्रसाद की रहस्यवादी प्रवृत्ति की झलक मिल जाती है। इन कहानियों में सहज ही एक अद्‌भुत वातावरण की सृष्टि हुई है। कहानियों में यह रहस्यवादी प्रवृत्ति 'आकाशदीप' के रचना-काल तक की है। उसके बाद भावात्मक कल्पनाशील प्रवृत्ति के संयमित होने के कारण कहानी का तात्विक रूप तो अधिक निखर आया ही है, रहस्य-दर्शन का प्रयत्न भी समाप्त-सा हो गया है।

'प्रलय' कहानी में जीवन-मरण की समस्या को सुलझाने का प्रयत्न किया गया है। मृत्यु में जीवन का अन्त नहीं हो जाता, उसमें सच्चे आध्यात्मिक संयोग का रहस्य भरा हुआ है। लेखक ने कहानी में प्रलय का सजीव चित्र प्रस्तुत किया है–'सूर्य का अलातचक्र के समान शून्य में भ्रमण, और उसके विस्तार का अग्नि-स्फुलिंग वर्षा करते हुए आश्चर्य-संकोच! हिम-टीलों का नवीन महानदों के रूप में पलटना, भयानक ताप से शेष प्राणियों का पलटना! महाकापालिक के चिन्ताग्नि-साधन का वीभत्स दृश्य!! प्रचण्ड आलोक का अन्धकार!!!'[18] इस भीषण व्यापार को देखकर रमणी त्रस्त थी। जवां कुसुम सदृश जगत् का तत्काल तरल पारद समान रंग बदलना, भयानक होने पर भी युवक को स्पृहणीय था। अन्त में जाकर शक्ति और पुरुष का संयोग हो जाने पर रमणी धीरे-धीरे प्रलय और सृष्टि का रहस्य समझने लगी–''अब कुछ-कुछ जान रही हूँ, जैसे मेरा अस्तित्व स्वप्न था, आध्यत्मिकता का मोह था; जो तुम से

भिन्न, स्वतन्त्र रूप की कल्पना कर ली थी, वह अस्तित्व नहीं विकृति थी।''[19] तब प्रलय रूपी मिलन आनन्दमय हो गया। फिर अखण्ड शांति, आलोक और आनन्द था।

'ज्योतिष्मती' कहानी में ज्योतिष्मती को चैतन्य रूप ब्रह्म का, वनलता को प्रकृति का और साहसी युवक की लौकिक जीव का प्रतीक मानने से कहानी का एक आध्यात्मिक अर्थ लगने लगता है। ज्योतिष्मती को पाने के लिए वनलता और साहसी युवक के प्रयत्न, परम पुरुष के साथ संयोग के लिए प्रकृति और जीव की साधना है। ज्योतिष्मती के द्वारा वनलता के वृद्ध पिता के नेत्रोन्मीलन की सम्भावना, ज्ञान के आलोक के द्वारा जीव के लौकिक संस्कारों से मुक्त हो जाने का संकेत है। आध्यात्मिक प्रेम की साधना को छोड़कर केवल साहसी मनोवृत्ति के द्वारा ज्योतिष्मती को प्राप्त करने के लिए युवक का प्रयास, लौकिक माया से आवृत, अहंवादी जीव की असफल साधना है। लौकिकता से मुक्त होकर शुद्ध प्रेम के द्वारा ही ज्योतिष्मती या ब्रह्म की उपलब्धि हो सकती है; कहानी में इस भाव की व्यंजना की गयी है। 'रमला' कहानी में रमला झील प्रकृति का प्रतीक है। उसका प्रिय सहचर साजन उसके वियोग में तड़पकर फिर उसी की गोद में पहुँचता है। यह प्रकृति और पुरुष का शाश्वत संयोग है जिसके द्वारा सच्चा आनन्द मिलता है।

3.1.7 मनोवैज्ञानिक कहानियाँ : प्रसाद की ये कहानियाँ उस अर्थ में मनोवैज्ञानिक नहीं हैं जिस अर्थ में परवर्ती मनोवैज्ञानिक लेखकों की रचनाएँ। इनमें न अव्यक्त मन का उद्‌घाटन है, न अव्यक्त मन के द्वारा व्यक्त जीवन के परिचालित होने का संकेत है और न मनोवैज्ञानिक सिद्धान्त को पात्रों के जीवन के बहाने कथारूप देने का प्रयत्न। इनमें सामान्य मनोविज्ञान का ही आधार ग्रहण किया गया है जिसका सम्बन्ध व्यक्ति के मन और व्यवहार की गतिशीलता से है। 'मनोवैज्ञानिकता' को प्रधानता न देते हुए, मन की अनुभूति और जीवन-व्यवहार में उसके प्रसार के ही चित्र इनमें प्रस्तुत किये गये हैं। दूसरे शब्दों में, यहाँ कलात्मक साहित्य की सृष्टि है, कलात्मक मनोविज्ञान या मनोविज्ञान की कला का प्रतिपादन नहीं। इस प्रकार की मनोवैज्ञानिकता वैसे प्रसाद की सभी कहानियों में है, लेकिन इन कहानियों में कुछ उलझी हुई विशिष्ट मनस्थिति या भाव परिवर्तन के निरूपण के कारण इन्हें 'मनोवैज्ञानिक' की संज्ञा दी गयी है। 'प्रतिमा', 'सहयोग', 'प्रतिध्वनि', 'सन्देह' आदि कहानियाँ इस वर्ग के अन्तर्गत मानी जा सकती हैं।

'प्रतिमा' और 'सहयोग' में मनुष्य के व्यवहार से सम्बन्धित एक मनोवैज्ञानिक सत्य के प्रतिपादन का प्रयत्न हुआ है। 'प्रतिध्वनि' में मानसिक विक्षोभ और उसके परिणामस्वरूप होने वाले व्यवहार का निरूपण है। जो आम्र-कानन बचा उसका भी नीलाम हो गया है। एक, दो, तीन शब्द निरन्तर कानों में गूँजने लगे। बालिका श्यामा निस्तब्ध बैठी रही। उसके कोमल मन को धक्का पहुँचा और वह उन्मादिनी हो गयी। उन्मादिनी श्यामा अमराई के खुले फाटक से घुस आयी और आम के

वृक्षों के नीचे घूमती हुई एक-दो-तीन करके गिनने लगी। लहरीले पवन का एक झोंका आया; तिरछी बूँदों की एक बाढ़ पड़ गयी। दो-चार आम भी चू पड़े। पगली घबरा गयी। तीन से अधिक वह गिनना ही नहीं जानती थी। इधर बूँदों को गिने कि आमों को! बड़ी गड़बड़ हुई। पर वह मेघ का टुकड़ा बरसता हुआ निकल गया। पगली एक बार स्वस्थ हो गयी।

महोखा एक डाल से बोलने लगा। डुग्गी के समान उसकी 'डूप-डूप-डूप' शब्द पगली को पहचाना हुआ-सा मालूम पड़ा। वह फिर गिनने लगी—एक-दो-तीन! उसके चुप हो जाने पर पगली ने डालों की ओर देखा, और प्रसन्न होकर बोली—एक-दो-तीन! इस बार उसकी गिनती में बड़ा उल्लास था, विस्मय था और हर्ष था। उसने एक ही डाल में पके हुए तीन आमों को वृन्तों-सहित तोड़ लिया, और उन्हें झुलाते हुए गिनने लगी। पगली इस बार सचमुच बालिका बन गयी, जैसे खिलौने के साथ खेलने लगी।''[20]

व्यक्ति की निजी प्रकृति, पागल हो जाने के कारण मन के क्षणिक भाव-परिवर्तन और पागलपन की चेष्टाओं का ताना-बाना बुनकर लेखक ने श्यामा के अन्तर और बाह्य का सजीव चित्र खींचा है। 'परिवर्तन' में अविश्वास से आत्मविश्वास पर पहुँचने से मन और जीवन में होने वाले परिवर्तन की ओर संकेत है। इस परिवर्तन के मूल में चन्द्रदेव और मालती का पहाड़ी युवती बूटी के साथ साहचर्य और उसके व्यक्तित्व का प्रभाव छिपा है। 'सन्देह' में प्रेम की एक विशेष मनःस्थिति का द्योतन हुआ है। शरत की कहानियों की तरह पुरुष के व्यक्तित्व में दुर्बलता है, मन की भावना से भिन्न, कथन और व्यवहार का रूप है। इसीलिए श्यामा दृढ़ स्वर में रामनिहाल बाबू को वापस आने की आज्ञा दे सकी। इन अन्तिम कहानियों में जीवन को यथार्थता के स्तर पर दिखाने का प्रयत्न हुआ है, फिर भी उनका मूल स्वर स्वच्छन्दतावादी ही है।

3.1.8 अद्भुत वातावरण की कहानियाँ : स्वच्छन्दतावादी प्रवृत्ति में रहस्य की तरह अद्भुत तत्व का एक महत्त्वपूर्ण स्थान है। इसका सम्बन्ध वातावरण, वस्तु, पात्र-परिकल्पना और भावप्रकृति से ही नहीं, रचना-विधान से भी है। लेखक जिस वातावरण का निर्माण करता है, उसमें पात्रों का जिस तरह प्रवेश होता है, धीरे-धीरे उनके चरित्र के रहस्यों का जिस तरह उद्घाटन किया जाता है और जिस ढंग से अन्त में जाकर मन की भावना का पता चलता है, सारा विधान अपूर्ण कौशल के साथ अद्भुतपन की अनुभूति कराता है। प्रसाद की बहुत-सी कहानियों में वातावरण अपने ढंग पर अद्भुत ही है, लेकिन कुछ कहानियों में उसके उलझे रूप, उसकी प्रधानता और सार्थकता के कारण उनकी अलग परिगणना की गयी है। रहस्यात्मक और प्रतीकात्मक कहानियों के वातावरण में भी इस तत्व का अधिक उपयोग कर लिया गया है, पर उनमें वातावरण उतना सार्थक नहीं है। इन अद्भुत वातावरण की कहानियों में केवल वातावरण की ही सृष्टि नहीं है, प्रेम-भावना का वही रोमांटिक रूप भी मिलता है। लेकिन वातावरण का आकर्षण, उसी आधार पर भावना की सृष्टि

और अनुभूति का वातावरण के प्रभाव पर निर्भर होना, इन कहानियों की विशेषता है। 'खंडहर की लिपि', 'चित्रवाले पत्थर' और 'स्वर्ग के खंडहर में' इसके उदाहरण हैं। कहानियों का नामकरण भी उनकी प्रवृत्ति का द्योतक है।

क्लासिकल प्रवृत्ति की प्रतिक्रिया में जब स्वच्छन्दतावाद का उदय हुआ, उसमें परम्परा से भिन्न अपनी कुछ विलक्षणता दिखाने की प्रवृत्ति भी दिखाई पड़ी। परिणामस्वरूप रहस्य और अद्‌भुत के अन्वेषण में लेखकों की कल्पना प्राचीन खण्डहरों और निर्जन प्रासादों में पहुँचकर कुछ विचित्र अनुभूतियों को प्रस्तुत करने लगी। जन-प्रवाद में भी इनके सम्बन्ध में तरह-तरह की निराली धारणाएँ हुआ करती हैं। 'खँडहर की लिपि' कुछ ऐसी ही कहानी है। मनोवैज्ञानिक दृष्टि से केवल इतना ही माना जा सकता है कि ऐसे प्रदेशों में जाने पर मन की कुछ विचित्र दशा हो जाती है। भावुक व्यक्ति कल्पना करने में लग जाते हैं। जो हो, इन विचित्र अनुभूतियों की कहानियों का अपना आकर्षण है ही। भारतीय लोक-साहित्य में भी इस तरह की कहानियाँ मिल जाती हैं। लेकिन ऐसे प्रसंगों में कथा के अनुरूप वातावरण उपस्थित करना सरल काम नहीं है। खंडहरों और उनके प्रभाव के वर्णन से ही कहानी में विश्वास उत्पन्न होता है और उसी पर उसकी सफलता भी निर्भर रहती है। प्रस्तुत कहानी में–'सटी हुई टेकरी की टूटी-फूटी सीढ़ी पर युवक चढ़ने लगा। पचास सीढ़ियों के चढ़ने के बाद वह बगल की बहुत पुरानी दालान में विश्राम लेने के लिए ठहर गया। ऊपर जो जीर्ण मन्दिर था उसका ध्वंसावशेष देखने को वह बार-बार जाता था। उस भग्न स्तूप से युवक को आमंत्रित करती हुई 'आओ, आओ' की अपरिस्फुट पुकार बुलाया करती। जाने कब के अतीत ने उसे स्मरण कर रखा है।''[21] खुले मैदानों की हवा प्राचीन भग्न भवनों से टकराकर 'साँय-साँय' की एक विचित्र ध्वनि उत्पन्न करती है और उस वातावरण में ऐसा लगता है कि मानों कोई पुकार रहा है–'आओ, आओ'। इस तरह अतीत का परदा उठ जाता है और निराश अभिसारिका के शब्द सुनाई पड़ते हैं–'निष्ठुर अन्त को तुम नहीं आये।' यह आने की पुकार मानों उसी अतृप्त आत्मा की है।

'चित्रवाले पत्थर' का वातावरण भी निराला है। विन्ध्य शैल माला के एकान्त प्रदेश में एक वृद्ध व्यक्ति कहानी सुनाने लगता है। वह वातावरण हमें अभिभूत रखता है। प्रकृति और वातावरण ही नहीं, पात्रों के राग-द्वेष की कहानी भी अद्‌भुत है–उसमें प्रेम, शक्ति और साहस का विलक्षण सम्मेलन हुआ है। तटस्थ की भाँति कहानी सुनाने वाले वृद्ध को अन्त में जाकर ही पाठक पहचान पाते हैं और इस अद्‌भुत वातावरण, पात्र-सृष्टि और रचना-विधान पर विस्मय विमुग्ध हो जाते हैं।

'स्वर्ग के खंडहर में' कहानी जहाँ वासना की विफलता को दिखाते हुए एक आदर्श को उपस्थित करती है, अपने भाव की व्यंजना के लिए वातावरण पर निर्भर है। यह वातावरण वासना और विलासिता के अनुकूल अद्‌भुत सौन्दर्य की सृष्टि

करता है। वह एक इन्द्रजाल की तरह पाठकों को ही नहीं, स्वयं पात्रों को भी अपने में उलझा देता है। मदिरामत्त गुल को अपनी ही पूर्व कथा स्मरण नहीं है। देवपाल पुत्र-वध करने के लिए भी प्रस्तुत हो जाता है और उस स्वर्ग के निर्माता शेख की यह दशा है कि एक ओर तातार के खान की चढ़ाई हो रही है और दूसरी ओर वह मदिरोन्मत्त होकर कह रहा है–'मीना! आज अन्तिम दिन है। इस प्याली में अन्तिम घूँटें हैं। मुझे अपने हाथ से पिला दोगी?'[22]

3.1.9 प्रतीकात्मक कहानियाँ : स्वच्छन्दतावादी प्रवृत्ति में प्रतीकात्मक पद्धति को बहुत प्रश्रय मिला है। इससे तीन कार्य सम्पन्न हुए हैं–रचना में कुछ रहस्यमयता आयी, भाव की अनुभूति में तीव्रता आयी और एक सार्वभौमिक रूप भी मिला है। प्रसाद की बहुत-सी कहानियों में प्रतीकात्मता का कुछ आभास मिल जाता है। 'वैरागी', 'समुद्र सन्तरण' आदि में विशिष्ट वस्तु के साथ एक सांकेतिक अर्थ का भी ग्रहण किया जा सकता है। लेकिन उनका कलात्मक मूल्य सांकेतिक अर्थ-ग्रहण पर निर्भर नहीं है। उनमें प्रतीकात्मक होने का बोध भी कम होता है। प्रसाद की कहानियाँ विशिष्ट सत्य के माध्यम से शाश्वत सत्य का प्रतिपादन करते हुए प्रायः प्रतीकात्मक या सांकेतिक अर्थ द्योतित करने के लिए अवसर प्रदान करती हैं। रहस्यवादी कहानियाँ प्रतीकात्मक ही हैं और उनकी इस रूप में अभिव्यंजना अनिवार्य भी है। लौकिक धरातल पर 'रूप की छाया', 'ज्योतिष्मती', 'कला', 'कलावती की शिक्षा', और 'पत्थर की पुकार' स्पष्ट प्रतीकात्मक कहानियाँ हैं। रहस्यवादी प्रवृत्ति की तरह प्रतीकात्मक प्रवृत्ति और प्रतीकात्मक कहानियों की रचना प्रसाद के कहानी-साहित्य में मध्यकालीन है और 'प्रतिध्वनि' एवं 'आकाशदीप' के संग्रहों तक सीमित है।

आनतोले फ्रांस के उपन्यास 'ताया' की तरह 'रूप की छाया' में रूप और ज्ञान का संघर्ष चलता है। दुर्बलता के कुछ क्षणों में विचलित होकर भी शैलनाथ शैल की तरह स्थिर रहता है। इस अप्रस्तुत प्रतीकात्मकता के अतिरिक्त प्रस्तुत का विशिष्ट रूप भी अपने में बहुत आकर्षक है। एक प्रकार की रूपक-शैली में प्रस्तुत और अप्रस्तुत का परस्पर प्रभाव-वर्धक रूप में सम्मेलन हुआ है। 'ज्योतिष्मती' कहानी का जहाँ रहस्यवादी अर्थ लगाया जा सकता है, वहाँ एक लौकिक प्रतीकात्मक अर्थ को भी ग्रहण किया जा सकता है। वास्तव में यह दूसरा रूप ही अधिक कलात्मक है। 'जिसने चन्द्रशालिनी ज्योतिष्मती रजनी के चारों पहर कभी बिना पलक लगाए प्रिय की निश्चल चिन्ता में न बिताये हों, उसे ज्योतिष्मती न छूनी चाहिए। इसे जंगल के पवित्र प्रेमी ही छूते हैं।'[23] ज्योतिष्मती के अन्वेषक युवक में साहस तो है लेकिन प्रेम की निश्चलता नहीं है जो पवित्र प्रेम-भावना में ही सम्भव है। लेखक प्रेम की तपस्या और साधना के परीक्षा-चिह्न के रूप में ज्योतिष्मती को सामने रखता है। युवक साहस का प्रतीक है और वनलता प्रकृति या जीवन का। युवा मन की चंचलता में सच्चा प्रेम न पाकर वनलता भी मुरझा गयी।

'पत्थर की पुकार', 'कलावती की शिक्षा', और 'कली' साहित्य से सम्बन्धित प्रतीकात्मक कहानियाँ हैं। 'कला' में रस की आर्द्रता पर और 'कलावती की शिक्षा' में गूढ़ व्यंजना पर प्रसाद ने विशेष बल दिया है। ये ही उनकी साहित्य-साधना की प्रमुख विशेषताएँ भी हैं। 'कला' में रूपनाथ को धन और यश मिलने पर भी अन्त में जाकर रसदेव की ही विजय हुई। पहले कला रूपदेव की ओर झुकी, अन्त में जाकर रसदेव को ही प्राप्त हुई। जीवन और साहित्य की भी यही प्रवृत्ति है। पहले सौन्दर्य की ओर आकृष्ट होना स्वाभाविक ही है, परन्तु मुख्य विषय हृदय की भावना है जिसके प्रसार से ही तृप्ति मिलती है। कला में रस या भाव-तन्मयता की प्रधानता है, रूप-रंग की नहीं।

उपन्यास की नायिका को लक्ष्य करके कलावती चीनी की पुतली को पढ़ाने लगी—'प्रगल्भता! जो आजकल बड़ी बाढ़ पर है, बड़ी अच्छी वस्तु है। उसके बल से मूर्ख भी पंडित समझे जाते हैं। उसका अभ्यास करना..........पुतली! तुमने रूप का परिवर्तन छोड़ दिया है, यह और भी बुरा है। सोने के कोर की साड़ी तुम्हारे मस्तक को अभी भी ढँके है, तनिक उसे खिसका दो।'[24] भारतीय आदर्श और मर्यादा के विरुद्ध निर्लज्ज विलास का व्यंजना पर, जिसका चित्रण आधुनिक प्रेम-प्रधान उपन्यासों का एकमात्र ध्येय हो गया है और जिसे इस कहानी के नायक की तरह लोग तन्मय होकर पढ़ रहे हैं—जबरदस्त आक्षेप किया गया है। साथ ही इस व्यंग्यात्मक प्रसंग से स्पष्ट हो जाता है कि प्रसाद आधुनिक उपन्यासों की तरह सब कुछ खुले हुए रूप में पाठकों के सामने रखने की अपेक्षा ध्वनि या व्यंजना को अधिक पसन्द करते हैं, उसे कला की प्रौढ़ता मानते हैं।

'पत्थर की पुकार' में नवल वर्तमान कर्तव्य को अधिक महत्त्व देने वाले साहित्यकार का प्रतीक है। विमल साहित्य में अतीत और करुणा को अधिक महत्त्व देता है जिस पर व्यंग्य करते हुए नवल कहते हैं कि 'इससे विशेष और हम भारतीयों के पास धरा क्या है? स्तुत्य अतीत की घोषणा और वर्तमान की करुणा, इसी का गान हमें आता है।'[25] 'पत्थर की पुकार' उस पत्थर के शिल्पी के माध्यम से 'विमल के अतीत और करुणा सम्बन्धी समस्त सद्भाव कठोर कर्मण्यता का आवाहन करने के लिए उसी से विद्रोह करने लगे।'[26]

प्रसाद की कहानियों में रूपक शैली के भी कुछ आभास मिल जाते हैं। प्रतीकात्मक शैली में जहाँ प्रस्तुत मूर्त-रूप से अप्रस्तुत भाव-रूप प्रधान होता है, रूपक शैली में दोनों का समान महत्त्व रहता है। वास्तव में यह रूपकत्व भी प्रसाद के रचना-विधान में विकसित आनुषंगिक विशेषता है जो मूर्त्त रूप के भाव को पुष्ट करता है, उसके कलात्मक आकर्षण को बढ़ाता है। वह विशेषता ध्वन्यात्मक शैली का ही एक पूर्ण विकसित रूप है। कहानी के आरम्भ से ही कहीं यह लगने लगता है कि कहानीकार इन पात्रों को अपने भावों की भाषा बनाकर जो कह रहा है वह

तो निमित्त मात्र है, वह जो कहना चाहता है वह तो कुछ और ही है—तब कहानी रूपक-सी हो जाती है।'[27]

3.2 मानवतावादी कहानियाँ

3.2.1 मानवीय भावना की कहानियाँ : मनुष्य की मानवीय भावना का विकास में बाधा देने वाले तत्त्व मध्ययुगीन धार्मिक व्यवस्था और आधुनिक युग की सामाजिक व्यवस्था की उपज है। भारतीय आर्यों के इतिहास में ही नहीं, समस्त मानव जाति के इतिहास का कहानी में मानवीय समवेदना और उससे विकसित धार्मिक उदात्तता की भावना प्रधान रही। मध्ययुग में आकर धर्म ने व्यवस्थाबद्ध रूढ़ रूप धारण किया और मनुष्य को मानवता के विकास में वह बाधक हुआ। इसके विरुद्ध अनेक धार्मिक आन्दोलन भी हुए, लेकिन वे आन्दोलन कालक्रम में स्वयं व्यवस्थाबद्ध हो गये। बौद्ध धर्म का इतिहास इसका सुन्दर उदाहरण है। मध्ययुग में आरम्भकालीन व्यापक वर्ग-भावना भी रूढ़ और संकीर्ण जाति-भावना में परिणत हुई और उसने समाज को पूरी तरह जकड़ दिया। लेकिन उस समय धर्म ही जीवन का केन्द्र बिन्दु था और सामाजिक व्यवस्था के मूल में भी उसी का प्रबल हाथ था। ऐसी स्थिति में धर्म की ह्रासोन्मुखता के साथ सामाजिक अवनति भी स्वाभाविक थी। आधुनिक युग में आकर धर्म की शृंखलाएँ कुछ ढीली पड़ीं, उसके साथ जाति-भावना भी उतनी महत्त्वपूर्ण नहीं रही, लेकिन आर्थिक दृष्टि की प्रधानता ने समाज में दूसरे प्रकार के वर्गों की सृष्टि की, एक सामाजिक विषमता का वातावरण फैला रखा। प्रसाद की कुछ कहानियों में यह विषमता साधन होकर स्वच्छन्द प्रेम से टकराती हुई दिखाई देती है तो कुछ कहानियों में माध्य होकर मानवता की पुकार को गुँजा देती है। मानवता की भावना-प्रधान इन कहानियों में कहीं विद्रोह की भावना है तो कहीं व्यंग्य कटाक्ष। स्वच्छन्दतावादी प्रवृत्ति से प्रेरणा ग्रहण कर लेखक पतितों और समाज-बहिष्कृतों की ओर प्रवृत्त हुआ और उनके जीवन में धार्मिक-सामाजिक व्यवस्थाओं की कठोरता की ओर संकेत करते हुए एक मानवतावादी वातावरण की सृष्टि की। 'चक्रवर्ती का स्तंभ', 'देवरथ', 'सलीम', 'नीरा', 'गुंडा','छोटा जादूगर' आदि इस प्रकार की कहानियाँ हैं।

लेखक को जीवन में पूर्ण आस्था है, उसका विश्वास है कि अन्ततोगत्वा मानवता की ही विजय होगी। परिस्थितियों में व्यक्ति का जीवन दुखद होकर समाप्त हो सकता है, लेकिन वह आत्मबलिदान निरर्थक नहीं जायेगा, जिस आदर्श के लिए संघर्ष और आत्म-त्याग हुआ है, उसकी दिशा में वह मानवता को एक कदम आगे ले जायगा। 'चक्रवर्ती का स्तंभ' और 'देवरथ' कहानियों में लेखक ने धार्मिक आडम्बर और अत्याचार के अन्त और अधर्म पर धर्म की विजय दिखाई है। अशोक चक्रवर्ती के ध्वस्त जीर्ण स्तूप पर दीपावली जलाने के अपराध में धर्मरक्षित आदि मुसलानों के द्वारा बन्दी हो गये और स्तम्भ को तोड़ने की आज्ञा हुई। धर्मपालन का आदेश देने के

लिए स्तूप का निर्माण हुआ है और धर्म को संकीर्ण मजहब के अर्थ में ग्रहण करके धर्म के ही नाम पर उसे मिटाने का प्रयत्न हो रहा है। 'निष्ठुर लोग हिंसा के लिए परिक्रमण करने लगे। किन्तु पत्थरों में चिल्लाने की शक्ति नहीं है कि उसे सुनकर वे क्रूर आत्माएँ तुष्ट हों। उन्हें नीरव रोने में भी असमर्थ देखकर मेघ बरसने लगे। चपला चमकने लगी। भीषण गर्जन होने लगा। छिपने के लिए वे निष्ठुर भी स्थान खोजने लगे। अकस्मात् एक भीषण गर्जन और तीव्र आलोक, साथ ही धमाका हुआ। चक्रवर्ती का स्तंभ अपने सामने यह दृश्य न देख सका। अशनिपात में खंड-खंड होकर गिर पड़ा। कोई किसी का बन्दी न रहा।'[28] वहाँ प्राकृतिक या आधिभौतिक भावना की सहायता से धर्म की विजय दिखाई गयी है। प्रभाव-सृष्टि की मार्मिकता में कोई सन्देह नहीं हो सकता, फिर भी जीवन में परिस्थितियों की वास्तविकता की कमी अवश्य अनुभूत होती है। 'देवरथ' में धर्म की विजय को वास्तविकता का आधार देते हुए लेखक कहानी और उसकी भाव-व्यंजना को और भी प्रौढ़ रूप दे सका है। यहाँ दो बातें ध्यान देने योग्य हैं। लेखक ने धर्म को व्यापक अर्थ में ग्रहण किया है और व्यवस्था की संकीर्णता से परे मानवता की व्यापक भावना पर विकसित बौद्ध धर्म की ओर संकेत किया है। इसमें हिन्दू-मुसलमान जाति-भेद की धार्मिक संकीर्णता नहीं है। दूसरी बात यह है कि इन सभी मानवतावादी कहानियों में मानवता की विजय दिखाने के लिए हलके सुखान्त की प्रवृत्ति नहीं अपनाई गयी है। जीवन की विषम परिस्थितियों में यह सम्भव भी नहीं है। लेखक कहानी का अन्त आत्म-त्याग या एक गम्भीर सन्निवेश में करता हुआ आदर्श को केवल व्यंजित करता है।

'देवरथ' कहानी के अन्त में सुजाता उत्सव के जन-समुद्र में फाँद पड़ती है और एक क्षण में उसका शरीर देवरथ के भीषण चक्र से पिस उठता है। धर्म के नाम पर इतना अत्याचार असह्य है। मन की अपार वेदना में संघस्थविर को सम्बोधित करके वह कहती है—'तो मरूँगी स्थविर; किन्तु तुम्हारा यह काल्पनिक आडम्बरपूर्ण धर्म भी मरेगा। मनुष्यता का नाश करके कोई भी धर्म खड़ा नहीं रह सकता।'[29] यह बौद्ध धर्म के पतन की ओर ही संकेत नहीं करता, समस्त धर्मों को लक्ष्य करके एक सार्वभौमिक सत्य का प्रतिपादन करता है। सुजाता को धर्म के पतन से इतनी घृणा हो जाती है कि वह स्वयं उसके अधिष्ठाव देवता से प्रश्न करती है—'देवता, यह उत्सव क्यों? क्या जीवन की यन्त्रणाओं से तुम्हारी पूजा का उपकरण संग्रह किया जा सकता है?'[30] अन्त में 'काला पहाड़' के अश्वारोहियों के आक्रमण से सुजाता के साथ-साथ उस कुत्सित धर्म का भी अन्त हो जाता है।

'सलीम' कहानी में धार्मिक संकीर्णता से परे मानवीय भावना उपयुक्त कहानियों से और अधिक उभर आयी है। उस पर जहाँ हिन्दू मुस्लिम संघर्षों की सामयिक विचार-धारा का प्रभाव है, वहाँ साथ ही जाति-भेद से ऊँचे धरातल पर प्रेम और स्नेह की शक्तिमत्ता का प्रतिपादन हुआ है जो मानवता की आधार-भूमि है।

सामाजिक विषमता में मानवता के प्रति लेखक की आस्था 'गुंडा', 'छोटा जादूगर' और 'नीरा' कहानियों में दिखाई पड़ती है और वही कहानी के आकर्षण और सफलता का कारण है। बाह्य रूपरेखा से, जीवन-चर्या से नन्हकू सिंह गुंडा था, पर उसके अन्तर की झाँकी किसे प्राप्त है? इस संसार में हम अनेक कठोर व्यक्तियों को देखते हैं, उनके प्रति कटु भावना रखते हैं, लेकिन उनके हृदय की कोमलता को देखने का न तो अवसर मिलता है और न हम प्रयत्न ही करते हैं। इसीलिए नन्हकू सिंह के अन्तर का दर्शन पाते ही पाठक आश्चर्यचकित होकर उसकी ओर आकृष्ट हो जाते हैं। वास्तव में नन्हकू सिंह का वह गुंडापन एक आवरण मात्र है। जीवन की किसी अलभ्य अभिलाषा से वंचित होकर जैसे प्रायः लोग विरक्त हो जाते हैं, ठीक उसी तरह किसी मानसिक चोट से घायल होकर, एक प्रतिष्ठित जमींदार का पुत्र होने पर भी नन्हकू सिंह गुंडा हो गया था।'[31] उसके जीवन की गतिविधि को बदल डालने वाली उस प्रेम-भावना की चोट मन में ही गुप्त रह गयी। उसका एक आभास मात्र मिल जाता है जब वह वही एक गीत 'बालम विदेश रहे' बार-बार सुनने की इच्छा प्रकट करता है। राजमाता पन्ना को बचाने की उसकी तत्परता को देखकर सहज ही इस बात का अनुमान किया जा सकता है कि बाल्य जीवन का उसका प्रेम अन्त तक बना रहा। उस प्रेम में मर्यादाबद्ध गम्भीरता है; वीरता, साहस और आत्मोत्सर्ग को प्रेरणा देने वाली अपूर्व शक्ति है।

साधारण बालकों से भिन्न, छोटे जादूगर के व्यक्तित्व में एक गम्भीर आकर्षण भरा हुआ है। 'उसके मुँह पर गम्भीर विषाद के साथ धैर्य की रेखा थी।'[32] इसलिए तिरस्कार की हँसी के साथ उसने कहा—'तमाशा देखने नहीं, दिखाने निकला हूँ। कुछ पैसे ले आऊँगा तो माँ को पथ्य दूँगा। मुझे शरबत न पिलाकर आपने मेरा खेल देखकर मुझे कुछ दे दिया होता, तो मुझे अधिक प्रसन्नता होती।'[33] बालक की आवश्यकता ने कितना शीघ्र चतुर बना दिया! जल्दी ही वह पक्का जादूगर निकला। कहानी में सामाजिक विषमता से उत्पन्न एक करुण विवशता की भावना है जो मानों समाज की अमानवता पर व्यंग्य कर रही है। फिर भी लेखक उसे विद्रोह की भावना पर न ले जाकर मानवीय सम्वेदना में समाप्त करता है।

'नीरा' कहानी के वृद्ध के व्यक्तित्व में, उसके जीवन की कहानी में, उसके वचनों में समाज के प्रति एक तीखा और कटु व्यंग्य भरा हुआ है। साइकिल की चोट खाकर, दया में अठन्नी पाकर वह कहता है कि देखकर चलता तो अठन्नी कैसे मिलती? अमरनाथ के तर्कों का उत्तर देते हुए उत्तेजित होकर भगवान के अस्तित्व के प्रति वह जो अविश्वास प्रकट करता है, उसमें निरन्तर कष्टों को सहते रहने के कारण उत्पन्न विद्वेष और विद्रोह की गन्ध है—'मैं यह मानता हूँ कि सृष्टि विषमता से भरी है, चेष्टा करके भी इसमें आर्थिक या शारीरिक साम्य नहीं लाया जा सकता। हाँ, तो भी ऐश्वर्यवालों को, जिन पर भगवान की पूर्ण कृपा है, अपनी सहृदयता से

ईश्वर का विश्वास कराने का प्रयत्न करना चाहिए।'[34] फिर उच्च समाज का रंग-ढंग और सेवा भाव के ढोंग पर आक्षेप करते हुए देवनिवास पर वह सीधा प्रहार कर बैठता है—'क्या सचमुच तुम मेरी सेवा किया चाहते हो या...नीरा को, जिसे तुम बड़ी देर से देख रहे हो, अपने घर लिवा जाने की बड़ी उत्कण्ठा है!'[35] परिस्थितियों से विवश मानव हृदय विद्रोह कर बैठता है, लेकिन उनके अनुकूल हो जाने पर वह अपने आप शान्त भी हो जाता है। जब देवनिवास नीरा से विवाह करने के लिए प्रस्तुत हो जाता है, जिसे भगवान के अस्तित्व में ही सन्देह हो गया है, उसके मुँह से निकलता है, 'हे मेरे भगवान'! निस्वार्थ सहायता के द्वारा मानवता में विश्वास जमता है। अपरिचित पात्रों का प्रवेश कराके वेदनापूर्ण कहानियों को इस तरह सुखान्त कर देना उन्नीसवीं शताब्दी के डिकेन्स आदि यूरोपीय लेखकों में बहुत देखा जाता है। ये कहानियाँ जीवन की साधारण गतिविधि से कुछ भिन्न अवश्य प्रतीत होती हैं; लेकिन इनसे मानवता में विश्वास बना रहता है।

3.2.2 करुणा प्रधान कहानियाँ : प्रसाद-साहित्य की प्रधान भाव-धाराएँ प्रेम और करुणा की हैं। वैयक्तिक दृष्टि से प्रेम जीवन का चरम आदर्श है तो मानवीय दृष्टि से करुणा। कहानियों में दोनों भावनाओं को समान महत्त्व मिला है, चाहे संख्या की दृष्टि से प्रेम प्रधान कहानियों की अधिकता क्यों न हो। कलात्मक मार्मिकता में दोनों एक-दूसरे से टक्कर ले सकती हैं। वास्तव में करुणा की भावना कुछ कहानियों में प्रधान रूप से दिखाई पड़ती है, पर वह किसी न किसी रूप में प्रसाद की सभी कहानियों में व्याप्त है। प्रेम की कहानियाँ वेदना की विवृत्ति में करुणा का स्पर्श पा लेती हैं। प्रसाद-साहित्य में करुणा की यह भावना, बौद्ध दर्शन के प्रभाव से विकसित हुई है। प्रेम का यह व्यक्ति-निरपेक्ष रूप है; विश्वमानवता प्रेम है। सामाजिक विषमता में दीन पात्र को देखकर विकसित होने वाली दया की भावना से यह भिन्न है। एक परिस्थिति सापेक्ष है तो दूसरी मानव-स्वभाव का अंग है। करुणा मानवीय मानसिक उदात्तता में विश्वास की द्योतक है। प्रसाद आध्यात्मिक दृष्टि से प्रभावित व्यक्तिवादी साहित्यकार हैं। वे मानवता का विकास, विशेषतः उसकी सांस्कृतिक चेतना का विकास करुणा की भावना के द्वारा ही सम्भव मानते हैं; कर्म विधान के द्वारा, चाहे वह ईश्वरीय हो चाहे सामाजिक, मानव-मन और जीवन में लाया गया परिवर्तन अस्थायी होता है और प्रायः कर्म की प्रतिक्रिया को जन्म देता है। 'गूदड़ साईं', 'ममता', 'मधुआ' आदि इसी प्रकार की कहानियाँ हैं। प्रसाद की सामाजिक विषमता की यथार्थवादी कहानियों पर प्रेमचन्द का प्रभाव दिखाई पड़ता है। वहाँ करुणा अपने शुद्ध वैयक्तिक रूप में नहीं मिलती। करुणा प्रधान इन कहानियों में प्रसाद की वास्तविक प्रवृत्ति और सामाजिक जीवन की समस्याओं के प्रति उनकी दृष्टि स्पष्ट हो जाती है।

इन कहानियों में हृदय की भावना निगूढ़ और गम्भीर ही नहीं, पात्र के बाह्य रूप और आन्तरिक मन के विरोध के द्वारा अत्यन्त प्रभावशाली रूप में अभिव्यक्त

भी हुई है। समाज के जिस स्तर से इन पात्रों को लिया गया है, उसके मूल में स्वयं लेखक की मानवीय करुणा की आर्द्रता छिपी है। हम अनेक साधु-संन्यासियों को देखते हैं और उनमें कुछ सच्चे भी हैं, यह भी मान लेते हैं; लेकिन कभी कल्पना भी नहीं कर सकते कि उनमें गूदड़ साईं की-सी ममता वृत्ति भी हो सकती है। व्यक्तिगत जीवन के सुख-दुख से निरपेक्ष रहकर सबके प्रति ममता और करुणा को दृष्टि रखना—प्रसाद साहित्य की इस मूल भावना को गूदड़ साईं में मूर्त रूप मिला है। ढोंगी कहकर तिरस्कार करने पर भी गूदड़ साईं की कोई आपत्ति नहीं है, वह बच्चों के मनोरंजन में लगा ही रहता है। उनके मनोविनोद के लिए साईं गूदड़ साईं बन जाता है। बच्चे उसे पागल समझकर चीथड़े छीनकर प्रसन्न हो जाते हैं। दूसरों को रिझाने के लिए कष्ट सहने में इस तरह अबोध और अनजान बनने में हृदय की कैसी विशालता है। 'इस चीथड़े को लेकर भागते हैं भगवान और मैं उनसे लड़कर छीन लेता हूँ; रखता हूँ फिर उन्हीं से छिनवाने के लिए, उनके मनोविनोद के लिए। सोने का खिलौना तो उचक्के भी छीनते हैं; पर चीथड़ों पर भगवान ही दया करते हैं।'[36] मोहन के पिता को, आधुनिक नवयुवकों की तरह, ढोंगी फकीरों से साधारण और स्वाभाविक चिढ़ थी, पर बालकों के प्रति गूदड़ साईं की ममता को देखकर उनको कहना ही पड़ा कि वह निरा गूदड़ नहीं, गूदड़ का लाल है।

'मधुआ' का बाह्य रूप सामाजिक और यथार्थवादी होने पर भी उसका अन्तर मानवता और करुणा की उदात्त भावनाओं से प्रभावित व्यक्तिवादी है। शराबी के जीवन का परिवर्तन करुणा की कोमल अनुभूति से है, सामाजिक आवश्यकताओं या परिस्थितियों के प्रभाव के कारण नहीं। सामाजिक कहानियों की तरह लेखक का दृष्टिकोण सुधारवादी नहीं है। कहानी में इस बात पर बल बिल्कुल नहीं है कि शराबी अपने दुर्गुणों से किस प्रकार मुक्त हुआ या सामाजिक दृष्टि से उसका जीवन कितना गिरा हुआ था।

'ममता' कहानी में प्रेम और करुणा के अतिरिक्त मानवता का तीसरा रूप मिलता है। ममता की भावना वैयक्तिक स्वार्थ से परे है। अपने पिता का वध करने वाला आततायी मुसलमान, वह परिस्थितियों के फेर में कितना ही सन्तप्त क्यों न बना हो, दया का पात्र नहीं है; फिर भी ममता अपनी कुटी में उसे आश्रय देती है। यह बात नहीं है कि उसके मन में द्वन्द्व ही न हुआ हो, पर व्यक्ति-स्वार्थ जन्य प्रतिहिंसा की भावना पर ममता की विजय हो जाती है।

3.3 सामाजिक विषमता की यथार्थवादी कहानियाँ

प्रेमचन्द अपने युग के सर्वाधिक लोकप्रिय कहानीकार रहे। दूसरों का अनुकरण न करके अपनी प्रकृति, अभिरुचि और प्रतिभा के अनुसार स्वतन्त्र चलने वाले प्रसाद पर भी उनका प्रभाव पड़ा। इससे 'आकाशदीप' के बाद की कहानियाँ गद्य काव्य का रूप छोड़कर कहानी के रूप में निखर आयी हैं और उनमें कुछ यथार्थवादी प्रवृत्ति

का विकास हो चला है। लेकिन उनमें प्रेमचन्द की सामाजिक दृष्टि का ग्रहण प्रायः नहीं हुआ। प्रसाद व्यक्तिवादी बने रहे। उनकी कहानियों में वस्तु और विधान ही यथार्थवादी रूप में प्रस्तुत हुए। सामाजिक विषमता की ओर संकेत और उसे प्रत्यक्ष जीवन की वास्तविकता के धरातल पर यथातथ्य रूप में चित्रित करना, प्रसाद की यथार्थवादी कहानियों की विशेषता है। 'घीसू', 'बेड़ी', 'अमिट स्मृति', 'भीख में', 'विराम चिह्न' आदि इस वर्ग की कहानियाँ हैं। प्रसाद की कुछ ऐसी भी सामाजिक विषमता की कहानियाँ हैं, जिनकी दृष्टि शुद्ध व्यक्तिवादी और पद्धति स्वच्छन्दतावादी भावात्मक है। 'प्रतिध्वनि' और 'आकाशदीप' में संगृहीत 'दुखिया' और 'भिखारिन' इसी तरह की हैं। 'छाया' की 'ग्राम' इतिवृत्तात्मक सामाजिक विषमता की कहानी है। आकस्मिक घटनाओं और संयोगों के आधार पर रची हुई इस कहानी को आधुनिक अर्थ में यथार्थवादी शैली की कहानी नहीं कहा जा सकता। कला की दृष्टि से इन कहानियों में 'भिखारिन' और विराम चिह्न' विशेष उल्लेखनीय हैं।

इन यथार्थवादी कहानियों में दीन-दरिद्र, असहाय-पीड़ित लोगों के प्रति लेखक की सम्वेदना प्रकट हुई है। कहीं-कहीं निराशा का स्वर तीव्र हो उठा है, जैसे 'भीख में' कहानी में। मनुष्य जीवन में सुख और शान्ति चाहता है, लेकिन उनके बदले संसार में ठोकरें खानी पड़ती हैं। ब्रजराज को भीख में भी वह शान्ति नहीं मिली। इसके विपरीत, भिखारिन में एक दार्शनिक निर्लिप्तता है। उसे जीवन में भिक्षा के बदले तिरस्कार ही मिलता है, लेकिन उसे इस बात की कोई चिन्ता नहीं है; 'सुन री निर्धन के धन राम' गाती हुई जीवन में आगे बढ़ जाती है। युवती होने के कारण लोग कभी-कभी उसका परिहास भी करते हैं। वह चुपचाप सब कुछ पी लेती है। ऐसा लगता है कि इस भिखारिन का व्यक्तित्व, दीनता के साधारण रूप में ढला हुआ नहीं है। कहानी में समाज के प्रति एक व्यंग्य ही नहीं, लेखक के मन में भिखारिन के निर्लिप्त व्यक्तित्व के प्रति एक आकर्षण भी है। इस बिन्दु पर कहानी सामाजिक यथार्थवादिता से स्वच्छन्दतावादी भावात्मकता की ओर ढुलक जाती है।

'विराम चिह्न' में हरिजनों की धार्मिक समस्या के साथ एक अपूर्व मानवीय व्यक्तित्व की सृष्टि भी हुई है। इस तरह लेखक समाज-सुधारक का रूप छोड़कर साहित्यकार के धरातल पर पहुँच जाता है। दोनों के मिलन स्थल पर कहानी का उद्देश्य या प्रयोजन साहित्यिक परिधि के बाहर की वस्तु नहीं रह जाता। दरिद्रता के कारण बुढ़िया तीन दिनों से कठोर उपवास कर रही है, फिर भी उसका भगवान में अटल विश्वास है, उस भगवान पर, जिसके दर्शन के लिए वह हरिजन होने के कारण नहीं जा सकती। फिर उस बुढ़िया का पुत्र-शोक, उसकी आँखों का तेज, उसके सामने मन्दिर के रक्षक-दल का शिथिल पड़ जाना, दर्शन से उसका मन शान्त होना और पूर्व संस्कारों के कारण अपने को मन्दिर में प्रवेश करने के लिए अयोग्य समझकर देहली पर रुक जाना आदि बातें उसके व्यक्तित्व की शक्ति और दुर्बलता

को प्रकट करती हैं, और साथ ही हरिजनों के मन्दिर-प्रवेश की समस्या को चरम सीमा पर ले जाकर समाप्त करती है।

इन सामाजिक विषमता की कहानियों में कहीं निराशा है, कहीं वेदना है, कहीं निर्लिप्तता है तो कहीं व्यंग्य है। वे जीवन की यथार्थता को कलात्मक सजीवता के साथ प्रस्तुत करती हैं। जीवन की समस्याओं को सुलझाने का प्रयत्न करते हुए सुधारवादी रूप में सामने न आकर वस्तु-स्थिति का बोध कराते हुए जीवन की व्यापकता और अनिवार्यता की ओर संकेत करती हैं।

4. रूपाश्रित वर्गीकरण

4.1 चरित्र प्रधान कहानियाँ

प्रसाद की कहानियों में केवल तीन, 'पुरस्कार', 'गुण्डा' और 'मधुआ' चरित्र प्रधान कहानियाँ मिलती हैं। 'इन्द्रजाल', 'सलीम', 'देवरथ', 'सालवती', 'आँधी', 'दासी' और 'नीरा' इन कहानियों में भाव-निरूपण के अतिरिक्त पात्रों की चारित्रिक विशेषताओं के उद्घाटन का भी प्रयत्न हुआ है। इनमें कुछ पात्रों के चारित्रिक उत्थान-पतन और परिवर्तन का बड़ा सूक्ष्म निरूपण भी हुआ है जैसे सालवती का। लेकिन कहानी का केन्द्र-बिन्दु पात्र-विशेष नहीं है। प्रायः प्रसाद की कहानियों में पात्रों के व्यक्तित्व और भावों को ही प्रधानता दी गयी है, उनके चरित्र को नहीं।

चरित्र प्रधान कहानी में पात्र के किसी पहलू का प्रमुख रूप से चित्रण किया जाता है। लेखक "जिस चरित्र का चित्रण करना चाहता है, उसे विविध परिस्थितियों और प्रसंगों में डालकर उसके गुण-विशेष की सुन्दर व्यंजना करता है। घटनाओं, प्रसंगों और परिस्थितियों की सृष्टि केवल इसीलिए होती है कि जिससे चरित्र का सुन्दर और प्रभावशाली चित्रण हो सके।"[37] प्रसाद की चरित्र-प्रधान कहानियाँ इस बात को सिद्ध करती हैं कि कहानी-कला का पूर्ण विकास हो जाने पर यह आवश्यक नहीं है कि कहानी पात्र के किसी चारित्रिक गुण को लेकर चले और वह बाह्य परिस्थिति से ही अभिव्यंजित हो। मधूलिका का चरित्र भाव—संघर्ष प्रधान है और उसकी अभिव्यक्ति बाह्य परिस्थिति द्वारा जितनी होती है उससे कहीं अधिक मानसिक आलोडन-विलोडन द्वारा। प्रसाद की चरित्र-प्रधान कहानियों में एक अद्भुतपन भी है। यह अद्भुतपन कहीं चरित्र की विलक्षणता के कारण है तो कहीं चरित्र-गत राग-द्वेष को लेकर है और कहीं चारित्रिक रहस्य के उद्घाटन की पद्धति पर आश्रित होकर। 'गुंडा' के नन्हकू सिंह में पहली और तीसरी बात है तो मधूलिका में दूसरी। 'मधुआ' की स्थिति इन दोनों से भिन्न है। उसमें चरित्र का परिवर्तन होता है, लेकिन वह घटनाश्रित नहीं है। मधुआ और शराबी का मिलन बिल्कुल साधारण और सांयोगिक है। कहानी में उसके बाद कोई उल्लेखनीय घटना या सन्निवेश नहीं है। उसके चरित्र का परिवर्तन

मानसिक प्रसंगों पर, दूसरे शब्दों में, मन के भाव-विचारों के प्रसार पर निर्भर है। इस तरह वह अन्तर्मुखी मनोवैज्ञानिक चरित्र-परिवर्तन की कहानी है।

4.2 वातावरण-प्रधान कहानियाँ

प्रायः प्रसाद की सभी कहानियाँ वातावरण प्रधान हैं। 'आकाशदीप', 'स्वर्ग के खण्डहर में' आदि इस तरह की कहानियों के सर्वोत्तम उदाहरण हैं। वातावरण-प्रधान कहानी नवीनतम कहानियों की तरह केवल वातावरण की सृष्टि करने वाली न होकर किसी एक भाव को केन्द्र बनाकर तदनुकूल वातावरण का निर्माण करने वाली कहानी है। ''इसमें मानव जीवन की किसी एक भावना अथवा अनुभूति से अनुरंजित और अनुप्रमाणित एक कहानी की सृष्टि होती है जिसमें कथानक, चरित्र और वातावरण, सभी उस एक भावना अथवा अनुभूति से ओतप्रोत रहते हैं; वही एक भावना या अनुभूति ही उस कहानी का प्राण है, श्वास-वायु है और ऐसा जान पड़ता है कि उस एक भावना को निकाल देने पर उस कहानी में कुछ भी शेष न बचेगा।''[38] इन कहानियों की सफलता भाव को मूर्त बनाने वाले अनुकूल सजीव वातावरण की रचना पर निर्भर रहती है। वातावरण की रचना में लेखक की शिल्पदृष्टि का पता चलता है। कहानी का बाह्य आकृति में कलात्मक साज-सज्जा का आकर्षण होता ही है, उसका अन्तरंग भी भाव की सजीवता में तरल रहता है। कहानी के बाह्य और अन्तर की अन्विति में एक अपूर्व सौन्दर्य का बोध होता है। प्रसाद की कहानियों के दोनों पहलू सौन्दर्य, संवेगात्मक स्पन्दनशीलता और नाटकीयता से भरे हुए हैं। किसी एक भाव और तदनुकूल वातावरण के आधार पर रचित होने पर भी प्रसाद अपनी कहानियों में पात्रों के व्यक्तित्व को कभी नहीं भुलाते। इसलिए कहानी मूल भावना का अतिक्रमण करके अपने ढाँचे को व्यापक बना लेती है। दूसरी बात यह भी है कि वे उस भावना का प्रसार करते हुए ऐसा आभास देते हैं कि जीवन की आधारभूत जटिल समस्याओं को सुलझा रहे हैं। सुजाता के प्रेम की भावना धर्म से सम्बद्ध होकर जीवन के आदर्श का प्रश्न बन जाती है। इस तरह कहानी में कभी-कभी दो केन्द्र-बिन्दुओं के होने का भ्रम उत्पन्न होता है। लेकिन लेखक भाव के विविध पहलुओं को इस तरह सम्बद्ध रखता है कि प्रभावान्विति में कोई बाधा उपस्थित नही होती। यों भी कहा जा सकता है कि उन विविध पहलुओं से भावना रंगीन और पुष्ट होकर अनुभूति गहरी बनती है। 'सालवती' की कहानी में भाव-सूत्रों का बड़ा वैविध्य मिलता है।

5. प्रवृत्ति-समन्वय

प्रसाद की कहानियों की प्रवृत्तिगत तीन धाराओं और उनके विविध पहलुओं का परिचय देते हुए बीच-बीच में इस बात की ओर ध्यान आकृष्ट किया गया है कि

विभाजन की रेखाएँ संक्रमणशील हैं। किसी कहानी में एकाधिक प्रवृत्ति और उसके एकाधिक पहलू वर्तमान हो सकते हैं और हैं भी। किसी इतिवृत्त को ग्रहण करने और उसे एक विशिष्ट रूप प्रदान करने में लेखक की प्रेरणा और अनुभूति जटिल होती है। रचना की अनुभूति के समय ये जटिल सूत्र संयुक्त रूप में प्रभावित करते रहते हैं। इसीलिए रचना को सदा रचना की दृष्टि से देखना चाहिए और रचना के अपने रूप में ही उसे ग्रहण करने का प्रयत्न करना चाहिए। प्रवृत्ति-निरूपण रचना के विविध स्तरों को देखने का आलोचनात्मक प्रयास मात्र है। उसकी प्रक्रिया विश्लेषणात्मक है। कहने का तात्पर्य यह है कि कहानियों की प्रवृत्ति और उसके पहलुओं के आधार पर जो वर्गीकरण कर दिया गया है उसे बँधी हुई लकीर के रूप में नहीं लेना चाहिए। 'गुंडा' कहानी एक ओर निम्नवर्गीय जीवन का चित्रण करने में यथार्थवादी धरातल का स्पर्श करती है, तो दूसरी ओर समाज-उपेक्षित वर्ग की और उसकी मानवीय भावना की कहानी के रूप में मानवतावादी है और बाहरी कठोरता के अन्तर्दर्शन और उसके रागरंग के भावुकतापूर्ण निरूपण में स्वच्छन्दतावादी है। 'देवरथ' कहानी धर्म की व्यवस्था के विरुद्ध विद्रोह करने वाली मानवतावादी कहानी ही नहीं, सुजाता के प्रेम की स्वच्छन्दतावादी कहानी भी है। इसी तरह 'भिखारिन' कहानी में यथार्थवादी, मानवतावादी और स्वच्छन्दतावादी कुछ तत्व मिल जाते हैं। स्वच्छन्दतावादी कहानियों के उपवर्गीकरण के सम्बन्ध में भी यह बात लागू होती है। 'हिमालय का पथिक' कहानी में स्वच्छन्द प्रेम के अतिरिक्त कुछ रहस्यवादी तत्वों का सम्मिश्रण भी हुआ है। 'स्वर्ग के खण्डहर में' कहानी में स्वच्छन्दतावादी आदर्शवादिता और अद्भुतपन दोनों है। वास्तव में कहानियों का यह वर्गीकरण-उपवर्गीकरण, उनके तात्विक प्रसार की दिशाओं से अवगत कराने का निमित्त-भर है।

सन्दर्भ

1. हिन्दी कहानियाँ : भूमिका, पृ. 47
2. Among the many cemantic accertions of the word romanticism, two closely related ideas are the most fertile sources of implications : liberty and emotions. Liberty covers individualism and rebellion agaisnt rules, authority and tradition; the emotions seem to involve sportaneity, the sub-consious, the springs of action and artistic creation, and other human characteristics that are non-rational, such as "life force", intuition, the mystical faculty.
   J.T. Shipley : Dictionary of World Library terms : P. 353
3. The world must be romanticised. In giving the visual a noble sense, the ordinary a mystical appearance, the well-known the dignity of the unknown, the temporal a perennial aura, I am romanticising.
   D.D. Runes & H.G. Schnicker : Encyclopedia of the Arts : P. 865
4. कामायनी—लज्जा सर्ग, पृ. 83
5. काव्य और कला तथा अन्य निबन्ध, पृ. 118

6. नामवर सिंह—आधुनिक साहित्य की प्रवृत्तियाँ, पृ. 117
7. इन्द्रजाल—सलीम, पृ. 19
8. The depiction of the real or actual, in the sense of that which is immediately present to the senses or to the experience of men in the life of their own time and place.
D.D. Runes & H.G. Schriker : Encyclopedia of Arts : P. 835
9. काव्य और कला तथा अन्य निबन्ध, पृ. 118
10. रवीन्द्रनाथ ठाकुर—साहित्य, पृ. 123
11. 'काव्य और कला तथा अन्य निबन्ध' की भूमिका, पृ. 5
12. आकाशदीप—समुद्र सन्तरण, पृ. 116
13. आकाशदीप—हिमालय का पथिक, पृ. 65
14. आकाशदीप—देवदासी—पृ. 107
15. जयशंकर प्रसाद, पृ. 14-15
16. आकाशदीप—स्वर्ग के खंडहर में, पृ. 46
17. आकाशदीप—स्वर्ग के खंडहर में—पृ. 32 और 49
18. प्रतिध्वनि—प्रसाद, पृ. 81
19. वही, पृ. 84
20. आकाशदीप—प्रतिध्वनि, पृ. 80-81
21. प्रतिध्वनि—खंडहर की लिपि, पृ. 56-57
22. आकाशदीप—स्वर्ग के खंडहर में, पृ.48
23. आकाशदीप—ज्योतिष्मती, पृ. 172-173
24. प्रतिध्वनि—कलावती की शिक्षा, पृ. 61-62
25. प्रतिध्वनि—पत्थर की पुकार, पृ. 44
26. वही, पृ. 46
27. गुलाबराय द्वारा सम्पादित 'प्रसाद जी की कला' में सत्येन्द्र का लेख, 'प्रसाद की कहानी कला' : पृ. 160
28. प्रतिध्वनि—चक्रवर्ती का स्तम्भ, पृ. 66
29. इन्द्रजाल—देवरथ, पृ. 102
30. वही—पृ. 102
31. इन्द्रजाल—गुण्डा, पृ. 83
32. इन्द्रजाल—छोटा जादूगर, पृ. 23
33. वही, पृ. 24
34. आँधी—नीरा, पृ. 82
35. आँधी—नीरा, पृ. 82
36. प्रतिध्वनि—गूदड़ साईं, पृ. 14
37. डॉ. श्रीकृष्णलाल, हिन्दी कहानियाँ : भूमिका, पृ. 48
38. डॉ. श्रीकृष्णलाल : हिन्दी कहानियाँ : भूमिका : पृ. 36

रूप-सौन्दर्य

1 कला की मार्मिकता

प्रसाद के कहानी-साहित्य की मार्मिकता, तन्त्र-योजना, निर्माण-कौशल या शिल्प रचना की विशेषताओं के कारण उतनी नहीं है, जितनी कलात्मक अभिव्यंजना के कारण है। तन्त्र-योजना में चढ़ाव-उतार की कोई विशेष व्यग्रता उत्पन्न नहीं होती, निर्माण-कौशल में कथा-सूत्रों के अतिरिक्त सामंजस्य के द्वारा व्यवस्था-जन्य तनाव और अन्विति की अनुभूति नहीं होती और न परिपुष्ट एवं सूक्ष्म शिल्प-रचना के सौन्दर्य-दर्शन से मन चमत्कृत होता है। काव्य की तरह अभिव्यंजना की सूक्ष्मता रचना में प्राण की प्रतिष्ठा करती है। अभिव्यंजना की यह मार्मिकता केवल उक्तिगत न होकर भावगत भी होती है। वस्तु, भाव और रूप में कलात्मक अभिव्यंजना की प्रौढ़ता उन्हें एक विशेष सौन्दर्य की आभा प्रदान करती है, जिसे सौन्दर्यशास्त्री सच्चे सौन्दर्य का आभास मानते हैं। जो प्रसाद की कहानियों को भावात्मक मानकर, उनका मूल्य भावात्मक संवेदनशीलता में ही ढूँढ़ने का प्रयत्न करते हैं, वे अभिव्यंजनागत सूक्ष्म सौन्दर्य को भुला देते हैं। इस अभिव्यंजना में ही सौन्दर्यशास्त्रीय रूप निर्धारित होता है। इस सन्दर्भ में इस बात को भी स्मरण रखना चाहिए कि किसी कलाकृति का मूल्य सामान्योन्मुख टेकनीक या रचना-विधान पर नहीं, विशिष्ट रूप की मूर्त्तता पर निर्भर रहता है। प्रसाद की कहानियाँ चाहे एक विशिष्ट विधा के रचना-विधान की दृष्टि से अत्यधिक सफल न हों, लेकिन रूप-सौन्दर्य की कलात्मक अनुभूति देने में अपनी श्रेष्ठता सिद्ध कर लेती हैं।

2. वस्तु-विवेचन

प्रसाद की कहानियों की वस्तु प्रायः मध्यवर्गीय जीवन से सम्बन्धित है। आधुनिक काल की नवीन चेतना का उन्नायक यही वर्ग रहा और कलाकार भी उसी वर्ग के थे। प्रसाद के समय तक भारतीय जीवन में मध्यवर्गीय अवनति और निराशा का आरम्भ नहीं हुआ था, परिस्थितियों की प्रतिकूलता में यह वर्ग कुण्ठा-ग्रस्त नहीं था और न व्यक्तिवादी विलक्षणताओं का शिकार ही हुआ था। स्वस्थ व्यक्तिवादी

जीवन-दर्शन और नवीन आध्यात्मिक एवं सांस्कृतिक चेतना के विकास पर आस्था के साथ साहित्यकार सौन्दर्य और प्रेम के मधुर कल्पना लोकों में विहार करते थे। सौन्दर्य और प्रेम-सम्बन्धी उनकी सूक्ष्म संवेदनशीलता और जीवन में उनकी आस्था, इन मूल्यों के द्वारा एक उदात्त सांस्कृतिक चेतना के विकास की आशा-आकांक्षाओं की द्योतक थी। सांस्कृतिक विकास में जीवन के कटु संघर्षों के अस्तित्व से वे अपरिचित नहीं थे। प्रसाद की कहानियों में पग-पग पर प्रेम की वैयक्तिक-मानसिक तथा सामाजिक दोनों स्तरों पर अन्य भाव-विचारों के साथ संघर्ष दिखाई देता है; परिस्थितियों के अनुरूप प्रेम की सफलता और असफलता के दोनों रूप मिल जाते हैं, लेकिन लेखक सांस्कृतिक उदात्तता के स्वर को विशेष आशा और आस्था के साथ बनाये रखता है। मध्यवर्ग को छोड़कर जहाँ लेखक ने समाज के द्वारा उपेक्षित निम्नवर्ग के जीवन को ग्रहण किया है, वहाँ भी मानवीय करुणा की कोमल भावना को लेकर उदात्त सांस्कृतिक दृष्टि का ही आग्रह मिलता है। परवर्ती रचनाओं में लेखक जीवन संघर्षों की वास्तविकताओं से अधिक प्रभावित हुआ है, उसका एक प्रकार से स्वप्न-भंग हुआ है और इस कारण निम्नवर्गीय सामाजिक जीवन की विषमता को अत्यन्त करुण स्वर में सुनाने लगा है, फिर भी सांस्कृतिक दृष्टि ही उसका ध्येय रही।

प्रसाद की कहानियों में वस्तु का पर्याप्त आकर्षण है। सौन्दर्य और प्रेम की विभिन्न भाव-भंगिमाओं को लेकर वस्तु का वैविध्य और उनकी रंगीन छटा को लेकर वस्तु की तरल आभा, दोनों पाठक के मन को आकृष्ट करती हैं। करुणा की उदात्त भावना और सामाजिक विषमता की विवशता में लेखक की मानवीय संवेदनशीलता भी वस्तु को राग-रंजित करके प्रभावशील बनाती हैं। भावात्मक होने के साथ-साथ वस्तु की स्वच्छन्दतावादी प्रवृत्ति भी उसके आकर्षण का एक प्रधान कारण है। भारतीय प्रेमाख्यानों की स्वच्छन्दतावादी भावना, कथा-सरित्सागर की वस्तुगत कल्पना की मनोहारिता और जातक कथाओं की मानवीय संवेदनशीलता से प्रेरणा ग्रहण करके प्रसाद जी ने वस्तु-चयन में परम्परा का निर्वाह ही नहीं किया, आधुनिक परिस्थितियों और कलात्मक भावना के अनुरूप उसमें नवीनता का रंग और सौन्दर्य की आभा भरने का प्रयत्न भी किया है। 'आकाशदीप' की कहानियों में यह बात विशेष देखने को मिल जाती है।

3. वातावरण-निर्माण

वस्तुगत स्वच्छन्दतावादी प्रवृत्ति के अनुरूप जीवन के उन्मुक्त प्रसार में प्रेम की अनियोजित और सहज अनुभूति को दृष्टि में रखकर प्रसाद ने उचित वातावरण-निर्माण किया है। यह वातावरण प्रायः प्राकृतिक है। प्रकृति केवल घटनास्थल न होकर वस्तु से आन्तरिक रूप से सम्बद्ध भी है। प्रकृति की नैसर्गिकता जहाँ स्वच्छन्द जीवन की अनुकूल भूमि है, उसका सौन्दर्य प्रेम को रंगीन रूप प्रदान करता है और इस तरह

प्रकृति मानव-जीवन से अभिन्नता प्राप्त कर लेती है। 'समुद्र-सन्तरण', 'प्रणय चिह्न', 'हिमालय का पथिक' आदि देश-काल निरपेक्ष शुद्ध रोमांटिक कहानियों में वातावरण केवल प्रकृति के द्वारा निर्मित हुआ है और उनमें उसका महत्त्व भी बहुत बढ़ गया है। वातावरण के अन्तर्गत प्रकृति-वर्णन वस्तु से स्वतन्त्र वर्णनात्मक रूप में, कथा-सूत्रों के विकास में बाधाजनक न होकर, पात्रों की प्रकृति और उनके जीवन की मुख्य घटनाओं से सम्बद्ध है जो कहानी के समष्टि प्रभाव को गहरा और मार्मिक बना देता है। प्रकृति का वस्तु से इतना घनिष्ठ सम्बन्ध है कि कहानी के अन्त में भी लेखक यत्नपूर्वक उस ओर पाठकों का ध्यान आकृष्ट करता है। "धीवर बाला ने हाथ पकड़कर सुदर्शन को नाव पर खींच लिया, दोनों हँसने लगे। चन्द्रमा और जलनिधि भी।"[1]

वातावरण के अन्तर्गत जीवन की सामाजिक परिस्थितियों की ओर भी संकेत किया गया है। वातावरण के ये प्रसंग अपनी वास्तविकता और वस्तु सम्बद्धता के साथ-साथ कहानी के उद्देश्य या उसकी भावात्मक अन्विति की दृष्टि से भी विशेष सार्थक हैं। "पश्चिमोत्तर सीमा-प्रान्त में एक छोटी-सी नदी के किनारे, पहाड़ियों से घिरे हुए उस छोटे से गाँव पर, संध्या अपनी धुँधली चादर डाल चुकी थी। गाँव में दस घरों की बस्ती थी, जिसमें दो घर खत्रियों के और एक घर पण्डित लेखाराम मिसिर का था। वहाँ के पठान भी शान्तिपूर्ण व्यवसायी थे। इसीलिए वजीरों के आक्रमण से वह गाँव सदैव सशंक रहता था। गुल मुहम्मद खाँ, सत्तर वर्ष का बूढ़ा—उस गाँव का मुखिया—प्रायः अपनी चारपाई पर अपनी चौपाल में पड़ा हुआ काले नीले पत्थरों की चिकनी मनियों की माला अपनी लम्बी-लम्बी उँगलियों में फिराता हुआ दिखाई देता। कुछ लोग अपने-अपने ऊँट लेकर खनिज-व्यापार के लिए पहाड़ियों के भीतर शिकार के लिए चले गये थे।"[2] 'सलीम' कहानी की मानवीय दृष्टि के अनुरूप इस वातावरण की रचना हुई है।

विषय के अनुसार प्रसाद की कहानियों की वातावरण-सृष्टि में पर्याप्त भिन्नता दिखाई देती है। कहीं प्राकृतिक रमणीयता, कहीं सामाजिक परिस्थितियों की यथार्थता, कहीं समाज से दूर रहने वाले बनजारों, कंजरों आदि के रहन-सहन के सूक्ष्म ब्यौरे, कहीं भारतीय इतिहास, संस्कृति और सभ्यता की उज्ज्वलता और कहीं प्राकृतिक या भग्नावशेषों की अद्भुत रहस्यमयता, कहानी की पृष्ठभूमि बनकर सूक्ष्म विवरणों की मूर्त्त सजीवता और आकर्षणमय सौन्दर्य में उसके प्रभाव को बढ़ा देती है। 'स्वर्ग के खंडहर में', 'रमला' आदि कुछ कहानियों में केवल वातावरण का निर्माण होकर उसी के द्वारा भाव की व्यंजना हुई है।

4. पात्र-परिकल्पना

वस्तु और भाव को प्रकृति के अनुरूप प्रसाद की कहानियों में पात्र-परिकल्पना प्रधानतः स्वच्छन्दतावादी रूप में हुई है। प्रौढ़ व्यक्तित्व और व्यक्ति-चेतना का विकसित

धरातल, सांस्कृतिक उदात्तता, अन्तर्मुखी चिन्तनशीलता, भावात्मक संवेदनशीलता, प्रकृति-संसर्ग-जन्य नैसर्गिकता, सौन्दर्य-प्रेम, कल्पनाशीलता, साहस, चारित्रिक संयम, आदर्शोन्मुखता आदि स्वच्छन्दतावादी विशेषताओं ने पात्र-परिकल्पना को भी प्रभावित किया है। प्रसाद-साहित्य की अन्य विधाओं में जहाँ पात्र-परिकल्पना अंशतः ही स्वच्छन्दतावादी है; क्लासिकल, दार्शनिक तथा यथार्थवादी अन्य दृष्टियों ने उसे प्रभावित किया है, वहाँ कहानियों के अधिकांश पात्र शुद्ध रोमांटिक या स्वच्छन्दतावादी ढाँचे में ढले हुए हैं। गूदड़ साईं, गुंडा आदि कुछ पात्र मानवतावादी धरातल पर गढ़े हुए दिखाई देते हैं, लेकिन वहाँ भी स्वच्छन्दतावादी प्रवृत्ति कम नहीं मिलती। वास्तव में मानवतावादी दृष्टि समाज-तिरस्कृत या पतित व्यक्ति के प्रति मानवीय संवेदना में ही समाप्त होने वाली नहीं है, बल्कि व्यक्ति के अन्तर्दर्शन के द्वारा उसकी मानवीय महानता का प्रतिपादन करने वाली भी है। अन्तर-दर्शन और मनुष्य की महानता पर आध्यात्मिक आस्था, स्वच्छन्दतावादी प्रवृत्ति की भी विशेषताएँ हैं। मर्यादाबद्ध सामाजिक जीवन के बाहर स्वच्छन्दतावादी साहित्यकार को जीवन की स्वच्छन्द गति और उन्मुक्त भाव-प्रसार की सामग्री भी मिल जाती है। परवर्ती कहानियों के कुछ पात्र, यथार्थवादी चेतना के आधार पर बने हैं, लेकिन वहाँ भी लेखक नवीन यथार्थवादी विषय-वासना, मानसिक विक्षोभ, निराशा और अनास्था की भावनाओं से परिचालित नहीं है। प्रसाद के पात्रों में नैतिक आचरण की शुद्धता भले ही न हो, मन की स्वस्थता और भाव की उदात्तता अवश्य है। सभी प्रधान पात्रों का एक विशिष्ट और विकसित व्यक्तित्व है; इसीलिए सामान्य मानवीय भावों को लेकर भी वे दूसरों से बिल्कुल भिन्न और अपनी निजता में अपूर्व लगते हैं। अधिकांश पात्र अन्तर्मुखी भावनाशील या कल्पनाशील कोटि के हैं, लेकिन उनका व्यक्तित्व भिन्न-भिन्न प्रकार का है। नैतिक दृष्टि से देखते हुए प्रसाद के इन पात्रों को उदात्त, अनुदात्त और दुर्बल या मानवीय कोटियों में बाँधने की अपेक्षा व्यक्तित्व के आधार पर वर्गीकृत और विश्लेषित करना अधिक उपयुक्त होगा। प्रसाद ने अपनी आरम्भिक और कला की दृष्टि से साधारण रचनाओं में भारतीय साहित्यिक परम्परा का अनुकरण करते हुए चारित्रिक वर्गों को बाँधने का प्रयत्न अवश्य किया है, पर आगे चलकर उनकी प्रौढ़तर कला में मानवीय व्यक्तित्व की विशेषताओं का उद्घाटन ही अधिक हुआ है।

कहानियों के पात्रों का रूप-सौन्दर्य जितना आकर्षक है, उससे कहीं अधिक उनके व्यक्तित्व का प्रभाव है। देवनिवास ने देखा कि "नीरा के मुख पर आत्मनिर्भरता और सन्तोष की गम्भीर शान्ति है। स्त्रियों का हृदय अभिलाषाओं का, संसार के सुखों का, क्रीड़ास्थल है; किन्तु नीरा का हृदय, नीरा का मस्तिष्क, इस किशोर अवस्था में ही, कितना उदासीन और शान्त है।"[3] पात्रों का व्यक्तित्व गम्भीर, उलझा हुआ और गूढ़ है। वे अपने मन की भावनाओं को छिपा लेते हैं और कब क्या करने जा रहे हैं उसका आभास-मात्र होने नहीं देते। बाहर-भीतर एक न होने से व्यक्त भाव-विचारों

और क्रियाकलापों से उनके मन का अनुमान नहीं किया जा सकता और कहीं-कहीं उनका व्यक्तित्व रहस्यमयता से भी परिवेष्टित हो जाता है। 'सालवती' का नायक अभय, अपने मन की भावना को गुप्त रखकर अन्त तक गम्भीर बना रहता है। हिमालय का पथिक कहता है कि "निरुद्देश्य घूम रहा हूँ—आँखों की तृष्णा मुझे बुझती नहीं दिखाई देती। यह सब क्यों देखना चाहता हूँ, कह नहीं सकता।"[4] सौन्दर्य की इस अनन्त अभिलाषा को लेकर प्रकृति के रहस्य की ओर उन्मुख उसके मन की प्रवृत्ति, पथिक के व्यक्तित्व को स्वयं रहस्यमय बना देती है।

प्रेममय जीवन की आकांक्षा रखने वाले प्रसाद के सभी रोमांटिक पात्रों में प्रकृति के प्रति विशेष अनुराग दिखाई देता है। 'ले चल वहाँ भुलावा देकर मेरे नाविक धीरे-धीरे'[5] कहने वाला कवि एकान्त प्रकृति की शान्त निश्चलता से प्रभावित है और उसके पात्र भी उसी रंग में रँगे हुए हैं। पात्रों का सारा जीवन प्रकृति की गोद में बीतता है, उसका अपूर्व सौन्दर्य उन्हें अपनी ओर आकृष्ट करता है, वह उन्हें संवेदनशील बनाती है, उनकी भावनाओं में रंग भरती है और उनके व्यक्तित्व तथा जीवन को सरल एवं गम्भीर रूप में ढालती है। 'समुद्र—सन्तरण', 'रमला' आदि कहानियों में मनुष्य और प्रकृति का आन्तरिक सम्बन्ध अद्वैत की स्थिति पर भी पहुँच जाता है। प्रकृति जहाँ पात्र के जीवन को नैसर्गिक रूप प्रदान करती है, वहाँ उसकी आत्मशक्ति का विकास भी करती है। प्रकृति के एकान्त, गम्भीर वातावरण में कहीं-कहीं सांसारिकता के प्रति निश्चेष्ट उदासीनता की भावना भी अभिव्यक्त हुई है। प्रसाद के पात्रों की यह दार्शनिक उदासीनता पलायनवादी प्रवृत्ति का लक्षण नहीं है। पात्रों में इतनी शक्ति है कि आसपास के सभी उससे प्रभावित होते हैं और नायक या नायिका की आज्ञा मानने के लिए तैयार रहते हैं। "उपेक्षा में भी शौर्य होता है, प्रसाद के पात्र यह स्पष्ट करते हैं।"[6]

प्रकृति सौन्दर्य और मानवीय सौन्दर्य के आकर्षण में पात्र भावनाशील एवं कल्पनाशील बन जाते हैं। ये इतने भावुक और संवेदनशील हैं कि जीवन की प्रत्येक घटना की गहरी छाप उनके हृदय पर पड़ जाती है और उनके जीवन की गति बदल जाती है। 'बनजारा' की मोनी या 'प्रतिध्वनि' की श्यामा इसके उदाहरण हैं। पात्रों की भावुकता से घटनाएँ रँगी होती हैं तो पात्र सन्निवेशों की गहरी अनुभूति में विचलित हो उठते हैं। इस भावात्मक स्थिति में कल्पनाशील होकर वे दिवास्वप्न की स्थिति में चले जाते हैं। 'बिसाती' की शीरीं हिन्दुस्तान में अपने प्रियतम की कठिनाइयों की कल्पना में डूब जाती है। 'आकाशदीप' के बैरागी की तरह कुछ पात्र, जो विशेषतः संयमी हैं, अपनी भावनाओं को गूढ़ रखते हैं।

अत्यन्त संवेदनशील होने के कारण बाह्य जीवन का हृदय पर जो प्रभाव पड़ता है, उससे पात्रों के मन में संघर्ष उत्पन्न होता है। यह मानसिक संघर्ष या अन्तर्द्वन्द पात्र-परिकल्पना में सजीवता भर देता है। सामाजिक विषमताओं के कारण उनके

प्रेम की आकांक्षाएँ प्रायः अपूर्ण रह जाती हैं; तब मानसिक संघर्ष तीव्र वेदना का रूप ग्रहण कर लेता है। प्रसाद प्रकृति के माध्यम से इस वेदना की ओर केवल संकेत कर देते हैं। अपनी वेदना को गुप्त रखना और लेखक के द्वारा उसकी केवल गूढ़ व्यंजना, पात्रों की अद्‌भुत सहनशीलता का परिचायक है। 'आँधी' की लैला, 'बिसाती' की शीरीं आदि स्त्री पात्र वेदना में विकल होते हुए भी आत्मसंयम और दृढ़ता से सब कुछ सह लेते हैं। इसके विपरीत पुरुष पात्रों में वेदना क्रियाशील प्रवृत्ति को जन्म देती है। वे प्रेम की सफलता के लिए साहस और पराक्रम की पराकाष्ठा दिखाते हैं। प्रेम और वीरता के इस संगम में मध्यकालीन रोमांस का सजीव चित्र उपस्थित हो जाता है। आरम्भिक रचना 'रसिया बालम' से लेकर अन्तिम कहानी संग्रह के 'इन्द्रजाल' तक यह प्रवृत्ति बनी रही।

अपनी आशा-आकांक्षाओं की सफलता-असफलता के बावजूद इन पात्रों में दृढ़ आत्म-संकल्प, चारित्रिक स्थिरता और आत्मत्याग की सम्बद्धता, उनके मानसिक धरातल की ऊँचाई को प्रकट करती हैं। इस कारण वे कुछ असाधारण भी लगते हैं। दीन-दरिद्र और हीन जाति-पाँति के होने पर भी उनका मस्तक सदा उन्नत ही रहता है। "पात्रों के व्यक्तित्व में एक शक्तिशाली केन्द्र है। केन्द्र उनका कभी विचलित नहीं होता, इसलिए उनमें एक चारित्रिक दृढ़ता के दर्शन होते हैं। यहाँ तक कि वह पात्र आदर्श की सीमा तक पहुँचा हुआ दीखता है।"[7]

पात्र-परिकल्पना का केन्द्र-बिन्दु प्रेम है। इस प्रेम में इतना आकर्षण भरा हुआ है कि सभी पात्र उस ओर खिंच जाते हैं और उसकी सफलता के लिए न समाज की परवाह करते हैं और न किसी प्रकार के कष्टों से दबते हैं। वे सफलता-असफलता की उपेक्षा करके प्रेम की अनुभूति में ही अपने जीवन की चरितार्थता मानते हैं। प्रेम के अतिरिक्त करुणा की भावना भी कुछ पात्रों की परिकल्पना की आधारभूमि है। गूदड़ साईं, ममता, 'मधुआ' का शराबी, छोटा जादूगर आदि इस तरह के पात्र हैं।

5. भावात्मक प्रवृत्ति

प्रसाद की कहानियों में वस्तु और पात्र-परिकल्पना दोनों भाव-तत्व से अनुप्राणित हैं। पात्रों के व्यक्तित्व और उनके बहिर्मुखी जीवन की घटनाओं की बिल्कुल उपेक्षा न करने पर भी दोनों भावानुभूति में तरल हो उठते हैं और कहानी का सारा ढाँचा भाव की स्वर-लहरी में गूँजने लगता है। कहानीकार का रूप ओझल न होने पर भी प्रसाद का कविरूप प्रधानतः सामने आ जाता है। वास्तव में प्रसाद कवि पहले हैं और बाद को ही नाटककार, उपन्यासकार, कहानीकार या निबन्धकार हैं। कहानियों की इसी भाव-प्रवणता के कारण प्रसाद भावात्मक कहानीकार कहलाते हैं और हिन्दी-साहित्य के अन्तर्गत भावात्मक कहानी की एक नवीन रूप-परिगणना की गयी है। 'आकाशदीप' की कहानियों में तो भावात्मकता और कल्पनाशीलता की चरम

सीमा हो गयी है और एक-एक कहानी एक गद्य-काव्य के समान लगती है। इन कहानियों को गद्य-काव्य कहने में कोई विशेष आपत्ति नहीं होनी चाहिए क्योंकि इनमें पाश्चात्य पद्धति पर वस्तु और पात्र का ही महत्त्व न होकर भारतीय साहित्यिक परम्परा के अनुरूप पाठकों की मनोवृत्तियों को रमाने वाले काव्यात्मक भाव-प्रसार की भी योजना हुई है।

उदाहरण के लिए 'रूप की छाया' लीजिए। रूठकर घर से निकले हुए पति की खोज में वर्षों बीत गये और सरला अन्त में जाकर उससे मिली तो उसे लगता है कि मानों खोई हुई निधि मिल गयी है। ''सरला जैसे उन्मादिनी हो गयी है। यौवन की उत्कण्ठा उसके बदन पर बिखर रही थी। प्रत्येक अंग में अँगड़ाई, स्वर में मरोर, शब्दों में वेदना का संचार था। शैलनाथ ने देखा कुमुदों से प्रफुल्लित शरत-काल के ताल-सा भरा हुआ यौवन! सर्वस्व लुटाकर चरणों में लौट जाने योग्य सौन्दर्य प्रतिमा। मन को मचला देने वाला विभ्रम, धैर्य को हिलाने वाली लावण्य लीला। वक्षस्थल में जैसे हृदय फैलने लगा। वह 'हाँ' कहने को था परन्तु उसके मुँह से निकल पड़ा—'यह सब तुम्हारा भ्रम है।...सरला तुम्हें रूप की छाया ने भ्रान्त कर दिया।' शैलनाथ उठा और चला गया। विमूढ़ सरला कुछ न बोल सकी। वह क्षोभ और लज्जा से गड़ी जाने लगी। क्रमशः घनीभूत रात में सरला के रूप की छाया भी विलीन हो गयी।''[8] वर्षों की प्रतीक्षा के बाद पति के समक्ष हृदय खोलकर रखने में उद्वेग का कैसा संचार होता है और इतना होने पर जब पति के रूप में गृहीत वह पुरुष अपने को और कोई अन्य पुरुष कहकर चला जाता है तब पतिपरायणा तथा लज्जाशीला भारतीय नारी की क्या दशा हो जाती है, इसका प्रसाद ने सुन्दर चित्र खींचा है।

प्रसाद की इन कहानियों में मानवीय करुणा, सामाजिक विषमता से उत्पन्न वेदना की आर्द्र रेखाओं के अतिरिक्त प्रेम के नाना रूपों और विविध मनोवृत्तियों की सजीव उद्‌भावनाएँ हुई हैं। इन भावनाओं में अनुभूति की सच्चाई और तीव्रता है ही, जीवन की स्वाभाविक गति से सम्बद्ध वास्तविकता, सामाजिक-सांस्कृतिक दृष्टि की उदात्तता और मनोवैज्ञानिक गहराई भी है। मानव मन में उठने वाले भाव-विचारों को सूक्ष्म रूप से परखते हुए, जीवन की परिस्थितियों के कारण उत्पन्न भावात्मक संघर्षों और उनकी स्वाभाविक परिणति दिखाते हुए प्रसाद पात्रों का मानस-विश्लेषण करते हैं। इसलिए प्रसाद की कहानियों में भावनाएँ कोरी भावुकता या काल्पनिकता का शिकार नहीं हो जातीं। चम्पा के चरित्र में एक ओर अपने पिता की हत्या करने वाले बुद्धगुप्त के प्रति प्रबल द्वेष की भावना है तो दूसरी ओर प्रतिकूल परिस्थितियों में परस्पर सहायता से बन्धन-मुक्त होने के कारण अद्‌भुत सहज प्रेम की भावना भी है। इस भाव-संघर्ष के परिणामस्वरूप उसके मन में निर्वेद की भावना उत्पन्न होती है। ''बुद्धगुप्त! मेरे लिए सब भूमि मिट्‌टी है, सब जल तरल है, सब पवन शीतल है। कोई विशेष आकांक्षा हृदय में अग्नि के समान प्रज्ज्वलित नहीं है। सब

मिलाकर मेरे लिए एक शून्य है।''[9] 'आकाशदीप' की ही तरह प्रसाद प्रत्येक कहानी में एक मनोवैज्ञानिक सत्य का उद्‍घाटन करते हैं। वह सत्य मानव मन की भावना या अनुभूति का है, बहिर्मुखी जीवन की वस्तु-स्थिति का नहीं।

कुछ छोटी कहानियों में मन की भावात्मक अनुभूति की ओर संकेत-मात्र कर दिया गया है। अपेक्षाकृत बड़ी कहानियों में मानसिक भाव-विचारों के विकास-प्रसार का, उत्थान-पतन का, परिवर्तन-परिणति का विस्तार के साथ विश्लेषण हुआ है। मनोवैज्ञानिकता के साथ भावों की स्वाभाविकता, मन में उनके उठने की प्रक्रिया, एक के बाद दूसरी लहर के रूप में उनका बढ़ाव और इस संक्रमण की गतिशीलता दर्शनीय है। पात्रों का भाव-परिवर्तन आन्तरिक अनुभूति के धरातल पर है। जीवन के घटनाचक्र के आघातों से या सुधारवादी दृष्टि से उनके व्यक्तित्व, मन या जीवन में कोई परिवर्तन नहीं होता। प्रसाद की कहानियों में कुछ पात्रों की जीवन-गति आमूल बदल जाती है, लेकिन वह अनुभूति-मूलक होने के कारण आकस्मिक, संयोगवश, स्थूल या आदर्शवादी न होकर अत्यन्त स्वाभाविक विकास-सी लगती है। मनोभावों के सूक्ष्म उद्‍घाटन और क्रमिक मानसिक परिवर्तन का 'मधुआ' कहानी श्रेष्ठतम उदाहरण है।

इधर-उधर की दो-चार बातें करके पैसा कमाने में तत्पर एक आलसी शराबी के लिए यह मनोवृत्ति स्वाभाविक ही है—''मौज बहार की एक घड़ी एक लम्बे दुःखपूर्ण जीवन से अच्छी है। उसकी खुमारी में सूखे दिन काट लिए जा सकते हैं।''[10] जीवन की कठोर वास्तविकताओं में इस प्रकार की भावना का विकास, प्रेमचन्द की कहानी 'कफन' में भी दिखाई देता है। लेकिन जमादार के अत्याचार से पीड़ित मधुआ को देखते ही उसे दया आयी। शराबी परौठे का टुकड़ा बालक के हाथ में देकर बोला—"तब तक तू इसे चबा, मैं तेरा गढ़ा भरने के लिए कुछ और ले आऊँ। सुनता है रे छोकरे, रोना मत, रोयेगा तो खूब पीटूँगा। मुझसे रोने से बड़ा बैर है। पाजी कहीं का! मुझे भी रुलाने का...''[11] शराबी जिन कठोर शब्दों का प्रयोग करता है, वह एक आलसी शराबी के स्वभाव के अनुरूप ही है। बाह्य रूप से ऐसा प्रतीत होने पर भी शराबी के अन्तर में स्नेह की स्निग्धता भरी हुई है और गहराई में जाकर विचार करने पर उसमें मानवीय संवेदना को मन के कोने में दबाकर मनुष्य को कठोर बना देने वाली सामाजिक जीवन की परिस्थितियों पर लेखक का व्यंग्य भी छिपा हुआ है।

''शराबी गली के बाहर गया। उसके हाथ में एक रुपया था। बाहर आने का एक देशी अद्धा और दो आने की चाय, दो आने की पकौड़ी...पर यह छोकरा! उसका गढ़ा जो भरना होगा, यह कितना खायेगा और क्या खायेगा। ओह, आज तक तो कभी दूसरे के खाने का सोच-विचार किया ही नहीं।...इतना सोचते-सोचते उसनें अपने को मिठाई की दुकान पर खड़ा पाया। वह शराब का अद्धा भूल कर मिठाई पूरी खरीदने लगा।''[12] इस तरह सोचने की प्रक्रिया में धीरे-धीरे शराबी के भाव-विचारों में अनजाने ही परिवर्तन आरम्भ हो जाता है। अब मधुआ के प्रति

केवल दया की भावना नहीं है। वह उसके समस्त विचारों का केन्द्र बनता जा रहा है। प्रेम या आकर्षण की यह पहली स्थिति है।

शराबी के मन में संघर्ष चल रहा है—अपने वर्षों पुराने अभ्यासों से छुटकारा पाना उतना सहज नहीं है। इसलिए वह कहता है कि "रात का बचा हुआ खा, और अपनी राह देख।" मधुआ ने सहज हँसी हँसकर कहा—"भला हाथ-मुँह भी न धोऊँ। खाने लगूँ! और जाऊँगा कहाँ?" "आह! क्या बताऊँ इसे कि चला जाय! कह दूँ कि भाड़ में जा; किन्तु वह आज तक दुख की भट्ठी में जलता ही तो रहा है। तो...वह चुपचाप घर से झल्लाकर सोचता हुआ निकला.....ले पाजी, अब यहाँ लौटूँगा ही नहीं। तू ही इस कोठरी में रह।"[13] शराबी गृहस्थी के झंझटों से दूर आलस्य में दिन काट लेना चाहता है। लेकिन मधुआ से मुक्ति पाने का कोई उपाय नहीं सूझता तो झल्लाकर घर से ही भाग जाना चाहता है। लेकिन मधुआ के सरल स्वभाव और मधुर हँसी से अभिभूत होकर अन्त में उसे हार माननी ही पड़ती है। "यह भाग्य का संकेत नहीं तो और क्या है? चलूँ फिर सान देने का काम चलता करूँ। दोनों का पेट भरेगा। वही पुराना चरखा सिर पड़ा। नहीं तो, दो बातें, किस्सा-कहानी, इधर-उधर की कहकर अपना काम चला ही लेता था! पर अब तो बिना कुछ किये घर नहीं चलने का।"[14] 'मधुआ' कहानी में लेखक ने दया, आकर्षण, संघर्ष और परिवर्तन की स्थितियों में से गुजरने वाले शराबी के भाव-विचारों का विश्लेषण करते हुए उसके आन्तरिक व्यक्तित्व के रहस्य का उद्‌घाटन किया है।

6. काव्यतत्त्व

प्रसाद के नाटकों की तरह उनकी कहानियों में भी काव्यतत्त्व प्रचुर मात्रा में मिल जाता है। यह काव्यात्मक प्रवृत्ति वस्तुगत प्रकृति-सौन्दर्य-दर्शन और भाव-प्रवणता को लेकर ही नहीं, रचनात्मक प्रक्रियागत और रूपगत भी है। रचनात्मक प्रक्रिया का मूल आधार कल्पना है। काव्य में भाव की तीव्र अनुभूति के साथ कवि की कल्पना भी अधिक सक्रिय रहती है। कवि सदा वास्तविकता से परे काल्पनिक जगत् में ही विहार नहीं करता, अपितु वस्तु और भाव के मानवीय धरातल पर भी काव्य-रचना करता है। लेकिन यहाँ भी कल्पना उसे वस्तु और भाव में एक गहरी पैठ और सूक्ष्म पकड़ प्रदान करती है। वह रूप-विधान में भी कवि की सहायता करती है। प्रसाद के पात्र सौन्दर्य और प्रेम के अद्‌भुत कल्पना-लोकों में विहार करते हैं। लैला, शीरीं, सुजाता आदि अन्तर्मुखी होकर अपनी चिन्तनशीलता में एक मानसिक जगत् की सृष्टि भी कर लेती हैं। प्रसाद की कल्पना, पात्रों के मानसिक अन्तर्जगत् के रहस्यों का उद्‌घाटन करने में भी पर्याप्त सफल हुई है। प्रत्येक कहानी में कल्पना की यह क्रियाशीलता देखने को मिल जाती है, कहीं मानस का प्रत्यक्ष विश्लेषण हुआ है तो कहीं अप्रस्तुतों के माध्यम से भावनाओं की गहरी अनुभूति की ओर संकेत है।

'आकाशदीप' और 'बिसाती' क्रमशः इसके उदाहरण माने जा सकते हैं। कल्पना की अधिक सक्रियता के कारण संवादों में भी अप्रस्तुत योजना की गयी है। 'देवरथ' में सुजाता अपनी मानसिक उद्विग्नता के कारण कल्पनाशील होकर कहती है—"आर्यमित्र, मुझे क्षमा करो। मेरी वेदना रजनी से भी काली है और दुख समुद्र से भी विस्तृत है।"[15] कल्पना के कारण संवादों में कुछ वचन-वक्रता भी आ गयी है। शीरीं अपनी सखी से कड़े शीत में बुलबुलों के हिन्दुस्तान की ओर चले जाने की चर्चा करती है और आह भरकर कहती है कि उसके पाश अपने प्यारे बुलबुल के लिए ढीले पड़ गये हैं। कहानी के अन्त में अमूल्य उपहार छोड़कर बिसाती के चले जाने पर शीरीं फिर अपने बुलबुल के उड़ जाने की बात छेड़ देती है। इसे शीरीं की भावुकता मात्र समझकर उसके प्रति सर्दार हँसकर कहते हैं—"फूल को बुलबुल की खोज? आश्चर्य है!"[16] इन प्रसंगों में कल्पना के द्वारा वाग्वैदग्ध्य की रमणीयता के साथ-साथ अनजाने ही भावनाओं का मार्मिक प्रसार भी हो पाया है।

रूपगत काव्यतत्व के अन्तर्गत अप्रस्तुत योजना, प्रतीक-विधान, बिम्ब-विधान, लाक्षणिक प्रयोग, गूढ़ व्यंजना, समाहार-शक्ति, अभिव्यक्ति या उक्ति-निर्माण की चुस्ती आदि लिए जा सकते हैं। अप्रस्तुत योजना छायावादी काव्य-शैली में वर्णनात्मक और भावात्मक दोनों अवसरों पर मूर्त्तरूप विधान तथा भावानुभूति के उत्कर्ष के लिए हुई है। कहीं-कहीं भावव्यंजना का माध्यम भी वही है। बेला के ये वर्णन रूप की मूर्त्तता, भाव की तरलता और लाक्षणिक व्यंजना की गरिमा दर्शाने के लिए पर्याप्त हैं। "बेला साँवली थी; जैसे पावस की मेघमाला में छिपे हुए आलोक पिण्ड का प्रकाश निखरने की अदम्य चेष्टा कर रही हो, वैसे ही उसका यौवन सुगठित शरीर के भीतर उद्वेलित हो रहा था। गोली के स्नेह की मदिरा से उसकी कजरारी आँखें लाली से भरी रहतीं। वह चलती तो मटकती हुई, बातें करती तो हँसती हुई। एक मिठास उसके चारों ओर बिखरी रहती"।[17] "उसके हृदय में वसन्त का विकास था। उमंग में मलयानिल की गति थी। कंठ में वनस्थली की काकली थी। आँखों में कुसुमोत्सव था। उसकी मादकता बरसाती नदी की तरह वेगवती थी"।[18] प्रसाद ने काव्य की तरह अपनी कहानियों में भी भाव की व्यापक व्यंजना के लिए प्रतीकों की सहायता ली है और वस्तु तथा भाव का चित्र खींचने के लिए गतिशील बिम्बों की सहायता। बिम्ब-विधान में कहीं अप्रस्तुत का आधार ग्रहण किया गया है तो अन्यत्र कथ्य का प्रत्यक्ष बिम्ब प्रस्तुत हुआ है। ये दो-तीन उदाहरण प्रतीकों और बिम्बों की विशेषताओं को स्पष्ट कर देते हैं। "इतना जाल! इतनी शीतलता!! हृदय की प्यास न बुझी। पी सकूँगी? नहीं"।[19] "आह! किन लहरों में मेरा विनाश हो जाय"![20] "उसके अधरों पर मुसकान, आँखों में क्रीड़ा और कपालों पर यौवन की आभा खेल रही थी, जैसे नील मेघखण्ड के भीतर स्वर्ण किरण अरुण का उदय"।[21]

भारतीय आलंकारिकों की दृष्टि में ध्वनि काव्य की आत्मा है। भाव का भी वाच्य

कथन न हो कर उसकी व्यंजना होनी चाहिए। पाश्चात्य समीक्षक भी गूढ़ व्यंजना में ही कला की मार्मिकता मानते हैं। सामान्य सांकेतिक अभिव्यक्ति के अतिरिक्त शास्त्रीय ध्वनि या व्यंजना के भी अनेक उदाहरण प्रसाद की कहानियों में मिल जाते हैं। व्यंजनापूर्ण या सांकेतिक अभिव्यक्ति में पाठकों की कल्पना की सक्रियता के लिए बहुत अवकाश मिलता है। इस तरह लेखक और पाठक का अधिक सार्थक भावयोग हो पाता है। प्रसाद की कहानियों में गूढ़ व्यंजना की अनेकरूपता दिखाई देती है। कुछ कहानियों में अद्‌भुत और रहस्यमय वातावरण और वस्तु के कारण कहानी का समष्टि रूप ही गूढ़ और सांकेतिक हो गया है। प्रतीकात्मक कहानियाँ और 'स्वर्ग के खंडहर में', 'हिमालय का पथिक' आदि इसके उदाहरण हैं। पूर्व वृत्तांत को छोड़ देने, घटनाओं के पूर्वापर क्रम और सम्बन्ध स्पष्ट न करने या पात्रों के सम्बन्धों को गुप्त रखने से भी गूढ़ता आ गयी है। 'वैरागी', 'रूप की छाया' आदि में यही बात है। कुछ सन्निवेशों में अर्थ की व्यंजना प्रसंग-सापेक्ष अन्योक्ति रूप में है। 'बिसाती' कहानी के आरम्भ और अन्त में शीरीं के द्वारा बुलबुल की चर्चा इसी प्रकार की है। नाटकीय घटनाओं और समावेशों में पात्रों के कथन श्रोता-सापेक्ष काकु के उदाहरण बनकर भिन्न-भिन्न श्रोताओं के लिए भिन्न भाव की व्यंजना करते हैं। अपने पति सर्दार के सामने शीरीं की अपने प्रेमी युवक के साथ बातचीत पति और प्रेमी को भिन्न-भिन्न अर्थों में प्रतीत होती है। नाटकीय और भावात्मक प्रसंगों में पात्रों के वक्तव्य व्यापक गूढ़ अर्थ से भरे हैं मानों वे अपने मन की सारी भावनाओं को संक्षेप में दो-चार शब्दों के द्वारा प्रकट करना चाहते हों और वह भी इस रूप में कि अपने प्रेमी को छोड़कर कोई दूसरा उसे समझ ही न पावे। बिसाती कहता है कि "मैं उपहार देता हूँ, बेचता नहीं। ये विलायती और काश्मीरी सामान मैंने चुनकर लिए हैं। इनमें मूल्य ही नहीं हृदय भी लगा है। ये दाम पर नहीं बिकते"।[22] अपने प्रदेश की प्रथा के अनुसार कन्या-परिवार को अमूल्य उपहार देने के लिए निर्धन बिसाती व्यापार के सिलसिले में बहुत दूर, हिन्दुस्तान तक चला गया। इधर शीरीं के पिता ने एक धनी सर्दार से उसका विवाह कर दिया। महीनों परदेश में कष्ट झेलकर बिसाती कुछ अमूल्य वस्तुओं का संग्रह करके वापस आया। यहाँ आकर उसने देखा कि शीरीं का विवाह हो गया। उसकी जो करुण विवशता की स्थिति है उसकी कल्पना, लेखक पाठक पर छोड़ देते हैं। वास्तव में ये वस्तुएँ उपहार में देने की प्रथा की पूर्ति मात्र के लिए एकत्रित नहीं हैं। उनसे उसकी आन्तरिक भावना का भी सम्बन्ध है। वे उपहार अपनी परिणेया के लिए नहीं, प्रियतमा के लिए हैं। मन की अपार वेदना इस तरह गूढ़ शब्दों में अभिव्यक्त हुई है कि जिसको सम्बोधित करके बात कही गयी है, उसके अतिरिक्त दूसरा समझ नहीं सकता। शीरीं का पति कुछ समझ नहीं पाता और उसे एक तरह का पागल समझता है। भावनाओं की गूढ़ता दो कारणों से है। एक पात्रों की गम्भीर उदात्त प्रकृति के कारण है तो दूसरा, अभिव्यंजना पद्धति के

कारण। गूदड़ साईं का मानवता प्रेम, सालवती के प्रति अभय की भावना या लैला की वेदना कहीं खुलकर सामने नहीं आती, वाच्य रूप में उसका कथन नहीं होता। केवल चरम सीमा पर पात्र की भावना की ओर संकेत हो जाता है। गुंडा जैसे निम्नवर्गीय पात्र के सम्बन्ध में भी यही बात है। पाठक अन्तिम घटना के आधार पर, पूर्व की घटनाओं या सन्निवेशों के साथ उसका सम्बन्ध जोड़ते हुए उसकी रागात्मक भावना का अनुमान कर लेता है। प्रेम की इस गूढ़ व्यंजना में सामाजिक मर्यादा का उल्लंघन नहीं होता और प्रेम-भावना भी गम्भीर रूप धारण करती है। अभिव्यंजना पद्धति की गूढ़ता में वचन-वक्रता और अप्रस्तुत योजना, दोनों का अन्तर्भाव है। 'भ्रमरगीत' में सूर की गोपिकाओं की तरह पात्रों की आत्माभिव्यक्ति में भाव-प्रेरित विदग्ध वचन-वक्रता मिलती है। छायावादी काव्यशैली में पात्र अपनी भावनाओं को प्रकृति के माध्यम से भी प्रकट करते हैं। वास्तव में यह वचन-वक्रता और आलंकारिकता शैली की विशेषता मात्र न होकर पात्रों की भावात्मक और कल्पनाशील प्रकृति से सम्बद्ध है और इस तरह गूढ़ता का आगमन अनिवार्य हो जाता है।

बिहारी के दोहों की तरह प्रसाद की छोटी कहानियों में भी समाहार शक्ति या संक्षेप में कथन की प्रवृत्ति दिखाई देती है। बिहारी के दोहों का भाव समझने के लिए प्रसंगों का आक्षेप कर लेना पड़ता है तो प्रसाद की कहानियों को समझने के लिए सन्निवेशों या भावनाओं की कल्पना या अनुमान कर लेना पड़ता है। बिहारी की समाहार-शक्ति भाषा की समास-पद्धति पर निर्भर है तो प्रसाद की संक्षिप्तता और चुस्ती पर। सन्निवेश भी छाँटे हुए सामने रखे जाते हैं। बैरागी केवल इतना कहकर अंधकार में अन्तर्धान हो जाता है कि "मुझे कोई पुकारता है, तुम इस कुटी को देखना!"[23] इस वाक्य के मूल में बैरागी का भाव-संघर्ष और आत्म-बल की भावनाएँ हैं ही, इसी में घटना का प्रसार भी छिपा हुआ है। स्वयं पूरी कहानी को समझने के लिए बहुत-सी बातों का अनुमान कर लेना पड़ता है। 'बिसाती' कहानी में शीरीं के विवाह के सम्बन्ध में केवल इतना ही कहा गया है कि "बेगम बुला रही है चलिए मेंहदी आ गयी है।" और "महीनों हो गये। शीरीं का ब्याह एक धनी सर्दार से हो गया।"[24] शीरीं के पिता अपनी कन्या का विवाह एक निर्धन व्यक्ति से करना नहीं चाहते थे। विवाह के पहले अमूल्य उपहारों से कन्या-परिवार को सन्तुष्ट करने की प्रथा पर्वत प्रदेश में थी ही। वह निर्धन प्रेमी यह सब कहाँ से ला सकता था और रिक्त हस्तों से किस प्रकार विवाह का प्रस्ताव करता। हताश होकर व्यापार करके धन कमाने के लिए वह हिन्दुस्तान की ओर चल पड़ा। इधर शीरीं को अपने पिता की आज्ञा माननी पड़ी। एक धनी सर्दार अपने धन और पद के बल पर उससे विवाह कर सका। इस तरह सामाजिक विषमता का सम्पूर्ण चित्र हमारे सामने उपस्थित हो जाता है। समाज में परम्परा, पद और धन का अधिकार जमा हुआ है और उसके सामने और सब बातों को सिर झुकाना पड़ेगा। शीरीं और बिसाती का प्रेम, वह

कितना ही सुदृढ़ क्यों न हो, कुछ न कर सका। 'बिसाती' कहानी की मार्मिकता समझने के लिए, पात्रों के जीवन की गतिविधि और मन की वेदना से अवगत होने के लिए उपर्युक्त परिस्थिति का आक्षेप कर लेने की आवश्यकता है।

प्रसाद की कहानियों की भावाभिव्यंजना में काव्योक्ति का-सा अर्थ-गौरव और शब्द-रचना की कसावट भरी हुई है। "शीरीं ने बोझ तो उतार लिया पर दाम नहीं दिया"।[25] "मैं नहीं चाहती कि किसी को लादने के लिए मैं बोझ इकट्ठा करूँ"।[26] "मैं एक भटकी हुई बुलबुल हूँ। मुझे किसी टूटी डाल पर अंधकार बिता लेने दो? इस रजनी विश्राम का मूल्य—अन्तिम तान सुना कर जाऊँगी।"[27]

7. रूपयोजना

कहानी साहित्य की प्रकथनात्मक विधा है। उसमें गतिशीलता और तद्वारा उत्पन्न टेम्पो या गतिवेग की अनुभूति का विशेष महत्त्व होता है। लेकिन इस दृष्टि से प्रसाद की कहानियों को देखना ही व्यर्थ है। क्योंकि प्रसाद के हाथों में कहानी का प्रकथनात्मक रूप ही नहीं रह गया। जिस तरह नवीनतम कहानी-साहित्य के प्रकथन से आगे बढ़कर जीवन और मनस्थिति के खण्डचित्र प्रस्तुत किये जा रहे हैं, उसी तरह प्रसाद ने अपने युग की स्वच्छन्दतावादी प्रवृत्ति के अनुरूप कहानी को नये ढाँचे में ढालने का प्रयत्न किया है। सौन्दर्य या रस की सृष्टि पर लेखक की दृष्टि के अधिक होने के कारण टेकनीक की बात पिछड़ गयी है। रायकृष्ण दास के साथ वार्तालाप में लेखक ने कहानी के सम्बन्ध में जो विचार प्रकट किये हैं, उनके अनुसार "आख्यायिका में सौन्दर्य की एक झलक का रस है।"[28]

आधुनिक कहानीकारों की तरह प्रसाद नाटकीय संवादों से प्रायः कहानी का आरम्भ नहीं करते। रचना-तन्त्र की दृष्टि से वर्णनात्मक आरम्भ दोष कहा जा सकता है। उसमें गति, कुतूहल और आकर्षण का अभाव पाठकों के मन को अनासक्त बनाता है। लेकिन प्रसाद की कहानियों के आरम्भ की अपनी विशेषताएँ हैं, उसका प्रयोजन ही दूसरा है। सुदीर्घ भूमिकाएँ न बाँधकर, वर्णनात्मक आरम्भ की शिथिलता से अपने को बचाते हुए वे कहानी की केन्द्र-भावना के अनुरूप वातावरण और परिस्थिति का सजीव चित्र प्रस्तुत करते हैं। इस तरह आरम्भ में ही पाठक का ध्यान कथानक और तद्गत भाव की ओर आकृष्ट हो जाता है और अन्त में जाकर पाठक आरम्भ की सार्थकता का स्मरण करते हुए रचना के रूप सौन्दर्य का अनुभव करता है। वर्णन में गति के अभाव की क्षतिपूर्ति वर्णन की रमणीयता और समष्टि रूप के सौन्दर्य से हो जाती है। आरम्भिक वर्णन वस्तु और पात्र- परिकल्पना की दृष्टि से या तो प्राकृतिक है या सामाजिक परिस्थिति निर्देशक। प्रकृतिगत सौन्दर्य और विलास-लीला की ओर संकेत करते हुए "स्वर्ग के खंडहर में" कहानी का आरम्भ कहानी में ऐश्वर्य और विलास का जो चित्र प्रस्तुत करना लेखक को अभीष्ट है, उसकी

अनुकूल भूमि बन जाती है। 'सालवती' के आंरभ में सदानीरा की स्वच्छन्द गति का वर्णन आगे चलकर सालवती के व्यक्तित्व और जीवन की गतिविधि से सम्बद्ध हो जाता है। लेखक स्वयं कहता है कि "उसका रूप और यौवन मानसिक स्वतन्त्रता के साथ सदानीरा की धारा की तरह वेगपूर्ण था।"[29] पृष्ठभूमि या परिस्थिति का चित्र खींचने के उपरान्त नाटकीय आकर्षक रूप में पात्र का प्रवेश होता है। 'भिखारिन' में–"सहसा जैसे उजाला हो गया–एक धवल दाँतों की श्रेणी अपना भोलापन बिखेर गयी–'कुछ हम को दे दो रानी माँ!' निर्मल ने देखा एक चौदह बरस की भिखारिन भीख माँग रही है।"[30] इन तीन वाक्यों में ही पात्र का प्रवेश और परिचय हो जाता है तथा उसके भोलेपन और सरल व्यक्तित्व को भी स्पष्ट कर दिया गया है। घने अंधकार में गंदगी से भरी हुई शहर की तंग गलियों में साइकिल से चोट खाकर भी 'नीरा' का वृद्ध हँसता है। उस हँसी में शहर की इस सभ्यता और उसके बाबू लोगों के प्रति व्यंग्य किया हुआ है। दीन-दरिद्र होने पर भी उसके रंग-ढंग, वचन-वक्रता और विचारधारा का, इस आरम्भिक सन्निवेश में ही, जो परिचय मिल जाता है, वह उसके व्यक्तित्व के आकर्षक रूप को स्पष्ट करता है। 'आकाशदीप', 'नूरी' आदि कुछ कहानियों का आरम्भ नाटकीय है। इस प्रकार के नाटकीय आरम्भों में पहले पात्र और परिस्थिति का पता नहीं चलता। कुतूहल की भावना का विकास करते हुए धीरे-धीरे कहानी की गतिविधि का आभास होता है और तत्परता के साथ पाठक का मन आगे की जानकारी में प्रवृत्त होता है। प्रसाद की कहानियों में आरम्भ और अन्त को सन्तुलित करने की प्रवृत्ति विशेष ध्यान देने योग्य है। कहानी के आरम्भ में वातावरण का जो वर्णन होता है उसमें कहानी की केन्द्र-भावना स्पष्ट हो जाती है और इस तरह आरम्भ के साथ अन्त का सीधा सम्बन्ध स्थापित होता है। 'सलीम' कहानी के आरम्भ में ही पश्चिमोत्तर प्रान्त के उस गाँव में हिन्दू-मुसलमानों की मित्रता का संकेत हो जाता है और अन्त में जब याकूब खाँ सलीम के हाथों से प्रेम कुमारी की रक्षा करता है, उसी भाव की पुष्टि होती है। 'गूदड़ साईं' के आदि और अन्त में बालकों के प्रति उस साधू का वही मित्र भाव मिलता है, बीच की घटनाएँ उस भाव को मूर्त्त रूप देते हुए दोनों को मिलाने वाली रेखाएँ हैं।

आरम्भिक वातावरण-निर्माण और नाटकीय पात्र-प्रवेश के बाद मध्यभाग में कथानक के विकास-प्रसार में भी रूप सौन्दर्य-दृष्टि की ही प्रधानता दिखाई देती है। प्रायः सभी छोटी कहानियों में दो-चार मार्मिक सन्निवेशों को सामने रखकर अन्त में उनकी अन्विति कर दी गयी है। इनमें कोई घटना नहीं घटती या यों कहना चाहिए कि कथानक की अन्तिम परिणति ही एक विशेष घटना हो जाती है। जहाँ एकाध घटनाएँ मिलती भी हैं, वहाँ भी घटना का पात्र के मन पर प्रभाव ही प्रधान होता है। घटना-क्रम के आधार पर इतिवृत्तात्मक विकास-क्रम की पद्धति इन भाव-प्रधान छोटी कहानियों में नहीं है। "बैरागी" कहानी में केवल एक ही सन्निवेश है। बैरागी

एकान्त शान्त जीवन बिता रहा था और उसकी अतिथि रमणी ने उसके साथ रहने की इच्छा प्रकट की तो वह मूक मानसिक संघर्ष के बाद कुटी को छोड़कर चला जाता है। इस कहानी में अगर कोई घटना है तो रमणी की आगमन या बैरागी का निर्गमन ही है। लेकिन प्रसाद इन दो आकस्मिक घटनाओं के बीच वैराग्य और सौन्दर्य या आध्यात्मिक और लौकिक तत्वों के संघर्ष को महत्त्व देते हैं और अन्तिम घटना उसकी परिणति है।

'आँधी', 'दासी', 'इन्द्रजाल', 'सालवती' आदि कुछ बड़ी कहानियों में अधिक घटनाओं और परिस्थितियों की योजना के आधार पर इतिवृत्तात्मक विकास-प्रसार भी हुआ है। पात्रों के जीवन की गतिविधि में घटनाओं का अधिक महत्त्वपूर्ण योग हुआ है। बीच में घटनाओं के कारण कथानक की उलझन बढ़ती है और अन्त तक जाकर विकास की दिशा निश्चित रूप धारण करती है। 'दासी' में बलराज और इरावती, फिरोजा और नियलतगीन—दोनों प्रेमी युग्मों की कथाएँ अवान्तर चलती हैं। लेखक ने अपनी प्रतिभा के बल पर दोनों को दृढ़ रूप से सम्बद्ध कर दिया है। प्रेम की उलझनों के साथ-साथ राजनीतिक संघर्ष भी चलता है। नियलतगीन पंजाब का अधिपति बनने का प्रयत्न करता रहता है, जाटों को प्रोत्साहन देते हुए बलराज अपने प्रान्त को स्वतन्त्र बनाना चाहता है और इतने में अपने साम्राज्य की रक्षा के लिए तुर्क सेना लेकर मुहम्मद भी उपस्थित हो जाता है। सक्रियता इन बड़ी कहानियों की ही विशेषता है, यद्यपि यहाँ भी गति में त्वरा नहीं है। 'दासी' और 'सालवती' में देश, समय और व्यक्ति-जीवन का विस्तार तथा उनसे सम्बद्ध राजनीतिक, सामाजिक और दार्शनिक विचारधाराएँ छोटी कहानी के दायरे में समा नहीं पातीं।

कथानक के विकास-प्रसार में जो आकर्षण है, वह सन्निवेश घटनाओं की असाधारणता, नाटकीयता, रागात्मिकता और उनके मूल में वर्तमान संघर्षों और अन्तर्द्वन्दों को लेकर है। प्रसाद की कहानियाँ स्वच्छन्दतावादी प्रवृत्ति में साधारण जीवन से कुछ भिन्न वातावरण को लेकर चलती हैं। उनमें एकान्त प्रेमियों या सभ्य समाज से दूर स्वच्छन्द घूमने वाली जातियों के जीवन की घटनाएँ हैं। पात्रों की प्रकृति और व्यवहार भी साधारण से कुछ परे हैं। इसलिए उनके जीवन के सन्निवेश या घटनाएँ कुछ असाधारण लगती हैं। उन्हें प्राकृतिक कहने में कोई आपत्ति नहीं हो सकती, लेकिन वे सामान्य वास्तविकता का प्रतिनिधित्व नहीं कर सकतीं। वैसा दैनिक सामाजिक जीवन में कम देखने को मिलता है। इन घटनाओं या सन्निवेशों में एकान्त प्रकृति में संवेदनशील पात्रों के हृदय की गूढ़ भावनाओं की व्यंजना होने के कारण वे असाधारण ही नहीं, कुछ रहस्यमय भी लग सकती हैं। लेकिन उनमें प्रेम और करुणा की जो युगल धारा बहती है, वह नितांत मानवीय है। संघर्षों और द्वन्द्वों के द्वारा उनमें वास्तविकता की सजीवता भी आ जाती है और असाधारणता केवल बाह्य परिवेश की हो जाती है। यह असाधारणता कलात्मक सौन्दर्य के लिए आवश्यक विभ्रम भी उत्पन्न करती है।

प्रत्येक सन्निवेश पात्रों की भावनाओं में रँगा होता है। कहीं प्रेम का उन्माद छलक उठता है तो कहीं अनन्त वेदना की पुकार और कहीं मानवीय करुणा की व्यापक भावना। 'बिसाती' कहानी के तीनों सन्निवेश—शीरीं और जुलेखा का संवाद और उसमें प्रियतम के हिन्दुस्तान जाने की सूचना, शीरीं के द्वारा हिन्दुस्तान में उसकी चिन्ताजनक स्थिति की कल्पना और शीरीं के विवाह के बाद उसके साथ साक्षात्कार क्रमशः बढ़ती हुई उसकी वेदना में मूर्त्त रूप ग्रहण करते हैं। इसके साथ सन्निवेशों की नाटकीयता पाठकों में तीव्र स्पन्दन उत्पन्न करती है। यह नाटकीयता आकस्मिकता के कारण नहीं, परिस्थिति के नाजुकपन या खतरे को, उसमें छिपे हुए व्यंग्य और पात्रों के मन की विवशता को लेकर है। उपर्युक्त अन्तिम सन्निवेश को लें तो शीरीं के पति सर्दार के सामने यह किसी भी रूप में प्रकट नहीं हो सकता कि बिसाती के साथ शीरीं का क्या सम्बन्ध है। परिस्थिति पात्र पर हँसती है, उसका मजाक करती है। उसे चुपचाप सह लेना पड़ता है। मन की वेदना को छिपाते हुए अपनी सहज प्रकृति में रहने वाले व्यक्ति की तरह उसे व्यवहार करना पड़ता है। परिस्थिति रुलाती है, लेकिन हँसने को कहती है। आकस्मिक और आश्चर्यजनक घटनाओं से सम्बद्ध नाटकीयता 'इन्द्रजाल' आदि कुछ अपेक्षाकृत इतिवृत्तात्मक कहानियों में हैं। सन्निवेशों के चयन और केन्द्रीकरण में भी नाटकीयता का दर्शन होता है। अनावश्यक विस्तार बहुत कम स्थानों पर है। सन्निवेश के संवाद कटे-छँटे होकर निबड़ीकृत रूप में अभीष्ट भाव को लेकर अग्रसर होते हैं।

प्रसाद की कहानियों में कुतूहल की अपेक्षा विस्मय की भावना अधिक अनुभूत होती है। यह भावजन्य और सन्निवेश-घटना जन्य, दोनों प्रकार की है। 'इन्द्रजाल' की कहानी अन्त तक कुछ समझ में नहीं आती और अन्त में घटनाएँ इतनी शीघ्रता से सम्पन्न हो जाती हैं कि पाठक विस्मय विमूढ़ बन जाता है। जादूगर की स्त्री का गायब होना, उस स्त्री के स्थान पर ढूँढकर बेला को ले आना और अन्त में दोनों का इक्के पर चले जाना, आश्चर्य में डाल देता है। 'स्वर्ग के खंडहर में' कहानी, शेख के काल्पनिक स्वर्ग का जो वातावरण प्रस्तुत करती है वह भी एक प्रकार का इन्द्रजाल ही है, जिसमें पाठक खो जाते हैं। कहानी के मध्य में जाकर ही पात्रों का परिचय मिलता है और पूर्व वृत्तान्त से आरम्भ की कड़ी मिलायी जाती है। इस पूर्व पीठिका के समाप्त होते-होते कहानी चरम सीमा पर पहुँच जाती है। कहानी कहने के विधान में घुमाव के साथ कुतूहल का विकास 'स्वर्ग के खंडहर में', 'चित्रवाले पत्थर' आदि दो-चार कहानियों में ही है। 'चित्रवाले पत्थर' कहानी के अन्त में जाकर ही पता चलता है कि उस अद्‌भुत कहानी को सुनानेवाले वृद्ध का उसके साथ क्या सम्बन्ध है। कथानक के इस घुमाव के अतिरिक्त पात्रों के मन की भावनाओं का, कथानक के विकास के साथ धीरे-धीरे अनावरण होता जाता है और इस तरह कुतूहल और विस्मय की भावनाओं को जागृत रखा गया है। 'गुंडा', 'चित्रवाले पत्थर', 'सन्देह'

आदि कुछ कहानियों में इस पद्धति को अपनाया गया है। गुण्डा नन्हकू सिंह के चरित्र के रहस्यों का उद्घाटन, अन्त में राजमाता की रक्षा की तत्परता के साथ पूर्णता प्राप्त करता है। इन दो-चार को छोड़कर कहानियाँ प्रायः ऋजु पद्धति में पूर्वापर क्रम के क्रमानुसार प्रस्तुत की गयी हैं और इस सरलता में कुतूहल या व्यग्रता के लिए कोई स्थान नहीं है। घटना-विकास के सूत्रों के द्वारा व्यग्रता उत्पन्न करने पर भी लेखक की दृष्टि नहीं है। कहानी में जो रागात्मक तनाव है, उसका सम्बन्ध सन्निवेशों की प्रकृति से है।

संघर्ष और अन्तर्द्वन्द्व, वस्तु और पात्रों का कोरी काल्पनिकता और अति- भावुकता के दोषों से बचाकर जीवन की वास्तविकता से उनका सम्बन्ध स्थापित करते हैं। पात्रों के सांस्कृतिक-मानसिक धरातल की उदात्तता आधिभौतिक रूप में परिणत नहीं होती। भौतिक और मानसिक संघर्ष कला को प्रौढ़ता प्रदान करते हैं, कलाकृति में नाटकीय चमत्कार उत्पन्न करते हैं और पाठकों को एकाग्रचित्त बनाते हैं। संघर्ष तीन प्रकार के होते हैं—भिन्न-भिन्न राष्ट्रों और समाजों का, व्यक्ति और राष्ट्र या समाज का तथा व्यक्ति और व्यक्ति का। पहला प्रायः एपिक या महाकाव्य का विषय होता है और कहानी के छोटे दायरे में नहीं समाता। प्रसाद की कहानियों में व्यक्ति का राष्ट्रीय, राजनीतिक, धार्मिक, सामाजिक और पारिवारिक व्यवस्थाओं के साथ संघर्ष दिखाया गया है। 'पुरस्कार', 'दासी', 'देवरथ', 'बिसाती' और 'आँधी' में क्रमशः इसकी व्यंजना हुई है। कहानियों की स्वच्छन्दतावादी प्रवृत्ति के कारण परम्परा या रूढ़ व्यवस्था के प्रति विद्रोह, उनके साथ संघर्ष और व्यक्ति की स्वतन्त्रता के आग्रह को विशेष महत्त्व दिया गया है। व्यक्ति, बन्धनों से उत्पन्न जीवन की विषमता और तज्जन्य मानसिक वेदना से मुक्ति के लिए छटपटाता रहता है; मर्यादाबद्ध सामाजिक जीवन में अपने व्यक्तित्व के पूर्ण विकास और अपनी मानसिक भावनाओं के स्वच्छन्द प्रसार की अनुकूल भूमि न पाकर, सामाजिक जीवन से बाहर चला जाता है या एकान्त प्रकृति की शरण लेता है। 'आँधी' कहानी में रामेश्वर अपनी सामाजिक स्थिति के अनुसार पारिवारिक परिधि में बँधे रहते हैं और लैला का स्वच्छन्द प्रेम उस परिधि से टकराता है। श्रीनाथ सोचते हैं कि ''यदि रामेश्वर, मालती और अपने बाल-बच्चों की चिन्ता छोड़कर लैला को ही देखता तभी''...''किन्तु वैसा हो कैसे सकता है!''[31] यह संघर्ष 'आँधी' की तरह कहीं प्रत्यक्ष सामने आता है तो कहीं 'बिसाती' की तरह अप्रत्यक्ष सांकेतिक होता है। व्यक्ति का व्यक्ति के साथ संघर्ष भी कुछ कहानियों में है जहाँ प्रतिनायक या प्रतिनायिका की कल्पना हुई है। भारतीय साहित्य में जहाँ प्रतिनायक की कल्पना हुई है, वहीं नायक-नायिका के प्रेम में बाधा उपस्थित करके उसे पुष्ट करने के लिए ही। प्रतिनायक या प्रतिनायिका की ओर नायिका या नायक का आकर्षण, रस की परिकल्पना के विरुद्ध है। उसमें जीवन की यथार्थता हो सकती है, लेकिन आदर्शवादी उभयनिष्ठ प्रेम के द्वारा उत्पन्न होने वाले रस का पूर्ण परिपाक नहीं।

जीवन की वास्तविकता को अधिक महत्त्व देने वाले पाश्चात्य साहित्य के प्रभाव से हमारे आधुनिक साहित्य में इस प्रकार के संघर्षों और उनके द्वारा उत्पन्न मानसिक द्वन्द्वों को दिखाने की प्रवृत्ति विकसित हुई है। 'इन्द्रजाल' में ठाकुर साहब, 'देवरथ' में संघस्थविर, 'सालवती' में मगध के महामन्त्री, 'सलीम' में सलीम आदि प्रेम या मानवीय भावना में बाधाजनक रूप में ही प्रस्तुत किये गये हैं या किसी व्यवस्था के ह्रासोन्मुख रूप का प्रतिनिधित्व करते हुए संघर्ष को जन्म देते हैं। वैयक्तिक संघर्ष, स्पर्धा या प्रतिद्वन्द्विता की भावना, 'सन्देह', 'चित्रवाले पत्थर', 'कला', 'चूड़ीवाली' आदि कुछ कहानियों में मिलती है। यहाँ भी सम्भव है कि सामाजिक व्यवस्था के साथ संघर्ष की भावना, वैयक्तिक संघर्ष के मूल में वर्तमान हो।

मानसिक संघर्ष परिस्थितियों से उत्पन्न परस्पर विरोधी भाव-विचारों या प्रेम, द्वेष, स्पर्धा आदि वैयक्तिक भावनाओं को लेकर ही नहीं, वैयक्तिक और सामाजिक, धार्मिक या राष्ट्रीय भावनाओं के बीच में भी है। इन्हीं मानसिक सम्बन्धों के कारण कथानक में घटनात्मक गतिशीलता आती है और उसकी दिशा में परिवर्तन भी हो जाता है। शीरीं का मानसिक संघर्ष, प्रेम और सामाजिक विषमता से उत्पन्न वेदना और विवशता के कारण है, चम्पा का अन्तर्द्वन्द्व वैयक्तिक प्रेम और द्वेष की भावनाओं को लेकर है, सालवती के मन में अहं और रूप गर्व के साथ नारी-सुलभ मानवीय एवं सामाजिक प्रेम-भावना का विरोध है तो मधूलिका में वैयक्तिक प्रेम और राष्ट्र प्रेम का द्वन्द्व चलता है। वास्तव में प्रसाद वैयक्तिक मानसिक संघर्षों को मानवीय-सामाजिक संघर्षों का रूप प्रदान करते हैं, जिससे कहानी प्रतीकात्मक और सार्वभौमिक रूप धारण करती है। इन संघर्षों में वे चूड़ीवाली और सालवती की तरह व्यक्तिमन की सहज मूल वृत्तियों से सम्बद्ध समस्याओं और ग्रन्थियों की व्यंजना ही नहीं करते, समस्त मानवता के सार्वकालीन और शाश्वत मानसिक द्वन्द्वों को भी उपस्थित करते हैं। 'बैरागी' या 'रूप की छाया' में लौकिक सौन्दर्य के आकर्षण और आध्यात्मिक भावना का, 'ममता' में लौकिक और मानवीय दृष्टियों का, 'आकाशदीप' में ऐन्द्रिय संवेदनों और मानसिक भावनाओं का और 'देवरथ' में मानवता और व्यवस्था जन्य धार्मिक भाव का द्वन्द्व, व्यक्ति-विशेष के भावात्मक संघर्षों में से झाँकते हुए दिखाई देते हैं। 'गूदड़ साईं', 'गुण्डा' आदि कहानियों में भाव-संघर्ष, पात्रगत न होकर विविध पात्रों के दृष्टिभेद में या व्यक्ति के बाह्य रूप के प्रति सामाजिक दृष्टि और उसके अन्तर के सम्बन्ध में लेखक की भावना के आधार पर पूरी कहानी के समष्टि रूप में व्याप्त रहता है। पात्रों के मानसिक संघर्ष अनेक रूपों और स्तरों पर अत्यन्त जटिल भी हैं। परिस्थितियों के चक्कर में एक बार पतिता हो जाने के बाद सुजाता, आर्यमित्र के अनुरोध पर भी अपने को समर्पित कर लेने में असमर्थता का अनुभव करती है। "किन्तु आर्यमित्र! मैं वह अमूल्य उपहार—जो स्त्रियाँ, कुलवधुएँ अपने पति के चरण में समर्पित करती हैं—कहाँ से लाऊँगी? वह वरमाला जिसमें दूर्वा सदृश

कौमार्य हरा-भरा रहता हो, जिसमें मधूक-कुसुम-सा हृदय रस भरा हो, कैसे, कहाँ से तुम्हें पहना सकूँगी?''[32] यहाँ सुजाता का वैयक्तिक मानसिक संघर्ष नारी मात्र का मानसिक मूल वृत्तिगत संघर्ष हो गया है और इस संघर्ष के पीछे वर्तमान पवित्रता की भावना को मानवीय प्रकृति से सम्बद्ध करके आदर्श रूप प्रदान किया गया है। इस तरह व्यक्ति का मानसिक संघर्ष मानवता के शाश्वत सत्य में परिणत होकर आधारभूत और तात्विक रूप प्राप्त करता है। सुजाता के मन में प्रेम और लज्जा एवं संकोच एवं अन्तर्द्वन्द्व के साथ कुछ बाह्य संघर्ष का भी योग हो गया है। निशा के अंधकार में समुद्र तट पर आर्यमित्र के साथ विहार के द्वारा संघ के नियमों के विरुद्ध आचरण के लिए स्थविर उसका तिरस्कार करता है। सांसारिक क्षुद्रताओं से उसका मन विद्रोही हो जाता है। उसकी इच्छा होती है कि आर्यमित्र को बुलाकर कह दे कि वह उसके साथ चलने को तैयार है। धर्म की निम्न भावना के साथ मानवता का, उसकी पवित्रता और उसकी स्वस्थ भावात्मक सम्बन्धों की धारणाओं का तीव्र संघर्ष होकर सुजाता के मन में घृणा और वेदना का विकास होता है। ''तुम्हारा धर्म-शासन घरों में चूर-चूर करके बिहारी की सृष्टि करता है—कुचक्र में जीवन को फँसाता है। पवित्र गार्हस्थ्य बन्धनों को तोड़कर तुम लोग भी अपनी वासना-तृप्ति के अनुकूल ही तो एक नया घर बनाते हो, जिसका नाम बदल देते हो। तुम्हारी तृष्णा तो साधारण सरल गृहस्थों से भी तीव्र है, क्षुद्र है और निम्न कोटि की है।''[33] प्रसाद की कहानियों में प्रत्येक मानसिक संघर्ष का परिणाम निराशा और वेदना ही है और उन भावनाओं में पात्रों की बड़ी करुण स्थिति हो जाती है।

रचना-कौशल और रूप-सौन्दर्य दोनों दृष्टियों से प्रसाद की कहानियों का अन्त बड़ा मार्मिक है। टेकनीक की दृष्टि से कथानक की चरम सीमा पर पहुँच जाने के बाद शीघ्रता से कहानी की समाप्ति अनुभूति या प्रभाव को तीव्र बनाती है। अन्त के रूप-सौन्दर्य की विशेषताएँ, गहरी भावानुभूति की व्यंजना, उसमें जीवन की जटिल समस्या की ओर संकेत, पात्रों की जीवन-गति की रहस्यमयता और उनका सार्थक एवं सुन्दर शब्द-विधान हैं। कहानी पढ़ते समय पात्रों से पाठकों की इतनी गहरी सहानुभूति हो जाती है कि कहानी के समाप्त होने पर भी वे उनके जीवन की समस्या को फिर से सुलझाने लगते हैं। किस तरह उनका जीवन विषादमय हो गया, इस चरम स्थिति पर पहुँचने में वे जीवन की किन परिस्थितियों को पार करके आये, आदि बातों को देखते हुए पाठक उनके जीवन पर नये सिरे से विचार करने लगते हैं। इस तरह प्रसाद की कहानियों का अन्त ध्वन्यात्मक होता है। पात्रों की विषम अवस्था में जब कहानी का मनोवैज्ञानिक अन्त हो जाता है तो आगे क्या हुआ, यह जानने के लिए पाठक व्यग्र हो उठते हैं। उदाहरणार्थ, 'प्रतिध्वनि', 'रूप की छाया', 'बैरागी' आदि किसी भी कहानी को लिया जा सकता है। चरम वेदना में कहानी की समाप्ति आगे की स्थिति को स्पष्ट नहीं करती। यहाँ 'आँधी' आदि

कहानियों की तरह वेदना और जीवन की चरम-सीमा का योग नहीं होता। जब पात्र "नितान्त क्षुब्ध होकर मानव-करुणा का शुद्ध पात्र बन जाता है, तभी कहानी का पटाक्षेप ऐसे स्थान पर विराम हो जाने से हृदय का तन्त्र एकदम झनकार उठता है अथवा हूक उठता है।"[34] जीवन-संघर्षों में जब सालवती अत्यन्त दीन हो जाती है, तभी अभय के साथ उसका विवाह होता है और कहानी का अन्त भी। 'अपराधी' कहानी के अन्त में जब राजकुमार किशोर के सम्बन्ध में पूछते हैं तो "गम्भीर स्वर में सर नीचा किये वन-पालिका ने कहा—अपराधी।"[35] यद्यपि वन-पालिका के इस शब्द में संयोगवश उसके पुत्र, किशोर के द्वारा राजपुत्र के वध के वच्य कथन की प्रतीति होती है, वास्तव में राजा के अतीत और वर्तमान अपराधों की ओर संकेत भी उसमें छिपा है। किशोर यौवनकालीन अपराध का फल है और इस कारण उसे दण्ड भोगना पड़ा है। वन-पालिका के उस शब्द में व्यंग्य के साथ-साथ उसके मन की वेदना भी अभिव्यंजित हुई है। कहानी का अन्त चाहे सुखान्त हो या दुखान्त, एक गम्भीर वेदना में से निकलने के कारण उत्पन्न उदात्तता की अनुभूति अवश्य होती है। प्रेमचन्द जी के शब्दों में, प्रसाद की कहानियों का अन्त "अपने ढंग का निराला होता है...बड़ा ही भावपूर्ण, ध्वन्यात्मक और सहसा।...पाठक का मन झकझोर उठता है...वह एक समस्या को पुनः सुलझाने लगता है।"[36]

कहानी का अन्त स्वाभाविक होने के साथ जब आकस्मिक और अप्रत्याशित भी होता है तो उसका मार्मिक प्रभाव पड़ता है। प्रसाद की कहानियों के अन्त में यह नाटकीयता है। मधूलिका के मन में प्रेम और देश-भक्ति के संघर्ष के परिणाम में यह बात देखी जा सकती है। सैनिकाधिकारी को विद्रोह की सूचना देने में देश-प्रेम का परिचय देकर फिर उस देश-भक्ति के पुरस्कार-स्वरूप अपने प्रियतम के साथ मृत्युदण्ड माँगकर मधूलिका दोनों कर्त्तव्यों का ऐसा सुन्दर निर्वाह करेगी, यह पाठकों की कल्पना में कभी नहीं आ सकता। दो उदात्त भावों के बीच संघर्ष के कारण पाठकों का मन व्याकुल रहता है और एक भाव के लिए दूसरे का बलिदान पाठकों के लिए असह्य हो उठता है और वह एक सीमा तक पात्र के व्यक्तित्व और मानसिक धरातल को गिरा भी देता है। इस घटना की आकस्मिकता के साथ लेखक ने कहानी का नाटकीय अन्त करते हुए इस बात की सूचना नहीं दी कि आगे उन प्रेमियों का क्या हुआ। उन्हें मुक्त कर देने का या इसी तरह की अन्य किसी बात का उल्लेख करने से पाठकों का ध्यान कथानक की गति पर चला जाता और अन्त के द्वारा कहानी में ऐसी विशिष्ट नाटकीय भावात्मक गूँज उत्पन्न नहीं होती। साधारण लेखकों की तरह अन्तिम परिणाम तक कहानी को न घसीट कर उसका मनोवैज्ञानिक अन्त कर देना प्रसाद की विशेषता है। "प्रसाद जी जीवन की एक घटना के चित्र को पूर्ण रूप से अंकित कर देंगे। फिर आगे क्या हुआ, इसे पाठकों के सुलझाने के लिए छोड़ देना ही उनकी कला है।"[37]

इन विशेषताओं के साथ अन्तिम वाक्य भी कलात्मक और मर्मस्पर्शी होते हैं। "शीरीं ने बोझ तो उतार लिया पर दाम नहीं दिया।"[38] इस विरोधाभास में बिसाती के प्रति अपना कर्त्तव्य न कर सकने की, शीरीं के मन की वेदना भरी हुई है। कहीं-कहीं वाक्य के कलात्मक न होने पर भी उसमें भाव की गरिमा है। हुमायूँ ने ममता की जिस कुटी में आश्रय पाया था, वहाँ अकबर ने एक सुन्दर अष्टकोण मन्दिर बनवाया था और उस पर लगाये गये शिलालेख में अपने पिता के विश्राम करने और उसकी स्मृति में अपने मन्दिर-निर्माण की सूचना खुदवा दी थी। "पर उसमें ममता का कहीं नाम नहीं।"[39]

प्रसाद की कहानियों में लक्ष्य की अनन्यता को लेकर भाव या प्रभाव की मार्मिक आन्तरिक अन्विति हो जाती है। कथानक के विकास के साथ पात्रों के भावों में विकास-परिवर्तन होकर नाटकीय पद्धति में कहानी समाप्त होती है। स्वच्छन्द वातावरण, संवेदनशील पात्र, उनके हृदयगत भावनाओं की प्रच्छन्नता और ध्वन्यात्मक अन्त—"इन सब तत्वों के कारण जहाँ यह सत्य है कि कहानी कहानी की भाँति ही हमारे सामने आती है, वहाँ यह भी सच है कि एक गूँज-सी और एक हूक-सी बड़ी प्रबलता से हमें स्पन्दित कर देती है; कहानी अन्तिम स्थिति में पहुँच कर जैसे किसी रहस्य में परिणति पा लेती है। इससे एक रहस्यवादी प्रत्यय कहानी में लग जाता है। यह प्रत्यय ही बहुतों को भ्रम में डाल देता है और प्रसाद जी के यथार्थ लोक को अलौकिकता का आवरण पहना देता है।"[40]

8. रूपरेखा

प्रसाद की कहानियों की बाह्य रूपरेखा की भी कुछ अपनी विशेषताएँ हैं। कहानियों के नामकरण में कुछ विलक्षण चमत्कार मिलता है। स्वच्छन्दतावादी प्रवृत्ति में वस्तु, भाव और रूप-सौन्दर्य की ही नहीं, साज-सज्जा की भी अद्‌भुत अलौकिकता और रहस्यमयता का विशेष ध्यान रखा जाता है। इस तरह बाहरी रेखाएँ अन्तर का द्योतन करती हैं। 'आकाशदीप', 'स्वर्ग के खँडहर में', 'हिमालय का पथिक', 'प्रतिध्वनि' आदि शीर्षक प्रतीकात्मक लगते हैं और अपनी रहस्यमयता में कुतूहल उत्पन्न करते हैं। कभी-कभी इन शीर्षकों का सम्बन्ध कहानी के अन्त से भी हो जाता है और इस तरह वे अन्तिम प्रभाव का उत्कर्ष करते हैं जैसे 'अपराधी', 'पुरस्कार', 'दासी' आदि कहानियों में। ममता, लज्जा, देवनिवास, सरला, शैलनाथ आदि अनेक पात्रों के नाम, वस्तु, वस्तुगत भाव और व्यक्तियों के स्वभाव व्यवहार के सम्बद्ध होकर विशेष सार्थक ही नहीं लगते, बल्कि कभी-कभी यह भ्रम भी उत्पन्न कर देते हैं कि कहानी रूपक या प्रतीकात्मक तो नहीं है।

प्रसाद की अधिकांश कहानियाँ ऐतिहासिक प्रणाली में लिखी गयी हैं। इसमें संवाद और घटनाओं के द्वारा पात्रों के भाव-विचारों और कार्यों को नाटकीय ढंग से

अभिव्यंजित करने की गुंजाइश है ही, परिस्थिति, वातवारण आदि का सजीव वर्णन करने की सुविधा भी है। कलाकार के द्वारा कहानी के प्रस्तुत होने में उसकी भावना या कल्पना अधिक स्वतन्त्र रहती है। आत्मकथा पद्धति में, जिसमें पात्र अपनी कहानी सुनाता है, केवल आत्मविश्लेषण का अवसर मिलता है। मनोवैज्ञानिक वस्तु को लेकर चलने वाली कहानी में यह अधिक उपयोगी पद्धति सिद्ध होती है। प्रसाद की ऐसी कोई कहानी नहीं है, पर 'छोटा जादूगर', 'आँधी' आदि कुछ कहानियों में दर्शक या इतिवृत्त से सम्बद्ध, साधारण ही सही, पात्र के द्वारा कहानी की घटनाओं का उल्लेख हुआ है। विविध घटनाओं के प्रति मानव मन की प्रतिक्रियाओं और उनके प्रभाव को दिखाने के लिए इस पद्धति का उपयोग कर लिया गया है। सहानुभूतिपूर्ण व्यक्ति के द्वारा छोटे जादूगर के जीवन की कहानी प्रस्तुत होने से उसका व्यक्तित्व और चरित्र चमक उठा है। कहानी लिखने की अन्य पद्धतियाँ हैं, पात्र या डायरी के रूप में कहानी रचना। पत्र-पद्धति में केवल एक ही कहानी, 'देवदासी' है। सत्यता का आभास होने पर भी इस पद्धति में बहुत-सी असुविधाएँ हैं। इसमें घटनाओं और पात्रों के वर्णात्मक रूप में प्रत्यक्ष साक्षात्कार की-सी सजीवता भी नहीं हो सकती।

प्रसाद की कहानियाँ परवर्ती कहानियों की तरह सर्वथा नाटकीय नहीं हैं। उनमें कथानक के विकास की सूचना वर्णनात्मक और संवादात्मक, दोनों रूपों में है; दोनों को समान महत्त्व मिला है। कथानक को आगे बढ़ाने में, पात्रों के चरित्रों को आलोकित करने में या भाव की व्यंजना के संवादों का औचित्यपूर्ण प्रयोग हुआ है। वातावरण, कथा-वस्तु, परिस्थिति और पात्रों के स्वभाव के अनुरूप संवादों में भिन्नता पायी जाती है। 'सालवती' कहानी में दार्शनिक और भावात्मक प्रसंगों के संवाद और 'भीख में' कहानी के आरम्भ में बच्चों के साथ बातचीत, परिस्थिति तथा अवस्थागत भेदों के उदाहरण हैं। मुख्य रूप से प्रसाद की कहानियों के संवादों को ऐतिहासिक-स्वच्छन्दतावादी कहानियों के भावात्मक संवादों और अपेक्षाकृत अधिक यथार्थवादी कहानियों के व्यावहारिक संवादों के रूपों में बाँटा जा सकता है। पहले प्रकार के संवादों में भावुकता, कल्पना, गूढ़ व्यंजना आदि काव्य-तत्व भरे हुए हैं। वस्तु और पात्रों के मानसिक धरातल को देखते हुए वे कृत्रिम नहीं लगते। उनमें उदात्तता के साथ सजीवता और रोचकता भी है। सजीवता संवाद की गतिशीलता के लेकर है और रोचकता वाग्विदग्धता के कारण है। दूसरे प्रकार के संवादों में जीवन की वास्तविकता का संस्पर्श, यथार्थता और प्रयोग की चुस्ती है। ये संवाद इतने सजीव हैं कि भावनाशील तथा कल्पनाशील प्रसाद के द्वारा वैसी रचना की आशा ही नहीं की जा सकती।

'माँ कहती थी'—मिन्ना ने कमल की केसरों को बिखारते........

'क्या कहती थी?'

'बाबू जी परदेश जायेंगे। तेरे लिए नेपाली टट्टू लायेंगे।'

'तू घोड़े पर चढ़ेगा कि टट्टू पर! पागल कहीं का!'

'नहीं, मैं टट्टू पर चढूँगा। वह गिराता नहीं।'

'तो फिर मैं नहीं जाऊँगा!'

'क्यों नही जाओगे? ऊँ ऊँ ऊँ मैं अब रोता हूँ।'

'अच्छा पहले यह बताओ कि जब तुम कमाने लगोगे, तो हमारे लिए क्या लाओगे?'

'खूब ढेर-सा रुपया'—कहकर मिन्ना ने अपना छोटा-सा हाथ जितना ऊँचा हो सकता था, उठा दिया।

'सब रुपया मुझको ही दोगे न!'

'नहीं, माँ को भी दूँगा।'

'मुझको कितना दोगे?'

'थैली-भर।'

'और माँ को?'

'वही, बड़ी काठवाली सन्दूक में जितना भरेगा।'

'तब फिर माँ से कहो, वही नेपाली टट्टू ला देगी।'[41]

संवादों में उपयुक्तता के साथ रोचकता भी होनी चाहिए। वाक्पटुता से रोचकता आती है जो स्वयं प्रत्युत्पन्नमति, संगति और सौजन्य पर निर्भर है। प्रसाद की कहानियों में वाणी-विलास के ऐसे अनेक अवसर आये हैं। कुलपुत्रों के विविध दार्शनिक मतों को सुनकर मगध के महामन्त्री ने कुछ व्यंग्य से कहा—'तब आप लोगों का कोई एक मंतव्य नहीं हो सकता?' 'क्यों नहीं; वज्जियों का एकता स्थिर सिद्धान्त है ही। अर्थात् हम लोग वज्जिसंघ के सदस्य हैं। राष्ट्रनीति में हम लोगों का मतभेद तीव्र नहीं होता।'[42] कुलपुत्रों को चुप देखकर सालवती ने उत्तर दिया। इसमें सालवती के व्यक्तित्व, राष्ट्र-प्रेम और अपने रास्ते पर जाते हुए सहसा इस प्रकार उत्तर देकर चले जाने में नाटकीयता के द्वारा उत्पन्न पात्र के व्यक्तित्व के गहरे प्रभाव को छोड़कर जिस मानसिक सतर्कता के साथ, सौजन्य से पूर्ण पर बिल्कुल संगत और तीव्र उत्तर दिया गया है, उसकी प्रशंसा करनी ही पड़ती है। स्वयं मगध के महामन्त्री को कहना पड़ा—'अद्‌भुत!'

यद्यपि कुछ यथार्थ और करुणार्द्र कहानियों में भाषा-शैली का सरल व्यावहारिक रूप मिलता है, पर अधिकतर कहानियों में काव्य भाषा और शैली का ही प्रयोग हुआ है जो वस्तु और वातावरण को देखते हुए अनुचित नहीं कहा जा सकता। कहानी में भाषा-शैली का उतना महत्त्व नहीं होता जितना कविता में, जहाँ भाव की मूर्तता उसी पर निर्भर है। कहानी में भाषा-शैली कविता की तरह रूप का अभिन्न अंग न होकर एक हद तक समष्टि रूप निर्धारण में साधन का काम भी करती है। प्रसाद की कहानियों की काव्यात्मकता के कारण भाषा-शैली साध्य रूप में सुगठित

विन्यास, नाद-सौन्दर्य, लाक्षणिक वैचित्र्य, मूर्तिमत्तता, व्यंजनापूर्णता और आलंकारिक वैभव के साथ सौन्दर्य की अभिव्यंजक होकर प्रस्तुत हुई है। सार्थक पद-प्रयोग और वाक्य संगठन का यह रूप है—'अनन्त जलनिधि में ऊषा का मधुर आलोक फूट उठा। सुनहली किरणों और लहरों की सृष्टि मुस्कुराने लगी। सागर शान्त था।'[43] यहाँ पद-विन्यास और वाक्य-व्यवस्था की स्वर लहरी में ऊषा के सौन्दर्य और आनन्द की व्यंजना भी हुई है। भावात्मक प्रसंगों की भाषा में लक्षणा और व्यंजना का अधिक प्रयोग हुआ है। प्रलय के समय 'प्रचण्ड आलोक, अन्धकार!'[44] छा गया है। प्रचण्ड आलोक को देखा नहीं जा सकता। इसीलिए 'अवगुंठन होता आँखों का, आलोक रूप बनता'[45] है। कहीं सार्थक विशेषणों के प्रयोग से भाव को मूर्त रूप दिया गया है तो कहीं रंगीन चित्र ही खींचे गये हैं। मधूलिका की कल्पना की यह ऊँची उड़ान है—'मगध की प्रासादमाला के वैभव का काल्पनिक चित्र—उन सूखे डंठलों के रंध्रों से, नभ में—बिजली के आलोक में— नाचता हुआ दिखाई देने लगा।'[46] अलंकारों के प्रयोग में नवीनता के साथ विशेष सार्थकता भी है—'बरसात की-सी गीली चिता श्यामा की आँखों में जल रही थी।'[47] इस चित्र में अपने एकमात्र आधार, आम्र-कानन के नीलाम हो जाने की वेदना के साथ अमीन के अनुचित व्यवहार से उत्पन्न क्रोध की ज्वाला धधक रही है।

भाषा-शैली के सम्बन्ध में इतना ही कहना पर्याप्त होगा कि जिस तरह प्रेमचन्द ने भाषा के व्यावहारिक-मुहावरेदार प्रयोग की दिशा में और आचार्य रामचन्द्र शुक्ल ने भाषा के माध्यम से सूक्ष्म चिन्तनशीलता की दिशा में मार्ग प्रशस्त किया और स्वयं अपूर्व सफलता प्राप्त की, उसी तरह प्रसाद ने भाषा के भावात्मक और व्यंजनापूर्ण विकास की दिशा को आलोकित किया और अपनी अमिट छाप भाषा-शैली के उस रूप पर छोड़ गये हैं।

सन्दर्भ

1. आकाशदीप—समुद्र-सन्तरण, पृ. 116
2. इन्द्रजाल—सलीम, पृ. 12
3. आँधी—नीरा, पृ. 84
4. आकाशदीप—हिमालय का पथिक, पृ.62
5. लहर, पृ. 11
6. गुलाबराय द्वारा सम्पादित 'प्रसाद जी की कला' में सत्येन्द्र का लेख 'प्रसाद जी की कहानी-कला', पृ. 163
7. गुलाब राय द्वारा सम्पादित 'प्रसाद जी की कला' में सत्येन्द्र का लेख, 'प्रसाद जी की कहानी-कला', पृ. 162
8. आकाशदीप—रूप की छाया, पृ. 167 और 168
9. आकाशदीप—आकाशदीप, पृ. 16
10. आँधी—मधुआ, पृ. 28

11. आँधी–मधुआ, पृ. 30 और 31
12. आँधी–मधुआ, पृ. 31
13. आँधी–मधुआ, पृ. 32
14. वही, पृ. 33
15. इन्द्रजाल–देवरथ, पृ. 100
16. आकाशदोप–बिसाती, पृ. 190
17. इन्द्रजाल–देवरथ, पृ. 2
18. वही, पृ. 6
19. आकाशदोप–आकाशदीप, पृ. 11
20. वही, पृ. 16
21. आकाशदोप–समुद्र–सन्तरण, पृ. 111
22. आकाशदोप–बिसाती, पृ. 189
23. आकाशदोप–बैरागी, पृ. 121
24. आकाशदीप–बिसाती, पृ. 188
25. आकाशदीप–बिसाती, पृ. 190
26. आकाशदीप–बनजारा, पृ. 129
27. आकाशदीप–स्वर्ग के खंडहर, पृ. 41
28. रायकृष्ण दास–इक्कीस कहानियाँ–आमुख, पृ. 4
29. इन्द्रजाल–सालवती, पृ. 111
30. आकाशदीप–भिखारिन, पृ. 69
31. आँधी–आँधी, पृ. 26
32. इन्द्रजाल–देवरथ, पृ. 99
33. इन्द्रजाल–देवरथ, पृ. 101
34. गुलाब राय द्वारा सम्पादित 'प्रसाद जी की कला' में सत्येन्द्र का लेख 'प्रसाद जी की कहानी-कला', पृ. 160
35. आकाशदीप–अपराधी, पृ. 151
36. बाबू गुलाब राय द्वारा सम्पादित 'प्रसाद जी की कला' में डॉ. सत्येन्द्र का लेख 'प्रसाद जी की कहानी-कला' से उद्धृत, पृ. 160
37. विनोदशंकर व्यास–प्रसाद और उनका साहित्य, पृ. 146-147
38. आकाशदीप–बिसाती, पृ. 190
39. आकाशदीप–ममता, पृ. 26
40. गुलाब राय द्वारा सम्पादित 'प्रसाद जी की कला' में सत्येन्द्र का लेख 'प्रसाद जी की कहानी-कला', पृ. 161
41. इन्द्रजाल–भीख में, पृ. 54
42. इन्द्रजाल–सालवती, पृ. 114
43. आकाशदीप–आकाशदीप, पृ. 3
44. प्रतिध्वनि–प्रलय, पृ. 81
45. कामायनी–काम सर्ग, पृ. 55
46. आँधी–पुरस्कार, पृ. 92
47. आकाशदीप–प्रतिध्वनि, पृ. 79

भावोन्मेष

1. प्रकृति दर्शन

हिन्दी के स्वच्छन्दतावादी साहित्यकारों में पंत जी को सर्वाधिक प्रकृति-प्रेमी और प्रकृति-सौन्दर्य का चित्रकार माना जाता है। इसका मूल कारण उनके द्वारा मानव-जीवन से निरपेक्ष प्रकृति के सौन्दर्य-दर्शन का प्रयत्न है। इस प्रकृति-वर्णन के कारण उन्हें शुद्ध रोमांटिक कवि भी कहा जाता है। लेकिन रोमांटिक कवियों ने प्रकृति-सौन्दर्य से बहुत ऊपर उठकर उसकी आध्यात्मिक सार्थकता को अभिव्यक्त करने का भी प्रयत्न किया है। वास्तव में मानव जीवन की सापेक्षता में प्रकृति के व्यापक चित्र को प्रस्तुत करते हुए, उसकी दार्शनिक सत्ता और सार्थकता की ओर संकेत करते हुए जीवन और प्रकृति की अभिन्न समष्टि का रूप दर्शाने वाले प्रसाद के साहित्य में प्रकृति को जो महत्त्व मिला है, वह हिन्दी साहित्य में कहीं अन्यत्र नहीं मिलेगा। उन्होंने प्रकृति की सार्थकता की व्यंजना ही की हो और उसके रूप-सौन्दर्य की छवि को न उभारा हो, यह बात नहीं है। प्रकृति के रूप को उन्होंने जिस दृष्टि से उभारा है, उसके कारण प्रायः समीक्षकों को यह भ्रान्ति हो गयी है कि वे प्रकृति के माध्यम से मानवीय सौन्दर्य और मानवीय भावनाओं को ही अभिव्यंजित करने का प्रयत्न कर रहे हैं। प्रसाद-साहित्य में प्रकृति को इतना महत्त्वपूर्ण स्थान मिलने का कारण लेखक की दार्शनिक दृष्टि है। जो साहित्यकार केवल कल्पनाशील न होकर प्रतिभाशाली भी होता है वह जीवन-जगत् का आख्याता, चिन्तक और दार्शनिक हुए बिना नहीं रह सकता। प्रसाद साहित्यकार ही नहीं दार्शनिक भी हैं, दार्शनिक इस अर्थ में कि वे द्रष्टा और स्रष्टा के अतिरिक्त चिन्तनशील भी हैं। उनकी चिन्तनशीलता मानव जीवन तक ही सीमित न होकर समस्त सृष्टि को अपनी परिधि में समेट लेने वाली है। प्रायः समीक्षक प्रसाद को इस अर्थ में दार्शनिक मानते हैं कि वे उपनिषदों, शैवागमों और बौद्ध दर्शन से प्रभावित हुए हैं। यह प्रभाव या इन दर्शनों का प्रतिबिम्बात्मक निरूपण किसी को दार्शनिक नहीं बनाता, उलटे उनकी रचना को अनुभूति-आधार रहित शुष्क उपदेशात्मक बना देता है। साहित्य के क्षेत्र में लेखक के 'विश्वासों' का नहीं, उसकी अनुभूति का ही महत्त्व होता है।[1] प्रसाद ने इन दर्शनों को आत्मसात

करके उनके कुछ पहलुओं को अपनी चिन्तनशीलता या जीवन-दर्शन का अंग बना लिया है। प्रवृत्ति मूलक उपनिषदीय और शैव दर्शनों की व्यापक विचारधाराओं को अपनाने के कारण आध्यात्मिक-दार्शनिक होते हुए भी प्रसाद सृष्टि के सौन्दर्य की उपेक्षा नहीं करते; उसकी एक आध्यात्मिक सार्थकता को भी वे स्वीकार करते हैं। उपनिषदों में प्रकृति और जीवन का जो अभिन्न रूप मिलता है, उससे प्रसाद ने प्रकृति को एक नयी दृष्टि से देखने और उसके अस्तित्व और सार्थकता पर विचार करने की प्रेरणा प्राप्त की है।

साहित्यिक प्रवृत्ति की दृष्टि से प्रसाद प्रधानतः स्वच्छन्दतावादी हैं। मध्ययुगीन जीवन की रूढ़िवादिता और कृत्रिमता में प्रकृति की स्वच्छन्दता और नैसर्गिकता के लिए कोई स्थान नहीं रहा। साहित्य में उसका उपयोग भोगवादी दृष्टि से उद्दीपन रूप में रहा या आलंकारिक चमत्कार-प्रदर्शन के साधन रूप में। स्वच्छन्दतावाद ने अपने रूढ़ि-विद्रोह में प्रकृति से प्रेरणा ग्रहण की, अपनी स्वच्छन्दता और स्वतन्त्रता के आग्रह के लिए उसे प्रतीक बनाया और जीवन की व्यापक सार्थकता का प्रतिपादन करने में उसके साथ एक घनिष्ठ सम्बन्ध बना लिया। इसीलिए समीक्षक स्वच्छन्दतावाद की मुख्य विशेषताओं में एक "उसका गहरा तथा आध्यात्मिक स्तर का प्रकृति-प्रेम"[2] भी मानते हैं। प्राचीन क्लासिकल साहित्य में भी प्रकृति का व्यापक रूप में वर्णन हुआ है। लेकिन वहाँ प्रकृति या तो मानव जीवन की पृष्ठभूमि है या मानवीय भावनाओं से सम्बद्ध सहचरी है। उसमें किसी आध्यात्मिक सार्थकता का या उसके साथ जीवन के किसी आध्यात्मिक सम्बन्ध का निरूपण नहीं है। इसीलिए वर्णन-पद्धति भी आत्मनिष्ठ न होकर वस्तून्मुख है। इसके विपरीत स्वच्छन्दतावाद के प्रकृति-वर्णन में आध्यात्मिक चेतना और व्यक्तिनिष्ठ भावना की प्रधानता है। यह भारतीय साहित्यकारों पर उपनिषदों का प्रभाव है जो ब्रह्म समाज और रवीन्द्र-साहित्य के माध्यम से अधिक प्रसारित हुआ है। क्लासिकल साहित्य के प्रकृति-चित्रण में रागात्मक साहचर्य और वस्तून्मुख अभिव्यंजना के प्रभाव के कारण शुक्ल जी प्रकृति-प्रेमी होते हुए भी छायावाद को विशेष महत्त्व नहीं दे सके और उसमें केवल पंतजी की वस्तून्मुखता से ही प्रभावित हुए।[3]

साहित्यिक विधाओं की दृष्टि से प्रसाद की कहानियों में प्रकृति को सर्वाधिक स्थान और महत्त्व मिला है। नाटकों की संवाद शैली में प्रकृति का वर्णन नहीं हो सकता। वह संवाद को कृत्रिम बनाता ही है, नाटकीय गतिशीलता में भी बाधा दे सकता है। इसलिए वहाँ पात्रों की प्रकृति-प्रेम, अनुभूति और कहीं-कहीं उसके द्वारा उनकी दार्शनिक विचाराधारा की ही व्यंजना की गयी है। उपन्यास के यथार्थवादी धरातल पर भी प्रकृति-वर्णन सम्भव नहीं है। केवल घटनास्थल की पृष्ठभूमि या वातावरण के रूप में ही उसके लिए स्थान है। काव्य की भावात्मकता और कल्पनाशीलता में प्रकृति का महत्त्वपूर्ण स्थान हो सकता है और होता भी है। प्रसाद ने उसका पूरा

उपयोग कर लिया है। लेकिन वहाँ कविता की अन्तर्मुखी प्रकृति और प्रवृत्ति के अनुरूप प्रकृति-सम्बन्धी दार्शनिक चिन्तन, उसके रूप-सौन्दर्य और उसकी संवेदनशीलता को ही अधिक प्रमुखता दी गयी है। कहानी के सम्बन्ध में कहा जा सकता है कि उपन्यास की ही तरह उसकी भी रचना यथार्थवादी चेतना के धरातल पर होती है और इसलिए विधा की दृष्टि से काव्य में ही प्रकृति का स्थान मानना चाहिए। सैद्धान्तिक दृष्टि से यह सच ही है, लेकिन प्रसाद की कहानियाँ काव्यात्मक हैं, देश-काल-निरपेक्ष है और वस्तु एवं पात्रों का प्रकृति से घनिष्ठ सम्बन्ध है। वास्तव में प्रसाद की भावात्मक कहानियों में कहानी-कला के अनुरूप यथार्थवादी चेतना और बहिर्मुखी जीवन-प्रसार का योग भी रहने के कारण शुद्ध भावात्मक काव्यरूप से कहीं अधिक प्रकृति की विविधरूपता और मानव जीवन से उसके सम्बन्धों का व्यापक निरूपण हो सका है। प्रसाद की कहानियों में काव्यगत प्रकृति की विशेषताओं के साथ जीवन के बहिर्मुखी धरातल पर उसके रहस्यों के उद्‌घाटन की भी सफल साधना हुई है।

अपने काव्य की तरह कहानियों में भी प्रसाद ने प्रकृति को चेतन माना है। इसी चेतनता का द्योतन करने के लिए प्रकृति का मानवीकरण भी किया है। सामान्यतः मानवीकरण तीन स्तरों पर होता है। लेखक अचेतन प्रकृति पर मानवीय भावनाओं और चेष्टाओं का आरोप करते हुए उसमें चेतनागत सूक्ष्म सौन्दर्य को भी दिखाता है। यह आलंकारिक मानवीकरण है जिसका सम्बन्ध अभिव्यंजना पद्धति या शैली से है। प्रसाद की कहानियों में प्रकृति के स्थिर रूप के ही नहीं, गतिशील चेतन रूप के भी सौन्दर्य की व्यंजना की गयी है। मानवीकरण का दूसरा रूप वहाँ होता है जहाँ मनुष्य अपनी भावोद्विग्नता में चेतन-अचेतन का अन्तर भुलाकर प्रकृति के साथ मानवीय व्यवहार करता है। यहाँ प्रकृति का चेतनवत् व्यवहार प्रायः नहीं होता; यद्यपि कल्पनाशील लेखक मानवीय व्यवहार की प्राकृतिक प्रतिक्रिया दिखा भी सकता है। ऐसी स्थिति में वह प्रतिक्रिया भी मनुष्य की भ्रान्ति ही समझी जायेगी। इसी मनःस्थिति को लक्ष्य करके महाकवि कालिदास ने ''कामार्ता हि प्रकृति कृपणाश्चेतनाचेतनेषु''[4] कहा है। यह संवेगात्मक प्रकृति से सम्बद्ध भ्रान्तिजन्य मानवीकरण है। प्रसाद की कहानियों के पात्र कभी-कभी भावुकतावश इस प्रकार की भ्रान्ति में पड़ जाते हैं। ''बेला पलाश के जंगल में अपने बिछुड़े हुए प्रियतम के उद्‌देश्य से दो-चार विरह-वेदना की तानों की प्रतिध्वनि छोड़ आने का काल्पनिक सुख नहीं छोड़ सकती थी।''[5] यद्यपि यहाँ सन्देश का माध्यम एकान्त प्रकृति ही है, फिर भी बेला की उद्विग्नता और कल्पनाशीलता प्रकृति से प्रत्यक्ष दूत-काय की प्रार्थना करने की स्थिति पर नहीं पहुँची है। तीसरे प्रकार का मानवीकरण दार्शनिक है। यह सौन्दर्य परक या संवेगशील स्तर पर नहीं आध्यात्मिक स्तर पर प्रकृति-दर्शन का प्रयत्न है। प्रकृति की चेतना को अनुभूत करने पर मनुष्य रहस्यवादी हो जाता है और या तो प्रकृति परमात्मा से मिलने के लिए माध्यम बन जाती है या साध्य रूप

में प्रकृति के साथ पुरुष की समरसता स्थापित होती है। 'समुद्र-सन्तरण' कहानी में इस समरसता की ओर अग्रसर होने का संकेत है तो 'रमला' कहानी में लक्ष्य की प्राप्ति का द्योतन हुआ है। एकान्त प्रकृति का रहस्य मनुष्य को आकृष्ट करता है, उसके साथ साहचर्य में प्रेम का विकास होता है; लेकिन कभी-कभी लौकिक जीवन का आकर्षण उसमें बाधक भी बनता है। साजन और रमला प्रकृति के प्रेम में गाँव की नटखट लड़की रमला की वही स्थिति है। साजन उसकी ओर थोड़ी देर के लिए आकृष्ट होकर अपनी प्रिय सहचरी प्रकृति के पास लौट आता है। लौकिकता के इस अवरोध से प्रकृति के साथ प्रेम का बन्धन और भी दृढ़ हो जाता है। साजन जिस प्रकृति की गोद से चला आया है, वहीं लौट जाता है। ''गोधूली थी और वही उदास रमला झील! साजन थका हुआ बैठा था। आज उसके मन में, आँखों में, न जाने कहाँ का स्नेह उमड़ा पड़ता था। प्रशान्त रमला में एक चमकीला फूल हिलने लगा; साजन ने आँख उठाकर देखा—पहाड़ी की चोटी पर एक तारिका रमला के उदास भाल पर सौभाग्य चिह्न सी चमक उठी थी। देखते-देखते रमला का वक्ष नक्षत्रों के हार से सुशोभित हो उठा। साजन ने उल्लास से पुकारा—'रानी!'[6]

अपनी कहानियों में प्रसाद ने प्रकृति का अनेक रूपों में चित्रण किया है। या यों कहना चाहिए कि उन्होंने प्रकृति के बहुमुखी उपयोग के द्वारा मानव जीवन के साथ उसका घनिष्ठ सम्बन्ध स्थापित किया है। प्रसाद की अधिकांश कहानियाँ देश-काल-निरपेक्ष हैं। रंगस्थल के रूप में प्रकृति का जो वर्णन है, वही कहानी का वातावरण है। पात्रों के जीवन की सभी घटनाएँ प्रकृति की गोद में घटित हुई हैं। उनकी संवेदनशील प्रकृति, सृष्टि के व्यापक क्षेत्र में अपना प्रसार पाती है और उसी में अपनी सार्थकता भी ढूँढ़ लेती है। घटनाओं का रंगस्थल होने के कारण प्रायः प्रत्येक कहानी का आरम्भ प्रकृति-वर्णन से ही होता है। 'सालवती' कहानी के आरम्भ में, ''सदानीरा अपनी गम्भीर गति से, उस घने साल के जंगल से कतराकर चली जा रही है। सालों की श्यामल छाया उसके जल को और भी नीला बना रही है; परन्तु वह इस छायादान को अपनी छोटी-छोटी वीचियों से मुस्कुरा कर टाल देती है। उसे तो ज्योत्स्ना से खेलना है।''[7] इस प्रकृति का कहानी की वस्तु, पात्र-परिकल्पना और उद्देश्य से घनिष्ठ सम्बन्ध है। सालवती का ''रूप और यौवन मानसिक स्वतन्त्रता के साथ सदानीरा की धारा की तरह वेगपूर्ण''[8] है और उसके परिणामों को लेकर कहानी की रचना हुई है। 'सालवती' के इस आरम्भिक प्रकृति-वर्णन के विरोध में 'स्वर्ग के खँडहर में' कहानी की प्राकृतिक पृष्ठभूमि कहानी की अनुरूपता में वैभव-विलास से आपूर्ण है। ''वन्य कुसुमों की झालरें सुख-शीतल पवन से विकम्पित होकर चारों ओर झूल रही थीं। छोटे-छोटे झरनों की कुल्याएँ कतराती हुई बह रही थीं। लता वितानों से ढकी हुई प्राकृतिक गुफाएँ शिल्प-रचना-पूर्ण सुन्दर प्रकोष्ठ बनातीं, जिसमें पागल कर देने वाली सुगन्ध की लहरें नृत्य करती थीं।...''[9]

कहीं-कहीं प्रसाद ने घटना-स्थल की प्रकृति को दार्शनिक द्रष्टा के रूप में भी प्रस्तुत किया है। यहाँ सुख-दुखात्मक अनुभूति के, आनन्द के, सब उपकरण जुटाकर भी प्रकृति तटस्थ रह जाती है। वह केवल देखती रहती है कि मनुष्य किस तरह सुख में सुखी और दुख में दुखी होकर कार्याचरण में प्रवृत्त होता है। 'चन्दा' कहानी में चन्दा अपने पति की हत्या करने वाले रामू को मारकर उसी छुरे से आत्महत्या कर लेती है। इस तरह उस चाँदनी रात में दो भयंकर घटनाएँ घटती हैं, लेकिन प्रकृति पर इसका कोई भी प्रभाव नहीं पड़ता। 'चन्द्रमा अपने मन्द प्रकाश में यह सब देख रहा था।'[10] 'कामायनी' के 'चिन्तासर्ग' में भी प्रसाद कहते हैं कि पृथ्वी की, उसकी मानवता की मर्म वेदना की 'अकेली प्रकृति सुन रही, हँसती-सी पहचानी-सी।'[11]

प्रसाद की कहानियों में प्रकृति घटना-स्थल ही नहीं, वह मनुष्य के भावों में रँगी हुई भी है। लेखक इससे भी आगे बढ़कर उसे संवेदनशील रूप में दिखाता है। वह स्वच्छन्दतावादी प्रवृत्ति की विशेषता है। मध्यकालीन साहित्यकार के लिए प्रकृति केवल उद्दीपक थी; स्वच्छन्दतावाद में मानव मन की भावनाओं के प्रक्षेपण से वह अनुरूप स्पन्दनशील बन जाती है। कभी-कभी उल्टे क्रम में प्रकृति व्यक्ति-मानस का अंग बन जाती है। आवश्यकता के अनुसार प्रसाद ने प्रकृति के उद्दीपक रूप से भी सहायता ली है, विशेषतः भोग-विलास की व्यंजना के अवसर पर। 'स्वर्ग के खंडहर में' कहानी में इसके अनेक उदाहरण मिल जाते हैं। लेकिन प्रसाद की कहानियों में प्रकृति के संवेदनशील रूप का ही अधिक वर्णन किया गया है। जब साजन ''बड़े उल्लास से बोलता—'रानी', प्रतिध्वनि होती, ई ई ई...। वह खिलखिला उठता, आँखें विकस जातीं, रोएँ-रोएँ हँसने लगते। फिर सहसा वह अपनी उदासी में डूब जाता, तब तारा छाई रात उस पर अपना श्याम अंचल डाल देता।''[12] 'बिसाती' कहानी में ''शीरीं ने सहसा अपना अवगुंठन उलट दिया। प्रकृति प्रसन्न हो हँस पड़ी''[13] प्रसाद-साहित्य में प्रकृति अनेक स्थानों पर 'फूलों की पंखुड़ियाँ' बिखरा कर सौन्दर्य का अभिनन्दन करती है;[14] अपने आनन्द को प्रकट करती है।

प्रसाद ने इन कहानियों में प्रकृति के ऐकान्तिक रूप और उसके सौन्दर्य को अधिक उभारा है। इस एकान्त प्रकृति का लेखक के व्यक्तित्व और जीवन-दर्शन से सम्बन्ध है। अन्तर्मुखी भावनाशील या चिन्तनाशील व्यक्तित्व एकान्त चाहता है, उसी में उसके भाव-विचार उत्तेजित होते हैं। लेखक का विश्वास है कि इस कोलाहल और संघर्षमय जीवन से एकान्त प्रकृति की गोद में ही सुख और शांति मिल सकती है। इसीलिए 'समुद्र-सन्तरण' में सुदर्शन को धीवर-बाला ले जाती है 'पृथ्वी से दूर जल-राज्य में; जहाँ कठोरता नहीं केवल शीतल कोमल और तरल आलिंगन है; प्रवंचना नहीं सीधा आत्मविश्वास है; वैभव नहीं सरल सौन्दर्य है।'[15] यह केवल पलायनवाद नहीं है क्योंकि प्रसाद के पात्र प्रकृति की गोद में आत्म-विस्मृत नहीं रह जाते। वे प्रकृति के साहचर्य में नवीन उत्साह और बल प्राप्त करके सुख-दुखात्मक जीवन में प्रवृत्त होते हैं।

एकान्त प्रकृति के साहचर्य में मनुष्य का क्या व्यक्तित्व और रूप होता है, प्रसाद के पात्र स्पष्ट कर देते हैं। एकान्त प्रकृति उनके भावविचारों को उत्तेजित करती हुई उनकी संवेदनशीलता को निर्धारित करती है; उनके जीवन को एक नैसर्गिक और स्वच्छन्द रूप में ढालती है। समाज में रहने वाली प्राणियों के लिए अनेक प्रकार के बन्धन हैं। उनका उल्लंघन करने से समाज उनको दोषी ठहराता है। लेकिन जो एकान्त प्रकृति में रहते हैं, उनके लिए कोई प्रतिबन्ध नहीं है। प्रसाद की कहानियों में प्रकृति के संसर्ग में स्वच्छन्द जीवन बिताने वाले दो प्रकार के पात्र दिखाई देते हैं। सभ्य समाज से बाहर रहने वाले वन्य जीव और एकान्तवासी या एकान्त प्रेमी। एकान्त प्रकृति इन पात्रों को अन्तर्मुखी और आत्मलीन बनाती है। इसलिए उनके संघर्ष मानसिक होते हैं, उनमें आत्म-विकास और आत्म-बल अधिक होता है और वे अपने मन की वेदना को चुपचाप सह लेते हैं। जन-समाज से दूर एकांत प्रकृति मनुष्य को भावुक और कल्पनाशील भी बनाती है। ''बेला का एकान्त में विरह-निवेदन उसकी भाव-प्रवणता को और भी उत्तेजित करता था। पलास का जंगल उसकी कातर कुहुक से गूँज रहा था।''[16]

एकान्त प्रकृति का रूप नैसर्गिक और स्वच्छन्द होता है। प्रकृति और मानव जीवन दोनों में सौन्दर्य की सत्ता और उसकी अनुभूति उनकी नैसर्गिकता और स्वच्छन्दता की स्थिति में ही सम्भव है। इस सौन्दर्य का सम्बन्ध प्रकृति के बाह्य रूपरंग और उसकी आंतरिक चेतना दोनों से है। इस चेतना की अभिव्यक्ति में जहाँ रूप गतिशीलता प्राप्त करता है, उसकी अनुभूति में लेखक की शैली व्यक्ति-निष्ठ हो जाती है। 'चित्रवाले पत्थर' में लेखक ने रूप की स्वच्छता, उज्ज्वलता और गतिशीलता का यह चित्र खींचा है—''समीप ही सफेद चट्टानों पर जलधारा के लहरीले प्रवाह में कितना संगीत था! चाँदनी में वह कितना सुन्दर हो जाता! जैसे इस पृथ्वी का छायापथ।''[17] रमला झील के इस वर्णन में व्यक्ति-निष्ठ कल्पना की क्रीड़ा के द्वारा प्रकृति-चेतना का स्पन्दन दिखाने का प्रयत्न हुआ है—''शैल माला की गोद में वह समुद्र का शिशु कलोल करता, उस पर से अरुण की किरणें नाचती हुईं, अपने को शीतल करती चली जातीं। मध्याह्न में दिवस ठहर जाता—उसकी लघु वीचियों का कम्पन देखने के लिए। संध्या होते, उसके चारों ओर के वृक्ष अपनी छाया के अंचल में छिपा लेना चाहते; परन्तु उसका हृदय उदार था, मुक्त था, विराट था। चाँदनी उसमें अपना मुँह देखने लगती और हँस पड़ती।''[18] सौन्दर्य के प्रभाव के माध्यम से लेखक ने रूप की सजीवता को व्यक्त किया है। अनेक अवसरों पर प्रसाद का प्रकृति-सौन्दर्य-वर्णन ऐन्द्रिक हो गया है। लेकिन ऐन्द्रिय अनुभूति की तन्मयता में भी लेखक भोग-विलास की भावना को प्रश्रय नहीं देता। दार्शनिक साहित्यकार सौन्दर्यानुभूति में भी पूरी निर्लिप्तता बरतते जाते हैं। वास्तव में प्रसाद सौन्दर्यानुभूति को क्रमशः ऐन्द्रिक और मानसिक स्तरों पर से आध्यात्मिक धरातल पर ले जाते हैं। अनुभूति की उस चरम

स्थिति में निश्चलता नहीं गतिशीलता ही है। 'समुद्र-सन्तरण' की प्रकृति में "कला का कोमल चित्र नील-धवल लहरों से बनता-बिगड़ता था। सुदर्शन ने अनुभव किया कि लहरों में सौर-जगत् झोंके खा रहा है।"[19] इस प्रकृति-सौन्दर्य में अन्तर्निहित शक्ति की अनुभूति के द्वारा "सौरभ के समान चेतन परमाणुओं से उसका मस्तक भर उठता"[20] था। यही प्रकृतिगत चेतन सौन्दर्यानुभूति साहित्यकार के सौन्दर्य-बोध का विकास करती है, जिसके आधार पर कला की रूप-सृष्टि होती है।

प्रकृति का सौन्दर्य मनुष्य को अपनी ओर आकृष्ट करता है। जब वह इस आकर्षण के सूक्ष्म रूप की ओर प्रवृत्त होता है, तब वह सौन्दर्य के रहस्यमय तत्त्वों का अनुभव करने लगता है। यह अनुभूति अनिर्वचनीय है। सौन्दर्य और उसकी रहस्यानुभूति की समष्टि उसे एक प्रकार के उन्माद की अवस्था में ले जाती है। वह सौन्दर्य की आधारभूत वस्तु के साथ तदाकार परिणति चाहता है। उसके भौतिक अस्तित्व और उससे सम्बद्ध अहं की भावना का लोप होकर वह शुद्ध भाव रूप में वस्तु के साथ अद्वैत की स्थिति में पहुँच जाता है या पहुँचने की अभिलाषा उत्पन्न होती है। 'समुद्र-सन्तरण' में सौन्दर्य के आधार पर प्रकृति के साथ इस भावयोग की सुन्दर व्यंजना हुई है—"सुदर्शन ने देखा, सब सुन्दर है। आज तक जो प्रकृति उदास चित्र बनकर सामने आती थी, वह उसे हँसती हुई मोहिनी और मधुर सौन्दर्य से ओतप्रोत दिखाई देने लगी। अपने में और सब में फैली हुई उस सौन्दर्य की विभूति को देखकर सुदर्शन की तन्मयता उत्कण्ठा में बदल गयी। उसे उन्माद हो चला। इच्छा होती थी कि वह समुद्र बन जाय। उसकी उद्वेलित लहरों से चन्द्रमा की किरणें खेलें और हंसा करें।"[21]

प्रसाद ने अपनी कहानियों में प्रकृति के साथ मनुष्य का आध्यात्मिक सम्बन्ध स्थापित करते हुए उसके व्यक्तित्व, सौन्दर्य-बोध, भाव-विचार और जीवन के क्रियाकलापों पर प्रकृति के प्रभाव को दिखाने के अतिरिक्त मानव जीवन में उसकी सार्थकता तथा उसके साथ सम्बन्ध-स्थापन की आवश्यकता की ओर कुछ महत्त्वपूर्ण संकेत किये हैं। प्रकृति मानव जीवन का अंग है। उसके बिना मनुष्य का चित्र सम्पूर्ण नहीं हो सकता। जिस तरह कण्वाश्रम के बिना शकुन्तला की कल्पना ही नहीं की जा सकती, प्रकृति के बिना उसके 'साजन', मनुष्य का अस्तित्व ही नहीं रह जाता। 'साजन की साँसें उसकी लहरियों से स्वर सामंजस्य बनाये रहतीं।"[22] इस सामंजस्य में वह जीवित रहता है, उसकी स्पन्दनशीलता बनी रहती है। वह प्रकृति का स्वामी है, रक्षक है, सखा है।[23] प्रकृति उसकी चिर सहचरी है—उसमें मनुष्य के भावों को जाग्रत रखने की, उद्दीप्त करने की पर्याप्त क्षमता है। मनुष्य हिमालय के पथिक तरह जीवन में परम सत्य का निरन्तर अन्वेषण करता रहता है। साधारण सौन्दर्य से उसकी आँखों की तृष्णा कभी बुझती नहीं दिखाई देती।[24] वह हिमालयों की उदात्तता चाहता है। उसकी इच्छा है, उसी के समान दूर तक चले जाने की।[25]

उस उदात्त प्रकृति में ही उसे जीवन की सार्थकता का अनुभव होगा, जीवन में तृप्ति मिलेगी। जीवन की इस साहसपूर्ण यात्रा में उसकी संगिनी बनती है हिमालय की गोद में पली हुई किन्नरी, जो उसी के समान स्वच्छ, निर्मल और सात्विक है। लेकिन यह प्रेम, जीवन का साध्य नहीं। वह लक्ष्य तक पहुँचने में मनुष्य को शक्ति और स्फूर्ति देने वाला पाथेय है। इसलिए हिमालय का पथिक और किन्नरी गिरिपथ पर चढ़ते ही गये और लौकिकता के प्रतीक वृद्ध बाबा की चेतावनी पर उन्होंने बिल्कुल ध्यान ही नहीं दिया।

आधुनिक युग के जीवन में ऐसी रूढ़िवादिता और नियमबद्धता आ गयी है कि मनुष्य उससे ऊब कर सस्ते मनोरंजन के द्वारा उसमें स्पन्दनशीलता और संवेगात्मक तीव्रता ले आने का प्रयत्न कर रहा है। लेकिन सस्ते मनोरंजन का प्रभाव अस्थायी ही नहीं हानिकारक भी है। क्योंकि मनोरंजन को उत्तेजना समाप्त होने पर मन की चेतना में और अधिक शिथिलता आ जाती है। यन्त्र-युग के जीवन की परिस्थितियों ने मानव-मन की कोमलता को भी नष्ट कर दिया है; जीवन की तरह मन की नैसर्गिक प्रकृति भी नष्ट हो गयी है। ऐसी स्थिति में प्रकृति की नैसर्गिकता, स्वच्छन्दता और सौन्दर्य ही मानव-मन और जीवन को स्वस्थ बनाने की सामर्थ्य रखते हैं। लेखक ने अपने प्रकृति-चित्र और वन्य जीवन की झाँकियों के द्वारा इस ओर संकेत किया है। प्रसाद की कहानियों में स्वच्छन्द भ्रमण, नौका विहार आदि के जो बार-बार उल्लेख हुए हैं, वे भी इसी लक्ष्य को दृष्टि में रखकर किये गये हैं।

प्रसाद ने मानव जीवन को सन्तुलित रखने में प्रकृति के आधि-भौतिक रूप का उपयोग किया है। 'कामायनी' में भी देव-जाति की अतिवादिता और मनु की उच्छृंखलता को रोकने वाला प्रकृति का प्रकोप ही था। यह प्रकोप नियति की लीला है। कहा जा सकता है कि मानव जीवन में इस प्रकार के आधिभौतिक तत्वों को ले आना जीवन की यथार्थता के विरुद्ध है। लेकिन यह आंशिक सत्य ही है। क्योंकि सृष्टि में असन्तुलन सृष्टि के द्वारा ही समाप्त होता है, चाहे इसे क्रिया-प्रतिक्रिया कहें चाहे किसी अज्ञात शक्ति की प्रेरणा। आधुनिक जीवन में जो असन्तुलन है, उससे क्षुब्ध होकर लेखक ने प्रकृति के आधिभौतिक रूप की कल्पना की है और उसे एक दार्शनिक व्यवस्था से सम्बद्ध किया है। जो हो, 'चक्रवर्ती का स्तम्भ' और 'आँधी' कहानियों में प्रकृति क्रियाशील दिखाई देती है। पहली कहानी में उसके द्वारा धर्म पर अत्याचार समाप्त हो जाता है। दूसरी कहानी में व्यक्ति के साथ प्रकृति भी क्षुब्ध होकर उसकी जीवन-लीला के साथ मन की असह्य वेदना का भी अन्त कर देती है। 'आँधी' में लैला के जीवन को विषम बनाने में सामाजिक, वैयक्तिक और आधिभौतिक अनेक शक्तियाँ सक्रिय रहीं। यद्यपि लैला का कोई दोष नहीं है, अपने वश से परे की शक्तियों के द्वारा उसका जीवन विषमता के उस चरम बिन्दु पर पहुँचा है कि आगे उसकी गतिशीलता सम्भव नहीं है। उसे समाप्त करने में प्रकृति

का कार्य सहानुभूतिपूर्ण ही समझना चाहिए। यहाँ प्रकृति की प्रतिक्रिया जीवन की विषमता के प्रति है, व्यक्ति के प्रति नहीं।

प्रसाद अपने जीवन में काशी छोड़कर बाहर बहुत कम गये। प्रकृति-दर्शन की दृष्टि से उनकी इनी-गिनी यात्राओं में उल्लेखनीय बचपन की ही यात्रा है। लेकिन भावनाशील कलाकार ने गहराई में वस्तु-जगत् की अनन्त अनुभूति प्राप्त की और अपनी विराट कल्पना के बल पर प्रकृति और उसके व्यापक सत्य का साक्षात्कार कर लेने में वह सफल हुआ।

2. सौन्दर्य और प्रेम का स्वरूप

प्रसाद प्रधानतः सौन्दर्य और प्रेम के कवि हैं। कवि इसलिए कि उन्होंने अपने साहित्य में उनको भावात्मक-कल्पनाशीलता रूप दिया है, उनका यथार्थवादी निरूपण नहीं किया। उस सौन्दर्य और प्रेम के आलोक में प्रसाद-साहित्य की मानवतावादी और दार्शनिक भाव-धाराएँ मलिन होकर दब सी गयी हैं। दूसरी ओर उन्होंने इन भाव धाराओं को सौन्दर्य और प्रेम को उज्ज्वल रूप देने का साधन भी बना लिया है। लेखक ने पात्रों को विवश दयनीय परिस्थितियों में डालकर विरोध के द्वारा उनके रूप और प्रेम को चमका दिया है; उनकी समाज-बहिष्कृत स्थिति के द्वारा उनके प्रति समवेदना को उभारा है और कहीं-कहीं पात्रों में वेदना और करुणा की प्रतिष्ठा की है। कामायनी 'विश्व की करुण कामना मूर्ति' है।[26] पात्रों के व्यक्तित्व, सौन्दर्य और प्रेम को एक दार्शनिक आवरण देते हुए उनमें एक रहस्यमय आकर्षण भरने के साथ-साथ अनुभूति में एक निर्लिप्तता भी बरती गयी है। प्रसाद की दार्शनिक विचार-धारा में समस्त सृष्टि महाचिति का अभिराम उन्मीलन है और इसीलिए सब उसमें अनुरक्त होते हैं।[27] सृष्टि में प्रत्येक व्यक्ति या वस्तु का सौन्दर्य प्राण सत्ता का मनोहर भेद या रहस्य होने के कारण ही है।[28] शैवागमों के प्रवृत्तिमूलक आनन्दवाद से प्रभावित होकर लेखक ने जीवन जगत् के सौन्दर्य और प्रेम को माया नहीं, यथार्थ माना है। वह आनन्द का ऐन्द्रिय-मानसिक धरातल है। उसमें प्रवृत्त होकर लौकिक आनन्द की अनुभूति के माध्यम से ही मनुष्य आध्यात्मिक सौन्दर्य और प्रेम के धरातल पर पहुँचकर सूक्ष्म दार्शनिक आनन्द की प्राप्ति कर सकता है। साधना के इस लक्ष्य के कारण सौन्दर्य और प्रेम की ऐन्द्रिय-लौकिक अनुभूति में एक निर्लिप्तता रहती है और वह भोग-विलास की वासना में परिणत नहीं होती। प्रसाद का यह दार्शनिक चिन्तन केवल तार्किक विचारधारा के रूप में नहीं रह जाता बल्कि उनके सौन्दर्य-दर्शन और प्रेम-भावना को अपने विशिष्ट रूप में ढालता भी है।

प्रसाद-साहित्य का यह सौन्दर्य और प्रेम, उनके संवेदनशील और रागात्मक लौकिक एवं कलात्मक व्यक्तित्वों से सम्बन्ध रखता है। 'आँसू' की रचनात्मक प्रेरणा के सम्बन्ध में कहा जाता है कि वह बिल्कुल लौकिक थी जो अन्तःसाक्ष्य और

बहिःसाक्ष्य दोनों आधारों पर सिद्ध होती है।[29] लौकिक जीवन की भावनाएँ साहित्यकार के कलात्मक व्यक्तित्व में आमूल परिवर्तित हो जाती हैं और नयी सार्थकता तथा मूल्य प्राप्त करती हैं जिसे समीक्षक 'आदर्शीकरण' कहते हैं और उसे रचनात्मक प्रक्रिया और रूप का अभिन्न अंग मानते हैं।[30] लौकिक जीवन में सौन्दर्य की ओर आकर्षण और असाधारण संवेदनशीलता ने कलाकार की कल्पनाशीलता को जगा कर, उसके द्वारा लौकिक वस्तु का आदर्शीकरण करते हुए, साहित्य में एक अद्‌भुत सौन्दर्य और प्रेम की सृष्टि की है।

प्रसाद-साहित्य की स्वच्छन्दतावादी प्रवृत्ति ने सौन्दर्य और प्रेम को एक विशिष्ट रूप में ढाला है। पद्धति की दृष्टि से लेखक परम्परागत क्लासिकल प्रवृत्ति से भिन्न उनका अन्तर्मुखी भावात्मक निरूपण करता है और सौन्दर्य तथा प्रेमगत चेतना को उभारने का प्रयत्न करता है। प्रवृत्ति की दृष्टि से वह सामाजिक-नैतिक मर्यादाबद्ध रूप की सीमाओं और प्रेम की स्थूल आदर्शवादी नैतिक शुद्धता या धार्मिक पवित्रता के घेरे को तोड़ कर अपने नैसर्गिक और स्वच्छन्द रूप में उन्हें आलोकित करता है। इस सामान्य पद्धति और प्रवृत्ति के ढाँचे में स्वच्छन्दतावाद ने अपने अनेकानेक पहलुओं और तत्वों से सौन्दर्य और प्रेम को रँगा है।

प्रसाद की सौन्दर्य-दृष्टि और प्रेम-भावना को समझने के लिए उनके रचनाकाल के ऐतिहासिक परिपार्श्व के आकलन की भी आवश्यकता है। 'पल्लव' की भूमिका में पंत जी ने जैसा संकेत किया है, छायावादी सूक्ष्मता द्विवेदीयुगीन इतिवृत्तात्मक स्थूलता की ही प्रतिक्रिया नहीं थी। उसमें रीतिकालीन मांसलता के प्रति भी विद्रोह था।[31] लेकिन प्रसाद की छायावादी या स्वच्छन्दतावादी प्रवृत्ति में रीतिकालीन भावना का विरोध नहीं है। द्विवेदी जी और उनके अनुयायियों के विरोध के बावजूद द्विवेदी-युग में हरिश्चन्द्र-युगीन परम्परावादी धारा के माध्यम से रीतिकालीन प्रवृत्ति कुछ न कुछ चल रही थी। प्रसाद द्विवेदी युग और परवर्ती आधुनिक युग के संधिकाल के लेखक थे। जहाँ उन्होंने द्विवेदी युग की प्रवृत्ति का विरोध करते हुए आधुनिकता को ग्रहण किया है, वहाँ हिन्दी साहित्य की अतीत से प्रवाहशील परम्परा को बिल्कुल छोड़ भी नहीं दिया। उनकी आरम्भिक ब्रजभाषा की कविताएँ इस बात की प्रमाण हैं। प्रसाद ने स्वच्छन्दता के आग्रह को सदा परम्परा की उदात्तता से सन्तुलित रखने का प्रयत्न किया है। 'कामायनी' में उन्होंने स्पष्ट कहा है कि परम्परागत कर्मों की सुन्दर लड़ियाँ जीवन में सुख और प्रेरणा देने वाली हैं।[32] कहने का तात्पर्य यह है कि प्रसाद ने सौन्दर्य और प्रेम की सूक्ष्म चेतना के अतिरिक्त उसके व्यक्त मांसल बाह्य रूप के ऐन्द्रिय आकर्षण को भी अभिव्यक्त किया है। वास्तव में आध्यात्मिक सूक्ष्मता, अपने में कितनी ही चेतनामयी और प्रेरणामयी क्यों न हो, रूप और भाव को पूर्णता में व्यक्त नहीं कर सकती और कला इस पूर्णता के बिना मनुष्य को सर्वथा तृप्त नहीं कर सकती।

वैसे पूरे प्रसाद-साहित्य में सौदर्य और प्रेम की प्रधानता है ही, कहानी-साहित्य में उसका अपना कुछ विशिष्ट रूप और महत्त्व है। काव्य में सौन्दर्य और प्रेम के संवेगात्मक और आध्यात्मिक पहलुओं की मूर्त अभिव्यक्ति हुई है। नाटक-साहित्य में ऊँचे सांस्कृतिक धरातल पर उनके उदात्त रूप का चित्रण हुआ है। उपन्यास-साहित्य में आकर वे सामाजिक यथार्थवादी धरातल पर उनके आकर्षण की ओर कहीं-कहीं उनसे सम्बद्ध मूल्य की समाप्ति के कारण उत्पन्न विकर्षण को प्रकट करते हैं। कहानी-साहित्य में वे काव्यगत रूप की संवेगात्मकता, नाटकगत रूप की उदात्तता और उपन्यासगत रूप की वास्तविकता को अपने में समेट कर चलते हैं। प्रसाद की कहानियों में सौन्दर्य और प्रेम, जीवन के व्यापक प्रसार से सम्बद्ध होकर विविध भाव-भंगिमाओं में दिखाई देते हैं और जीवन के अप्रत्याशित समाज-बहिष्कृत निम्नवर्गीय कोनों से झाँकते हुए चमत्कृत ही नहीं करते, बल्कि अपने एक विशिष्ट रूपरंग को प्रदर्शित करते हैं।

प्रकृति-प्रेमी साहित्यकार होने के नाते प्रसाद की कहानियों में सौन्दर्य और प्रेम दोनों ने नैसर्गिक और स्वच्छन्द रूप धारण कर लिया है। उनके काव्य-नाटकों में सौन्दर्य और प्रेम की ऐसी नैसर्गिकता और स्वच्छन्दता नहीं है। पात्रों के व्यक्तित्व में स्वतन्त्रता का आग्रह, उनके जीवन की परिस्थितियाँ, सामाजिक नियमों से नियंत्रित न होना, प्रकृति के साथ उनका सम्बन्ध, उनके जीवन की स्वच्छन्द गतिविधि आदि उसके बहिर्मुखी या साधनाभूत कारण हैं। आन्तरिक कारण पात्रों की प्रकृति और जीवन दृष्टि है। पात्रों में कहीं भी कृत्रिम अलंकरण की प्रवृत्ति नहीं है; दुराव-छिपाव की सामाजिक मनोवृत्ति नहीं है। वे अपने सौन्दर्य को अपने प्राकृत रूप में प्रकट करते हैं, प्रकट करने में लज्जा या सामाजिक मर्यादा का संकोच अनुभव नहीं करते। यह बात नहीं है कि रूप-प्रदर्शन की निर्लज्जता में लगे रहते हैं, बल्कि यह कहना चाहिए कि वे अपने रूप-सौन्दर्य की बात ही भूलकर सहज व्यवहार करते हैं, पग-पग पर सामाजिक संकोच के नाम पर अपने रूप की ओर दूसरों का ध्यान आकृष्ट नहीं करते। उनका सौन्दर्य अवगुण्ठन रहित होकर अपनी प्राकृतिक शोभा और रूप की स्वच्छन्द छवि को अनजाने ही व्यक्त करता रहता है। प्रेम भी देश-काल-परिस्थिति-निरपेक्ष व्यक्ति मन के आकर्षण और भावना के रूप में नैसर्गिक है तो पारिवारिक परिधि में न बँधने के कारण स्वच्छन्द है। जहाँ नाटकों के उच्च वर्गीय जीवन में प्रेम की स्वच्छन्दता केवल भाषात्मक है, कहानियों में वह देश, काल और समाज के समस्त बन्धनों को तोड़कर केवल मानवीय प्रकृति के आधार पर अबाध गति से प्रवाहित होने वाली है। यह आश्चर्य की बात है कि लौकिक जीवन में और एक हद तक साहित्यिक प्रवृत्ति में भी परम्परा और मर्यादा के प्रेमी इस महान् साहित्यकार ने कुलवधू के सामाजिक रूप के सौन्दर्य और पारिवारिक प्रेम की कहानी को कहीं भी प्रमुख रूप में प्रस्तुत नहीं किया। परम्परा और मर्यादा का यह प्रेम रूप-सौन्दर्य और

प्रेम की स्वच्छन्दता में केवल ब्रेक लगाकर उन्हें एकांगी और विच्छृंखल नहीं होने देता। प्रसाद मूलतः स्वच्छन्दतावादी साहित्यकार हैं। इसीलिए 'आँधी' कहानी में रामेश्वर और मालती के शान्त आनन्दमय पारिवारिक जीवन की ओर संकेत करते हुए और उसे लैला के स्वच्छन्द पर विषम प्रेममय जीवन के विरोध में प्रस्तुत करते हुए भी उनकी भावना लैला के जीवन की कहानी की ओर ही अधिक झुकी है और उन्होंने रामेश्वर और मालती के दाम्पत्य-प्रेम में इतना रंग नहीं भरा है कि वह लैला के प्रेम का मुकाबला कर सके। ऐसा लगता है कि प्रसाद नैसर्गिक स्वच्छन्द प्रसार में ही सच्चे सौन्दर्य और प्रेम की सत्ता मानते हैं।

लेखक की दृष्टि में सिद्धान्ततः सौन्दर्य और प्रेम दोनों की प्रकृति आनन्दात्मक है। इनके द्वारा मन या आत्मा को एक अपूर्व आनन्द मिलता है। यह आनन्द ऐन्द्रिय संवेदन-जन्य नहीं है, यद्यपि उसके मूल में इन्द्रियों की अनुकूल प्रतिक्रिया का प्रभाव या योग रहता है। वास्तव में आनन्द का आत्मीय या मानसिक उल्लास अन्तर में न समाकर इन्द्रियों के माध्यम से क्रियाशील प्रवृत्ति में समाप्त होता है। प्रसाद-साहित्य में सौन्दर्य के प्रति सात्विक श्रद्धा की अपेक्षा विस्मयमिश्रित उल्लास की भावना अधिक दिखाई देती है। प्रसाद के मानवीय सौन्दर्य-वर्णन में ऐन्द्रिय प्रभाव और अनुभूति की यही सार्थकता है। सौन्दर्य के ऐन्द्रिय प्रभाव को प्रकट करने के लिए प्रसाद विस्मयकारी दर्शन से इस तरह प्रारंभ करते हैं कि "शैलनाथ ने देखा" आदि आदि और फिर उसकी अनुभूति में "वक्षस्थल में हृदय जैसे फैलने लगा।"[33] प्रेम की आनन्दात्मक प्रकृति और उसकी अभिव्यक्ति में वेदना की विवृत्ति एक विरोधाभास है। प्रसाद संयोगजन्य उल्लास में, जैसे 'नूरी' कहानी में, जिस माधुर्य को अभिव्यंजित करते हैं, वैसा ही माधुर्य वियोगजन्य वेदना में भी दिखाते हैं। पात्रों का एकान्तवास और प्रकृति को अपनी वेदना के रागों से गुँजा देना अन्ततोगत्वा प्रेम की एक मधुर अनुभूति को ही जगा देता है। यह अनुभूति संयोगजन्य अनुभूति से कहीं अधिक गहरी है। जहाँ वेदना प्रेम की अनुभूति नहीं कराती वहाँ उसका स्वर करुण पीढ़ी का हो जाता है। इस प्रेम और सौन्दर्य के स्वरूप का विश्लेषण करने से ऐसा लगता है कि प्रसाद उनकी आन्तरिक चेतना को ही अधिक महत्त्वपूर्ण मानते हैं। सौन्दर्य के सम्बन्ध में उसके बाह्य रूप के आकर्षण की अपेक्षा नहीं की जा सकती। इसलिए उन्होंने बाह्य और अन्तर का सामंजस्य करते हुए उसे "उज्ज्वल बरदान चेतना का"[34] कहा है। लेकिन प्रेम में उसकी चेतना और अनुभूति ही प्रधान है। प्रसाद की कहानियों के अन्तर्मुखी पात्र अपने आकर्षण को मन में छिपाते हैं और उसकी मधुर अनुभूति में आत्मलीन होते हैं। यहाँ तक कि यथार्थवादी कहानियों में निम्नवर्गीय पात्रों की भी, जैसे 'घीसू' कहानी में घीसू की यही स्थिति है; प्रेम की इस अन्तर्मुखी तल्लीनता में सामाजिक विषमता की बाधाएँ या वियोग को वेदना उन्हें समाधिस्थ-सी उनकी स्थिति से विचलित नहीं कर पाती। प्रायः कथा-साहित्य के यथार्थवादी धरातल

पर प्रेम की भावना सामाजिक सम्बन्धों और जीवन के क्रियाकलापों के माध्यम से प्रकट होती है। साहित्यकार प्रेम के बहिर्मुखी आकर्षण-विकर्षण और उनसे जीवन की परिस्थितियों में उत्पन्न तनावों को प्रकट करते हैं। प्रसाद ने अपनी इन कहानियों में प्रेम के आकर्षण की अपेक्षा उसके प्रभाव को, जीवन में उसके प्रसार की अपेक्षा मन में उसकी अनुभूति को ज्यादा महत्त्व दिया है। प्रेम के आकर्षण और जीवन में उसके प्रसार को उन्होंने दिखाया अवश्य है, लेकिन दूसरे पहलू अधिक प्रमुख रंगों में सामने आते हैं। प्रसाद ने प्रेम और सौन्दर्य की प्रकृति और स्वरूप की अनुरूपता में उनके आदर्श को स्थिर कर लिया है। रूपगर्व और मानसिक स्वतन्त्रता की विच्छृंखलता मनुष्य को जीवन में किस तरह पतनोन्मुख बनाती है, 'सालवती' कहानी उसका सुन्दर उदाहरण है। 'स्वर्ग के खण्डहर में' कहानी में भी सौन्दर्य और प्रेम का भोगविलास-प्रधान रूप प्रस्तुत किया गया है। सौन्दर्य और प्रेम जहाँ मनुष्य को मानवता की उदात्ततम भूमि पर ले जा सकता है, वैयक्तिक दुर्बलताओं के कारण उतनी ही गहराइयों में गिरा भी सकते हैं। प्रसाद की कहानियों में सौन्दर्य और प्रेम अपने परिवेश और रूप को लेकर अद्भुत लग सकते हैं, लेकिन वे अन्तर में मानवीय धरातल पर मानवीय संवेदना के ही अभिव्यंजक हैं।

प्रसाद की कहानियों में सौन्दर्य और प्रेम का प्रकृति के साथ, विशेषतः एकान्त प्रकृति के साथ बड़ा घनिष्ठ सम्बन्ध है। दोनों का रूप नैसर्गिक और स्वच्छन्द है। प्रकृति सौन्दर्य, मानवीय सौन्दर्य और प्रेम को रंग देता है, उसके आकर्षण को बढ़ा देता है। लेखक ने बड़ी कुशलता के साथ सौन्दर्य और प्रेम की अनुकूल प्राकृतिक पृष्ठभूमि प्रस्तुत की है। उसके द्वारा उन्हें एक अपूर्व आलोक मण्डल प्रदान किया है। वह काव्य-शास्त्रीय भाषा में उद्दीपन बनकर आश्रय के मन पर उनके प्रभाव को बढ़ा देता है। स्वयं आश्रय, प्रकृति और पात्र के सौन्दर्य को अभिन्न रूप में देखता है। इसका कारण आश्रय की भावुकता हो सकती है। इस अभिन्नता को पूर्णता प्रदान करने के लिए लेखक ने प्रकृति सौन्दर्य दर्शन पर प्रेम के प्रभाव को भी प्रकट किया है। 'समुद्र सन्तरण' कहानी के आरम्भ में सुदर्शन को प्रकृति उदास-सी लगती है, लेकिन धीवर बाला के साथ प्रेम हो जाने के बाद वही प्रकृति अपूर्व सुन्दर प्रतीत होती है। "आज तक जो प्रकृति उदास चित्र बनकर सामने आती थी, वह उसे हँसती हुई मोहिनी और मधुर सौन्दर्य से ओतप्रोत दिखाई देने लगी।"[35] यह प्रकृति के सम्बन्ध में रोमांटिक मनस्थिति जन्य कल्पना है।

प्रसाद की कहानियों में प्रेम के विकास का आधार सौन्दर्य, व्यक्तित्व और परिस्थिति है। सभी नायिकाओं में पूर्ण विकसित यौवन का सौन्दर्य भरा हुआ है। इसीलिए उस सौन्दर्य में मादकता भरी हुई है। "नूरी काश्मीर की कली थी।...उस कलिका का आमोद-मकरन्द अपनी सीमा में मचल रहा था।"[36] लेखक ने अपनी नायिकाओं के बाह्य सौन्दर्य के अनेक रंगीन चित्र प्रस्तुत किये हैं। इस बाह्य सौन्दर्य

में रंग का, आकृति का, हाव-भावों और चेष्टाओं का, गति का और उन्मुक्त हास का वर्णन किया गया है। कहीं-कहीं यह रूप-सौन्दर्य प्रभाव के माध्यम से व्यक्त किया गया है, जैसे सालवती का या लैला का। 'आँधी' कहानी में लैला को देखकर श्रीकान्त मन में सोचने लगे "कि वह वास्तविक गान्धार प्रतिमा है या ग्रीस और भारत का इस सौन्दर्य में समन्वय है।"[37] प्रेम के कारण इस सौन्दर्य में नयी चेतना आ जाती है मानों आकृति में गुप्त सौन्दर्य को पूर्ण उन्मेष का अवसर मिला हो। 'इन्द्रजाल' में प्रेम के कारण बेला का "सौन्दर्य निखर आया था। उसके कटाक्ष अलस, गति मदिर और वाणी झंकार से भर गयी थी।"[38] पात्र के व्यक्तित्व और परिस्थिति के अनुसार लेखक ने सरल सात्विक सौन्दर्य की झाँकियाँ भी दिखा दी हैं। 'पुरस्कार' कहानी में मधूलिका "कुमारी थी। सुन्दरी थी। कौशेय वसन उसके शरीर पर इधर-उधर लहराता हुआ स्वयं शोभित हो रहा था। वह कभी उसे सम्हलाती और कभी अपने रूखे अलकों को। कृषक-बालिका के शुभ भाल पर श्रम-कणों की भी कमी न थी, वे सब बरौनियों से गुँथे जा रहे थे। सम्मान और लज्जा उसके अधरों पर मन्द मुस्कराहट के साथ सिहर उठते।"[39] इस भोले सौन्दर्य और सरल चितवन को लेखक ने गतिशील चित्रों के द्वारा व्यक्त किया है। गतिशीलता में रूप क्षण-क्षण नवीनता प्राप्त करता है और उन परिवर्तनों के द्वारा सौन्दर्य को व्यक्त कर देता है। लेखक ने बाह्य सौन्दर्य के वर्णन के साथ आन्तरिक सौन्दर्य या लावण्य की ओर भी संकेत किया है। यह सौन्दर्य आकृति के माध्यम से व्यक्त होकर अपने चेतन आलोक से सारे रूप को उज्ज्वल बना देता है। यह रंग की चमक नहीं, चेतना या लावण्य की दीप्ति है। प्रसाद की कहानियों की नायिकाएँ प्रायः साँवली हैं। उस श्यामल रंग में से इस दीप्ति का फूट पड़ना एक अतिरिक्त सौन्दर्य की सृष्टि करता है और कवि की कल्पना को उत्तेजित करता है। लेखक जिस तरह नील परिधानों में कामायनी को देखकर पश्चिय के व्योम में घिरे हुए घनश्याम को भेद कर आने वाले छविधाम अरुण रवि मंडल की कल्पना करता है, उसी तरह साँवली बेला को देखकर उन्हें ऐसा लगता है "जैसे पावस की मेघमाला में छिपे हुए आलोक पिण्ड का प्रकाश निरखने की अदम्य चेष्टा कर रही हो।"[40] सौन्दर्य की आभा चन्द्रमा की कान्ति की तरह शीतल नहीं है, उसमें सूर्य की किरणों की-सी शक्ति की स्फूर्ति और तीक्ष्ण तेजस्विता भरी हुई है जिसके कारण सौन्दर्य, देखने वालों की आँखों में चकाचौंध उत्पन्न कर देता है। हँसी आदि की भावात्मक स्पन्दनशीलता और चेष्टागत क्रियाशीलता के माध्यम से भी लेखक ने चेतनाजन्य सौन्दर्य को स्पष्ट किया है। प्रसाद की नायिकाएँ मृदु भाषिणी और मधुर हासिनी होकर अपने सौन्दर्य के प्रभाव को द्विगुणित कर लेती हैं।

पुरुष पात्रों में रूप-सौन्दर्य की कोमलता के स्थान पर आकृति की भव्यता का वर्णन किया गया है। पुरुषोचित उनके व्यक्तित्व का यह अनुकूल चित्र है। यद्यपि

नायकों की आकृति का विस्तार के साथ वर्णन नहीं किया गया है, फिर भी जहाँ रूप की कुछ विलक्षणता मिली, लेखक ने उस आकृति और वेशभूषा का सजीव शब्द-चित्र प्रस्तुत किया है। 'गुंडा' कहानी में नन्हकू सिंह "पचास वर्ष से ऊपर था, तब भी युवकों से अधिक बलिष्ठ और दृढ़ था। चमड़े पर झुर्रियाँ नहीं पड़ी थीं।... उसकी चढ़ी मूँछें बिच्छू के डंक की तरह देखने वालों की आँखों में चुभती थीं। उसका साँवला रंग, साँप की तरह चिकना और चमकीला था। उसकी नागपुरी धोती का लाल रेशमी किनारा दूर से भी ध्यान आकर्षित करता।...पंजों के बल जब वह चलता, तो उसकी नसें चटाचट बोलती थीं। वह गुण्डा था।"[41]

प्रसाद की नायिकाओं के व्यक्तित्व का आकर्षण उनके रूप-सौन्दर्य से कम नहीं है। प्रेम के विकास में उस व्यक्तित्व का योगदान भी इतना ही महत्त्वपूर्ण है। मगध के महामन्त्री का मुँहतोड़ जवाब देने से ही अभय सालवती की ओर आकृष्ट होता है। साल वृक्ष के अन्तराल से निकली हुई वाणी को सुनकर उससे प्रभावित होने के बाद ही सालवती के रूप-सौन्दर्य का दर्शन होता है। देवनिवास नीरा की शान्त निश्चल गम्भीर मुद्रा को देखकर मन ही मन उसके सामने प्रणत होता है। "निवास ने देखा कि नीरा के मुख पर आत्मनिर्भरता और सन्तोष की शान्ति है।"[42] वह उस सुकुमार बालिका के रूप-सौन्दर्य को देखकर नहीं, उसके व्यक्तित्व के प्रभाव में आकर उससे विवाह कर लेने के लिए तैयार हो जाता है। पात्रों के व्यक्तित्व में उनकी मानसिक प्रकृति के अनुसार पर्याप्त भिन्नता है। सालवती के व्यक्तित्व में मानसिक स्वतन्त्रता की भावना से विकसित तेजस्विता है, नीरा में दुःखों की अनुभूति से उत्पन्न शान्त निश्चलता है, लैला में आवेश जन्य उद्दाम वेग है, शीरीं में जीवन की विषमता के कारण अन्तर्मुखी भावनाशीलता है और धीवर कन्या में मन की ऋजुता से व्यक्तित्व में एक अबोध नैसर्गिकता आयी है। इसी तरह पुरुषों के व्यक्तित्व में भी पर्याप्त भिन्नता है। गम्भीरता, सरलता, साहसिकता, निश्चलता, मुग्धता आदि लक्षणों के साथ अभय, बुद्धगुप्त, नन्हकूसिंह, देवनिवास और 'समुद्र-सन्तरण' के राजकुमार के व्यक्तित्व, कहीं अन्तर्मुखी और कहीं बहिर्मुखी रूपों में, दूसरे पात्रों को प्रभावित करते रहते हैं।

प्रेम के विकास में परिस्थिति का भी योग है। 'इन्द्रजाल' कहानी में गोली और बेला के प्रेम का विकास परिस्थिति सापेक्ष न होकर साहचर्य जन्य है। 'समुद्र-सन्तरण' आदि कहानियों में जहाँ नायक-नायिका का प्रेम एकान्त प्रकृति में विकसित होता है, वह प्रायः संयोगवश घटित समागम के आधार पर है और प्रकृति-सौन्दर्य से उद्दीप्त है। लेकिन बहुत-सी कहानियों में नायक-नायिकाओं का प्रथम समागम विचित्र परिस्थितियों में हुआ है। परिस्थिति में आकस्मिकता, असाधारणता, अप्रत्याशिता आदि नाटकीय तत्वों के कारण प्रेम के आकर्षण में तीव्रता आ जाती है। कहीं सहानुभूति, कहीं दया और कहीं साहस की उत्तेजना, परिस्थिति को रँगकर नायक का नायिका

की ओर आकर्षण उत्पन्न करते हैं। 'आकाशदीप', 'सालवती', 'नीरा', 'नूरी' आदि इसके उदाहरण हैं। 'नूरी' कहानी में याकूबखाँ अकबर की हत्या करने के लिए क्रीड़ा कानन में घुसा और वहाँ अकबर के बदले नूरी मिली। प्राणरक्षा के लिए नूरी को चुप करने के प्रयत्न में उसका कोमल शरीर याकूबखाँ के आलिंगन में बँध गया। अपना कोई साहसी प्रेमी समझकर नूरी ने कल्पना के सुख में अपने को धन्य समझा। उसने युवक के मधुर अधरों पर अधर रख दिये। युवक भी आत्मविस्मृत-सा उस सुख में पलभर के लिए तल्लीन हो गया।'[43] इस असाधारण परिस्थिति में पात्रों के मन में एक साथ अनेक भावनाएँ जग जाती हैं और यौवन का प्रथम समागम होने के नाते एक नशा भी छा जाता है। इस साहसपूर्ण परिस्थिति के विरोध में देवनिवास और नीरा का समागम दयनीय परिस्थितियों में होता है। प्रसाद की कहानियों में सौन्दर्य, व्यक्तित्व और परिस्थिति की समष्टि प्रेम के लिए दृढ़ आधार देती है। प्रथम समागम में विकसित प्रेम भी केवल भावोद्वेग का परिणाम प्रतीत नहीं होता, बल्कि उसमें एक गहराई की अनुभूति होने लगती है।

पात्रों के जीवन का केन्द्र-बिन्दु प्रेम ही है। ममता, करुणा, ईर्ष्या, प्रतिहिंसा आदि भावनाएँ गौण रूप से उस प्रेम को पुष्ट करती हैं या उससे विकसित होती हैं। यही प्रेम पात्रों के व्यक्तित्व में परिवर्तन ले आता है, उनके मन को संवेदनशील बनाता है और उन्हें जीवन में क्रियाशील बनाता है। इस प्रेम में अपूर्व शक्ति भरी हुई है या प्रेम पात्रों की मानसिक शक्ति का ही पर्यायवाची है। प्रेम की इस शक्ति की केन्द्र स्त्री है और पुरुष उसकी ओर आकृष्ट होता रहता है। समस्त प्रेम-व्यवहार उस प्रेम के केन्द्र की परिधि बन जाता है। शक्ति का केन्द्र होकर भी स्त्री कुछ उदासीन और निश्चेष्ट-सी लगती है। लेकिन वास्तव में प्रेम की जो घटनाएँ घटती हैं, उनके घटने की जो प्रेरणा होती है उसके मूल में नारी मन की प्रेम भावना है जो पुरुष को उत्तेजित करती है। वह प्रेम-भावना अन्तर्मन में छिपी रहती है या परिस्थितियों में असहाय नारी की वेदना के रूप में प्रकट हो जाती है। ऐसा लगता है कि इस असहायता और वेदना का प्रकाशन भी पुरुष के पौरुष को, उसके साहस को जगाने के लिए ही है। कहानी पढ़ते समय स्पष्ट हो जाता है कि पुरुष की सारी दौड़-धूप में नारी ही सब कुछ है, वह केवल साधन है और नारी की अव्यक्त आज्ञाओं का पालन कर रहा है। 'सुनहला साँप' कहानी में न नेरा का प्रेम प्रकट होता है और न वह रामू को शराब की चोरी करने के लिए कहती है। लेकिन रामू उसके लिए सब कुछ करने के लिए तैयार है; जीवन की बिषम से विषम परिस्थिति में कूद पड़ने में वह किसी प्रकार के संकोच का अनुभव नहीं करता। यही प्राकृत नारी है—अपने रूप लावण्य को लेकर शोभामयी ही नहीं, शक्ति समन्वित होकर गौरव-गरिमामय भी। 'चित्रवाले पत्थर' कहानी में मंगला के चरित्र में शक्ति के साथ साहस का भी अद्‌भुत योग हुआ है। जहाँ धार्मिक, सामाजिक या पारिवारिक बन्धन नारी की

सहनशीलता की परीक्षा लेने लगते हैं वहाँ उसके मन में विद्रोह उत्पन्न होकर शक्ति की बहिर्मुखी निश्चेष्टता समाप्त हो जाती है और उसमें साहस के साथ क्रियाशील प्रवृत्ति भी जाग उठती है और उस स्थिति में पुरुष के पौरुष को सन्तुष्ट करने के लिए क्रियाशीलता के सूत्र को उसके हाथों में सौंपने का बहाना छोड़कर वह स्वयं परिस्थिति की संचालिका बन जाती है। ऐसे अवसरों पर उसके व्यक्तित्व के सामने पुरुष का व्यक्तित्व बिल्कुल दब ही जाता है। इतना होते हुए भी प्रायः स्त्री बाह्य रूप से जो निश्चेष्ट दिखाई देती है तो वह एक ओर भारतीय मर्यादावादी पारिवारिक परम्परा का निर्वाह करने के लिए है तो दूसरी ओर प्रेम की गहराई और गम्भीरता को व्यक्त करने के लिए।

'नूरी' और 'आँधी' में प्रेम का चित्रण कुछ भिन्न प्रकार का है। इन कहानियों में भी केन्द्र-शक्ति नूरी और लैला ही है। पर 'नूरी' कहानी में प्रेम-व्यापार की सक्रियता उभयनिष्ठ दिखाई गयी है। नूरी एक तो मुसलमान थी, फिर काश्मीर की प्रकृति की गोद में विकसित कली थी। इसलिए उसकी प्रेम-भावना का बहिर्मुखी प्रसार भी होता है। कंजरों की स्वच्छन्द युवती लैला रामेश्वर की ओर आकृष्ट होती है, लेकिन वह शिष्ट समुदाय के पारिवारिक बन्धनों में बँधा हुआ व्यक्ति था। इसलिए पुरुष निष्क्रिय है और नारी क्रियाशील बनती है। कहने का तात्पर्य यह है कि प्रसाद ने इन कहानियों में देश, काल और परिस्थिति को ध्यान में रखकर स्त्री-पुरुषों की कल्पना करते हुए औचित्य का पूर्ण निर्वाह किया है।

रोमांटिक नायक की परिकल्पना के सम्बन्ध में कहा जाता है कि वह अवसाद या वेदना विगलित अहंवादी है या समाज के विरुद्ध विद्रोही है और दोनों स्थितियों में प्रायः रहस्यमय व्यक्ति है।[1] प्रसाद की कहानियाँ नायक-प्रधान न होकर नायिका-प्रधान हैं। उनमें अहं की अव्यक्त भावना, वेदना की विवृत्ति, निष्क्रिय उदासीनता, सामाजिक विद्रोह के तत्व एक रहस्यमय व्यक्तित्व में परिवेष्टित रहते हैं। लेकिन प्रसाद ने इन रोमांटिक लक्षणों को जिस रूप में ढाला है, उससे पात्रों पर, उनके प्रेम पर एक आदर्शवादी आलोक की उज्ज्वलता का अवगुण्ठन पड़ जाता है और वे व्यक्तिवादी विलक्षणता तथा उसके कारण विद्रोह की भावना से ऊपर एक ऊँचे मानवीय धरातल पर दिखाई देते हैं। इस तरह प्रसाद का स्वच्छन्दतावाद अनुकृति मात्र न रहकर लेखक की अनुभूति, जीवन-दृष्टि और परिस्थिति की अनुरूपता में विकसित स्वच्छन्द भावना हो जाता है।

पुरुष पात्र स्त्रियों की ओर आकर्षित होकर सदा उनको पाने की चेष्टा में तत्पर रहते हैं। परिस्थितियों के अनुसार वे कभी 'इन्द्रजाल' के गोली की तरह सफल हो जाते हैं और कभी 'आकाशदीप' के बुद्धगुप्त की तरह असफल होते हैं। लेकिन जीवन में सफलता पाना ही उनका प्रेरणा-स्रोत या जीवन-परिचालक उद्‌देश्य नहीं है। काम करने की लगन ही उनका लक्ष्य है और कार्य करने की अवस्था में उनके

मन में सफलता-असफलता की कोई विशेष आसक्ति नहीं रहती। उनके श्रम और साहस से स्त्री पात्रों के प्रति उनके तीव्र आकर्षण का अनुमान लगाया जा सकता है। उदाहरण के लिए गोली इन्द्रजाल के बहाने सब की आँखों में धूल झोंक कर बेला को ले जाता है। बिसाती अपनी प्रियतमा के परिवार को अमूल्य उपहार दे कर कन्या का पाणिग्रहण करने के लिए हिमालय को पार कर भारत में पहुँच जाता है और व्यापार करने में निरन्तर लगा रहता है। फारसी कथा-कहानियों की तरह रसिया बालम राजकुमारी को पाने के लिए एक रात में पहाड़ तोड़कर पथ बनाने के लिए तैयार हो जाता है। उसमें प्रियतमा को पाने का जो अदम्य उत्साह है, वह कार्य की असम्भावना की ओर भी दृष्टि नहीं डालने देता। इस तरह प्रेम और साहस के योग से मध्ययुगीन रोमांस की सृष्टि होती है। इस पुरुषोचित साहस और क्रियाशीलता के बावजूद भी स्त्रियों के व्यक्तित्व के सामने पुरुषों का व्यक्तित्व उनके अधिक ऊँचे स्तर का नहीं मालूम होता। स्त्री पात्रों का मानसिक धरातल इतना उन्नत है कि पुरुष 'सन्देह' कहानी के नायक रामनिहाल बाबू की तरह चुपचाप आज्ञा का पालन करते हैं और मन ही मन उस स्त्री-विशेष से प्रेम करने में ही अपने को, अपने जीवन को धन्य समझते हैं।

प्रेम की अनुभूति और अभिव्यक्ति में संवेदात्मक उद्विग्नता की प्रधानता है। स्त्री और पुरुष, दोनों इस प्रेमावेश में काँप उठते हैं। लेकिन प्रकृति की भिन्नता के कारण स्त्री अपने आवेग को संयमित कर लेती है। या यों कहना चाहिए कि पुरुष अपनी भावना को प्रकट कर देते हैं जबकि स्त्री उसे मन में छिपा लेने का प्रयत्न करती है। जहाँ 'आकाशदीप' की चम्पा प्रेम और द्वेष के संघर्ष में पिसती हुई केवल इतना ही कहती है कि "अन्धेर है जलदस्यु! मैं तुम्हें प्यार करती हूँ।"[45] बुद्धगुप्त अपने भावावेश को नियंत्रित कर लेने में असमर्थ होकर कहता है कि "तब मैं अवश्य चला जाऊँगा, चम्पा! यहाँ रहकर मैं अपने हृदय पर अधिकार रख सकूँ—इसमें सन्देह है। आह! किन लहरों में मेरा विनाश हो जाय!"[46] बुद्धगुप्त की इस उद्वेगात्मक प्रकृति के विरुद्ध 'सालवती' कहानी के अभय की तरह भावावेश में स्थिर, शान्त और मौन रहने वाले पात्र भी हैं। सालवती उसके उपहार का तिरस्कार करती है, उस अपमान से उसका मन क्षुब्ध होता है, फिर भी वह राजसभा में उससे विवाह कर लेने के लिए प्रस्तुत हो जाता है। सालवती के वेश्या हो जाने पर उसके प्रेम पर आवरण पड़ जाता है और ऐसा लगता है कि अब उसे सालवती का स्मरण ही नहीं रहता। पर उसके अन्तर में प्रेम की ज्वाला सुलगती रहती है और अवसर आने पर वह अपने उदात्त रूप में प्रकट हो जाती है। यहाँ प्रेम की अनुभूति में उद्वेग की अपेक्षा स्थिरता अधिक है।

जहाँ मानसिक संघर्षों के कारण या परिस्थितियों की प्रतिकूलता के कारण प्रेम असफल हो जाता है, वहाँ वेदना का करुण स्वर समस्त प्रकृति और जीवन को गुँजा

कर अनन्त रूप धारण करता है। वेदना की तीव्र अनुभूति और उसका सृष्टि-व्यापी भावात्मक प्रसार, प्रसाद-साहित्य की एक प्रधान भावना है। पूरा 'आँसू' काव्य इसी भावना के आधार पर खड़ा है। इस तीव्र अनुभूति का कारण पात्रों की अन्तर्मुखी आत्मलीनता और असाधारण संवेदनशीलता है तो उसके प्रसार का आधार व्यक्ति के भावनाशील मन का प्रकृति में प्रक्षेपण है। सभी देशों के रोमांटिक साहित्य में इस वेदना की विवृत्ति का बड़ा विस्तार मिलता है जिसे कुछ समीक्षकों ने 'रोमांटिक पीड़ा' कहकर उसका मजाक भी उड़ाया है। क्योंकि वह सामाजिक असफलता से विकसित वैयक्तिक कुण्ठा की अभिव्यंजना है और इस पीड़ा को ही साध्य मान कर, उसी में आत्मविस्मृत होने से जीवन की गतिशीलता की उपेक्षा भी हो जाती है। प्रसाद-साहित्य में वेदना इस चरम स्थिति पर कम पहुँची है। लेखक ने विषमता की, वास्तविकता की, दृढ़ आधार भूमि देते हुए और उसका उदात्तीकरण करते हुए उसे अगतिशील वैयक्तिक कुण्ठा के रूप से ही नहीं बचाया, उससे सम्बद्ध विषमता में एक सार्वजनीन सत्य का प्रतिपादन करते हुए उसकी सार्थकता पर भी बल दिया है। कहानियों में वेदना की अभिव्यंजना से 'आँसू' की तुलना करने पर स्पष्ट हो जाता है कि यह केवल यौवनकालीन भावुकता की परिणति नहीं है। डॉ. सत्येन्द्र के शब्दों में, ''प्रसाद की कहानियों में प्रेम की पीड़ा इतनी प्रबल हो उठी है कि वे कहानियाँ सूरदास के उन्मुक्त संगीत के समकक्ष हो गयी हैं, 'प्रेम की पीर' उनमें जायसी से भी अधिक घनीभूत हो उठी है। जायसी ने प्रेम की पीर को प्रकट करने के लिए पद्मावती की सृष्टि की, किन्तु सुजाता, बेला, नूरी, चम्पा, किन्नरी, पद्मा जैसी अनेक मांसल रेखाएँ स्वयं प्रेम की पीर हो उठी हैं।''[47]

प्रसाद की कहानियों में प्रेमी नायक-नायिका एक दूसरे के उपयुक्त जान पड़ते हैं, मानों उस प्रकार उनका संयोग होने के लिए ही उनका जन्म हुआ हो। विवाह के सम्बन्ध में माना जाता है कि यह बन्धन स्वर्ग में ही निर्मित होता है। उसी तरह प्रसाद की कहानियों के प्रेमी भी एक दूसरे के लिए बने हैं, ऐसा प्रतीत होता है। उसका कारण उनके स्वभावों की अनुरूपता नहीं, एक दूसरे का पूरक होना है। उनकी समष्टि में जीवन की पूर्णता और सार्थकता की अनुभूति होती है। सालवती के व्यक्तित्व की न्यूनताओं की अभय के द्वारा क्षतिपूर्ति होती है, बेला और गोली में भाव और क्रिया का योग होता है तथा देवनिवास और नीरा में भव्यता और करुणा का संयोग। इस तरह प्रसाद ने अपनी कहानियों में जीवन और प्रेम को एक पूर्णता प्रदान करने का प्रयत्न किया है।

वास्तव में यह भारतीय रसवादी पूर्णता का सिद्धान्त है जो आदर्शोन्मुख भारतीय चिन्तन के द्वारा विकसित हुआ है। रस के पूर्ण परिपाक के लिए प्रेम की उभय निष्ठता, नायक-नायिका की उदात्त परिकल्पना, दोनों की अनुरूपता, विभाव और भाव का सामाजिक और मनोवैज्ञानिक दृष्टियों से दृढ़ अनुबन्ध, उस भाव में अन्य

भावनाओं का प्रबल रूप में न होकर केवल संचारी आगमन, एक ही शब्द में भाव के सभी पहलुओं में औचित्य का निर्वाह, रस की पूर्णता की अनुभूति के लिए आवश्यक है। व्यवस्था और औचित्य के पूर्ण निर्वाह के बिना भाव की रस-परिणति सम्भव नहीं है। लेकिन आधुनिक यथार्थवादी प्रवृत्ति ने रस की औचित्य-पूर्ण व्यवस्था को कृत्रिम और काल्पनिक मानकर उड़ा दिया है और साहित्य-समीक्षक इस आधुनिक प्रवृत्ति के विविध रूपों में रस संवेदना की सम्भावनाओं को लेकर उलझ रहे हैं। यद्यपि प्रसाद ने अपने पात्रों में भाव-संघर्ष और भाव-परिवर्तन दिखाया है, फिर भी उन्होंने अपने साहित्य में रसानुभूति के लिए आवश्यक उपर्युक्त अनेक तत्वों को सुरक्षित रखते हुए भाव-व्यवस्था और उसकी परिपूर्णता की ओर पर्याप्त ध्यान भी दिया है। इसलिए नवीन साहित्यकारों में प्रसाद ही एक ऐसे कलाकार हैं, विशेषतः गद्य के क्षेत्र में, जिनकी रचनाओं में भाव-स्फुरण से परे रस की अनुभूति भी होती है।

प्रसाद की कहानियों की विविध प्रवृत्तियाँ और उनके पहलू, प्रेम के प्रसार की विविध दिशाओं को, उसके रूपरंग के वैविध्य को स्पष्ट कर देते हैं। प्रेम के नाना रूपों और सूक्ष्म मनोवृत्तियों के चित्रण में लेखक ने अपनी अपूर्व प्रतिभा और कल्पना का परिचय दिया है। उनकी अन्तर्दृष्टि और निरूपण-पद्धति, दोनों अद्‌भुत हैं। किन्नरी, धीवर बाला आदि के प्रेम में भोलापन और सरलता है। मीना और बेला के प्रेम में भावुकता और तन्मयता है। देवदासी, चूड़ीवाली, नूरी, वनपालिका और सुजाता के प्रेम में परिस्थितियों की विषमता का रंग और उससे उत्पन्न वेदना है। शीरीं और लैला के प्रेम में विषमता ही नहीं, परिस्थिति का व्यंग्य भी है। इसीलिए उनकी प्रेम की वेदना कुछ दूसरे प्रकार की हो गयी है। सालवती, इरावती और मधूलिका के प्रेम में आत्माभिमान की भावना बहुत प्रबल है। दूसरे भावों के साथ संघर्ष के कारण चम्पा का प्रेम वेदना-जनक हो जाता है। यह प्रतिशोध नहीं ले सकती, लेकिन चन्दा अपने प्रेम का बदला ले सकती थी और लेती भी है। नीरा, राधा और मंगला के प्रेम में एक शक्तिशाली दृढ़ता है। नीरा स्थूल दृष्टि से शान्त और कुछ भोली-भाली लगती है, लेकिन उसके स्वर में आत्मबल की गम्भीरता है। साहस और शक्ति से पूर्ण मंगला अपने प्रेम को चरितार्थ कर लेने के लिए हत्या करने को भी तैयार हो जाती है। मालती और प्रेमकुमारी का शान्त निश्चल गार्हस्थ्य प्रेम है। इनके अतिरिक्त और भी अनेक पात्र हैं जिनको लेकर प्रेम की प्रकृति और उसके सामाजिक रूप की भिन्नता का स्पष्ट बोध होता है।

प्रसाद ने जहाँ रहस्यमयता और अद्‌भुतपन के तत्वों से मिलाकर सौन्दर्य और प्रेम को रोमांटिक रूप देने का प्रयत्न किया है, वहाँ करुणा के स्पर्श से उसे मानवीय धरातल से सम्बद्ध भी रखा है। वातावरण, वस्तु, पात्र-परिकल्पना और भावोन्मेष सभी में रहस्यमयता और अद्‌भुतपन का अनुभव होता है; यहाँ तक कि उनके रचनात्मक विधान, धीरे-धीरे पात्रों के चारित्रिक रहस्यों की उद्‌घाटन-पद्धति और भाव-व्यंजना

से भी वे तत्व मिल जाते हैं। दूसरी ओर पात्रों की सामाजिक स्थिति, उनके जीवन की विषमता और मन की वेदना के आधार पर प्रेम-भावना बिल्कुल मानवीय धरातल पर उतरकर मन में सम्वेदना जगाती है। इस प्रकार प्रसाद के प्रेम-चित्रण में आकर्षण और सम्वेदना की द्वारा पाठकों को चमत्कृत कर देती है।

प्रसाद प्रेम की मानव जीवन की केन्द्र-शक्ति मानते हैं। उसके सम्बन्ध में लेखक की धारणा बड़ी उदात्त है। प्रेम की तन्मयता में मनुष्य का अहंवादी व्यक्तित्व समाप्त हो जाता है, उसका मन स्पन्दित हो उठता है और उसके जीवन में परिवर्तन हो जाता है। उसका प्रेम सफल होने पर भी उस अनुभूति को लेकर वह सारा जीवन काट लेता है। सामाजिक परिस्थितियों के कारण प्रायः प्रेम में वेदना ही प्राप्त होती है, लेकिन प्रेम की अनुभूति वह शक्ति देती है कि मनुष्य उसी के सहारे जीवित रहता है। 'आकाशदीप' कहानी में बुद्धगुप्त के ये वाक्य व्यक्ति के मन और जीवन पर प्रेम के व्यापक प्रभाव के द्योतक हैं—"चम्पा! मैं ईश्वर को नहीं मानता, मैं पाप को नहीं मानता, मैं दया को नहीं समझ सकता, मैं उस लोक में विश्वास नहीं करता। पर मुझे अपने हृदय के एक दुर्बल अंश पर श्रद्धा हो चली है। तुम न जाने कैसे एक बहकी हुई तारिका के समान मेरे शून्य में उदित हो गयी हो। आलोक की एक कोमल रेखा इस निबिड़तम में मुस्कराने लगी। पशुबल और धन के उपासक के मन में किसी शान्त और कान्त कामना की हँसी खिलखिलाने लगी।"[48] इस प्रेम में स्वयं सौन्दर्य आलोकित हो उठता है। 'इन्द्रजाल' कहानी में लेखक कहते हैं कि "बेला के सुन्दर अंग की मेघमाला प्रेमराशि की रजत-रेखा से उद्‌भासित हो उठी थी।"[49] मानव जीवन में प्रेम के इस महत्त्व के कारण ही प्रसाद ने स्कन्दगुप्त और चन्द्रगुप्त के राजनीतिक जीवन में देवसेना और कल्याणी के प्रेम के लिए स्थान बनाया है। कथानक के विकास-परिवर्तन के साथ इस प्रेम का कोई प्रत्यक्ष सम्बन्ध नहीं है, लेकिन मानव जीवन की मूल प्रेरणा-शक्ति के रूप में प्रेम के बिना न मनुष्य की क्रियाशीलता है और न उसके व्यक्तित्व की पूर्णता ही है।

3. करुणा की भावना

प्रसाद की साहित्यिक व्यक्तित्व के तीन धरातल हैं—भावात्मक, मानवीय और दार्शनिक। उनका भावनाशील मन जीवन जगत् के सौन्दर्य और सुख-दुखात्मक अनुभूतियों के विविध पहलुओं का रमणीय और गतिशील चित्र खींचता है। मन की संवेदनशीलता मानवीय भावना में परिणत होकर व्यक्ति के सुख-दुख और सामाजिक विषमता के प्रति अपनी सम्वेदना प्रकट करती है। इस धरातल पर साहित्यकार की दृष्टि से व्यक्ति से परे होकर मानव जीवन को अपना लक्ष्य बना कर चलती है। यह पहले की दृष्टि का व्यापक प्रसार मात्र है, दृष्टि-परिवर्तन नहीं। क्योंकि प्रसाद सामाजिक या समष्टिगत दृष्टि से परिचालित न होकर व्यक्ति के माध्यम से ही

जीवन की व्यापकता में प्रवेश करते हैं और अहं तथा स्वार्थ केन्द्रित, आत्मपर्यवसायी सुख-दुखों से व्यक्ति की मानवीय चेतना के पहलू को ज्यादा महत्त्व देने लगते हैं। अन्तिम धरातल पर यह मानवीय भावना लेखक की अन्तर्मुखी चिन्तनशीलता को उत्तेजित कर जीवन जगत् की एक दार्शनिक व्याख्या के साथ आध्यात्मिक परिणति प्राप्त करती है। उस स्थिति पर जीवन के सुख-दुखों का और जीवन और जगत् का समन्वय हो जाता है, मानवीय भावना लौकिकता की परिधि से ऊपर उठकर कारण-कार्य-सम्बन्ध रहित अनन्त प्रेम-भावना बन जाती है और इस समन्वय तथा व्यापक प्रसार में मन समरसता जन्य आनन्दमय स्वरूप धारण करता है। प्रसाद के लौकिक व्यक्तित्व में भी राग, मानवता और चिन्तन के बीज मिल जाते हैं जो उनके साहित्यिक रसास्वादन, बौद्धधर्मानुशीलन और दार्शनिक अध्ययन से पुष्ट और प्रौढ़ बने हैं। भारतीय धर्म और दर्शन के सूक्ष्म अनुसंधान ने उनके साहित्य को मानवतावादी दृढ़ आधार-भूमि दी है। वेदों और उपनिषदों के विश्वमानवतावाद ने मनुष्य को अपने व्यापक मानवीय परिधि में देखने की प्रेरणा दी है तो बौद्ध धर्म और दर्शन ने उसके उदार और करुणामय प्रेममय रूप से अवगत कराया है। इसी आधार पर प्रसाद अपने साहित्य में व्यक्ति को, उसके वैयक्तिक सुख-दुखों की रंगीन अभिव्यंजना के बावजूद, सार्वभौमिक मानवीय परिपार्श्व में खड़ा करते हुए उसके अन्तर की विश्वजनीन वेदना या करुणा की व्यंजना में सफल हो सके हैं। पाश्चात्य यथार्थवाद और मानवतावाद का उनके साहित्य पर जो प्रभाव पड़ा है, वह सामाजिक विषमता और उसके प्रति सम्वेदना प्रकट करने में दिखाई देता है। दूसरे शब्दों में कहा जा सकता है कि पाश्चात्य प्रवृत्तियों ने उनके मानवतावाद को आधार-भूमि दी है और भारतीय चिन्तन ने उसमें प्राण-प्रतिष्ठा करते हुए उसे एक आदर्श रूप दिया है।

प्रसाद-साहित्य की प्रवृत्तियाँ प्रधानतः स्वच्छन्दतावादी, मानवतावादी और यथार्थवादी हैं। पहले के अन्तर्गत कहीं-कहीं प्रतीकवादी प्रवृत्ति का योग भी दिखाई देता है। अपने साहित्य पर स्वच्छन्दतावादी प्रभाव को सन्तुलित रखने के लिए लेखक ने क्लासिकल प्रवृत्ति का भी सहारा लिया है। उनकी रचनाओं में स्वच्छन्दतावादी-मानवतावादी प्रवृत्तियाँ इस तरह मिल-जुल गयी हैं कि उनका स्पष्ट पार्थक्य भी कुछ स्थानों पर कठिन हो जाता है। राजनीतिक उदारवाद की विचारधारा और उसकी दार्शनिक परिणति से प्रभावित होकर दोनों प्रवृत्तियाँ एक ही स्वर में गूँजने लगती हैं। अन्तिम प्रवृत्ति उतनी प्रमुख नहीं है। उसके मूल में सामाजिक जीवन और साहित्य का प्रभाव है। वह प्रायः प्रथम दो प्रवृत्तियों के प्रसार के लिए आधारभूत सामग्री प्रस्तुत करता है, प्रवृत्ति के एकांगी असन्तुलन को समाप्त करता है और उनके द्वारा प्रतिपादित सत्य को वास्तविकता का रूप प्रदान करते हुए उसके प्रभावोत्कर्ष में सहयोगी बनता है। प्रसाद-साहित्य में जीवन का सांस्कृतिक-दार्शनिक निरूपण, चाहे वह अतीत-सम्बन्धी हो चाहे वर्तमान-सम्बन्धी, इन प्रवृत्तियों में रंग

भर कर उन्हें आदर्शवादी रूप देता है। प्रसाद के कहानी-साहित्य की भी यही स्थिति है। उसकी मानवतावादी धारा स्वच्छन्दतावादी-यथार्थवादी धाराओं से मिलकर, उनसे पुष्ट होकर प्रकट हुई है। दूसरी ओर, उन दोनों प्रवृत्तियों की अन्तर्वाहिनी के रूप में मानवतावादी धारा है।

मानवतावादी प्रवृत्ति की प्रधान भावना करुणा है। यह प्रेम का व्यापक रूप कही जा सकती है। लौकिक प्रेम व्यक्ति निष्ठ, अहं केन्द्रित, स्वार्थमय और आत्मपर्यवसायी है। आकर्षण में उसका जन्म होता है। करुणा समष्टिगत, अहं-रहित, निःस्वार्थ और परपर्यवसायी भावना है। मानवीय या प्राणि-मात्र के साथ सम्बन्ध के आधार पर उसका विकास होता है। लेकिन जब प्रेम की भावना व्यक्ति-विशेष पर केन्द्रित नहीं होती, उसमें अहं, सुख के स्वार्थ और आत्मलीनता के भाव नहीं होते और इस तरह एक सामान्य मानवीय प्रेम का रूप धारण करती, वह करुणा से मिलती-जुलती होती है। वास्तव में व्यक्ति-विशेष के साथ सम्बन्ध को छोड़कर प्रेम का जन्म ही नहीं हो सकता और जो मानवता-प्रेम कहलाता है वह मानवीय भावना के आधार पर विकसित साधारण आकर्षण या सम्वेदना है। लेकिन मानवीय चिन्तन ने सामान्य प्रेम की कल्पना की और उसे करुणा से अभिन्न मान लिया है। बौद्ध धर्म और दर्शन ने इस अभिन्नता को बढ़ावा दिया है। सब से निःस्वार्थ प्रेम करना, यही करुणा का सच्चा स्वरूप माना जाता है। प्रेम से ममत्व उत्पन्न होता है और सारे संसार से प्रेम हो जाने पर सब को अपना मानकर सब की कल्याण-कामना होती है। समस्त मानवता सुख और शान्ति के साथ रहे, इस कामना में सात्विकता का चरम उत्कर्ष माना जाता है। प्रेमजन्य विरह में भी हृदय विशाल बनकर इस तरह की शुभकामना को प्रकट करता है। क्योंकि मनुष्य की मानवता दुःखानुभूति की तीव्रता में यह कभी नहीं चाहती कि दूसरों को भी ऐसा दुख भोगना पड़े। लेकिन करुणा की शुभकामना की तरह यह पूर्ण निःस्वार्थ और अहेतुक नहीं है। दुख की तीव्र अनुभूति और मानवीय भावना के सामान्य तत्वों के आधार पर कभी-कभी करुण विप्रलम्भ शृंगार और करुणा के अन्तर को भी भुला दिया गया है। उत्तर रामचरित, साकेत आदि में करुण रस की चर्चाएँ इसकी प्रमाण हैं। व्यक्ति की भावना के अपने से पराये तक पहुँचने की प्रक्रिया में मन का साधारणीकरण हो जाता है। इसीलिए प्रत्यक्ष दुख की अनुभूति कराते हुए भी करुणा, मन की मानवीय भावना को चरितार्थ करने में तृप्ति या आनन्द प्रदान करती है। करुणा का व्यक्त रूप दुखात्मक है और आन्तरिक प्रकृति आनन्दात्मक है।

जीवन की विषमता में दूसरों के दुख को देखकर मानव मन में उठने वाली दया की भावना से करुणा की भावना की प्रकृति कुछ भिन्न है। दया परिस्थिति-पात्र-सापेक्ष सकारण उत्पन्न भावना है। करुणा परिस्थिति और पात्रता का विचार न करने वाली अकारणजन्मा है। इसीलिए करुणा को मानवीय प्रकृति का अंग माना जाता है जिसकी

अभिव्यक्ति त्रिश्व-मानव-प्रेम में होती है। दया में मनुष्य की मानवता की विजय है तो करुणा में मानवीय प्रकृति की उदात्तता की। एक में मनुष्य की सहृदयता मिलती है तो दूसरे में उसकी सात्विकता का चरम उत्कर्ष। सम्वेदना, दया और करुणा, मानवीय भावना के तीन रूप हैं जो परिस्थिति, पात्र और मानवीय प्रकृति के आधार पर कुछ भिन्न हो जाते हैं। प्रसाद की कहानियों में आवश्यकता के अनुसार तीनों भावनाओं का प्रसार दिखाया गया है। पात्रों के सुख-दुखों के प्रति लेखक के मन में सम्वेदना है, इसीलिए वे उनके जीवन को उतने उज्ज्वल रूप में दिखा सके हैं। जब उनका दुख असह्य हो उठता है, लेखक के मन में करुणा की भावना होती है। जहाँ पात्रों की असह्य वेदना को दूर करने के लिए कुछ लौकिक क्रियाशील प्रवृत्तियाँ जग उठती हैं, वहाँ दया की भावना माननी चाहिए। लेकिन यह पात्र के सम्बन्ध में दूसरे पात्र की हो सकती है, साहित्यकार की नहीं। स्वयं प्रसाद के पात्रों के मन में सम्वेदना, करुणा और दया की भावनाओं का विकास दिखाया गया है। अपनी दार्शनिक प्रकृति और प्रवृत्ति के कारण प्रसाद करुणा की ओर अधिक आकृष्ट हुए हैं। कहीं उनकी पात्र-सृष्टि के मूल में यह भावना है तो कहीं उनके पात्रों में।

प्रसाद ने करुणा की भावना से प्रेरित होकर मानव जीवन के कोने-कोने से झाँकने का जो साहसपूर्ण अभियान किया है, वह उनकी कहानियों की ही विशेषता है। काव्यों-नाटकों के पात्रों में करुणा का उदात्ततम रूप देखने को अवश्य मिल जाता है, लेकिन मानव जीवन में उसका व्यापक प्रसार नहीं हो पाया है। वह करुणा व्यक्ति-विशेष को ऊँचा उठाती है और दूसरे व्यक्ति के जीवन की विषम परिस्थितियों को अपने कोमल प्रेम के स्पर्श से सुलझाने या स्वयं उस व्यक्ति के मन में अपने प्रभाव से परिवर्तन ले आने के कार्य में संलग्न रह जाती है। उपन्यास-साहित्य में करुणा की अपेक्षा मानवीय सम्वेदना की भावना पर अधिक बल दिया गया है। कहानी-साहित्य में करुणा की व्यक्ति-मन में अनुभूति और दूसरों पर उसके प्रभाव की व्यंजना के अतिरिक्त समस्त मानव जीवन से उसे सम्बद्ध करते हुए उसके प्रसार की भूमि को विस्तृत कर दिया गया है। प्रसाद के सौन्दर्य दर्शन और उनकी करुणा ने इन कहानियों में उन अछूते लोगों को हमारे समस्त सुन्दर सुनहले रंगों में उपस्थित कर दिया है, जिनकी ओर शिष्ट समुदाय कभी आँख उठाकर देखना भी स्वीकार नहीं करेगा—कौन कंजरों, गुण्डों, दस्युओं, भिखारियों, भिल्लों, बनजारों में चक्कर मारता और उन्हें इस चसक से देखता। प्रसाद जी ने इन हेय प्राणियों के अन्तर के जो रागपूर्ण उज्ज्वल चित्र अंकित किये हैं, उनसे उनकी क्षुद्रताएँ विलीन होकर महानताओं में परिणत हो गयी हैं और शिष्ट समुदाय की कृत्रिम शिष्ट रेखाएँ उन क्षुद्र महानताओं की निस्सीम विशदता से टकराकर चूर-चूर होने लगी हैं। यही तो कलाकार है, जो प्रगति-पथ का निर्देशक बन अनन्त उज्ज्वल भावोदधि के रंग-बिरंगे रत्न बिखेर उठता है।''[50] करुणा व्यक्ति को उदात्त मानवीय धरातल पर उठाने वाली

मन की सात्विक भावना ही नहीं, मानव जीवन की पथ-प्रदर्शक प्रगतिशील भावना भी हो सकती है; प्रसाद की ये कहानियाँ उसके सुन्दर उदाहरण हैं।

करुणा की इस प्रकृति, अनुभूति और प्रभाव को 'ममता', 'मधुआ' और 'गूदड़ साईं' आदि कहानियों में देखा जा सकता है। यहाँ स्वयं पात्रों में करुणा या उसके रूपान्तर ममता और विश्व-मानवप्रेम मूर्तिमान हो उठे हैं। 'ममता' कहानी के अन्त में लेखक कहता है कि ममता ने विषम मानसिक संघर्ष में भी हुमायूँ को आश्रय देकर अपनी महानता का परिचय तो दिया था, लेकिन उसकी झोपड़ी के स्थान पर अकबर के द्वारा बनाए गये अष्टकोण मन्दिर के शिलालेख में कहीं भी उसका नामोल्लेख नहीं है। यह कथन उस कार्य पर व्यंग्य नहीं, ममता की निःस्वार्थ भावना को प्रकट करता है। ममता या करुणा प्रतिफल की अपेक्षा नहीं रखती; अपना कर्त्तव्य करने में ही उसे तृप्ति या आनन्द प्राप्त होता है। 'मधुआ' कहानी में ''भयभीत बालक चला आ रहा था। शराबी ने उसके छोटे सुन्दर गोरे मुँह को देखा। आँसू की बूँदें ढुलक रही थी। बड़े दुलार से उसका मुँह पोंछते हुए उसे लेकर वह फाटक के बाहर चला आया।''[51] मधुआ की परिस्थिति से शराबी के मन में दया आयी और वह दया उस बालक के दुख को दूर करने में क्रियाशील भी बनी। लेकिन शराबी के मन की भावना केवल दया की ही बात नहीं है। मधुआ के सरल आकर्षक व्यक्तित्व ने शराबी के मन में प्रेम का आकर्षण भी उत्पन्न किया है, इस ओर भी लेखक ने संकेत किया है। शराबी के मन में वह मानवीय प्रेम या करुणा की भावना दया से कहीं अधिक प्रबल नहीं होती तो आगे चलकर शराबी उस बालक से पिण्ड छुड़ा लेने के लिए उतना मानसिक संघर्ष नहीं करता और न उसके जीवन में परिवर्तन ही होता। दया अपनी क्रियाशील प्रवृत्ति के बाद शीघ्र उस भाव के आलम्बन से मुक्त हो जाती है। 'मधुआ' कहानी में करुणा की अनुभूति और उसके प्रभाव को बड़े सूक्ष्म और मनोवैज्ञानिक ढंग से प्रस्तुत किया गया है। फिर भी इस कहानी में करुणा को अभिव्यक्ति का साधन या उसका आलम्बन व्यक्ति-विशेष और उसका विशिष्ट व्यक्तित्व है। 'गूदड़ साईं' कहानी में करुणा की अनुभूति और उसके प्रभाव की अभिव्यक्ति इतनी मनोवैज्ञानिक और व्यंजनापूर्ण न होने पर भी, क्योंकि वह आरम्भिक कहानी है, उसमें विश्व मानव-प्रेम का 'मधुआ' कहानी से कहीं अधिक व्यापक और सामान्य रूप दिखाई देता है। गूदड़ साईं का यह प्रेम विशिष्ट व्यक्तित्व के आकर्षण में विकसित और व्यक्ति-विशेष के प्रति नहीं है। गूदड़ साईं का बच्चों के प्रति प्रेम, उनके साथ विनोदपूर्ण क्रीड़ा, उनके लिए साईं का गूदड़ साईं बनना, बच्चे को चोट लगने पर मन की वेदना, करुणा की उदात्त व्यापक भावना की ओर ही संकेत नहीं करते, उस करुणा के आवास-स्थान के भोलेपन, उदारता और सात्विकता को भी प्रकट करते हैं। शुक्ल जी के शब्दों में, ''मनुष्य के अन्तःकरण में सात्विकता की ज्योति जगानेवाली यही करुणा है।''[52]

पात्रों के सुख-दुख के प्रति लेखक की सम्वेदना कहीं अन्तर्धारा की तरह पूरी कहानी में व्याप्त रहती है और कहीं किसी पात्र के माध्यम से बाहर छलक पड़ती है। 'आँधी' कहानी के श्रीकान्त, 'छोटा जादूगर' कहने वाले इस तरह के माध्यम बनते हैं। लेखक की यह सम्वेदना उन्हें भावनाशील बनाकर पात्रों के सुख-दुख को गहरे रंग में रंग देती है। पात्रों की भावनाओं में जो तीव्र कम्पन है, वह पात्रों की प्रकृति से सम्बद्ध है ही; लेखक की भावना का भी परिणाम है। स्वयं पात्र एक गहरी मानवीय सम्वेदना से सम्बद्ध हैं। वे भी लेखक की तरह शब्दों में स्पष्ट अपनी भावनाएँ प्रकट नहीं करते, बल्कि मौन गम्भीर बने रहते हैं। फिर भी वे दूसरों के मन की वेदना को समझते हैं, उनके प्रति सहानुभूति रखते हैं और उसे दूर करने के लिए कभी 'सालवती' के अभय की तरह अवसर की प्रतीक्षा करते हैं तो कभी 'इन्द्रजाल' के गोली की तरह यत्नशील होते हैं। 'समुद्र-सन्तरण' की धीवर बाला और 'प्रणय चिह्न' की रमणी को अपने प्रियतमों के प्रति विशेष सहानुभूति रही जिससे वे जीवन में उनका साथ देकर उनके सन्तप्त हृदयों को शान्ति प्रदान करती हैं। नीरा के प्रति देवनिवास के आकर्षण में भी इस प्रकार की सम्वेदना दिखाई देती है। 'आकाशदीप' और 'देवरथ' कहानियों में चम्पा और सुजाता की यह सम्वेदना कुछ विशेष परिस्थितियों और मनस्थितियों के कारण क्रियाशील नहीं हो सकी। प्रसाद ने अपने पात्रों में वेदना को इतना उभारा है कि सम्बद्ध पात्रों पर उसका प्रभाव पड़ना स्वाभाविक ही है। गोली-बेला, याकूब-नूरी की तरह हर्षोच्छ्वास में समभागी होने का अवसर प्रसाद के बहुत कम पात्रों को प्राप्त हुआ है।

यथार्थवादी कहानियों में सामाजिक विषमता से पीड़ित पात्र वास्तव में दया के पात्र हैं। वे पग-पग पर जीवन में ठोकरें खाते हैं और असहाय बनते हैं। जीवन की यह विषमता कहीं दरिद्रता के कारण है, कहीं सामाजिक संस्कारों के कारण, कहीं पारिवारिक असन्तुलन के कारण और कहीं मन की अभिलाषाओं की पूर्ति न होने के कारण। 'भीख में' कहानी में लेखक इस विषमता को प्रतीकात्मक रूप देते हुए मानों यह कहना चाहता है कि दीन-दुनियाँ को छोड़कर आखिर भिखारी बनने पर भी मनुष्य को सुख और शान्ति नहीं मिलती। जीवन की विषमता में पात्रों की दयनीय स्थिति देखकर लेखक के मन में वेदना उत्पन्न होती है लेकिन कलाकार विवश है। यदि वह पात्रों के जीवन की इस विषमता को दूर करने का प्रयत्न करेंगे, उसके मन की दया-भावना क्रियाशील रूप धारण करेगी तो उससे सुधारवादी दृष्टि का विकास होकर कला की कलात्मकता ही समाप्त हो जायेगी। प्रसाद ने अपनी दार्शनिक व्यवस्था में जीवन के दुख की समस्या को सुलझाने का प्रयत्न अवश्य किया है, कोई भी प्रतिभाशाली साहित्यकार जीवन का केवल द्रष्टा ही नहीं रह सकता; लेकिन उन्होंने अपनी 'दृष्टि' का जीवन की वास्तविकता के विरुद्ध पात्रों के जीवन में प्रयोग करते हुए उनकी समस्या को हल करने का अस्वाभाविक प्रयत्न नहीं किया। उन्होंने

अपनी दार्शनिक निर्लिप्तता के साथ पात्रों के जीवन की इस विषमता को दुर्भाग्य मानकर जीवन के साथ तात्कालिक समझौता कर लिया है। 'भीख में' कहानी के अन्त में बलराय का यह कथन उसी भाव को प्रकट करता है—"और मेरा दुर्भाग्य! यही तो आज तक अयाचित भाव से वह देती आयी है। आज उसने पहले दिन की भीख में भी वही दिया।"[53]

प्रसाद की स्वच्छन्दतावादी कहानियों के पात्रों में प्रेम की पीड़ा या वेदना अधिक मुखरित हो उठी है। उनकी वेदना में उनका सारा जीवन ही नहीं, प्रकृति भी काँप उठती है। 'आँधी' की लैला के हृदय में तूफान उठता है और उसका जीवन भी उसी तरह आलोड़ित-विलोड़ित होता है। बेला के विरह-निवेदन से पलाश का जंगल भी गूँज उठता है। यह वेदना साधारण वियोग की भावना से ऊपर उठकर अत्यन्त करुण स्थिति पर पहुँची हुई है। प्रसाद ने अपने साहित्य में अनेक स्थानों पर इस तीव्र वेदना की अनुभूति और करुणा में अन्तर ही नहीं किया है। 'आँसू' में यह स्पष्ट देखा जा सकता है। साधारण अर्थ में वेदना वैयक्तिक दुख की अनुभूति है और करुणा पर-दुख-जन्य भावना है। लेकिन कवि की दृष्टि में वेदना अपनी चरम स्थिति में वैयक्तिकता से मुक्त होकर शुद्ध भाव-रूप में परिणत हो जाती है और अनजाने दुख की सम्वेदना बन जाती है।

प्रसाद ने 'आँधी' कहानी में जीवन की विषमता और वेदना को दार्शनिक दृष्टि से देखने का प्रयत्न किया है। कहानी में मानव जीवन की विविध दृष्टियों से देखनेवाले प्रज्ञासारथि, श्रीकान्त, रामेश्वर, मालती और लैला एकत्रित होते हैं। प्रज्ञासारथि जीवन को धार्मिक दृष्टि से देखने वाले हैं। वे जीवन में दृढ़ आस्था रखते हैं और संयम की साधना करते हैं। वे संसार के कर्मों को धार्मिकता के साथ सम्बद्ध करने में ही सुख पाने की सम्भावना मानते हैं। उसके विपरीत श्रीकान्त की दृष्टि है। वे जीवन के कर्म और धर्म से मुक्त, स्वच्छन्द चलने वाले हैं। लैला की सरलता से प्रभावित होकर उसके हृदय को न दुखाने के लिए और कुछ कुतूहलवश उन्होंने उससे रामेश्वर के प्रेम करने की झूठी बात कह दी। इसका जो भयंकर परिणाम हुआ है, उससे उनकी दृष्टि में भी एक गम्भीर परिवर्तन हो गया। रामेश्वर और मालती गृहस्थ जीवन में अपने को सुखी मानने वाले प्राणी हैं। रामेश्वर अपने शिष्ट समुदाय की सीमा-रेखाओं से परिचित हैं और मालती में स्त्रीजनोचित हृदय की कोमलता और आचरण की मधुरता है। इनके विरोध में स्वच्छन्द जीवन बिताने वाली लैला है—प्रकृति से सरल, प्रेम में विभोर और वेदना में विकल। परिस्थितियों ने उसके जीवन का मजाक उड़ाया था। श्रीकान्त केवल साधन बने—उसके प्रेम को बढ़ाने और जीवन को समाप्त करने में।

इस तरह के पात्रों के इकट्ठे होने से जो घटनाएँ घटती हैं और जीवन में जो विषमता आ जाती है, उसके लिए किसी एक को दोष नहीं दिया जा सकता। यदि

श्रीकान्त न होते तो भी लैला का प्रेम विषम ही है। क्योंकि प्रेमियों में एक शिष्ट समाज के हैं और दूसरी उससे बाहर की। रामेश्वर के गृहस्थ होने से समाज के इन बन्धनों को तोड़ देने से भी प्रेम के सफल होने की सम्भावना नहीं है। यहीं पर प्रज्ञासारधि की धार्मिक दृष्टि की सार्थकता प्रतीत होती है कि जीवन को धर्म के बन्धनों से मुक्त करके सुख की प्राप्ति नहीं हो सकती। लेकिन मनुष्य जीवन में नियमों को मानकर नहीं चलता और जीवन में विषमता की सृष्टि कर लेता है। उस विषमता में जीवन की जो आँधी चलती है उसमें एक क्या हजार लैलाओं का जीवन समाप्त हो जाता है। श्रीकान्त जीवन की इस विषम गतिविधि से व्याकुल हो उठते हैं। ''यही तो होता है, किसी के उजड़ने से ही दूसरा बसता है। यदि यही विधि-विधान है तो बसने का नाम उजड़ना ही है। यदि रामेश्वर, मालती और अपने बाल-बच्चों की चिन्ता छोड़कर लैला को ही देखता तभी... ।''[54] इसलिए किसी को दोष देना ही व्यर्थ है। लैला के उजड़ने से एक परिवार बस गया है, अन्यथा लैला के बदले वह उजड़ जाता। जीवन में विषमता की यह आँधी नियति की है जिसमें दूसरों के फूलने-फलने के लिए कुछ लोगों का मर-मिटना अनिवार्य है। 'नियति भयानक वेग से चल रही है। आँधी की तरह उसमें असंख्य प्राणी तृण-तूलिका के समान इधर-उधर बिखर रहे हैं। कहीं से लाकर किसी को वह मिला ही देती है और ऊपर से कोई बोझ की वस्तु भी लाद देती है कि वे चिरकाल तक एक दूसरे से सम्बद्ध रहें।''[55] इस तरह लेखक लैला के जीवन की गति को नियति से जोड़ता है और जीवन की विषमता का एक दार्शनिक अर्थ प्रस्तुत करता है।

प्रसाद जीवन की विषमता को नियति से सम्बद्ध करके उसे अनिवार्य मानते हैं। ऐसी स्थिति में मानव-मन के सन्तुलन के लिए करुणा का महत्त्व और भी बढ़ जाता है। वही मनुष्य को विषमता की वैयक्तिक वेदना से मुक्त करके मानवता की उदात्त भूमि पर ले जा सकती है। ''मनुष्य का हृदय जितनी बार करुणा से द्रवित होता है उतनी बार अधिक सुन्दर नवीन जन्म ग्रहण करता है, और जब वह इतना संवेदनशील हो जाता है कि विश्वसंगीत की प्रतिध्वनि उसमें उठने लगती है, तब वह एक प्रकार का जीवन-मुक्त कहा जा सकता है। करुणा की सीमा ही मनुष्यता की चरम सीमा होगी।''[56]

सन्दर्भ

1. "Poetry affords the clearest examples of this subordination of reference to attitude. It is the supreme form of emotive language. ...When the attitude is important the temptation to base it upon some reference which is treated as established scientific truths is very great, and the poet thus easily comes to invite the destruction of his work. ...In place of an experience, which is a direct response to a certain selection of the possibilities of stimulation, we have a highly indirect response made, not to the actual influences of the world upon

us, but to a special kind of belief as to some particular state of affairs...for any such assertion involves suppressions, of indefinite extent, which may be fatal to the wholeness, the integrity of the experience."
I.A. Richards : Principles of Literary Criticism P. 273, 274, 275 & 276

2. साहित्य शब्द कोष : प्रधान सम्पादक डा. धीरेन्द्र वर्मा : रोमांटिसिज्म : पृ. 676
3. द्रष्टव्य : चिन्तामणि 2 : काव्य में प्रकृति-चित्रण और हिन्दी साहित्य का इतिहास
4. मेघदूत : पूर्वमेघ : छन्द 5
5. इन्द्रजाल—इन्द्रजाल, पृ. 7
6. आकाशदीप—रमला, पृ. 184
7. इन्द्रजाल—सालवती, पृ. 107
8. वही, पृ. 111
9. आकाशदीप—स्वर्ग के खंडहर में, पृ. 28
10. छाया—चन्दा, पृ. 27
11. कामायनी—चिन्ता सर्ग, पृ. 10
12. आकाशदीप—रमला पृ. 176
13. आकाशदीप—बिसाती, पृ. 186
14. कामायनी—लज्जा सर्ग, पृ. 83
15. आकाशदीप—समुद्र-सन्तरण, पृ. 116
16. इन्द्रजाल—इन्द्रजाल, पृ. 7
17. इन्द्रजाल—चित्र वाले पत्थर, पृ. 64
18. आकाशदीप—रमला, पृ. 175-176
19. आकाशदीप—समुद्र-सन्तरण, पृ. 111
20. वही, पृ. 111
21. आकाशदीप—समुद्र-सन्तरण, पृ. 115
22. आकाशदीप—रमला, पृ. 176
23. वही, पृ. 175
24. आकाशदीप—हिमालय का पथिक, पृ. 62
25. वही, पृ. 62
26. कामायनी—श्रद्धा सर्ग, पृ. 43
27. वही, पृ. 48
28. कामायनी—वासना सर्ग, पृ. 74
29. डा. विनयमोहन शर्मा : कवि प्रसाद, आँसू तथा अन्य कृतियाँ, पृ. 144
30. W. Basil Worsfold : On the exercise of Judgement in literature : P. 71-76
31. पल्लव—प्रवेश, (क)
32. कामायनी—काम सर्ग, पृ. 93
33. आकाशदीप—रूप की छाया, पृ. 167
34. कामायनी—लज्जा सर्ग, पृ. 83
35. आकाशदीप—समुद्र सन्तरण, पृ. 115
36. इन्द्रजाल—नूरी, पृ. 29
37. आँधी—आँधी, पृ. 3

38. इन्द्रजाल–इन्द्रजाल, पृ. 5
39. आँधी–पुरस्कार, पृ. 89
40. इन्द्रजाल–इन्द्रजाल, पृ. 2
41. इन्द्रजाल–गुंडा, पृ. 87
42. आँधी, नीरा, पृ. 84
43. इन्द्रजाल, नूरी–पृ. 29
44. The Romantic hero is either an egocentric...by the melancholy or boredom or a fiery rebel against society in either case often a man of mystery."
J.T. Shipley, Dictionary of World
Literary Terms—P. 352
45. आकाशदीप–आकाशदीप, पृ. 13
46. वही, पृ. 16
47. बाबू गुलाबराय द्वारा सम्पादित 'प्रसाद जी की कला' में डॉ. सत्येन्द्र का लेख, 'प्रसाद जी की कहानी-कला', पृ. 163-164
48. आकाशदीप–आकाशदीप, पृ. 15
49. इन्द्रजाल–इन्द्रजाल, पृ. 6
50. बाबू गुलाबराय द्वारा सम्पादित 'प्रसाद जी की कला' में डॉ. सत्येन्द्र का लेख, 'प्रसाद जी की कहानी-कला', पृ. 164
51. आँधी–मधुआ, पृ. 30
52. चिन्तामणि 2, पृ. 48
53. इन्द्रजाल–भीख में, पृ. 60
54. आँधी–आँधी, पृ. 26
55. आँधी–आँधी, पृ. 27
56. 'छायावाद और रहस्यवाद' में गंगाप्रसाद पाण्डेय द्वारा उद्धृत, पृ. 41

उपसंहार

1. दृष्टि और दिशा

किसी साहित्यकार की जीवन-दृष्टि को उसके प्रसार की दिशाओं और उसके दार्शनिक व्यवस्थापन, उसकी समस्त साहित्यिक साधना और उसके ऐतिहासिक विकास-क्रम को देखते हुए निर्धारित करना चाहिए; अन्यथा उसमें एकांगिता और अपूर्णता के आ जाने की सम्भावना है। फिर भी प्रसाद की कहानियों में उनकी जीवन-दृष्टि और उसके प्रसार की दिशाओं का सामान्य ज्ञान इसलिए आवश्यक है कि उनके बोध के बिना न कहानियों की प्रवृत्ति और भावधारा का समग्र आकलन किया जा सकता है और न उनका उचित मूल्यांकन ही।

कहानियों में प्रसाद की दृष्टि प्रायः अन्तर्मुखी है। यथार्थवादी कहानियों में भी लेखक ने वास्तविकता के मूल संघर्षों में न जाकर मानवतावादी दृष्टि से उसकी वस्तु-स्थिति के निरूपण का ही प्रयत्न किया है। प्रधानतः प्रसाद मानव-मन की भावनाओं और अनुभूतियों के रहस्योद्‌घाटन में ही संलग्न रहे, चाहे जीवन का धरातल कल्पना-प्रसूत स्वच्छन्दतावादी हो चाहे यथार्थवादी। यथार्थवादी कहानी 'विराम चिह्न' इसका सुन्दर उदाहरण है। इस अन्तर्मुखता के कारण लेखक ने वस्तु या पदार्थ से भाव (Idea) को ज्यादा महत्त्व दिया है। इस भाव की प्रकृति प्रायः संवेगात्मक और कभी-कभी कल्पनाशील है। लेखक ने मानव-मन के सहज ज्ञान से भाव-स्फुरण का सम्बन्ध माना है। इन सबने प्रसाद की कहानियों को स्वच्छन्दतावादी प्रवृत्ति में ढाला है। साहित्य के स्वरूप की दृष्टि से उसका मनोवैज्ञानिक पहलू ही उभर आया है, सामाजिक नहीं। जहाँ लेखक की दृष्टि का कुछ प्रसार हुआ है, मानवतावादी और यथार्थवादी प्रवृत्तियों का, अपने ढंग से अन्तर्मुखी भाव-प्रधान रूप में, विकास हो चला है। स्वच्छन्दतावादी प्रवृत्ति में श्रद्धा-मिश्रित विस्मय, मानवतावादी प्रवृत्ति में करुणा और यथार्थवादी प्रवृत्ति में वेदना, ये ही लेखक की जीवन-दृष्टि की दिशाएँ हैं या जीवन के प्रति लेखक के दृष्टिकोण हैं। इस दृष्टि में एक ओर कल्पना को और दूसरी ओर यथार्थ को पूर्ण सत्य मानते हुए उन्होंने अपने आदर्श की प्रतिष्ठा की है। समाज-बहिष्कृतों के, तथाकथित निम्न-वर्गीय पतितों के, जीवन और व्यक्ति-मन के

रहस्यों ने उन्हें गोचर यथार्थ को ही पूर्ण सत्य न मानने पर विवश किया है। दूसरी ओर सौन्दर्य और प्रेम के कल्पना-जगत् में पहुँचकर उन्होंने अनुभव किया है कि जीवन की यथार्थता इसमें बाधा ही नहीं देती बल्कि उस यथार्थता के बिना इसका अस्तित्व ही नहीं है। 'आकाशदीप' के बाद लेखक की जीवन-दृष्टि में इस प्रकार का परिवर्तन दिखाई देता है और परवर्ती कहानियों में मानव जीवन का प्रौढ़ निरूपण इस बात का प्रमाण है कि लेखक कल्पना और यथार्थ के योग में जीवन के सत्य के अधिक निकट पहुँचने का प्रयास कर रहा है।

लेखक की अन्तर्मुखी दृष्टि में केवल गहराई हो और व्यापकता का अभाव हो, यह बात नहीं है। व्यक्ति-विशेष के मन के सुख-दुखों का मनोवैज्ञानिक उद्‌घाटन करते हुए प्रसाद उस सुख-दुख के हेतुभूत जीवन-जगत् की व्यापक परिस्थितियों के आकलन का प्रयत्न भी करते हैं। अन्तर्मुखी व्यक्तिवादी दृष्टि मानव-मन को जीवन का केन्द्र मानकर चलती है जबकि बहिर्मुखी सामाजिक दृष्टि जीवन की यथार्थता को सत्य मानकर उसके प्रभाव का निरूपण करती है। जो केन्द्र और सत्य है, उसकी गहराई में जाना और उसी केन्द्र-सत्य की दृष्टि से इतर वस्तु-जगत् या भाव-जगत् को समझने का प्रयत्न करना स्वाभाविक ही है। प्रसाद की कहानियों में व्यक्ति की दृष्टि से जीवन-जगत् को देखने के अतिरिक्त, व्यापकता की एक दूसरी दिशा भी मिलती है जिसे व्यक्तिवाद का समन्वयीकरण कहा जा सकता है। यह व्यक्ति-विशेष से सार्वभौमिकता पर पहुँचने या उसके माध्यम से सार्वभौमिक सत्यों को व्यंजित करने का प्रयत्न है। स्वच्छन्दतावादी प्रवृत्ति में यह विशेष रूप से देखने को मिल जाता है। यहाँ साहित्यकार व्यक्ति के सुख-दुखों से सामान्य मानवीय सुख-दुखों पर पहुँचता हुआ दिखाई देता है। 'देवरथ', 'सालवती', 'बिसाती', 'आँधी' आदि अनेक कहानियों में प्रसाद ने व्यक्ति के माध्यम से जीवन की चिरन्तन समस्याओं की ओर संकेत किया है। इस तरह लेखक जीवन की जटिलता और गम्भीर परिणामों का आभास दे देता है। अन्तर्मुखी व्यक्तिवादी दृष्टि, अपने व्यापक से व्यापक प्रसार में भी आत्म-केन्द्रित होने के कारण जीवन की सम्पूर्ण यथार्थता को कभी प्रकट नहीं कर सकती। यही प्रसाद की कहानियों की सीमा-रेखा है। अपनी दृष्टि की सीमाओं के कारण प्रसाद जीवन की यथार्थता के दो मुख्य पहलओं की, राजनीति और विज्ञान की, गहराई में जाकर प्रजातन्त्रात्मक सामाजिक भावना और औद्योगीकरण की परिस्थितियों के जीवन पर प्रभाव का आकलन नहीं कर सके।

व्यक्तिवादी या मानवतावादी दृष्टि से ही सही, प्रसाद ने व्यक्ति और समाज के संघर्षों के बड़े सजीव चित्र प्रस्तुत किये हैं। 'बिसाती', 'आँधी', 'मधुआ', 'नीरा', 'गुण्डा', 'देवरथ', 'विराम चिह्न', 'सालवती' आदि उनकी अधिकांश श्रेष्ठ कहानियों में यह संघर्ष कर अपने प्रबलतम रूप में दिखाई देता है। लेखक ने कभी व्यंजनापूर्ण शैली में और कभी प्रत्यक्ष रूप में उसका निरूपण किया है। उन कहानियों के

करुण स्वर से ऐसा प्रतीत होता है कि प्रसाद मनुष्य के व्यक्तित्व के पूर्ण विकास और जीवन की चरितार्थता के लिए रूढ़ व्यवस्था के नियमों को तोड़ना आवश्यक समझते हैं। यहाँ पर वे जीवन के उदात्त आध्यात्मिक और सांस्कृतिक मूल्यों के प्रतिपादक आदर्शवादी कलाकार ही न रहकर उन मूल्यों की प्राप्ति के लिए जीवन में गतिशीलता ले आने के प्रयत्न में तत्पर प्रगतिशील साहित्यकार भी बन जाते हैं। वास्तव में उनके काव्य-नाटकों से उनके कथा-साहित्य की विशिष्टता और महानता इसी बात में है। उनकी कल्पना उदात्त से उदात्त भाव-भूमि पर पहुँचने पर भी, उनकी चिन्तनशीलता जीवन के महान सत्यों के उद्घाटन में लगे रहने पर भी प्रसाद के काव्य-नाटकों में जीवन की वह गतिशीलता नहीं है जो उनके कथा-साहित्य में है। सम्भव है, कथा-साहित्य में जीवन की यथार्थता की भूमि पर पहुँचने के कारण उन्हें आदर्श कल्पना की खामियों का बोध हुआ हो और उनकी दृष्टि में अधिक सन्तुलन आया हो।

जीवन-दृष्टि के प्रसार की दिशाओं के अनुरूप प्रसाद ने अपनी कहानियों में जीवन-जगत् के सौन्दर्यात्मक, मानवीय और सामाजिक विषमता के पहलुओं को उभारा है। जीवन-जगत् के रूपात्मक और भावात्मक सौन्दर्य के चित्रण में उन्होंने रहस्यमय और अद्भुत रोमांटिक तत्वों से परे भी जाकर एक प्राकृतिक नैसर्गिकता और उन्मुक्तता का बोध कराया है। इस तरह कथा-साहित्य में जीवन की स्पन्दनशीलता की वास्तविक अनुभूति होती है। इस अनुभूति को चारित्रिक दृढ़ता और संयम से सम्बद्ध करते हुए प्रसाद ने व्यक्ति की मानसिक शक्ति का परिचय ही नहीं दिया बल्कि मानवीय संवेदनशीलता के संस्कार और परिष्कार के द्वारा जीवन के सांस्कृतिक विकास और उन्नयन की ओर संकेत भी किया है। कहानियों का परिवेश ही सांस्कृतिक नहीं, मानव जीवन के निरूपण में भी व्यक्ति की सांस्कृतिक चेतना की कहानी प्रस्तुत की गयी है। मानवीय भावना और सामाजिक विषमता की कहानियों में सौन्दर्य और प्रेम में स्पन्दनशील मन और जीवन को अधिक व्यापक प्रसार दिया गया है। अन्ततोगत्वा उसका भी लक्ष्य जीवन का सांस्कृतिक निरूपण ही होता है। 'आँधी', 'सालवती', 'रमला' आदि कुछ विशिष्ट कहानियों के माध्यम से प्रसाद ने जीवन के इस आदर्शवादी भावमूलक सांस्कृतिक निरूपण को एक दार्शनिक परिणति देने का भी कुछ प्रयत्न किया है। 'आँधी' कहानी में नियतिवादी दृष्टि से जीवन की विषमता और वेदना की अनिवार्यता का प्रतिपादन, 'सालवती' कहानी में अहं के गल जाने पर सच्चे सुख या आनन्द की प्राप्ति की ओर संकेत करते हुए सुख-दुखों के सन्तुलन का प्रयत्न और 'रमला' कहानी में प्रकृति और मनुष्य की समरसता का निरूपण, लेखक की विचारधारा की दार्शनिक परिणति प्रकट करते हैं। दो-चार अपवादों को छोड़कर प्रसाद ने अपनी कहानियों में जीवन को अपनी स्वच्छन्द गति से प्रवाहित होने दिया है और स्वच्छन्दता के आधार पर वे जीवन के तात्विक सत्य को

ध्वनित करते रहे। पाठक जहाँ इन कहानियों की भावधारा और उसके निरूपण के सौन्दर्य से अभिभूत होता है, वहाँ जीवन की नैसर्गिकता, गतिशीलता और शक्तिमत्ता की सजीव अनुभूति भी प्राप्त करता है। वाजपेयी जी के शब्दों में, 'प्रसाद जी की आख्यायिकाएँ या छोटी कहानियाँ कोमल, कल्पना-विशिष्ट किन्तु उत्थान मूलक भावनाओं से भरी पड़ी हैं।'[1]

2. स्वरूप-वैशिष्ट्य

प्रसाद की कहानियों का अपना एक विशिष्ट रूप है। इस विशिष्टता का कारण उन पर लेखक के व्यक्तित्व का प्रभाव है। प्रसाद के कलात्मक व्यक्तित्व की चिन्तनशील और भावनाशील प्रवृत्तियों ने कहानियों के अन्तरंग को और कल्पनाशील प्रवृत्ति ने बाह्य विधान या अभिव्यंजना को विशिष्ट रूप प्रदान किया है। कहानियों के अन्तर और बाह्य की सामंजस्यपूर्ण अनुरूपता, अपनी समष्टि में कलाकार के व्यक्तित्व का द्योतन करती है। इस तरह का एक विशिष्ट रूप-विधान साहित्यकार की आन्तरिक प्रेरणा और अनुभूति का परिणाम है। जब लेखक जीवन को अपनी दृष्टि से देखने का प्रयत्न करता है और इस प्रयत्न में उसे एक विशिष्ट अनुभूति होती है, उस विशिष्ट अनुभूति की अभिव्यंजना में अनिवार्यतः अनुभूति का अभिव्यंजक नवीन रूप निर्धारित होता है। छायावाद की व्याख्या में स्वयं प्रसाद ने इस ओर संकेत किया है।[2] किसी लेखक की रचना के स्वरूप को निर्धारित करने में प्रायः युग जीवन की परिस्थितियों और उसकी आन्तरिक प्रेरणाओं, दोनों का योग रहता है। प्रायः इसलिए कि अप्रत्यक्ष रूप से ग्राहक-अभिरुचि का और उस पर लेखक की अज्ञात और अनिवार्य दृष्टि का भी प्रभाव रहता है। जहाँ ग्राहक की अभिरुचि पर प्रत्यक्ष दृष्टि रहती है, लेखक की कलात्मक भावना उसी मात्रा में कुण्ठित होकर प्रचारात्मक साहित्य की सृष्टि करती है। यदि युग-जीवन की परिस्थितियों का भी योगदान कलाकार की प्रेरणा और अनुभूति के माध्यम से न होकर प्रत्यक्ष होता है तो रचना अनुकरणात्मक होकर साहित्य या कला की कल्पनाशीलता प्रकृति के विरुद्ध हो जाती है। प्रसाद पर युग-जीवन का प्रभाव अवश्य पड़ा है, लेकिन अपने ढंग से। इसी अपने ढंग में कला की कलात्मकता है, जिसे व्यापक अर्थ में साहित्यकार की आत्माभिव्यंजना कह सकते हैं। कोई भी साहित्यकार युग-जीवन से पृथक् नहीं रह सकता, वह सम्भव भी नहीं है, लेकिन उसे ग्रहण करने में और उसकी सार्थकता की व्याख्या में अन्तर पड़ जाता है। प्रसाद ने अपनी कहानियों में अपनी दृष्टि और अनुभूति के अनुसार युग-जीवन को देखते हुए मानव जीवन के स्वरूप और उसकी आदर्श स्थिति की कल्पना की है।

प्रसाद की कहानियों की यह विशिष्टता साहित्यिक दृष्टि, भावोन्मेष, शिल्प-सौन्दर्य और अन्तिम दोनों के सामंजस्य के समष्टि रूप को लेकर है। इन कहानियों में प्रसाद

शुद्ध कलावादी लगते हैं। भाव की उपेक्षा करके रूप को महत्त्व देना कलावाद नहीं है। लेखक समष्टि रूप के कलात्मक सौन्दर्य का विशेष ध्यान रखता है और उसमें ऐसी कोई बात, चाहे वह भाव-सम्बन्धी हो, चाहे उसकी अभिव्यंजना सम्बन्धी, नहीं आने देता जिससे सौन्दर्य की पूर्णता को क्षति पहुँचती है। समष्टि रूप की अनुभूति ही उसका लक्ष्य है; लेखक उस अनुभूति से बाहर रचना का कोई 'उद्देश्य', प्रत्यक्ष और अप्रत्यक्ष किसी भी रूप में, व्यंजित नहीं होने देता। रूप की पूर्णता में ही उसका सौन्दर्य है और उस सौन्दर्य में एक अनुभूति होती है। प्रसाद की कहानियों में कोई प्रयोजन ढूँढ़ निकालना उनके प्रति अन्याय होगा। काव्य-नाटकों में कहीं-कहीं आदर्शवादी स्वर बोलने लगता है, लेकिन इन कहानियों में वह भी शान्त होकर जीवन को अपने नैसर्गिक, सुन्दर और मानवीय रूप में प्रवाहित होने देता है। हिन्दू-मुस्लिम एकता और हरिजन-समस्या को लेकर चलने वाली 'सलीम' और 'विराम चिह्न' कहानियों में जहाँ सामयिक प्रभाव के कारण उद्देश्य और सुधार की भावना मुखरित हो सकती है, वहाँ भी प्रसाद केवल साहित्यकार रह जाते हैं और व्यक्ति-जीवन की एक कलापूर्ण झाँकी प्रस्तुत करके सन्तुष्ट हो जाते हैं।

भाव-निरूपण में प्रसाद ने मानव जीवन के सांस्कृतिक, मानवतावादी और सौन्दर्यवादी पहलुओं को उभारा है। वस्तु चाहे ऐतिहासिक हो चाहे आधुनिक जीवन से सम्बद्ध, उन्होंने बहिर्मुखी यथार्थता पर ही ध्यान न देकर उस यथार्थता के परिचालक पहलुओं को आलोक में ले जाने का प्रयत्न किया है। जीवन के सांस्कृतिक निरूपण में मानवीय चेतना का उत्थान-पतन और विकास-क्रम दिखाया गया है। मानवतावादी पहलू के अन्तर्गत मनुष्य की सुख-दुखात्मक स्पन्दनशीलता की ही नहीं, उसकी सामान्य मानवीय सम्वेदना की भी कहानी है। जीवन के सौन्दर्यवादी पहलू में प्राकृतिक और मानवीय सौन्दर्य तथा प्रेम का उद्घाटन किया गया है। लेखक ने सौन्दर्य और प्रेम के रोमांटिक रूप-रंग का ही चित्रण नहीं किया, बल्कि वह उनकी आन्तरिक चेतना का भी बोध करा सका। सौन्दर्य-सम्बन्धी लेखक की अपनी विशिष्ट धारणा है जिसका विस्तार के साथ 'कामायनी' के लज्जा सर्ग में निरूपण हुआ है। संस्कृति और सांस्कृतिक विकास सम्बन्धी भी लेखक की अपनी मान्यताएँ हैं, जिनकी ओर उसी महाकाव्य में संकेत किये गये हैं। मनुष्य की मानवता को भी लेखक ने भारतीय आध्यात्मिक और सार्वभौमिक दृष्टि तथा पाश्चात्य व्यक्तिवादी दार्शनिक दृष्टि के सन्तुलन में विशिष्ट और साथ ही सार्वजनीन भावना के साथ एक उज्ज्वल रूप में देखा और समझा है। भावगत दृष्टि की इस विशिष्टता को लेकर लेखक मानव मन और मानव जीवन के चेतनागत रहस्यों के उद्घाटन में संलग्न हुआ है जिनकी अनुभूति पाठकों को विस्मय, अनुराग और श्रद्धा के सम्मिलित रूप में चकित, मुग्ध और उन्नत बना देती है। इस प्रकार की अनुभूति में पाठक कभी-कभी सौन्दर्य की सीमा को पार करके उदात्तता की भूमि पर पहुँच जाते हैं। चेतना के इस

रहस्योद्घाटन में ऐसा लगता है कि साहित्यकार एक अज्ञात और विशिष्ट बात कर रहा है और पाठक को भी उससे अवगत कराना चाहता है। प्रसाद की अन्तर्दर्शन की यह क्षमता वास्तव में अद्भुत है।

जहाँ तक इस भाव-जगत् की अभिव्यंजना का प्रश्न है, उसमें भी लेखक का अपनापन है। रूप को पूर्णता का सौन्दर्य प्रदान करना; व्यंजना के द्वारा भाव को रहस्यमय रखना; ध्वनि की सहायता से भाव को व्यापकता देना जिससे उसमें जीवन की और भी मौलिक समस्याएँ उलझ जाती हैं; सन्निवेश और पात्र-परिकल्पना में असाधारणता, व्यंग्य, संघर्ष एवं अन्तर्दृष्टि आदि नाटकीय तत्वों का समावेश; रूप-कल्पना की विशेषताएँ हैं। अभिव्यंजना-पद्धति में भी एक नाटकीयता है जिसे संवाद और घटना के माध्यम से भाव की व्यंजना कहा जा सकता है। इस पद्धति में पाठक की कल्पना के लिए विशेष गुंजाइश रहती है और वह अपनी कल्पना की सक्रियता के द्वारा लेखक की रचनात्मक प्रक्रिया में सहयोगी होकर विशेष आनन्द प्राप्त करता है। प्रसाद ने भाव की रूप-कल्पना में कल्पना का सहारा लेते हुए अपने सूक्ष्म सौन्दर्य बोध का परिचय दिया है और रूपगत उस सौन्दर्य की उलझन को सुलझाने में पाठक अपने अस्तित्व और अपनी सार्थकता को अनुभव करने लगता है। वह केवल ग्राहक न रह कर सक्रिय सहयोगी बन जाता है।

प्रसाद के विशिष्ट भाव-जगत् और विशिष्ट रूप कल्पना में अन्तर्मुखी अन्तर्दर्शन की समानता ही है, वास्तव में यह रूप, भाव के उद्घाटन की प्रक्रिया में उठ खड़ा हुआ है। अपनी अनुभूति को परम्परागत सैद्धान्तिक ढाँचे में समाती हुई न देखकर लेखक ने अपना एक विशिष्ट रूप बना लिया है जो भाव-विशेष के आधार पर, उसकी अभिव्यंजना की प्रक्रिया में न्यूनाधिक बदलता भी गया है। प्रसाद की भावात्मक कहानियों का सामान्य ढाँचा भी अपना है और भाव की सापेक्षता में विकसित उसका विशिष्ट रूप भी। भाव और रूप की अनुरूपता और उनके सामंजस्य में प्रस्तुत कहानी के समष्टि रूप की विशिष्टता का द्योतन करने के लिए प्रायः समीक्षकों ने भावात्मकता या काव्यात्मकता की संज्ञा दी है। इसमें कोई सन्देह नहीं है कि भाव और रूप को लेकर प्रसाद की कहानियाँ काव्य के समान लगती हैं। लेकिन वे काव्य नहीं हैं और न कहानी तथा काव्य के सम्मिलित रूप ही। प्रसाद ने साहित्य की दो विधाओं के ढाँचे का, उनकी प्रकृति और उनके तत्त्वों को इस तरह मिला दिया है कि उसमें से एक नवीन रूप का आविर्भाव हुआ है। उन्होंने कहानी के सम्बन्ध में भारतीय रसवादी परम्परा का निर्वाह करने के लिए ही ऐसा नहीं किया है। अगर यही बात है तो प्रश्न उठता है कि उनके उपन्यासों में ऐसा क्यों नहीं किया गया विशेषतः जबकि हमारे यहाँ कादम्बरी की पुष्ट परम्परा वर्तमान है। उनके द्वारा कहानी का रूप-परिवर्तन भाव की अनिवार्य आवश्यकता के कारण हुआ है, ऐसा मानना ही प्रसाद और उनकी रचना के साथ न्याय करना है। इस दृष्टि से देखा

पर उनकी कहानियों के मर्म तक पहुँचने में भी सहायता मिलती है। इस प्रसंग में प्रसाद को यह श्रेय भी मिल जाता है कि उन्होंने मौलिकता के साथ अपना मार्ग ही नहीं बनाया, कहानी के रूपगत विकास में अपना योगदान भी दिया है। इस मार्ग के हिन्दी में और भी यात्री रहे हैं, लेकिन उनको वह सफलता नहीं मिली जो प्रसाद को मिली है। कारण स्पष्ट है। यह केवल प्रतिभा का प्रश्न नहीं है, भाव की आवश्यकता का प्रश्न है। उस पर ध्यान न देकर ढाँचे को अपनाना साहित्य के क्षेत्र में अनुकरण कहलाता है और विशिष्ट रूप-कल्पना के बदले 'स्कूलों' की सृष्टि करता रहता है। वास्तव में प्रसाद ने जो कार्य किया है उसकी स्पिरिट को पकड़ते हुए परवर्ती व्यक्तिवादी-मनोवैज्ञानिक कहानीकारों ने भाव की आवश्यकता के अनुरूप एक नवीन रूप-कल्पना का प्रयत्न किया है। उन्होंने भाव-सम्बन्धी अन्तर्दृष्टि को भी व्यक्तिवादी मनोवैज्ञानिक धरातल पर अपने ढंग से विकसित किया है। यह प्रसाद का प्रभाव नहीं है, बल्कि उनके साहित्य में अभिव्यक्त जीवन-चेतना का स्वाभाविक विकास-क्रम है।

प्रसाद की कहानियों के इस विशिष्ट रूप को देखते हुए सहज ही यह प्रश्न उठता है कि परम्परागत सैद्धान्तिक मान्यताओं को लेकर उनका मूल्यांकन करना उनके प्रति कहाँ तक न्याय होगा। प्रतिभा आवश्यकता के अनुसार नवीन रूप-सृष्टि करती रहती है; इसलिए आधुनिक समीक्षा रचना के आधार पर ही, उसकी रचनात्मक प्रक्रिया और उस प्रक्रिया के लक्ष्य को देखते हुए, विश्लेषण और मूल्यांकन का प्रयत्न करती है। यदि परम्परागत सैद्धान्तिक मान्यताओं के आधार पर प्रसाद की कहानियों की परीक्षा करेंगे तो मानना ही पड़ता है कि आधुनिक कहानी में अनिवार्यतः आवश्यक वास्तविकता का वह मनोवैज्ञानिक और सामाजिक धरातल ही उनमें नहीं है। रचना-विधान या तन्त्र-योजना का वह रूप भी नहीं है जो वस्तुगत सूत्रों की समन्वित गतिशीलता और चरम परिणति के द्वारा एक मानसिक तनाव उत्पन्न करता है। यहाँ पर तन्त्रगत (Technical) और रूपगत (Formal) मूल्यों का पार्थक्य और साहित्य में उनके महत्त्व पर ध्यान देना भी आवश्यक है। तन्त्र-योजना अभिव्यंजना का आधार है जो रूप की सीमाओं को या उसकी परिधि को निर्धारित करती है। वह रचना की बाह्य रूपरेखा, आकृति या ढाँचा है। कभी-कभी इसी को रूप की संज्ञा भी दी जाती है। अरिस्टाटिल ने रचना की इस बनावट पर बहुत बल दिया है। प्रायः सैद्धान्तिक या शास्त्रीय नियमों के आधार पर बनी हुई रचना में बनावट की स्पष्ट रूपरेखा दिखाई देती है। साहित्य की रस-संवेदना या सौन्दर्यानुभूति की दृष्टि से यह प्रायः साधन मात्र है। सौन्दर्यशास्त्रीय अर्थ में रूप भाव का वह मूर्त बिम्ब है जो भाव के प्रकाशन की प्रक्रिया में निर्धारित होता है। दोनों की सहवर्ती अभिव्यंजना के कारण उनका पार्थक्य केवल आलोचना की सुविधा की दृष्टि से ही है। साहित्य की अनुभूति रूप की इसी बिम्बात्मकता पर निर्भर है। तन्त्र-योजना रूप के फैलाव

को रोकती है और उसके स्पष्ट प्रकाशन के लिए आवश्यक निश्चयात्मकता प्रदान करती है। प्रसाद की कहानियों में रूप सौन्दर्य का जितना ध्यान रखा गया है, उतना तन्त्र-योजना का नहीं। इस कारण कहीं-कहीं रूप में फैलाव और अनिश्चयात्मकता के दोष आ गये हैं।

प्रसाद की कहानियों का मूल्यांकन भाव और उसकी रूप-कल्पना के स्तर के आधार पर करना चाहिए। उनमें मानसिक भाव-जगत् के उद्घाटन की जो गहराई है, उसका जो मनोवैज्ञानिक और सांस्कृतिक धरातल है और उसमें सार्वभौमिक सत्य को ध्वनित करने की जो क्षमता है—ये ही विशेषताएँ भाव-सम्बन्धी मूल्य को निर्धारित करती हैं। भाव-जगत् की सफल मूर्त्त अभिव्यंजना भी इन्हीं से सम्बद्ध है। प्रसाद ने मध्य सामाजिक जीवन के बाहर जाकर वहाँ के उपेक्षित और तथाकथित हेय प्राणियों के राग-द्वेष की कहानी को प्रस्तुत करने में जो मानवीय संवेदना का परिचय दिया है और सभ्य समाज के दृढ़ कृत्रिम बन्धनों के विरुद्ध विद्रोह करते हुए जीवन की गतिशीलता को जो बल प्रदान किया है; ये विशेषताएँ उनके कहानी-साहित्य को युग-सापेक्ष दृष्टि से प्रगतिशील और मूल्यवान् सिद्ध करेंगी। विधा की सफलता की दृष्टि से उनकी ऐतिहासिक कहानियों का, जिनमें तत्कालीन संस्कृति का सजीव चित्र खींचा गया है, उल्लेख भी आवश्यक है।

हिन्दी ही नहीं, भारतीय कहानी-साहित्य की दृष्टि से भी प्रसाद की कहानियों का अपना विशिष्ट रूप है। उस रूप की कुछ विशेषताएँ अन्य कहानीकारों की रचनाओं में मिल सकती हैं, लेकिन उनका समष्टि रूप अन्यत्र दुर्लभ है। प्रसाद की कहानियों की प्रवृत्ति रवीन्द्र और शरत से कुछ मिलती भी दिखाई देती है। प्रसाद और रवीन्द्र दोनों की कहानियों में मानव मन की कोमल भावनाओं की व्यंजना है, पर प्रसाद की भावनाओं में अधिक गूढ़ता और जटिलता है जबकि रवीन्द्र में भावात्मक सरलता तथा ऋजुता मिलती है। शरत और रवीन्द्र प्रसाद की तरह व्यक्तिवादी होते हुए भी जीवन की यथार्थता की ओर अधिक ध्यान रखने के कारण अपनी कहानियों में सामाजिक स्तर को भी अधिक मुखरित कर सके हैं। प्रसाद की कहानियों पर देश-काल का प्रभाव बहुत कम है। इस निरपेक्षता का कारण उनकी अधिक अन्तर्मुखता है। इस अन्तर्मुखता से उनकी कहानियों में रवीन्द्र और शरत की अपेक्षा अधिक गूढ़ता और जटिलता ही नहीं, अधिक भाव- प्रवणता और कल्पनाशीलता भी आ गयी है। रवीन्द्र के साथ तुलना में शरत की भावनाएँ अधिक गूढ़ और जटिल अवश्य हैं, लेकिन वे प्रसाद की-सी चरम सीमा पर नहीं पहुँची हैं। पात्र-परिकल्पना में तीनों में कुछ समानता है। उनके पात्र सामाजिक प्रतिष्ठा के धरातल की उपेक्षा करके, एक सांस्कृतिक उदात्तता, मानसिक दृढ़ता और भावात्मक संवेदनशीलता को लेकर पाठकों पर अपने व्यक्तित्व का गहरा प्रभाव डालते हैं। यहाँ भी प्रसाद के पात्रों में अतिसंवेदनशीलता है जो भावुकता की सीमा का स्पर्श करती है। रवीन्द्र और शरत

का रचना-विधान भी प्रसाद की रूप-कल्पना से बिल्कुल भिन्न आधुनिक यथार्थवादी ढाँचे का है। इस समता और विषमता का मूल कारण यह है कि रवीन्द्र और शरत की कहानियाँ शुद्ध मानवतावादी प्रवृत्ति से प्रभावित हैं जबकि प्रसाद की कहानियाँ प्रधानतः स्वच्छन्दतावादी हैं। प्रसाद की कहानियों में जहाँ और जितनी मानवतावादी प्रवृत्ति है वहाँ उतनी समानता अवश्य झलकती है। प्रसाद के कवि-रूप का गहरा प्रभाव भी, विशेषतः रूप-कल्पना में, अन्तर का कारण हो सकता है।

'आकाशदीप', 'स्वर्ग के खंडहर में', 'बिसाती', 'आँधी', 'मधुआ', 'नीरा', 'पुरस्कार', 'इन्द्रजाल', 'चित्रवाले पत्थर', 'गुंडा', 'देवरथ', 'विराम चिह्न' और 'सालवती' प्रसाद की इन श्रेष्ठ कहानियों को हिन्दी-साहित्य-संसार सदा स्मरण करता रहेगा।

सन्दर्भ

1. जयशंकर प्रसाद, पृ. 5
2. काव्य और कला तथा अन्य निबन्ध, पृ. 122
   "आभ्यन्तर सूक्ष्म भावों की प्रेरणा बाह्य स्थूल आकार में भी कुछ विचित्रता उत्पन्न करती है। सूक्ष्म आभ्यन्तर भावों के व्यवहार में प्रचलित पद-योजना असफल रही। उनके लिए नवीन शैली, नया वाक्य-विन्यास आवश्यक था।"

परिशिष्ट

सन्दर्भ-ग्रन्थ

1. आकाशदीप—जयशंकर प्रसाद, 1945
2. आँधी—जयशंकर प्रसाद, 1944
3. आधुनिक साहित्य की प्रवृत्तियाँ, नामवरसिंह, 1954
4. इक्कीस कहानियाँ—सं. रायकृष्णदास, 1961
5. इन्द्रजाल—जयशंकर प्रसाद, 1944
6. कवि प्रसाद, आँसू तथा अन्य कृतियाँ—विनयमोहन शर्मा, प्रथम संस्करण
7. कामायनी—जयशंकर प्रसाद, 1943
8. काव्य कला तथा अन्य निबन्ध—जयशंकर प्रसाद, 1958
9. चिन्तामणि-1—रामचन्द्र शुक्ल, 1951
10. चिन्तामणि-2—रामचन्द्र शुक्ल, 1945
11. छाया—जयशंकर प्रसाद, 1959
12. छायावाद और रहस्यवाद—गंगाप्रसाद पांडे, 1941
13. जयशंकर प्रसाद—नन्ददुलारे वाजपेयी, 1940
14. नागरी प्रचारिणी पत्रिका—वर्ष 65, अंक 2
15. प्रतिध्वनि—जयशंकर प्रसाद, 1959
16. पल्लव—सुमित्रानन्दन पंत, 1948
17. प्रसाद और उनका साहित्य—विनोदशंकर व्यास, 1940
18. प्रसाद का जीवन दर्शन, कला और कृतित्व—सं. महावीर अधिकारी, 1955
19. प्रसाद जी की कला—सं. गुलाबराय, द्वितीय संस्करण
20. मेघदूतम्—कालिदास, चौखम्बा संस्कृत सीरीज, 1946
21. लहर—जयशंकर प्रसाद, 1944
22. साहित्य—रवीन्द्रनाथ ठाकुर, अनु. वंशीधर विद्यालंकार, 1949
23. हिन्दी कहानियाँ—श्रीकृष्णदास, 1949
24. हिन्दी साहित्य का इतिहास—रामचन्द्र शुक्ल, 1942

25. हिन्दी साहित्य कोष—सं. धीरेन्द्र वर्मा, 1958
26. Encyclopedia of the Arts : Dagobert D. Runes & Harry G. Schrickel, 1946
27. Literature and Psychology : F.L. Lucas; 1951
28. On the exercise of Judgement in literature, Basil Worsfold, 1937
29. Principles of Literary Criticism : I.A. Richards, 1944
30. World Literary Terms : Joseph T. Shilpley, 1955

□□